In seinem Tschernobyl-Thriller deckt Adam Higginbotham auf, was wirklich geschah. Mit großer Erzählkunst und basierend auf intensiver Recherche zeichnet er nach, wie am frühen Morgen des 26. April 1986 der Reaktor 4 des Kernkraftwerks in Tschernobyl explodierte und die schlimmste Atomkatastrophe der Geschichte auslöste.
Higginbotham hat zahllose Interviews mit Augenzeugen geführt, Archive durchforstet und bislang nicht veröffentlichte Briefe und Dokumente gesichtet. Das Ergebnis ist eine Chronik erstaunlicher Heldentaten und irrwitziger Inkompetenz. Es geht um die Versprechen der Wissenschaft und auch um ihr Potenzial, uns in die Gefahr zu locken. Nicht zuletzt ist es die große Erzählung eines Ereignisses, das die Welt verändert hat – eine Erzählung, die komplexer, menschlicher und erschreckender ist, als wir es uns je hätten vorstellen können.

Adam Higginbotham hat mit großer Hingabe und Genauigkeit über zehn Jahre zu dem Unfall in Tschernobyl geforscht. Er hat Zugang zu Archiven bekommen, die bisher verschlossen waren, und über hundert Stunden Interviews geführt mit Männern und Frauen, die die Katastrophe hautnah miterlebt haben. Adam Higginbotham schreibt für »The New Yorker«, »The New York Times Magazine«, »Wired«, »GQ«, und »Smithsonian«. Zuvor war er US-Korrespondent für »The Sunday Telegraph Magazine« sowie Chefredakteur von »The Face«. Er lebt mit seiner Familie in New York City.

Irmengard Gabler war nach dem Studium der Anglistik und Romanistik in Eichstätt und London einige Jahre als wissenschaftliche Mitarbeiterin am Lehrstuhl für romanische Literaturwissenschaft an der Universität Eichstätt tätig. Seit 1993 übersetzt sie Belletristik und Sachbücher aus dem Englischen, Französischen und Italienischen (u. a. Cristina Campo, Serena Vitale, Philippe Blasband, Christopher J. Sansom, John Dickie, Adam Higginbotham). Die Übersetzerin lebt in München.

Weitere Informationen finden Sie auf www.fischerverlage.de

Adam Higginbotham

Mitternacht in Tschernobyl

Die geheime Geschichte
der größten Atomkatastrophe aller Zeiten

Aus dem Englischen
von Irmengard Gabler

FISCHER Taschenbuch

2. Auflage Juli 2026

Erschienen bei FISCHER Taschenbuch
Frankfurt am Main, April 2024

Die amerikanische Originalausgabe erschien 2019
unter dem Titel »Midnight in Chernobyl.
The Untold Story of the World's Greatest Nuclear Disaster«
im Verlag Simon & Schuster, New York

Satz: Dörlemann Satz, Lemförde
Druck und Bindung: CPI books GmbH, Leck
ISBN 978-3-596-03686-8

Kontaktadresse nach EU-Produktsicherheitsverordnung:
produktsicherheit@fischerverlage.de

Für Vanessa

Inhalt

Karten

Die Sowjetunion 1986

✪ nationale Hauptstädte ★ Sowjethauptstädte ♜ Kernkraftwerke ♜ Geschlossene Atomstäd

ARKTISCHER OZEAN
Bilibino
Nördlicher Polarkreis
ISTISCHEN SOWJETREPUBLIKEN
(UdSSR)
Baikalsee
Komsomolsk
am Amur
Amur R.
Wladiwostok
MONGOLEI
CHINA
NORDKOREA
JAPAN
0
1000 Meilen
0
1000 Kilometer

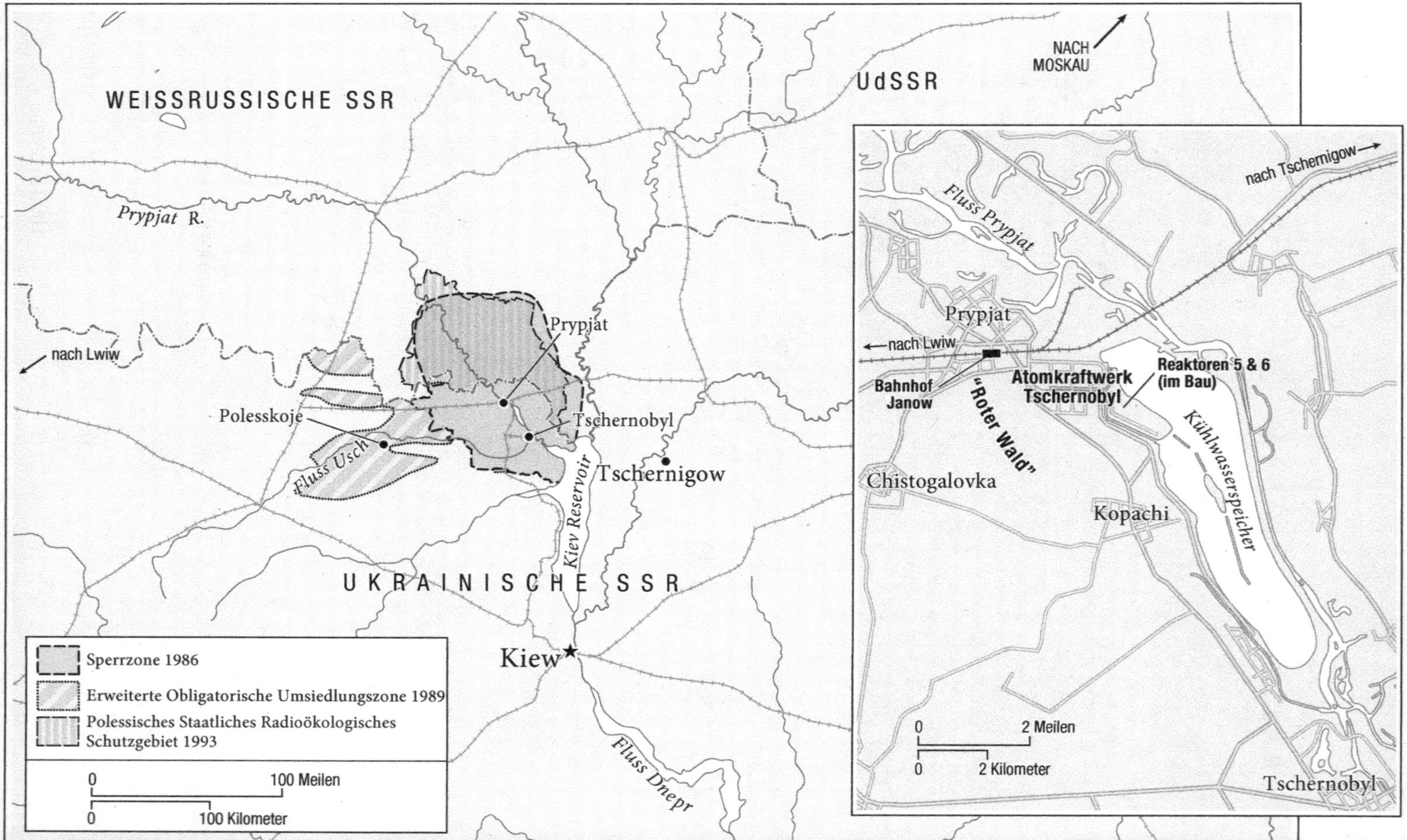
WEISSRUSSISCHE SSR
UdSSR
NACH MOSKAU
Prypjat R.
nach Lwiw
Polesskoje
Fluss Usch
Prypjat
Tschernobyl
Tschernigow
Kiev Reservoir
UKRAINISCHE SSR
Kiew
Fluss Dnepr
Sperrzone 1986
Erweiterte Obligatorische Umsiedlungszone 1989
Polessisches Staatliches Radioökologisches Schutzgebiet 1993
0
100 Meilen
0
100 Kilometer
nach Tschernigow
Fluss Prypjat
Prypjat
nach Lwiw
Bahnhof Janow
"Roter Wald"
Atomkraftwerk Tschernobyl
Reaktoren 5 & 6 (im Bau)
Kühlwasserspeicher
Chistogalovka
Kopachi
0
2 Meilen
0
2 Kilometer
Tschernobyl

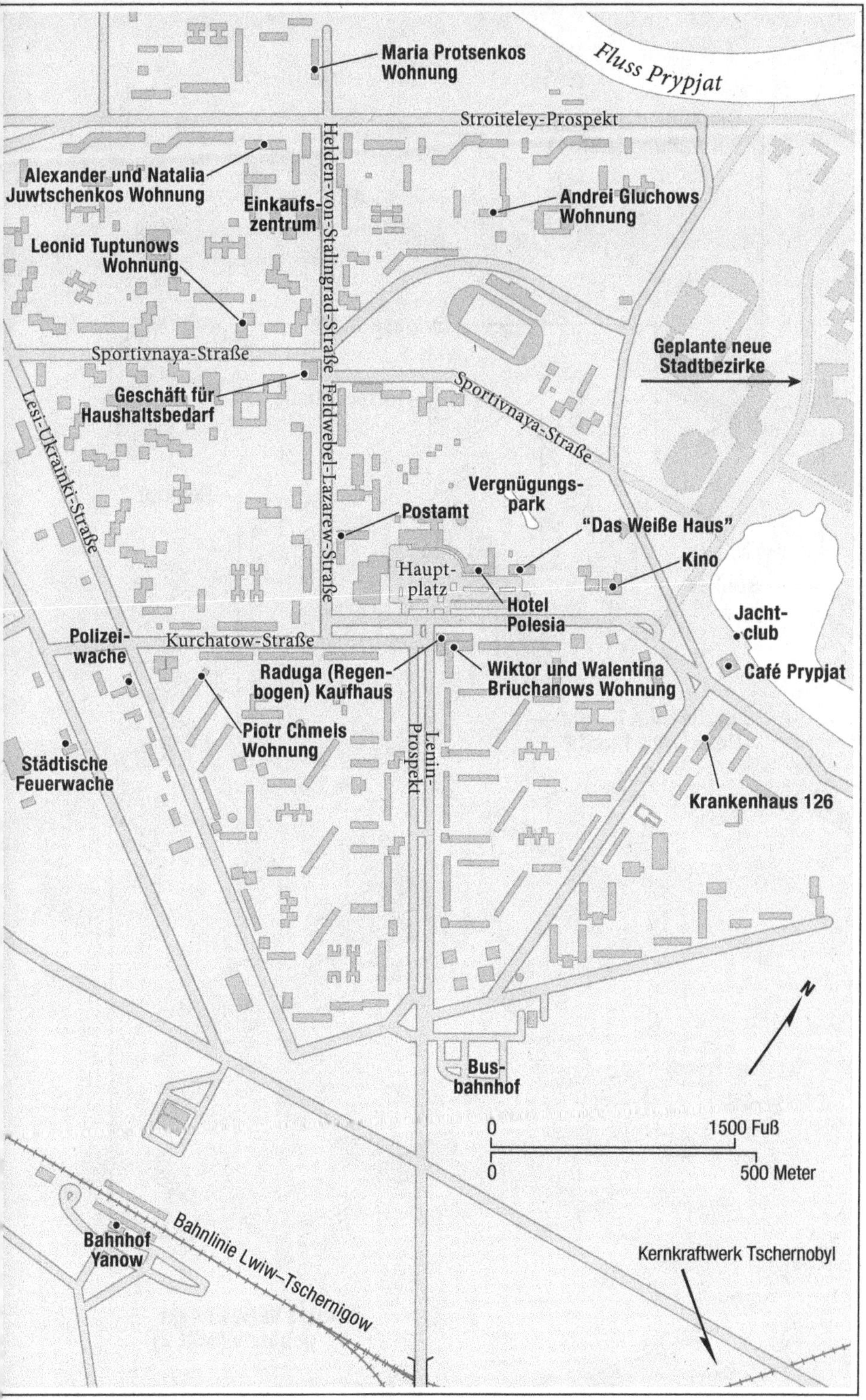

Fluss Prypjat
Maria Protsenkos Wohnung
Stroiteley-Prospekt
Alexander und Natalia Juwtschenkos Wohnung
Einkaufs-zentrum
Helden-von-Stalingrad-Straße
Andrei Gluchows Wohnung
Leonid Tuptunows Wohnung
Sportivnaya-Straße
Geplante neue Stadtbezirke
Geschäft für Haushaltsbedarf
Feldwebel-Lazarew-Straße
Sportivnaya-Straße
Lesi-Ukrainki-Straße
Vergnügungs-park
Postamt
"Das Weiße Haus"
Haupt-platz
Kino
Hotel Polesia
Jacht-club
Polizei-wache
Kurchatow-Straße
Café Prypjat
Raduga (Regen-bogen) Kaufhaus
Wiktor und Walentina Briuchanows Wohnung
Piotr Chmels Wohnung
Lenin-Prospekt
Städtische Feuerwache
Krankenhaus 126
N
Bus-bahnhof
0
1500 Fuß
0
500 Meter
Bahnlinie Lwiw–Tschernigow
Bahnhof Yanow
Kernkraftwerk Tschernobyl

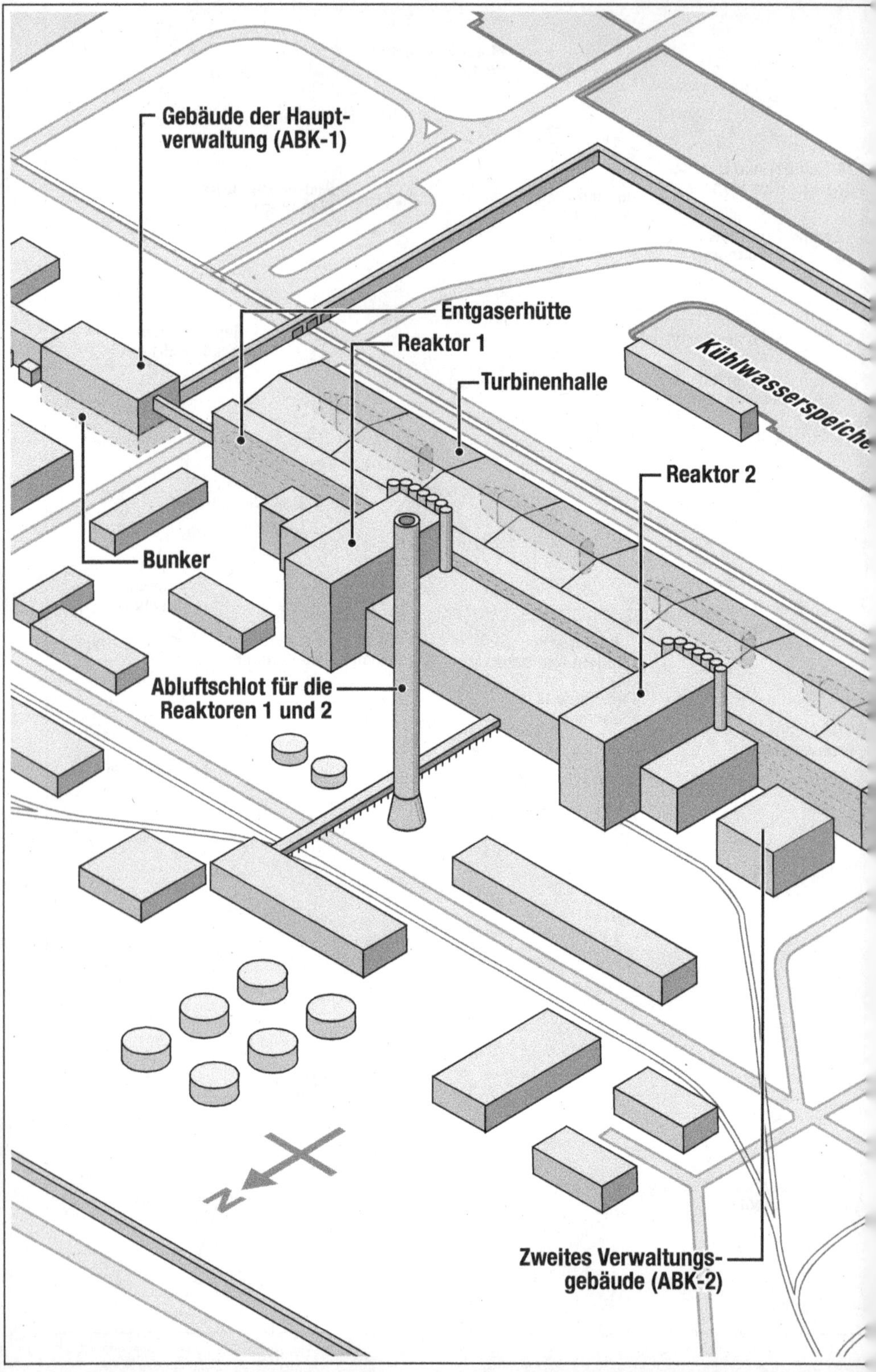

Gebäude der Haupt-
verwaltung (ABK-1)
Entgaserhütte
Reaktor 1
Turbinenhalle
Kühlwasserspeiche
Reaktor 2
Bunker
Abluftschlot für die
Reaktoren 1 und 2
N
Zweites Verwaltungs-
gebäude (ABK-2)

Das Kernkraftwerk Tschernobyl im April 1986

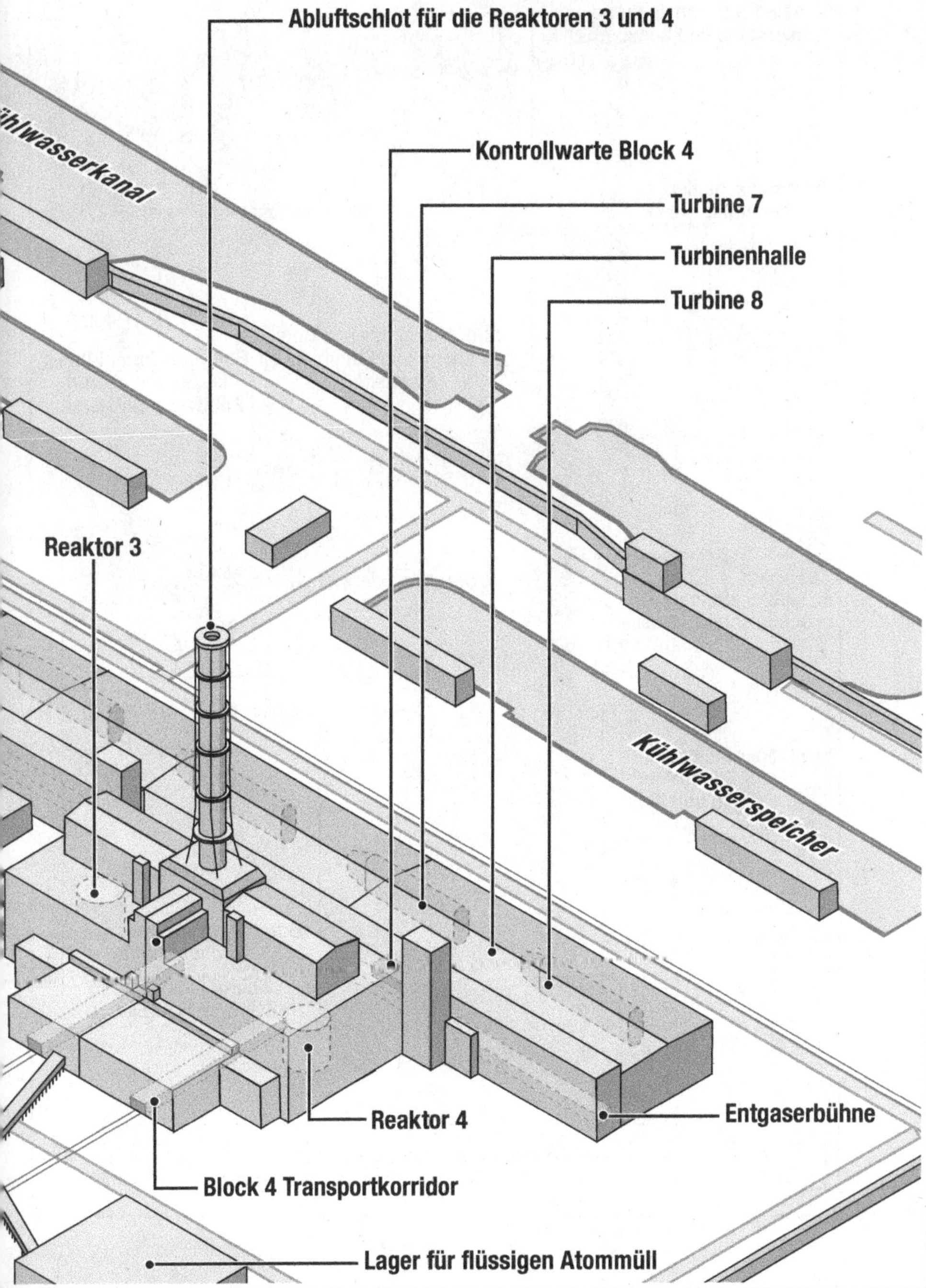

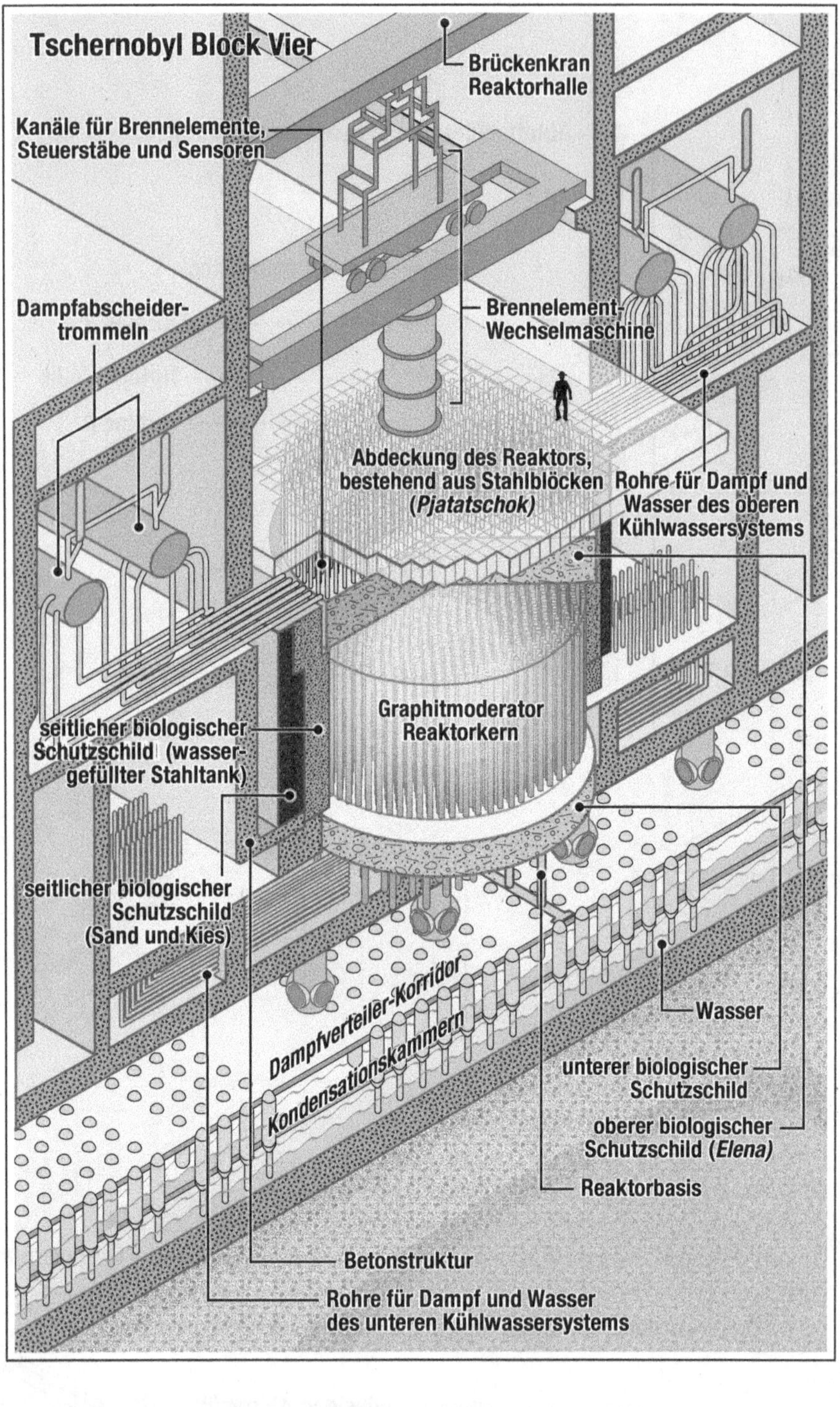

Tschernobyl Block Vier
Brückenkran Reaktorhalle
Kanäle für Brennelemente, Steuerstäbe und Sensoren
Dampfabscheider-trommeln
Brennelement-Wechselmaschine
Abdeckung des Reaktors, bestehend aus Stahlblöcken (*Pjatatschok*)
Rohre für Dampf und Wasser des oberen Kühlwassersystems
Graphitmoderator Reaktorkern
seitlicher biologischer Schutzschild (wasser-gefüllter Stahltank)
seitlicher biologischer Schutzschild (Sand und Kies)
Dampfverteiler-Korridor
Kondensationskammern
Wasser
unterer biologischer Schutzschild
oberer biologischer Schutzschild (*Elena*)
Reaktorbasis
Betonstruktur
Rohre für Dampf und Wasser des unteren Kühlwassersystems

Beteiligte Personen

Atomkraftwerk Tschernobyl und Stadt Prypjat

Verwaltung

Wiktor Brjuchanow – Kraftwerksdirektor
Nikolai Fomin – Chefingenieur; stellvertretender Direktor
Anatoli Djatlow – stellvertretender Chefingenieur

Belegschaft

Alexander Akimow – Schichtleiter, fünfte Schicht in Block Vier
Leonid Toptunow – leitender Reaktorkontrollingenieur, fünfte Schicht in Block Vier
Boris Stoljartschuk – leitender Kontrollingenieur, fünfte Schicht, Block Vier
Juri Tregub – leitender Kontrollingenieur, Block Vier
Alexander Juwtschenko – leitender Maschinenbauingenieur, fünfte Schicht, Block Vier
Waleri Perewostschenko – Werkstattschichtleiter, fünfte Schicht, Block Vier
Serafim Worobjew – Chef des Werksstrahlenschutzes
Weniamin Prianitschnikow – Leiter technische Schulungsprogramme

Feuerwehrleute

Major Leonid Teljatnikow – Kommandant der Paramilitärischen Feuerwache Zwei (AKW Tschernobyl)
Leutnant Wladimir Prawik – Kommandant der dritten Wache, Paramilitärische Feuerwache Nummer Zwei (AKW Tschernobyl)

Leutnant Piotr Chmel – Kommandant der ersten Wache, Paramilitärische Feuerwache Nummer Zwei (AKW Tschernobyl)

Leutnant Wiktor Kibenok – Kommandant der dritten Wache, Paramilitärische Feuerwache Nummer Sechs (Prypjat)

Oberst Wassili Ignatenko – Mitglied der dritten Wache, Paramilitärische Feuerwache Nummer Sechs (Prypjat)

Prypjat

Alexander Esaulow – zweiter Vorsitzender des *Ispolkom* bzw. Stadtrats der Stadt Prypjat; zweiter Bürgermeister

Maria Protzenko – Chefarchitektin der Stadt Prypjat

Natalia Juwtschenko – Lehrerin für russische Sprache und Literatur in Schule Nummer Vier; Ehefrau von Alexander Juwtschenko

Die Regierung

Michail Gorbatschow – Generalsekretär der KPdSU; Staatschef der UdSSR

Nikolai Ryschkow – Vorsitzender des Ministerrats der UdSSR

Jegor Ligatschow – Chefideologe der KPdSU und zweitmächtigster Mann im Politbüro

Wiktor Tschebrikow – Vorsitzender des Komitees für Staatssicherheit (KGB) der UdSSR

Wladimir Dolgich – Sekretär des Zentralkomitees der Kommunistischen Partei, zuständig für die Schwerindustrie, einschließlich der Kernkraft

Wladimir Marin – Chef des atomaren Sektors der Abteilung Schwerindustrie und Energie des Zentralkomitees der KPdSU

Anatoli Majorez Sowjetischer – Minister für Energie und Elektrifizierung

Gennadi Schascharin – stellvertretender Minister für Energie, zuständig vor allem für die Kernenergie

Wladimir Schtscherbitzki – erster Sekretär der Kommunistischen Partei der Ukraine und Mitglied im Politbüro der UdSSR; Staatsoberhaupt der Ukrainischen Sozialistischen Sowjetrepublik

Alexander Ljaschko – Vorsitzender des Ministerrats der Ukrainischen Sozialistischen Sowjetrepublik

Wladimir Malomusch – zweiter Sekretär der Kommunistischen Partei der Oblast Kiew

Witali Skljarow – Ukrainischer Minister für Energie und Elektrifizierung

Boris Schtscherbina – stellvertretender Vorsitzender des sowjetischen Ministerrats; Vorsitzender der Regierungskommission in Tschernobyl

Iwan Silajew – stellvertretender Vorsitzender des sowjetischen Ministerrats, zuständig für die Maschinenbauindustrie; Mitglied im Zentralkomitee der KPdSU; zweiter Vorsitzender der Regierungskommission in Tschernobyl

Die Kernkraftexperten

Anatoli Alexandrow – Vorsitzender der Sowjetischen Akademie der Wissenschaften und Direktor des Kurtschatow-Instituts für Atomenergie, verantwortlich für die Entwicklung der Atomwissenschaft und -technik in der Sowjetunion

Efim Slawski – Minister für Mittleren Maschinenbau, verantwortlich für alle Aspekte des sowjetischen Atomwaffenprogramms

Nikolai Dolleschal – Direktor des sowjetischen Nuklearforschungsinstituts NIKIET

Waleri Legassow – Erster stellvertretender Direktor des Kurtschatow-Instituts und Stellvertreter von Anatoli Alexandrow

Jewgeni Welichow – stellvertretender Direktor des Kurtschatow-Instituts; wissenschaftlicher Berater von Michail Gorbatschow und Rivale von Waleri Legassow

Alexander Meschkow – stellvertretender Minister des Ministeriums für Mittleren Maschinenbau

Boris Pruschinski – Chefingenieur des Sojusatomenergo, die Kernkraftabteilung des Energieministeriums; Chef des OPAS, des Krisenteams des Energieministeriums bei atomaren Störfällen

Alexander Borowoi – Leiter des Neutrino-Labors am Kurtschatow-Institut und wissenschaftlicher Leiter der Komplexen Expedition Tschernobyl

Hans Blix – Direktor der Internationalen Atomenergie-Organisation mit Sitz in Wien, Österreich

Die Generäle

Generaloberst Boris Iwanow – stellvertretender Generalstabschef der sowjetischen Zivilschutztruppen

General Wladimir Pikalow – Kommandant der Chemischen Truppen der Sowjetarmee

Generalmajor Nikolai Antoschkin – Stabschef der 17. Luftlandearmee, Wehrbezirk Kiew

Generalmajor Nikolai Tarakanow – stellvertretender Kommandant der sowjetischen Streitkräfte

Die Ärzte

Dr. Angelina Guskowa – Leiterin der klinischen Abteilung von Krankenhaus Nummer Sechs in Moskau

Dr. Alexander Baranow – Leiter der Hämatologie, Krankenhaus Nummer Sechs, Moskau

Dr. Robert Gale – Hämatologe am UCLA Medical Center, Los Angeles

Prolog

Samstag, 26. April 1986: 16 : 16 Uhr[1]
Kernkraftwerk Tschernobyl, Ukraine

Oberleutnant Alexander Logatschew liebte die Strahlung so wie andere Männer ihre Frauen lieben. Hoch aufgeschossen und gutaussehend, 26 Jahre alt, mit kurz geschorenen blonden Haaren und eisblauen Augen, war Logatschew in die Sowjetarmee eingetreten, als er noch ein Junge war. Er hatte ein gutes Training erhalten. Die Ausbilder an der Militärakademie vor den Toren Moskaus hatten ihm den Umgang mit tödlichen Giften und ungeschützter Strahlung beigebracht. Er war zum Atomwaffentestgelände Semipalatinsk in Kasachstan und zur trostlosen Osturalspur gereist, wo der Fallout eines geheim gehaltenen radioaktiven Unfalls noch heute die Landschaft vergiftet. Seine Ausbildung hatte ihn sogar zu der verbotenen Inselgruppe Nowaja Semlja hoch oben im Polarkreis geführt, auf der die schreckliche Zar-Bombe gezündet worden war, die größte Kernfusionswaffe in der Geschichte.[2]

Jetzt, als oberster Offizier der Aufklärungsdivision Strahlenschutz des 427. Mechanisierten Rotbanner-Regiments des Zivilschutzes in der Region Kiew, wusste Logatschew, wie er sich selbst und seine drei Untergebenen vor Nervengiften, biologischen Waffen, Gammastrahlen und heißen Teilchen schützen konnte: indem er sich genau an die Vorschriften hielt, seinem Dosimeter vertraute und nötigenfalls nach der Erste-Hilfe-Ausrüstung für atomare, biologische und chemische Kriegsführung griff, die sich im Cockpit des Panzerwagens befand. Der beste Schutz, so seine Überzeugung, war jedoch psychologischer Natur. Wer sich dazu hinreißen ließ, die Strahlung zu fürchten, der lebte gefährlich. Wer ihre gespenstische Gegenwart dagegen liebte und schätzte, ihre Launen verstand, der hielt sogar dem intensivsten Beschuss durch Gammastrahlen stand und war danach genauso gesund wie zuvor.[3]

Während er an diesem Morgen durch die Vororte von Kiew brauste, an der Spitze einer Kolonne aus über dreißig Fahrzeugen, die zu einem Zwischenfall im Kernkraftwerk Tschernobyl gerufen worden waren, hatte Logatschow allen Grund zur Zuversicht. Die Frühlingsluft, die durch die Luken seines Panzerspähwagens hereinwehte, duftete nach Bäumen und frisch gemähtem Gras. Seine Männer, die sich am Vorabend zur monatlichen Inspektion auf dem Paradeplatz eingefunden hatten, waren gut gedrillt und einsatzbereit. Die Strahlungsdetektoren zu seinen Füßen – darunter ein neu installiertes elektronisches Messgerät, das doppelt so empfindlich war wie das Vorgängermodell – raunten sanft. Sie nahmen offenbar nichts Ungewöhnliches wahr in der Atmosphäre ringsum.[4]

Als sie sich später jedoch dem Kraftwerk näherten, wurde klar, dass etwas Außergewöhnliches vorgefallen war. Vor dem Betonschild, das den Eingang zum Kraftwerksgelände markierte, schlug das Dosimeter zum ersten Mal Alarm, und der Leutnant ließ anhalten, um den Wert zu erfassen: 51 Röntgen pro Stunde. Nur 60 Minuten an dieser Stelle, und sie würden alle die Höchstdosis für einen sowjetischen Soldaten während eines Kampfeinsatzes aufnehmen. Sie fuhren weiter, folgten den Hochspannungsmasten, deren Linie sich bis zum Horizont erstreckte, in Richtung Kernkraftwerk; die Messwerte stiegen noch weiter, ehe sie wieder abfielen.[5]

Als der Panzerspähwagen dann am betonierten Ufer des Kühlungskanals entlang polterte, kam schließlich die Silhouette von Reaktorblock Vier des Kernkraftwerks Tschernobyl in Sicht, und Logatschow und seine Männer betrachteten sie schweigend. Das Dach des 20-stöckigen Gebäudes war aufgerissen, die oberen Bereiche geschwärzt und eingestürzt. Sie sahen zertrümmerte Stahlbetonplatten, herabgestürzte Graphitblöcke und an manchen Stellen die schimmernden Metallgehäuse der Brennelemente aus dem Reaktorkern. Eine Dampfwolke trieb aus der Ruine in den sonnigen Himmel.

Doch ihr Befehl lautete, den Reaktor in Augenschein zu nehmen. Ihr gepanzerter Wagen kroch mit zehn Stundenkilometern entgegen dem Uhrzeigersinn über das Gelände.[6] Feldwebel Wlaskin las laut die Strahlungsmesswerte von den neuen Instrumenten ab, und Logatschow kritzelte sie auf eine Karte, die mit Kugelschreiber und farbigem Filzstift von Hand auf ein Blatt Pergamentpapier gezeichnet war: ein Röntgen pro Stunde; dann zwei, dann drei. Sie bogen nach links, und die Werte schnellten nach oben: zehn, dreißig, fünfzig, einhundert.

»250 Röntgen pro Stunde!«, rief der Feldwebel. Seine Augen weiteten sich.

»Genosse Leutnant«, stammelte er und deutete auf das Radiometer.

Logatschew warf einen Blick auf die Anzeige und spürte vor Schreck ein Kribbeln auf der Kopfhaut: 2080 Röntgen pro Stunde.[7] Eine unmögliche Zahl.

Logatschew hatte Mühe, ruhig zu bleiben und sich an das Lehrbuch zu erinnern, seine Angst zu besiegen. Doch sein Training griff nicht mehr, und der Leutnant hörte sich selbst, wie er in panischer Angst, das Fahrzeug könnte den Geist aufgeben, seinen Fahrer anbrüllte:

»Warum fährst du hier lang, du blöder Hund? Hast du sie noch alle? Wenn der Motor abstirbt, sind wir in fünfzehn Minuten tot!«

Teil 1

Geburt einer Stadt

Kapitel 1

Der sowjetische Prometheus

Das gemächliche Knattern herannahender Rotorblätter scheuchte Krähen auf. Sie stoben über die gefrorenen Wiesen und das perlige Geflecht von Bächen und Tümpeln, die das Flussbecken des Prypjat säumten. Weit unten, bis zu den Knien im Schnee, stand Wiktor Brjuchanow und wartete, schwere Dampfwolken in die Luft atmend, auf das Eintreffen der *Nomenklatura* aus Moskau.[1]

Als der Hubschrauber gelandet war, stapfte die Delegation von Ministern und kommunistischen Parteifunktionären gemeinsam über das Schneefeld. Die eisige Kälte nagte an ihren schweren Wollmänteln und kroch unter ihre hohen Pelzmützen. Der Vorsitzende des Ministeriums für Energie und Elektrifizierung der Sowjetunion sowie hochrangige Parteifunktionäre der Sowjetrepublik Ukraine stießen an der Stelle zu Brjuchanow, wo ihr kühnes neues Projekt seinen Anfang nehmen sollte. Brjuchanow, klug, ehrgeizig und ein überzeugter Parteimann, war mit nur vierunddreißig Jahren in die West-Ukraine gekommen mit dem Auftrag, ein Atomkraftwerk zu bauen, das – wenn es nach dem Willen der sowjetischen Zentralplaner ging – das größte der Welt werden sollte.[2]

Als sie sich unweit des Flussufers versammelten, begossen die zwölf Männer ihre Pläne mit Cognac. Ein Staatsfotograf ließ sie zwischen langstieligen Schaufeln und einem Theodoliten Aufstellung nehmen, während im Hintergrund gedrungen und unbeholfen der Hubschrauber wartete. Sie standen im Schnee und sahen zu, wie Minister Neporoschni einen feierlichen Pflock Zentimeter für Zentimeter in den stahlharten Boden trieb.

Es war der 20. Februar 1970. Nach monatelanger Überlegung hatten sich die Sowjetbehörden endlich auf einen Namen geeinigt für das neue Kraftwerk, das die Kerntechnik der Sowjetunion einmal auf der ganzen Welt berühmt machen würde. Sie hatten mehrere Optionen in Erwägung gezogen: Atomkraftwerk Nord-Kiew, Atomkraftwerk West-Ukraine oder vielleicht auch Atomkraftwerk Prypjat.[3] Doch schließlich unterzeichnete Wladimir Schtscherbitzki, der Respekt einflößende Parteivorsitzende der Ukraine, den Beschluss, dass der Bau den Namen der regionalen Hauptstadt erhalten sollte: eine kleine, aber geschichtsträchtige Stadt mit zweitausend Einwohnern, vierzehn Kilometer von der Stelle entfernt, an der Brjuchanow und seine Bosse im schneebedeckten Feld standen.[4]

Die Stadt Tschernobyl war im zwölften Jahrhundert errichtet worden. Achthundert Jahre lang beheimatete sie Bauern, die in den Flüssen fischten, ihre Kühe auf den Wiesen weiden ließen und in den dichten Wäldern im Nordwesten der Ukraine und im südlichen Weißrussland nach Pilzen suchten. Nachdem Tschernobyl wiederholt von Pogromen, Säuberungen, Hungersnöten und Krieg heimgesucht worden war, herrschte in der zweiten Hälfte des zwanzigsten Jahrhunderts endlich Frieden. Die Stadt hatte sich zu einem ruhigen Provinzzentrum gemausert, mit einer Handvoll Fabriken, einem Krankenhaus, einer Bibliothek und einem Kulturpalast. Auf einer kleinen Schiffswerft wurden die Schleppkähne und Lastschiffe instandgesetzt, die den Prypjat und den Dnepr befuhren, die beiden Flüsse, die sich in der Nähe vereinten.[5] Wasser durchzog die umgebende Landschaft, eine unendlich flache Gegend aus Torfmooren, Sümpfen und Auwäldern, die einen Teil des Dnepr-Beckens ausmachten. Dieses Geflecht aus 32 000 Flüssen und Strömen bedeckte fast die Hälfte der Ukraine. Nur fünfzehn Kilometer flussabwärts von der Stelle, an der das neue Kraftwerk entstehen sollte, vereinigten sich die Flüsse und strömten weiter zum Kiewer Meer, einem riesigen Stausee, der die zweieinhalb Millionen Einwohner der zwei Autostunden weiter südöstlich gelegenen ukrainischen Hauptstadt mit frischem Wasser versorgte.[6]

Wiktor Brjuchanow war zu Beginn des Winters in Tschernobyl angekommen. Er logierte im einzigen Hotel der Stadt, einem schmucklosen einstöckigen Gebäude in der Sowietskaja-Straße.[7] Er war schlank, aber athletisch, hatte ein schmales, ängstliches Gesicht, einen dunklen Teint und dichte dunkle Locken. Als ältestes von vier Kindern entstammte Brjuchanow einer russischen Familie, wuchs aber in Usbekistan auf, in den Bergen von Sowjetisch-Mittelasien.[8] Er sah exotisch aus: Als er ihm zum ersten Mal begegnet war, dachte der Divisionsmajor des KGB, der junge Direktor könne Grieche sein.[9]

Brjuchanow setzte sich auf sein Hotelbett und packte den Inhalt seines Aktenkoffers aus: ein Notizbuch, etliche Baupläne und einen hölzernen Rechenschieber. Obwohl er jetzt der Direktor und bislang einzige Angestellte des Atomkraftwerks Tschernobyl war, wusste Brjuchanow wenig über Atomkraft. Am Polytechnischen Institut in Taschkent hatte er Elektroingenieurswesen studiert. Er hatte zunächst einfache Tätigkeiten in der Turbinenwerkstatt eines usbekischen Wasserkraftwerks ausgeführt, war aber schnell aufgestiegen, um die Inbetriebnahme des größten Kohlekraftwerks der Ukraine in Slowjansk, im industriellen Osten der Republik, zu beaufsichtigen. Doch im Energie-Ministerium in Moskau galten Wissen und Erfahrung als weniger wichtige Qualifikationen für eine leitende Position als Loyalität und die Fähigkeit, Ideen in die Tat umzusetzen. Technische Angelegenheiten konnten den Experten überlassen werden.[10]

Anfang der siebziger Jahre begann die UdSSR im Schnellverfahren Reaktoren zu bauen, zum einen, um dem steigenden Energiebedarf im Land zu begegnen, zum anderen, um mit dem Westen Schritt zu halten. Sowjetische Wissenschaftler hatten einmal für sich in Anspruch genommen, weltweit führend im Bereich der Kerntechnik zu sein, und versetzten 1954 ihre kapitalistischen Gegenspieler in Erstaunen, indem sie den ersten Reaktor fertigstellten, der kommerziell Strom erzeugte. Doch seitdem waren sie hoffnungslos abgehängt worden. Im Juli 1969, als amerikanische Astronauten die letzten Vorbereitungen für die Mondlandung trafen, verlangte der sowjetische Minister für Energie und Elektrifizierung eine aggressive Ausweitung der Kernenergie.[11] Als ehrgeiziges Ziel plante er für den europäischen Teil der Sowjetunion, vom Finnischen Meerbusen bis zum Kaspischen Meer, ein Netz aus neuen Kernkraftanlagen mit riesigen Reaktoren aus Massenfertigung.

In diesem Winter, da die sechziger Jahre sich dem Ende zuneigten, bestellte der Energieminister Brjuchanow nach Moskau und wies ihm sein neues Aufgabengebiet zu. Es war ein äußerst prestigeträchtiges Projekt.[12] Es wäre nicht nur das erste Atomkraftwerk in der Ukraine, sondern auch Neuland für das Ministerium für Energie und Elektrifizierung, das noch nie ein Atomkraftwerk von Anfang an gebaut hatte.[13] Bis jetzt war jeder Reaktor in der UdSSR vom Ministerium für Mittleren Maschinenbau konstruiert worden, der geheimen Organisation hinter dem sowjetischen Atomwaffenprogramm, so geheim, dass sogar ihr Name eine Chiffre war, die jede Neugier entmutigen sollte. Doch Brjuchanow war mit Freuden bereit, sich jeder Herausforderung zu stellen, wie groß sie auch sei, und die Fahne des Roten Atoms hoch zu halten.

Allein auf seinem Hotelbett sitzend, stellte sich der junge Ingenieur seiner Verantwortung, auf einem leeren Feld ein Projekt hervorzuzaubern, das fast 400 Millionen Rubel kosten sollte.[14] Er erstellte Materiallisten, um mit den Bauarbeiten beginnen zu können, und errechnete mit Hilfe seines Rechenschiebers deren voraussichtliche Kosten. Dann sandte er seine Schätzungen an die Staatsbank in Kiew. Er fuhr fast täglich mit dem Bus in die Stadt; und wenn kein Bus verfügbar war, fuhr er per Anhalter. Da das Projekt keinen Buchhalter hatte, gab es auch keine Gehaltsabrechnung, und so erhielt er keinen Lohn.[15]

Bevor Brjuchanow mit dem Bau des Kraftwerks selbst beginnen konnte, musste er die nötige Infrastruktur schaffen, um Materialien und Ausrüstung an Ort und Stelle zu bringen: eine Gleisverbindung vom Bahnhof im nahegelegenen Yanow und eine neue Anlegestelle am Fluss, um Kies und armierten Beton in Empfang zu nehmen.[16] Er stellte Bauarbeiter ein, und schon bald begann ein stetig wachsendes Heer von Männern und Frauen an den Hebeln von Baggern und gewaltigen BelAZ-Kipplastern Wege durch den Wald zu ziehen und ein Plateau aus der graubraunen Landschaft zu schaben. Um für sich selbst, einen neu eingestellten Buchhalter und die Handvoll Arbeiter, die auf der Baustelle lebten, Unterkünfte zu schaffen, ließ Brjuchanow auf einer nahen Waldlichtung ein provisorisches Dorf errichten. Die neue Siedlung, eine Ansammlung von Holzhütten auf Rädern, eine jede mit einer kleinen Küche und einem Holzofen ausgestattet, wurde von ihren neuen Bewohnern schlicht *Lesnoi* – »vom Wald« – getauft.[17] Als es wärmer wurde, ließ Brjuchanow ein Schulhaus bauen, in dem Kinder bis zur vierten Klasse unterrichtet werden konnten. Im August 1970 kam seine junge Familie zu ihm nach Lesnoi: seine Frau Walentina, ihre sechsjährige Tochter Lilia und ihr kleiner Sohn Oleg.

Walentina und Wiktor Brjuchanow hatten die ersten zehn Jahre ihres gemeinsamen Lebens dabei geholfen, den sozialistischen Elektrifizierungstraum zu erfüllen. Tschernobyl war die dritte Kraftwerksgründung der Familie innerhalb von sechs Jahren. Walentina und Wiktor waren sich als junge Fachkräfte auf der Baustelle des Wasserkraftwerks in Angren begegnet, hundert Kilometer von der usbekischen Hauptstadt Taschkent entfernt. Walentina war die Assistentin eines Turbineningenieurs gewesen und Wiktor, frisch von der Universität, ein Praktikant. Er hatte eigentlich an die Universität zurückkehren und seinen Magister abschließen wollen, als der Leiter seiner Abteilung im Kraftwerk ihn überredete zu bleiben: »Warten Sie«, sagte er zu ihm, »hier werden Sie Ihrer zukünftigen Frau begegnen!« Gemeinsame Freunde machten Wiktor und Walentina im Winter 1959 miteinander bekannt: »Du wirst in ihren Augen ertrinken«, versprachen sie ihm. Die beiden waren erst ein knappes Jahr miteinander ausgegangen, als sie im Dezember 1960 in Taschkent heirateten. 1964 kam Lilia auf die Welt.

Für Walentina war Lesnoi ein magischer Ort, mit weniger als einem Dutzend Familien, die in provisorischen Behausungen lebten. Kaum war nachts das Gebrüll der Bulldozer und Schaufelbagger verebbt, breitete sich eine samtige Stille über die Lichtung, deren Dunkelheit von nur einer Laterne und den Rufen der Eulen durchdrungen wurde. Hin und wieder, um die Bauarbeiter zu inspirieren und ihnen dabei zu helfen, ihre vorgegebenen Ziele zu erreichen, sandte ihnen Moskau sowjetische Berühmtheiten, wie den Romani-Superstar Nikolai Slitschenko und seine Truppe, die Theateraufführungen und Konzerte zum Besten gaben. Die Familie blieb noch zwei Jahre in der Waldsiedlung, während sogenannte Stoßarbeiter-Brigaden die erste Reaktorgrube und einen gewaltigen Wasserspeicher aus dem sandigen Boden hoben – einen künstlichen See, elf Kilometer lang und 2,5 Kilometer breit, der die Millionen Kubikmeter Kühlwasser liefern würde, die unabdingbar waren, um vier gewaltige Reaktoren am Laufen zu halten.[18]

Unterdessen beaufsichtigte Wiktor am Ufer des Flusses die Entstehung einer neuen Siedlung – einer *atomgrad* oder »Atomstadt«. Diese Siedlung, die man schließlich Prypjat taufte, sollte die vielen Tausend Mitarbeiter samt ihren Familien aufnehmen, die künftig einmal den Atomreaktor betreiben würden. 1972 waren bereits mehrere Wohnheime und Apartmentblocks fertiggestellt. Die neue Stadt entstand so schnell, dass es zunächst weder gepflasterte Straßen noch ein kommunales Heizwerk gab, um die Gebäude zu versorgen. Doch ihre Bewohner waren jung und enthusiastisch. Die erste Gruppe von Nuklearexperten glaubte bei ihrer Ankunft idealistisch an eine atomare Zukunft und war erpicht darauf, die Heimat mit Hilfe der neuen Technologie grundlegend zu verändern. Für sie waren derartige Probleme Lappalien – um sich nachts warm zu halten, schliefen sie in ihren Mänteln.[19]

Walentina und Wiktor gehörten zu den ersten Bewohnern der neuen Stadt. Sie bezogen im Winter 1972 eine Vier-Zimmer-Wohnung am Lenin-Prospekt 6, direkt am Ortseingang. Während sie auf die Fertigstellung der ersten Schule warteten, fuhr ihre Tochter Lilia jeden Tag per Lastwagen oder Auto nach Lesnoi, wo sie im Waldschulhaus unterrichtet wurde.

Sowjetischen Planungsvorschriften zufolge wurde Pripyat vom eigentlichen Kraftwerk durch eine Sicherheitszone getrennt, in der das Bauen verboten war.[20] Auf diese Weise sollte gewährleistet sein, dass die Bevölkerung nicht etwa schwacher ionisierender Strahlung ausgesetzt war. Trotzdem war das Kraftwerk von Prypjat aus in weniger als zehn Autominuten zu erreichen – per Luftlinie waren es nur drei Kilometer. Und als die Stadt immer weiter wuchs, bauten sich ihre Bewohner Sommerhäuser auch innerhalb der Sicherheitszone.[21] Für eine provisorische Datscha und ein Gemüsegärtchen setzte man sich gern über geltende Regeln hinweg.

Wiktor Brjuchanows Instruktionen für das Atomkraftwerk Tschernobyl umfassten zunächst den Bau zweier Atomreaktoren – ein neues Modell, bekannt unter dem Akronym RBMK für *Reaktor bolschoy moschnosti kanalnyy* oder Siedewasser-Druckröhrenreaktor.[22] Entsprechend der sowjetischen Neigung zur Gigantomanie war der RBMK nicht nur größer, sondern auch leistungsstärker als fast alle Reaktoren im Westen und theoretisch in der Lage, 1000 Megawatt Strom zu erzeugen, für mindestens eine Million moderne Haushalte.[23] Der strenge Zeitplan, den ihm seine Bosse in Moskau und Kiew vorgegeben hatten, zwang Brjuchanow zu übermenschlicher Eile: Gemäß den Vorgaben des neunten Fünf-Jahresplans sollte der erste Reaktor bereits im Dezember 1975 ans Netz gehen, der zweite noch vor Ende des Jahres 1979. Brjuchanow erkannte schnell, dass dieser Zeitplan unmöglich einzuhalten war.[24]

Als der junge Direktor 1970 die Arbeit in Tschernobyl begann, schaltete das sozialistische Wirtschaftsexperiment allmählich in den Rückwärtsgang. Die UdSSR ächzte unter der Last jahrzehntelanger Planwirtschaft, törichter Bürokratie, gewaltiger Militärausgaben und wuchernder Korruption – der Beginn dessen, was man als Ära der Stagnation bezeichnen würde.[25] Kürzungen und Engpässe, Diebstahl und Unterschlagung zerstörten fast jede Industrie. Die Kernkraft war keine Ausnahme. Von Beginn an fehlte es Brjuchanow an Ausrüstung.[26] Maßgebliche mechanische Teile und Baumaterialien tauchten oft zu spät oder überhaupt nicht auf, und was ankam, war oft fehlerhaft.[27] Stahl und Zirkonium – wesentlich für die kilometerlangen Rohrleitungen und vielen hundert Brennelemente, die im Herzen des riesigen Reaktors verlegt werden sollten – waren Mangelware; Rohrleitungen und Stahlbeton, für den nuklearen Gebrauch bestimmt, erwiesen sich oft als dermaßen schäbig verarbeitet, dass man sie wegwerfen musste. Die handwerkliche Qualität sowjetischer Produkte war auf allen Ebenen derart miserabel, dass man bei Bauprojekten in der gesamten Energiewirtschaft des Landes stets eine zusätzliche Phase einplanen musste, die sogenannte »vorbetriebliche Instandsetzung«.[28] Jedes fabrikneue Gerät – ob Transformator, Turbine oder Schalteinheit – wurde vor Gebrauch bis zur letzten Schraube und Mutter auseinandergenommen, nach Fehlern untersucht, repariert und dann gemäß den Originalplänen wieder zusammengesetzt, genau so, wie es gleich zu Beginn hätte sein sollen. Erst jetzt konnte es sicher installiert werden. Diese verschwenderische Doppelarbeit bescherte jedem Bauprojekt monatelange Verzögerungen und Millionen Rubel an Mehrkosten.

Ende 1971 und Anfang 1972 hatte Brjuchanow mit Streitereien und Rangeleien zwischen seinen Bauleitern zu kämpfen und steckte von seinen kommunistischen Parteibossen in Kiew einen Rüffel nach dem anderen ein.[29] Die Arbeiter klagten über Lebensmittelkürzungen und die Schlangen vor der Baustellenkantine. Er hatte es versäumt, Kalkulationen und Planungen zu schicken, hielt Fristen nicht ein und konnte das von Moskau vorgegebene monatliche Arbeitssoll nicht annähernd erfüllen. Und doch gab es immer noch mehr zu tun: Prypjats neue Bürger brauchten eine Bäckerei, ein Krankenhaus, einen Kulturpalast und ein Einkaufszentrum. Außerdem mussten noch mehr Wohnungen gebaut werden.[30]

Im Juli 1972 fuhr Wiktor Brjuchanow schließlich erschöpft und desillusioniert nach Kiew, um mit seinem Vorgesetzten aus dem Ministerium für Energie und Elektrifizierung zu sprechen. Er war noch keine drei Jahre Direktor des Atomkraftwerks Tschernobyl, dessen Bau gerade erst begonnen hatte, und plante bereits seinen Rücktritt.[31]

Hinter all den katastrophalen Fehlschlägen der UdSSR während der Zeit der Stagnation – hinter der kleptokratischen Pfuscherei, der Vetternwirtschaft, der verdrießlichen Ineffizienz und der ruinösen Verschwendung der Planwirtschaft – stand die monolithische Macht der Kommunistischen Partei. Die Partei hatte sich als einzelne Fraktion unter all denen hervorgetan, die nach der Revolution von 1917 in Russland nach der Macht strebten, und vertrat vermeintlich den Willen der Arbeiter, etablierte jedoch schon bald die Kontrolle eines Einparteiensystems – mit dem das Proletariat dem »Wahren Kommunismus« zugeführt werden sollte.[32]

Im Gegensatz zum bloßen Sozialismus war der wahre Kommunismus die marxistische Utopie: »eine klassenlose Gesellschaft, die unbegrenzte Möglichkeiten für menschliche Errungenschaften beinhaltet«, ein egalitärer Traum von Selbstverwaltung durch das Volk.[33] Als an die Stelle der Revolution die politische Unterdrückung trat, wurde der Verwirklichungstermin für dieses meritokratische Shangri-la wiederholt in die Zukunft verschoben. Doch die Partei hielt an ihrer Rolle fest, indem sie die marxistisch-leninistischen Vorgaben durchsetzte und zu einem ideologischen Apparat hauptamtlicher Funktionäre erstarrte, der nominell zwar von der Regierung getrennt agierte, in Wahrheit aber auf fast jeder gesellschaftlichen Ebene die Entscheidungen traf.

Jahrzehnte später hatte die Partei ihre eigene starre Hierarchie persönlicher Vetternwirtschaft etabliert und verfügte über die Entscheidungsgewalt über eine ganze Klasse einflussreicher Positionen, bekannt als *Nomenklatura*.[34] Parteifunktionäre beaufsichtigten jede Werkstatt, jedes zivile oder militärische Unternehmen, jede Industrie und jedes Ministerium: die *Apparatschiki*, die im gesamten Reich eine Schattenbürokratie aus politischen Funktionären bildeten. Während offiziell jede der fünfzehn Sowjetrepubliken von ihrem eigenen Ministerrat regiert wurde, den ein Vorsitzender leitete, war es faktisch der nationale Anführer der jeweiligen Kommunistischen Partei – der erste Sekretär –, der das Sagen hatte. Über ihnen allen saß mit versteinerter Miene Leonid Breschnew, Generalsekretär der Kommunistischen Partei der Sowjetunion und Vorsitzender des Politbüros, gab Direktiven von Moskau an sie weiter und war de facto Herrscher über 242 Millionen Menschen. Diese institutionalisierte Einmischung erwies sich als verwirrend und kontraproduktiv für die geregelten Abläufe eines modernen Staates, und dennoch hatte die Partei stets das letzte Wort.[35]

Die Mitgliedschaft in der Partei stand nicht jedermann offen. Sie erforderte einen erschöpfenden Bewerbungs- und Zulassungsprozess, die Unterstützung durch andere Mitglieder und die Zahlung regelmäßiger Gebühren. 1970 war von fünfzehn Sowjetbürgern gerade einmal eine Person zugelassen worden.[36] Dabei brachte die Mitgliedschaft Vergünstigungen und Vorteile mit sich, die nur für die Elite verfügbar waren; den Einkauf in speziellen Geschäften, den Erwerb ausländischer Zeitungen, eine besondere medizinische Versorgung sowie die Möglichkeit, ins Ausland zu reisen. Überdies war es ohne Parteibuch schwierig, einen verantwortungsvollen Posten zu ergattern. Ausnahmen waren selten. Als Wiktor Brjuchanow 1966 in die Partei eintrat, war diese allgegenwärtig.[37] Am Arbeitsplatz war er deshalb zwei Herren verpflichtet; seinen unmittelbaren Vorgesetzten und dem Komitee der lokalen Kommunistischen Partei. So war es auch, als er zum Direktor eines Atomkraftwerks befördert wurde. Er erhielt einerseits Anweisungen aus dem Energieministerium in Moskau, wurde aber auch von den Anforderungen des regionalen Komitees in Kiew tyrannisiert.

Obwohl zu Beginn der Siebzigerjahre viele Parteimitglieder noch immer an die marxistisch-leninistischen Prinzipien glaubten, war die Ideologie unter dem unheilvollen Blick Breschnews und seiner vergreisten Clique nur noch Augenwischerei. Die drei Jahrzehnte währende Stalinära mit ihren Massensäuberungen und willkürlichen Hinrichtungen war zwar vorbei, aber immer noch lenkten Parteiführer und Leiter großer Unternehmen – Kolchosen und Panzerfabriken, Kraftwerke und Krankenhäuser – ihre Belegschaft mit Tyrannei und Einschüchterung. Sie waren die gewalttätigen Bürokraten, die nach dem Schriftsteller und Historiker Piers Paul Read »das Gesicht eines Lastwagenfahrers, aber die Hände eines Pianisten« besaßen.[38] Einen laut hinausgebrüllten und mit Kraftausdrücken gespickten Rüffel einstecken zu müssen, war ein demütigendes Ritual, das sich in den Büros tagtäglich wiederholte.[39] Es erzeugte eine hierarchische Kultur kriecherischer Jasager, die lernten, die Launen ihrer Vorgesetzten vorherzusehen und jeder ihrer Äußerungen beizupflichten, während sie ihre eigenen Untergebenen einschüchterten. Wann immer der Vorgesetzte seine Vorschläge zur Disposition stellte, konnte er davon ausgehen, dass sie einstimmig angenommen wurden, ein Triumph der rohen Gewalt über die Vernunft.

In vielen politischen, ökonomischen und wissenschaftlichen Zusammenhängen wurden nur diejenigen befördert, die ihre persönlichen Meinungen für sich behielten, Konflikten aus dem Weg gingen und ihren Vorgesetzten bedingungslos gehorchten. Mitte der Siebzigerjahre hatte dieser blinde Konformismus individuelle Entscheidungen auf allen Ebenen des Staates und des Parteiapparats erstickt, was nicht nur die Bürokratie, sondern auch technische und wirtschaftliche Bereiche verseuchte. Lug und Trug waren systeminhärent und wurden entlang der Befehlskette in beide Richtungen verkauft. So waren Berichte von Untergebenen an ihre Vorgesetzten mit gefälschten Statistiken und aufgeblähten Schätzungen gespickt, mit triumphal erreichten Zielen und weit übertroffenen Quoten. Um seine eigene Position zu schützen, gab jeder Verantwortliche, auf jeder Ebene, die Lügen nach oben weiter oder vergrößerte sie sogar noch.

An der Spitze einer schwankenden Pyramide der Falschheit saßen die Bonzen des Komitees für Wirtschaftsplanung – *Gosplan* – in Moskau und brüteten über Statistiken, die in Wirklichkeit jeder Grundlage entbehrten.[40] Als Gehirn der »Planwirtschaft« verwaltete Gosplan die zentralisierte Verteilung von Ressourcen in der gesamten UdSSR, von Zahnbürsten bis hin zu Traktoren, von Stahlbeton bis hin zu Plateaustiefeln. Doch die Wirtschaftsexperten in Moskau hatten keinerlei verlässliche Angaben darüber, was in dem riesigen Reich, das sie nominell verwalteten, wirklich vor sich ging. Die falsche Buchführung war so vorherrschend, dass das KGB irgendwann beschloss, die Kameras seiner Spionagesatelliten auf das sowjetische Usbekistan zu richten in dem Versuch, exakte Informationen über die Baumwollernte des Staates zu sammeln.

Mangelversorgung und dann wieder ein scheinbar unerklärliches Überangebot an Gütern und Materialien gehörten zur düsteren Alltagsroutine, und das Einkaufen wurde zum Glücksspiel, das mit einer *Avoska* gespielt wurde, einem »Was-wäre-wenn-Einkaufsnetz«, das man in der Hoffnung bei sich trug, auf ein Geschäft zu stoßen, das erst vor kurzem mit nützlichen Vorräten beliefert worden war – Zucker, Toilettenpapier oder Dosenratatouille aus der Tschechoslowakei.[41] Irgendwann wurden die Versorgungsprobleme der zentralen Planwirtschaft so chronisch, dass Nutzpflanzen auf den Feldern verrotteten und sowjetische Fischer zusehen mussten, wie die Fänge in ihren Netzen verfaulten, während zugleich die Regale in den Lebensmittelläden des Landes leer blieben.[42]

Wiktor Brjuchanow, selbstsicher, aber ein Mann der leisen Töne, war anders als die meisten Wirtschaftsführer in der Sowjetunion.[43] Er war freundlich und wurde von vielen seiner Untergebenen sehr gemocht. Mit seinem außerordentlichen Gedächtnis und seinem sicheren Finanzgespür sowie seiner exzellenten Auffassungsgabe, was die technischen Aspekte seiner Arbeit anbelangte – einschließlich Chemie und Physik – beeindruckte er seine Vorgesetzten. Vor allem aber war er in seinen Meinungen gefestigt genug, um ihnen offen zu widersprechen. Als ihm die Mammutaufgabe, mit der er sich in Tschernobyl konfrontiert sah, über den Kopf zu wachsen drohte, beschloss er ganz einfach, den Job zu kündigen.

Doch als Brjuchanow an jenem Julitag des Jahres 1972 in Kiew eintraf, nahm sein von der Partei ernannter Vorgesetzter aus dem Energieministerium sein Kündigungsschreiben entgegen, zerriss es vor seinen Augen und sagte ihm, er solle wieder an die Arbeit gehen.[44] Nach diesem Vorfall erkannte der junge Direktor, dass es kein Entrinnen gab. Was seine Aufgabe auch immer erfordern mochte, seine wichtigste Pflicht bestand schlicht darin, der Partei zu gehorchen – und ihren Plan mit allen ihm zu Gebote stehenden Mitteln in die Tat umzusetzen. Im folgenden Monat gossen Bauarbeiter den ersten Kubikmeter Beton in die Fundamente der Fabrik.

Dreizehn Jahre später, am 7. November 1985, stand Brjuchanow schweigend auf der Tribüne vor dem neuen Kulturpalast in Prypjat, in dessen Fenstern handgemalte Porträts von Staats- und Parteiführern hingen.[45] Bauarbeiter und Kraftwerksangestellte paradierten mit Fahnen und Plakaten über den Platz. Und in Reden, die den Jahrestag der Großen Oktoberrevolution feierten, wurde der Direktor für seine herausragenden Leistungen gewürdigt; seine erfolgreiche Erfüllung der Jahrespläne, seine wohlwollende Führung der Stadt und des Kraftwerks, dem sie diente.[46]

Brjuchanow hatte nun die besten Jahre seines Lebens der Schaffung eines Reiches aus weißem Stahlbeton gewidmet, das eine Stadt von nahezu fünfzigtausend Menschen und vier gigantische 1000-Megawatt-Reaktoren umfasste. Überdies wurden zwei weitere Reaktoren gebaut, die innerhalb von zwei Jahren fertiggestellt sein sollten.[47] Wenn 1988 die Reaktoren fünf und sechs des Atomkraftwerks Tschernobyl ans Netz gehen würden, hätte Brjuchanow die Verantwortung über den größten Atommeiler auf Erden.

Unter seiner Führung war das Kernkraftwerk Tschernobyl – offiziell bekannt als W. I. Lenin-Atomkraftwerk – zu einer Trophäe geworden, die Atomexperten aus der gesamten Sowjetunion anlockte. Viele von ihnen kamen direkt aus dem MEPhi, der Staatlichen Hochschule für Physik und Ingenieurwesen in Moskau, dem sowjetischen Pendant zum MIT.[48] Der UdSSR, hoffnungslos im Rückstand, was die Entwicklung von Computertechnologie anbelangte, fehlte es an Simulatoren, um ihre Atomkraftingenieure auszubilden. Daher wäre die Arbeit in Tschernobyl für die jungen Ingenieure die erste praktische Erfahrung mit Atomkraft.

Um die Wunder der Atomstadt Prypjat zu propagieren, hatte der Stadtrat – *Ispolkom* – eine Hochglanzbroschüre vorbereitet; auf lebhaften Farbfotografien sah man glückliche Bewohner ihre Freizeit genießen.[49] Das Durchschnittsalter der Bevölkerung war sechsundzwanzig, und mehr als ein Drittel davon waren Kinder.[50] Den jungen Familien standen fünf Schulen, drei Schwimmbäder, 35 Spielplätze sowie die Strände auf den sandigen Flussufern zur Verfügung. Die Stadtplaner hatten darauf geachtet, die Wälder der Umgebung zu erhalten, und jeder neue Wohnblock war von Bäumen umsäumt. Die Gebäude und öffentlichen Räume waren mit Skulpturen und spektakulären Mosaiken geschmückt, die Wissenschaft und Technik feierten. Trotz ihrer modernen, fortschrittlichen Anmutung blieb die Stadt von Wildnis umgeben und bot vielerorts eine zauberhafte Nähe zur Natur. Eines Sommertages beobachtete Brjuchanows Frau Walentina zwei Elche, die über den Prypjat schwammen und die Uferböschung hinaufstiegen, bevor sie, ohne auf die Badenden zu achten, die im Sand lagen und große Augen machten, im Wald verschwanden.[51]

Als *Atomgrad* galt die Stadt und alles in ihr – vom Krankenhaus bis zu den fünfzehn Kindergärten – als eine Erweiterung des Kernkraftwerks, dem sie diente, direkt durch das Energieministerium in Moskau finanziert.[52] Sie befand sich in einer ökonomischen Blase, einer Oase des Überflusses in einer Wüste von Knappheit und Entbehrung. Die Lebensmittelläden waren sogar besser bestückt als diejenigen in Kiew, mit Schweine- und Kalbfleisch, frischen Gurken und Tomaten, und mehr als fünf verschiedenen Wurstsorten. Im Kaufhaus Raduga – Regenbogen – gab es in Österreich hergestellte Esszimmergarnituren und sogar französisches Parfum zu kaufen, ohne dass man sich jahrelang in eine Warteliste eintragen musste. Es gab ein Kino, eine Musikschule, einen Schönheitssalon und einen Jachtclub.[53]

Prypjat war klein – wenige der Gebäude waren höher als zehn Stockwerke, und man konnte die gesamte Stadt zu Fuß in zwanzig Minuten durchqueren. Jeder kannte jeden, und es gab wenig zu tun für die *Milizionäre* – die Polizisten des Innenministeriums – oder den ortsansässigen KGB-Chef, der in der fünften Etage des *Ispolkom* sein Büro hatte.[54] Der Ärger beschränkte sich zumeist auf Lappalien wie Vandalismus und Trunkenheit in der Öffentlichkeit.[55] In jedem Frühling lieferte der Fluss seine grimmige Ernte ab, wenn die Schneeschmelze die Leichen der Alkoholisierten freigab, die im Winter im Eis eingebrochen und ertrunken waren.[56]

Dem Betrachter aus dem Westen wären die Defizite der Stadt ins Auge gefallen; das vergilbte Gras, das zwischen den Pflastersteinen aus Beton wucherte, oder die trostlose Einförmigkeit der mehrstöckigen Gebäude. Doch für Männer und Frauen, die im herben Hinterland sowjetischer Industriestädte geboren, auf den ausgedörrten Steppen Kasachstans oder in den Strafkolonien Sibiriens aufgewachsen waren, stellte die neue *Atomstadt* ein richtiges Arbeiterparadies dar. In Familienfilmen und Schnappschüssen hielten die Einwohner Prypjats einander nicht als trostlose Opfer des sozialistischen Experiments fest, sondern als sorglose junge Menschen: Kajak fahrend, segelnd, tanzend, oder in neuen Kleidern posierend; ihre Kinder amüsierten sich unterdessen auf einem großen, stählernen Elefanten oder einem bunt bemalten Spielzeugzug – fröhliche Optimisten in der Stadt der Zukunft.

Ende Dezember 1985 konnten Wiktor und Walentina Brjuchanow auf ein Jahr voller Triumphe und Meilensteine zurückblicken, sowohl privat als auch beruflich.[57] Im August heiratete ihre Tochter Lilia, worauf sie und ihr frisch gebackener Ehemann ihr Studium am medizinischen Institut in Kiew wieder aufnahmen; bald darauf erwartete Lilia ihr erstes Kind. Im Dezember feierte das Paar in seiner großzügigen Eckwohnung über dem Hauptplatz von Prypjat nicht nur Wiktors 50. Geburtstag, sondern auch silberne Hochzeit.

Gleichzeitig wurde Wiktor mit einer Einladung nach Moskau geehrt, als ein Mitglied der Delegation, die dem bevorstehenden 27. Kongress der Kommunistischen Partei der Sowjetunion beiwohnen würde; ein wichtiger Beweis politischen Wohlwollens von oben. Der Kongress sollte zudem ein bedeutsames Ereignis für die UdSSR als Ganzes werden. Er wäre der erste, bei dem Generalsekretär Michail Gorbatschow als Staatsoberhaupt der Sowjetunion den Vorsitz innehätte.

Gorbatschow war im März 1985 an die Macht gekommen. Damit endete die lange Abfolge greiser *Apparatschiki*, deren sich verschlechternde Gesundheit, Trunksucht und Senilität von Schwadronen zunehmend verzweifelter Aufpasser vor der Öffentlichkeit verborgen worden waren. Mit 54 wirkte Gorbatschow jung und dynamisch und fand im Westen begeisterten Anklang. Mit politischen Ansichten, die in den Sechzigerjahren entstanden waren, war er auch der erste Generalsekretär, der die Macht des Fernsehens für sich nutzte. Unbefangen mit seinem südlichen Akzent sprechend, sich auf scheinbar spontanen Spaziergängen, fein abgestimmt vom KGB, unter die Leute mischend, erschien Gorbatschow unentwegt in der Vorzeigenachrichtensendung *Wremja*, die allabendlich von fast zweihundert Millionen Menschen angeschaut wurde.[58] Er kündigte Pläne für eine wirtschaftliche Umstrukturierung an – *Perestroika* – und sprach auf dem Gipfel des Parteikongresses im März 1986 von der Notwendigkeit einer offenen Regierung – *Glasnost*. Als überzeugter Sozialist glaubte Gorbatschow, dass die UdSSR vom richtigen Weg abgekommen war, aber zur Utopie des wahren Kommunismus zurückfinden könne, wenn sie sich wieder auf die Gründungsprinzipien Lenins besann. Es wäre ein langer Weg. Die Wirtschaft wankte unter der finanziellen Last des Kalten Krieges. Sowjetische Truppen steckten in Afghanistan fest, und 1983 hatte der US-amerikanische Präsident Ronald Reagan die Schlacht mit der strategischen Verteidigungsinitiative, dem »Star-Wars-Programm«, in den Weltraum ausgeweitet. Die Auslöschung durch einen Atomschlag schien so nahe wie nie zuvor. Und in der Heimat bestand man weiterhin auf den monolithischen alten Traditionen – die erstickende Bürokratie und Korruption aus der Zeit der Stagnation.

Nach 16 Jahren, in denen er auf einem entlegenen Streifen Marschland vier Atomreaktoren und eine ganze Stadt errichtet hatte, war Wiktor Brjuchanow mit den Realitäten des Systems bestens vertraut. Zurechtgehämmert auf dem Amboss der Partei, von Privilegien biegsam gemacht, hatte sich der gut informierte und eigensinnige junge Experte in ein fügsames Werkzeug der *Nomenklatura* verwandelt.[59] Er hatte seine Ziele erreicht und den Plan erfüllt und für sich und seine Männer Verdienstorden und Belohnungen erworben, weil sie Fristen eingehalten und Quoten übertroffen hatten.[60] Doch um dies zu bewerkstelligen, hatte Brjuchanow wie alle erfolgreichen Führungskräfte in der Sowjetunion gelernt, sich opportun zu verhalten und beschränkte Ressourcen hinzubiegen, um eine nicht enden wollende Liste unrealistischer Ziele zu erreichen. Er musste an allen Ecken und Enden sparen, Bilanzen fälschen und Vorschriften frisieren.

Immer wenn die von den Architekten des Atomkraftwerks Tschernobyl angegebenen Baumaterialien sich als nicht verfügbar herausstellten, musste Brjuchanow improvisieren. Die Pläne sahen feuerfeste Kabel vor, doch als sich keine auftreiben ließen, versuchten die Arbeiter, den Mangel auszugleichen.

Als das Energieministerium in Moskau erfuhr, dass das Dach der Turbinenhalle des Kraftwerks mit leicht entzündlichem Bitumen gedeckt worden war, erging an ihn die Anweisung, es zu ersetzen. Doch das schwer entflammbare Material, mit dem der Bau – fünfzig Meter breit und fast einen Kilometer lang – neu eingedeckt werden sollte, wurde noch nicht einmal in der UdSSR hergestellt, also machte das Ministerium eine Ausnahme, und das Bitumen blieb.[61] Als der Bezirksparteisekretär ihn anwies, in Prypjat ein Schwimmbecken olympischen Ausmaßes zu bauen, versuchte Brjuchanow einzuwenden, dass derartige Anlagen nur in sowjetischen Städten von über einer Million Einwohner üblich seien. Der Sekretär aber bestand darauf: »Sie sollen es bauen!«, sagte er, und Brjuchanow gehorchte.[62] Er trieb die zusätzlichen Mittel auf, indem er an den Ausgaben der Stadt herumtrickste und so die Staatsbank täuschte.[63]

Und als der vierte und fortschrittlichste Reaktor des Atomkraftwerks Tschernobyl kurz vor der Fertigstellung stand, blieb ein zeitaufwändiger Sicherheitstest mit den Turbinen aus. Brjuchanow verschob ihn in aller Stille und konnte so die Frist einhalten, die Moskau ihm für die Fertigstellung gesetzt hatte, den 31. Dezember 1983.[64]

Doch genau wie eine verwöhnte Geliebte war das sowjetische Ministerium für Energie und Elektrifizierung trotzdem nicht zufrieden. Zu Beginn der achtziger Jahre war das hohe Tempo für die Errichtung von Kernkraftwerken noch mehr beschleunigt worden, mit atemberaubenden Plänen für weitere, immer gigantischere Anlagen in den westlichen Gebieten der Union.[65] Bis zur Jahrhundertwende, so die Vorstellung in Moskau, sollte Tschernobyl Teil eines dichten Netzwerks aus gewaltigen Atomkraftkomplexen sein, von denen ein jeder bis zu einem Dutzend Reaktoren beherbergen sollte.[66] 1984 wurde die Frist für die Fertigstellung des fünften Reaktors um ein Jahr verkürzt.[67] Probleme mit Arbeitskräften und Materiallieferungen blieben endemisch: Der Beton war fehlerhaft und die Männer hatten keine Elektrowerkzeuge.[68] Ein Team aus engagierten KGB-Agenten und deren Informantennetzwerk im Kraftwerk meldete eine anhaltende Serie alarmierender Baufehler.[69]

1985 erhielt Brjuchanow Instruktionen zum Bau von Tschernobyl Zwei, einem weiteren Kraftwerk, bestehend aus vier weiteren Reaktoren des Typs RBMK.[70] Der Entwurf dafür stammte direkt vom Reißbrett, und war sogar noch gigantischer als für das erste. Dieses neue Kraftwerk sollte einige hundert Meter vom bereits existierenden entfernt am anderen Flussufer errichtet werden, inklusive eines neuen Wohnviertels in Prypjat, um die Arbeiter zu beherbergen. Um es zu erreichen, wäre eine Brücke erforderlich, außerdem sollte ein neues zehnstöckiges Verwaltungsgebäude entstehen, von dessen Büro in der obersten Etage aus der Direktor sein ausgedehntes Atomlehen überblicken konnte.[71]

Brjuchanow arbeitete rund um die Uhr. Seine Vorgesetzten konnten normalerweise darauf zählen, ihn jederzeit irgendwo auf dem Werksgelände anzutreffen, bei Tag und bei Nacht.[72] Sobald etwas aus dem Ruder lief – was häufig der Fall war –, vergaß der Direktor zu essen und hielt sich stattdessen vierundzwanzig Stunden mit Kaffee und Zigaretten über Wasser.[73] Bei Besprechungen hüllte er sich in Schweigen und sagte niemals zwei Worte, wenn eines genügte. Er war vereinsamt und erschöpft, hatte kaum Freunde und teilte wenig mit, nicht einmal seiner Frau.

Auch Brjuchanows Belegschaft hatte sich verändert. Das begeisterte Team junger Spezialisten, die vor vielen Jahren die eiskalte Siedlung im Wald kolonisiert und dann mit vereinten Kräften die ersten Reaktoren ans Netz gebracht hatten, war weitergezogen. An ihrer Statt waren Tausende neuer Angestellter gekommen, und Brjuchanow hatte Schwierigkeiten, die Disziplin aufrechtzuerhalten. Trotz seiner technischen Begabung fehlte ihm die für eine Unternehmensführung im sowjetischen Maßstab notwendige Persönlichkeit.[74] Der Leiter der Baustelle, ein dominanter und gut vernetzter Parteimann, dessen Autorität die des Direktors ausstach, verhöhnte ihn als ein »Weichei«.[75]

Die Zeit der Stagnation hatte in der sowjetischen Arbeitswelt, sogar im Bereich der Atomindustrie, einen moralischen Verfall geschürt, eine mürrische Gleichgültigkeit gegen individuelle Verantwortung.[76] Im wirtschaftlichen Utopismus der UdSSR war Arbeitslosigkeit nicht vorgesehen, und so waren Überbesetzungen und Fehlzeiten an der Tagesordnung.[77] Als Direktor des Werks und der Atomstadt hatte Brjuchanow die Pflicht, allen Einwohnern Prypjats Arbeitsplätze zu verschaffen. Die unerbittlichen Bauarbeiten brachten fünfundzwanzigtausend von ihnen in Lohn und Brot, und er hatte bereits die Errichtung der Fabrik Jupiter arrangiert, die elektronische Halbleiter herstellen und weitere Frauen der Stadt beschäftigen sollte.[78] Doch das reichte nicht. Für jede Schicht im Kernkraftwerk Tschernobyl kamen jetzt Hunderte Männer und Frauen in Bussen aus Prypjat an, und viele von ihnen saßen dann nur tatenlos herum. Einige waren angehende Atomingenieure im Praktikum – mit dem Ziel, einmal zur hochqualifizierten Technikelite der *Atomschtschiki* zu gehören –, die den Experten über die Schulter schauten.[79] Andere jedoch waren Mechaniker und Elektriker, die aus anderen Bereichen der Energiebranche kamen – die »Strommänner« oder *Energetiki* – und selbstzufriedene Meinungen über Kernkraftwerke vertraten.[80] Strahlung sei so harmlos, hatte man ihnen erzählt, dass man sie »aufs Brot schmieren«[81] könne, und ein Reaktor funktioniere »wie ein Samowar ... einfacher als ein Wärmekraftwerk«.[82] Zu Hause tranken einige aus Gläsern mit irisierenden Mustern, die entstanden, wie sie stolz erzählten, wenn man die Gläser in das radioaktive Wasser des Abklingbeckens tauche.[83] Andere saßen lustlos ihre Schicht im Kraftwerk ab, lasen Romane oder spielten Karten.[84] Diejenigen, die tatsächlich wichtige Arbeit zu leisten hatten, nannte man – mit fast schon satirisch anmutender Ehrlichkeit – die Gruppe Wirksamer Kontrolle.[85] Doch die Totlast überflüssiger Arbeitskräfte zerrte sogar an den Leuten mit verantwortungsvollen Pflichten und verseuchte das Kraftwerk mit einer gefährlichen Aura der Ineffizienz und Trägheit.

Das erfahrene Team eigenständig denkender Kerntechnikexperten an der Spitze, das die Inbetriebnahme der ersten vier Reaktoren des Kraftwerks beaufsichtigt hatte, war inzwischen weitergezogen, und so herrschte ein Mangel an erfahrenen Fachkräften.[86] Der Chefingenieur – Brjuchanows

Stellvertreter und verantwortlich für die technischen Abläufe im Kraftwerk – war Nikolai Fomin, der ehemalige Parteisekretär der Anlage und ein arroganter, großsprecherischer Apparatschik alter Schule.[87] Mit der beginnenden Glatze und der breiten Brust, dem gewinnenden Lächeln und der selbstsicheren Baritonstimme, deren Tonhöhe schlagartig anstieg, sobald er sich aufregte, besaß Fomin all das anmaßende sowjetische Charisma, das Brjuchanow fehlte. Die Ernennung des Elektroingenieurs war von der Partei in Moskau trotz der Einwände des Energieministeriums durchgedrückt worden.[88] Er besaß keinerlei Erfahrung im Bereich der Kernenergie, war aber ideologisch über jede Kritik erhaben – und bemühte sich nach Kräften, sich über einen Fernlehrkurs Kenntnisse in Atomphysik anzueignen.[89]

Im Frühjahr 1986 galt Tschernobyl offiziell als eines der leistungsstärksten Atomkraftwerke der Sowjetunion, und so wurde gemunkelt, dass Brjuchanows Loyalität der Partei gegenüber bald belohnt werden würde. Aufgrund der Resultate des jüngsten Fünfjahresplans sollte das Kernkraftwerk mit der höchsten Ehrung des Staates ausgezeichnet werden: dem Leninorden. Die Belegschaft würde einen finanziellen Bonus erhalten und Brjuchanow den Stern des Helden der sozialistischen Arbeit überreicht bekommen. Im Energieministerium hatte man bereits entschieden, Brjuchanow nach Moskau zu berufen.[90] Seinen Posten als Unternehmensdirektor würde Fomin übernehmen. Die Neuigkeit sollte im Rahmen der Feierlichkeiten am 1. Mai verkündet werden, mit einem Beschluss des Präsidiums des Obersten Sowjets.[91]

Brjuchanow hatte auch Prypjat aus dem Nichts entstehen lassen und damit eine wunderschöne Musterstadt geschaffen, die von ihren Bürgern geliebt wurde. Und trotz der Ernennung eines Stadtrats bedurfte fast jede Entscheidung bezüglich der Atomstadt – und sei sie noch so trivial – seiner Zustimmung. Die Architekten hatten von Anfang an für eine üppige Begrünung der Stadt gesorgt und diverse Baum- und Buschsorten gepflanzt – Birken, Ulmen und Rosskastanien sowie Jasmin, Flieder und Berberitzen.[92] Doch Blumen mochte Brjuchanow besonders gern und ließ sie daher überall anpflanzen.[93] Bei einer Versammlung des *Ispolkom* im

Jahre 1985 äußerte er den Wunsch, dass an den Straßen fünfzigtausend Rosenbüsche blühen sollten; einer für jeden Mann, jede Frau und jedes Kind in der Stadt, eine großartige Geste. Natürlich gab es Einwände. Wie sollte man so viele Blumen auftreiben? Und doch waren im darauffolgenden Frühling bereits dreißigtausend gute baltische Rosensträucher für teures Geld aus Litauen und Lettland gekauft worden und auf den langen, erhöhten Beeten unter den Pappeln am Lenin-Prospekt und rings um den zentralen Platz angepflanzt worden.

Hier, auf dem erhöhten Betonplatz an der Kurtschatow Straße, am Ende der malerischen Promenade in die Stadt, sollte Prypjat laut Plan eine eigene Leninstatue erhalten, eine architektonische Notwendigkeit für jede größere Stadt in der UdSSR.[94] Doch in seiner endgültigen Form war das Denkmal noch nicht errichtet worden. Der Stadtrat hatte einen Wettbewerb ausgeschrieben, und der Sockel, auf dem es stehen sollte, wurde von einer hölzernen Kiste belegt, bemalt mit einem anregenden Porträt, Hammer und Sichel und einem Wahlspruch: »Lenins Name und Mission werden ewig leben!«

Unterdessen hatte Wiktor Brjuchanow auch einem Denkmal für einen antiken Gott zugestimmt – eine riesige realistische Statue vor dem städtischen Kino, sechs Meter hoch und in Bronze gegossen. Sie stellte einen Titanen dar, nackt unter dem Faltenwurf seines Umhangs, in der Hand züngelnde Flammen. Es war Prometheus, der mit dem gestohlenen Feuer vom Olymp gestiegen war. Mit seiner Gabe brachte er der Menschheit Licht, Wärme und Zivilisation – so wie die Fackelträger des Roten Atoms die umnachteten Haushalte der UdSSR erleuchtet hatten.

Doch der antike griechische Mythos hatte eine dunkle Seite. Zeus war so erzürnt über den Diebstahl des mächtigsten Geheimnisses der Götter, dass er Prometheus an einen Felsen kettete, zu dem jeden Tag bis in alle Ewigkeit ein riesiger Adler herabstieß, um ihm die Leber herauszuhacken.

Auch der Sterbliche, der die Gabe des Prometheus angenommen hatte, entging seiner Strafe nicht. Zeus schickte ihm Pandora, die erste Frau. Sie trug eine Büchse bei sich, welche, sobald sie geöffnet wurde, Übel entließ, die nicht mehr zu kontrollieren waren.

Kapitel 2

Alpha, Beta, Gamma

Fast alles im Universum besteht aus Atomen; Fragmente aus Sternenstaub, aus denen sich die Materie zusammensetzt. Eine Million Mal dünner als ein menschliches Haar, bestehen Atome fast nur aus leerem Raum. Doch im Zentrum eines jeden Atoms befindet sich ein Nukleus – unvorstellbar dicht, als hätte man sechs Milliarden Autos in einen kleinen Koffer gepresst –, voll gebundener Energie.[1] Der Nukleus, aus Protonen und Neutronen gebildet, wird von einer Elektronenwolke umkreist und von dem zusammengehalten, was in der Physik als »starke Wechselwirkung« bezeichnet wird.[2]

Die starke Wechselwirkung ist wie die Schwerkraft eine der vier Grundkräfte im Universum, und Wissenschaftler glaubten einmal, sie sei so mächtig, dass Atome unzerstörbar und unteilbar wären. Sie glaubten außerdem, dass »weder Masse noch Energie erzeugt oder zerstört werden« könnte.[3] 1905 widerlegte Albert Einstein diese Theorien.[4] Falls es irgendwie gelänge, Atome auseinanderzureißen, so seine Meinung, würde der Prozess ihre winzige Masse in eine verhältnismäßig große Energiefreisetzung verwandeln. Er definierte die Theorie mit einer Gleichung: Die freigesetzte Energie wäre gleichzusetzen mit der Menge an verlorener Energie, multipliziert mit der Lichtgeschwindigkeit im Quadrat. $E = mc^2$.

1938 machte ein Wissenschaftlertrio in Deutschland eine essentielle Entdeckung: Wurden die Atome des Schwermetalls Uran mit Neutronen beschossen, konnten ihre Kerne in der Tat aufgebrochen werden und setzten Kernenergie frei. Sobald die Kerne sich aufspalteten, flogen ihre Neutronen mit hoher Geschwindigkeit davon, trafen auf andere Atome in der Nähe, deren Kerne ebenfalls aufbrachen, sodass noch mehr Energie freigesetzt wurde. Waren genügend Uranatome in der richtigen Konfiguration versammelt, um eine kritische Masse zu bilden, wurde der Prozess selbsterhaltend. Dabei spalteten die Neutronen eines Atoms den Nukleus eines anderen, wobei weitere Neutronen auf Kollisionskurs mit anderen Nuklei entsandt wurden. Bei Kritikalität konnte die resultierende Kettenreaktion berstender Atome – die Kernspaltung – unvorstellbare Mengen an Energie freisetzen.

Am 6. August 1945 detonierte um 8:16 Uhr, 580 Meter über der japanischen Stadt Hiroshima, eine Atombombe, die vierundsechzig Kilogramm Uran enthielt, und Einsteins Gleichung erwies sich als erbarmungslos korrekt.[5] Die Bombe selbst war äußerst ineffizient: Nur ein Kilogramm des Urans wurde gespalten, und nur siebenhundert Milligramm Masse – das Gewicht eines Schmetterlings – wurden in Energie umgewandelt.[6] Diese genügte jedoch, um innerhalb eines Sekundenbruchteils eine ganze Stadt auszulöschen. Etwa achtundsiebzigtausend Menschen starben sofort oder unmittelbar danach – verdampft, zerschmettert oder verbrannt in der Feuersbrunst, die der Druckwelle folgte.[7] Bis zum Jahresende sollten weitere fünfundzwanzigtausend Männer, Frauen und Kinder erkranken und sterben, weil sie der Strahlung ausgesetzt waren, die der erste Atomschlag der Welt freigesetzt hatte.

Strahlung entsteht beim Zerfall instabiler Atome. Die Atome verschiedener Elemente sind unterschiedlich schwer, je nach Anzahl der Protonen und Neutronen in jedem Nukleus.[8] Jedes Element weist eine feste Anzahl von Protonen auf, die sich niemals ändert und seine »Kernladungszahl« sowie seine Position im Periodensystem bestimmt: Wasserstoff hat nie mehr als ein Proton, Sauerstoff stets acht Protonen, Gold neunundsiebzig. Doch Atome desselben Elements können unterschiedlich viele Neutronen aufweisen, woraus verschiedene Isotope resultieren, die vom Deuterium (Wasserstoff mit einem Neutron statt zwei) bis hin zum Uranisotop 235 (Uranmetall mit fünf zusätzlichen Neutronen) reichen.

Werden dem Kern eines stabilen Atoms Neutronen beigefügt oder entzogen, entsteht ein instabiles Isotop.[9] Doch instabile Isotope versuchen immer, ihr Gleichgewicht wiederzufinden, indem sie Teile ihres Kerns abstoßen – wodurch entweder ein weiteres Isotop entsteht oder zuweilen auch ein völlig neues Element. Plutonium-239 zum Beispiel stößt zwei Protonen und zwei Neutronen seines Kerns ab, um zu Uran-235 zu werden. Dieser dynamische Prozess nuklearen Zerfalls ist Radioaktivität. Die Energie, die freigesetzt wird, wenn Atome Neutronen in Form von Wellen oder Teilchen abstoßen, ist Strahlung.

Strahlung ist überall um uns herum.[10] Sie entströmt der Sonne und dem Kosmos, daher weisen höher gelegene Städte eine größere Hintergrundstrahlung auf als solche, die auf Meereshöhe liegen. Unterirdische Thorium- und Uranvorkommen senden Strahlung aus, aber auch Gemäuer; Radioisotope sind in Steinen, Ziegeln und Lehm enthalten. Der Granit, der für die Errichtung des US-Kapitols benutzt wurde, ist dermaßen radioaktiv, dass das Gebäude gegen bundesstaatliche Sicherheitsvorschriften für Atomkraftwerke verstoßen würde. Jedes lebende Gewebe ist bis zu einem gewissen Grad radioaktiv; Menschen entsenden Strahlen, Bananen ebenso, weil beide kleine Mengen des Radioisotops Kalium-40 enthalten. Muskeln enthalten mehr Kalium-40 als anderes Gewebe, weshalb Männer im Allgemeinen radioaktiver sind als Frauen. Paranüsse, mit einer im Durchschnitt tausendmal höheren Radiumkonzentration als jedes andere organische Produkt, sind die radioaktivsten Nahrungsmittel der Welt.

Strahlung ist unsichtbar. Man kann sie weder schmecken noch riechen. Obwohl erst noch zu beweisen steht, dass schon geringste Strahlungsmengen Schäden verursachen, wird es eindeutig gefährlich, wenn die Teilchen und Wellen, die sie entsendet, stark genug sind, um die Atome umzuwandeln oder aufzubrechen, aus denen die Gewebe lebender Organismen bestehen. Diese energiereiche Radianz ist die ionisierende Strahlung.

Ionisierende Strahlung gibt es in drei Hauptformen: als Alphateilchen, Betateilchen und Gammastrahlen. Alphateilchen sind verhältnismäßig groß, schwer und langsam und können die Haut nicht durchdringen; selbst ein Blatt Papier könnte sich ihnen in den Weg stellen. Gelingt es ihnen aber, auf anderem Weg in unseren Körper zu gelangen – indem wir sie schlucken oder einatmen –, können Alphateilchen massive genetische Schäden herbeiführen und sogar tödlich sein. Radon-222, das sich als Gas in ungelüfteten Kellern anreichert, entsendet Alphateilchen in die Lunge und ruft dort Krebs hervor.[11] Polonium-210, ein starker Alphastrahler, ist eines der Karzinogene im Zigarettenrauch.[12] Es war auch das Gift in der Tasse Tee, die 2006 den früheren FSB-Agenten Alexander Litwinenko in London tötete.[13]

Betateilchen sind kleiner und schneller als Alphateilchen und können tiefer in lebendes Gewebe eindringen. Es entstehen sichtbare Verbrennungen auf der Haut und dauerhafte genetische Schäden. Ein Blatt Papier bietet keinen Schutz vor Betateilchen, Aluminiumfolie – oder genügend Abstand – jedoch schon. Jenseits einer Distanz von drei Metern können Betateilchen wenig Schaden anrichten. Gefährlich werden sie erst, wenn man sie in irgendeiner Weise zu sich nimmt. Weil der Körper sie für essentielle Elemente hält, können Betastrahler sich in bestimmten Organen in tödlicher Konzentration anreichern; Strontium-90, aus derselben chemischen Familie wie das Kalzium, wird in den Knochen eingelagert, Ruthenium vom Darm absorbiert; Jod 131 wird vor allem in der Schilddrüse von Kindern gespeichert, wo es Krebs auslösen kann.

Gammastrahlen – hochfrequente elektromagnetische Wellen, die mit Lichtgeschwindigkeit reisen – sind die dynamischsten von allen.[14] Sie können weite Strecken zurücklegen, durchdringen alles außer dicke Beton- oder Bleiplatten und zerstören Elektrogeräte. Gammastrahlen gehen direkt durch einen Menschen hindurch, ohne langsamer zu werden, wobei sie Zellen durchschlagen wie mikroskopisch kleine Gewehrkugeln.

Wer massiver ionisierender Strahlung ausgesetzt ist, entwickelt ein akutes Strahlensyndrom (ARS), bei dem das Gewebe des menschlichen Körpers auseinandergenommen, umgestaltet und bis ins Kleinste zerstört wird.[15] Zu den Symptomen zählen Übelkeit, Erbrechen, innere Blutungen und Haarausfall. Danach folgen der Zusammenbruch des Immunsystems, die Zerstörung des Knochenmarks, der Zerfall der inneren Organe und schließlich der Tod.

Für die Pioniere der Atomkraft, die sich im ausgehenden 19. Jahrhundert mit »strahlender Materie« befassten, waren die Wirkungen der Strahlung eine faszinierende Kuriosität.[16] Wilhelm Röntgen, der 1895 die Röntgenstrahlen entdeckte, sah während eines Experiments die Knochen seiner

Hand an die Wand seines Labors projiziert und war begeistert. Doch als ihm kurz darauf das erste Röntgenbild der Welt gelang, von der linken Hand seiner Frau – samt Ehering – war letztere schockiert. »Ich habe meinen eigenen Tod gesehen!«, sagte sie.[17] Röntgen traf später Vorkehrungen, die ihn vor seiner Entdeckung schützten, aber andere waren weniger umsichtig. 1896 entwickelte Thomas Edison das Fluoroskop, das Röntgenstrahlen auf eine Mattscheibe projizierte und ihm ermöglichte, in feste Gegenstände hineinzusehen.[18] Edison brauchte für seine Experimente einen Assistenten, der seine Hände wiederholt auf eine Apparatur legte, auf der sie Röntgenstrahlen ausgesetzt waren. Als er sich an einer Hand Verbrennungen zuzog, benutzte er einfach die andere. Aber die Verbrennungen wollten nicht heilen. Am Ende mussten Ärzte dem Assistenten den linken Arm und vier Finger seiner rechten Hand amputieren. Als sich in seinem rechten Arm Krebs ausbreitete, wurde ihm auch dieser abgenommen. Die Krankheit griff auf seine Brust über, und im Oktober 1904 starb er schließlich – das erste bekannte Opfer der von Menschen verursachten Strahlung.

Selbst als offenkundig wurde, welchen Schaden der menschliche Körper nehmen konnte, wenn er äußerer Strahlung ausgesetzt war, blieben die schädlichen Auswirkungen einer inneren Exposition weitgehend unerforscht.[19] Zu Beginn des 20. Jahrhunderts verkauften Apotheken patentierte Medikamente, die Radium enthielten, als Gesundheitselixier an Menschen, die glaubten, Radioaktivität schenke ihnen Energie. 1903 hatten Marie und Pierre Curie für die Entdeckung von Polonium und Radium – ein Alphastrahler, ungefähr eine Million Mal radioaktiver als Uran –, das sie in ihrem Pariser Labor aus vielen Tonnen zähflüssigen, teerigen Erzes extrahierten, den Nobelpreis erhalten.[20] Pierre kam bei einem Verkehrsunfall ums Leben, Marie aber forschte weiter an den Eigenschaften radioaktiver Verbindungen, bis sie 1934, wahrscheinlich aufgrund einer strahlungsinduzierten Schädigung des Knochenmarks, schließlich starb. Über achtzig Jahre später sind Curies Laboraufzeichnungen noch immer dermaßen kontaminiert, dass sie in einer Kiste mit Bleieinlage aufbewahrt werden.

Weil Radium mit anderen Elementen vermischt werden kann, die dann in der Dunkelheit leuchten, haben Uhrenhersteller es für Leuchtziffern benutzt.[21] Die heikle Aufgabe, diese zu bestreichen, besorgten junge Frauen. In den Uhrenfabriken von New Jersey, Connecticut und Illinois brachte man den *Radium Girls* bei, ihre Pinsel mit Hilfe der Zunge möglichst fein anzuspitzen, bevor sie sie in die Töpfe mit Radiumfarbe tauchten. Als bei den ersten Mädchen Kiefer und Knochen faulten und brüchig wurden, waren ihre Arbeitgeber der Meinung, sie seien an Syphilis erkrankt. Ein erfolgreiches Gerichtsverfahren brachte ans Licht, dass die Vorgesetzten der Mädchen sich der Risiken des Radiums durchaus bewusst waren, jedoch alles daran gesetzt hatten, die Wahrheit vor den Angestellten zu verbergen.[22] Es war das erste Mal, dass die Öffentlichkeit erfuhr, wie gefährlich es war, radioaktives Material zu schlucken.

Die biologische Wirkung der Strahlung auf den menschlichen Körper sollte bald in Rem *(Roentgen equivalent man)* gemessen und von mehreren Faktoren bestimmt werden: Art der Strahlung, Gesamtdauer der Exposition, wieviel davon dringt wo in den Körper ein, wie empfindlich reagieren diese Körperteile auf schädliche Strahlung. Körperregionen, in denen die Zellen sich schnell teilen – das Knochenmark, die Haut, der Verdauungstrakt –, sind gefährdeter als andere Organe wie zum Beispiel das Herz, die Leber und das Gehirn. Einige Radionuklide – Radium und Strontium – strahlen stärker und sind deshalb gefährlicher als etwa Cäsium und Kalium.[23]

Am Beispiel der Überlebenden der Atombombenangriffe auf Hiroshima und drei Tage später auf Nagasaki ließen sich zum ersten Mal die Auswirkungen der akuten Strahlenkrankheit an einer großen Anzahl von Menschen erforschen.[24] Diese wurden schließlich Teil eines Projekts, das sich über eine Zeitspanne von mehr als 70 Jahren erstreckte. So entstand eine universelle Datenbank über die Langzeitwirkungen ionisierender Strahlung auf Menschen. Von den Betroffenen der Explosion in Nagasaki starben 35 000 binnen 24 Stunden.[25] Wer an der Strahlenkrankheit litt, verlor innerhalb von ein oder zwei Wochen sämtliche Haare. Die Menschen litten an blutigen Durchfällen, bevor sie schließlich einer Infektion und hohem Fieber erlagen. Weitere 37 000 starben innerhalb von drei Monaten. Eine ähnliche Anzahl von Personen überlebte länger, entwickelte aber nach drei

Jahren Leukämie. Am Ende der Vierzigerjahre war dies die erste Krebserkrankung, die in direktem Zusammenhang mit Strahlung stand.

In den späten Fünfzigerjahren wurde die Wirkung ionisierender Strahlung auf leblose Objekte und auf Lebewesen von der US Air Force ausführlich erforscht.[26] Im Rahmen eines Regierungsprogramms zum Bau von Flugzeugen mit Atomantrieb baute das Unternehmen Lockheed Aircraft in den Wäldern von North Georgia einen wassergekühlten 10-Megawatt-Atomreaktor in einem abgeschirmten unterirdischen Schacht. Der Reaktor konnte auf Knopfdruck aus der Abschirmung an die Oberfläche geholt werden, so dass alles, was sich innerhalb eines 300-Meter-Radius befand, einer letalen Strahlungsdosis ausgesetzt war. Im Juni 1959 wurde der *Radiation Effects Reactor* auf volle Leistung gefahren und zum ersten Mal hervorgeholt. Gleich darauf war ringsum alles tot: Käfer fielen aus der Luft, kleine Tiere und die Bakterien, die in und auf ihnen lebten, wurden in einem Phänomen ausgelöscht, das die Techniker als *instant taxidermy*, »sofortige Taxidermie« bezeichneten. Die Wirkung auf Pflanzen war unterschiedlich: Eichen wurden braun, Fingerhirse dagegen blieb merkwürdigerweise unbeeinträchtigt; am härtesten schienen Kiefern betroffen. Die Veränderungen an Gegenständen, die im Umfeld des Reaktors erfasst wurden, muteten gleichfalls mysteriös an: durchsichtige Coca-Cola-Flaschen wurden braun, Hydraulikflüssigkeit gerann zu Kaugummi, elektronische Ausrüstung funktionierte nicht mehr, und Gummireifen wurden steinhart.

So tiefschürfend und schrecklich die Auswirkungen ionisierender Strahlung auf Menschen auch sein mögen, so selten wird sie von irgendeiner wahrnehmbaren Empfindung begleitet. Ein Mensch könnte in einer Dosis Gammastrahlen baden, groß genug, um ihn hundertmal zu töten, und dabei nicht das Geringste spüren.

Am 21. August 1945, zwei Wochen, nachdem die Bombe auf Hiroshima gefallen war, führte Harry K. Daghlian Jr., ein vierundzwanzigjähriger Physiker aus dem Manhattan-Projekt in Los Alamos, New Mexico, nach Feierabend ein Experiment durch, als er mit der Hand abrutschte.[27] Die Versuchsanordnung, die er aufgebaut hatte – eine Plutoniumkugel inmitten von Wolframcarbid-Quadern –, wurde prompt kritisch. Daghlian sah kurz einen blauen Blitz und wurde von einer Welle aus Gamma- und Neutronenstrahlen getroffen, die mehr als 500 Rem erreichte. Er baute das Experiment rasch ab, ging weg und begab sich ohne sichtbare Symptome in ärztliche Behandlung.[28] Doch die Strahlung hatte ihn genauso sicher umgebracht, als hätte er sich vor einen fahrenden Zug geworfen. Fünfundzwanzig Tage später fiel Daghlian in ein Koma, aus dem er nicht mehr erwachte – der erste Mensch in der Geschichte, der sich versehentlich einer Kernspaltung ausgesetzt hatte und gestorben war. Die *New York Times* führte seinen Tod auf Verbrennungen zurück, die er sich bei einem »Arbeitsunfall« zugezogen hatte.[29]

Die Kernindustrie war von Anfang an bemüht, dem Schatten ihrer militärischen Ursprünge zu entkommen. Der erste Atomreaktor, 1942 unterhalb der Tribüne eines ausgedienten Football-Stadions der Universität Chicago von Hand zusammengebaut, war gleichsam der Amboss des Manhattan-Projekts, der wesentliche erste Schritt, um das für die erste Atombombe der Welt notwendige spaltbare Material zu schaffen. Die Reaktoren, die folgten – auf einem entlegenen Landstrich am Columbia River in Hanford, Washington –, dienten allein dem Zweck, Plutonium für das wachsende Atombombenarsenal der USA herzustellen. Die US-Marine war dafür verantwortlich, den Reaktorentwurf auszuwählen, der später in fast jedem zivilen Atomkraftwerk des Landes Verwendung fand. Das erste zivil genutzte Kernkraftwerk in den USA basierte auf Entwürfen für einen geplanten atomkraftbetriebenen Flugzeugträger.

In der UdSSR lief es ähnlich. Die erste sowjetische Atombombe – RDS-1 oder »das Objekt«, wie sie von ihren Erbauern genannt wurde – wurde am 29. August 1949 kurz nach Sonnenaufgang auf einem Testgelände 140 Kilometer nordwestlich von Semipalatinsk in der kasachischen Steppe gezündet.[30] Das Projekt mit dem Codenamen *Problem Nummer Eins* wurde von Igor Kurtschatow geleitet, einem sechsundvierzigjährigen Physiker mit dem kauzigen gegabelten Bart eines viktorianischen Spiritisten, bei seinen Aufpassern der Geheimpolizei bekannt für seine Diskretion und politische Schläue.[31] Die Bombe war eine getreue Nachbildung des sogenannten *Fat Man*, der vier Jahre zuvor Nagasaki zerstört hatte. Ihr Plutoniumkern war in einem Reaktor hergestellt worden – »A« für »Annuschka« –, der anfänglich denen in Hanford nachempfunden war.[32]

Kurtschatow war dies mit Hilfe einer Handvoll gut positionierter Spione gelungen und dank des 1945 großzügigerweise von der US-Regierung veröffentlichten Bestsellers *Atomic Energy for Military Purposes*, der in Moskau eilig ins Russische übertragen wurde.[33] Die Kernkraft war das Ressort der neu gebildeten Ersten Hauptverwaltung und eines »atomaren Politbüros« unter der Ägide von Stalins sadistischem Gefolgsmann Lawrenti Beria – Vorsitzender des NKWD, Vorläufer des KGB.[34] Von Beginn an wurde das sowjetische Atomprojekt von Prinzipien rücksichtsloser Zweckmäßigkeit und paranoider Geheimhaltung geleitet. 1950 hatte die Erste Hauptverwaltung bereits siebenhunderttausend Leute angestellt, über die Hälfte davon Zwangsarbeiter – auch fünfzigtausend Kriegsgefangene –, die in den Uranminen arbeiteten.[35] Nachdem deren Haftstrafen verbüßt waren, packte die Hauptverwaltung diese Männer und Frauen in Güterwaggons und verfrachtete sie ins Exil weit in den Norden, damit sie niemandem erzählen konnten, was sie beobachtet hatten. Viele wurden nicht mehr gesehen. Und als Kurtschatows Team Erfolg hatte, belohnte Beria sie im direkten Verhältnis zu der Strafe, die er für sie vorgesehen hatte, falls sie versagt hätten.[36] Jene, die Beria hätte sofort erschießen lassen – Kurtschatow selbst und Nikolai Dolleschal, der den Annuschka-Reaktor entworfen hatte – wurden stattdessen mit der höchsten Ehrung des Staates ausgezeichnet, dem Titel Held der sozialistischen Arbeit. Außerdem erhielten sie Datschas, Autos und Geld. Jene, die nur lebenslange Haftstrafen zu befürchten hatten, wurden mit dem zweithöchsten Orden des Landes belohnt, dem Leninorden.

Als RDS-1 explodierte, hatte Igor Kurtschatow längst beschlossen, in einem Reaktor zu arbeiten, der Strom erzeugen sollte. Die Entwicklung begann 1950 in Obninsk, einer auf dem Reißbrett entworfenen neuen Stadt, zwei Fahrstunden südwestlich von Moskau gelegen. Dort sollte dieselbe Gruppe Physiker, die Annuschka gebaut hatte, an einem neuen Reaktor arbeiten. Diesmal sollte die Spaltungswärme dazu dienen, Wasserdampf zu erzeugen, der eine Turbine antrieb. Die Ressourcen waren knapp, und einige Mitarbeiter im Kernkraftprogramm glaubten, dass ein Reaktor als

Stromerzeuger überhaupt nicht zu realisieren sei. Nur als Zugeständnis an Kurtschatows Prestige als Vater der Bombe erlaubte Beria die Fortführung des Projektes.[37] Erst Ende 1952 signalisierte die Regierung ihr Engagement für die Atomkraft, indem sie ein Planungsinstitut für die Schaffung neuer Reaktoren benannte: das Wissenschaftliche Forschungs- und Konstruktionsinstitut für Energotechnik, bekannt unter dem russischen Akronym NIKIET.[38]

Im darauffolgenden Jahr testete die UdSSR ihre erste Thermonuklearwaffe – eine Wasserstoffbombe, tausendmal zerstörerischer als die Atombombe –, und so waren beide angehenden Supermächte nun theoretisch in der Lage, die gesamte Menschheit auszulöschen.[39] Sogar Kurtschatow war erschüttert von der Kraft der neuen Waffe, die er kreiert hatte. Im Umkreis von fünf Kilometern um den Einschlagsort herum hatte sich die Erdoberfläche in Glas verwandelt.[40] Weniger als vier Monate später hielt der amerikanische Präsident Dwight D. Eisenhower vor der UNO-Generalversammlung seine Rede *Atoms for peace*, »Atome für den Frieden«, ein Versuch, die amerikanische Öffentlichkeit zu besänftigen, die ihre Zukunft nun vom Schreckgespenst der Apokalypse bedroht sah.[41] Eisenhower rief zu globaler Zusammenarbeit auf, um das bevorstehende Wettrüsten einzudämmen und die Kraft des Atoms zum Wohle der Menschheit zu zähmen. Er schlug eine internationale Konferenz vor, in der das Thema besprochen werden sollte. Niemand war sonderlich überrascht, als die UdSSR den Vorschlag öffentlich als leere Propaganda abtat.[42]

Als jedoch unter Federführung der Vereinten Nationen die erste Internationale Konferenz zur friedlichen Nutzung der Atomenergie im August 1955 im schweizerischen Genf stattfand, nahm auch die sowjetische Delegation in voller Stärke daran teil. Dies markierte das erste Mal seit 20 Jahren, dass es Wissenschaftlern aus der UdSSR gestattet war, sich mit ihren ausländischen Kollegen auszutauschen.[43] Sie landeten sogar einen eigenen Propaganda-Coup, indem sie verkündeten, dass am 27. Juni des Vorjahres ihr Reaktor in Obninsk mit Namen AM-1 erfolgreich an das Moskauer Stromnetz angeschlossen worden sei.

Es war der erste Reaktor der Welt, der Atomkraft für die zivile Stromerzeugung nutzte, und die Wissenschaftler gaben ihm den Namen Atom

Mirny-1, »Friedliches Atom-1«. Zu diesem Zeitpunkt war das erste amerikanische Atomkraftwerk in Shippingport, Pennsylvania, noch über zwei Jahre von seiner Fertigstellung entfernt. In einem pittoresken Stuckgebäude mit hohem Schornstein beherbergt, das ohne weiteres für eine Schokoladenfabrik gehalten werden konnte, erzeugte AM-1 nur 5 Megawatt Strom – gerade einmal genug Energie, um eine Lokomotive anzutreiben –, stand aber trotzdem für die überlegene Fähigkeit des Sozialismus, die Kernkraft zum Wohle der Menschheit einzusetzen.[44] Seine Inbetriebnahme markierte die Geburt der sowjetischen Kernkraftindustrie und den Beginn des Technologiewettlaufs zwischen den Supermächten im Kalten Krieg.

Bald nach dem Tod Stalins im Jahre 1953 wurde Lawrenti Beria verhaftet, ins Gefängnis gesperrt und erschossen.[45] Die Erste Hauptverwaltung wurde umstrukturiert und umbenannt.[46] Das neue Ministerium für Mittleren Maschinenbau – *Ministerstvo srednego mashinostroyeniya*, abgekürzt zu MinSredMasch oder schlicht zu Sredmasch – würde von nun an alles verwalten, was mit Atomenergie im Zusammenhang stand, vom Uranabbau bis hin zum Bombentest. Der neu ernannte sowjetische Regierungschef Nikita Chruschtschow setzte den Jahren stalinistischer Unterdrückung ein Ende, liberalisierte die Künste, begrüßte die Hochtechnologie und versprach, dass der Wahre Kommunismus – das Shangri-la der Arbeiter, mit Gleichheit und Wohlstand für alle – bis 1980 erreicht wäre.[47] Um die sowjetische Wirtschaft zu modernisieren und seine eigene Macht zu stärken, förderte Chruschtschow persönlich die Bereiche Raumfahrt und Kerntechnik.

Mit dem Erfolg von Atom Mirny-1 hatten die Physiker und ihre Parteibosse ein Allheilmittel, das die Sowjetunion endlich aus den Entbehrungen der Vergangenheit befreien und ihr auf dem Weg in eine hellere Zukunft helfen würde.[48] Nach den Zerstörungen durch den Zweiten Weltkrieg war das sowjetische Volk noch immer mit dem Wiederaufbau beschäftigt. Der Reaktor in Obninsk zeigte den Leuten, wie die UdSSR mit einer technologischen Neuerung zum Nutzen der gewöhnlichen Bürger, weil sie Wärme und Licht in ihre Haushalte brachte, eine Vorreiterrolle in der Welt einnehmen konnte. Die Physiker, die am AM-1 mitgearbeitet hatten, erhielten den

Leninorden, und Zeitschriftenartikel, Filme und Radiosendungen priesen die Kraft des Atoms. Das Kultusministerium führte Grundschulkurse ein, in denen Kinder die Grundlagen der Kernkraft lernten, und die friedlichen Ziele des sowjetischen Atomkraftprogramms von den militaristischen Absichten der USA abgesetzt wurden.[49] Neben den Kosmonauten und den Märtyrern des Großen Vaterländischen Krieges, so der Historiker Paul Josephson, wurden nun auch die Atomwissenschaftler »im Pantheon sowjetischer Helden zu nahezu mythischen Figuren« verklärt.[50]

Doch der kleine Reaktor in Obninsk hatte es in sich.[51] Die Grundlagen seines Entwurfs beruhten nicht etwa auf den Anforderungen der Stromerzeugung, sondern auf dem Gebot, schnell und preiswert waffenfähiges Plutonium zu gewinnen. Für seine Konstruktion war dasselbe Team aus dem Ministerium für Mittleren Maschinenbau zuständig, das den Reaktor Annuschka gebaut hatte. Sein Weg bis zur Fertigstellung war geprägt von Korrosion, von Leckagen und versagenden Instrumenten. Außerdem sollte er ursprünglich als Antrieb für Atom-U-Boote verwendet werden. Erst als sich dies als nicht durchführbar erwies, war der ursprüngliche Codename hinter dem Akronym AM – *Atom Morskoy*, »Marine-Atom« – umgeändert worden, um einen unschuldigeren Verwendungszweck zu suggerieren.[52]

Er war auch inhärent instabil.[53]

Im Gegensatz zu einer Atombombe, in der sich Uranatome in großer Zahl innerhalb eines Sekundenbruchteils spalten und dabei in einem vernichtenden Blitz aus Hitze und Licht ihre gesamte Energie freisetzen, muss der Prozess in einem Reaktor reguliert und vorsichtig über Wochen, Monate oder sogar Jahre aufrechterhalten werden. Drei Komponenten sind dazu erforderlich: ein Moderator, Steuerstäbe und ein Kühlmittel.

Für die einfachste Form eines Atomreaktors ist überhaupt keine Ausrüstung erforderlich. Wird die richtige Menge Uran-235 mit einem Neutronenmoderator zusammengebracht – zum Beispiel Wasser oder Graphit –, der die Bewegung der Uranneutronen abbremst, damit sie aneinanderstoßen können, kommt es zu einer selbsterhaltenden Kettenreaktion, die Molekularenergie als Hitze freisetzt. Die idealen Voraussetzungen für ein solches Ereignis – eine Kritikalität – sind spontan sogar in der Natur zu finden. In alten unterirdischen Uranvorkommen im afrikanischen Staat Gabun fungierte das Grundwasser als Moderator.[54] Dort setzten vor zwei Milliarden Jahren selbsterhaltende Kettenreaktionen ein, die bescheidene Mengen an Wärmeenergie produzierten – im Durchschnitt etwa 100 Kilowatt, ausreichend Strom für tausend Glühbirnen – und ihre Aktivität mit Unterbrechungen eine Million Jahre fortsetzten, bis das verfügbare Wasser durch die Spaltungshitze schließlich verkocht war.

Um jedoch in einem Kernreaktor kontinuierlich Energie zu erzeugen, muss das Verhalten der Neutronen künstlich kontrolliert werden. Nur so lässt sich gewährleisten, dass die Kettenreaktion konstant bleibt und die Spaltungsenergie für die Stromerzeugung nutzbar gemacht werden kann. Idealerweise sollte jede einzelne Spaltungsreaktion jeweils nur eine weitere Spaltung in einem benachbarten Atom herbeiführen, damit jede nachfolgende Generation exakt dieselbe Anzahl von Neutronen enthält wie die vorausgehende und der Reaktor im selben kritischen Zustand bleibt.

Sollten bei jeder Spaltung weniger Neutronen erzeugt werden als bei der vorausgehenden, wird der Reaktor subkritisch, die Kettenreaktion verlangsamt sich, bricht schließlich ab, und der Reaktor kommt zum Stillstand. Löst dagegen jede Generation mehr als eine Spaltung aus, könnte die Kettenreaktion allzu schnell auf eine potentiell unkontrollierbare Superkritikalität und somit auf eine jähe, gewaltige Freisetzung von Energie zusteuern, die derjenigen in einer Atombombe gleichkommt. Zwischen diesen beiden Extremen das Gleichgewicht zu halten, ist eine heikle Aufgabe. Die ersten Atomkraftingenieure mussten Werkzeuge entwickeln, um Kräfte zu beherrschen, die den Grenzen menschlicher Kontrollierbarkeit gefährlich nah kamen.

Da unendlich klein und unsichtbar, ist die Größenordnung subatomarer Aktivität in einem Kernkraftwerk schwer zu begreifen. Um ein einziges Watt Strom zu erzeugen, sind mehr als 30 Milliarden Spaltungen pro Sekunde vonnöten.[55] Etwa 99 Prozent der Neutronen, die in einem einzigen Spaltungsereignis erzeugt werden, sind hochenergetische Teilchen, die mit großer Geschwindigkeit freigesetzt werden – »prompte« Neutronen, die zwanzigtausend Kilometer pro Sekunde erreichen. Prompte Neutronen krachen gegeneinander, wodurch im Durchschnitt binnen zehn Nanosekunden eine weitere Spaltung ausgelöst und die Kettenreaktion fortgesetzt wird. Dieses Zeitintervall – die klugen Köpfe des Manhattan-Projektes maßen es in »*Shakes*«, wie in der Redewendung *Two shakes of a lamb's tail*, im Deutschen etwa »kürzer als ein Wimpernschlag« – ist viel zu kurz, um mit mechanischen Mitteln kontrollierbar zu sein.[56] Zum Glück enthält das verbleibende Prozent der bei jedem Spaltungsereignis erzeugten Neutronen eine kleine Minderheit, deren Freisetzungszeitraum eher vom Menschen wahrnehmbar ist und in Sekunden oder gar Minuten gemessen werden kann.[57] Nur dank dieser verzögerten Neutronen, die aufgrund ihrer Langsamkeit kontrollierbar sind, wird das Betreiben eines Atomreaktors überhaupt möglich.

Durch das elektromechanische Einfahren von Stäben, die neutronenabsorbierende Elemente enthalten – wie Bor oder Kadmium, die wie Atomschwämme agieren, indem sie verzögerte Neutronen aufsaugen und festhalten und sie so davon abhalten, weitere Spaltungen auszulösen –, kann die Ausweitung der Kettenreaktion stufenweise kontrolliert werden.[58] Werden die Stäbe ganz in den Reaktor eingefahren, bleibt der Kern in einem subkritischen Zustand. Sobald sie herausgezogen werden, nimmt die Spaltungsreaktion allmählich zu, bis der Reaktor kritisch wird, in diesem Zustand gehalten und nach Bedarf angepasst werden kann. Werden die Stäbe weiter oder in größerer Anzahl ausgefahren, erhöht sich die Reaktivität und somit auch die Menge an Wärme und Strom, die erzeugt wird. Taucht man sie indes tiefer hinein, bewirkt man das Gegenteil. Die Tatsache, dass sich der Reaktor nur aufgrund dieses Bruchteils von weniger als einem Prozent aller Neutronen bei jeder Spaltung kontrollieren lässt, macht den Steuervorgang überaus heikel. Werden die Stäbe zu schnell, zu weit oder in zu großer Zahl zurückgezogen – oder versagt eines der zahllosen Sicherheitssysteme –, kann der Reaktor durch die Spaltung prompter Neutronen überfordert sein und »prompt überkritisch« werden. Das Resultat wäre eine Leistungsexkursion, ein Katastrophenszenario, das unbeabsichtigt einen ähnlichen Prozess in Gang bringt wie den, der einer Atombombe innewohnt – ein unkontrollierbarer Energieanstieg, der eine Kernschmelze oder Explosion zur Folge hat.

Um Strom zu erzeugen, muss der Uran-Brennstoff in einem Reaktor heiß genug werden, um Wasser in Dampf zu verwandeln, aber nicht so heiß, dass der Brennstoff selbst anfängt zu schmelzen.[59] Um Letzteres zu verhindern, braucht der Reaktor abgesehen von Steuerstäben und einem Neutronenmoderator ein Kühlmittel, um einer Überhitzung entgegenzuwirken. Die ersten Reaktoren, die im Vereinigten Königreich gebaut wurden, nutzten Graphit als Moderator und Luft als Kühlmittel. Spätere kommerzielle Modelle in den Vereinigten Staaten setzten kochendes Wasser sowohl als Kühlmittel wie auch als Moderator ein. Beide Entwürfe bargen deutliche Risiken, aber auch Vorteile: Wasser brennt zwar nicht, kann aber, als unter Druck stehender Dampf, eine Explosion verursachen. Graphit dagegen kann zwar nicht explodieren, bei extremen Temperaturen jedoch Feuer fangen. Die ersten sowjetischen Reaktoren, Nachbauten der Entwürfe aus dem Manhattan-Projekt, benutzten sowohl Graphit als auch Wasser.[60] Es war eine riskante Kombination: Graphit ist ein Moderator, der bei hohen Temperaturen lichterloh brennt, Wasser ein potentiell explosives Kühlmittel.[61]

Drei rivalisierende Physikerteams bauten die ersten Modelle für den späteren Reaktor Atom Mirny-1, darunter ein graphitmoderierter wassergekühlter Reaktor, ein graphitmoderierter heliumgekühlter Reaktor, und schließlich ein Entwurf, der Beryllium als Moderator nutzte.[62] Da die sowjetischen Ingenieure jedoch aus dem Bereich der Plutoniumherstellung kamen, hatten sie die meiste praktische Erfahrung mit graphitmoderierten wassergekühlten Reaktoren.[63] Diese waren zudem kostengünstiger und einfacher zu bauen. Damit hatten die experimentelleren – und potentiell sichereren – Konzepte keine Chance.[64]

Erst im fortgeschrittenen Baustadium von Atom Mirny-1 entdeckten die Physiker in Obninsk den ersten größeren Fehler in ihrem Entwurf. Es bestand das Risiko, dass Kühlwasser auf den heißen Graphit sickerte, was nicht nur zu einer Explosion und der Freisetzung von Radioaktivität führen konnte, sondern auch zu einer Leistungsexkursion des Reaktors.[65] Das Team verschob daher wiederholt die Inbetriebnahme, um Sicherheitssysteme zu entwickeln, die dem Problem entgegenwirken sollten. Als Atom Mirny-1 im Juni 1954 schließlich kritisch wurde, wohnte dem Reaktor noch ein Fehler inne, den die Wissenschaftler nicht behoben hatten: der sogenannte positive Voidkoeffizient.

Wenn sie normal funktionieren, enthalten alle wassergekühlten Kernreaktoren eine gewisse Menge an Dampf, der durch den Kern kreist und Blasen beziehungsweise *Voids* bildet.[66] Wasser ist ein effizienterer Neutronenmoderator als Dampf, und so hat das Dampfblasenvolumen im Wasser Auswirkungen auf die Reaktivität des Kerns. In Reaktoren, die Wasser als Kühlmittel und als Moderator benutzen, werden mit zunehmendem Dampfvolumen weniger Neutronen verzögert – die Reaktivität sinkt. Bildet sich zu viel Dampf – oder geht gar das gesamte Kühlmittel verloren –, kommt die Kettenreaktion zum Erliegen, und der Reaktor schaltet sich ab. Dieser *negative* Voidkoeffizient agiert gleichsam als Totmannschaltung, eine Sicherheitsfunktion der im Westen üblichen Wasser-Wasser-Entwürfe.

In einem Wasser-Graphit-Reaktor wie Atom Mirny-1 geschieht jedoch das Gegenteil. Während der Reaktor immer heißer wird und immer mehr Wasser sich in Dampf verwandelt, erledigt der Graphit-Moderator seine Aufgabe unbeirrt weiter. Die Kettenreaktion nimmt immer mehr zu, das Wasser erhitzt sich weiter, und immer mehr davon verdampft. Dieser Dampf wiederum absorbiert immer weniger Neutronen, und die Kettenreaktion nimmt immer mehr an Fahrt auf, in einer Rückkopplungsschleife steigender Leistung und Hitze. Um den Effekt zu stoppen oder zu verlangsamen, müssen die Operatoren die Steuerstäbe tiefer einführen. Sollte dies aus irgendeinem Grund nicht gelingen, droht dem Reaktor eine Leistungsexkursion, die Schmelze oder eine Explosion. Dieser *positive* Voidkoeffizient blieb ein fataler inhärenter Fehler im Atom Mirny-1 und überschattete den Einsatz eines jeden sowjetischen Wasser-Graphit-Reaktors, der folgte.

Am 20. Februar 1956 zeigte sich Igor Kurtschatow zum ersten Mal seit über zehn Jahren vor der sowjetischen Öffentlichkeit. Der Vater der Bombe war seit 1943 in die Geheimhaltung um Problem Nummer Eins abgetaucht, in die Abgeschiedenheit der geheimen Versuchslabors von Moskau und Obninsk oder des weitläufigen Waffentestgeländes in Kasachstan. Doch nun stand er vor den Delegierten, die sich zum 20. Kongress der Kommunistischen Partei der Sowjetunion in Moskau versammelt hatten, und eröffnete ihnen eine phantastische Vision von einer neuen UdSSR, die ihre Energie mit Kernkraft erzeugte.[67] In einer kurzen, aber mitreißenden Rede skizzierte Kurtschatow die Pläne für ein ehrgeiziges Programm experimenteller Reaktortechnologie und ein futuristisches kommunistisches Imperium, durchquert von atombetriebenen Schiffen, Zügen und Flugzeugen. Schon bald werde preisgünstiger Strom über ein Netz aus gewaltigen Kernkraftwerken in jeden Winkel der Union fließen, so seine Prognose. Das sowjetische Nuklearpotential werde zwei Millionen Kilowatt erreichen, versprach er – vierhundertmal so viel wie die Leistung des Reaktors in Obninsk –, und das binnen vier Jahren.

Um diese kühne Vision zu verwirklichen, hatte Kurtschatow – mittlerweile zum Leiter seines eigenen Atomkraftinstituts ernannt – den Sredmasch-Chef überredet, ihn vier unterschiedliche Reaktor-Prototypen bauen zu lassen.[68] Er werde dann die Entwürfe auswählen, auf deren Basis die sowjetische Kernkraftindustrie entstehen sollte. Bevor die Bauarbeiten beginnen konnten, musste Kurtschatow erst noch die Wirtschaftsbonzen des Gosplan für sich gewinnen, die für die Verteilung aller Ressourcen in der UdSSR zuständig waren.[69] Das Komitee für Wirtschaftsplanung – Gosplan – gab mit seiner Abteilung für Energie und Elektrifizierung sämtliche Ziele vor: von der Summe, die für den Bau eines einzelnen Kraftwerks anberaumt werden konnte, bis hin zur Menge an Strom, die es nach der Fertigstellung erzeugen sollte. Und die Männer und Frauen des Gosplan kümmerten sich wenig um Ideologie, sowjetisches Prestige oder den Triumph der sozialistischen über die kapitalistische Technologie. Sie wünschten sich eine vernünftige Wirtschaft und greifbare Resultate.

Wie die Argumente[70] ihrer Kollegen im Westen waren diejenigen der sowjetischen Wissenschaftler zu der Frage, wie schnell und kostengünstig Atomstrom dem Wettbewerb mit konventionell erzeugter Elektrizität würde standhalten können, rein spekulativ und gefärbt von der Wunschvorstellung vom Strom »quasi zum Nulltarif«.[71] Doch im Gegensatz zu den Förderern der atomaren Zukunft in den Vereinigten Staaten konnten sie sich nicht auf Verkaufsgespräche auf dem Golfplatz und auf unternehmerische Investitionen aus dem freien Markt verlassen. Und die Wirtschaft war nicht auf ihrer Seite. Die Finanzierungskosten für den Bau eines Atomreaktors waren enorm, und die UdSSR war reich an fossilen Brennstoffen –

besonders in den entlegenen Landstrichen Sibiriens, in denen ständig neue Öl- und Gasvorkommen entdeckt wurden.

Und doch sprachen die schiere Größe der Sowjetunion und ihre schlechte Infrastruktur für die Atomkraft.[72] Die Wissenschaftler wiesen darauf hin, dass die Rohstoffvorkommen in Sibirien Tausende von Meilen von den Standorten entfernt waren, an denen sie am nötigsten gebraucht wurden; in den westlichen Landesteilen der Sowjetunion, wo die Mehrheit der Bevölkerung lebte und die meisten Fabriken standen. Rohstoffe oder Strom über solche Distanzen zu befördern, war kostspielig und ineffizient. Während für die unmittelbaren Konkurrenten der Atomkraftwerke, die Wasserkraftanlagen, wertvolle landwirtschaftliche Flächen geflutet werden mussten, waren Atomkraftwerke zwar teuer in der Errichtung, hatten dafür aber wenig Auswirkung auf die Umwelt. Sie waren weitgehend unabhängig von natürlichen Ressourcen, konnten dort gebaut werden, wo sie gebraucht wurden, in Stadtnähe, und sofern sie groß genug waren, gewaltige Mengen an Strom erzeugen.

Das Gosplan war offenbar überzeugt von Kurtschatows Versprechen und bewilligte die Mittel für zwei Prototypen; der eine ein Druckwasserreaktor vom selben Typ, wie er in den Vereinigten Staaten bereits Standard wurde, der andere ein Wasser-Graphit-Reaktor – eine größere Version des Atom Mirny-1.[73] Doch genau wie im Westen schossen die Baukosten rasch in die Höhe, und so hegte das Gosplan den Verdacht, dass es von den Wissenschaftlern in die Irre geführt worden war. Es schraubte die Pläne zurück, zog die Notbremse beim Druckwasserreaktor, und Kurtschatows Vision von einer atombetriebenen Zukunft fiel schrittweise in sich zusammen.[74] Er beschwor die Verantwortlichen, den Geldhahn wieder aufzudrehen, schrieb dem Vorsitzenden des Gosplan einen Brief, in dem er darauf bestand, dass die Kraftwerke entscheidend seien für die atomare Zukunft der Sowjetunion. Doch seine Bitten stießen auf taube Ohren, und so starb Kurtschatow 1960, ohne seinen Traum verwirklicht zu sehen.

Unterdessen hatte das Ministerium für Mittleren Maschinenbau ein neues Projekt fertiggestellt, verborgen im geheimen Nuklearstandort namens Combine 816 oder Tomsk-7 im Westen Sibiriens.[75] Der EI-2 oder »Iwan-2« war ein großer militärischer Wasser-Graphit-Reaktor, der preisgünstig zu realisieren war.[76] Sein Vorgänger, Iwan-1, war ein einfaches Modell gewesen, das ausschließlich zur Herstellung von Plutonium für nukleare Sprengköpfe gedient hatte. Mit dem verbesserten Iwan-2 jedoch konnte man zwei Fliegen mit einer Klappe schlagen. Er produzierte waffenfähiges Plutonium und zudem, als Nebenprodukt, 100 Megawatt Strom. Und als man in der Sowjetunion zwei Jahre nach Kurtschatows Tod die Arbeit am zivilen Atomprogramm endlich wieder aufnahm – mittlerweile weit abgeschlagen von der Konkurrenz in den USA –, legte man den Schwerpunkt auf Reaktoren, die kostengünstig zu bauen und zu betreiben waren.[77] Zu diesem Zeitpunkt waren es nicht die raffinierten experimentellen Reaktoren aus Igor Kurtschatows zivilem Atomprogramm, sondern der robuste Iwan-2, der die Fahne des Roten Atoms hoch halten sollte.

Kaum ein Jahr, nachdem Igor Kurtschatow vor dem Parteikongress in Moskau seine imperiale Vision von einer atom-getriebenen UdSSR vorgetragen hatte, erschien feierlich eine breit lächelnde junge Königin Elisabeth II. vor dem Kernkraftwerk Calder Hall an Englands Nordwestküste.[78] Mit elegant behandschuhter Hand an einem Hebel ziehend, beobachtete sie, wie die Nadel an einem übergroßen Messgerät auszuschlagen begann und anzeigte, wie aus einem der beiden gasgekühlten Reaktoren des Kraftwerks der erste Atomstrom in das britische Netz strömte. Es war die Inbetriebnahme des ersten kommerziellen Kernkraftwerks der Welt, die Morgendämmerung einer neuen industriellen Revolution. Welch ein Triumph für all jene, die sich den Glauben an die friedliche Kraft des Atoms bewahrt und nicht wie andere befürchtet hatten, es werde der Welt nur Vernichtung bringen! »Für diese Menschen«, berichtete ein Kommentator der Wochenschau, »ist der heutige Tag ein bedeutender Sieg!«

Das Ereignis war eine großartige Propagandaübung, die Wahrheit weniger glanzvoll. Calder Hall war ursprünglich errichtet worden, um für Großbritanniens frisch aufgelegtes Atombombenprogramm Plutonium herzustellen. Der Strom, den das Werk produzierte, war ein kostspieliges Feigenblatt.[79] Und die militärischen Wurzeln der zivilen Atomindustrie hatten nicht nur die Technologie, auf der sie fußte, verwirrt, sondern auch das Einschätzungsvermögen ihrer Hüter. Sogar im Westen verharrten Atomwissenschaftler weiterhin in einer Kultur der Geheimhaltung und des Zweckoptimismus – eine Umgebung, in der sich zuweilen ruchlose Experimentierfreudigkeit mit einem institutionellen Widerwillen paarte, etwaige Fehlschläge zuzugeben.

Ein Jahr nach Inbetriebnahme von Calder Hall, im Oktober 1957, waren Techniker am benachbarten Brüterreaktor Windscale mit einem fast unmöglichen Stichtag konfrontiert, um das für die Zündung einer britischen Wasserstoffbombe nötige Tritium herzustellen. Hoffnungslos unterbesetzt und mit einer Technologie konfrontiert, die sie nicht vollständig beherrschten, agierten sie unter Notfallbedingungen und missachteten Sicherheitsmaßnahmen. Am 9. Oktober gerieten in Windscale die zweitausend Tonnen Graphit im Reaktor *Pile 1* in Brand.[80] Sie brannten zwei Tage lang, setzten dabei überall im Vereinigten Königreich und in Europa radioaktive Strahlung frei und kontaminierten lokale Milchfarmen mit hohen Dosen von Jod-131.[81] Als letzten Ausweg ließ der Leiter des Kraftwerks Wasser auf den Reaktor schütten, ohne zu wissen, ob es den Brand löschen könnte oder eine Explosion auslösen und damit weite Teile Großbritanniens unbewohnbar machen würde. Ein Untersuchungsausschuss erstellte kurz darauf einen ausführlichen Bericht darüber, doch am Vorabend der Veröffentlichung ließ der britische Premierminister sämtliche Exemplare, bis auf zwei oder drei, einstampfen und den fertig gesetzten Druckstock zerstören.[82] Er veröffentlichte in der Folge seine eigene, bereinigte Version, in der er den Operatoren die Schuld an dem Brand in die Schuhe schob. Die britische Regierung verschwieg dreißig Jahre lang das tatsächliche Ausmaß des Unfalls.[83]

Unterdessen hatte in der UdSSR die Geheimhaltung, was das Atomprogramm betraf, einen neuen Höhepunkt erreicht. Unter Chruschtschow genossen sowjetische Wissenschaftler eine beispiellose Autonomie, und die Öffentlichkeit – dazu angehalten, den neuen Göttern von Wissenschaft und Technik bedingungslos zu vertrauen – blieb im Dunkeln. In dieser berauschenden Atmosphäre neigten die Physiker dank ihres frühen Erfolgs bei der Zähmung der Kraft des friedlichen Atoms zu einem gefährlichen Übermut. Sie fingen an, mittels Gammastrahlen die Haltbarkeit von Hühnerfleisch und Erdbeeren zu verlängern, installierten mobile Atomreaktoren auf Panzerketten oder auf Schiffen, dazu ausersehen, die Arktis zu umrunden, und entwarfen wie ihre Kollegen in den USA atombetriebene Flugzeuge.[84] Doch sie benutzten auch Nuklearwaffen, um Feuer zu löschen und unterirdische Tunnel zu graben, wobei sie die Intensität ihrer Explosionen nur heruntersetzten, wenn der Erdstoß nahegelegene Gebäude zu zerstören drohte.

Nach dem Tod Igor Kurtschatows war das Institut für Atomenergie ihm zu Ehren umbenannt worden, und sein Schüler Anatoli Alexandrow war nun der führende Atomwissenschaftler der UdSSR. Alexandrow, ein massiger Mann mit glänzender Glatze, der mitgeholfen hatte, die ersten Reaktoren zur Herstellung von Plutonium zu bauen, wurde 1960 zum Direktor des Kurtschatow-Instituts ernannt. Der überzeugte Kommunist, der mit Leib und Seele an die Wissenschaft als Vehikel des sowjetischen Wirtschaftswunders glaubte, schätzte monumentale Projekte höher als topaktuelle Forschung.[85] Mit Beginn der Stagnation steckte das sowjetische wissenschaftliche Establishment großzügig Ressourcen in die unmittelbaren Prioritäten des Staates – Raumforschung, Wasserumleitungen, Atomkraft. Neuere Technologien wie die Computerwissenschaft, die Genetik und die Glasfasertechnik hinkten hinterher. Alexandrow hatte die Aufsicht über den Entwurf von Reaktoren für atombetriebene U-Boote und Eisbrecher wie auch für die Prototypen der neuen Graphitreaktoren vom Kanaltyp, die Strom erzeugen sollten. Um für diese die Baukosten zu reduzieren, betonte er den Skaleneffekt und bestand darauf, sie überdimensional groß zu bauen, aus standardisierten Bauteilen und üblichen Baustoffen. Er sah keinerlei Grund, warum die Herstellung von Atomreaktoren sich von der Herstellung von Panzern oder Mähdreschern unterscheiden sollte. Alexandrow betrachtete die Serienproduktion dieser massiven Reaktoren als Schlüssel zum wirtschaftlichen Fortschritt in der Sowjetunion und die Atomkraft als das Mittel schlechthin, um hochfliegende Träume zu verwirklichen, wie sich dereinst Wüsten bewässern, tropische Oasen im arktischen Norden schaffen und mittels Atombomben ungünstig gelegene Berge dem Erdboden gleichmachen ließen – »Die Fehler der Natur korrigieren«, hieß es in Russland.[86]

Trotz seiner Auffassungsgabe und seines politischen Einflusses besaß

Alexandrow nicht die Entscheidungsgewalt über die sowjetische Atomwissenschaft. Hinter ihm dräute die unheimliche, unverrückbare Macht des Ministeriums für Mittleren Maschinenbau mit seinem streitsüchtigen Chef, dem früheren Revolutionär Efim Slawski, bekannt unter anderem als »Efim der Große« und »der Ayatollah«.[87] Obwohl sie als junge Männer im Russischen Bürgerkrieg auf entgegengesetzten Seiten gekämpft hatten – Slawski zu Pferd als politischer Kommissar bei der Roten Kavallerie, Alexandrow bei den Weißgardisten – waren die beiden Atommagnaten gute Freunde und schwelgten bei Wodka und Cognac gern in Erinnerungen.[88] Als sich der Kalte Krieg jedoch verschärfte, hatten die militärischen und industriellen Ansprüche des Sredmasch Vorrang vor denen der reinen Wissenschaftler am Kurtschatow-Institut. In den ersten Jahren seines Bestehens hatte die staatliche Priorität, die dem Atomwaffenprogramm zuerkannt wurde, es dem Ministerium ermöglicht, sich ein gewaltiges Atomimperium aufzubauen, mit eigenen Wissenschaftlern, Truppen, Versuchslaboren, Fabriken, Krankenhäusern, Hochschulen und Testgeländen.[89] Sredmasch konnte auf fast unbegrenzte Ressourcen zurückgreifen, von Goldminen bis hin zu Kraftwerken, und dies alles hinter einer undurchdringlichen Mauer des Schweigens.

Bereits die Namen der Sredmasch-Einrichtungen waren geheim, und ihre Standorte unterschiedlicher Größe, von einzelnen Instituten in Moskau und Leningrad bis hin zu ganzen Städten, waren den Männern und Frauen, die dort arbeiteten, als *pochtovye yashchiki* – »Briefkästen« – bekannt, die nur mit Codenummern benannt wurden.[90] Unter Slawskis Leitung – ein schlauer Politiker mit Zugang zu den höchsten Regierungskreisen – wurde das Ministerium für Mittleren Maschinenbau zu einem geschlossenen, fast völlig autonomen Universum, einem Staat im Staate.[91]

Unter dem paranoiden Regime permanenter Kriegsführung durch Sredmasch galt jeder Unfall – und sei er noch so geringfügig – als Staatsgeheimnis, überwacht vom KGB. Und sogar als die Kernkraftindustrie der UdSSR Mitte der sechziger Jahre allmählich Fahrt aufnahm, pochte man weiter auf Geheimhaltung.[92] Im bürokratischen Umbruch nach dem Sturz Chruschtschows wurde 1966 die Verantwortung für die Betreibung neuer Atomkraftwerke in der UdSSR von Sredmasch auf das zivile Ministerium für Energie und Elektrifizierung übertragen. Doch alles andere – der Konstruktionsentwurf und die technische Überwachung der Reaktoren, die die Fabriken mit Strom versorgten, ihre Prototypen und jeder Aspekt ihres Brennstoffkreislaufs – blieb in den Händen des Ministeriums für Mittleren Maschinenbau.

Als eines der zwölf Gründungsmitglieder der Internationalen Atomenergie-Organisation war die UdSSR seit 1957 verpflichtet, jeden Atomunfall zu melden, der sich innerhalb ihrer Grenzen zutrug.[93] Doch von den vielen gefährlichen Zwischenfällen, die sich in den folgenden Jahrzehnten in sowjetischen Atomkraftwerken ereigneten, wurde der IAEO nicht ein einziger gemeldet. Fast dreißig Jahre lang ließ man sowohl die Bevölkerung der Sowjetunion als auch die Weltöffentlichkeit in dem Glauben, die UdSSR betreibe die sichersten Atommeiler der ganzen Welt.[94]

Der Preis für die Aufrechterhaltung dieser Illusion war hoch gewesen.

Am Sonntag, dem 29. September 1957, um 16.20 Uhr, ereignete sich in Tscheljabinsk-40, dem späteren Osjorsk, im südlichen Uralgebirge, eine gewaltige Explosion.[95] Die Sredmasch-Anlage war so geheim gewesen, dass sie auf keiner zivilen Landkarte verzeichnet war. Das verbotene Gelände umfasste sowohl die Kerntechnische Anlage Majak – mehrere Reaktoren zur Plutoniumherstellung sowie radiochemische Fabriken, die mit Hilfe von Zwangsarbeitern der Wildnis abgetrotzt waren – als auch die komfortable geschlossene Stadt Osjorsk, welche die privilegierten Ingenieure beherbergte, die darin arbeiteten. Es war ein warmer, sonniger Nachmittag. Als sie die Explosion hörten, sahen sich viele der Bewohner Osjorks ein Fußballspiel im stadteigenen Stadion an. In der Annahme, das Geräusch rühre von einer Sprengung her, ausgeführt von Strafgefangenen im nahegelegenen Industriegelände, hoben wenige der Zuschauer auch nur den Blick. Das Spiel lief weiter.

Doch die Explosion hatte sich in einem unterirdischen Abfalltank ereignet, der mit hochradioaktivem Plutoniummüll angefüllt war.[96] Die Explosion, zu der es spontan gekommen war, nachdem die Kühlungs- und Temperaturüberwachungssysteme versagt hatten, schleuderte den 160 Tonnen schweren Betondeckel des Tanks zwanzig Meter in die Luft, zertrümmerte die Fenster einer nahegelegenen Gefangenenbaracke, riss das Metalltor aus dem nicht weit entfernten Zaun und blies eine kilometerhohe Säule aus Staub und Rauch in den Himmel. Binnen weniger Stunden hatte sich eine zentimeterdicke Schicht aus grauer radioaktiver Asche und Schutt über das Industriegebiet verbreitet. Die Soldaten, die dort arbeiteten, wurden bald blutend und sich erbrechend ins Krankenhaus eingeliefert.

Es gab keinerlei Plan, wie mit einem Atomunfall umzugehen war; zunächst war auch niemandem bewusst, dass man es mit einem zu tun hatte. Es dauerte Stunden, bis die Kraftwerksleiter, auf Geschäftsreise, endlich in einer Zirkusvorstellung in Moskau aufgespürt waren. Unterdessen hatte sich der hochradioaktive Fallout bereits über den Ural ausgebreitet – 2 Millionen Curie – und hinterließ eine sechs Kilometer breite und fast fünfzig Kilometer lange tödliche Spur. Tags darauf fielen leichter Regen und ein dicker, schwarzer Schnee auf die umliegenden Dörfer.[97] Es dauerte ein ganzes Jahr, um den Bereich innerhalb der verbotenen Zone zu säubern.[98] Die sogenannte »Liquidation« der Folgen der Explosion wurde zunächst von Soldaten erledigt, die mit Schaufeln in die kontaminierten Bereiche rannten und Teile des zerschmetterten Abfalltanks in einen nahegelegenen Sumpf warfen. Die Stadtoberen von Osjorsk, die offenbar mehr Angst vor einer Massenpanik hatten als vor der Bedrohung durch die Strahlung, versuchten den Vorfall unter Verschluss zu halten. Doch als dies nicht gelang und die Nachricht sich bei den Kadern junger Ingenieure und Techniker verbreitete, verließen fast dreitausend Arbeiter die Stadt, weil sie lieber »in der weiten Welt«, wie sie es nannten, ihr Glück versuchten, also jenseits des Stacheldrahts, als in ihren behaglichen, aber kontaminierten Häusern zu bleiben.

In den entlegenen Dörfern jenseits des Zauns wurden barfüßige Frauen und Kinder instruiert, ihre Kartoffeln und Rüben zu ernten, sie dann aber in Gräben zu werfen, die von Bulldozern ausgehoben worden waren.[99] Das Ganze wurde von Männern in Schutzanzügen und Atemschutzmasken überwacht. Soldaten trieben die Kühe der Bauern in offene Gruben und schossen sie tot. Schließlich mussten im Laufe von zwei Jahren zehntausend Menschen ihre Häuser und Dörfer verlassen. Ganze Siedlungen wurden dem Erdboden gleichgemacht, dreiundzwanzig Dörfer von der Landkarte getilgt, und fast eine halbe Million Menschen waren gefährlichen Mengen an radioaktiver Strahlung ausgesetzt.[100]

Gerüchte von den Vorfällen in Majak gelangten auch in den Westen, aber Tscheljabinsk-40 gehörte zu den am strengsten bewachten Militärstandorten in der UdSSR. Die Sowjetregierung wollte nicht einmal zugeben, dass der Ort existierte, geschweige denn, dass dort irgendetwas vorgefallen sein sollte. Die CIA schickte schließlich U-2-Spionageflugzeuge in die Gegend, um aus großer Höhe Luftaufnahmen anfertigen zu lassen. Auf dem zweiten dieser Flüge, im Mai 1960, wurde die Maschine von Francis Gary Powers von einer sowjetischen SA-2-Boden-Luft-Rakete abgeschossen, eines der prägenden Ereignisse des Kalten Krieges.[101]

Obwohl die ganze Wahrheit erst Jahrzehnte später ans Licht kommen sollte, blieb die Katastrophe von Majak viele Jahre lang der schlimmste Atomunfall in der Geschichte.

Kapitel 3

Freitag, 25. April, 17:00 Uhr, Prypjat

Am Nachmittag des 25. April 1986, einem Freitag, war es in Prypjat fast schon sommerlich warm. Alle freuten sich auf das lange Wochenende vor dem 1. Mai.[1] Techniker bereiteten die feierliche Eröffnung des neuen Vergnügungsparks der Stadt vor, und Familien füllten für die freien Tage ihre Kühlschränke auf; einige waren dem Verschönerungswahn erlegen, der die Stadt erfasst hatte, und klebten Tapeten an die Wände ihrer Wohnungen und verlegten Fliesen. Draußen erfüllte der Duft blühender Apfel- und Kirschbäume die Luft. Frische Wäsche hing auf den Balkonen am Lenin-Prospekt. Vor den Häusern entfalteten Wiktor Brjuchanows Rosen ihre Blütenpracht – eine bunte Palette aus Pink, Rot und Fuchsia.

In der Ferne ragte strahlend weiß das Kernkraftwerk W. I. Lenin in den Himmel, gesäumt von riesigen vergitterten Strommasten, die Hochspannungskabel zu den Schaltstationen trugen. Auf dem Dach des zehnstöckigen Wohnblocks in der Oberst Lazarew Straße mit Blick auf den zentralen Platz, formten riesige, kantige Lettern den wohlklingenden Propaganda-Wahlspruch des Ministeriums für Energie und Elektrifizierung: *Hai bude atom robitnikom, a ne soldatom!* »Möge das Atom ein Arbeiter sein, kein Soldat!«[2]

Brjuchanow, wie immer in Eile, hatte um acht Uhr morgens das Haus verlassen, um in dem weißen Wolga, den er für offizielle Zwecke nutzte, die kurze Strecke von seiner Wohnung über die Kurtschatow-Straße zum Kraftwerk zu fahren. Walentina hatte sich frei genommen und verbrachte den Nachmittag mit ihrer Tochter und ihrem Schwiegersohn, die übers Wochenende aus Kiew gekommen waren. Lilia war bereits im fünften Monat schwanger, und das Wetter war so schön, dass die drei beschlossen, einen Ausflug nach Naroulja zu unternehmen. Die Stadt war an einem Fluss gelegen, einige Kilometer jenseits der weißrussischen Grenze.

Alexander Juwtschenko, leitender Maschinenbauingenieur der Reaktorabteilung in der Nachtschicht von Tschernobyls Block vier, verbrachte den Tag in Prypjat mit seinem zweijährigen Sohn Kirill. Juwtschenko arbeitete erst seit drei Jahren im Kraftwerk.[3] Der schlanke, sportliche, fast zwei Meter große Mann hatte seinen hochaufgeschossenen Körper am Gymnasium in Tiraspol in der kleinen Sowjetrepublik Moldau mit Rudern auf Vordermann gebracht. Mit dreizehn war Juwtschenko eines der ersten Mitglieder des städtischen Ruderclubs gewesen, dessen Trainer nur die größten und stärksten Jungen auszusuchen pflegte, die sich dann im schnellfließenden Wasser des Dnister austoben durften. Mit sechzehn wurde er Champion der moldauischen Jugendliga; als nächsten Schritt ergatterte seine Mannschaft in den Allunions-Juniorenmeisterschaften den zweiten Platz.

Doch weil Juwtschenko so viel Talent als Ruderer zeigte, sich aber auch in den Fächern Physik und Mathematik hervortat, stand er mit siebzehn vor einer schmerzlichen Entscheidung: Universität oder Sportlerkarriere? Gegen das Drängen seines Trainers entschied er sich schließlich für die akademische Laufbahn.[4] 1978 schrieb er sich an der Polytechnischen Universität in Odessa ein, nur knappe hundert Kilometer von seinem Heimatort entfernt, gleich hinter der ukrainischen Grenze, um Atomphysik zu studieren. Er war jung und ehrgeizig und hatte beschlossen, etwas Zukunftsweisendes und Spektakuläres zu tun – Er träumte davon, in einem Atomkraftwerk zu arbeiten.[5]

Jetzt, mit vierundzwanzig, war Juwtschenko stellvertretender Sekretär im Betriebs-Komsomol, dem Jugendverband der KPdSU. Trotz langer Arbeitszeiten spielte er im Winter auf den präparierten Eisbahnen gern Eishockey mit seinen Freunden aus dem Kraftwerk.[6] Im Frühling borgten seine Frau Natalia und er sich das kleine Motorboot eines Nachbarn aus und unternahmen Ausflüge auf dem Prypjat – ließen sich auf dem glatten, braunen Wasser dahintreiben, vorbei an Waldlichtungen voller lieblich duftender Maiglöckchen, und rasteten an leeren Stränden mit feinem weißen Sand, umgeben von hohen Kiefern.[7]

Alexander und Natalia kannten sich seit ihrer Kindheit, als sie in Tiraspol dieselbe Klasse besuchten. Mit zwölf war Alexander bereits größer als die anderen Jungen, schlaksig und unbeholfen. Natalia war ein zierliches Mädchen, und verwöhnt. Ihre Eltern gehörten zur *Nomenklatura*; loyale Parteimitglieder, beide mit leitenden Positionen in der lokalen Industrie. Sie trug ihr dunkles Haar zu zwei Zöpfen geflochten, die ihr über den Rücken baumelten, und ihre blaugrauen Augen schienen je nach Stimmung und Wetter die Farbe zu wechseln. Alexander hatte sie sofort bemerkt. Doch falls sie sein Interesse erwiderte, zeigte sie es nicht.

Einige Jahre später zogen Alexander und seine Familie in eine Wohnung an der Sowjetskaja-Straße, direkt gegenüber dem kleinen Privathaus, in dem Natalia wohnte. Sie gingen miteinander, machten wieder Schluss, trafen sich mit anderen – kamen aber immer wieder zusammen. Im August 1982, nach einem ganzen Jahr der Trennung, heirateten sie schließlich. Mittlerweile studierten sie schon eine Weile an der Universität in Odessa. Natalia war einundzwanzig, Alexander erst zwanzig. Ein Jahr später kam Kirill auf die Welt.

Wie alle sowjetischen Studienabsolventen musste sich 1983 auch Alexander aus einer vorgegebenen Auswahl eine Arbeitsstelle aussuchen.[8] Doch es gab nie wirklich einen Zweifel darüber, welche er annehmen würde. Das Kernkraftwerk Tschernobyl galt als eine der besten und angesehensten Atomanlagen der gesamten Sowjetunion. Es stand in der Ukraine, nicht weit von Kiew entfernt, inmitten einer ruhigen ländlichen Gegend. Vor allem war ihm zu Ohren gekommen, dass Ehepaare, die nach Prypjat zogen, erwarten durften, eine Wohnung in der Innenstadt zugewiesen zu bekommen. Alexander hoffte daher, mit seiner kleinen Familie binnen Jahresfrist eine eigene Wohnung beziehen zu können, was anderswo in der Sowjetunion undenkbar war.

Als ihr Sohn auf die Welt kam, hatte Natalia noch ein Jahr Studium der russischen Philologie vor sich.[9] Sie blieb daher in Odessa, während Alexander nach Prypjat zog, in ein Wohnheim für alleinstehende Männer, und seine Stelle im Kraftwerk antrat. Als sie ihn Ende Dezember 1983 dort besuchte, sah sie nichts von der vielgepriesenen Schönheit der Stadt. Fahl und nichtssagend lag Prypjat im stumpfen Winterlicht, eingeklemmt zwischen der brachliegenden Landschaft und einem Himmel von der Farbe schmutzigen Spülwassers. Nur das monumentale Ortsschild aus Beton fiel ihr ins Auge, das in riesigen, brutalistischen Lettern den Eingang zur Stadt markierte: »Prypjat 1970«. Doch im Jahr darauf erhielt die junge Familie eine Wohnung im obersten Stockwerk eines großen Gebäudes in einem neu gebauten Stadtviertel am Stroiteley-Prospekt – der Allee der Bauarbeiter. Sie zogen im August dort ein, und die Zweizimmerwohnung erschien ihnen so groß wie ein Palast. Vom Balkon aus hatten die Juwtschenkos einen Panoramablick auf den Fluss Prypjat und den Wald dahinter. Eine frische Brise wehte durch die Küchenfenster. Sie beklebten die Wohnzimmerwände mit einer hellrosa Blumentapete und füllten den Raum mit Möbeln, die ihnen Natalias Mutter über Beziehungen zu dem Holzverarbeitungskombinat verschafft hatte, in dem sie arbeitete.

Da für die Kenntnisse einer studierten Philologin in der technisch orientierten Welt der Atomstadt wenig Bedarf war, arbeitete Natalia als Lehrerin. Die Schule Nummer Vier war riesig, mit über zweitausend Kindern. Natalia lehrte russische Sprache und Literatur und war Klassenlehrerin einer vierten Jahrgangsstufe. Oft fragte sie sich, warum sie sich um den Nachwuchs anderer Leute kümmerte, während ihr eigener Sohn in einer Kinderkrippe schmachten musste. Im Frühjahr 1986 war Alexander befördert worden; vom zuständigen Arbeiter an der Umlaufpumpe zum leitenden Maschinenbauingenieur in der Reaktorabteilung von Block Vier. Ende März wurde er in die Büroräume der Kommunistischen Partei Prypjats bestellt, wo man ihm die Stelle des Ersten Sekretärs im lokalen Komsomol anbot. Im Gegensatz zu seinem nebenberuflichen Engagement in der Kraftwerksverwaltung wäre dies eine hauptamtliche politische Stellung gewesen und hätte den Verzicht auf seine geliebte Arbeit in Reaktor Vier bedeutet. Juwtschenko lehnte ab; man insistierte; er lehnte erneut ab, zitierte Engels. Man ließ ihn nach Hause gehen, aber Alexander wusste, dass er nicht für immer nein sagen konnte: Niemand konnte sich den Wünschen der Partei widersetzen. Mittlerweile hatten die Juwtschenkos mit ihren zwei Gehältern und der eigenen Wohnung alles, was sie brauchten, und dachten allmählich über ein zweites Kind nach.

Doch ohne Verwandte in der Nähe, die Hilfe leisten konnten, war das Leben nicht einfach.[10] In der zweiten Aprilhälfte zog Kirill sich eine schlimme Erkältung zu. Zuerst nahm sich Natalia frei, um sich um ihn zu kümmern. Doch die Krankheit wollte nicht weichen, und als Natalia zu ihren Schülern zurück musste, kümmerte sich das Paar abwechselnd um ihr Kind. Wenn Alexander Nachtschicht hatte, war es tagsüber an ihm, sich um den Jungen zu kümmern. Als Natalia am Nachmittag des 25. April aus der Schule nach Hause kam, sah sie aus dem Fenster und entdeckte unten auf der Straße ihren Mann, wie er mit Kirill auf der Stange Fahrrad fuhr. Alexander hatte von Mitternacht bis acht Uhr früh gearbeitet und dann, ohne zu schlafen, den ganzen Tag mit ihrem Sohn verbracht. In wenigen Stunden fing seine nächste Schicht an. Natalia erkannte, wie erschöpft er sein musste, und der Gedanke beunruhigte sie. Trotz des strahlenden Sonnenscheins und der aufgeregten Schreie ihres Sohnes, die zu ihr herauftönten, huschte ein Schatten über ihr Gesicht.

Nach dem Abendessen brachte Natalia Kirill zu Bett und sah sich eine Fernsehserie an, die erfolgreiche sowjetische Verfilmung von Irwin Shaws reißerischem Roman *Aller Reichtum dieser Welt*.[11] Alexander ging normalerweise gegen 22:30 Uhr außer Haus, wenn er Nachtschicht hatte, doch an diesem Abend wirkte er rastlos und bereitete sich mit merkwürdiger Sorgfalt auf die Arbeit vor.[12] Er badete fast eine Stunde lang und warf sich dann regelrecht in Schale – trug die neue, heiß begehrte Windjacke aus Finnland zur langen Hose –, als ginge er zu einer Party, nicht ins Kraftwerk. In der Küche schenkte er sich eine Tasse Kaffee ein, wollte aber nicht allein trinken und bat Natalia, sich zu ihm zu setzen.

Sie schaltete den Fernseher aus, und sie unterhielten sich noch ein paar Minuten über Belanglosigkeiten, bis es für ihn schließlich an der Zeit war, aufzubrechen.[13]

Einige hundert Meter von den Juwtschenkos entfernt saß Sascha Korol in seiner Wohnung gegenüber dem großen Schwimmbad in der Sportivnaya-Straße auf der Couch und las, als sein Freund Leonid Toptunow hereinspaziert kam.[14] Die beiden Atomingenieure waren seit fast zehn Jahren enge Freunde, seit Beginn ihres Studiums am Institut für Ingenieurtechnik und Physik – MEPhI – in der Atomstadt Obninsk. Jetzt lebten sie nur ein Stockwerk voneinander entfernt in einem Wohnblock aus fast identischen Einzimmerapartments, die von Ärzten, Lehrern und jungen alleinstehenden Atomingenieuren bewohnt wurden. Die beiden Männer besaßen Schlüssel voneinander, und so ging jeder in der Wohnung des anderen ein und aus, wie es ihm gefiel.

Korol, der Sohn eines Physiklehrers, und Toptunow, das einzige Kind eines hochrangigen Offiziers im russischen Raumfahrtprogramm, waren Wissenschaftler mit Leib und Seele. Als sie das Licht der Welt erblickt hatten, in den späten fünfziger und frühen sechziger Jahren, hatten die aufsehenerregenden Bravourstücke sowjetischer Ingenieure regelmäßig den Westen gedemütigt. Toptunows Vater hatte im Herzen der sowjetischen Schattenwelt geheimer Technologie im Kosmodrom Baikonur in Kasachstan den Bau eines Raumfahrtzentrums beaufsichtigt – von dort war 1957 überraschend die Sputnik-Rakete gestartet, die zum ersten Mal die selbstgefällige Gewissheit der USA, einem Imperium aus ungeschickten Kartoffelbauern in technischer Hinsicht unbedingt überlegen zu sein, ins Wanken gebracht hatte.

Toptunow war drei Jahre später im geheimen Raumfahrtzentrum Leninsk auf die Welt gekommen, nur einen Katzensprung von der Startrampe entfernt.[15] Er wuchs im geheiligten Kreis der Männer und Frauen auf, die die Menschheit in den Weltraum führen würden, nicht nur Idole der Kinder, die rings um das Kosmodrom lebten, sondern von der gesamten UdSSR als Helden verehrt. Toptunows Vater gab oft damit an, dass Juri Gagarin, schon bald der berühmteste Mann der Welt, auf den kleinen Leonid aufzupassen pflegte.[16] Als eines frühen Morgens im April 1961 Gagarins robuste Wostok-1-Rakete donnernd gen Himmel startete, war Toptunow gerade sieben Monate alt und wurde Zeuge, wie ihr gleißender Feuerschweif in die Stratosphäre entschwand und ein sowjetischer Pilot als erster Mensch in den Weltraum flog.

Als Toptunow dreizehn war, wurde sein Vater zum Militärattaché in der Produktionsstätte für Raketenantriebe Dwigatel in Tallinn befördert, und die Familie zog nach Estland.[17] Drei Jahre später begab sich Toptunow im Juli nach Moskau, um die Aufnahmeprüfung am MEPhI abzulegen. Zurückhaltend und aufmerksam, hatte er sich als tüchtiger Mathematikschüler erwiesen. Doch das MEPhI – errichtet unter der Ägide von Kurtschatow, dem Vater der sowjetischen Atombombe – war die prestigeträchtigste Hochschule für die Fächer Atomingenieurswesen und Physik.[18] Die Prüfung war berüchtigtermaßen schwierig, und auf jeden Studienplatz bewarben sich vier Studenten.[19] Einige Bewerber brauchten mehrere Anläufe, bevor sie zugelassen wurden. Während Toptunow über den Prüfungsaufgaben brütete, wartete sein Vater draußen im Flur auf einer Bank. Als der junge Mann endlich herauskam, zitterte er vor Erschöpfung. Toptunow hatte die Prüfung auf Anhieb bestanden, doch als er seine Mutter anrief, um ihr die gute Nachricht mitzuteilen, beschwor sie ihn, nicht zu gehen. Er war ihr einziges Kind, und die Atomkraft machte ihr große Angst; also flehte sie ihn an, in Tallinn zu bleiben und dort zu studieren.

Doch Leonid hatte keine Lust auf die baltische Provinz. Mit siebzehn Jahren ging er von zu Hause fort, um sich dem Kult um die *Atomschtschiki* anzuschließen, wie man die Verfechter des friedlichen Atoms nannte.

Toptunow begegnete Sascha Korol 1977. Er gehörte zu einer Gruppe von etwa dreißig Studienanfängern im Fach Atomingenieurswesen auf dem Campus des MEPhI in Obninsk. Der Ort war aufregend neu für die aufstrebenden jungen Ingenieure, ein Gebäudekomplex inmitten von sechzehn weiteren Forschungseinrichtungen, mit Zugang zu zwei kleinen Forschungsreaktoren. Das Studium war sehr anspruchsvoll, umfasste allgemeine Fächer – Mathematik, technisches Zeichnen und Chemie –, aber auch politische Indoktrinierung.[20] Um sich hervorzutun, mussten die Studenten Seminare in historischem Materialismus und »wissenschaftlichem Kommunismus« absolvieren: das Studium der Geschichte der Kommunistischen Partei in der Sowjetunion und der von Marx aufgestellten und von Lenin und Breschnew weiterentwickelten sozialen Gesetze, die zum Zustand des Wahren Kommunismus führten, der im Jahr 2000 erreicht werden sollte.

In ihrer Freizeit aber waren die Studienanfänger in Obninsk wie Studenten in aller Welt. Sie tranken Bier, spielten Karten und sahen sich Kinofilme und Theateraufführungen an. Besonders beliebt waren die improvisierten Komödienwettbewerbe, die dem Format der Fernsehshow KVN – *Klub vesyolykh i nakhodchivykh*, Club der Fröhlichen und Schlagfertigen – nachempfunden waren. Letztere war zwar von der sowjetischen Zensur längst aus dem Fernsehen verbannt worden, lebte aber an sowjetischen Hochschulen als kultiges Live-Spektakel weiter.[21] Den schüchtern aussehenden Toptunow mit seiner Brille und der hartnäckigen Spur von Babyspeck ärgerte sein jungenhaftes Aussehen.[22] Er ließ sich deshalb einen Schnurrbart wachsen, von dem er sich einen Hauch Intellektualität erhoffte. Mit dem charmanten Lächeln und dem dichten, braunen Haarschopf kam er bei den Mädchen gut an.

Am MEPhI nahm Toptunow Karate-Unterricht – ein Sport auf der langen und oft unerklärlichen Liste offiziell verbotener Ideen und Gebräuche aus dem Ausland.[23] Doch Informationen darüber waren als *Samisdat* verfügbar, und so lernte Toptunow das Zutreten und Zuschlagen mittels handgefertigter Anleitungen, die illegal in Umlauf waren. Entgegen dem Rat seiner Tutoren, die ihre Studenten warnten, dass ihre Augen dabei Schaden nehmen könnten und mit ihnen ihre Zukunft in der Atomindustrie, fing er auch an zu boxen. Seine Netzhaut blieb intakt, aber irgendwann brach er sich im Ring die Nase, was zu chronischem Nasentropfen führte.[24] Eines Abends, nach Vorlesungsschluss, geriet Toptunow, betrunken, mit einem überheblichen Dozenten der Thermodynamik in Streit.[25] Die Situation eskalierte, und die beiden lieferten sich in der Toilette eine Prügelei. Toptunow schlug dem Lehrer ein blaues Auge. Dem jungen Studenten drohte der Hinauswurf, doch man ließ Gnade vor Recht ergehen, und er durfte bleiben.

Nach vierjährigem Studium am MEPhI machten sich Toptunow und Korol an ihre Diplomarbeiten. Korol konzentrierte sich auf eine Technik, mit deren Hilfe sich defekte Brennstäbe isolieren ließen, während Toptunow die Akustik nutzen wollte, um Unregelmäßigkeiten in der Leistung des Reaktors ausmachen zu können.[26] Die Forschungsarbeit erforderte ein sechsmonatiges Praktikum in einem Atomkraftwerk, und beide entschieden sich für Tschernobyl. Es gefiel ihnen dort so gut, dass sie nach ihrem Studium am MEPhI 1983 beschlossen, an den Standort zurückzukehren und dort zu arbeiten. Toptunow und Korol kamen genau zur rechten Zeit, um die Fertigstellung von Reaktor vier zu erleben, dem modernsten Reaktor des Kraftwerks.

Wie alle anderen Ingenieure mussten sie ganz unten anfangen, mit einfachen Tätigkeiten, für die sie überqualifiziert waren – mit einem Ölkännchen durch die Fabrikanlage laufen, Maschinen nach heißgelaufenen Kugellagern abtasten, verschüttete Flüssigkeiten aufwischen –, um so die praktischen Gegebenheiten, den Grundriss des Kraftwerks und seine Ausstattung kennenzulernen.[27] Die jungen Ingenieure lernten schnell, dass es das eine war, die Funktionsweise des Reaktors in der Theorie zu verstehen, aber etwas ganz anderes, sie in der Praxis zu begreifen. Nach ihrer Schicht blieben sie noch Stunden im Kraftwerk, verwendeten viel zusätzliche Zeit darauf, den Verlauf riesiger Dampfleitungen und Kabel von Hand nachzuzeichnen, entdeckten in der Dunkelheit die Lage riesiger Schieberventile und verfolgten zahllose Rohre von Raum zu Raum und Etage zu Etage. Es war auch gängige Praxis, dass Praktikanten zu jeder Tages- und Nachtzeit in das Kraftwerk zurückkehrten, um in der Hoffnung, zusätzliches Wissen zu sammeln, das ihr Vorankommen beschleunigen konnte, sowohl die Routinearbeit als auch spezielle Tests zu beobachten.

Im Sommer und im Herbst 1983, als sich Reaktor Vier in der Endmontage befand, sollten die neuen Praktikanten die Qualitätskontrolle durchführen.[28] Während der gewaltige zylindrische Betonkessel, der die »aktive Zone« des Reaktors beinhalten würde, langsam mit den Tausenden Tonnen rechteckiger Graphitblöcke angefüllt wurde, mit deren Hilfe die Spaltung moderiert werden sollte, kletterten Toptunow, Korol und die anderen angehenden Ingenieure hinein, um den Baufortschritt zu überprüfen. Sie verglichen die Arbeit der Montageteams mit den Plänen der Konstrukteure und suchten nach Rissen und Sprüngen im Graphitmeiler. Sie überwachten die Schweißarbeiten an den vielen Wasserleitungen, durch die das Kühlwasser durch den Kern fließen würde – ein funkelndes Dickicht aus eng verwobenen Edelstahlrohren. Als das Gewölbe endlich aufgefüllt und die Verrohrung abgeschlossen war, wurde der Reaktor unter ihrer Aufsicht versiegelt, mit Brennstoff befüllt und am 13. Dezember 1983 zum ersten Mal hochgefahren.

Die Arbeit ließ wenig Zeit für Hobbys, aber irgendwie gelang es Toptunow, sie trotzdem einzubauen. Als Korol und er in Prypjat angekommen waren, organisierte Toptunow in ihrem Wohnheim einen Gymnastikraum – er installierte mehrere Sprossenwände, die jeder benutzen durfte – und später Nachhilfeunterricht in Mathematik und Physik für ältere Schüler aus der Stadt.[29] Er hatte eine Freundin, die in der örtlichen Klinik, dem Medizinischen Versorgungszentrum 126, als Krankenschwester arbeitete, und ging gerne zum Angeln. Im Geflecht künstlich angelegter Kanäle und im großen Kühlwasserteich um das Atomkraftwerk herum tummelten sich viele Fische.[30] Sie schienen prächtig zu gedeihen in dem Wasser, das durch die Atomreaktoren geströmt war, bevor es, immer noch radioaktiv, aber angenehm warm, in den Fluss gespült wurde.

Nachdem er als Praktikant dabei geholfen hatte, den Reaktor zu bauen, den er einmal betreiben würde, stand Toptunow kurz davor, sich als leitender Reaktorsteuerungstechniker zu qualifizieren. Es war vielleicht der anspruchsvollste Job in der gesamten Anlage, bei dem es galt, in jeder einzelnen Minute einer Acht-Stunden-Schicht die gewaltige Kraft des Reaktors im Griff zu haben. Sogar in der nominell egalitären Sowjetunion wurde die Aufgabe stets von einem Mann ausgeführt. Sie erforderte gründliches Lernen und praktische Erfahrung. Die Steuerungstechniker verständigten sich untereinander mit einer eigenen kodierten Sprache, gespickt mit Akronymen und scheinbar unaussprechlichen Abkürzungen, die zu einem neuen Vokabular verwoben wurden – ZGIS und MOVTO, BShchU, SIUR, SIUT und SIUB.[31] Dann galt es stapelweise Gebrauchsanweisungen und Vorschriften zu büffeln und in der Abteilung für Atomare Sicherheit des Kraftwerks eine Reihe von Prüfungen abzulegen. Außerdem gab es Gesundheits-Checks und Unbedenklichkeitsprüfungen durch das KGB.[32] Nach einer dieser Sicherheitsprüfungen setzte sich Toptunow zu Korol und erzählte ihm von einem seltsamen Phänomen, das in der RBMK-Dokumentation beschrieben wurde und darauf verwies, dass die Steuerstäbe des Reaktors – unter gewissen Umständen – die Reaktivität beschleunigen konnten, statt sie abzubremsen.[33]

Erst nach all der Theorie und Praxis durfte Toptunow hinter einem leitenden Reaktorsteuerungstechniker an der Schalttafel stehen und bei der Arbeit zusehen. Schließlich wurde ihm erlaubt – noch immer unter strenger Aufsicht –, die Knöpfe und Schalter selbst zu bedienen.[34]

Als Leonid Toptunow in der Nacht des 25. April 1986 die Tür zur Wohnung Alexander Korols in der achten Etage aufschloss, hatte er seit zwei Monaten die Qualifikation zum leitenden Reaktorsteuerungstechniker in der Tasche. Korol, noch immer Assistent, hinkte hinterher, hoffte aber, sich bald als leitender Ingenieur in Reaktorblock Vier zu qualifizieren. Toptunow fand seinen alten Freund auf der Couch vor, vertieft in einen Artikel in der russischen Ausgabe der Zeitschrift *Scientific American* über ein neues medizinisches Phänomen, das in den USA entdeckt worden war – AIDS. Leonid sagte ihm, in seiner Schicht in Reaktor Vier würden voraussichtlich die Turbinen getestet. Das müsse man sich ansehen.

»Gehen wir doch gemeinsam hin«, schlug Toptunow vor.

»Nein, ich muss passen«, entgegnete Korol. »Ich will diesen interessanten Artikel hier zu Ende lesen.«[35]

Ein paar Minuten vor elf machte sich Toptunow zu der Bushaltestelle auf, einige Blocks weiter in der Kurtschatow-Straße, von der aus Linienbusse die Arbeiter regelmäßig zum Kraftwerk und wieder zurück transportierten. Er ging bis zum Ende der Sportivnaja, bog vor den dunklen Fenstern des Haushaltswarenladens nach rechts, ging weiter, vorbei am Postamt und der Technikerschule und quer über den Platz bis zum Ende des Lenin-Prospekts. Es war eine schwülwarme Nacht, und am tiefblauen Himmel funkelten die Sterne.[36]

Im Bus gesellte sich Toptunow zu seinen Kollegen von der Nachtschicht in Block Vier.[37] Sie umfasste die Belegschaft der Kontrollwarte – Steuerungstechniker Boris Stoljartschuk und Schichtleiter Alexander Akimow – sowie die Ingenieure aus der Reaktor-Abteilung, darunter Leonids Freund Alexander Juwtschenko, der seine neue Kleidung trug. Es war eine kurze Fahrt. Nach zehn Minuten waren sie schon vor den Stufen der Hauptverwaltung.

Das vierstöckige Bürogebäude stand – wie die Brücke eines massiven Containerschiffs – am östlichen Ende der vier Reaktoren des Kraftwerks und der Turbinenhalle, letztere ein schmaler Betonbau, knapp einen Kilometer lang. Innerhalb des Verwaltungsblocks befanden sich die Büros von Wiktor Brjuchanow und seinen Führungskräften, dazu eine der beiden wichtigsten Strahlungskontrollstellen: die Dekontaminationtsschleusen, die die Grenze markierten zwischen den »sauberen« und den »schmutzigen« – oder potentiell radioaktiven – Zonen des Kraftwerks.

Toptunow und seine Kollegen stiegen die polierten Marmorstufen hinauf in den zweiten Stock, vorbei an Glasmalereien, die lebensgroße modernistische Figuren in leuchtendem Gelb, Scharlachrot und Blau abbildeten, und erreichten die Flügeltüren der Dekontaminationsschleuse für die männliche Belegschaft.[38] Im Inneren versperrte eine schmale Bank, auf der die Instruktion »Schuhe ausziehen!« stand, den Weg. Toptunow setzte sich hin, zog die Schuhe aus, schwang die Beine über die Bank und eilte in Socken zum Umkleideraum. Er hängte seine Kleidung in einen schmalen Stahlspind und ging, nur in Unterhosen, durch die Tür in den »schmutzigen« Raum. Sobald die Tür hinter ihm ins Schloss fiel, führte der einzige Weg zurück in den »sauberen« Raum durch ein Strahlungsmessgerät, ausgestattet mit Sensoren, die eine etwaige Kontamination mit Alpha- und Beta-Partikeln feststellen sollten. Toptunow schlüpfte in einen frisch gewaschenen weißen Arbeitsanzug aus Baumwolle, setzte, um sein Haar zu schützen, eine weiße Baumwollhaube auf, wie sie in Operationssälen getragen wurden, und zog sich weiße Stiefel aus Segeltuch an.

Das Atomkraftwerk Tschernobyl war mit zweckmäßiger Gleichgültigkeit gegenüber hochfliegenden Architekturvisionen erbaut worden – seine Form folgte der Funktion, und das so kostengünstig, wie es nur irgend ging. Die Turbinenhalle, eine höhlenartige Baracke, dreißig Meter hoch und mit Wellblech gedeckt, beherbergte in einer Reihe die acht riesigen Dampfturbinen des Kraftwerks.[39] Die vier Reaktoren nahmen die gesamte Länge der Turbinenhalle ein: riesige Betonkästen, in der Reihenfolge arrangiert, in der sie gebaut worden waren, von eins bis vier. Die beiden ersten Reaktoren waren in getrennten Bauten untergebracht, Reaktor Drei und Vier dagegen waren – um Zeit und Geld zu sparen – Rücken an Rücken unter einem Dach vereint und teilten sich Lüftungsanlagen und Notfallsysteme. Zwischen der Turbinenhalle und den Reaktoren befand sich das Rückgrat des Kraftwerks, die Entgaserbühne.[40] Dieser schier endlose Korridor, von keiner einzigen Tür, keinem Knick unterbrochen, verlief parallel zur Turbinenhalle vom Sitz der Hauptverwaltung an einem Ende des Werkes bis zur Westseite von Reaktor Vier am anderen Ende und war insgesamt einen knappen Kilometer lang.

Über die Entgaserbühne hatte die Belegschaft Zugang zu jedem Teil des Kraftwerks, einschließlich der vier Kontrollwarten – jede einem Reaktor gewidmet. Sie war auch ein wichtiger Orientierungspunkt in einer Anlage, die mit ihren finsteren Ecken und dem Geruch nach Maschinenöl oft eher an die dunklen, dröhnenden Hohlräume innerhalb eines gigantischen Unterseeboots erinnerte als an ein normales Gebäude. Der Großteil davon war über Gänge und scheppernde Treppenläufe aus Stahl zu erreichen, gesäumt von Hunderten Kilometern dichter Verrohrung, und durch schwere Stahltüren. Der Grundriss konnte verwirrend sein, und die Arbeiter fanden sich innerhalb des Kraftwerks zurecht, indem sie alphanumerische Koordinaten benutzten, die entlang der einen Achse in russischen Lettern von *A* nach *Ja* beschriftet waren, entlang der anderen in Zahlen von 1 bis 68. Statt herkömmlicher Etagen waren die vertikalen Ebenen des Kraftwerks in »Höhenkoten« unterteilt, die den Abstand zum Erdgeschoss in Metern anzeigten, in großen roten Ziffern an die Wände von Gängen und Treppenfluren gemalt. Von Kote-5 im Keller bis zum höchsten Punkt bei Kote +74,5 – das Dach des Reaktorblocks – war das Gebäude über zwanzig Stockwerke hoch.

Um Kontrollwarte Nummer Vier zu erreichen, mussten Toptunow, Stoljartschuk, Akimow und die übrigen Männer der Nachtschicht bis zu Kote +10 hinaufsteigen – zehn Meter über Bodenhöhe – und dann fast die gesamte Länge der Entgaserbühne entlanggehen; zehn forsche Gehminuten von einem Ende des Kraftwerks zum anderen. Die zentrale Reaktorhalle von Block Vier lag noch höher; über mehrere Treppenläufe oder per Aufzug von der Kontrollwarte nach oben bis zu Kote +35, mehr als zehn Stockwerke über Bodenhöhe. Hier befand sich, erreichbar über eine schwere, luftdichte Stahltür, die strahlungssicher verschlossen werden konnte, das glänzende Stahlgehäuse von Reaktor Vier.

Etwas über fünfhundert Meter von der Kontrollwarte Vier entfernt, auf der anderen Seite der Zugangsstraße, die am Kraftwerk entlang lief, hielten sich die Männer der dritten Wache der Paramilitärischen Feuerwehr

Nummer Zwei vor der Feuerwache auf.[41] Ihre Zigaretten glühten in der sanften Dunkelheit. Es war ein ruhiger Tag gewesen. Kurz vor Mitternacht hatten die vierzehn Feuerwehrleute schon über die Hälfte ihrer Vierundzwanzig-Stunden-Schicht hinter sich und schliefen abwechselnd im Bereitschaftsraum. Sie würden erst um acht Uhr morgens abgelöst werden. Die Truppe war eine von zweien, die in Kraftwerksnähe stationiert waren. Die Stadt Prypjat verfügte ebenfalls über eine paramilitärische Brandschutztruppe – Brigade Nummer Sechs –, deren Mitglieder direkt neben der Feuerwache lebten, in einem großen zweistöckigen Gebäude am Ende der Lesi-Ukraini-Straße. Sie waren bereits am frühen Abend zu einem Brand ausgerückt, der auf dem Dach des städtischen Busbahnhofs ausgebrochen war.[42] Doch um ihn zu löschen, hatten die Feuerwehrleute weniger als fünf Minuten gebraucht und waren bald wieder zu Hause gewesen.

Feuerwehreinheit Nummer Zwei sollte das Atomkraftwerk Tschernobyl schützen, aber es gab nie sonderlich viel zu tun.[43] Die Bauarbeiten, die rund um die Uhr von mehreren tausend Männern im Schichtbetrieb durchgeführt wurden, ließen zuweilen kleinere Brände entstehen; Funkenflug durch Schweißarbeiten, der ein paar Lumpen in Brand setzte, oder jemand stieß ein Fass mit heißem Bitumen um. Die Feuerwache mit ihren Büros, der Kantine, dem Bereitschaftsraum mit Fernseher und dem Freizeitraum mit der Tischtennisplatte war vom Kraftwerk und den Baustellen aus leicht zu erreichen. Der rot-weiß-gestreifte Abluftschlot zwischen den Reaktoren Eins und Zwei beherrschte den Ausblick durch die großen Glastüren an der Vorderseite der Wache. Hinter den Türen standen vier Feuerwehreinsatzfahrzeuge; kompakte Lastwagen vom Typ ZIL-130 und die größeren ZIL-131-Löschzüge, die 2400 Liter Wasser fassen konnten und 150 Liter Schaum, um Elektrobrände zu ersticken.[44] Auf der Rückseite des Gebäudes befand sich eine zusätzliche Garage, in der die Spezialausrüstung aufbewahrt wurde, darunter ein Ural-Löschmitteltankwagen mit einer Pumpleistung von 40 Litern Wasser pro Sekunde.[45]

Den Männern der dritten Wache fehlte es an Disziplin.[46] Sie waren sture alte Haudegen, die ungern Befehle befolgten. Viele von ihnen stammten aus Bauernfamilien in der Nähe, waren auf dem Land aufgewachsen und miteinander verwandt. Unter ihnen waren zwei Brüder, Iwan und Leonid

Schawrey aus einem grenznahen Ort in Weißrussland, sowie der fünfzigjährige »Opa« Grigori Chmel, dessen zwei Söhne ebenfalls Feuerwehrmänner waren – und alle waren sie in einem kleinen Dorf geboren, zehn Kilometer vom jetzigen Kraftwerk entfernt. Der Schichtleiter, Leutnant Wladimir Prawik, war erst dreiundzwanzig. Er hatte einen Universitätsabschluss, versuchte sich als Fotograf, Zeichner und Dichter und war ein überzeugtes Mitglied im Komsomol. Seine Frau unterrichtete in einem Kindergarten in Prypjat Musik und hatte vor wenigen Wochen, Ende März, ihr erstes Kind geboren.

An diesem Morgen hatte sich Prawik einen Tag frei nehmen und mit seinem Freund Piotr Chmel, dem Chef der ersten Wache, mit dem er die Ausbildung am Brandschutzinstitut in Tscherkassy besucht hatte, die Schicht tauschen wollen. Piotr, der jüngere Sohn von Opa Chmel, war ein stämmiger, gutmütiger Leutnant von vierundzwanzig Jahren. Chmel war schon für Prawik eingesprungen, als dessen Tochter zur Welt kam, und an diesem Morgen war er wieder da gewesen in seiner Uniform, bereit, für ihn zum Dienst anzutreten. Doch der stellvertretende Kommandant hatte dem Tausch nicht zustimmen wollen.

»Major Teljatnikow wird am Montag aus dem Urlaub zurückkommen«, sagte er zu Prawik. »Er soll Ihnen die Erlaubnis geben.«[47]

Chmel fuhr also nach Hause, um sich ein wenig auszuruhen und sich auf die Arbeit am Samstag vorzubereiten, und Prawik übernahm erneut das Kommando über die lästige dritte Wache.

Wieder in Prypjat, beschloss Piotr, den unerwarteten freien Abend zu nutzen, und traf sich mit drei Kollegen aus der Feuerwache zum Essen im Restaurant des neuen Einkaufszentrums der Stadt. Trotz der landesweiten Anti-Alkohol-Kampagne von Generalsekretär Gorbatschow besorgten sie sich mühelos eine Flasche Wodka. Später wechselten sie zu *Sowjetskoje Schampanskoje* – Krimsekt –, dem billigen, massenproduzierten »Volkschampagner«, der ursprünglich auf Anweisung Stalins hergestellt worden war.[48] Gegen elf gingen sie in Chmels Einzimmerwohnung, in einem der alten, niedrigen Häuserblocks gegenüber der Feuerwache. Sie luden ein paar Mädchen ein, um die Party in Schwung zu halten. Es war weit nach Mitternacht, als Chmels Gäste sich verabschiedeten. Zurück blieben ein wenig Schokolade und eine halbe Flasche Krimsekt auf dem Küchentisch.[49]

Müde und betrunken nahm Chmel eine Dusche und bereitete sich vor, ins Bett zu gehen.

Drüben im Kraftwerk war der leitende Maschinenbauingenieur Alexander Juwtschenko bereits auf seinem Posten: ein großer, fensterloser Raum bei Kote +12,5 auf einer Zwischenetage zwischen den Reaktorhallen der Blöcke Drei und Vier.[50] Dort standen ein Schreibtisch für seine Unterlagen und ein Drahtkorb mit Werkzeug und Materialien. Er war zwar schon seit vierundzwanzig Stunden auf den Beinen, erwartete jedoch eine ruhige Schicht. Eigentlich hätte der Reaktor an diesem Tag zu Wartungszwecken stillgelegt werden sollen, aufgrund einer längst fälligen Reihe von Turbinentests. Als er zur Arbeit kam, war er davon ausgegangen, dass in Block Vier bereits alles heruntergefahren war. Er und die anderen in der Friedhofsschicht hätten lediglich dafür zu sorgen, dass der Reaktor weiterhin gekühlt wurde – keine große Sache.

Doch unten in der Kontrollwarte hatte es eine Planänderung gegeben. Die Tests liefen mit zwölfstündiger Verspätung erst jetzt so richtig an. Die Ungeduld des stellvertretenden Chefingenieurs wuchs. Und man war sich zunehmend uneinig darüber, wie man auf die beunruhigenden Daten reagieren sollte, die von Reaktor Vier kamen.

Kapitel 4

Die Geheimnisse des friedlichen Atoms

Am 29. September 1966 erließ der Oberste Sowjet in Moskau eine Verfügung, die dem Bau des Prototyps einer neuen Generation von riesigen Wasser-Graphit-Atomreaktoren zustimmte, bekannt unter dem Akronym RBMK für *reaktor bolshoy moschnosti kanalnyy*, ein graphitmoderierter Siedewasserdruckröhrenreaktor.[1] Entwickelt aus dem militärischen Arbeitspferd des Ministeriums für Mittleren Maschinenbau, dem Plutonium und Strom erzeugenden Iwan II., war dieser Reaktor ein direkter Nachfahre des wegweisenden *Atom Mirny-1*, neu konzipiert im olympischen Maßstab.[2]

Der Kern des RBMK, zwölf Meter im Durchmesser und sieben Meter hoch, war ein massiver Zylinder, größer als ein zweistöckiges Haus, und setzte sich aus mehr als 1700 Tonnen Graphitblöcken zusammen, aufgestapelt zu 2488 einzelnen Säulen, jede von oben bis unten mit einem kreisrunden Kanal versehen.[3] Diese Kanäle enthielten über 1600 hitzeresistente Druckröhren aus Zirkalloy, jede mit zwei Brennelementen befüllt, die aus zylindrisch angeordneten versiegelten Brennstäben bestanden: 190 Tonnen angereichertes Urandioxid in Form von komprimierten Keramikpellets von der Dicke eines kleinen Männerfingers.[4] Sobald der Reaktor kritisch wurde und das Uran sich aufheizte, die Kernspaltung dabei Energie freisetzte, wurden die Brennstäbe mit Wasser gekühlt, das von unten in den Kern gepumpt wurde. Unter gewaltigem Druck – 69 bar oder 700 Tonnen pro Quadratmeter – erhitzte sich das Wasser auf 280 Grad und verwandelte sich in ein Gemisch aus Wasser und überheißem Dampf, das dann nach oben, in riesige Dampfabscheider gepumpt wurde. Diese leiteten den Dampf zu Turbinen, die Strom erzeugten, während das übrige Wasser zum

Beginn des Kühlungskreislaufs zurückkehrte, um erneut seinen Weg durch den Kern anzutreten.

Die Reaktorleistung wurde von 211 mit Borcarbid gefüllten Steuerstäben reguliert, die meisten etwa fünf Meter lang, die in den Reaktorkern eingefahren werden konnten, um die Rate der atomaren Kettenreaktion – und damit das Niveau von Hitze und Energie, das sie erzeugte – zu senken.[5] Um das Kraftwerk und seine Belegschaft vor der Strahlung im Inneren zu schützen, war der Reaktorkern – die aktive Zone – von einem massiven, ringförmigen, mit Wasser gefüllten Stahltank und dieser wiederum von einem riesigen sandgefüllten Behälter umgeben.[6] Dies alles war zusätzlich mit einer über acht Stockwerke hohen Betonstruktur ummantelt und von einem Diadem aus Metallcontainern gekrönt, gefüllt mit einer Mischung aus Schrot und dem neutronenverzögernden Mineral Serpentinit. Ein biologischer Schild, eine flache Edelstahltrommel, siebzehn Meter im Durchmesser und drei Meter tief, Struktur E – oder liebevoller Elena – genannt, saß wie ein gigantischer Deckel auf dem Gewölbe.[7] Angefüllt mit Kieseln, Serpentinitbrocken und Stickstoffgas, wog Elena zweitausend Tonnen – so viel wie sechs vollbeladene Jumbojets – und wurde fast nur durch die Schwerkraft am Platz gehalten. Von Bohrungen für die Brennstoffkanäle durchzogen und überragt von Hunderten schmaler Rohre, die Dampf und Wasser aus dem Reaktor leiteten, war Elena unter zweitausend abnehmbaren stahlgepanzerten Betonblöcken verborgen, welche die vertikalen Brennstoffkanäle bedeckten und den Boden der Reaktorhalle bildeten.[8] Diese mit einem Schachbrettmuster überzogene Scheibe, gleichsam das Gesicht des Reaktors im täglichen Betrieb, war in der Belegschaft als *Pjatatschok* oder Fünf-Kopeken-Stück bekannt.[9]

Der RBMK war ein Triumph sowjetischer Gigantomanie, ein Beweis für das unerbittliche Streben nach Wirtschaftlichkeit durch Massenproduktion. Zwanzigmal größer als westliche Reaktoren, konnte der RBMK 3200 Megawatt Wärmeenergie oder 1000 Megawatt Strom erzeugen, genug, um halb Kiew zum Leuchten zu bringen.[10] Sowjetische Wissenschaftler bezeichneten ihn als den »Vorzeigereaktor« der UdSSR – nicht nur in seiner Arbeitsweise einzigartig, sondern auch der größte der Welt.[11] Anatoli

Alexandrow, der kahlköpfige Direktor des Kurtschatow-Instituts für Atomenergie, hatte für seinen Entwurf viel Anerkennung erhalten und ihn als Geheimerfindung im sowjetischen Patentamt eintragen lassen.[12] Im Gegensatz zu seinem wichtigsten sowjetischen Rivalen, dem WWER-Reaktor – einem komplexen Stück Ingenieurskunst, das von seinen Kritikern wegen seiner Ähnlichkeit zu den in den USA bevorzugten Druckwasserreaktoren als »der amerikanische Reaktor« verspottet wurde –, konnte der RBMK in bereits existierenden Fabriken gefertigt werden und erforderte keine spezialisierte Werkzeugbestückung. Seine Modulbauweise – Hunderte Graphitblöcke zu Säulen aufeinander gestapelt – bedeutete, dass er sich einfach vor Ort zusammenbauen und, falls noch mehr Leistung nötig war, aufstocken ließ.[13]

Auch indem er auf das Containment verzichtete, die dicke Betonkuppel, mit der fast jeder Reaktor im Westen ausgestattet war und die verhindern sollte, dass bei einem schweren Unfall radioaktive Kontamination aus dem Kraftwerk entwich, sparte Alexandrow Geld, denn weil der RBMK so riesig war, hätte ein solches Containment die Kosten für jeden Block verdoppelt.[14] Die Unterteilung des Reaktors in 1600 Druckröhren wurde als kostengünstigere Lösung begrüßt.[15] Auf diese Weise blieb jedes Paar Brennelemente sicher im eigenen dünnen Metallmantel – ein Meisterstück filigraner Klempnerarbeit, die, wie ihre Erfinder argumentierten, einen schweren Zwischenfall ausgesprochen unwahrscheinlich machte. Sie entwickelten einen Havarieschutz, der mit Brüchen in bis zu zwei dieser Rohrleitungen zurechtkommen sollte: Der unter Hochdruck entströmende radioaktive Dampf wurde durch eine Reihe von Ventilen aus dem Reaktor nach unten abgeführt, in riesige Kondensationskammern im Kellerbereich, wo er gekühlt und gefahrlos gesammelt werden konnte.

Ein Leck in den Druckröhren war einer der schlimmsten Unfälle, mit denen die Konstrukteure des RBMK rechneten – ein sogenannter *maksimal'naya proektnaya avariya* oder Größter Anzunehmender Unfall.[16] Diese Bezeichnung schloss auch andere potentielle Katastrophen mit ein, darunter Erdbeben, ein auf das Kraftwerk stürzendes Flugzeug – oder ein kompletter Bruch in einem der großen Wasserrohre im Kühlungskreislauf des Reaktors, der dem Kern Wasser entziehen und somit eine Kernschmelze auslösen würde. Um vor dieser letzten Eventualität zu schützen, ersannen die Entwickler ein Notfallkühlsystem mit komprimiertem Stickstoffgas, und Reaktoroperatoren auf jeder Ebene des Werks waren darauf gedrillt worden, dem Kern unter allen Umständen fortwährend Wasser zuzuführen.

Schlimmere Unfälle waren theoretisch natürlich möglich; technische Berechnungen ergaben, dass bei gleichzeitigen Brüchen in mehr als 2 – und seien es nur 3 oder 4 – der 1600 Druckröhren die jähe Freisetzung von Hochdruckdampf ausreichen würde, um Elena und den *Pyatatschok* mit ihren insgesamt zweitausend Tonnen aus den Verankerungen zu reißen und damit auch die übrigen Dampfleitungen und Druckröhren abzutrennen.[17] Das Resultat wäre eine vernichtende Explosion. Trotzdem sahen die Konstrukteure keine Notwendigkeit, Vorkehrungen für eine solche Katastrophe zu treffen, die sie als außerhalb jeder Wahrscheinlichkeit betrachteten. Dennoch gaben sie dem Szenario eine eigene Bezeichnung: auslegungsüberschreitender Störfall.[18]

Das Ministerium für Mittleren Maschinenbau ließ die ersten Entwürfe für den RBMK von einem Schwermaschinenbauer in Leningrad umsetzen, der auch Panzer und Traktoren herstellte.[19] Doch als es die Pläne erhielt, verwarf das Ministerium sie als technisch unausgereift. Ein Wissenschaftler am Kurtschatow-Institut warnte, der Entwurf sei zu gefährlich, um für zivile Zwecke umgesetzt zu werden.[20] Die Risiken des positiven Dampfblasenkoeffizienten, bemerkte ein zweiter, machten den neuen Reaktor inhärent anfällig für Explosionen, und obwohl seine Vorgesetzten versuchten, ihn wegen seiner abweichenden Meinung aus dem Institut entfernen zu lassen, setzte er eine Briefkampagne in Gang, die schließlich das Zentralkomitee der Kommunistischen Partei und den Sowjetischen Ministerrat erreichte.[21]

Doch mittlerweile hatte die Regierung – an den starren Bedürfnissen der Planwirtschaft festhaltend – bereits verfügt, dass vier der neuen Reaktorkolosse gebaut werden sollten.[22] Die NIKIET-Konstrukteure gingen daher eilig daran, die Pläne für den RBMK einer drastischen Überarbeitung zu unterziehen und die schizoide Apparatur, die sowohl Plutonium als auch Energie erzeugen konnte, in einen zahmen Stromgenerator für das zivile Elektrizitätsnetz zu verwandeln. Die Umsetzung der Modifizierungen erwies sich als schwierig und kompliziert und nahm viel mehr Zeit in Anspruch als erwartet. Die primitive sowjetische Computertechnik erschwerte die Berechnung der zu erwartenden Leistung des Reaktors und ergab unverlässliche Resultate. So war der neue Reaktorentwurf, jetzt RBMK-1000 genannt, erst 1968 fertig ausgearbeitet.[23] Um daher Zeit zu sparen, beschloss das Sredmasch, die Prototypenphase kurzerhand zu überspringen und die neuen Reaktoren direkt in Serie herzustellen. Auf diese Weise, so das Argument, ließe sich am schnellsten herausfinden, wie sie als industrielle Stromerzeuger funktionieren würden.[24]

Der Bau des ersten RBMK-Reaktors in der Sowjetunion begann 1970 in einer Sredmasch-Einrichtung am Finnischen Meerbusen, vor den Toren Leningrads.[25] Unterdessen überlegte man sich in einigen technischen und wirtschaftlichen Instituten in Kiew mögliche Standorte für das erste Atomkraftwerk in der Ukraine. Bald kamen zwei in die engere Wahl. Da der erste vorgeschlagene Standort bereits für ein fossil befeuertes Kraftwerk vorgemerkt war, verfügte der Ministerrat der Ukraine, dass das neue 2000-Megawatt-Atomkraftwerk am zweiten Standort entstehen sollte; auf einer großen Sandfläche am Flussufer unweit des Dorfes Kopatschi in der Region Kiew, vierzehn Kilometer von der Stadt Tschernobyl entfernt.[26]

Der erste RBMK-Block bei Leningrad wurde am 21. Dezember 1973 hochgefahren, nur einen Tag, bevor die *Energetiki* in der UdSSR ihren eigenen Nationalfeiertag zelebrierten, den Tag des Energietechnikers.[27] Die stolzen Väter des RBMK-1000, Anatoli Alexandrow vom Kurtschatow-Institut und Nikolai Dolleschal vom NIKIET, waren beide angereist, um den ergreifenden Moment mitzuerleben. In Leningrad war mittlerweile bereits ein zweiter Block in Arbeit, und auch an den Standorten in Tschernobyl und Kursk hatte man mit den Erdarbeiten begonnen. Doch der erste Reaktor in Leningrad hatte noch nicht einmal die volle Leistung erreicht, als bereits klar wurde, dass die Entschlossenheit der Konstrukteure, ihr Geistesprodukt vom Zeichenbrett schnurstracks in die Serienfertigung zu bringen, sie teuer zu stehen käme.[28] Dem RBMK hafteten von Anfang an schwere

Entwicklungsfehler an. Viele davon zeigten sich sofort; andere würden erst viel später ans Licht kommen.

Das erste Problem ergab sich aus dem positiven Voidkoeffizienten, der bewirkte, dass die sowjetischen Reaktoren des Typs RBMK im Falle eines Kühlmittelverlusts anfällig waren für unkontrollierbare Kettenreaktionen.[29] Versuche, den Betrieb des Reaktors kostengünstiger zu machen, verschärften diese Gefahr. Um die Wettbewerbsfähigkeit des RBMK gegenüber fossil befeuerten Kraftwerken zu steigern, hatte man ihn bewusst so konzipiert, dass er pro Einheit Uranbrennstoff ein Maximum an Elektrizität erzeugte. Doch erst als man in Leningrad Block Eins in Betrieb nahm, stellten die Konstrukteure fest, dass die Auswirkungen des positiven Voidkoeffizienten schlimmer wurden, je mehr Uran verbrannt war; je länger er in Betrieb war, desto schwerer ließ sich der Reaktor kontrollieren. Wenn er am Ende seines dreijährigen Betriebszyklus zu Wartungszwecken heruntergefahren wurde, verhielt sich der RBMK am unberechenbarsten. Die Konstrukteure versuchten ihn nachzubessern, aber die Instabilität blieb. Doch weder Alexandrow noch Dolleschal versuchten, diesen Problemen wirklich auf den Grund zu gehen – und lieferten in den Handbüchern, die mit jedem Reaktor erstellt wurden, keinerlei Sicherheitsanalyse des Voidkoeffizienten. Die Ergebnisse der Experimente in Leningrad zeigten deutlich, dass es wichtige Unterschiede gab zwischen der Art und Weise, wie der Reaktor ihren Prognosen nach theoretisch funktionieren sollte, und wie er in der Praxis funktionierte. Doch die Konstrukteure beschlossen, diese Ergebnisse nicht allzu gründlich zu untersuchen. Als er in den kommerziellen Einsatz kam, wusste daher niemand, wie sich der RBMK bei einem größeren Störfall verhalten würde.[30]

Eine zweite Schwachstelle des Reaktors ergab sich aus seiner gewaltigen Größe. Der RBMK war so riesig, dass die Reaktivität in einem Bereich des Kerns oft nur lose mit der Reaktivität anderswo in Relation stand.[31] Die Operatoren mussten ihn steuern, als hätten sie es nicht mit einem einzelnen Block zu tun, sondern mit mehreren Reaktoren in einem. Ein Experte verglich ihn mit einem riesigen Mietkomplex: Während in einer Wohnung eine rauschende Hochzeit gefeiert wurde, hielt anderswo jemand Totenwache.[32] Einzelne Reaktivitäts-Hotspots konnten sich tief im

Inneren des Kerns bilden, wo sie eventuell schwer zu entdecken wären.[33] Dieses Problem war vor allem dann sehr groß, wenn der Reaktor hoch- oder heruntergefahren wurde und mit niedriger Leistung lief – und sich die Messsysteme, die innerhalb des Kerns Reaktivität anzeigen sollten, als unzuverlässig erwiesen. Während dieser maßgeblichen Phasen wussten die Ingenieure an ihren Schreibtischen in der Kontrollwarte fast nichts von den Vorgängen in der aktiven Zone. Statt sich auf ihre Instrumente zu verlassen, mussten sie das Aktivitätsniveau im Kern mit Hilfe ihrer »Erfahrung und Intuition« einschätzen. Das Hoch- und Herunterfahren wurde für die Reaktoroperatoren deshalb gleichsam zur Zitterpartie.[34]

Ein dritter Fehler lag im Notfallschutzsystem, dem letzten Bollwerk gegen einen Unfall.[35] Sollten die Operatoren mit einer Situation konfrontiert sein – ein größeres Kühlmittelleck oder eine Leistungsexkursion –, die ein Abschalten erforderlich machte, konnten sie den »RESA«-Knopf drücken, im Russischen als AZ-5 bekannt, und damit eine Schnellabschaltung bewirken. Mit Betätigung dieses Knopfes wurden 24 spezielle Borcarbid-Absorberstäbe – sowie alle übrigen 187 manuellen oder automatischen Steuerstäbe, die zu dem Zeitpunkt ausgefahren waren – gleichzeitig in den Kern getrieben, um die Kettenreaktion im gesamten Reaktor zum Stillstand zu bringen. Der AZ-5-Mechanismus war jedoch für eine *abrupte* Notabschaltung nicht geeignet.[36] Dolleschal und die Techniker am NIKIET waren der Meinung, dass ein plötzliches Abstellen des vom Reaktor erzeugten Stroms das sowjetische Eliktrizitätsnetz zum Erliegen brächte. Und sie glaubten außerdem, dass ein sofortiges Abschalten nur in dem äußerst unwahrscheinlichen Fall eines totalen Verlusts der Energiezufuhr von außen notwendig wäre. Aus diesem Grund sollte das AZ-5-System die Reaktorleistung schrittweise auf null reduzieren. Statt von speziellen Notfallaggregaten wurde das System von derselben Servoelektrik angetrieben, die auch die manuellen Steuerstäbe bewegte, mit denen die Operatoren im normalen Alltagsbetrieb die Reaktorenergie handhabten. Ausgehend von ihrer vollständig ausgefahrenen Position über dem Reaktor würden die AZ-5-Stäbe zwischen achtzehn und einundzwanzig Sekunden brauchen, um komplett in den Kern einzutauchen; die Langsamkeit der Stäbe, so hofften die Konstrukteure, würde von ihrer großen Anzahl kompensiert werden.[37] Doch achtzehn Sekunden sind in der Neutronenphysik eine lange Zeit – und eine Ewigkeit in einem Kernreaktor mit einem positiven Voidkoeffizienten.

Zu dieser beunruhigenden Liste größerer Konstruktionsfehler kam noch erschwerend hinzu, dass beim Bau der Reaktoren geschludert worden war, ein Zustand, der die gesamte Sowjetindustrie plagte. Die Inbetriebnahme des ersten Reaktorblocks in Leningrad verzögerte sich um fast ein Jahr, weil Brennelemente in ihren Kanälen stecken blieben und wiederholt nach Moskau zurückgebracht und überarbeitet werden mussten.[38] Die Ventile und Strömungsmessgeräte in anderen RBMK-Reaktoren, mit deren Hilfe die unerlässliche Wasserzufuhr für jeden der über 1600 urangefüllten Kanäle reguliert werden sollte, erwiesen sich als derart unzuverlässig, dass die Operatoren in der Kontrollwarte oft keine Ahnung hatten, ob und in welchem Maße die Reaktoren gekühlt wurden. Unfälle waren daher vorprogrammiert.[39]

In der Nacht des 30. November 1975, nur gut ein Jahr, nachdem er seine volle Leistung erreicht hatte, wurde Block Eins des Leningrader Atomkraftwerks nach einer planmäßigen Wartung wieder an das Stromnetz angeschlossen, als sich eine Leistungsexkursion anbahnte.[40] Die AZ-5-Schnellabschaltung wurde ausgelöst, doch bevor die Kettenreaktion gestoppt werden konnte, kam es zu einer partiellen Kernschmelze, die zweiunddreißig Brennelemente zerstörte oder beschädigte und Strahlung in die Atmosphäre über dem Finnischen Meerbusen freisetzte. Es war der erste größere Unfall in einem RBMK-Reaktor, und das Ministerium für Mittleren Maschinenbau ließ durch eine Kommission herausfinden, was schief gelaufen war. Die offizielle Erklärung lautete anschließend, dass ein Fabrikationsfehler zur Zerstörung eines einzelnen Brennstoffkanals geführt habe. Doch die Kommission wusste es besser – Unfallursache war eine unkontrollierbare Erhöhung des Voidkoeffizienten, eine Folge der Konstruktionsfehler des Reaktors.[41]

Das *Sredmasch* verbarg die Untersuchungsergebnisse der Kommission und vertuschte den Unfall. Die Betreiber anderer RBMK-Reaktoren wurden nie über dessen tatsächliche Ursachen informiert.[42] Trotzdem sprach die Kommission mehrere wichtige Empfehlungen aus, anzuwenden auf alle

RBMK-1000-Reaktoren. Es sollten neue Sicherheitsvorschriften entwickelt werden, um den Kern vor einem Kühlmittelverlust zu bewahren; es gelte zu analysieren, was bei einem stark erhöhten Dampfanteil im Kern passieren würde; außerdem müsse ein schneller greifendes Notfallschutzsystem entwickelt werden. Trotz der Dringlichkeit dieser Richtlinien hielten es die Reaktorkonstrukteure nicht für nötig, auch nur auf eine einzige zu reagieren. Und so ließ Moskau prompt zusätzliche RBMK-Reaktoren bauen. Am Tag nach der Leningrader Kernschmelze genehmigte der Sowjetische Ministerrat den Bau von zwei weiteren RBMK-1000-Reaktorblöcken in Tschernobyl, um die geplante Leistung des Kraftwerks auf beeindruckende 4000 Megawatt zu erhöhen.[43]

Am 1. August 1977, mehr als sieben Jahre, nachdem Wiktor Brjuchanow dabei zugesehen hatte, wie am Ufer des Prypjat der erste Pfosten in den schneebedeckten Boden getrieben wurde, und damit zwei Jahre später als geplant, wurde Reaktor Eins des Atomkraftwerks Tschernobyl endlich kritisch.[44] Von Stolz überwältigt, gingen die jungen Operatoren des Kraftwerks daran, das erste Atomkraftwerk der Ukrainischen Sozialistischen Sowjetrepublik ans Stromnetz anzuschließen. Sie blieben Tag und Nacht auf ihren Posten, während die ersten Brennelemente geladen wurden, der Reaktor langsam seine volle Leistung erreichte und endlich mit den Transformatoren verbunden wurde. Am 27. September um 20:10 Uhr gesellten sich die Wissenschaftler und Konstrukteure des Kurtschatow-Instituts und NIKIETs zu den Kraftwerksexperten, um zu feiern, dass der erste Atomstrom in die 110- und 330-Kilovolt-Leitungen und von dort in das sowjetische Stromnetz floss.[45] Gemeinsam sangen sie das Couplet, mit dem *Atomschtschiki* im ganzen Land den Erfolg des Sowjetreaktors priesen: »*A poka, a poka tok dayut RBMK!*« – »Ab heute, ab heute fließt Strom aus dem RBMK!«[46]

Doch die Operatoren in Tschernobyl mussten bald erfahren, dass der Reaktor, dem sie so viel Aufmerksamkeit geschenkt hatten, eine gnadenlose Geliebte war. Die inhärenten Instabilitäten des RBMK machten ihn so unbeherrschbar, dass sich die Arbeit der leitenden Kontrollingenieure nicht nur geistig, sondern auch körperlich als anspruchsvoll erwies. Mit

Dutzenden Justierungen in jeder Minute waren sie pausenlos gefordert und schwitzten wie Schwerstarbeiter, die einen Graben ausheben mussten.[47] Gerüchte kursierten, dass man oben in Leningrad die Anzahl der Reaktoroperatoren im Kontrollraum verdoppelt habe, dass sie dort »im Duett spielten«, um ihrer komplexen Aufgabe gerecht zu werden. Die Operatoren setzten dem Bedienfeld dermaßen zu, dass die Schalter für die Steuerstäbe sehr schnell abgenutzt waren und unentwegt ausgetauscht werden mussten.[48] Als ein ehemaliger Atom-U-Boot-Offizier zum ersten Mal an seinem Schreibtisch in Tschernobyls Block Eins Platz nahm, war er von der gewaltigen Größe des Reaktors und den antiquierten Instrumenten entsetzt.

»Wie soll man diesen Riesenscheißhaufen kontrollieren?«, fragte er. »Und was hat er eigentlich im zivilen Zusammenhang zu suchen?«[49]

Im Zuge der ersten Wartung entdeckten die Operatoren in Tschernobyl, dass die verschlungenen Rohrleitungen des Reaktors zahllose Schäden aufwiesen. Die Kühlwasserrohre waren korrodiert, die Zirkoniumstahl-Gelenke an den Brennstoffhüllrohren hatten sich gelockert, und die Konstrukteure hatten es versäumt, ein Sicherheitssystem zu entwerfen, das den Reaktor vor Kühlmittelverlust schützte – schließlich mussten die Tschernobyl-Ingenieure ihr eigenes System austüfteln und installieren. Unterdessen entdeckten die Reaktor-Konstrukteure in Moskau weitere beunruhigende Schwachstellen an ihrer Erfindung.[50]

1980 beendete NIKIET eine vertrauliche Studie, die neun schwerwiegende Konstruktionsfehler und thermohydraulische Instabilitäten auflistete, die die Sicherheit des RBMK-Reaktors untergruben.[51] Aus dem Bericht ging klar hervor, dass Unfälle nicht nur unter seltenen, eher unwahrscheinlichen Bedingungen möglich waren, sondern auch im Alltagsbetrieb *wahrscheinlich*.[52] Trotzdem unternahmen sie keinerlei Anstrengung, den Reaktor umzubauen oder auch nur die Belegschaft der Kraftwerke vor seinen potentiellen Gefahren zu warnen. Anstatt neue Sicherheitssysteme zu entwickeln, überarbeitete NIKIET lediglich die Betriebsanleitungen für den RBMK-1000. Nachdem die Reaktoren im militärischen Bereich Jahrzehnte lang unfallfrei gelaufen waren, gingen die *Atomschtschiki* am NIKIET und am Kurtschatow offenbar davon aus, dass ein gut geschriebenes Handbuch ausreichen würde, um die Sicherheit im AKW zu gewährleisten. Ihrer

Ansicht nach konnte ein Mensch, solange er sich streng an die neuen Instruktionen hielt, ebenso einwandfrei funktionieren wie die elektromechanischen Sicherheitssysteme des Kraftwerks.

Doch die Belegschaft in sowjetischen Kernkraftwerken war es angesichts der stetig steigenden Produktionsziele, der schlecht funktionierenden oder unzulänglichen Ausrüstung und der verwirrenden und dysfunktionalen Bürokratie längst gewohnt, sich die Regeln zurechtzubiegen oder sie kurzerhand zu ignorieren, um ihre Arbeit zu bewältigen.[53] Und die aktualisierten Instruktionen, die sie von NIKIET erhielten, waren weder eindeutig noch gut erklärt. Eine der neuen Direktiven schrieb vor, dass fortan stets ein Minimum an Steuerstäben im Kern zu verbleiben hätte – doch NIKIET versäumte es klarzustellen, dass diese betriebliche Reaktivitätsreserve, kurz ORM, eine wesentliche Sicherheitsvorkehrung war, die einen schweren Unfall verhindern sollte.[54] Mangels Aufklärung, warum solche Regeln wichtig sein könnten, setzten die Operatoren ihre Arbeit daher in gewohnter Weise fort, ohne zu ahnen, welche katastrophalen Folgen ihnen drohen könnten.[55]

Unterdessen wurde weiterhin jeder Unfall in einem sowjetischen Kernkraftwerk als Staatsgeheimnis betrachtet und sogar den Fachkräften der davon betroffenen Anlagen vorenthalten.

Am frühen Abend des 9. September 1982 saß Nikolai Steinberg am Schreibtisch seines Büros im dritten Stock zwischen den Blöcken 1 und 2 des Atomkraftwerks Tschernobyl und überwachte den Abluftschlot, den die beiden Reaktoren miteinander teilten.[56] Steinberg, fünfunddreißig Jahre alt, mit Spitzbart und charmantem Wesen, arbeitete seit 1971 in Tschernobyl.[57] Er hatte am Moskauer Institut für Energietechnik Thermohydraulik studiert und gehörte zu einer neuen aufgeweckten Generation von *Atomschtschiki*. Er hatte den RBMK an der Hochschule bereits über zwei Jahre studiert, bevor der erste Reaktor dieses Typs gebaut wurde, hatte die Entstehung der ersten beiden Blöcke des Kernkraftwerks Tschernobyl verfolgt und war jetzt Leiter der Turbinenabteilung für die Blöcke 3 und 4. Als Steinberg sah, dass aus dem Abluftkamin Dampf stieg, wusste er, dass dies Ärger bedeutete: mindestens ein zerbrochenes Rohr innerhalb des Reaktors, und sicherlich Freisetzung von Strahlung. Er griff zum Telefon.

Doch als er die Kontrollwarte von Block 1 erreichte, um die Operatoren dort zu warnen, damit sie den Reaktor abschalteten, erteilte ihm der Schichtleiter eine Abfuhr. Als Steinberg insistierte, legte der Schichtleiter kurzerhand auf. Der Ingenieur rief seine Belegschaft zusammen und wartete auf einen Notfalleinsatz. Doch der Anruf blieb aus. Fast sechs Stunden später, um Mitternacht, stiegen er und seine Männer in ihre Wagen und fuhren nach Prypjat zurück.

Als Steinberg tags darauf zur Arbeit kam, erfuhr er, dass es in Block 1 tatsächlich ein Problem gegeben hatte, konnte aber – trotz seiner leitenden Position – nichts weiter in Erfahrung bringen. Direktor Brjuchanow und der Chefingenieur des Kraftwerks behaupteten zunächst, der Vorfall habe keinerlei Radioaktivität freigesetzt, und örtliche KGB-Funktionäre ergriffen Maßnahmen, »Panikmache, provozierende Gerüchte und andere negative Äußerungen zu verhindern.«[58] Tatsächlich war radioaktive Kontamination vom Wind fortgetragen und von Regenschauern zu Boden gebracht worden, dann nach Prypjat gelangt und hatte sich in einem Umkreis von vierzehn Kilometern um das Kraftwerk herum ausgebreitet.[59] Sie enthielt Jod 131, Fragmente von Urandioxid-Brennstoff und heiße Partikel, die Zink 65 und Zirkonium-Niobium 95 enthielten, was auf eine teilweise Zerstörung des Reaktorkerns schließen ließ. Die Strahlenwerte im Dorf Tschistogalowka, fünf Kilometer vom Kraftwerk entfernt, waren viele hundert Male höher als normal. Doch ein Team des staatseigenen Unternehmens Sojusatomenergo bestritt diese Angaben. Kontaminierte Bereiche unmittelbar um das Kraftwerk herum wurden ganz einfach mit Wasser abgespritzt und mit Erde und Laub bedeckt. In Prypjat verteilten Dekontaminations-Fahrzeuge Schaum auf den Straßen, und der Lenin-Prospekt wurde diskret mit einer frischen Asphaltschicht versehen.

Eine nachfolgende Untersuchung ergab, dass es in Block Eins tatsächlich zu einer partiellen Kernschmelze gekommen war. Als der Reaktor nach der Wartung wieder ans Netz ging, war eines der launischen Ventile des Kühlsystems verschlossen geblieben. Der Uranbrennstoff im Kanal wurde zu heiß, das Brennelement zerbarst.[60] Niemand kam zu Tode, aber bis der Schaden behoben war, vergingen acht Monate. Arbeiter schafften eimerweise Reaktorgraphitbrocken hinaus und waren dabei signifikanten Strahlungsmengen ausgesetzt.[61] Der Chefingenieur nahm die Schuld auf sich, wurde degradiert und nach Bulgarien versetzt. Der Vorfall wurde als streng geheim eingestuft, und wer direkt involviert gewesen war gezwungen, Redeverbote des KGB zu unterzeichnen.[62] Nikolai Steinberg würde erst Jahre später erfahren, was wirklich passiert war.[63]

In den folgenden Jahren ereigneten sich anderswo in der Sowjetunion noch größere Unfälle, und alle wurden vertuscht. Im Oktober 1982 explodierte in Reaktor Eins des Kernkraftwerks Mezamor in Armenien ein Generator; die Turbinenhalle brannte ab, und ein Notfall-Kommando musste von der Halbinsel Kola eingeflogen werden, über dreitausend Kilometer entfernt im nördlichen Polarkreis gelegen, um dabei zu helfen, den Kern zu retten.[64] Nur knappe drei Jahre später wurde der erste Reaktor des Kernkraftwerks Balakowo in Russland hochgefahren. Dabei brach ein Überdruckventil, und 300 Grad heißer Dampf entwich in die ringförmigen Kammern um den Reaktorschacht. Vierzehn Männer wurden bei lebendigem Leibe gekocht. Beide Störfälle wurden vertuscht.[65] Informationen darüber erreichten die Belegschaft anderer Kernkraftwerke nur über die Gerüchteküche der *Atomschtschiki* und durch Andeutungen in der *Prawda*.

Doch die gefährlichste Vertuschung von allen ging wieder einmal auf das Konto des NIKIET-Instituts in Moskau, in dem der RBMK-1000 konzipiert worden war. 1983 kam den Konstrukteuren noch ein weiterer Nachteil ihres Reaktors zu Ohren: ein seltsamer Planungsfehler in den Steuerstäben der AZ-5-Schnellabschaltung. Der erste stichhaltige Beweis dafür tauchte am Jahresende auf, als zwei neue RBMK-Reaktoren hochgefahren und an das sowjetische Stromnetz angeschlossen wurden; Block Eins des Atomkraftwerks Ignalina in Litauen, und Block Vier in Tschernobyl, der fortschrittlichste Reaktor aus der RBMK-1000-Serie.

Während einiger Testläufe, die sie durchführten, bevor die beiden Reaktoren in den Normalbetrieb übernommen werden konnten, bemerkten die Atomkraftingenieure in Ignalina und Tschernobyl einen kleinen, aber verstörenden Fehler. Wann immer sie den AZ-5-Knopf drückten, um die Schnellabschaltung einzuleiten, fuhren die Steuerstäbe in den Kern ein;

doch statt einer reibungslosen Abschaltung bewirkten die Stäbe zunächst das Gegenteil, und einen kurzen Moment lang erhöhte sich die Reaktorleistung, anstatt zu fallen. Die Experten entdeckten, dass das Ausmaß dieser erhöhten Kernreaktionsrate von den Bedingungen innerhalb des Reaktors zum Zeitpunkt der Abschaltung abhing – besonders vom ORM-Wert, der anzeigte, wie viele der 211 Steuerstäbe aus dem Kern abgezogen waren.[66] Befanden sich zu Beginn der Schnellabschaltung bereits mehr als 30 Stäbe im Kern, funktionierte der AZ-5-Mechanismus nach Plan, und der Reaktor kam schnell und sicher zum Stillstand.[67] Sobald aber die Gesamtzahl der eingefahrenen Stäbe unter 30 sank, wurde das Verhalten des Reaktors während der Abschaltung zunehmend unberechenbar, und das AZ-5-System tat sich schwer damit, seine Aufgabe zu erledigen. Mit nur 15 Stäben im Kern war die anfängliche Verringerung der Kernreaktionsrate innerhalb des Reaktors marginal; es dauerte sechs Sekunden, bis die Reaktivität zu sinken begann. Und unter gewissen Umständen – 7 Stäbe und weniger – bewirkte das Drücken des AZ-5-Knopfes möglicherweise kein Abschalten, sondern setzte stattdessen eine unkontrollierbare Leistungsexkursion in Gang. Sollte dies geschehen, wäre der Leistungsanstieg im Reaktor nach Drücken der AZ-5-Schnellabschaltung möglicherweise so groß, dass die Kettenreaktion erst dann zum Stillstand käme, wenn der gesamte Reaktor zerstört wäre.

Die Ursache für die erhöhte Kernreaktionsrate lag im Entwurf der Steuerstäbe selbst. NIKIET hatte »Neutronen sparen« und die Betreibung des Reaktors wirtschaftlicher gestalten wollen.[68] Wie alle manuellen Steuerstäbe, mit deren Hilfe der Reaktor im Normalbetrieb gefahren wurde, enthielten die AZ-5-Stäbe Borcarbid, ein Neutronengift, das langsame Neutronen verschlingt, um die Kettenreaktion einzudämmen.[69] Doch selbst wenn sie ganz aus ihren wassergefüllten Kontrollkanälen ausgefahren wurden, sollten die Stabspitzen in Bereitschaft bleiben, am oberen Rand der aktiven Zone – wo sie, sofern sie Borcarbid enthielten, eine Vergiftung bewirken und dabei die Reaktorleistung sanft, aber konstant mindern würden. Um dies zu verhindern, wurden die Stäbe mit kleinen Graphitspitzen versehen, dem Neutronenmoderator, der die Spaltung erleichtert. Wurde AZ-5-gedrückt, fuhren die Steuerstäbe in den Kern ein, der Graphit verdrängte neutronenabsorbierendes Wasser, und die Reaktivität des Kerns nahm kurzzeitig zu. Erst wenn der längere, borgefüllte Teil des Stabs der Graphitspitze durch den Kanal folgte, sank die Reaktivität allmählich wieder.

Die Funktion einer Sicherheitsvorrichtung schien so auf absurde, unheimliche Weise auf den Kopf gestellt zu sein. Als hätte jemand die Pedale im Auto verkehrt herum verdrahtet, so dass ein Tritt auf die Bremse den Wagen beschleunigte, anstatt ihn zu verlangsamen. Mit weiteren Versuchen bestätigten die Experten, dass die Graphitspitzen im unteren Teil des riesigen RBMK-Kerns unter Umständen die Kritikalität erhöhen konnten – zumal, wenn die Operatoren den AZ-5-Knopf drückten, während der Reaktor nicht einmal mit halber Leistung lief.

Beunruhigt schrieb der Direktor der Atomreaktor-Abteilung am Kurtschatow-Institut dem NIKIET einen Brief, um die Anomalien im AZ-5-System zu schildern, die einer genaueren Untersuchung bedürften. »Es könnte durchaus sein«, warnte er, »dass eine gründlichere Analyse weitere gefährliche Situationen ans Licht bringt.« Nikolai Dolleschal, der Chefkonstrukteur am NIKIET, reagierte mit nebulösen Beschwichtigungen: Man sei sich des Problems bewusst und werde Maßnahmen ergreifen. Doch nichts geschah.[70] Obwohl ein paar kleinere Veränderungen am AZ-5-Mechanismus genehmigt wurden, erwiesen sich auch diese als kostspielig und umständlich und wurden nur teilweise durchgeführt, an jeweils einem RBMK-Reaktor.[71] Nach und nach wurden bei den Reaktoren Eins, Zwei und Drei des Atomkraftwerks Tschernobyl die Modifizierungen bewilligt. Doch Block Vier, bereits kurz vor der Fertigstellung, würde bis zum April 1986 auf die erste planmäßige Inspektion warten müssen.

Unterdessen brachte das NIKIET-Institut eine Mitteilung in Umlauf, die den Betreibern aller RBMK-Reaktoren das Problem der erhöhten Kernreaktionsrate schilderte. Doch absorbiert von einem Geflecht aus Bürokratie und Geheimhaltung kam die Nachricht gar nicht erst bei den Operatoren an.[72] Gleichwohl war der gefürchtete RBMK-1000 – der Vorzeigereaktor der Sowjetunion –, wenn es nach Anatoli Alexandrow und den übrigen *Atomschtschiki* ging, allenfalls von vorübergehenden Rückschlägen heimgesucht worden. Als schließlich Wiktor Brjuchanow am letzten Tag des

Jahres 1983 seine finale Unterschrift unter die Dokumente setzte, um die Fertigstellung des vierten Reaktorblocks des W.I. Lenin-Atomkraftwerks zu bewilligen, sprach die Welt immer noch von nur *einem* atomaren Störfall.[73] Und diese Demütigung gehörte ganz den Vereinigten Staaten.

Am frühen Morgen des 28. März 1979 verstopfte eine Handvoll wasserreinigender Harzkügelchen, kleiner als Senfkörner, ein Ventil im Sekundärkühlmittelkreis von Reaktor 2 des Atomkraftwerks Three Mile Island bei Harrisburg, Pennsylvania.[74] Im Laufe von vierundzwanzig Stunden führte die daraus resultierende Kaskade kleinerer Funktionsstörungen und menschlicher Fehler zu einem schwerwiegenden Kühlmittelverlust, der den Kern zum Teil freilegte. Der Reaktor begann zu schmelzen und kontaminierte den Reaktorsicherheitsbehälter mit mehreren Tausend Gallonen radioaktivem Wasser. Die Belegschaft hatte keine Wahl, als radioaktive Gase direkt in die Atmosphäre abzublasen. Obwohl durch die freigesetzte Strahlung – in einer Wolke kurzlebiger Isotope träger Gase, die über den Atlantik trieb – niemand zu Schaden kam, löste die Nachricht von dem Störfall weithin Panik aus. Sämtliche Straßen der Region waren verstopft, als 135 000 Menschen fluchtartig ihre Wohnorte in Pennsylvania verließen. Präsident Jimmy Carter – der als Atomkraftingenieur in der US-Marine gedient hatte und eine Katastrophe erkannte, wenn er eine sah – kam angereist. Die internationale Anti-Atomkraft-Bewegung, die in den vorangegangenen zehn Jahren allmählich in Schwung gekommen war, hätte sich kein beängstigenderes Menetekel für eine gefährliche, außer Kontrolle geratene Technologie wünschen können. In den USA kam die Entwicklung der Atomkraftindustrie, die bereits von steigenden Baukosten und einer wachsenden Angst in der Bevölkerung überschattet wurde, fast über Nacht zum Stillstand.

Die Angelegenheit warf ein denkbar schlechtes Licht auf die Vereinigten Staaten. Nichtsdestoweniger unterlag die Nachricht über Three Mile Island innerhalb der UdSSR der Zensur, weil man befürchtete, sie könnte die vorgeblich makellose Bilanz des friedlichen Atoms beeinträchtigen.[75] Vor der Öffentlichkeit schrieben sowjetische Funktionäre den Störfall den Unzulänglichkeiten des Kapitalismus zu.[76] Der Akademiker Waleri Legassow, Alexandrows unmittelbarer Stellvertreter am Kurtschatow-Institut, veröffentlichte einen Aufsatz, in dem er behauptete, der Unfall im Kernkraftwerk Three Mile Island sei für die Atomindustrie der UdSSR nicht relevant; zum einen seien ihre Reaktorfahrer weitaus besser geschult, zum anderen die Sicherheitsstandards viel höher als in den USA.[77] Insgeheim jedoch gingen sowjetische Physiker daran, die Wahrscheinlichkeit schwerer Zwischenfälle in Atomkraftwerken zu analysieren, und überarbeiteten die bestehenden Sicherheitsvorschriften.[78] Doch weder von Sredmasch noch von NIKIET wurde der Versuch unternommen, den RBMK-Reaktor mit den neuen Regeln in Einklang zu bringen.[79]

Im Januar 1986 erschien in der neuen Ausgabe von *Soviet Life* – einem Hochglanzmagazin in englischer Sprache, ähnlich aufgemacht wie sein amerikanisches Pendant, jedoch von der sowjetischen Botschaft in den USA herausgegeben – eine zehn Seiten lange Reportage zu den Wundern der Kernenergie und deren Herzstück, dem Atomkraftwerk Tschernobyl.[80] Der Bericht umfasste Interviews mit den Bewohnern der »aus dem Atom geborenen« Stadt Prypjat, Farbfotografien des Kraftwerks und seiner lächelnden Belegschaft. Legassow war Co-Autor eines weiteren Aufsatzes, in dem er prahlte: »In den dreißig Jahren seit der Inbetriebnahme des ersten sowjetischen Atomkraftwerks hat es keinen einzigen Augenblick gegeben, in dem Mitarbeiter oder Anwohner bedroht waren; es gab nicht eine einzige Störung im normalen Ablauf, die zu einer Kontamination der Luft, des Wassers oder des Bodens geführt hätte.«[81]

In einem gesonderten Interview versicherte Witali Skljarow, der ukrainische Minister für Energie und Elektrifizierung den Lesern, dass die Wahrscheinlichkeit einer Kernschmelze im Kraftwerk bei »einer in 10 000 Jahren« liege.[82]

Kapitel 5

Freitag, 25. April, 23 : 55 Uhr, Kontrollwarte des Vierten Reaktorblocks

Im kränklichen Licht der Neonröhren in der Kontrollwarte in Block Vier hing abgestandener Zigarettendunst.[1] Die Mitternachtsschicht war gerade erst eingetroffen, doch die Stimmung wurde allmählich angespannt. Der geplante Turbinengeneratortest, der bereits am Nachmittag hätte stattfinden sollen, hatte noch nicht einmal angefangen. Anatoli Djatlow, stellvertretender Chefingenieur der Anlage, sah schon dem zweiten Tag ohne Schlaf entgegen.[2] Er war erschöpft und unglücklich.[3]

Der Test sollte ein maßgebliches Sicherheitssystem überprüfen, das Reaktor Vier während eines Stromausfalls schützen sollte. Die RBMK-Konstrukteure hatten für die Situation eines Totalausfalls der Stromzufuhr aus dem Netz Vorkehrungen getroffen. Es war eines der Szenarien des sogenannten Auslegungsstörfalls oder GAUs: Das Kraftwerk bekam keinen Strom mehr, und die riesigen Kühlmittelpumpen, die beständig Wasser durch den Reaktorkern führten, fielen abrupt aus.[4] Das Kraftwerk verfügte über Notstromdieselaggregate, doch bis sie angesprungen wären und die Pumpen wieder liefen, würden vierzig Sekunden bis drei Minuten vergehen. Eine gefährliche Lücke – lang genug für das Einsetzen der Kernschmelze.[5]

Die Konstrukteure ersannen daher einen Mechanismus, der den verbleibenden Schwung der Turbinen nutzte, um für diese maßgeblichen Sekunden die Pumpen mit Strom zu versorgen. Dieser Mechanismus war ein entscheidendes Sicherheitsmerkmal und sollte eigentlich bereits getestet worden sein, als Reaktor Vier im Dezember 1983 in Betrieb ging.[6] Doch Direktor Brjuchanow hatte den Test überspringen lassen, um den Jahresplan einzuhalten. Und obwohl man seitdem ähnliche Tests gestartet hatte, waren sie jedesmal gescheitert. Zu Beginn des Jahres 1986 stand der Test seit über zwei Jahren aus. Nun bot die erste planmäßige Wartung des Reaktors eine Gelegenheit, ihn unter realen Bedingungen durchzuführen. Am Freitagnachmittag um zwei hätte er nach einigen Modifizierungen an einem der zwei riesigen Turbinengeneratoren des Blocks, Turbine Acht, endlich beginnen sollen.

Doch dann intervenierte die Lastverteilerzentrale des Kiewer Stromnetzes. Fabriken und Unternehmen in der Ukraine überschlugen sich schier, um in letzter Minute ihre Produktionsquoten zu erfüllen und sich noch vor den Maifeierlichkeiten ihre Sonderprämien zu sichern. Deshalb benötigten sie jedes Kilowatt Strom, das ihnen das Atomkraftwerk Tschernobyl liefern konnte.[7] Reaktor Vier, so der Stromlastverteiler, könne erst dann vom Netz genommen werden und sich dem Test unterziehen, wenn die Hauptbelastung vorbei wäre – also frühestens um 21:00 Uhr.[8]

Um Mitternacht drohten die Elektroingenieure, die den Test beaufsichtigen sollten, ihren Vertrag zu annullieren und nach Donezk zurückzukehren, falls er nicht bald anfangen würde.[9] Im Kontrollraum Vier war die Belegschaft, die mit dem Testprogramm vertraut war, am Ende ihrer Schicht angelangt und wollte nach Hause fahren. Und der Physiker aus der internen Sicherheitsabteilung – der eigentlich hätte vor Ort sein sollen, um dem Operator während des Versuchs zur Hand zu gehen – war gar nicht erst erschienen, weil man ihm gesagt hatte, das Experiment sei bereits abgeschlossen.[10] So trat der fünfundzwanzigjährige Leonid Toptunow, der erst seit zwei Monaten hier Dienst tat, an den Schreibtisch des leitenden Reaktorkontrollingenieurs, um zum ersten Mal in seinem Leben den kapriziösen Reaktor durch eine Abschaltung zu manövrieren.[11]

Doch der stellvertretende Chefingenieur Djatlow war fest entschlossen, die Sache durchzuziehen. Sollte der Test in dieser Nacht nicht durchgeführt werden, würde man mindestens ein weiteres Jahr damit warten müssen.[12] Und Djatlow wartete nicht gern. Mit seinen fünfundfünfzig Jahren war Anatoli Djatlow der Inbegriff des nüchternen sowjetischen Technokraten: großgewachsen und hager, mit ausgeprägten Wangenknochen, spärlichen, streng nach hinten gekämmten grauen Haaren, einer hohen Stirn und schmalen sibirischen Augen, die sogar auf Fotografien boshaft zu funkeln schienen.[13] Der erfahrene Physiker, der nach vierzehn Dienstjahren auf Atom-U-Booten im äußersten Osten der Sowjetunion nach Tschernobyl gekommen war, war einer der ranghöchsten Funktionäre des Kraftwerks mit Fachkenntnissen im atomaren Bereich. Er beaufsichtigte die Operatoren der Blöcke 3 und 4 und trug die Verantwortung für die Einstellung und Ausbildung der Belegschaft.[14]

Djatlow, der Sohn eines Bauern, der Nacht für Nacht die Baken auf dem Fluss Jenissei unweit der Strafkolonien von Krasnojarsk angezündet hatte, war mit vierzehn von zu Hause fortgelaufen.[15] Er besuchte die Berufsfachschule und arbeitete als Elektriker, bevor er einen Studienplatz am MEPhI erhielt, dem Moskauer Institut für Ingenieurswesen und Physik. 1959 machte er seinen Abschluss und arbeitete anschließend in einer Hochburg der sowjetischen Militärindustrie, der Lenin-Komsomol-Werft in der entlegenen Stadt Komsomolsk am Amur. Als Leiter des geheimen Labors 23 war Djatlow für ein zwanzigköpfiges Team zuständig, das die Reaktoren in den atombetriebenen Unterseebooten der Klassen Yankee und Victor installierte, bevor sie in See stachen.[16]

Als er 1973 nach Tschernobyl kam, hatte er über vierzig VM-Reaktorkerne montieren, erproben und in Betrieb nehmen lassen.[17] Diese kleinen Schiffsreaktoren des Typs WWER waren nicht zu vergleichen mit den massiven graphitmoderierten Ungetümen, die in Tschernobyl standen. Doch Djatlow, fanatisch lernbegierig, brachte sich im Handumdrehen alles über den RBMK-1000 selbst bei.[18] Er war hier, um jeden der vier neuen Reaktorblöcke in Tschernobyl in Betrieb zu nehmen, und arbeitete sechs, manchmal auch sieben Tage die Woche zehn Stunden am Stück. Er ging täglich zu Fuß von seiner Wohnung in Prypjat zum Kraftwerk – die körperliche Betätigung bezähmte düstere Gedanken – und hielt sich zudem durch Joggen fit. Er war selten in seinem Büro anzutreffen, sondern durchstreifte Tag und Nacht die Korridore und Gänge des Kraftwerks, um die Ausrüstung zu inspizieren, Leckagen und ungewöhnliche Vibrationen aufzuspüren und seiner Belegschaft auf die Finger zu schauen. Djatlow, detailverliebt, nahm seine Arbeit ernst und war stolz auf sein Wissen über den Reaktor und seine Systeme – auf seine Kenntnisse in Mathematik, Physik, Mechanik, Thermodynamik und Elektroingenieurswesen.

Doch mit dem Gehabe, das Djatlow sich über die Jahre angeeignet hatte, in denen er ein streng geheimes militärisches Forschungslabor zu leiten hatte, kam er bei den Operatoren und Ingenieuren eines zivilen Atomkraftwerks schlecht an.[19] Er hatte keinerlei Toleranz für Drückeberger oder solche, die seine Anweisungen nicht exakt befolgten. Sogar die Kollegen, die er aus Komsomolsk mitgebracht hatte, fanden ihn schwierig.[20] Er konnte überheblich und herrisch sein, würzte seine Sprache mit Flüchen und sowjetischem Militärjargon, schimpfte leise über die unerfahrenen Techniker, die er als *chertov karas*, blöde Goldfische, abqualifizierte.[21] Jeder Fehler, den er entdeckte, musste auf der Stelle behoben werden, und er hatte stets einen Notizblock bei sich, um sich die Namen derjenigen zu notieren, die seinen Anforderungen nicht genügten.[22]

Der stellvertretende Chefingenieur hatte grundsätzlich recht und hielt bei technischen Details stur an seinen Überzeugungen fest, selbst gegen Einwände von oben.[23] Seine langjährige Erfahrung in der Werft und die utopischen Bauziele, die Tschernobyl auferlegt worden waren, hatten Djatlow außerdem gelehrt, dass die kategorischen Vorgaben der Sowjetbürokratie und die graue sowjetische Wirklichkeit zwei völlig unterschiedliche Welten waren.[24]

Djatlow hatte jeden autodidaktischen Anspruch an den Sowjetmenschen erfüllt, indem er sich tagsüber seiner Arbeit und nachts der Kultur widmete. Er liebte die Poesie und kannte alle acht Kapitel von Puschkins Epos *Eugen Onegin* auswendig. Außerhalb der Arbeit konnte er ein geselliger Mensch sein, obwohl er nur wenige gute Freunde hatte.[25] Sein Geheimnis kam erst viel später ans Licht – Bevor Djatlow nach Tschernobyl gekommen war, war er im Labor 23 in einen Reaktorunfall verwickelt gewesen. Bei einer Explosion war Djatlow 100 rem ausgesetzt gewesen, einer gewaltigen Strahlendosis. Der Unfall wurde natürlich vertuscht. Später erkrankte einer seiner beiden Söhne an Leukämie. Ob es zwischen beiden Ereignissen einen Zusammenhang gab, ließ sich nicht hundertprozentig nachweisen. Doch der Junge war neun, als er starb, und Djatlow musste ihn am Fluss in Komsomolsk begraben.[26]

Den Fachkräften, die sich im Kernkraftwerk Tschernobyl unter Djatlow abrackerten, mochte nicht gefallen, wie er sie behandelte, dennoch bewunderten ihn viele, und wenige zweifelten an seinen Fähigkeiten.[27] Er war lerneifrig und schien alles über Reaktoren zu wissen, was es zu wissen gab. Und indem er abweichende Meinungen unterdrückte und sich mit einer Aura der Unfehlbarkeit umgab, forderte Djatlow von seinen Untergebenen – wie der Sowjetstaat selbst –, dass sie seine Befehle mechanisch wie Roboter ausführten, auch wenn sie es besser wussten.[28]

Und doch legte der stellvertretende Chefingenieur eine merkwürdige Zurückhaltung an den Tag, was den Reaktor anbelangte, in dem sie alle arbeiteten. Trotz der vielen Stunden, die er über den jüngsten technischen Überarbeitungen und Vorschriften brütete, trotz seiner Kenntnisse in Thermodynamik und Physik gab Djatlow zu, dass dem RBMK-1000 etwas Unergründliches anhaftete; ein atomares Rätsel, das sich ihm nie ganz erschließen würde.[29]

Die Kontrollwarte von Block Vier war eine große, fensterlose Kiste, etwa zwanzig Meter breit und zehn Meter tief, mit einem polierten Steinboden und einer niedrigen abgehängten Decke, die von eingebauten Neonlichtern und Lüftungskanälen durchsetzt war. Normalerweise bestand die Belegschaft hier aus nur vier Männern. Der Schichtleiter im Hintergrund hatte seinen eigenen Schreibtisch, von dem aus er die drei Operatoren an den drei langen, grauen stählernen Schaltwänden im Blick hatte, deren bogenförmige Anordnung die gesamte Raumbreite umspannte. Links saß der ranghöchste Kontrollingenieur, der mit dem russischen Akronym SIUR bezeichnet wurde. Rechts war der leitende Turbinenkontrollingenieur. Und in der Mitte, die Tätigkeit der beiden anderen verbindend, saß der leitende Kontrollingenieur, der für das Wasser verantwortlich war, das alles am Laufen hielt – Hunderte, Tausende Kubikmeter Wasser, die durch den Primärkühlmittelkreis strömten; von den Pumpen durch den Reaktor, zu den Dampfabscheidern, hinaus zu den Turbinen und wieder zurück. Die Bedienpulte der drei Männer zierten die vielen hundert Schalter, Knöpfe, Anzeigen, Lämpchen und Meldeleuchtfelder, die erforderlich waren, um die primären Prozesse der Stromgewinnung aus der Kernspaltung zu handhaben.[30]

Vor den Tischen erhob sich wie eine Wand eine deckenhohe Instrumententafel, auf der sich anhand von beleuchteten Skalen, Überwachungsbildschirmen und zitternden Wellenschreibern, die langsam Daten auf rollende Papierstreifen eintrugen, der Zustand der drei Systeme ablesen ließ. Hinter der Wand verborgen, und in Vorzimmern zur linken und zur rechten Seite führten Tausende Meter Kabel in die Dunkelheit, standen Computerschränke voller glänzender Röhren und tickender Relais; die komplexe, aber antiquierte Technologie, die die Schalttafeln mit dem Reaktor verband.[31]

Als der junge Leonid Toptunow den Schreibtisch des leitenden Kontrollingenieurs übernahm, stand er vor zwei riesigen hintergrundbeleuchteten Anzeigetafeln, die fast bis zur Decke reichten und die Betriebsbedingungen in Reaktor Vier anzeigten. Auf der einen war der Zustand eines jeden seiner 1659 urangefüllten Brennkanäle abzulesen; die andere bestand aus 211 leuchtenden Skalenscheiben, die in einem Kreis von drei Metern Durchmesser arrangiert waren. Diese Drehmelder zeigten die Position der Borcarbid-Kontrollstäbe an, die in den Reaktor eingefahren werden konnten, um die Kettenreaktion zu bremsen. Unter Toptunows Händen lag das Schaltpult, mit dem er einzelne Gruppen von Stäben auswählen konnte, und der Steuerknüppel, um sie bei Bedarf in den Kern einzufahren oder wieder herauszuziehen. In der Nähe zeigte ein Reaktimeter die Wärmeleistung des Reaktors in Megawatt an, in leuchtenden digitalen Ziffern. Direkt hinter Toptunow stand Schichtleiter Alexander Akimow, dessen Aufgabe es war, den Test zu beaufsichtigen, den der stellvertretende Chefingenieur Djatlow durchführen ließ. In der strengen technischen Hierarchie des Kraftwerks war Akimow, ein erfahrener Reaktorkontrollingenieur, das ranghöchste Mitglied der Belegschaft im Raum. Djatlows Rolle dagegen war rein administrativ. Trotz seiner Expertise und Erfahrung konnte er im Kontrollraum ebensowenig die Schalttafel bedienen, wie der Direktor einer Fluglinie sich ins Cockpit setzen und ein Flugzeug selber steuern könnte.[32]

Akimow, ein schlaksiger Zweiunddreißigjähriger mit dicker Brille, Geheimratsecken und Oberlippenbärtchen, war ein leidenschaftlicher Kommunist und einer der kenntnisreichsten Techniker im Kraftwerk.[33] Er und seine Frau Luba hatten zwei kleine Söhne, und in seiner Freizeit las er historische Biographien oder ging mit seiner Winchester in den Flussauen auf

Hasen- und Entenjagd.[34] Akimow war klug, kompetent und allseits beliebt, doch seine Kollegen waren sich einig, dass er sich von seinen Vorgesetzten allzu leicht herumschubsen ließ.[35]

In der Kontrollwarte 4 herrschte mittlerweile rührige Betriebsamkeit. Neben Toptunow und den beiden Operatoren an den Bedienpulten der Turbinen und Pumpen standen noch Männer der vorhergehenden Schicht herum, und auch Leute, die eigens gekommen waren, um bei dem Test zuzusehen. In einem angrenzenden Raum waren die Turbinenexperten aus Donezk bei der Hand, um das Herunterfahren des Turbinengenerators 8 zu beaufsichtigen. Djatlow schritt auf und ab.[36]

Kaum hatte der Stromlastverteiler von Kiewenergo grünes Licht gegeben, fuhren die Operatoren die Leistung des Reaktors langsam und kontrolliert herunter und hielten sie nun beständig auf 720 Megawatt – etwas über dem für die Durchführung des Tests erforderlichen Minimum. Djatlow jedoch, der vermutlich glaubte, ein niedrigeres Leistungsniveau wäre sicherer, bestand hartnäckig darauf, dass der Test bei einem Leistungsniveau von 200 Megawatt durchzuführen sei.[37] Akimow, eine Kopie des Testprotokolls in seinen Händen, widersprach – und das so vehement, dass seine Einwände von den Umstehenden bemerkt wurden, die trotz des steten Turbinenlärms aus der angrenzenden Maschinenhalle hörten, wie die beiden Männer sich stritten. Mit 200 Megawatt, das wusste Akimow, würde der Reaktor gefährlich instabil und noch schwieriger zu handhaben als sonst. Außerdem schrieb das Protokoll vor, dass der Test bei mindestens 700 Megawatt durchzuführen sei. Djatlow aber bestand darauf, es besser zu wissen. Akimow musste sich fügen und gab widerstrebend den Befehl, die Leistung weiter herunterzufahren. Toptunow gehorchte. Dann, achtundzwanzig Minuten nach Mitternacht, unterlief dem jungen Ingenieur ein Fehler.[38]

Als Toptunow um Mitternacht die Verantwortung für den Reaktor übernommen hatte, war dessen Computersteuerung auf lokale Automatik eingestellt. Diese ermöglichte es ihm, verschiedene Bereiche des Kerns einzeln zu handhaben – wurde aber normalerweise abgeschaltet, wenn der Reaktor auf niedriger Leistung lief.[39] Toptunow beschloss daher, auf globale Automatik umzuschalten – eine Art atomarer Autopilot, mit dessen

Hilfe er den RBMK auf gleichmäßigem Kurs halten konnte, während sich die Männer auf den Testbeginn vorbereiteten. Bevor er den Wechsel vollzog, hätte er entscheiden müssen, auf welcher Ebene der Computer die Reaktorleistung im neuen Betriebsmodus halten sollte. Doch aus unbekannten Gründen übersprang er diesen Schritt. Der Reaktor erwies sich einmal mehr als unerbittlich. Ohne neue Instruktionen blieb die Steuerung auf dem letzten Sollwert der Leistung, den sie erhalten hatte – nahe Null.[40]

Jetzt sah Toptunow mit Unbehagen, wie die grauen Leuchtziffern auf dem Reaktimeter-Display abstürzten: 500 … 400 … 300 … 200 … 100 Megawatt. Der Reaktor entglitt ihm.[41]

Mehrere Alarmansagen ertönten: »Fehler in den Messkreisen.« – »Havarieschutz in Kraft setzen.« – »Wasserzufuhr reduzieren.« Akimow erkannte, was gerade vor sich ging. »Leistung beibehalten! Leistung beibehalten!«, rief er.[42] Doch Toptunow schaffte es nicht, die Zahlen einzufangen. Binnen zwei Minuten war die Abgabeleistung von Block Vier auf 30 Megawatt gesunken – weniger als ein Prozent seiner Wärmekapazität. Um 00:30 Uhr stand der Reaktimeter fast auf null. Und doch traf Toptunow noch mindestens vier Minuten lang keine Gegenmaßnahmen. Während er zögerte, bildete sich das neutronenverschlingende Xenongas 135 im Kern und absorbierte auch noch den letzten Rest Reaktivität. Der Reaktor wurde vergiftet und fiel in eine sogenannte »Xenon-Senke«. Jetzt, da die Reaktorleistung am Tiefpunkt angelangt war und die Xenonkonzentration sich ständig weiter erhöhte, gaben die Sicherheitsvorschriften den Operatoren den Kurs vor – Sie hätten den Versuch abbrechen und den Reaktor unverzüglich abschalten sollen.[43]

Doch das taten sie nicht.

Später gäbe es widersprüchliche Schilderungen darüber, was nun als nächstes passierte. Djatlow selbst würde behaupten, er sei nicht in der Kontrollwarte gewesen, als die Leistung zu sinken begann – obwohl er sich nicht immer an den genauen Grund erinnern konnte –, und habe den Operatoren in den maßgeblichen Minuten keine Anweisungen erteilt.[44]

Die Erinnerungen anderer Leute, die damals dabei gewesen waren, sollten anders ausfallen. Toptunow zufolge hatte Djatlow den Leistungsabfall nicht nur beobachtet, sondern ihm auch – wütend – befohlen, mehr

Steuerstäbe aus dem Reaktor zu holen, um die Leistung zu steigern. Toptunow wusste, dass er die Reaktivität damit zwar erhöhen, den Kern aber auch in einen gefährlich unauslotbaren Zustand bringen würde. Also habe Toptunow sich geweigert, Djatlows Befehl auszuführen.[45]

»Ich werde die Leistung nicht wieder steigern!«, sagte er.[46]

Doch nun drohte Djatlow dem jungen Reaktorfahrer: Wenn er seine Anweisungen nicht befolge, werde er ganz einfach einen anderen finden, der dazu bereit wäre. Der Leiter der vorangegangenen Schicht, Juri Tregub – der vor Ort geblieben war, um sich den Versuch anzusehen –, war nicht nur ausreichend qualifiziert, um die Steuerung zu handhaben, sondern stand auch direkt neben ihm. Und Toptunow wusste, was ein solcher Ungehorsam bedeuten konnte. Womöglich wäre seine Karriere in einer der prestigeträchtigsten Einrichtungen der sowjetischen Atomindustrie vorbei, ehe sie richtig begonnen hatte – und sein komfortables Leben in Prypjat gleich mit dazu.

In der Zwischenzeit reicherte sich der Reaktor weiter mit dem giftigen Xenon 135 an und sank immer tiefer und endgültiger in das Tal der negativen Reaktivität. Endlich, sechs lange Minuten, nachdem der Leistungsabfall begonnen hatte, fügte sich Toptunow aus Panik, seinen Job zu verlieren, Djatlows Forderungen. Der stellvertretende Chefingenieur trat von der Konsole zurück, wischte sich den Schweiß von der Stirn und kehrte zu seiner Position in der Mitte des Raums zurück.[47]

Doch einen vergifteten Reaktor wiederzubeleben, ist nicht einfach. Zunächst bemühte sich Toptunow, die richtige Balance zu finden, welche Steuerstäbe es auszufahren galt. Tregub, der hinter ihm stand, beobachtete, dass der junge Techniker sie überproportional aus den dritten und vierten Quadranten des Kerns ausfuhr. Die Leistung blieb weiter nahe null. »Warum ziehst du sie ungleichmäßig heraus?«, fragte der erfahrene Ingenieur. »Du musst sie auch von hier herausziehen.« Tregub zeigte ihm, welche Stäbe er wählen sollte. Während die Tasten des Bedienfelds unter Toptunows rechter Hand klapperten, riss seine Linke am Steuerknüppel. Die Spannung im Kontrollraum wuchs. Tregub blieb zwanzig Minuten lang an Toptunows Seite, und gemeinsam gelang es ihnen, die Reaktorleistung auf 200 Megawatt anzuheben. Doch höher ging es nicht. Die Xenonvergiftung verschlang weiter positive Neutronen im Kern – und bald waren keine Steuerstäbe mehr übrig, die man hätte herausziehen können. Mehr als hundert befanden sich bereits am oberen Anschlag.[48]

Um ein Uhr morgens hatten Toptunow und Tregub den Reaktor endlich wieder vom Rand einer störfallbedingten Abschaltung zurückgeholt. Doch dazu hatten sie 203 der 211 Kontrollstäbe aus dem Reaktorkern ausgefahren. Eine solche Menge an Stäben ohne Erlaubnis des Chefingenieurs herauszuziehen, war verboten.[49] Doch die Ingenieure wussten, dass das Computersystem, das die Anzahl der Stäbe im Kern überwachte – die betriebliche Reaktivitätsreserve –, nicht immer zuverlässig war. Außerdem waren sie sich der Bedeutung der Reserve für den sicheren Betrieb des Reaktors noch immer nicht bewusst. Sie ahnten nicht, dass das gleichzeitige Wiedereinfahren von so vielen Stäben in den Kern eine unkontrollierbare Leistungsexkursion in Gang setzen konnte. In diesem Augenblick hätte nur eine behutsame Stabilisierung des Reaktors, gefolgt von einem langsamen Herunterfahren die Katastrophe abwenden können.[50]

Stattdessen kamen zu diesem Zeitpunkt zusätzlich zwei der gewaltigen Hauptumwälzpumpen zum Einsatz, die mit dem Reaktor verbunden waren. Obwohl Bestandteil des ursprünglichen Versuchsprogramms, waren zwei zusätzliche Pumpen für so ein niedriges Leistungsniveau nicht vorgesehen. Indem sie noch mehr Kühlwasser in den Kern leiteten, störten sie das heikle Gleichgewicht zwischen Reaktivität, Wasserdruck und Dampfgehalt innerhalb des Reaktors noch mehr. Der siebenundzwanzigjährige leitende Reaktorkontrollingenieur Boris Stoljartschuk, der an seinem Bedienfeld in der Mitte für die Pumpen zuständig war, bemühte sich, den Wasserstand in den Dampfabscheidern zu korrigieren. Die Pumpen indes donnerten ihrer maximalen Kapazität entgegen und trieben mit Hochdruck fünfzehn Kubikmeter Kühlmittel pro Sekunde in den Reaktor.[51] Die Wasserzufuhr absorbierte eine wachsende Zahl von Neutronen im Kern, wodurch die Reaktivität eingedämmt wurde, und die automatische Regelung des Reaktors kompensierte dies, indem sie noch mehr Kontrollstäbe aus dem Kern ausfahren ließ.[52] Augenblicke später bewegte sich das Wasser so schnell durch den Kühlkreislauf, dass es kurz vor dem Siedepunkt und der Verdampfung in den Kern gelangte, was wiederum den Reaktor bei der geringsten Leistungssteigerung empfindlicher machte für den positiven Voidkoeffizienten.[53]

Nun war es endlich an der Zeit, die Generatoren abzuschalten. Einige Operatoren waren sichtlich nervös. Anatoli Djatlow jedoch war die Ruhe selbst. Der Test würde weitergehen, ungeachtet des Kleingedruckten im Versuchsprotokoll oder der Bedenken seiner Untergebenen.[54] Die zehn Männer an den Tischen und Schalttafeln in der Kontrollwarte 4 waren bereit, ihre Augen fest auf die Instrumente gerichtet.[55] Djatlow wandte sich an Akimow.

»Worauf warten Sie?«, fragte er. Es war 1:22 Uhr.[56]

Die Simulation der Auswirkungen eines Totalstromausfalls in einem einzelnen Block des Kernkraftwerks Tschernobyl war ein trügerisch einfacher Prozess, und viele in der Kontrollwarte betrachteten den Test fälschlicherweise als eine Angelegenheit, die hauptsächlich die Elektroingenieure betraf. Die Rolle des Reaktors rückte dabei fast in den Hintergrund.[57] Das Testprogramm glich aufs Haar dem Versuch, der 1984 in Block Drei durchgeführt worden war. Damals war es zwar nicht gelungen, die Umwälzpumpen am Laufen zu halten, aber immerhin war das Ganze ohne Zwischenfall vonstatten gegangen.[58] Chefingenieur Nikolai Fomin hatte den Test damals persönlich und ohne grünes Licht von oben angeordnet und sah keinen Grund, es diesmal anders zu halten. Er informierte daher weder das Staatskomitee für Nukleare Sicherheit NIKIET noch die Spezialisten am Kurtschatow-Institut in Moskau von seinen Plänen. Er hielt es nicht einmal für nötig, Direktor Brjuchanow mitzuteilen, dass der Versuch stattfinden sollte.[59]

Von seiner ersten Erfahrung ermutigt, beschloss Fomin zwei wichtige Veränderungen. Zum einen sollten diesmal alle acht Hauptumwälzpumpen des Reaktorblocks an den Reaktor angeschlossen werden. Dadurch würde sich die Wassermenge, die während des Herunterfahrens durch den Primärkreislauf geleitet wurde, erhöhen. Zum anderen hatte Fomin ein spezielles Gerät bestellt, eine Platine, die er eigens für den Versuch in den Schaltkreis des Bedienfeldes einsetzen ließ, um auf Knopfdruck den Auslegungsstörfall nachstellen zu können. Das neue Testprogramm – einen

Monat zuvor von Gennadi Metlenko entwickelt, dem Leiter des Elektroingenieurteams aus Donezk, und im April von Fomin und Djatlow für gut befunden – schien unkompliziert zu sein.[60]

Zuerst sollten die Reaktoroperatoren die Dampfzufuhr vom Reaktor zur Turbine unterbrechen, deren Rotor dann allmählich auslaufen würde. Im selben Moment würden sie den GAU-Knopf drücken und so dem Reaktorschutzsystem signalisieren, dass die gesamte Stromzufuhr von außen ausgefallen war. Ein dieselgetriebener Notstromgenerator würde daraufhin anspringen und den mit dem Auslaufschwung von Turbine 8 erzeugten Strom an die Hauptumwälzpumpen leiten. Wenn alles gut ging, würde die Elektrizität, die von der Turbine im Schubbetrieb erzeugt wurde, die Pumpen so lange antreiben, bis der Dieselgenerator angesprungen wäre. Die Techniker gingen davon aus, dass der Testlauf weniger als eine Minute in Anspruch nehmen würde. Er sollte mit einem Befehl von Metlenko beginnen, der die Ergebnisse an einem Oszilloskop überwachen würde. Am Ende würden die Operatoren den Reaktor routinemäßig herunterfahren, indem sie den AZ-5-Knopf für die Schnellabschaltung drückten.

Um 1:23 Uhr hatte Leonid Toptunow an seinem Pult in der Kontrollwarte den Reaktor bei 200 Megawatt erfolgreich stabilisiert. Djatlow, Akimow und Metlenko standen in der Mitte des Raumes und warteten auf den Versuchsbeginn.[61] Weiter oben, bei Kote +12,5, im höhlenartigen dreistöckigen Pumpenraum neben dem Reaktorbehälter stand der leitende Pumpenoperator Waleri Chodemtschuk auf seinem Posten, umtost vom donnernden Gebrüll aller acht Umwälzpumpen, die gleichzeitig arbeiteten.[62] Am Boden des Reaktorkerns trat das Druckwasser jetzt bei einer Temperatur nahe dem Siedepunkt in die Einlassventile. Und direkt darüber waren 164 der 211 Kontrollstäbe vollständig aus dem Kern zurückgezogen worden.[63]

Der Reaktor war sozusagen eine Pistole mit gespanntem Hahn. Jetzt brauchte nur jemand abzudrücken. Ein paar Sekunden später gab Metlenko den Befehl.

»Oszilloskop an!«[64]

Drüben am Turbinenpult schloss der leitende Turbinenoperator Igor

Kerschenbaum die Turbinendampf-Überdruckventile. Sechs Sekunden später drückte ein Ingenieur auf den GAU-Knopf. Alexander Akimow sah anhand des Tachometers, der die Geschwindigkeit von Turbine 8 maß, wie diese an Schwung verlor und die vier Hauptumwälzpumpen allmählich langsamer wurden. In der Kontrollwarte war es ruhig und still; bald wäre alles vorbei. Innerhalb des Reaktors verlangsamte sich das Kühlmittel, das durch die Brennelemente strömte, und wurde heißer. Im unteren Bereich des Kerns wurde immer mehr Kühlmittel zu Dampf. Dieser Dampf absorbierte weniger Neutronen, die Reaktivität erhöhte sich und setzte noch mehr Hitze frei. Noch mehr Wasser verwandelte sich in Dampf, der noch weniger Neutronen absorbierte. Die Reaktivität erhöhte sich weiter, die Hitze stieg. Der positive Voidkoeffizient etablierte sich. Eine verhängnisvolle Rückkopplungsschleife hatte begonnen.[65]

Doch die Instrumente auf Leonid Toptunows Schalttafel zeigten noch immer nichts Ungewöhnliches an. Noch weitere zwanzig Sekunden blieben die Messwerte aus dem Reaktor im Normalbereich. Akimow und Toptunow unterhielten sich leise. An der Pumpensteuerung hörte Boris Stoljartschuk, der in seine Arbeit vertieft war, keinerlei Unruhe aufkommen. Hinter ihnen stand schweigend und ungerührt der stellvertretende Chefingenieur Djatlow. Turbinengenerator 8 machte nur noch 2300 Umdrehungen pro Minute. Es war an der Zeit, den Testlauf abzuschließen.[66]

»SIUR – Reaktor abschalten!«, sagte Akimow mit ruhiger Stimme und winkte mit seiner Hand in der Luft: »AZ-5!«[67]

Er hob eine transparente Plastikabdeckung auf dem Bedienfeld an, Toptunow schob den Finger durch das Papiersiegel und drückte auf den runden roten Knopf darunter. Nach exakt sechsunddreißig Sekunden war der Test vorbei.[68]

»Der Reaktor ist abgeschaltet!«, sagte Toptunow. Hoch über ihnen, in der Reaktorhalle, surrten die elektrischen Servomotoren der Kontrollstäbe. Die leuchtenden Skalen der 211 Drehmelder an der Wand zeigten ihr langsames Einfahren in den Reaktor. Einen Meter. Zwei Meter.[69]

Was als nächstes im Kern vor sich ging, geschah so schnell, dass die entsprechenden Instrumente es nicht aufzeichnen konnten.[70]

Während die mit Borcarbid gefüllten Teile der Stäbe in den oberen Bereich des Reaktors einfuhren, fiel eine knappe Sekunde lang, wie vorgesehen, die Reaktivität insgesamt.[71] Doch dann verdrängten die Graphitspitzen das Wasser im unteren Bereich des Kerns, der positive Voidkoeffizient verstärkte sich. Es entstand noch mehr Dampf, und die Reaktivität stieg. Auf dem Reaktorboden bildete sich eine lokale kritische Masse.[72] Nach zwei Sekunden steigerte sich die Kettenreaktion mit unaufhaltsamer Geschwindigkeit, waberte durch den Kern nach oben und drängte ins Freie.[73]

In der Kontrollwarte, als sich die Belegschaft gerade entspannen wollte, flackerten auf dem Bedienfeld des SIUR in beängstigender Abfolge plötzlich alle Alarmlampen.[74] Die Warnleuchten für »Zunahme der Leistungsexkursionsrate« und »Havarieschutzsystem« blinkten rot. Elektrische Warnsignale kreischten zornig. »Leistungsanstieg!«, rief Toptunow.[75]

»Reaktor abschalten!«, wiederholte Akimow – diesmal brüllend.[76]

Juri Tregub am zwanzig Meter entfernten Turbinentisch hörte ein Geräusch, von dem er glaubte, es sei Turbine 8, die weiter auslief, wie ein Volga, der mit Höchstgeschwindigkeit fuhr und dann allmählich langsamer wurde: wooo-woo-woo-woo. Doch dann wurde ein Donnern daraus, und das Gebäude um ihn herum begann bedrohlich zu vibrieren. Eine Nebenwirkung des Versuchs, dachte er.[77] In Wirklichkeit war der Reaktor im Begriff, sich selbst zu zerstören.[78] Innerhalb von drei Sekunden überstieg die Wärmeleistung das Hundertfache des Nennwertes. Im unteren südöstlichen Quadranten des Kerns überhitzten eine Handvoll Brennelemente, und die Uranpellets erreichten fast den Schmelzpunkt. Als die Temperatur auf 3000 Grad Celsius anstieg, wurde die Zircalloy-Ummantelung der Brennelemente weich, zerbrach und explodierte, wobei Metall- und Urandioxid-Teilchen in die angrenzenden Kanäle geschleudert wurden, wo sie das umgebende Wasser sofort verdampfen ließen. Dann brachen die Kanäle selbst auseinander.[79]

Die Abschaltstäbe blieben auf halbem Weg stecken.[80] Alle acht Überdruckventile des Reaktor-Schutzsystems öffneten sich, aber die Mechanik war schnell überfordert und zerbarst.

Hoch über dem Boden der zentralen Halle, auf einem Gerüst bei Höhenkote +50, sah Werkstattschichtleiter Waleri Perewostschenko mit Staunen, wie die achtzig Kilogramm schweren Verschlusswürfel auf den

Brennelementen im runden *Pyatatschok* plötzlich auf und ab hüpften wie Spielzeugboote auf sturmgepeitschter See.[81] *Povyshenie davleniya v RP* – »Druckanstieg im Reaktor«, meldete Toptunows Bedienfeld.[82] In der Kontrollwarte wackelten die Wände, sachte zuerst, dann immer heftiger.[83] Boris Stoljartschuk am Pumpentisch hörte ein anschwellendes Stöhnen, wie von einem riesigen verängstigten Tier. Dann erfolgte ein lauter Schlag.[84]

Wie konnte das geschehen?

Als die Brennstoffkanäle brachen, kam der Wasserkreislauf durch den Kern völlig zum Stillstand. Die Sperrventile an den massiven Hauptumwälzpumpen schlossen sich, und das gesamte Wasser, das noch im Kern gefangen war, verdampfte augenblicklich. Neutronen pulsierten durch den sterbenden Reaktor, und die Wärmeleistung stieg auf über 12 Milliarden Watt. Der Dampfdruck im verschlossenen Reaktor erhöhte sich exponentiell – acht Atmosphären in der Sekunde –, hievte den zweitausend Tonnen schweren biologischen Stahlbetonschild Elena aus seiner Verankerung und durchtrennte die noch intakten Druckröhren an den Schweißnähten.[85] Die Temperatur im Reaktor stieg auf 4650 Grad Celsius – nicht ganz so heiß wie die Oberfläche der Sonne.[86]

An der Wand von Kontrollwarte 4 flackerte die Beleuchtung der Drehmelderskalen.[87] Die Zeiger blieben bei der Marke von drei Metern hängen. Akimow in seiner Verzweiflung betätigte die Mechanik, die die Absorberstäbe aus ihren Umklammerungen befreite, damit sie unter dem eigenen Gewicht in den Reaktor fallen konnten. Doch die Zeiger regten sich nicht.[88] Es war zu spät.

Um 1:24 Uhr war ein ohrenbetäubendes Dröhnen zu hören, wahrscheinlich verursacht durch ein Gemisch aus Wasserstoff und Sauerstoff, das sich im Reaktor plötzlich entzündet hatte.[89] Das gesamte Gebäude erzitterte, als Reaktor Vier von einer katastrophalen Explosion, die sechzig Tonnen TNT gleichkam, auseinander gerissen wurde.[90] Die Druckwelle prallte von den Wänden des Reaktorbehälters, zerriss die vielen hundert Rohre des Dampf- und Wasserkreislaufs und schleuderte den biologischen Schutzschild in die Höhe wie eine geworfene Münze; sie drängte den 350 Tonnen schweren Mechanismus für den Brennelementwechsel beiseite, riss den Brückenlaufkran aus den Schienen, zerstörte die oberen

Wände der Reaktorhalle und durchstieß das Betondach, so dass der Nachthimmel sichtbar wurde.[91]

In diesem Moment wurde der Reaktorkern komplett zerstört. Fast sieben Tonnen Uranbrennstoff zerstoben mit Trümmern aus Kontrollstäben, Zirkalloy-Hüllen und Graphitquadern zu winzigen Fragmenten und hoch in die Atmosphäre gesogen, wo sie ein Gemisch aus Gasen und Aerosolpartikeln bildeten, die Radioisotope in sich trugen, darunter Jod 131, Neptunium 239, Cäsium 137, Strontium 90 und Plutonium 239 – einige der gefährlichsten Substanzen, die dem Menschen bekannt sind. Weitere 25 bis 30 Tonnen Uran und hochradioaktiver Graphit wurden aus dem Kern geschleudert, verteilten sich um Block Vier herum und entfachten kleine Brände an den Stellen, wo sie landeten.[92] Die 1300 Tonnen weißglühender Graphitschutt, die noch im Reaktorkern verblieben waren, fingen augenblicklich Feuer.[93]

In seinem Arbeitsraum bei Kote +12,5, einige Dutzend Meter von der Kontrollwarte entfernt, redete Alexander Juwtschenko mit einem Kollegen, der hereingekommen war, um einen Eimer mit Farbe zu holen. Juwtschenko hörte einen dumpfen Schlag und spürte, wie der Boden unter seinen Füßen bebte. Es fühlte sich an, als sei etwas Schweres – der Brennelementwechsel-Kran vielleicht – auf den Boden der Reaktorhalle gestürzt. Dann hörte er die Explosion.[94] Juwtschenko sah, wie die dicken Betonpfeiler und -wände des Raums sich verformten wie Gummi und die Tür, aufgestoßen von einer Schockwelle, die einen nassen Wolkenwirbel aus Dampf und Staub mit sich führte, aus den Angeln gerissen wurde. Schutt rieselte von der Decke. Die Lichter gingen aus. Juwtschenkos erster Impuls war, ein sicheres Versteck zu finden. *Jetzt ist es so weit*, dachte er, *der Krieg mit den Amerikanern hat angefangen.*

Drüben in der Turbinenhalle starrte Turbineningenieur Juri Kornejew entsetzt nach oben, als die Deckenpaneele aus Wellblech über dem Turbinengenerator 8 eines nach dem anderen gigantischen Spielkarten gleich auf ihn herabzustürzen begannen und unten auf die Maschinen krachten.[95] In die zentrale Halle hinausblickend, sah der ehemalige Atom-U-Boot-Bauer Anatoli Kurgus einen dichten Dampfvorhang auf sich zurollen. Überwältigt von der glühend heißen radioaktiven Wolke mühte sich

Kurgus, die Luftschleusentür zu schließen, um die Halle abzuschotten und seine Kollegen in der Reaktorwerkstatt zu retten. Gleich darauf verlor er das Bewusstsein.[96]

An seinem Posten im Schatten der Hauptumwälzpumpen sollte Waleri Chodemtschuk als erster sterben, entweder augenblicklich vaporisiert durch die Explosion oder unter Betontrümmern und Maschinenteilen verschüttet.

In der Kontrollwarte 4 brachen Fliesen und Mauerwerk von der Decke. Akimow, Toptunow und der stellvertretende Chefingenieur Djatlow blickten verwirrt um sich.[97] Grauer Nebel quoll aus den Luftschlitzen der Klimaanlage, und die Lichter erloschen flackernd. Als sie wieder angingen, bemerkte Boris Stoljartschuk einen scharfen, metallischen Geruch, wie er ihn noch nie zuvor erlebt hatte. An der Wand hinter ihm wechselten die Signallämpchen, die die Strahlenwerte im Raum anzeigten, abrupt von grün zu rot.[98]

Außerhalb des Kraftwerks, auf dem betonierten Ufer des Kühlwasserteichs hatten zwei Arbeiter in ihrer Freizeit die Nacht über gefischt. Ihre Angelschnüre hingen noch immer im aus den Reaktoren gespeisten warmen Wasser, als sie die erste Explosion hörten. Sie merkten auf, und eine zweite Detonation erfolgte – ein donnernder Knall, wie wenn ein Flugzeug die Schallmauer durchbricht. Der Boden erzitterte, und beide Männer wurden von einer Druckwelle erfasst. Schwarzer Rauch kräuselte sich über Block Vier, während Funken und heißer Schutt in die Nacht stoben. Als der Rauch verflog, sahen sie, dass den Abluftschlot auf der gesamten Höhe seiner 150 Meter ein seltsam kaltes Licht umstrahlte.[99]

In Zimmer 29, auf der siebten Etage des Zweiten Verwaltungsgebäudes, saß Ingenieur Alexander Tumanow noch immer bei der Arbeit. Von seinem Bürofenster aus hatte er einen guten Blick auf die Nordfassade des Kraftwerks. Gegen 1:25 Uhr hörte er ein Grollen und spürte, wie das Gebäude erzitterte. Darauf ein Knacken und zwei heftige dumpfe Schläge. Durch das Fenster sah er, wie sich ein Funkenregen aus Block Vier ergoss, dazu schossen Fragmente aus geschmolzenem Metall oder brennende Fetzen in alle Richtungen. Während er noch zusah, krachten größere Trümmer glühenden Schutts auf die Dächer des dritten Reaktorblocks und des Nebengebäudes, wo sie weiter brannten.

Noch schliefen die Bewohner der drei Kilometer entfernten Stadt Prypjat. In Wiktor Brjuchanows Wohnung am Lenin-Prospekt klingelte das Telefon.

Kapitel 6

Samstag, 26. April, 1:28 Uhr, Paramilitärische Feuerwache Nummer Zwei

Kurz nach 1:25 Uhr, als sich rings um den rotweiß gestreiften Abluftschlot ein purpurroter Kegel aus irisierendem Feuer 150 Meter in die Luft erhob, schrillte in der Feuerwache 2 die Alarmglocke.[1] Im Raum des Leitstellendisponenten blinkten plötzlich sämtliche roten Warnleuchten der Meldetafel – mehrere hundert, eine für jeden Bereich des Kernkraftwerks Tschernobyl.[2]

Von den vierzehn Männern der dritten Wache hatten viele im Bereitschaftsraum auf ihren Betten gedöst, als plötzlich ein lauter dumpfer Knall an den Fenstern rüttelte, den Boden erzittern ließ und sie aus dem Schlaf riss. Sie schlüpften bereits in ihre Stiefel, als die Sirene ertönte, und rannten hinaus auf die Betonrampe vor der Wache, wo die drei Löschfahrzeuge bereitstanden, die Schlüssel im Zündschloss. Sie hörten den Disponenten rufen, dass im Kraftwerk ein Feuer ausgebrochen sei, und wandten just in dem Moment die Köpfe, als über den Blöcken 3 und 4 eine gigantische pilzförmige Wolke am Himmel erblühte, nicht einmal fünfhundert Meter entfernt – zwei Fahrminuten.[3]

Leutnant Prawik erteilte den Befehl zur Abfahrt, und sofort rollten die bulligen rotweißen ZIL-Feuerwehrwagen von der Rampe und brausten los. Feldwebel Alexander Petrowski, mit vierundzwanzig das zweitjüngste Mitglied der Truppe, hatte keine Zeit mehr, nach seinem Helm zu suchen, und griff sich stattdessen Prawiks Dienstmütze. Es war 1:28 Uhr. Am Steuer des vordersten Fahrzeugs saß Anatoli Sacharow, der Parteisekretär der Feuerwache, ein untersetzter, geselliger Dreiunddreißigjähriger, der nebenher noch in Prypjat als Rettungsschwimmer arbeitete. Dort hatte er einen Fernstecher und ein Motorboot, um Betrunkene aus dem Fluss ziehen zu können. Sacharow bog nach rechts, drückte aufs Gas und hielt auf das Tor zum Kraftwerk zu. Eine scharfe Linkskurve, dann durch das Tor auf das Werksgelände, und mit maximaler Geschwindigkeit vorbei an der langen, gedrungenen Baracke des Dieselgenerators. Aus dem Funkgerät knisterten Fragen und Instruktionen: Was war passiert? Wie groß war der Schaden?[4] Zwei weitere Löschfahrzeuge folgten ihnen sofort; auch die städtische Feuerwehr aus Prypjat war schon auf dem Weg.[5] Leutnant Prawik gab an, es handle sich um einen Einsatz der Alarmstufe 3 für einen äußersten Notfall, und ersuchte jede verfügbare Feuerwehr in der Region Kiew um Hilfe.[6]

Jetzt nahm der Koloss des Kraftwerks Sacharows gesamte Windschutzscheibe ein. Er nahm die Zufahrt rechts, fuhr zwischen den Betonpfeilern eines Fußgängerstegs hindurch und brauste auf die nördliche Wand des dritten Reaktors zu. Und dort, nur dreißig Meter entfernt, sah er, was von Block Vier noch übrig war.[7]

In der Kontrollwarte von Block Vier redeten alle durcheinander, während der stellvertretende Chefingenieur Anatoli Djatlow zu begreifen versuchte, was die Instrumente aussagten.[8] Warnleuchten blinkten rot und gelb quer über die Schalttafeln der Turbine, des Reaktors und der Pumpen, und unaufhörlich ertönten elektrische Alarmsignale. Ihre Botschaft war ernst. Am Bedienfeld des leitenden Reaktoroperators Boris Stoljartschuk zeigten die Geräte an, dass alle acht Hauptsicherheitsventile offen waren und sich trotzdem kein Wasser in den Dampfabscheidern mehr befand. Dieses Szenario war der GAU, der größte anzunehmende Unfall und der schlimmste Albtraum eines jeden *Atomschtschik*; eine aktive Zone, in der Tausende Liter unerlässliches Kühlmittel fehlten, so dass eine Kernschmelze drohte.[9]

Und an der Anzeigetafel des leitenden Ingenieurs Toptunow klebten die Zeiger der Drehmelder beharrlich an der Viermetermarke. Die Steuerstäbe waren demnach nicht einmal halb in den Reaktorkern eingefahren und steckten fest. Toptunow hatte die Stäbe aus ihren elektromagnetischen Klammern gelöst, damit ihr Eigengewicht sie ganz nach unten ziehen sollte, doch sie hatten sich verklemmt, bevor sie den Reaktor stilllegen konnten. Die grauen LED-Zahlenwerte auf dem Reaktimeter – sie zeigten die Aktivität im Kern an – rannten hoch und runter. Irgendetwas ging vor im Inneren, aber Djatlow und die Techniker um ihn herum hatten keine Kontrolle mehr darüber.

In seiner Verzweiflung wandte sich Djatlow den beiden angehenden Operatoren zu, die in dieser Nacht zur Arbeit erschienen waren, um den Testlauf zu beobachten, Wiktor Proskurjakow und Alexander Kudrjawzew, und erteilte ihnen die Anweisung, die Abschaltung manuell durchzuführen.[10]

Die beiden Männer gehorchten, doch kaum hatten sie den Leitstand verlassen, erkannte Djatlow seinen Fehler – Wenn die Steuerstäbe nicht vom eigenen Gewicht nach unten gezogen wurden, würden sie sich auch manuell nicht bewegen lassen. Er rannte hinaus auf den Flur, um die beiden Praktikanten zurückzurufen, aber sie waren bereits verschwunden, verschluckt von den Rauch- und Dampfwolken, die mittlerweile Flure und Treppenaufgänge von Block Vier füllten.

Djatlow kehrte in die Kontrollwarte zurück und übernahm das Kommando. Er wies den Schichtleiter Alexander Akimow an, sämtliche Belegschaftsmitglieder nach Hause zu schicken, die nicht unbedingt gebraucht wurden, auch den leitenden Kontrollingenieur Leonid Toptunow, der den Schnellabschaltknopf gedrückt hatte. Dann sagte er zu Akimow, er solle die Notfall-Kühlwasserpumpen und die Abluftventilatoren einschalten, und gab Anweisung, die Ventile der Kühlmittelleitung zu öffnen. »Männer«, sagte er, »wir müssen Wasser in den Reaktor bringen.«[11]

In dem fensterlosen Raum der leitenden Ingenieure, bei Höhenkote +12,5, war Alexander Juwtschenko in Staub, Dampf und Dunkelheit gehüllt.[12] Durch die zertrümmerte Tür tönte ein grauenvolles Zischen. Er tastete nach dem Telefon, um sich mit Leitstand 4 in Verbindung zu setzen, doch die Leitung war tot. Dann rief jemand aus Leitstand 3 an: *Bringen Sie uns Tragen, schnell!*[13]

Juwtschenko holte eine Trage und lief nach unten, bis zu Kote +10, doch bevor er den Leitstand erreichte, wankte ihm eine verstörte Gestalt entgegen, die Kleidung geschwärzt, das Gesicht blutig und nicht zu erkennen. Erst als er etwas sagte, erkannte Juwtschenko, dass er seinen Freund

Wiktor Degtjarenko vor sich hatte, der für die Kühlmittelpumpe zuständig war. Er sei in der Nähe seines Arbeitsplatzes gewesen, sagte er, dort bräuchten etliche Leute Hilfe. Die feuchte Schwärze mit seiner Taschenlampe sondierend, entdeckte Juwtschenko einen zweiten Operator, hinter einem Stapel Trümmer: Er konnte sich noch auf den Beinen halten, war aber dreckverschmiert, nass und von heißem Dampf grotesk verbrüht. Er zitterte, stand unter Schock, winkte Juwtschenko aber trotzdem weiter. »Geh schon«, sagte er. »Hilf Chodemtschuk. Er ist im Pumpenraum.«

Dann sah Juwtschenko seinen Kollegen Juri Tregub aus der Dunkelheit kommen. Tregub kam von Kontrollwarte 4 und sollte die Ventile des Hochdruck-Reaktorkühlsystems aufdrehen, um den Reaktorkern mit Wasser zu fluten. Weil Juwtschenko wusste, dass für diese Aufgabe mindestens zwei Männer vonnöten waren, sagte er dem verletzten Pumpeningenieur, wo er Hilfe bekäme, und begleitete Tregub zu den Kühlmitteltanks. Da der nächstgelegene Eingang verschüttet war, gingen sie zwei Treppenfluchten nach unten und standen sofort knietief im Wasser. Die Tür zur Halle klemmte, aber durch einen schmalen Spalt spähten die beiden Männer hinein.[14]

Alles lag in Trümmern. Die riesigen Stahlbehälter waren entzwei gerissen wie nasse Pappe, und oberhalb des Wracks, wo die Wände und die Decke der Halle hätten sein sollen, sahen sie nur Sterne. Sie starrten ins Leere; die Eingeweide des in Nacht getauchten Kraftwerks waren vom Mondlicht beschienen.

Die beiden Männer begaben sich in den ebenerdigen Transportkorridor und taumelten in die Dunkelheit hinaus. Tregub und Juwtschenko, nicht weiter als fünfzig Meter vom Reaktor entfernt, begriffen als erste, was mit Block Vier geschehen war. Es war ein entsetzlicher, apokalyptischer Anblick. Das Dach der Reaktorhalle fehlte, und die rechte Wand war durch die Wucht der Explosion fast vollständig zerstört worden. Die Hälfte des Kühlkreislaufs war einfach verschwunden. Auf der linken Seite baumelten die Wassertanks und Rohrleitungen, die einmal die Hauptumwälzpumpen mit Wasser gespeist hatten, in der Luft. In diesem Moment wusste Juwtschenko, dass Waleri Chodemtschuk mit Sicherheit tot war. Die Stelle, an der er gestanden hatte, lag unter einem dampfenden Schutthaufen begraben, beleuchtet von den Blitzen aus den durchtrennten, männerarmdicken 6000-Volt-Kabeln, die funkensprühend hin und her peitschten und dabei alles unter Strom setzten, was sie berührten.[15]

Und irgendwo inmitten des wüsten Durcheinanders aus Stahl- und Betontrümmern – aus den Tiefen der Ruine von Block Vier, wo der Reaktor sein sollte – sah Alexander Juwtschenko etwas aufragen, das noch weitaus verstörender war – eine schimmernde Säule aus ätherisch blauweißem Licht, die geradewegs in den Nachthimmel schwebte und in die Unendlichkeit entschwand. Seltsam zart und umspielt von flackernden Farben, hervorgezaubert von den Flammen aus dem Inneren des brennenden Gebäudes und aus glühenden Metall- und Maschinentrümmern, betörte das schöne Nachleuchten Juwtschenko ein paar Sekunden. Dann riss ihn Tregub um die Ecke und aus der unmittelbaren Gefahr. Das Phänomen, das den jungen Ingenieur so fasziniert hatte, wurde von der radioaktiven Luftionisation hervorgerufen und galt als untrügliches Zeichen dafür, dass ein nicht abgeschirmter Atomreaktor mit der Atmosphäre in Kontakt kam.

Als die drei Löschfahrzeuge der Feuerwache 2 unweit des vierten Reaktorblocks stehen blieben, kam ihnen ein Brandschutzwart aus dem Kraftwerk entgegengerannt. Er hatte die Explosion gesehen und Alarm geschlagen. Anatoli Sacharow sprang aus dem Führerhaus und sah sich um. Überall lagen Graphitblöcke herum, viele noch immer rotglühend vor Hitze. Sacharow hatte erlebt, wie der Reaktor entstanden war, und wusste daher, was es mit den Brocken auf sich hatte.

»Tolik, was ist das?«, fragte einer der Männer.

»Das sind die Eingeweide des Reaktors, Kollegen«, sagte er. »Wenn wir bis zum Morgen überleben, dann leben wir ewig.«[16]

Prawik sagte zu Sacharow, er solle am Funkgerät bleiben und auf Instruktionen warten. Er werde sich unterdessen mit Kommandant Leonid Schawrey auf Erkundungstour begeben, um den Brandherd ausfindig zu machen. »Und dann geht's ans Löschen«, sagte Prawik.

Damit verschwand der junge Leutnant im Kraftwerk.

In der Turbinenhalle von Block Vier erwartete die beiden Feuerwehrleute das totale Chaos.[17] Überall lagen Glasscherben, Betonbrocken und

Metalltrümmer herum; ein paar Operatoren liefen benommen durch den Rauch, der von den Trümmern aufstieg; die Wände des Gebäudes zitterten, und irgendwo weit oben war das Tosen von entweichendem Dampf zu hören. Die Fenster entlang Reihe A waren zerbrochen, und über Turbine 7 waren die Lampen geplatzt; aus dem zerbrochenen Flansch einer Rohrleitung barsten Dampf und heißes Wasser, und im Bereich der Brennstoffpumpen loderten Flammen durch die Dampfwolken. Ein Teil des Daches war eingebrochen, und schwere Brocken Schutt – durch die Explosion aus dem Reaktorgebäude und auf das Dach der Halle geschleudert – stürzten noch immer von oben herunter. Einmal kam ein Bleistopfen, mit dem ein Reaktorkanal verschlossen worden war, von der Decke und krachte nur einen knappen Meter von der Stelle zu Boden, an der einer der Turbinen-Ingenieure stand.

Prawik und Shawrey waren nur Feuerwehrleute. Sie hatten keine Instrumente, um die Strahlung zu messen. Ihre Handfunkgeräte funktionierten nicht. Sie fanden ein Telefon und versuchten, in der Kraftwerkszentrale anzurufen, um zu erfahren, was genau passiert war. Sie kamen nicht durch. Fünfzehn Minuten liefen die beiden Männer im Kraftwerk herum, konnten aber lediglich herausfinden, dass das Dach der Turbinenhalle teilweise eingebrochen war, und welche Bereiche offenbar nicht gebrannt hatten.[18]

Als Prawik und Shawrey schließlich zu ihren Männern vor Block 3 zurückkehrten, war die Feuerwehr der Stadt Prypjat eingetroffen. Um zwei Uhr früh eilten die Männer von siebzehn weiteren Feuerwachen aus der gesamten Region Kiew zum Kernkraftwerk, begleitet von Such- und Rettungsmannschaften, von Spezialteams mit Leiterfahrzeugen und Tanklastzügen.[19] Bald danach berief der Chef des Innenministeriums in Kiew eine Krisensitzung ein, die sich mit dem Notfall befasste, und verlangte, alle vierzig Minuten auf den neuesten Stand gebracht zu werden.[20]

In seiner Wohnung gegenüber der Polizeiwache in Prypjat war Piotr Chmel, Chef der ersten Wache der Paramilitärischen Feuerbrigade 2, nach einer durchzechten Nacht gerade im Begriff, ins Bett zu gehen, als es an seiner Tür klingelte. Es war Radtschenko, ein Fahrer der Feuerwache.

»In Block Vier ist ein Brand ausgebrochen«, sagte er. Alle Mann würden sofort gebraucht. Chmel sagte ihm, er solle warten, schlüpfte in seine

Uniform und folgte ihm dann nach unten zum UAZ-Jeep, der auf der Straße wartete. Im Vorbeigehen griff sich der junge Leutnant die halbleere Flasche *Sovietskoe shampanskoye* vom Küchentisch. Als der UAZ in die scharfe Linkskurve auf der Lesi Ukrainki Straße schlitterte, drückte Chmel die Flasche fest an sich. Er leerte sie bis auf den letzten Tropfen.[21]

Wozu guten sowjetischen Champagner vergeuden, Notfall hin oder her!

In seiner Wohnung am Lenin-Prospekt wurde Kraftwerksdirektor Wiktor Brjuchanow zwei Minuten nach der Explosion vom Klingeln des Telefons geweckt. Seine Frau neben ihm regte sich und blickte auf, als das Licht anging. Anrufe aus dem Kraftwerk mitten in der Nacht waren nicht ungewöhnlich und nicht unbedingt ein Grund zur Sorge. Doch jetzt, als ihr Mann sich schweigend anhörte, was man ihm sagte, bemerkte Walentina, wie die Farbe aus seinem Gesicht wich. Wiktor legte den Hörer auf, zog sich wie in Trance an, und ging ohne ein weiteres Wort hinaus in die Nacht.[22]

Es war noch nicht einmal zwei Uhr, als Brjuchanow am Kraftwerk eintraf. Er sah die zerklüftete Silhouette von Block Vier, von innen heraus durch ein gedämpftes rotes Glühen erleuchtet, und wusste, dass das Schlimmste passiert war.

Ich wandere ins Gefängnis, dachte er.[23]

Auf dem Weg zur Hauptverwaltung befahl der Direktor dem Chef des Werkschutzes, den Notfallbunker im Keller zu öffnen. Gedacht als Zuflucht für die Belegschaft im Falle eines Atomangriffs, beherbergte der verstärkte Bunker ein Krisenzentrum mit Schreibtischen und Telefonen für die Leiter der verschiedenen Abteilungen des Kraftwerks, dazu Dekontaminationsduschen, eine Krankenstation für die Verwundeten, Luftfilter, um Giftgas und Radionuklide aus der Atmosphäre zu holen, einen Dieselgenerator und Frischwasserbehälter, die 1500 Menschen mindestens drei Tage lang am Leben halten sollten – fest verschlossen hinter einer stählernen Druckschleuse.[24] Brjuchanow ging nach oben in sein Büro im dritten Stock und versuchte, den obersten Schichtleiter des Kraftwerks am Telefon zu erreichen. Die Leitung war tot. Er ordnete die Aktivierung des telefonischen Warnsystems an, dazu bestimmt, die Führungskräfte von einem Störfall der höchsten Stufe in Kenntnis zu setzen – einem Allgemeinen

Strahlenunfall. Dies verwies auf die Freisetzung von Radioaktivität nicht nur innerhalb des Kraftwerks, sondern auch auf die umliegenden Böden und in die Luft.[25]

Der Bürgermeister von Prypjat kam, begleitet vom ortsansässigen KGB-Major des Kraftwerks und den Parteisekretären des Kraftwerks und der Stadt. Die *Apparatschiki* hatten viele schwerwiegende Fragen, auf die sie sich Antworten erhofften. Doch der Direktor hatte keine zu bieten.[26]

Der Bunker war ein langer, schmaler Raum mit einer niedrigen Decke, vollgestellt mit Tischen und Stühlen, der sich bald mit den herbeigerufenen Abteilungschefs füllte. Brjuchanow nahm direkt neben der Tür Platz, an einem Tisch, der mit mehreren Telefonen und einer kleinen Kontrolltafel ausgestattet war, und ging daran, seine Vorgesetzten von dem Unfall in Kenntnis zu setzen. Als erstes rief er in Moskau an und sprach mit seinem Chef in der sowjetischen Kernenergiebehörde Sojusatomenergo; dann telefonierte er mit dem Ersten Parteisekretär und dessen Stellvertreter in Kiew. »Es hat einen Kollaps gegeben«, sagte er. »Doch was genau passiert ist, wissen wir noch nicht. Djatlow sucht nach der Ursache.«[27] Dann informierte er das Energieministerium der Ukraine und den Direktor des Kiewer Elektrizitätswerkes.[28]

Bald darauf erhielt Brjuchanow die ersten Schadensmeldungen vom werksinternen Chef für Strahlensicherheit und vom Oberschichtleiter: In Block Vier sei es zur Explosion gekommen, aber man versuche gerade, Kühlwasser in den Reaktor zu leiten. Laut Instrumentenanzeigen in der Schaltwarte, erfuhr Brjuchanow, sei der Stand des Kühlwassers noch immer bei null. Der Direktor hatte Sorge, dass die entsetzlichste Katastrophe bevorstehe, die vorstellbar war – eine Austrocknung des Reaktors. Niemand wies ihn darauf hin, dass der Reaktor bereits zerstört war.[29]

Bald befanden sich dreißig oder vierzig Männer im Bunker. Die Ventilatoren surrten; es herrschte ein Höllenlärm. Das Tohuwabohu Dutzender gleichzeitig geführter Telefongespräche – die Chefs einer jeden Abteilung des W. I. Lenin-Kernkraftwerks riefen ihre Mitarbeiter an, alle auf die Sicherung der Wasservorräte fokussiert, die es in den Kern von Reaktor Vier zu pumpen galt – hallte von den stahlverstärkten Betonwänden. Doch Brjuchanow an seinem Schreibtisch neben der Tür schien wie versteinert.

Seine gewohnte lakonische Art war resignierter Dumpfheit gewichen, seine Gesten verzögert und benommen.[30]

Nachdem sie das Grauen der Zerstörung in Block Vier von außen gesehen hatten, rannten Alexander Juwtschenko und Juri Tregub wieder hinein, um den anderen Bericht zu erstatten. Doch bevor sie die Kontrollwarte erreichten, wurden sie von Juwtschenkos direktem Vorgesetzten, Waleri Perewostschenko, aufgehalten, der in ihrer Schicht die Oberaufsicht über die Reaktorabteilung hatte. Er hatte die beiden Praktikanten bei sich, die von Djatlow ausgeschickt worden waren, die Steuerstäbe von Hand in den Reaktor einzufahren. Als Perewostschenko ihnen ihr Vorhaben erklärt hatte, versuchte Juwtschenko ihm auseinanderzusetzen, dass es völlig sinnlos war. Die Steuerstäbe – der gesamte Reaktor – existierten nicht mehr. Doch Perewostschenko blieb beharrlich. Juwtschenko habe den Reaktor nur von unten gesehen, sagte er. Sie müssten den Schaden von oben in Augenschein nehmen.[31]

Während Tregub seinen Weg zur Kontrollwarte fortsetzte, erklärte sich Juwtschenko bereit, den dreien dabei zu helfen, einen Weg in die Reaktorhalle zu finden. Befehl war Befehl – außerdem war Juwtschenko der einzige, der eine Taschenlampe besaß. Gemeinsam arbeiteten die vier Männer sich die Treppe hinauf, von Kote +12 bis Kote +35. Juwtschenko bildete das Schlusslicht, als sie sich durch ein Labyrinth aus eingestürzten Mauern und verbogenen Metallteilen wanden, bis sie die massive luftdichte Tür zur Reaktorhalle erreichten. Aus Stahl gefertigt und mit Beton ausgegossen, wog diese Tür mehrere Tonnen, doch der Kurbelmechanismus, der sie offen hielt, war bei der Explosion beschädigt worden. Wenn sie die Halle daher gemeinsam betraten und die Tür hinter ihnen ins Schloss fiel, saßen sie in der Falle. Also erklärte Juwtschenko sich bereit, draußen zu warten. Er stemmte sich mit der Schulter gegen die Tür und wandte seine ganze Kraft auf, um sie am Zuschlagen zu hindern, während seine drei Kollegen die Schwelle überschritten.

Im Inneren war nicht viel Platz. Perewostschenko stellte sich auf ein schmales Sims und leuchtete mit Juwtschenkos Taschenlampe in der Dunkelheit herum. Der gelbe Strahl erfasste die Umrisse der gigantischen

Stahlscheibe Elena, die schräg auf der Kante des Reaktorgewölbes aufsaß; die vielen hundert schmalen Dampfrohre, die hindurchführten, waren zu zottigen Büscheln geschoren wie das Haar einer verstümmelten Puppe. Die Steuerstäbe waren längst fort. Als sie auf den geschmolzenen Krater hinunter blickten, erkannten die drei Männer entsetzt, dass sie direkt in die aktive Zone starrten – in den glühenden Schlund des Reaktors.

Perewostschenko, Proskurjakow und Kudrjawzew blieben nur so lange auf dem Sims, wie Juwtschenko die Tür festhalten konnte – höchstens eine Minute. Doch das war schon zu lange. Alle drei fingen sich binnen Sekunden eine tödliche Strahlungsdosis ein.

Obwohl seine drei Kollegen voller Entsetzen in den Korridor zurück wankten, wollte Juwtschenko selbst einen Blick wagen. Doch Perewostschenko, ein Veteran der Atom-U-Boot-Flotte, der sehr genau wusste, was gerade passiert war, schob den Jüngeren beiseite. Die Tür schlug zu.

»Hier gibt's nichts zu sehen«, sagte er. »Gehen wir.«

In der Dunkelheit der Turbinenhalle mühte sich der Stellvertretende Sektionschef Rasim Dawletbajew damit ab, das Chaos einzudämmen, das durch seine Abteilung schwappte. Bestehende Notfall-Vorschriften sahen vor, dass die Operatoren, nicht die Feuerwehrleute, etwaige Brände in ihrem Teil des Kraftwerks bekämpfen sollten, und die Flammen, die jetzt über die vielen Ebenen der Turbinen-Sektion fegten, drohten eine noch größere Katastrophe herbeizuführen. Die Turbinenanlagen waren mit Tausenden Litern leicht entzündlichem Öl angefüllt, und die Turbinengeneratoren mit Wasserstoff, was bei Normalbetrieb notwendig war, um die Generatorspulen zu kühlen. Sollten Öl oder Wasserstoff Feuer fangen, konnte sich der daraus resultierende Brand über die fast einen Kilometer lange Turbinenhalle ausbreiten und auf die anderen drei Reaktoren übergreifen oder zu einer weiteren heftigen Explosion in Block Vier führen.[32]

Inmitten der radioaktiven Dampfwolken, der siedenden Wasserfontänen, die aus geborstenen Rohren spritzten, und des Funkenregens aus durchtrennten Stromkabeln befahl Dawletbajew seinen Männern, die Sprinkler einzuschalten, die über Turbine 7 installiert waren, Schmiermittel in die Notfalltanks zu schütten und einen Ölstrahl einzudämmen, der bei Höhenkote +5 aus einer kaputten Leitung spritzte; auf Kote 0 bildete sich eine Lache, die in den Keller lief. Ein dreiköpfiges Ingenieursteam bahnte sich einen Weg zu den mit heißem Wasser überfluteten Räumen, in denen sich die Pumpenregler für die Ölzufuhr befanden, um sie abzudrehen, damit sich das Feuer nicht noch weiter ausbreitete. Zwei Maschinisten löschten einen Brand bei Kote +5, während weitere Männer an anderen Stellen Flammen bekämpften. Der Chefmechaniker trennte die Pumpen von den Entlüftern und verhinderte so das Einfließen radioaktiven Wassers aus kaputten Rohren in den Turbinenraum.[33]

In der Halle konnte man kaum atmen, und die feuchte, dampfgesättigte Luft roch nach Ozon. Doch die Operatoren schenkten der Strahlung zu wenig Beachtung, und die Dosimetristen, die panisch durch den Block hasteten, lieferten keinerlei brauchbare Informationen, da ihre Messgeräte allesamt verrückt spielten. Sämtliche Radiometer, die höheren Werten standhalten konnten, lagen eingesperrt in einem Safe und konnten nicht ohne grünes Licht von oben herausgeholt werden.[34] Rasim Dawletbajew redete sich ein, dass der unverkennbare Geruch, der die Turbinenhalle erfüllte, von all den zuckenden Kurzschlüssen herrührte; selbst als ihm schlecht wurde, und obschon er wusste, dass Übelkeit ein frühes Warnzeichen einer Strahlungsvergiftung war, gab er lieber der Kaliumjodid-Lösung die Schuld, die er getrunken hatte.[35]

Ingenieur Juri Kornejew war gerade dabei, Turbine 8 abzuschalten, als der Elektriker Anatoli Baranow hereingestürmt kam. Baranow ging daran, in den Turbinengeneratoren 7 und 8 den Wasserstoff durch Stickstoff zu ersetzen, um die Möglichkeit einer weiteren Explosion abzuwenden. Als sie endlich fertig waren, herrschte um sie herum und ihre leblosen Maschinen eine unheimliche Stille. Sie traten hinaus ins Freie, auf einen kleinen Balkon, um zu rauchen. Erst viel später erkannten sie den Preis für ihre Zigarettenpause. Auf der Straße unter ihnen lagen überall verstreut Reaktorgraphitblöcke, die zu ihnen hinaufstrahlten, als sie am Geländer lehnten.[36]

Andernorts durchforsteten die Ingenieure bereits den Schutt nach Toten oder Verletzten. Die Maschinisten in der Turbinenhalle waren bei der ersten Explosion alle ungeschoren davongekommen, nur Wladimir Schaschenok, der im Geberraum 604 – dem Raum mit dem Durchflussmesser – den Turbinentest beaufsichtigt hatte, wurde nach einer halben Stunde noch immer vermisst.[37] Also bahnten sich drei Männer einen Weg durch die Trümmer bis zu dem besagten Raum auf einem der oberen Gänge gegenüber der Turbinenhalle, innerhalb des Reaktorgebäudes.[38] Ihr Weg war von Trümmerteilen übersät; dazu mussten sie Wolken aus entweichendem Dampf ausweichen und knöcheltief durch Wasser waten. Als sie schließlich Raum 604 erreichten, war er vollkommen vernichtet. Wandplatten aus Beton waren von der Explosion ins Freie geschleudert worden. Die Dunkelheit und wirbelnder Staub schluckten den Strahl ihrer Taschenlampe. Sie riefen in der Schwärze nach Schaschenok, hörten aber keine Antwort. Schließlich stießen sie auf einen Körper – Schaschenok lag bewusstlos auf der Seite, aus seinem Mund quoll blutiger Schaum. Sie hoben ihn auf und trugen ihn hinaus.[39]

Draußen stieg Leutnant Prawik von der Paramilitärischen Feuerwehrbrigade Nummer 2 mit scheppernden Schritten die Feuertreppe hinauf, die sich im Zickzackkurs die nördliche Fassade von Block 3 hinaufwand.[40] Eine Handvoll Leute von der Feuerwehr aus Prypjat begleiteten ihn, darunter ihr Kommandant, Leutnant Wiktor Kibenok, und Wasili Ignatenko, ein stämmiger Fünfundzwanzigjähriger, der in Brigade 6 als Spitzensportler galt. Ringsum hörten sie nur das Brummen der übrigen drei Reaktoren des Kraftwerks und das Knistern der Flammen.[41]

Es war ein langer Weg nach oben. Die flachen Dächer des dritten Reaktorblocks und seines zerstörten Zwillings waren in riesige Stufen gestaffelt. Die acht Ebenen der Gebäude bildeten eine Art Betonzikkurat, deren höchster Punkt das Dach des Entlüftungsblocks war – zwanzig Etagen hoch und gekrönt von dem rotweißgestreiften Schlot, der sich über beiden Reaktoren erhob. Von hier aus konnten die Feuerwehrmänner geradewegs in die glühende Ruine der Reaktorhalle 4 hinunterschauen, um sich ein Bild von der Zerstörung zu machen. Dutzende kleine Feuer waren auf den Dächern um sie herum ausgebrochen; am Fuß des Schlots, über der Reaktorhalle des dritten Blocks und weit hinten in der Dunkelheit, über der Turbinenhalle.[42] Entzündet durch Fragmente von glühendem Schutt, den die Explosion aus dem Reaktor geschleudert hatte, brannten einige Feuer lichterloh, mit meterhohen Flammen; andere waren kleiner, aber seltsam weißglühend, zischelnd und knisternd wie Wunderkerzen.[43] Schwarzer Rauch erfüllte die Luft, doch da war noch etwas anderes, das die Feuerwehrleute noch nicht kannten. Ein seltsamer Dunst, der fast aussah wie Nebel, aber einen sehr eigenartigen Geruch verströmte.[44]

In der Dunkelheit rings um ihre Füße lagen Hunderte Quellen tödlicher ionisierender Strahlung über die Dächer verstreut – Graphitbrocken, Bruchstücke von Brennelementen, und Urandioxid-Pellets, der Reaktorbrennstoff – und verströmten Gammastrahlenfelder, die mehrere Tausend Röntgen pro Stunde erreichten.[45]

Doch Prawik und die anderen Männer kämpften gegen eine viel greifbarere Bedrohung: die Brände auf dem Dach des dritten Blocks, direkt über dem Reaktor. Ein leichter Westwind wehte und drohte die Flammen auf die Reaktoren 1 und 2 zuzutreiben, die beide noch in Betrieb waren. Wurden die Feuer nicht gelöscht, war das gesamte Kraftwerk bald dem Untergang geweiht. Prawik reagierte schnell. Zusammen mit Kibenok und seinen Männern schafften sie Schläuche aufs Dach. Prawik ließ seine Löschfahrzeuge an die trockenen Steigleitungen anschließen, die über die Feuerlöschanlage des Kraftwerks Wasser zu den höheren Etagen des Gebäudes bringen sollten. Als jedoch die Pumpen angeschaltet wurden, rauschte nur Luft durch die Schläuche.[46]

»Ich brauche mehr Druck!«, rief Prawik in sein Funkgerät. Es hatte keinen Sinn: Die Steigleitungen waren durch die Explosion zu Bruch gegangen.[47]

Ausnahmsweise befolgten sogar die streitsüchtigen Männer der dritten Wache ohne Zögern die Befehle. In ihren schweren Drillichuniformen und Gummijacken schwitzend, rollten sie weitere Schläuche aus, wie sie es gelernt hatten – fünf in siebzehn Sekunden.[48] Sie warfen sie über die Schultern, schleiften sie die Treppen hinauf und bespritzten das Dach von Block 3 mit Schaum. Kibenok ließ eine weitere Leitung an das große Ural-Löschfahrzeug der Feuerwehr aus Prypjat anschließen, das vierzig Liter Wasser pro Sekunde bewegen konnte.[49] Dennoch hatte die Handvoll Männer auf dem Dach Mühe, selbst kleinste Brände zu löschen, da sie von Substanzen verursacht worden waren, die noch heftiger zu brennen schienen, wenn sie mit Wasser in Berührung kamen.[50] Fast sicher handelte es sich dabei um Urandioxid-Pellets, die sich vor der Explosion auf über 4000 Grad erhitzt und beim Kontakt mit Luft entzündet hatten. Zusammen mit dem Wasser aus den Schläuchen kam eine Reaktion in Gang, die Sauerstoff, explosiven Wasserstoff und radioaktiven Dampf freisetzte.[51]

Unten auf dem Boden erhielt der vierundzwanzigjährige Feldwebel Alexander Petrowski den Befehl, sich mit zwei Männern auf das Dach des Entlüftungsblocks zu begeben und dort zu helfen. Petrowski hatte schon als Teenager einem fünfzehn Mann starken Team aus Schweißern angehört, die beim Bau der Blöcke 3 und 4 geholfen hatten. Er hatte beide Reaktoren mit aufgebaut und kannte demzufolge jeden Raum in dem Komplex, von den Kabelstollen im Keller bis hinauf zum Dach. Damals musste man stets mit einem gewissen Maß an Strahlung rechnen, und das war für ihn nie ein Problem gewesen. Er machte sich daher keine Sorgen, dass er sich ein paar Strahlen mehr einfangen könnte.

Doch Petrowski hatte gerade die erste Ebene der Dächer erreicht, als ihm – auf halber Höhe, bei Kote +30 – Leutnant Prawik und die Feuerwehrleute aus Prypjat entgegenkamen. Es war ihnen deutlich anzusehen, dass ihnen irgendetwas Schreckliches zugestoßen war. Schwankend und stolpernd zerrten die sechs Männer einander die Treppe herunter und mussten unterwegs immer wieder erbrechen. Petrowski wies einen seiner Männer an, sie sicher nach unten zu begleiten, während er selbst mit Iwan Schawrey, einem der beiden weißrussischen Brüder aus der dritten Wache, weiter nach oben eilte. In seiner Hast, endlich hinauf zu kommen und den Kameraden zu helfen, von denen er glaubte, sie würden bei Kote +71 noch immer die Flammen löschen, glitt Schawrey auf der steilen Treppe aus, und Petrowski griff nach ihm. Durch die abrupte Bewegung rutschte ihm die geborgte Dienstmütze vom Kopf. Er sah ihr hilflos hinterher, als sie in die Dunkelheit fiel, und ging barhäuptig weiter, nur von seinem Hemd und der wasserdichten Jacke geschützt.

Oben angelangt, erkannten die beiden Feuerwehrmänner, dass sie die einzigen auf dem Dach waren. Nur ein funktionierender Schlauch war noch übrig. Die beiden löschten abwechselnd, soviel sie nur konnten. Sie stellten sich unter den Abluftkamin und richteten den Schlauch auf brennende Graphitbrocken, mussten aber bald erkennen, dass sich das Glühen, selbst wenn die Flammen erloschen waren, mit Wasser nicht eindämmen ließ. Nach dreißig Minuten war fast jeder sichtbare Brand um sie herum gelöscht, aber ein Hauptproblem blieb, denn aus dem Ende eines zwei Meter langen Entlüftungsrohrs, das senkrecht aus dem Dach ragte, züngelten Flammen. Der Druck reichte nicht aus, um einen Wasserstrahl bis nach oben zu richten, und Petrowski war zu klein, um mit dem Schlauch direkt in die Rohröffnung zu zielen. Aber Schawrey war einen Kopf größer. Gerade als er die schwere Düse aus Aluminiumguss an Schawrey weiterreichte, verlor Feldwebel Petrowski jäh das Augenlicht.[52]

Eine tödliche Strahlendosis wird bei 500 rem – *roentgen equivalent man* – angenommen, der Menge, die vom durchschnittlichen menschlichen Körper absorbiert wird, wenn er sechzig Minuten lang 500 Röntgen pro Stunde ausgesetzt ist.[53] An einigen Stellen auf dem Dach von Block 3 entsandten Brocken aus Uranbrennstoff und Graphit Gamma- und Neutronenstrahlen in einer Größenordnung von 3000 Röntgen pro Stunde. An anderen Stellen waren es möglicherweise sogar über 8000 Röntgen pro Stunde. Dort hätte ein Mensch in weniger als vier Minuten eine tödliche Dosis absorbiert.[54]

Petrowskis Erblindung war unversehens und vollkommen, und dauerte nur dreißig Sekunden. Doch es erschien ihm wie eine Ewigkeit und erfüllte ihn mit panischer Angst. Als sein Augenlicht genauso plötzlich wiederkehrte, wie es gegangen war, hatte ihn der Mut verlassen. »Scheiß drauf, Wanja!«, rief er Schawrey zu. »Nichts wie weg!«[55]

Auf der anderen Seite des Komplexes hatte Iwan Schawreys älterer Bruder Leonid die Flammen auf dem Dach der Turbinenhalle bekämpft. Dort hatten bei Kote +31,5 herumfliegende Trümmerteile klaffende Löcher in das Wellblech geschlagen. Einige Dachplatten waren in die Halle darunter gestürzt, während andere trügerisch nach unten baumelten, so dass unter ihren Füßen ein Flickwerk aus Löchern entstanden war, das sich in der Dunkelheit schwer ausloten ließ. Die Hitze war so heftig, dass unter den Schritten der Feuerwehrmänner das Bitumen schmolz und das Gehen erschwerte, da es an den Stiefeln zerrte.[56] Die ersten, die kamen, konnten mit ihren Schläuchen nicht alle Brände erreichen, sondern tasteten sich vorsichtig um die Löcher herum und versuchten, die Flammen stattdessen mit Sand zu ersticken.[57]

Als Leonid Schawrey nach unten ging, um noch einen Schlauch zu holen, hatte der Brigadekommandant Major Leonid P. Teljatnikow das Kommando übernommen. Der Major befahl Schawrey, wieder auf das Dach der Turbinenhalle zurückzukehren und wenn sämtliche Brandherde gelöscht wären, dort Wache zu halten, bis er abgelöst würde.[58] Und genau hier gesellte sich ein paar Minuten nach drei der noch immer schwer angetrunkene Leutnant Piotr Chmel zu Schawrey, um schweigend nach neuen Brandherden Ausschau zu halten. Inmitten eines Gewirrs aus Schläuchen und radioaktivem Schutt standen die beiden Männer und warteten auf die Dämmerung.[59]

Im Bunker unter dem Verwaltungsgebäude bedienten Direktor Brjuchanow und sein Führungsstab die Telefone und konnten das Geschehen über ihnen noch immer nicht recht begreifen. Sie handelten mechanisch, wie betäubt von der wachsenden Anspannung – vermochten aber nicht gegen ihre feste Überzeugung anzukommen, dass ein Atomreaktor niemals explodieren würde. Obwohl viele von ihnen mittlerweile mit eigenen Augen das Ausmaß der Zerstörung um Block Vier herum gesehen hatten, waren sie weiterhin nicht in der Lage – oder nicht gewillt –, die Wahrheit zu begreifen. Brjuchanow hatte sich zwar persönlich zum Block Vier begeben, doch als er in den Bunker zurückkam, lehnte er es weiterhin ab, sich dem zu stellen, was er gesehen hatte. Stattdessen zog er es vor zu glauben, dass der Reaktor intakt geblieben und eine Explosion an anderer Stelle stattgefunden hatte – in einem der Dampfabscheider oder vielleicht im Öltank der Turbinen. Solange seine Männer dafür sorgten, dass Reaktor Vier mit Wasser gespeist wurde, um so einer Kernschmelze entgegenzuwirken, ließe sich eine wirkliche Katastrophe verhindern.[60]

Doch nicht jeder war dem Wunschdenken und der Selbsttäuschung erlegen. Der Chef des Werksstrahlenschutzes, Serafim Worobjew, kam kurz nach 2:00 Uhr morgens in den Bunker. Er holte als erstes ein starkes DP-5-Radiometer aus Armeebeständen aus dem Lager und schaltete es ein. Dieses DP-5-Messgerät, ein sperriger Kasten aus Bakelit mit einer

Sonde aus Edelstahl am Ende eines langen Kabels, war für den Einsatz nach einem atomaren Angriff bestimmt und konnte, im Gegensatz zu den empfindlichen Geigerzählern, mit denen die Dosimetristen im Kraftwerk die Sicherheit am Arbeitsplatz überwachten, intensive Gammastrahlung von bis zu 200 Röntgen pro Stunde ausfindig machen. Da die Vorschriften ihn dazu verpflichteten, den örtlichen Behörden jeden Unfall zu melden, der dazu führte, dass über die Grenzen des Kernkraftwerks hinaus Radioaktivität freigesetzt wurde, begab sich Worobjew auf Bodenhöhe, um Messungen vorzunehmen. Er war erst bis zur Bushaltestelle vor dem Haus gekommen, als er schon 150 Milliröntgen pro Stunde maß – ein Wert, der über hundertmal höher war als der normale. Er eilte wieder nach unten, um Brjuchanow zu sagen, er müsse das Kraftwerkspersonal und auch die Bewohner Prypjats warnen.[61]

»Wiktor Petrowitsch«, sagte er, »wir müssen den Vorfall melden.«

Doch der Direktor wollte noch warten. Er brauchte Bedenkzeit. Also ging Worobjew wieder nach oben und stieg ins Auto, um weitere Daten zu sammeln. Als er um das Kraftwerk herumfuhr, auf Block Vier zu, zeigte das DP-5 schlagartig 20 Röntgen pro Stunde an. Am Umspannwerk vorbei erreichte der Wert bereits 100 Röntgen und stieg weiter: 120 … 150 … 175 … als der Zeiger 200 Röntgen passierte, versagte das Messgerät. Worobjew hatte daher keine Ahnung, wie hoch die Strahlenbelastung um das Kraftwerk tatsächlich war. Er wusste nur, dass sie enorm hoch sein musste. Er fuhr direkt an den Schuttberg heran, der aus der zertrümmerten Nordfassade des Reaktors herabgestürzt war, und sah die schwarze Graphitspur, die in die Dunkelheit führte. In kaum hundert Metern Entfernung wurden die ersten Operatoren aus dem Kraftwerk zu einem bereitstehenden Rettungswagen geführt. Sie waren seltsam überdreht, klagten über Kopfschmerzen und Übelkeit oder mussten sich erbrechen.[62]

Worobjew fuhr zurück zum Bunker und berichtete Brjuchanow seine konservativste Einschätzung der Strahlenbelastung: Das Kraftwerk sei jetzt von sehr hohen Strahlungsfeldern umgeben, mit Werten bis zu 200 Röntgen pro Stunde. Es sei daher dringend notwendig, sagte er, die Menschen in Prypjat zu informieren. »Wir müssen den Leuten sagen, dass es einen Strahlenunfall gegeben hat und sie Schutzmaßnahmen ergreifen müssen.

Sie sollen die Fenster schließen und im Haus bleiben«, sagte Worobjew dem Direktor.

Aber Brjuchanow zögerte noch immer. Er wolle warten, sagte er, bis sich Korobeynikow, der Chef des werkseigenen Teams für Strahlensicherheit, selbst ein Bild von der Lage gemacht habe. Um 3:00 Uhr früh rief Brjuchanow seinen Parteichef in Moskau an und gab auch dem Innenministerium in Kiew einen Lagebericht. Er beschrieb eine Explosion und einen teilweisen Einsturz des Daches über der Turbinenhalle. Die Strahlungssituation, sagte er, werde noch geklärt.[63]

Eine weitere Stunde verging, ehe der Chef der Strahlensicherheit eintraf. Worobjew stand dabei und hörte sich ungläubig den Bericht des Mannes an: seine Messungen hätten ergeben, dass die Strahlenwerte tatsächlich erhöht seien, aber lediglich 13 *Mikro*röntgen pro Stunde betrügen, behauptete er. Er habe bereits eine grobe Analyse erstellt und herausgefunden, dass die Radionuklide in der Luft hauptsächlich Edelgase seien, die sich rasch auflösten und somit nur eine geringe Bedrohung für die Bevölkerung darstellten; es gebe wirklich keinen besonderen Grund zur Besorgnis. Diese Einschätzung war offenbar genau das, was Brjuchanow sich erhofft hatte. Er stand auf, schaute reihum und erklärte finster: »Einige Leute hier begreifen überhaupt nichts und schüren Panik.« Er ließ keinen Zweifel daran, wen er damit meinte.[64]

Doch Worobjew wusste, dass es schlicht unmöglich war, sich dem Kraftwerk zu nähern, ganz gleich aus welcher Richtung, ohne Strahlungsfelder zu passieren, die zigtausendmal höher waren als vom Team der Strahlensicherheit behauptet. Also war jedes Wort, das er eben gehört hatte, gelogen – aber das Vertrauen in seine eigene Fachkenntnis und Ausrüstung war trotzdem angekratzt.[65]

Mit seinem DP-5 ging Worobjew ein drittes Mal hinaus in die Nacht, um seine Ergebnisse zu überprüfen. Schwaden aus bernsteingelbem Licht verbreiteten sich über den Himmel, als er auf Prypjat zufuhr. Dort hatte die Polizei eine Straßensperre errichtet, eine Menschentraube wartete im Freien auf einen Bus nach Kiew, und über den Asphalt verstreut gab es Inseln von radioaktivem Fallout. Innerhalb weniger Meter um sie herum erhöhte sich der Wert der Gammastrahlung um das Tausendfache. Als er endlich wieder zum Kraftwerk zurückkehrte, waren Worobjews Wagen und auch seine Kleidung dermaßen verstrahlt, dass das DP-5 keine exakten Werte mehr lieferte. Nahezu hysterisch und mit wildem Blick stolperte er die Betonstufen zum Bunker hinunter.

»Es war kein Fehler«, sagte er zu Brjuchanow. »Wir müssen Maßnahmen ergreifen, wie es die Vorschriften verlangen.«

Doch der Direktor fiel ihm ins Wort. »Raus hier!«, sagte er und stieß ihn fort. »Ihr Gerät ist kaputt. Gehen Sie raus!«[66]

In seiner Verzweiflung griff Worobjew zum Telefon, um die Zivilschutzbehörden der Ukraine und Weißrusslands zu informieren. Doch die Disponentin teilte ihm mit, dass er keine Ferngespräche mehr führen dürfe. Schließlich bekam er über seine Direktleitung, die Brjuchanow und seine Mitarbeiter in ihrer Hast vergessen hatten abzuschalten, eine Verbindung nach Kiew. Als Worobjew jedoch Meldung machte, wollte der diensthabende Zivilschutzoffizier, den er erreichte, nicht glauben, dass es ihm tatsächlich ernst war.

Als Waleri Perewostschenko, der die Oberaufsicht über die Reaktorwerkstatt innehatte, sich zur Kontrollwarte 4 zurückgekämpft hatte, meldete er dem Stellvertretenden Chefingenieur Djatlow, was ihm bei seiner vergeblichen Mission, die Steuerstäbe von Hand in den Kern einzufahren, aufgegangen war: Der Reaktor sei komplett zerstört. Djatlow versicherte ihm, dass dies unmöglich sei. Obwohl er einräumte, dass es irgendwo in Block Vier eine Explosion gegeben hatte, kam es ihm nicht in den Sinn, dass der Reaktorkern selbst in die Luft geflogen sein könnte. Nichts in seiner jahrzehntelangen Erfahrung auf dem Gebiet der Kernkraft – all die Jahre in Komsomolsk am Amur, in denen er die Inbetriebnahme von Unterseebooten beaufsichtigt hatte, all die Kurse, die er absolviert, die Handbücher, die er studiert hatte, um sich über die Beherrschung des RBMK-1000 zu informieren –, nichts von alledem hatte jemals angedeutet, dass ein Reaktor explodieren könnte. Als Djatlow sich aufmachte, um den Reaktorblock selbst zu erkunden, suchte er nach Hinweisen auf eine Gasexplosion irgendwo im Notkühlsystem des Reaktorkerns.[67]

Draußen im Flur stieß er auf Oleg Genrich und Anatoli Kurgus. Letzterer wies grauenhafte Verbrennungen auf. Die Haut hing ihm in scharlachroten Fetzen von Gesicht und Händen. Djatlow schickte die beiden sofort in die werksinterne Krankenstation und ging weiter, bis er von einem Fenster aus entsetzt sah, dass die Außenmauer des Blocks – von Kote +12 bis zu Kote +70, also insgesamt über siebzehn Stockwerke – vollständig eingestürzt war. Er ging weiter, bis zum Ende des Korridors, stieg die Treppe hinunter und ging dann langsam um die Außenfassaden der Blöcke 3 und 4 herum. Er besah sich die Gruppe der Löschfahrzeuge, die Flammen, die an den Dächern der Gebäude leckten, und den Schutt, der überall verstreut auf dem Boden herumlag.[68]

Er eilte zur Kontrollwarte zurück und sah, dass Leonid Toptunow, den er fortgeschickt hatte, wieder auf seinen Posten zurückgekehrt war. Djatlow verlangte wütend eine Erklärung für diesen Ungehorsam und erfuhr, dass der junge Operator zwar weggefahren war, doch dann – getrieben von seinem Verantwortungsgefühl gegenüber dem Kraftwerk und den Kameraden – kehrtgemacht hatte, um zu helfen. Djatlow schickte ihn erneut nach Hause. Doch als der Stellvertretende Chefingenieur ein paar Minuten später wieder den Raum verließ, blieb Toptunow eigensinnig auf seinem Posten. Und als ein neuer Schichtleiter für Block Vier kam, um Alexander Akimow abzulösen, blieb auch dieser auf seinem Posten. Die beiden Männer waren fest entschlossen, ihre Befehle auszuführen und sicherzustellen, dass Kühlwasser den Reaktor erreichte. Sie würden die riesigen Schieber in der Speisewasserleitung finden und öffnen – falls nötig von Hand.[69]

Mittlerweile war der Strahlungspegel in der Kontrollwarte gefährlich hoch. Die wiederholten Ausflüge durch den radioaktiven Schutt in und um Block Vier und die häufigen Brechanfälle hatten an Djatlows Kräften gezehrt. Kurz vor Sonnenaufgang stellte er das Betriebsprotokoll wieder her und las die Daten des Skala-Prozesscomputers aus, der den Reaktor in den letzten Momenten seiner Existenz überwacht hatte. Dann verließ er ein letztes Mal die Kontrollwarte.[70]

Es war 5:15 Uhr, als Djatlow schließlich, schwach und würgend, die Schuhe voll mit radioaktivem Wasser, die Stufen hinunter in den Bunker wankte, um Direktor Brjuchanow Bericht zu erstatten. Er legte ihm drei Ausdrucke mit Daten aus dem Skala auf den Tisch: Zwei zeigten die Leistung des Reaktors, die dritte den Druck im Primärkühlmittelkreislauf. Doch als Brjuchanow und Sergei Paraschin, der Parteisekretär des Kraftwerks, von ihm wissen wollten, was genau in Block Vier passiert war, warf Djatlow nur ratlos die Hände in die Luft.[71]

»Ich weiß es nicht. Ich versteh das alles nicht«, sagte er.

Um 5:30 Uhr am Morgen füllte sich das Kraftwerk mit Technikern und Spezialisten, die man in Prypjat aus den Betten geholt hatte, damit sie die immer größer werdende Katastrophe einzudämmen halfen. Anweisungen von oben ignorierend, hatte der Schichtleiter von Block 3 die Notabschaltung seines Reaktors angeordnet und den Leitstand von der Entlüftungsanlage des Kraftwerks isoliert.[72] Am anderen Ende des Komplexes blieben die Blöcke 1 und 2 am Netz, und die Operatoren standen auf ihren Posten. Doch als sämtliche Sirenen schrillten, wurden die gepanzerten Türen in den Korridoren dicht gemacht.[73]

Im Gang außerhalb von Kontrollwarte 4 lagen die Dachplatten aus Aluminium auf dem Boden, und von oben sickerte kontaminiertes Wasser ein, das durch den havarierten Reaktor gelaufen und mit nuklearem Brennstoff angereichert war.

Und doch lautete Brjuchanows verzweifelter Befehl aus dem Bunker: »Pumpt Wasser in den Reaktor!«[74]

In dem schmalen Rohrschacht bei Kote +27 rackerten sich Alexander Akimow und Leonid Toptunow in der Dunkelheit mit den Schiebern ab, die die Wasserzufuhr zu den Abscheidertrommeln kontrollierten. Die Ventile wurden normalerweise aus der Ferne, mit Elektroantrieb geöffnet, aber die Kabel waren durchtrennt worden, der Strom längst ausgefallen. Die beiden Männer wandten ihre gesamte schwindende Kraft auf, um das riesige Rad – breit wie der Rumpf eines Mannes – von Hand zu drehen, einen qualvollen Zentimeter um den anderen. Um 7:30 Uhr, nass bis auf die Haut und knöcheltief im radioaktiven Wasser stehend, das durch die Decke rieselte, hatten die Männer es schließlich geschafft, die Schieber einer Kühlwasserleitung zu öffnen.[75] Doch beide waren seit nunmehr sechs Stunden den außerordentlich hohen Gammastrahlungsfeldern innerhalb von Block Vier ausgesetzt gewesen und litten an den ersten Symptomen eines akuten Strahlensyndroms. Ihre weißen Arbeitsanzüge waren grau, schmutzig und nass, durchtränkt mit hochenergetischen Betastrahlern, die ihre Haut vielen Hundert Röntgen pro Stunde aussetzten.[76] Toptunow musste permanent erbrechen; Akimow war derart entkräftet, dass er sich kaum noch bewegen konnte. Wie sehr sie sich auch bemühten, das letzte Ventil ließ sich nicht öffnen.[77] Schließlich half Toptunow seinem Kameraden aus dem Korridor, und vom Strahl einer Grubenlampe geleitet, stolperten die beiden Männer die Treppe hinunter zum Leitstand 4.[78]

Doch während Toptunow und Akimow die Krankenstation des Kraftwerks erreichten, ergoss sich das Wasser, um dessen ungehinderten Lauf sie sich so sehr bemüht hatten, völlig nutzlos aus zerbrochenen Rohren. Es strömte durch Block Vier, von einer Ebene zur nächsten, lief Korridore und Treppenläufe entlang und leerte allmählich die gemeinsamen Reserven, die zur Kühlung von Block 3 benötigt wurden, überschwemmte den Keller und die Kabelkanäle, die sie beide verbanden, und drohte noch mehr Zerstörung anzurichten. Viele Stunden würden vergehen, und weitere Männer würden sich für den Irrglauben opfern, dass Reaktor Vier noch intakt geblieben war, bis Direktor Brjuchanow und die Männer im Bunker ihren schrecklichen Fehler endlich eingestehen würden.[79]

Am Samstagmorgen um 6:35 Uhr waren bereits siebenunddreißig Feuerwehreinheiten – 186 Mann und 81 Fahrzeuge – aus der gesamten Region Kiew nach Tschernobyl beordert worden. Gemeinsam war es ihnen gelungen, alle sichtbaren Brände um die Gebäude von Reaktor Vier zu löschen. Der stellvertretende Leiter der Feuerwehr Kiew erklärte den Notfalleinsatz für beendet. Doch aus dem Inneren des zerstörten Reaktorgebäudes stiegen weiterhin Strähnen schwarzen Rauches auf, und etwas, das aussah wie Dampf, trieb langsam in den heiteren Frühlingshimmel.[80]

Als er sich einen Weg über heruntergestürzte Trümmer bis zum Ende der Entgaserbühne gebahnt hatte, lehnte sich Oberingenieur Boris Stoljartschuk aus einem der kaputten Fenster des Reservekontrollraums und reckte den Hals, um nach unten zu schauen. Der Morgen dämmerte herauf. Das Licht war hell und klar. Was Stoljartschuk sah, machte ihm keine Angst, aber ein Gedanke schoss ihm in den Sinn:

Ich bin noch so jung, und jetzt ist alles vorbei.[81]

Reaktor Vier war verschwunden. An seiner Stelle befand sich ein brodelnder Vulkan aus Uranbrennstoff und Graphit – ein radioaktiver Brand, den zu löschen sich als nahezu unmöglich erweisen würde.

Kapitel 7

Samstag, 1:30 Uhr, Kiew

Trotz seiner komfortablen Staatsdatsche in Koncha-Zaspa, einem südlichen Vorort von Kiew, wo die Eigenheime der Parteigrößen und der ministerialen Elite abgeschieden zwischen duftenden Pinien standen, fand Witali Skljarow keinen Schlaf. Weit nach Mitternacht, als die Freitagnacht dem Samstagmorgen wich, wälzte sich der ukrainische Minister für Energie und Elektrifizierung immer noch im Bett herum. Um halb zwei starrte er frustriert an die Decke, als das Telefon klingelte.[1]

Es war die Stromlastverteiler-Zentrale der Ukraine, die von einem Büro in Kiew aus das Elektrizitätsnetz der gesamten Republik überwachte. Ein nächtlicher Anruf von dieser Stelle verhieß nichts Gutes. Irgendwo im weit verzweigten Netz aus Kraftwerken und Hochspannungsleitungen musste ein ernstes Problem aufgetreten sein. Einen kurzen Augenblick lang hoffte Skljarow, dass es zumindest keine Todesopfer zu beklagen gäbe, was immer es diesmal war.

Mit seinen fünfzig Jahren blickte Skljarow auf ein Berufsleben als »Strommann« zurück. Er hatte sechzehn Jahre gebraucht, um sich hochzuarbeiten, vom angehenden Techniker in einem Kohlekraftwerk in Lugansk bis zum Kraftwerksdirektor und seinen Aufstieg dann noch weiter fortgesetzt, über den leitenden Ingenieur des Elektrizitätsausschusses in Kiew bis zum Vorsitzenden des Energieministeriums. Er war sein Leben lang überzeugter Kommunist gewesen, und seine Arbeit erlaubte ihm, weit über die Grenzen der UdSSR hinaus zu reisen, brachte ihn aber auch häufig in Kontakt mit den Agenten der gefürchteten »Spezialabteilung« – dem KGB. Skljarows Einblicke in die Lebenswelten jenseits des Eisernen Vorhangs hatten nur seinen Zynismus geschärft, und bei seinem Aufstieg durch die

Ränge der *Nomenklatura* hatte er sich ein sicheres Gespür zugelegt, wie man die Minenfelder der Parteipolitik unbeschadet durchqueren konnte.[2]

Obwohl die Belegschaften der Kernkraftwerke in der Ukraine nach wie vor direkt Moskau unterstanden, fiel der Strom, den sie produzierten, in Skljarows Zuständigkeit. Als stellvertretender Energieminister hatte er dabei geholfen, den ersten Reaktor des Kernkraftwerks Tschernobyl in Betrieb zu nehmen, und stand jetzt in direktem Kontakt mit den Oberbonzen des geheimen Nuklearstaats der UdSSR, Alexandrow und Slawski. Er war immer über alle Probleme im Kraftwerk informiert, auch über die Kernschmelze vom September 1982 in Block 1.[3] Selbst in konventionellen Kraftwerken hatte Skljarow bereits etliche Unfälle erlebt – umgestürzte Strommasten, Stromausfälle, Kabel- und Ölbrände, bei denen Mitarbeiter verstümmelt oder getötet worden waren. Doch die jähe Kaskade von Problemen in Tschernobyl, die ihm der Lastverteiler gerade schilderte, klang schlimmer als alles, was Skljarow je mitgemacht hatte.[4]

»Im Kernkraftwerk Tschernobyl hat es eine Reihe von Betriebsstörungen gegeben«, sagte der Lastverteiler. »Block Vier ist um 1:20 Uhr aus dem Ruder gelaufen, angeblich ein Brand. Das Feuer soll in der Haupthalle und der Turbinenhalle von Block Vier ausgebrochen sein. Wir haben den Kontakt zum Kraftwerk verloren.«[5]

Skljarow rief unverzüglich den Vorsitzenden des Ministerrats der Ukraine an.[6] Als Alexander Ljaschko die Nachricht hörte, riet er Skljarow, sie an den Ersten Sekretär der Kommunistischen Partei der Ukrainischen Sozialistischen Sowjetrepublik weiterzuleiten. Wladimir Schtscherbitzki, ehemaliges Mitglied des Politbüros, war ein kommunistischer Hardliner. Er war achtundsechzig Jahre alt und ein Anhänger Breschnews, der für Gorbatschows Weg der Reformen wenig übrig hatte. Schtscherbitzki hatte die Anweisung gegeben, man möge ihn am Wochenende keinesfalls stören – er war von Kiew aus aufs Land gefahren, wo er seine geliebten Tauben züchtete –, und der Wachmann, der in seiner Datsche ans Telefon ging, weigerte sich, seinen Boss zu wecken. Skljarow rief erneut Ljaschko an und erklärte ihm die Situation. Fünf Minuten später war Schtscherbitzki in der Leitung, noch im Halbschlaf.[7]

»Was ist denn los?«, murmelte der Erste Sekretär.

Die ersten Notrufe gingen in den Ministerien in Moskau nur knapp dreißig Minuten nach der Explosion ein. Im Energieministerium der UdSSR, in der Dritten Abteilung des Gesundheitsministeriums und in der Kommandozentrale des Verteidigungsministeriums klingelten die abhörsicheren Telefone, woraufhin die vielen Tentakeln des Einheitsstaates allmählich zu zucken anfingen. Von Kiew aus informierte der Vorsitzende des Ukrainischen Innenministeriums die örtlichen Büros des KGB, den Zivilschutz und die Staatsanwaltschaft sowie seine Vorgesetzten in Moskau.

Boris Pruschinski – Chefingenieur am Sojusatomenergo, der Abteilung Atomkraft am Energieministerium, und Leiter des neu gegründeten Notfallteams OPAS, das bei Störfällen in Atomkraftwerken zum Einsatz kam – lag zu Hause in seinem Bett, als ein Anruf der Zentrale ihn weckte. In Block Vier des Kernkraftwerks Tschernobyl habe sich ein Unfall ereignet, sagte die Frau. Dann las sie ihm laut den Code vor, der den Ernst der Lage bestätigte: *Odin, dva, tri, chetyre.* »Eins, zwei, drei, vier.« Pruschinski, noch halb weggetreten, hatte Mühe, sich an die Bedeutung der Zahlen zu erinnern: ein lokal begrenzter oder allgemeiner Störfall? Ein Brand? Strahlung? Mit Verletzten oder ohne? Aber er kam nicht darauf und wurde ungeduldig.

»Reden Sie Klartext mit mir«, sagte er. »Was ist passiert?« Es war 1:50 Uhr.[8]

Um 2:20 Uhr riss ein Anruf aus der Kommandozentrale des Verteidigungsministeriums Marschall Sergei Achromejew, den Chef des Generalstabs der Sowjetarmee, aus dem Schlaf. Im Kernkraftwerk Tschernobyl war es zu einer Explosion gekommen; eventuell waren Radionuklide in die Atmosphäre freigesetzt worden – niemand schien Näheres zu wissen. Achromejew befahl dem diensthabenden Beamten, weitere Informationen zu sammeln und ein Treffen des Generalstabs anzuberaumen. Als der Marschall eine Stunde später in seinem Hauptquartier eintraf, gab es keine neuen Nachrichten. Achromejew erteilte dennoch Befehle.[9]

Der Chef des Zivilschutzes der UdSSR – jener Zweig der sowjetischen Streitkräfte, der bei einer Naturkatastrophe, einem Atomkrieg oder einem Angriff mit chemischen Waffen für den Schutz der Zivilbevölkerung verantwortlich war – befand sich gerade in Lwiw bei einer Konferenz, in der Westukraine.[10] Der Marschall spürte ihn telefonisch auf und gab Anweisungen, unverzüglich die in Kiew stationierte mobile Aufklärungseinheit Strahlenschutz der Zivilverteidigung zum Einsatz zu bringen. Er verständigte zudem die sowjetische Armeeeinheit, die auf den Umgang mit radioaktiver Kontamination spezialisiert und östlich der Wolga stationiert war, und sorgte dafür, dass Männer und Gerätschaften auf dem Luftweg nach Tschernobyl transportiert wurden. Als er Moskau verließ, um den Einsatz zu leiten, glaubte Generaloberst Boris Iwanow, stellvertretender Kommandant aller Zivilschutztruppen in der UdSSR, er habe es mit einer Explosion im Gasdepot des Kraftwerks und mit einem Brand in Block Vier zu tun. Er gedachte seine Truppen in Übereinstimmung mit den bestehenden Vorschriften einzusetzen, die regelten, wie die Arbeiter und die Bevölkerung vor Ort nach Kraftwerksunfällen zu schützen waren. Seine Mannschaft war speziell für solch ein Szenario ausgebildet.[11]

Boris Pruschinski hörte zu, als der diensthabende Disponent ihm den dekodierten Lagebericht übermittelte: Es handle sich um einen Notfall der höchsten Stufe, der auf einen Allgemeinen Strahlenunfall verweise, mit einem Brand und einer Explosion. Er bat den Disponenten, ihn direkt mit dem Kraftwerk zu verbinden. Zehn Minuten später rief ihn ein Schichtleiter aus Tschernobyl an, konnte aber keine Einzelheiten liefern: Der Reaktor sei abgeschaltet worden, sagte er, dem Kern werde Kühlwasser zugeführt; noch war keine Rede davon, dass jemand zu Schaden gekommen war. Er blieb in der Leitung und versuchte zugleich, Block Vier über die Gegensprechanlage zu erreichen, erhielt aber keine Antwort.

Pruschinski legte auf und erteilte sofort den Befehl, alle achtzehn Mitglieder des Einsatzteams für den nuklearen Katastrophenfall auf der Stelle zu einer Krisensitzung zusammenzurufen – zum ersten Mal seit seinem Bestehen.[12] Dann rief er seinen Freund Georgi Koptschinski zu sich, einen Physiker, der drei Jahre lang stellvertretender Chefingenieur in Tschernobyl gewesen war und sowohl das Kraftwerk als auch die Belegschaft dort gut kannte.[13] Er hielt sich gerade in Moskau auf, wo er dem Zentralkomitee der Kommunistischen Partei als hochrangiger Berater in Sachen Kernenergie zur Verfügung stand. Pruschinski sagte ihm, im Kraftwerk habe es einen Unfall gegeben, mehr wisse er noch nicht.

»Angeblich eine Explosion«, sagte er. »Block Vier steht in Flammen.«

Koptschinski telefonierte daraufhin mit seinem Dienstvorgesetzten Wladimir Marin, dem Chef der Atomindustrie innerhalb der Kommunistischen Partei. Sie kamen überein, dass eine Parteidelegation sich so bald wie möglich in den Büros des Zentralkomitees treffen sollte. Koptschinski bestellte sich einen Wagen, kleidete sich an, packte einen kleinen Koffer und fuhr zu den Sojusatomenergo-Büros in der Kitaysky-Allee. Als er dort ankam, saß der Direktor an seinem Schreibtisch. Ein Mitarbeiter des KGB saß schweigend in der Ecke.[14] Nachdem die Mitglieder des Einsatzteams bei atomaren Störfällen aus allen Winkeln der Stadt eingetroffen waren, machten sie Pläne, wie sie ihren Einsatz mit den anderen Ministerien und Abteilungen koordinieren konnten, dem Ministerium für Mittleren Maschinenbau, dem Gesundheitsministerium und dem Staatlichen Komitee für Hydrometeorologie, das Wetter und Umwelt in der gesamten Sowjetunion beobachtete.[15]

Unterdessen versuchten sie immer wieder, einen der Verantwortlichen im Kernkraftwerk Tschernobyl zu erreichen. Vergeblich.

Um 3:00 Uhr früh war Wladimir Marin noch immer zu Hause, als sein Telefon ein zweites Mal klingelte. Es war Wiktor Brjuchanow persönlich, der aus dem Bunker unterhalb des Kraftwerks anrief. Der Direktor gab zu, dass es im Kraftwerk einen schrecklichen Unfall gegeben habe – beteuerte jedoch, dass der Reaktor selbst intakt geblieben sei. Marin erzählte die Nachricht seiner Frau, zog sich rasch an und ließ einen Wagen kommen, der ihn zum Zentralkomitee fahren sollte. Bevor er aus dem Haus ging, rief er noch seinen direkten Vorgesetzten an, der die Nachricht dann durch die Parteihierarchie nach oben weiterreichte.[16]

Als über dem Kreml der Morgen dämmerte – und zahlreiche Verbindungen durch die speziellen Telefonleitungen flimmerten, die Moskau, Kiew und Tschernobyl verbanden –, begann Brjuchanows beschwichtigende Einschätzung dessen, was passiert war, bis zu den oberen Rängen der Sowjetregierung durchzusickern.[17]

Morgens um 6:00 Uhr hatte die Nachricht von dem Unfall bereits den sowjetischen Energieminister Anatoli Majorez erreicht, und er rief Nikolai Ryschkow, den Vorsitzenden des Ministerrats, zu Hause an, um ihm mitzuteilen, dass im Kernkraftwerk Tschernobyl ein Feuer ausgebrochen sei. Ein Block sei außer Betrieb, aber die Situation sei unter Kontrolle; ein Expertenteam sei bereits auf dem Weg zum Kraftwerk, um der Sache nachzugehen, und sein Stellvertreter für Kernenergie – ein erfahrener Nuklearexperte – sei von seinem Uraub auf der Krim zurückbeordert worden, um vor Ort eine Regierungskommission zu leiten.[18] Ryschkow wies Majorez an, sein Team zu kontaktieren und zurückzurufen, sobald er weitere Informationen eingeholt habe.[19]

Doch am Sojusatomenergo hatten Georgi Koptschinski und die anderen Nuklearexperten längst begriffen, dass die Realität womöglich ihre schlimmsten Befürchtungen übertraf. Als sie telefonisch einen Schichtleiter im Kraftwerk erreichten, hatte dieser unzusammenhängendes Zeug geredet, als hätte er panische Angst. Der Direktor der Behörde wies ihn an, jemanden aus der Führungsriege des Kraftwerks zu bitten, er solle unverzüglich bei Sojusatomenergo anrufen.

Tschernobyls stellvertretender Chefingenieur für Wissenschaft war der erste, der zurückrief. Er erklärte ruhig, was er wusste: Block Vier sei aufgrund routinemäßiger Wartungsarbeiten vom Netz genommen worden, und man habe irgendwelche elektrischen Experimente durchgeführt, welcher Art, wisse er nicht genau. Dabei sei ein Unfall passiert.

Als man jedoch von ihm wissen wollte, wie es um die Kühlung des Kerns bestellt sei – die entscheidende Arbeit, die sicherstellen würde, dass Reaktor Vier bald repariert und wieder hochgefahren werden konnte –, war es um die Selbstbeherrschung des Ingenieurs geschehen.

»Es gibt nichts mehr zu kühlen!«, rief er. Dann war die Leitung tot.[20]

In seinem Büro in Kiew war der ukrainische Energieminister Witali Skljarow, der die Anweisung erhalten hatte, herauszufinden, was in dem Unglücksreaktor passiert war, außerstande gewesen, telefonisch genauere Informationen über den Unfall einzuholen, also schickte er seinen Stellvertreter mit dem Auto nach Tschernobyl. In den zwei Stunden, die dieser brauchte, um den Unglücksort zu erreichen, rief Skljarow immer wieder im Kraftwerk an und sprach wiederholt mit seinen Vorgesetzten in Moskau. Er gewann den Eindruck, dass sich zunehmend Verzagtheit breit machte. Doch niemand konnte ihm Genaueres sagen.[21]

Um 5:15 Uhr rief Skljarows Stellvertreter vom Unglücksort an. Das Kraftwerk stehe immer noch in Flammen, sagte er. Feuerwehrtruppen seien vor Ort, um sie zu bekämpfen. Das Dach und zwei Mauern der Reaktorhalle seien eingestürzt, die Instrumente seien tot, und allmählich werde der Vorrat an dem chemisch behandelten Wasser knapp, mit dem der Reaktor gekühlt werden sollte. Doch als Skljarow die drängenden Fragen stellte, denen bislang jeder, mit dem er gesprochen hatte, ausgewichen war – wie hoch war die Strahlenbelastung? In welchem Zustand war der Reaktor? –, schien sogar sein eigener Spezialist die Fähigkeit verloren zu haben, ihm ehrlich zu antworten.

»Es steht schlimm, sehr schlimm.« Mehr wollte er nicht sagen.

Was für eine Art von Unfall konnte das technische Begriffsvermögen dermaßen durcheinanderbringen?

Skljarow rief noch einmal Schtscherbitzki an, den Ersten Sekretär der Kommunistischen Partei der Ukraine, und sagte ihm, was er herausgefunden hatte.

»Witali Fedorowitsch«, begann Schtscherbitzki, und Skljarow machte sich auf etwas gefasst. Es war immer ein schlechtes Zeichen, wenn der Erste Sekretär einen beim Vatersnamen nannte. »Sie müssen selbst hinfahren.«

Skljarow, der wenig Interesse hatte, ein brennendes Atomkraftwerk aus nächster Nähe zu besichtigen, hielt dagegen.

»Das Kraftwerk untersteht Moskau. Es gehört uns nicht«, sagte er.

»Das mag schon sein«, entgegnete Schtscherbitzki, »aber das Land und die Menschen gehören uns.«[22]

Im Kraftwerksbunker saß Direktor Brjuchanow wie betäubt an seinem Schreibtisch. Er war offenbar immer noch nicht fähig, das wahre Ausmaß der Katastrophe zu erkennen, und weigerte sich, die Messwerte zu akzeptieren, die der Leiter des werksinternen Zivilschutzes ihm berichtete. Chefingenieur Fomin, der dem Turbinentest in Block Vier zugestimmt hatte, ohne es für nötig zu erachten, Brjuchanow darüber in Kenntnis zu setzen, schien einen Schock zu haben. Seine herrische Selbstsicherheit war mit der Endgültigkeit eines fauligen Zweigs zerbrochen, und während er da saß, wiederholte er mit der kleinlauten Stimme eines verlassenen Kindes immer wieder dieselbe Frage: »Was ist bloß passiert? Was ist denn bloß passiert?«[23]

Um acht Uhr früh ergaben Boden- und Wasserproben, die Techniker aus der betriebseigenen Abteilung für nukleare Sicherheit rings um das Kraftwerk entnommen hatten, die Anwesenheit von Spaltprodukten und Partikeln nuklearen Brennstoffs. Dies lieferte den endgültigen Beweis, dass der Reaktorkern zerstört war und dass radioaktive Substanzen in die Atmosphäre gelangt waren.[24] Um neun versperrten Truppen des Innenministeriums in grünen ABC-Schutzanzügen und Atemschutzmasken den Zugang zum Kraftwerk, und Wladimir Malomusch, der stellvertretende Parteivorsitzende für die gesamte Region Kiew, war hergekommen, um sich der Krise anzunehmen.[25] In Brjuchanows Büro in der dritten Etage der Hauptverwaltung stand der Parteichef dabei, als der Direktor die Lageberichte seiner Abteilungsleiter entgegennahm. Der Arzt, der das werksinterne Krankenrevier leitete, meldete Einzelheiten zu den Opfern. Es habe einen Toten gegeben, Dutzende seien verwundet; sie seien enorm hohen Strahlendosen ausgesetzt gewesen und zeigten unverkennbar die Symptome eines akuten Strahlensyndroms. Der Leiter der externen Dosimetrie des Kraftwerks, dem die Aufgabe zukam, die Strahlung jenseits der Grenzen des Kraftwerks zu messen, bestand dennoch darauf, dass keine Notwendigkeit bestehe, Prypjat zu evakuieren. Worobjew, der Chef des werkseigenen Zivilschutzes, wollte ihn unterbrechen, ihm – noch einmal – sagen, dass es ihre Pflicht sei, die städtische Bevölkerung über den Unfall zu informieren, doch diesmal fuhr ihm Malomuzh in die Parade.[26]

»Setzen Sie sich«, blaffte er. »Sie haben hier nichts zu entscheiden.«[27]

Malomusch instruierte Brjuchanow, ihm einen schriftlichen Lagebericht zu geben, der dann unter der Leitung des Parteisekretärs des Kraftwerks von einigen Mitarbeitern aufgesetzt und dem Direktor gegen zehn Uhr vormittags auf den Schribtisch gelegt wurde.[28] Das Dokument war kurz – eine einzelne abgetippte Seite – und beschrieb eine Explosion, den

Einsturz des Daches der Reaktorhalle und einen Brand, der bereits vollständig gelöscht war.[29] Vierunddreißig Menschen, die an den Löscharbeiten beteiligt gewesen seien, würden gerade im Krankenhaus untersucht, hieß es, neun davon hätten Verbrennungen unterschiedlicher Schweregrade davongetragen und befänden sich in einem kritischen Zustand. Ein Mann werde vermisst, ein anderer sei umgekommen. Von Strahlenschäden war nicht die Rede. Die Strahlenbelastung in der Nähe von Block Vier betrage inzwischen 1000 Mikroröntgen pro Sekunde – erträgliche 3,6 Röntgen pro Stunde – hieß es in dem Schriftstück. Dass die verfügbaren Messgeräte überhaupt nicht imstande waren, höhere Werte zu messen, wurde geflissentlich verschwiegen.[30] Die Lage in Prypjat, so der beschwichtigende Schluss, sei weiterhin normal, das Ausmaß der Strahlenbelastung werde untersucht. Ganz unten, an die dafür vorgesehene Stelle, setzte Brjuchanow mit blauem Kugelschreiber seinen Namen.

Gegen neun Uhr am Samstagmorgen, als gerade ein militärisches Transportflugzeug vom Moskauer Tschkalowski-Militärflugplatz startete, um Boris Pruschinski und sein Einsatzteam für den nuklearen Katastrophenfall vom Sojusatomenergo nach Tschernobyl zu fliegen, kam Ministerpräsident Ryschkow zur Arbeit in den Kreml.[31] Ryschkow, der Sohn eines Grubenarbeiters und ein Logistikexperte, hatte fleißig die sowjetische Wirtschaft vorangetrieben, was wiederum seinen Aufstieg nach oben beschleunigt hatte. Mit seinen sechsundfünfzig Jahren war er durchtrainiert und dynamisch und galt als enger Verbündeter Gorbatschows bei dessen Reformkurs. Er schaffte es an den Wochenenden für gewöhnlich erst ein wenig später ins Büro, und heute war das nicht anders. Kaum war er da, rief er Anatoli Majorez an, um sich über den Kraftwerksbrand in der Ukraine zu informieren.[32]

Der Bericht des Energieministers war trostlos: Er glaube jetzt, dass die Angelegenheit weitaus ernster sei als anfangs angenommen; es sei kein normaler Unfall. In einem der Reaktoren habe eine Explosion stattgefunden; die Schäden seien gewaltig, die Folgen schwer absehbar; dringende Maßnahmen seien erforderlich. Ryschkow wies Majorez an, er möge ein zweites, erfahreneres Expertenteam zusammenstellen und unverzüglich nach Kiew fliegen. Er ließ die Fluggesellschaft Aeroflot benachrichtigen, sie solle ein Flugzeug bereitstellen. Dann, gemäß den Verfahren, die bei einem schweren Unfall vorgesehen waren, ging Ryschkow daran, ein weiteres, noch erfahreneres Expertenteam – seine eigene handverlesene Kommission – zum Unglücksort zu schicken, damit es sich um den Unfall und seine Folgen kümmere. Als Vorsitzenden wählte er Boris Schtscherbina aus, den bulldoggengesichtigen stellvertretenden Ministerratsvorsitzenden der UdSSR mit der angehenden Glatze, der für alle Operationen aus dem Bereich Brennstoff und Energie zuständig war.[33] Ryschkow spürte ihn im über tausend Kilometer entfernten Orenburg auf, unweit der Grenze zu Kasachstan, wo Schtscherbina sich anschickte, vor den lokalen Ölarbeitern eine Rede zu halten. Ryschkow sagte ihm, er müsse das Ganze abblasen und auf der Stelle nach Moskau zurückkehren, wo ein Flieger auf ihn warte, um ihn in die Ukraine zu bringen.[34]

Um 11:00 Uhr, als das zweite Team, unter Mayorez' Leitung, bereits in der Luft war, unterzeichnete Ryschkow eine formelle Anweisung, die Kommission zusammenzustellen. Deren Mitglieder – darunter bekannte Namen aus der Sowjetischen Akademie der Wissenschaften, dem Kurtschatow-Institut, der Generalstaatsanwaltschaft der UdSSR, des KGB, des Gesundheitsministeriums und des Ukrainischen Ministerrats – hätten sich schnellstmöglich zu ihm zu bemühen.

Als das Akademiemitglied Waleri Legassow, erster stellvertretender Direktor des Kurtschatow-Instituts für Atomenergie, an diesem Morgen erwachte, ahnte er noch nichts von den Vorgängen in der Ukraine. Es war ein schöner Tag, und er musste sich entscheiden, ob er ihn mit seiner Frau Margarita verbringen, sich in seine Fakultät an der Staatlichen Universität in Moskau, deren Dekan er war, begeben oder am Ministerium für Mittleren Maschinenbau einer Versammlung seiner Kommunistischen Partei beiwohnen sollte.[35]

Als stets verlässlicher Kommunist entschied sich Legassow für das Parteitreffen. Als er kurz vor zehn dort ankam, erwähnte ein Kollege einen unangenehmen Zwischenfall im Kernkraftwerk Tschernobyl. Die Versammlung wurde von Sredmasch-Chef Efim Slawski geleitet. Es war die übliche heiße Luft: Der alte Mann schwadronierte in ermüdender Ausführlichkeit über die vielen Erfolge und Siege des Ministeriums und tadelte einige Individuen aufgrund ihres Versagens. Im Großen und Ganzen jedoch lief alles bestens; alle Pläne wurden erfüllt, alle Ziele erreicht. Beim traditionellen Loblied auf die Vorzüge der Kernkraftindustrie hielt Slawski kurz inne, um zu erwähnen, dass es in einem Atomkraftwerk der Ukraine offenbar eine Panne gegeben hatte, fügte aber sofort hinzu, dass dieses Kraftwerk vom benachbarten Energieministerium betrieben werde. Dieser Unfall, welcher Art er auch sei, würde den Fortschritt der sowjetischen Atomkraft nicht aufhalten.

Zu Mittag erfolgte eine Pause, und Legassow ging hinauf in den zweiten Stock, um mit einem Kollegen zu plaudern. Dort überbrachte ihm Alexander Meschkow, Slawskis Stellvertreter, eine dringende Nachricht: Legassow solle an einer Regierungskommission teilnehmen, die den Unfall in Tschernobyl zu untersuchen habe, und müsse sich um vier Uhr nachmittags am Moskauer Wnukowo-Flughafen einfinden. Legassow bestellte sich sofort einen Wagen und ließ sich zum Kurtschatow-Institut fahren. Trotz seiner hohen Position in Russlands wichtigstem Forschungszentrum für Atomenergie war Legassow kein Reaktorspezialist, sondern Chemiker. Er würde daher den Rat eines Experten benötigen.

Waleri Legassow, der Sohn eines hochrangigen Parteiideologen, war der Vorsitzende des Kommunistischen Parteikomitees am Kurtschatow-Institut.[36] In den 1950er Jahren hatten sich Margarita und er den Komsomol-Brigaden angeschlossen, um in den Ebenen Südsibiriens Weizen anzubauen, und später verfasste er seine Doktorarbeit in Radiochemie im entlegenen Chemiekombinat Tomsk, statt einen angenehmen Posten in Moskau anzutreten. Sowohl Intellektueller als auch Wissenschaftler, glaubte er an die Prinzipien des Sozialismus und an eine gleichberechtigte Gesellschaft, die von einer gebildeten Elite regiert wurde. Legassow war geistreich und eigenwillig, und sein privilegierter Hintergrund gab ihm das Selbstvertrauen, auch inmitten eingeschüchterter *Apparatschiki* freimütig seine Meinung zu äußern. In seiner Freizeit schrieb er Gedichte. Trotz seiner Offenheit war er bei seinen Vorgesetzten in der Partei beliebt und erstaunlich schnell vorangekommen: Er hatte staatliche Auszeichnungen für seine Arbeit erhalten und jede Anerkennung, die für einen sowjetischen Wissenschaftler erreichbar war, mit Ausnahme der höchsten, dem Orden »Held der sozialistischen Arbeit«.

Legassow, von gedrungener, aber athletischer Gestalt, mit dunklem Haar und dicker Brille, war nun bald am Höhepunkt seiner Karriere angelangt und genoss all die Privilegien, die man den Stars unter den sowjetischen Wissenschaftlern zugestand. Er spielte Tennis, fuhr Ski, ging schwimmen und unternahm weite Reisen. Margarita und er bewohnten eine herrschaftliche Villa in der von Bäumen gesäumten Pechotnaja-Straße, Hausnummer 26, von der aus er zu Fuß zur Arbeit gehen konnte – und in der sie Freunde und Kollegen empfingen, einschließlich seines Vorgesetzten Anatoli Alexandrow. Der dreiundachtzigjährige Vorsitzende der Akademie der Wissenschaften und Leiter des Kurtschatow-Instituts wohnte nur wenige Türen von Legassow entfernt. Alexandrow kam gern zum Essen und zum Schachspielen zu den Legassows und stellte immer wieder fest, dass sein Stellvertreter mehrere Züge voraus dachte. Mit gerade einmal neunundvierzig Jahren schien Legassow bereit, ihm als Direktor des Kurtschatow-Institutes nachzufolgen, sobald Alexandrow den Platz freimachen würde.[37]

Nur ein Mann stand ihm im Weg – sein direkter Nachbar, Jewgeni Welichow, ein beleibter und geselliger Plasmaphysiker, der einer Familie von Erfindern und Freidenkern entstammte. Als persönlicher wissenschaftlicher Berater Gorbatschows und Leiter eines eigenen theoretischen Forschungslabors am Stadtrand von Moskau, bekleidete Welichow auch in der Verwaltung des Kurtschatow-Instituts ein hohes Amt – und war damit Legassows größter Rivale.[38] Er war ins Ausland gereist, war gut vernetzt mit westlichen Wissenschaftlern, sprach brauchbares Englisch und trug gern eine Princeton-Krawatte.[39] Im Speisezimmer der Pechotnaja-Straße 26 war er allerdings ein seltener Gast. Als Legassow seiner Frau gegenüber erwähnte, die offenkundige Feindseligkeit seines Kollegen verblüffe ihn, nannte sie ihm ein einfaches Gegenmittel: »Erzähle ihm weniger über deine Erfolge.«[40]

Als er am Samstagmittag ins Institut kam, brauchte Legassow eine Weile, bis er den Mann gefunden hatte, den er suchte: Alexander Kalugin,

Experte für RBMK-Reaktoren. Kalugin hatte sich den Tag freigenommen, doch als er schließlich von Legassows Auftrag erfuhr, brachte er all die technischen Dokumente mit, die er über den Reaktor und das Kernkraftwerk Tschernobyl finden konnte. Legassow eilte im Anschluss nach Hause, um seiner Frau zu sagen, dass er weg müsse.[41] Worin genau seine Aufgabe bestehe und wie lange er weg wäre, wisse er nicht, sagte er ihr und fuhr dann zum Flughafen. Trotz des schönen Wetters trug er immer noch den Anzug und den teuren Ledermantel, den er an diesem Morgen angezogen hatte.[42]

Gegen 11 Uhr, etwas mehr als acht Stunden nach Beginn der Krise, landete das erste Flugzeug aus Moskau auf der Rollbahn in Kiew. Mit Boris Pruschinski an der Spitze umfasste der Krisenstab des Energieministeriums Wissenschaftler des Sojusatomenergo und der Institute, die den Reaktor und das Kraftwerk entwickelt hatten, Mitglieder des KGB und ein Quartett aus Spezialisten des Moskauer Krankenhauses Nummer Sechs, einer Klinik des Staatsinstituts für Biophysik, die auf die Behandlung von Strahlenschäden spezialisiert war.[43] Nach seiner Landung erfuhr Pruschinski, dass eine Regierungskommission unterwegs war, um sich der Situation anzunehmen.[44] Falls jedoch weitere Informationen über das wahre Ausmaß des Unfalls das Politbüro in Moskau erreicht hatten, erfuhren Pruschinski und seine Experten nichts davon. Als sie im Bus, mit Polizeieskorte, die 140 Kilometer nach Prypjat zurücklegten, war ihre Stimmung gedrückt – sie wussten immerhin, dass mittlerweile zwei Männer tot waren. Dennoch rätselten sie noch immer, was genau passiert sein könnte. Vielleicht war das Dach der Reaktorhalle eingestürzt oder eine der Maschinen in Brand geraten. Allerdings gingen sie nach wie vor davon aus, dass der Reaktor sicher abgeschaltet worden war und derzeit mit Wasser gekühlt wurde – es würde also keine weiteren Opfer mehr geben.

Als sich der Bus der Weggabelung näherte, die das Kraftwerk von der Stadt trennte, und Pruschinski einen *Milizionär* sah, der zu seiner Sommeruniform eine *lepestok*-Atemmaske trug, war er verunsichert. Das sogenannte »Mullläppchen« war eine sowjetische Atemschutzmaske aus Baumwollstoff, die radioaktive Aerosole aus der Atmosphäre filterte, und er konnte sich nicht vorstellen, warum sie nötig sein könnte. Als das Team Prypjat erreichte, kam ihnen ein Mitarbeiter des Kernkraftwerks entgegen und versicherte ihnen, dass alles unter Kontrolle sei. Erleichtert nahm sich Pruschinski ein Zimmer im Hotel Polesia, einem achtstöckigen Betonbau mit Blick über den Hauptplatz, und speiste im Restaurant im Erdgeschoss zu Mittag. Anschließend schlenderte er auf die sonnige Hotelterrasse und bemerkte Direktor Brjuchanow, der über den Platz auf ihn zukam.

»Was ist denn in dem Block passiert?«, wollte Pruschinski von ihm wissen.

Obwohl der völlig verstörte Direktor seinen Vorgesetzten später weiterhin widersprüchliche Informationen geben und noch etliche Stunden bei der Behauptung bleiben würde, dass Reaktor Vier intakt geblieben sei, gestand Brjuchanow in diesem Augenblick die Wahrheit.[45]

»Diesen Block gibt es nicht mehr«, sagte er.

Pruschinski war sprachlos. Er wusste, dass dieser Mann kein Atomexperte war. Doch was er andeutete, war schlicht unfassbar.

»Überzeugen Sie sich selbst«, sagte Brjuchanow verzweifelt. »Die Dampfabscheider sind von der Straße aus zu sehen.«

In Moskau gelangte unterdessen die Information aus Brjuchanows schriftlicher Stellungnahme durch die Kanäle der Parteibürokratie langsam weiter nach oben. Gegen Mittag schickte der Stellvertretende Energieminister Alexei Makuchin ein siebzehn Zeilen umfassendes Telegramm mit der beschwichtigenden Prognose des Direktors an das Zentralkomitee. Obwohl als »dringend« gekennzeichnet, ging es zunächst von der Abteilung für Allgemeines an die Abteilung für Atomenergie und erreichte erst am späteren Samstagnachmittag Gorbatschow[46]:

»Explosion im oberen Bereich der Reaktorhalle«, hieß es im Telegramm. »Das Dach, Teile der Wandverkleidung im Reaktorsaal, mehrere Dachplatten des Maschinenraums … wurden bei der Explosion zerstört, außerdem ist die Bedachung in Brand geraten. Das Feuer wurde um 0330 gelöscht.«[47]

Für eine Regierung, die für Industrieunfälle inzwischen einen robusten Magen entwickelt hatte, war dies vertrautes Terrain: irgendeine Explosion, nun ja; ein Brand, der bereits gelöscht war. Die Sache schien ernst, aber durchaus zu bewältigen. Die Kernaussage war, dass der Reaktor selbst keinen Schaden genommen hatte; eine potentielle nukleare Katastrophe war demnach abgewendet worden.

»Die Mitarbeiter des AES sind bereits dabei, den Reaktorkern zu kühlen. Nach Meinung des Dritten Hauptdirektorats des sowjetischen Gesundheitsministeriums«, hieß es in dem Bericht, »ist es nicht erforderlich, besondere Maßnahmen zu ergreifen, wie etwa die Evakuierung der Stadt.«

Um 14:00 Uhr traf an Bord einer Chartermaschine aus Moskau die zweite – höherrangige – Welle von Regierungsbeamten in Kiew ein, mit Energieminister Anatoli Majorez an der Spitze.[48] Witali Skljarow, Majorez' ukrainischer Kollege, empfing sie auf der Rollbahn, und gemeinsam bestiegen sie zwei antiquiert aussehende Antonow An-2-Doppeldecker. Majorez, neu auf dem Posten und kein Kernkraftexperte, war zuversichtlich. »Wissen Sie«, sagte er, »ich glaube nicht, dass wir allzu lang in Prypjat herumsitzen werden.« Er ging davon aus, dass sie in achtundvierzig Stunden schon wieder auf dem Rückflug sein würden.

»Anatoli Iwanowitsch«, entgegnete Skljarow, »ich glaube nicht, dass zwei Tage reichen werden.«

»Machen Sie uns keine Angst, Genosse Skljarow. Unsere Hauptaufgabe wird sein, den beschädigten Reaktorblock so schnell wie möglich wieder funktionstüchtig zu bekommen und ihn wieder an das Stromnetz anzuschließen.«[49]

Nach einer harten Landung auf einer Schotterpiste außerhalb von Tschernobyl fuhren sie über die Pappel-Allee des Lenin-Prospekts mit ihrem Spiel aus Licht und Schatten im Eiltempo nach Prypjat. Skljarow bemerkte, dass die Menschen ihren Beschäftigungen nachgingen wie an jedem warmen Wochenende. Kinder spielten Fußball, frische Wäsche hing auf den Balkonen, und Pärchen hielten sich auf dem zentralen Platz vor dem neuen Einkaufszentrum auf. Er fragte jemanden, wie hoch die Strahlenbelastung sei, und erfuhr, dass hier die Messwerte etwa zehnmal höher waren als normal – offenbar innerhalb der zulässigen Belastungsgrenzen. Da wurde auch Skljarow optimistischer.[50]

Die Minister versammelten sich im Hauptquartier der Kommunistischen Partei Prypjats und des *Ispolkom*: ein fünfstöckiges Betongebäude, das neben dem Hotel Polesia stand und von denen, die darin arbeiteten, als *belyy dom*, »Weißes Haus«, bezeichnet wurde. Malomusch, der Parteichef von Kiew, hatte hier seine Kommandozentrale eingerichtet. General Iwanow, der sowjetische Chef des Zivilschutzes, war aus Moskau gekommen und schlug vor, die Parteifunktionäre sollten die Bewohner der Stadt Prypjat in einer Radiosendung darüber informieren, dass ein Unfall stattgefunden habe. In der Zwischenzeit würden seine Soldaten Strahlungsmessungen im Kraftwerk und der Stadt vornehmen.[51]

Unter den versammelten Ministern und Experten entbrannte daraufhin eine hitzige Debatte darüber, wie Reaktor Vier am besten herunterzukühlen und der Schlamassel zu beseitigen sei, den der Unfall angerichtet hatte. Sie könnten allerdings erst dann tätig werden, wenn der Kommissionsvorsitzende, Boris Schtscherbina, aus Moskau eingetroffen wäre. Draußen war es hell und warm. Nebenan im Hotel hatte eine traditionelle ukrainische Hochzeitsfeier begonnen.

Als Boris Pruschinski im Hubschrauber in geringer Höhe um den Reaktor kreiste, erkannte er, dass Direktor Brjuchanow recht gehabt hatte, was das Schicksal von Block Vier des Kernkraftwerks Tschernobyl anbelangte. Dennoch konnte der Leiter des Noteinsatzkommandos kaum glauben, was er sah.[52]

Das Dach der Reaktorhalle war verschwunden. Im Inneren klaffte ein schwarzer Krater: Wie von einer monströsen Schöpfkelle ausgehöhlt, fehlten mehr als zehn Stockwerke an Wänden und Böden. Die nördliche Mauer des Gebäudes war eingestürzt, ein schwarzer Trümmerhaufen, der sich über die Flachdächer angrenzender Gebäude und das Kraftwerksgelände ergoss. In den Ruinen der Reaktorhalle entdeckte er die ineinander verkeilten Wrackteile des 120 Tonnen schweren Brückenkrans, der Brennelementwechselvorrichtung, der Hauptumwälzpumpen und des Notkühlsystems. Der Pilot schwenkte mit dem Hubschrauber seitwärts, damit der Fotograf eine Aufnahme machen konnte. Pruschinski sah, dass Elena, die zweitausend Tonnen schwere Scheibe aus Beton und Stahl, die den Reaktor von der Außenwelt abschirmen sollte, schräg in den Himmel ragte. Darunter, tief im Inneren des Reaktors, sah er trotz der hellen Sonne das glühende Gitter, das die noch vorhandenen Brennelemente bildeten – und einen Fleck, der in gleißendem Orangerot loderte. Als der Hubschrauber abdrehte, zwang sich Pruschinski, sich dem zu stellen, was sein Verstand immer noch nicht akzeptieren wollte – Reaktor Vier existierte nicht mehr.

Um 16:00 Uhr, bei einem Treffen im Konferenzraum der Partei im »Weißen Haus« räumte Chefingenieur Nikolai Fomin endlich ein, dass die Bemühungen seiner Männer in den vergangenen zwölf Stunden, Kühlwasser durch Reaktor Vier zu pumpen, absolut vergeblich gewesen waren. Er gab zu, dass der Reaktor zerstört worden war und dass Bruchstücke hoch radioaktiven Graphits überall auf dem Boden verstreut lagen.[53] Es sollte noch schlimmer kommen.[54] An diesem Morgen hatten Physiker des Kraftwerks die kontaminierte Kontrollwarte von Block Vier betreten und festgestellt, dass die Steuerstäbe vor der Explosion nicht vollständig in den Reaktor eingefahren waren. Sie befürchteten daher, dass es in dem noch im Reaktorbehälter verbliebenen Kernbrennstoff schon bald zu einer neuen Kritikalität kommen könnte, die eine weitere Kettenreaktion in Gang setzte – diesmal allerdings unter freiem Himmel, und sie hätten keinerlei Mittel, sie in Schach zu halten. Erwachte der Reaktor wieder zum Leben, konnte dies Brände, Explosionen und die Freisetzung tödlicher Gamma- und Neutronenstrahlung in die Atmosphäre nach sich ziehen, und das nicht einmal 2500 Meter von Prypjats Stadtrand entfernt. Ihren Schätzungen zufolge hatten sie nur ein Zeitfenster von drei Stunden, bevor – irgendwann nach sieben Uhr Abends – die neue Kritikalität einsetzen würde.

Kurz nach 17:00 Uhr kam Oberleutnant Alexander Logatschew von der Zivilschutzeinheit der Region Kiew mit den Ergebnissen seiner Strahlungsmessungen im Kraftwerk ins Weiße Haus gerannt. Sein Schützenpanzerwagen war mit hundert Sachen über den Lenin-Prospekt gedonnert – so schnell, dass das sieben Tonnen schwere Fahrzeug vom Boden abhob, als es die Eisenbahnbrücke überquerte –, fuhr dann die Stufen herauf und über den Fußgängerplatz direkt vor den Haupteingang. Die Karte, die der nach Luft ringende Logatschew Parteichef Malomusch präsentierte, zeigte die Messwerte direkt neben der werkseigenen Kantine, hastig mit Bleistift hingekritzelt: 2080 Röntgen pro Stunde.[55]

»Sie meinen doch wohl Milliröntgen, Junge«, sagte der Parteichef.[56]

»Röntgen«, sagte Logatschew.

Logatschews Kommandant studierte die Karte. Er drückte seine Zigarette aus und zündete sich eine neue an.

»Wir müssen die Stadt evakuieren«, sagte er.

Das Flugzeug mit Schtscherbina und Akademiemitglied Waleri Legassow an Bord landete am Samstagabend um 19:20 Uhr auf dem Flughafen Kiew-Schuljany.[57] Sie wurden von einer Delegation nervöser ukrainischer Minister empfangen und einer glänzenden Reihe großer schwarzer Wagen, die sie in der Dämmerung an der Treppe zu Prypjats *Ispolkom* absetzten.[58] Auf dem Weg dorthin hatte Legassow Kolchosen gesehen, Weideland, endlose Moore, üppige Flussauen und dichte Kiefernwälder.[59] Angespannt dachten sie daran, was wohl vor ihnen lag; die Unterhaltung geriet ins Stocken und versiegte schließlich ganz. In der sich ausdehnenden Stille versuchte Legassow sie aufzumuntern. Doch in Prypjat stieg Schtscherbina – ein Veteran in Sachen Gasexplosionen und anderer industrieller Katastrophen – aus seiner riesigen Tschaika-Limousine und strahlte mit seinem Lächeln Zuversicht aus; ein Heiland der Planwirtschaft, der gekommen war, um seine Untergebenen von allen potentiell gefährlichen Entscheidungsprozessen zu erlösen.[60]

Skljarow, der ukrainische Energieminister, war Schtscherbina über die Jahre schon oft begegnet, anlässlich der Inspektionsreisen des Moskauer Bosses zu den vielen Kraftwerken, die sich in der Sowjetrepublik im Bau befanden. Der sechsundsechzigjährige Schtscherbina war intelligent, dynamisch und zupackend, zäh und selbstgewiss – aber auch emotional und impulsiv, und musste ständig beweisen, dass er es besser wusste als alle anderen, einschließlich der Spezialisten. Klein und drahtig, glich er die fehlende Körpergröße mit seinem herrischen Gehabe aus.[61] Einige brachten ihm Respekt und Bewunderung entgegen.[62] Der Energieminister dagegen kam so gut wie gar nicht mit ihm zurecht.

Schtscherbina stellte sich ruhig jedem der versammelten Experten vor, bis er zu Skljarow kam, der in der Zwischenzeit zum Kraftwerk gefahren war und die Zerstörung des Reaktors selbst gesehen hatte.

»Jetzt scheißen Sie sich in die Hosen, wie?«, fragte Schtscherbina.[63]

»Noch nicht«, sagte Skljarow. »Aber lang wird's nicht mehr dauern.«

Oben war Boris Pruschinski soeben von seiner Erkundung des Kraftwerks zurückgekehrt. Als Schtscherbina in Hörweite kam, war Pruschinski im Flur und teilte seine alarmierenden Beobachtungen dem sowjetischen Minister für Atomenergie mit. Nach dem Flug im Hubschrauber über den Reaktor hatte Pruschinski seine Untersuchung am Boden fortgesetzt und die Ruine von Block Vier durch ein Fernglas betrachtet. Vom Kraftwerksgelände aus konnte er die Graphitbrocken ausmachen, die rings um das Kraftwerk auf dem Boden verstreut lagen. Für ihn stand fest, dass es innerhalb des Reaktors zu einer Explosion gekommen war und dass Teile des nuklearen Brennstoffs unter den Trümmern liegen mussten.

»Wir müssen die Umgebung evakuieren«, sagte Pruschinski.

»Warum sind Sie so schwarzseherisch?«, fragte Schtscherbina.[64]

Das erste Treffen der Regierungskommission begann kurz nach 22:00 Uhr im Büro des Parteisekretärs von Prypjat im dritten Stock. Nicht weniger als dreißig Regierungsminister, Offiziere und Industrie-Experten nahmen auf den Stühlen Platz, die in drei Reihen neben der Tür für sie bereitstanden. Schtscherbina stand in der Mitte des Raumes an einem Tisch, auf dem wild verstreut Karten und Dokumente lagen. In mehreren Aschenbechern häuften sich Zigarettenstummel. Es war heiß, und die Luft war rauchgeschwängert; die Anspannung war erdrückend.[65]

Akademiemitglied Legassow hörte zu, als Schtscherbina die Lageberichte von Malomusch – dem regionalen Parteichef – und Majorez, dem sowjetischen Energieminister, entgegennahm. Doch sie lieferten keine ausführlichen Informationen, was die Situation im Kraftwerk und in der Stadt anbelangte, und hatten keinerlei Pläne, wie mit den Konsequenzen des Unfalls zu verfahren sei[66]. Sie sagten lediglich, dass es während eines Experiments in Block Vier, das einen Ausfall der Turbinen vortäuschte, in schneller Folge zu zwei Explosionen gekommen sei, welche die Reaktorhalle zerstört hätten.[67] Hunderte Mitarbeiter seien verletzt worden; zwei von ihnen seien tot, die übrigen im städtischen Krankenhaus. Die Strahlungssituation in Block Vier sei komplex, doch obwohl die Strahlenwerte in Prypjat beträchtlich vom Normalzustand abwichen, stellten sie keine Bedrohung für die Gesundheit der Menschen dar.

Schtscherbina teilte die Mitglieder der Kommission in zwei Gruppen auf. Die eine, mit Meschkow an der Spitze, dem zweiten Vorsitzenden des Ministeriums für Mittleren Maschinenbau, würde die Unfallursachen untersuchen. Die zweite würde weitere Messungen vornehmen. General Iwanow vom Zivilschutz und General Gennadi Berdow vom ukrainischen Innenministerium würden Vorkehrungen für eine mögliche Evakuierung treffen. Jewgeni Worobjew, der stellvertretende sowjetische Gesundheitsminister, würde sich um alle medizinischen Angelegenheiten kümmern. Waleri Legassow selbst schließlich würde das Team beaufsichtigen, das die Auswirkungen der Katastrophe in Schach halten sollte.[68]

Wie die werkseigenen Physiker sorgte sich auch Legassow in erster Linie um die Möglichkeit einer neuerlichen Kettenreaktion in der Ruine von Reaktor Vier. Die Operatoren hatten bereits versucht, den nuklearen Brennstoff zu fluten, indem sie säckeweise Borsäurepulver – mit neutronenabsorbierendem Bor – in die Wasserbehälter des Kühlsystems schütteten.[69] Doch die chemische Lösung war im Labyrinth der geborstenen Rohrleitungen in der Reaktorhalle verschwunden. Sie hatten keine Ahnung, wo sie gelandet war, und jetzt wurden die Vorräte knapp. Der ukrainische Energieminister Skljarow bestellte weitere zehn Tonnen des Pulvers im Kernkraftwerk Riwne, über dreihundert Kilometer westlich von Prypjat gelegen. Doch dessen Direktor trennte sich ungern davon – und wenn nun *er* selbst einen Störfall zu beklagen hätte, was dann? Und als er endlich eine Ladung Bor nach Tschernobyl schickte, blieb der Lastwagen auf halber Strecke stehen. Die Säcke sollten daher erst am darauffolgenden Tag in Tschernobyl ankommen.[70]

Unterdessen erkannte Legassow, dass die heldenhaften, aber zum Scheitern verdammten Bemühungen der Operatoren, den zertrümmerten Reaktorkern mit Wasser zu kühlen, nur dazu geführt hatten, dass die Kellerräume der Blöcke 3 und 4 mit kontaminiertem Wasser überflutet und radioaktive Dampfwolken in die Atmosphäre geblasen worden waren. Dazu kam noch der giftige Schwall radioaktiver Aerosole, der aus dem

Reaktorkrater – wo das glühende Gitter aus Brennstoffzellen und der ominöse lodernde Fleck, den Pruschinski erspäht hatte, stark vermuten ließ, dass noch etwas brannte – in die Luft entwich. Irgendwie musste das Feuer gelöscht und der Reaktor versiegelt werden.[71]

Doch der Schutt, der aus dem Inneren des Reaktorkerns herausgeschleudert worden war, hatte auch das Kraftwerk und das umliegende Gelände in ein radioaktives Minenfeld verwandelt. Sich Block Vier zu nähern, war nun ein potentiell tödliches Unterfangen, und das nicht nur für kurze Zeit. Nah genug heranzukommen, um den Reaktor abzuschirmen oder das Feuer auch nur mit konventionellen Methoden wie Schaum – oder Wasser, wie es die Briten fast dreißig Jahre zuvor in Windscale versucht hatten – zu bekämpfen, war unmöglich. Doch keines der Kommissionsmitglieder hatte einen Vorschlag, wie sich der brennende Reaktor löschen ließe. Legassow sah sich entrüstet um: Die Politiker hatten keine Ahnung von Kernphysik, und die Wissenschaftler und Techniker waren viel zu unentschlossen, um sich auf eine Lösung zu einigen. Alle wussten, dass *irgendetwas* geschehen musste – nur was?[72]

Und während über Reaktor Vier weiterhin Millionen Curie Radionuklide in den Himmel wirbelten, konnten sich die Experten, die im »Weißen Haus« versammelt waren, noch immer nicht einigen, ob Prypjat evakuiert werden sollte. Die Strahlungs-Messposten des Zivilschutzes hatten seit zwölf Uhr mittags stündlich Messungen in den Straßen der Stadt vorgenommen und alarmierend hohe Werte erhalten. In der Lesi Ukrainki Straße, nur knappe drei Kilometer vom Reaktor entfernt, hatten sie am Nachmittag noch 0,5 Röntgen pro Stunde gemessen und am Abend waren es bereits 1,8 Röntgen.[73] Dieser Wert war zigtausendmal höher als die normale Hintergrundstrahlung, aber der stellvertretende sowjetische Gesundheitsminister bestand darauf, dass die Belastung keine unmittelbare Bedrohung für die Bevölkerung darstelle. Entrüstet wies er darauf hin, dass selbst nach der immer noch unter Verschluss gehaltenen Katastrophe von 1957 in der Kerntechnischen Anlage Majak die Bewohner der geschlossenen Stadt Kyschtym nicht aufgefordert worden seien, diese zu verlassen. »Damals wurde auch nicht evakuiert!«, sagte er. »Warum also hier?«[74]

Tatsächlich waren die Grenzwerte, die von den sowjetischen Behörden offiziell für eine Evakuierung nach einem Atomunfall festgelegt worden waren, noch lange nicht erreicht. Gemäß dem staatlichen Dokument »Kriterien zur Entscheidung für den Schutz der Bevölkerung nach einem Unfall in einem Atomreaktor« wurde die Evakuierung erst dann zwingend, wenn den Bürgern eine Höchstdosis von 75 rem auf Lebenszeit prognostiziert wurde – fünfzehnmal höher als die jährliche Belastung, die für Arbeiter in einem Kernkraftwerk für sicher erachtet wurde.[75] Selbst die Bestimmungen, die regelten, wann es an der Zeit war, der Bevölkerung mitzuteilen, dass Strahlung freigesetzt worden war, waren widersprüchlich, und so blieb unklar, wer in der Evakuierungsfrage das letzte Wort haben würde. Schtscherbina mochte sich davor gescheut haben, in Prypjat Panik zu schüren.[76] Doch zum damaligen Zeitpunkt hatte er wenig Grund zu der Annahme, dass sowjetische Bürger – seit langem gefeit gegen Unglücksnachrichten und misstrauisch gegen offizielle Informationen – bei einer Unfallmeldung tatsächlich den Kopf verlieren würden; weitaus problematischer war hingegen der staatliche Zwang zur Geheimhaltung.[77] Am Samstagmorgen, bei Tagesanbruch, hatten die Milizionäre im gesamten Gebiet Straßensperren errichtet, woraufhin der KGB die Fernleitungen der Stadt kappte. Bei Einbruch der Nacht waren auch die Ortsleitungen tot, und noch immer hatten die Bürger von Prypjat über ihre Radiogeräte keine Information erhalten, dass es im KKW zu einem Unfall gekommen war, geschweige denn, dass sie vorsichtshalber in ihren Wohnungen bleiben und die Fenster schließen sollten. Dabei wusste Schtscherbina, dass sich im Falle einer Evakuierung der Exodus der fünfzigtausend Einwohner der Atomstadt nicht verbergen ließe.[78]

Und doch konnten weder die Zivilschutz-Kommandanten noch die Physiker der optimistischen Prognose des Gesundheitsministers zustimmen. Selbst wenn die Strahlungssituation in der Stadt kurzfristig erträglich schien, würde sie sich kaum verbessern. Bisher war die Dampfwolke aus dem Reaktor nach Nord-Nordwest getrieben – fort von Prypjat und Kiew, auf Weißrussland zu; am Samstagmittag hatten chemische Truppen im Freien lebensbedrohliche 30 Röntgen pro Stunde gemessen, und das fünfzig Kilometer vom Kraftwerk entfernt. Doch der Wind konnte jederzeit drehen, und im Südosten gab es bereits Gewitter.[79] Sollte auch nur die kleinste Menge Regen auf Prypjat fallen, würde er radioaktiven Fallout mit sich führen, mit entsetzlichen Folgen für die Bevölkerung.[80] Von Kiew aus hatte der ukrainische Ministerpräsident bereits eigenmächtig den Befehl erteilt, Transportmittel bereitzustellen – über tausend Busse und Lastwagen – für eine mögliche Evakuierung der Stadt. Doch ohne grünes Licht von oben würde nichts vorangehen. Und Schtscherbina verlangte weitere Informationen, bevor er eine Entscheidung traf. Er beschloss daher, bis zum Morgen zu warten.[81]

Unterdessen hatte sich im Inneren des gähnenden Kraters von Block Vier etwas zu regen begonnen. Am Samstagabend gegen 20 Uhr bemerkte der stellvertretende Wissenschaftschefingenieur des Kraftwerks ein rubinrotes Glühen, das in der Ruine erstrahlte. Daraufhin folgten mehrere kleine Explosionen, und aus den Wracktrümmern der zentralen Halle zuckten weiße Blitze wie Geysire aus Licht und hüllten den 150 Meter hohen Abluftkamin in ein gleißendes Strahlen.[82] Zwei Stunden später entnahm ein Team unter der Leitung eines Mitarbeiters des Instituts für Nuklearforschung WNIIAES, das dem Energieministerium unterstellt war, Proben aus dem Kühlmittelkanal, als die Mauern von Block Vier von einem Donnerhall erschüttert wurden.[83] Die Techniker suchten Schutz unter einer Kastenträgerbrücke, als weißglühende Brocken vom Himmel regneten und die Zeiger ihrer Dosimeter sogleich auf Anschlag gingen.

In Prypjat zogen sich derweil die Sitzungen der Regierungskommission in die Länge. Immer noch gab eine wirklichkeitsferne Haltung den Ton an. Irgendwann skizzierten die Assistenten des Vorsitzenden einen Aktionsplan zur Wiederherstellung von Reaktor Vier und dessen Anschluss an das sowjetische Stromnetz, obwohl mittlerweile längst klar war, dass eine solche Großtat nicht zu bewerkstelligen war. Und laut Aussage von Witali Skljarow platzte kurz vor Mitternacht ein Funktionär in eine der Sitzungen, um Schtscherbina mitzuteilen, dass Generalsekretär Gorbatschow ihn in Kürze anrufen werde, um sich einen Lagebericht geben zu lassen. Der stellvertretende Minister ließ den Saal räumen. Als Skljarow sich zum Gehen wandte, hielt Schtscherbina ihn zurück.

»Nein, nein. Setzen Sie sich wieder«, sagte er. »Hören Sie zu, was ich sage. Und dann erzählen Sie Ihren Vorgesetzten genau dasselbe.«

Das VCh – die chiffrierte Hochfrequenzleitung aus Moskau – klingelte, und Schtscherbina meldete sich.

»Es hat einen Unfall gegeben«, sagte der stellvertretende Minister zu Gorbatschow. »Alles ist in heller Panik. Weder die Parteiorgane, noch der Sekretär der Oblast, noch die Vertreter der Rajons sind gegenwärtig hier. Ich werde verlangen, dass der Energieminister alle vier Blöcke wieder in Betrieb nimmt. Wir werden alles tun, um den Unfall zu tilgen.«

Schtscherbina hörte schweigend zu, was Gorbatschow zu sagen hatte.

»Verstanden«, sagte er schließlich und legte den Hörer auf. Dann wandte er sich an Skljarow.

»Haben Sie alles mitbekommen?«

Das hatte er – und war entsetzt. »Sie können den Reaktor nicht wiederherstellen, weil es keinen Reaktor mehr gibt«, sagte er. »Er existiert nicht mehr.«

»Sie wollen doch nur Panik schüren.«

»Ich habe es mit eigenen Augen gesehen.«

Einige Minuten später klingelte das Spezialtelefon erneut. Diesmal war Schtscherbitzki dran, der Chef der Kommunistischen Partei der Ukraine.

Schtscherbina wiederholte vor Schtscherbitzki, was er eben Gorbatschow erzählt hatte; ein utopischer Aktionsplan, der auf Selbsttäuschung gründete. Dann gab er den Hörer an Skljarow weiter.

»Er möchte Sie sprechen. Sagen Sie einfach, was ich gesagt habe.«

»Ich stimme Genosse Boris Ewdokimowitsch nicht zu«, sagte Skljarow. »Wir müssen die Stadt evakuieren.«

Schtscherbina entriss dem Energieminister das Telefon.

»Er ist ein Panikmacher!«, brüllte er. »Wie sollen wir all diese Leute evakuieren? Wir blamieren uns doch vor der ganzen Welt!«[84]

Kapitel 8

Samstag, 6 : 15 Uhr, Prypjat

Es war kurz nach 3:00 Uhr Morgens, als das Telefon Alexander Esaulow aus dem Schlaf klingelte. *Mist!*, dachte er, als er nach dem Hörer tastete. *Wieder ein Wochenende im Eimer.*

Seine Frau und die Kinder waren mit den Schwiegereltern weggefahren, und so hatte er sich auf ein paar ruhige Tage gefreut; vielleicht konnte er sogar angeln gehen. Mit einer fünfjährigen Tochter und einem knapp sechs Monate alten Sohn gab es immer zu tun, seine Arbeit noch nicht mitgerechnet. Und als zweiter Vorsitzender des *Ispolkom* der Stadt Prypjat – das Pendant zum zweiten Bürgermeister – taumelte Esaulow von einem organisatorischen Problem zum nächsten.

Vor seinem Umzug nach Prypjat hatte er in Kiew in der städtischen Finanzplanung gearbeitet. Es war ein ansehnlicher Schritt nach oben gewesen für den dreiunddreißigjährigen Buchhalter und seine Familie; aus der heruntergekommenen Gemeinschaftsunterkunft mit der Schlange jeden Morgen vor dem Badezimmer hinein in die saubere Luft einer ländlichen Umgebung, dazu die prestigeträchtige Stellung mit eigener Sekretärin und eigenem Dienstwagen – letzterer zwar in die Jahre gekommen, aber durchaus noch brauchbar. Trotz alledem empfand Esaulow die neue Verantwortung als große Last. Er musste einerseits Prypjats Haushaltsbudget verwalten, den Überblick behalten über Ausgaben und Einnahmen, saß aber auch an der Spitze der Planungskommission und war zuständig für das Transportwesen, die Gesundheitsversorgung, die Kommunikation, die Straßenreinigung, das Arbeitsamt und die Verteilung von Baumaterialien.[1] Immer lief irgendetwas schief, und sobald dem so war, hatten die Einwohner Prypjats keine Hemmungen, sich zu beschweren.[2]

Am Telefon war Maria Bojartschuk, die Sekretärin aus dem *Ispolkom*. Sie war von einem Nachbarn geweckt worden, der aus dem Kernkraftwerk gekommen war. Dort hatte es einen Unfall gegeben, ein Feuer, vielleicht eine Explosion.[3]

Um 3:50 Uhr saß Esaulow an seinem Schreibtisch im zweiten Stock des »Weißen Hauses«. Der Vorsitzende – der Bürgermeister der Stadt – war bereits zum Kraftwerk gefahren, um herauszufinden, was vor sich ging. Esaulow rief den Leiter des städtischen Zivilschutzes an, der aus dem Bett sprang und zu ihm ins Büro eilte. Doch keiner von beiden wusste, was zu tun war. Das Kraftwerk hatte seine eigene Zivilschutz-Einheit, und in deren Übungen war die Stadt noch niemals einbezogen worden. Unfälle hatte es schon des Öfteren gegeben, aber sie waren stets mit minimalem Aufwand behoben worden.

Jetzt wählten sie sämtliche Nummern im Kraftwerk, aber niemand wollte ihnen Auskunft erteilen. Sie erwogen, hinzufahren, hatten aber keinen Wagen. Sie konnten nichts weiter tun, als im Büro herumzusitzen und abzuwarten. Draußen warfen die Straßenlampen bernsteinfarbene Lichtpegel auf den Platz. Die Wohnungen an der Kurtschatow-Straße waren dunkel und still.

Doch als der Morgen dämmerte, sah Esaulow von seinem Schreibtisch aus, wie ein einzelner Rettungswagen aus der Richtung des Kraftwerks im Eiltempo den Lenin-Prospekt entlang fuhr. Das Blaulicht war eingeschaltet, nicht aber das Martinshorn. Am Einkaufszentrum *Raduga*, »Regenbogen«, bog der Wagen scharf nach rechts, fegte an der Südseite des Platzes entlang und dann in Richtung Krankenhaus. Einige Augenblicke später folgte ein zweiter Rettungswagen, und auch er verschwand um die Ecke.

Das Blaulicht verblasste in der Ferne, und auf den Straßen der Stadt kehrte wieder Ruhe ein. Doch dann schoss noch ein Krankenwagen vorbei.[4] Und noch einer. Esaulow beschlich allmählich der Verdacht, dass bei diesem Zwischenfall irgendetwas anders war.[5]

Als der Morgen graute, ging unter all denen, die Freunde und Verwandte in der Nachtschicht hatten, das Gerücht umher, dass im Kraftwerk ein größerer Unfall passiert war. Doch Genaueres wusste niemand.

Gegen 7:00 Uhr morgens befand sich Andrei Gluchow, der im Reaktorphysiklabor des Kraftwerks arbeitete, in seiner Wohnung am Stroiteley-Prospekt, als das Telefon klingelte. Es war ein Freund aus der Mess- und Steuerabteilung. Auch er war zu Hause und hatte gehört, dass im Kraftwerk irgendetwas schiefgelaufen war, wusste aber keine Einzelheiten. Als Mitglied der Abteilung Atomsicherheit sei Gluchow doch befugt, sich telefonisch direkt mit den Kontrollwarten der einzelnen Reaktorblöcke im Kraftwerk in Verbindung zu setzen. Ob es ihm etwas ausmache, dort nachzufragen?

Gluchow legte auf und rief seinen Freund Leonid Toptunow an, der in Block Vier am Schaltpult des leitenden Kontrollingenieurs saß. Doch niemand meldete sich. *Seltsam*, dachte er. *Vielleicht ist er gerade beschäftigt.* Er versuchte, die Kontrollwarte 2 zu erreichen, wo der leitende Kontrollingenieur sofort den Hörer abhob.

»Guten Morgen, Boris«, sagte Gluchow. »Wie geht's?«

»Ganz gut«, sagte der Ingenieur. »Wir steigern die Leistung in Block 2. Kennwerte normal. Keine besonderen Vorkommnisse.«[6]

»Gut. Und was ist mit Block Vier?«

Ausgedehntes Schweigen am anderen Ende der Leitung.

»Wir haben Anweisung, nicht darüber zu sprechen. Schau mal lieber aus dem Fenster.«

Gluchow begab sich auf den Balkon. Die Wohnung befand sich im fünften Stock, gleich hinter dem neuen Riesenrad, und bot einen guten Ausblick auf das Kraftwerk. Doch er sah nicht viel Ungewöhnliches. Über Reaktor Vier hing ein wenig Rauch in der Luft. Gluchow trank eine Tasse Kaffee und sagte seiner Frau, er werde in die Kurtschatow-Straße gehen und auf den Bus warten, der die Leute von der Nachtschicht in die Stadt zurückbringe. Sicher konnten die ihm sagen, was los war.

Er wartete an der Bushaltestelle, aber die Männer kamen nicht. Stattdessen kam ein Lastwagen voller Polizisten angefahren. Gluchow fragte, was denn passiert sei. »Wir wissen es nicht genau«, sagte der Polizist. »Die Wand der Reaktorhalle ist eingestürzt.«

»*Was?*«

»Die Wand der Reaktorhalle ist eingestürzt.«

Ein unvorstellbarer Gedanke. Sicher hatte Toptunow eine Erklärung dafür.

Vielleicht habe ich den Bus ganz einfach verpasst, dachte Gluchow. *Leonid ist vielleicht schon zu Hause.*

Toptunows Wohnblock war nur knappe fünfzehn Gehminuten von der Bushaltestelle entfernt. Gluchow stieg in die oberste Etage, bog am Ende der Treppe nach rechts und ging bis zur Tür am Ende des Korridors: Nr. 88, hübsch bezogen mit rotem Kunstleder. Er drückte auf den Klingelknopf. Drückte noch einmal. Doch nichts regte sich.[7]

Das Krankenhaus von Prypjat, Gesundheitszentrum Nummer 126, war ein kleiner Komplex aus graugelben Gebäuden am östlichen Stadtrand, hinter einem niedrigen Eisenzaun. Mit über 400 Betten, 1200 Pflegekräften und einer großen Entbindungsstation war es gut ausgestattet, um die wachsende Stadt und ihre junge Einwohnerschaft zu versorgen.[8] Auf einen katastrophalen Strahlenunfall war es allerdings nicht vorbereitet, und als in den frühen Samstagmorgenstunden die ersten Rettungswagen vorfuhren, war das Pflegepersonal schnell überfordert. Es war Wochenende, weshalb kaum Ärzte zu finden waren, und zunächst wusste niemand, womit man es zu tun hatte. Die uniformierten jungen Männer, die vom Kraftwerk ins Krankenhaus gebracht wurden, hatten Brände bekämpft und klagten über Kopfschmerzen, rauhe Hälse und Schwindelgefühl. Die Gesichter von einigen waren abstoßend purpurfarben, andere tödlich weiß. Bald mussten alle würgen und erbrechen, füllten Waschbecken und Eimer, bis ihre Mägen leer waren, und konnten auch danach nicht aufhören. Die Triage-Schwester fing an zu weinen.

Um 6:00 morgens hatte der Direktor des Krankenhauses offiziell die Diagnose Strahlenkrankheit gestellt und das Institut für Biophysik in Moskau informiert.[9] Die Männer und Frauen, die vom Kraftwerk kamen, erhielten die Anweisung, sich auszuziehen und ihre persönlichen Gegenstände abzugeben: Uhren, Geld, Parteibücher.[10] Alles war kontaminiert. Um Platz zu schaffen, wurden andere Patienten nach Hause geschickt, einige noch in ihren Schlafanzügen, und die Schwestern rissen die Notfallpackungen auf, die für Strahlenunfälle vorgesehen waren und Medikamente und Einwegspritzen enthielten. Bis zum Morgen hatte man neunzig Patienten aufgenommen. Unter ihnen waren die Männer aus der Kontrollwarte 4: der leitende Reaktorkontrollingenieur Leonid Toptunow, Schichtleiter Alexander Akimow und der stellvertretende Chefingenieur Anatoli Djatlow, ihr tyrannischer Boss.

Zunächst verweigerte Djatlow die Behandlung und sagte, er wolle einfach nur schlafen. Doch eine Schwester bestand darauf, ihm eine Infusion zu legen, und er erholte sich.[11] Auch andere schienen nicht allzu schwer verletzt zu sein. Alexander Juwtschenko fühlte sich schwindelig und seltsam aufgedreht, schlief aber bald ein und erwachte erst wieder, als eine Krankenschwester hereinkam, um ihn an den Tropf zu hängen. Da sie im selben Gebäude wohnte wie er, bat er sie, seine Frau aufzusuchen, sobald ihre Schicht zu Ende sei, und ihr zu versichern, dass er bald wieder zu Hause wäre. Unterdessen überlegten Juwtschenko und seine Freunde, wieviel Strahlung sie abbekommen hatten; sie dachten an 20 rem, vielleicht auch 50. Doch einer von ihnen, ein Marineveteran, der einmal auf einem Atom-U-Boot in einen Unfall verwickelt gewesen war, sprach aus Erfahrung: »Bei 50 musst du nicht kotzen«, sagte er.[12]

Wladimir Schaschenok, den die Kollegen aus den Trümmern von Geberraum 604 gerettet hatten, war als einer der ersten eingeliefert worden. Sein Körper war von Verbrennungen und Blasen übersät, der Brustkorb eingedrückt, das Rückgrat offenbar gebrochen. Und doch sah die Schwester, als er hereingetragen wurde, wie sich seine Lippen bewegten; er versuchte zu sprechen. Sie beugte sich über ihn.[13] »Halten Sie sich fern – ich war im Geberraum«, sagte er.[14]

Die Schwestern schnitten ihm die schmutzigen Kleidungsfetzen von der Haut und fanden ein Bett in der Intensivstation für ihn, aber sie konnten nicht viel für ihn tun. Um 6:00 Uhr war Schaschenok bereits tot.

Es war noch nicht einmal acht Uhr früh, als es bei Natalia Juwtschenko an der Tür klingelte.[15] Sie war früh aufgewacht, müde und unruhig. Ihr Sohn hatte sich eine Erkältung eingefangen, war die ganze Nacht wach gewesen und hatte geweint, und die Sorge, die Natalia am Vorabend gespürt hatte, war noch stärker geworden. Doch in den Schulen der Stadt wurde, wie überall in der Sowjetunion, am Samstagvormittag Unterricht gehalten, und sie musste um halb neun vor der Klasse stehen. Also wusch sie sich, zog sich an und wartete darauf, dass Alexander vom Kraftwerk nach Hause kam. Da die Nachtschicht um acht vorbei war, würde er es, wenn er sich beeilte, gerade noch rechtzeitig nach Hause schaffen, um Kirill zu übernehmen, bevor Natalia das Haus verlassen musste.

Doch statt ihres Mannes stand eine Fremde vor der Tür. Das Gesicht kam ihr zwar bekannt vor, doch sie konnte es nicht gleich zuordnen. Es war eine Nachbarin, die im Krankenhaus arbeitete.

»Natalia«, sagte sie, »Ihr Mann hat mich gebeten, Ihnen zu sagen, dass Sie nicht zum Unterricht gehen sollen. Er ist im Krankenhaus. Im Kraftwerk hat es einen Unfall gegeben.«

Um die Ecke, in der Helden-von-Stalingrad-Straße, hörte Maria Protzenko Lärm in der Wohnung unter ihr. Wie sie es immer tat, wenn sie den Nachbarn unter ihr wichtige Neuigkeiten übermitteln oder ein besonders leckeres Essen mit ihnen teilen wollte, klopfte Protzenko mit einem Löffel gegen den Heizkörper in der Küche. Die Antwort kam prompt zurückgescheppert: *Komm runter!*[16]

Protzenko war eine kleine, aber eindrucksvolle Vierzigjährige, die ihre dunklen Locken in einem praktischen Kurzhaarschnitt trug. Sie war in China als Tochter chinesisch-russischer Eltern geboren, aber im Schmelztiegel Sowjetunion aufgewachsen. Ihr Großvater war während der stalinistischen Säuberungsaktionen verhaftet worden und in den Gulag verschwunden; als sie ein Säugling war, starben ihre beiden Brüder an Diphtherie, weil sie aufgrund der Ausgangssperre in der chinesischen Grenzstadt, in der sie lebten, nicht zum Arzt gebracht werden durften. Danach war ihr trauernder Vater der Opiumsucht verfallen, und ihre Mutter in das sowjetische Kasachstan geflüchtet, wo sie Maria allein großzog. Nach ihrem Architekturstudium an der Hochschule für Straßenbau in Ust-Kamenogorsk war Protzenko sieben Jahre lang Prypjats Chefarchitektin gewesen, mit einem eigenen Büro im zweiten Stock des *Ispolkom*. Von dort aus beaufsichtigte sie die Umsetzung der neuen Bauprojekte in Prypjat mit einem sehr unsowjetischen Blick fürs Detail. Aufgrund ihrer chinesischen Abstammung von der Parteimitgliedschaft ausgeschlossen, ging sie mit dem Eifer der Außenseiterin an die Arbeit. Sie durchstreifte die Straßen mit einem Meterstab und prüfte die Qualität der Betonplatten in den neuen Wohnblöcken. Sie tadelte die Bauarbeiter wegen der schäbigen Gehwege: »Kinder können sich hier die Beine brechen, kommt ihr damit klar?« Wenn sie sich nicht überzeugen ließen, wurden sie beschimpft. Nicht wenige der Männer hatten Angst vor ihr.[17]

Viele der Wohnblöcke und wichtigen Gebäude – der Kulturpalast, das Hotel, selbst das *Ispolkom* – entstanden nach standardisierten Vorlagen, die in Moskau gefertigt wurden, um in jeder Stadt in allen Winkeln der UdSSR identisch reproduziert werden zu können. Protzenko aber bemühte sich nach Kräften, etwas Einzigartiges zu schaffen. Ungeachtet der vorherrschenden Staatsdoktrin, die – in Ablehnung dekadenter westlicher Vorstellungen von wirtschaftsfreundlicher Individualität – nach trübsinniger »proletarischer Ästhetik« verlangte, wollte sie, dass die Gebäude auch schön wären.[18] Protzenko arbeitete genügsam mit kleinen Mengen an Hartholz, Keramikfliesen oder Granit, um die Innenräume von Prypjats öffentlichen Gebäuden zu schmücken, wobei sie beispielsweise für das Restaurant Parkettböden und schmiedeeiserne Paravents mit floralem Muster entwarf oder die Wände des Kulturpalastes mit kleinen Einlegearbeiten aus Marmor versehen ließ. Unter ihrer Ägide wuchs die Stadt und aus zwei Mikrobezirken wurden erst drei, dann vier. Sie half dabei, die Namen der neuen Straßen auszusuchen, und beaufsichtigte die Bauausführung in jeder neuen Einrichtung der Stadt. Die Bibliothek, das Schwimmbad, das Einkaufszentrum, das Sportstadion – alles ging durch ihre Hände.

Als Protzenko an diesem Morgen die Wohnung verließ, ging sie noch immer davon aus, den Tag im Büro über den Plänen für eine neue Stadterweiterung zu verbringen. Erst tags zuvor hatte sie eine Delegation des Kiewer Instituts für Stadtentwicklung empfangen. Gemeinsam planten sie die Infrastruktur von Prypjats sechstem Bezirk, der auf neugewonnenem Land am Fluss entstehen sollte. Er war für die Arbeiter gedacht, die die ersten Reaktoren von Direktor Brjuchanows gewaltigem neuen Kraftwerk Tschernobyl Zwei in Betrieb nehmen sollten. Die Erdarbeiten hatten schon begonnen, die Bagger schafften für die Fundamente der neuen Siedlungen Sand aus dem Flussbett heran. Sobald diese fertiggestellt wären, würden in Prypjat nicht weniger als zweihunderttausend Menschen wohnen.[19]

Als Protzenko in der Wohnung unter ihr angelangt war, war es kurz nach acht Uhr am Samstagmorgen. Ihre fünfzehnjährige Tochter war bereits auf dem Weg in die Schule; ihr Mann, der als Monteur für die Stadt arbeitete, lag noch im Bett und schlief. Die Nachbarn – ihre gute Freundin Swetlana und deren Mann Wiktor – saßen am Küchentisch. Trotz der frühen Stunde tranken sie *Samogon*, schwarzgebrannten Wodka. Swetlana erklärte, dass ihr Bruder aus dem Kraftwerk angerufen habe. Es habe eine Explosion gegeben.

»Wir verjagen die *Shitiki*!«, sagte Wiktor und hob sein Glas.[20] Wie viele Bauarbeiter im Kraftwerk glaubte er, dass die Strahlung kontaminierte Teilchen im Blut – *Shitiki* – erzeugte, gegen die der Wodka eine wirksame Prophylaxe sei. Gerade als Protzenko ihm sagen wollte, dass sie wohl noch keinen *Samogon* vertrage, egal aus welchem Grund, erschien ihr Mann in der Tür: »Telefon für dich.«[21]

Es war die Sekretärin aus dem *Ispolkom*. »Ich komme«, sagte Protzenko.

Um 9:00 Uhr hatten bereits Hunderte Milizionäre auf den Straßen Prypjats Stellung bezogen und sämtliche Zugangswege in die Stadt durch Straßensperren blockiert.[22] Doch während sich die Verantwortlichen der Stadt – darunter Protzenko, der zweite Bürgermeister Esaulow, der Chef des städtischen Zivilschutzes und die Leiter der Schulen und Unternehmen – zu einer Notfallsitzung im »Weißen Haus« versammelten, begann der Tag überall sonst in Prypjat gerade so wie jeder andere warme Samstagmorgen.[23]

In den fünf Schulen der Stadt und in den Kindergärten »Goldfisch« und »Kleiner Sonnenschein« fing für Tausende Kinder der Unterricht an. Unter den Bäumen schoben Mütter ihre Babys in Kinderwagen herum. Die Menschen gingen an den Strand, um sich in die Sonne zu legen, zu angeln oder im Fluss zu schwimmen. In den Lebensmittelläden versorgten sich Kunden mit frischem Obst und Gemüse, mit Wurst, Bier und Wodka für die Maifeierlichkeiten. Andere fuhren hinaus zu ihren Datschen und Gemüsegärten am Stadtrand. Vor dem Café am Pier wurden letzte Vorbereitungen für eine Hochzeitsfeier unter freiem Himmel getroffen, und im Stadion war das Fußballteam der Stadt im Begriff, sich für ein Spiel am Nachmittag warm zu laufen.[24]

Im Konferenzsaal auf der vierten Etage des »Weißen Hauses« ergriff Wladimir Malomusch, der zweite Parteisekretär für die Region Kiew, das Wort. Malomusch war erst wenige Stunden zuvor aus Kiew angekommen, und da in Notsituationen die Partei Vorrang hatte vor der Regierung, hatte er jetzt das Sagen.[25] Neben ihm standen die beiden mächtigsten Männer der Stadt: Kraftwerksdirektor Wiktor Brjuchanow und der Chef des Bauwesens Wasilij Kisima.

»Es hat einen Unfall gegeben«, sagte Malomusch, bot aber keine weitere Erklärung. »Die näheren Umstände werden gerade untersucht. Sobald wir mehr wissen, werden wir Sie informieren.«[26]

Bis dahin, erklärte er, solle das Leben in Prypjat seinen gewohnten Gang nehmen. Die Kinder sollten in der Schule, Geschäfte geöffnet bleiben; die für diesen Tag geplanten Hochzeiten sollten gefeiert werden.[27]

Natürlich kamen Fragen. Die Jungen Pioniere von Schule Nummer drei – 1500 Kinder insgesamt, das kommunistische Gegenstück zu den Pfadfindern – sollten sich am heutigen Tag im Kulturpalast versammeln. Konnten sie mit dem Treffen fortfahren? Am folgenden Tag sei ein Lauf durch die Straßen der Stadt geplant, der Gesundheit von Kindern gewidmet. Solle der auch stattfinden? Malomusch versicherte dem Schuldirektor, dass keine Notwendigkeit für eine Planänderung bestehe – alles solle weitergehen wie immer.[28]

»Und bitte geraten Sie nicht in Panik«, sagte er. »Unter gar keinen Umständen sollten Sie in Panik geraten.«[29]

Um 10:15 Uhr kam ein einzelner Panzerspähwagen – das vorderste Fahrzeug der 427. mechanisierten Rotbanner-Aufklärungsdivision des Zivilschutzes der Sowjetunion – aus Richtung Kiew gefahren und bog langsam nach links ab, auf Prypjat zu.[30] Luken fest verschlossen und Dosimeter eingeschaltet, rumpelte er mit jaulendem Motor über die Eisenbahnbrücke. Durch die dicken, kugelsicheren Scheiben kam die Stadt in Sicht. Alles schien normal.

Einen Abstand von achthundert Metern haltend, wie es das Gefechtsprotokoll verlangte, holten die übrigen Fahrzeuge des Aufklärungstrupps den Spähwagen auf dem Platz vor dem »Weißen Haus« ein. Die Zivilschutztruppen waren angewiesen worden, in der Stadt und der unmittelbaren Umgebung die Strahlenbelastung zu prüfen, hatten aber weder detaillierte Pläne des Kraftwerks noch Straßenkarten von Prypjat zur Verfügung. In der zweiten Etage des »Weißen Hauses« fand eine Abordnung von Männern Maria Protzenko, die zwar über Stadtpläne verfügte, aber keine Möglichkeit hatte, Kopien anzufertigen. Da Kopierer dazu benutzt werden konnten, *Samisdat*-Dissidentenschriften zu vervielfältigen, wurde der Zugang zu den wenigen in der UdSSR verfügbaren Geräten streng vom KGB überwacht.[31] Protzenko setzte sich also an ihr Zeichenpult und produzierte, so schnell sie konnte, von Hand schematische Darstellungen der Stadt.[32]

Gegen Mittag, als die Aufklärungsdivision in Gruppen aufbrach, um in ganz Prypjat dosimetrische Messungen vorzunehmen, näherte sich der Stadt von Süden ein Mi-8-Hubschrauber des 225. Luft-Aufklärungsgeschwaders der Sowjetarmee.[33] Der Pilot war Hauptmann Sergej Wolodin, der an diesem Morgen mit seiner zwei Mann starken Besatzung am Militärflugplatz in Borispil Bereitschaftsdienst hatte.[34] Dieser Dienst war Teil eines regelmäßigen Turnus, der verlangte, dass für Notfälle im Wehrbereich Kiew jederzeit eine Hubschrauberbesatzung einsatzbereit war. Wolodin und seine Männer waren normalerweise an die angenehmere Pflicht gewöhnt, sowjetische Würdenträger durch die Republik zu fliegen – ihr Hubschrauber war speziell für diesen Zweck umgebaut worden, seine mit Teppich ausgelegte Kabine war mit bequemen Sesseln bestückt, einer Toilette und sogar einer Bar. Obwohl sie ein verpflichtendes Training absolviert hatten, das sie auf Kampfeinsätze in den Bergen Afghanistans vorbereiten sollte, war der Stellungsbefehl nie erfolgt.

An diesem Morgen hatte Wolodin gegen neun den Befehl erhalten, einen Strahlungsaufklärungsflug zum Kernkraftwerk Tschernobyl durchzuführen.[35] Auf dem Weg dorthin sollte er einen hochrangigen Offizier des Zivilschutzes aufnehmen, der die notwendigen Details liefern konnte.[36] Nachdem er seinen Flugplan abgeheftet hatte, holte sich Wolodin beim diensthabenden Beamten Dosimeter für sich und seine Besatzung. Doch die Batterien der Instrumente waren korrodiert. Nur der für die chemischen Dienste zuständige Beamte des Geschwaders konnte sie ersetzen, und er war auf der anderen Seite des Flugplatzes und baute eine Garage für den Stützpunktkommandanten. Wolodin beschloss daher, auf eigene Dosimeter zu verzichten. Er und seine Männer hatten zwar Atemmasken und Schutzanzüge aus Gummi für den Einsatz erhalten, doch erschien das Fliegen in so einer Aufmachung unmöglich. Das Wetter war warm, und im Cockpit war es heiß, auch in Sommeruniformen. Gegen zehn Uhr vormittags startete der Flugingenieur den Motor, und Wolodin, in Hemdsärmeln, hob ab. Er nahm unterwegs den Zivilschutzoffizier auf – einen Major, der über ein eigenes militärisches Strahlungsmessgerät verfügte – und flog von dort weiter nach Prypjat, um neue Instruktionen entgegenzunehmen.[37]

Wolodin kannte Tschernobyl gut.[38] Er brachte die Hubschrauber des Geschwaders oft zur alljährlichen Wartung zu der großen Militärflugzeugfabrik im litauischen Kaunas, und die Flüge führten ihn regelmäßig an den leuchtend weißen Klötzen des Kraftwerks vorbei. Manchmal hatte er dabei, aus reiner Neugier, das DP-3-Kampfzonenradiometer eingeschaltet, das hinter seinem Sitz im Cockpit installiert war. Für den Gebrauch nach einem Atomangriff gedacht, konnte das DP-3 auf vier Messbereiche eingestellt werden und maß die Strahlenwerte auf einer Skala von 10 bis 100, dann bis 250 und schließlich bis 500 Röntgen pro Stunde. Doch der Zeiger hatte nie auch nur gezuckt.

Jetzt, als der Pilot sich in zweihundert Metern Höhe dem Kraftwerk näherte, sah er weißen Rauch über die Gebäude treiben. Er wies den Ingenieur an, das Cockpit-Radiometer einzuschalten. Sein Navigator hielt sich bereit, die nötigen Berechnungen anzustellen, um von den Messwerten in der Luft abzuleiten, wie hoch die Strahlungsdosis auf dem Boden sein könnte. Zwischen den sich im Bau befindlichen Blöcken 5 und 6 des Kraftwerks entdeckte Wolodin einen gelben Ikarus-Bus. Na ja, dachte er, wenn die Leute dort unten immer noch arbeiten, muss ja alles in Ordnung sein.

Dann sah er, dass das westliche Ende des Kraftwerks eingestürzt war. Im Inneren brannte etwas.

»Achtzehn Röntgen pro Stunde«, berichtete der Flugingenieur. »Rapide steigend.« Der Zivilschutz-Major öffnete die Tür zum Cockpit, um zu melden, dass seine Hand verstrahlt war. Er hatte ein Kabinenfenster geöffnet, um eigene Messungen im Freien durchzuführen – 20 Röntgen pro Stunde.

Das Kraftwerk hinter sich lassend, traf Wolodin Vorbereitungen zur Landung in Prypjat, damit der Major genaue Instruktionen für den Aufklärungsflug einholen konnte. Er umrundete die Stadt, um gegen die Windrichtung zu landen. Dabei fiel ihm auf, wie viele Menschen auf den Straßen unterwegs waren, am Flussufer fischten und in ihren Gärten Kartoffeln pflanzten. Der Himmel war strahlend blau, der Wald ein saftiges Grün. Eine Schar weißer Möwen zog darüber ihre Kreise.

Wolodin brachte den Mi-8 in der Nähe eines Spielplatzes am südwestlichen Stadtrand zu Boden, um nicht allzu viel Unruhe zu stiften. Doch der Vogel erregte stets die Aufmerksamkeit der Zivilisten, in deren Nähe er landete. Auch diesmal war er schon bald von einer Menschentraube umringt. Die Erwachsenen wollten wissen, was im Kraftwerk vor sich ging, und wann sie ihre Arbeit dort wieder aufnehmen konnten. Die Kinder wollten einen Blick in den Hubschrauber werfen. Während der Major in die Stadt ging, ließ Wolodin sie einsteigen, immer sechs oder sieben auf einmal, damit sie sich umsehen konnten.

Unterdessen waren zu der Belegschaft, die in der Nacht per Telefon zum Kraftwerk gerufen worden war, die Arbeiter der regulären Morgenschicht gestoßen, die wie gewöhnlich um acht Uhr früh zum Dienst erschienen waren. In der Bauzentrale, nur vierhundert Meter von Block Vier entfernt, begann wie immer die tägliche Arbeitsbesprechung. Sie wurde aber bald von der Nachricht unterbrochen, dass es im Kraftwerk zu einem Unfall gekommen war, woraufhin alle nach Hause geschickt wurden.[39] Trotzdem war niemand sonderlich alarmiert. Einige Bauarbeiter nutzten den unverhofften freien Tag, indem sie zu ihren Datschen fuhren oder schwimmen gingen. Im Kraftwerk kam es andauernd zu Zwischenfällen, und die Strahlung hatte offenbar noch keinem geschadet. Als das letzte Mal so etwas passiert war, waren Lastwagen durch Prypjat gefahren, um die Straßen mit Dekontaminationsmitteln zu bespritzen, und als sie vorbei waren, hatten die Kinder barfuß in dem Schaum gespielt.

Von ihrem Schreibtisch im »Weißen Haus« telefonierte Maria Protzenko nach Hause, um ihrem Mann zu sagen, er solle die Fußböden der Wohnung staubsaugen und putzen und sicherstellen, dass ihre fünfzehnjährige Tochter, sobald sie aus der Schule käme, die Kleider wechselte und sich duschte. Doch als sie zwei Stunden später noch einmal anrief, hatten die beiden ihre Warnung in den Wind geschlagen und sahen sich gemeinsam einen Film im Fernsehen an. Ihre Tochter hatte es nicht einmal für nötig befunden, sich zu waschen: »Sobald der Film zu Ende ist«, versprach sie.[40]

Sogar diejenigen, die die Katastrophe vor Ort direkt miterlebt hatten, taten sich schwer, die Bilder der Zerstörung im Kraftwerk mit denen der sorglosen Atmosphäre in den Straßen von Prypjat unter einen Hut zu bringen. Ein leitender Angestellter, der in den Blöcken 5 und 6 tätig war, hatte das Feuer selbst gesehen, als er spät nachts im Auto aus Richtung Minsk gekommen war. Nur eine Stunde nach der Explosion hielt er knapp hundert Meter vor der zertrümmerten Reaktorhalle von Block Vier den Wagen an und sah gebannt und entsetzt zu, wie sich Feuerwehrleute auf dem Dach abmühten, die Flammen einzudämmen. Doch als er am folgenden Morgen zu Hause in Prypjat erwachte, schien alles wieder völlig normal zu sein. Und er war fest entschlossen, den Tag mit seiner Familie zu genießen.[41]

Anderswo in der Stadt fanden sich allerdings Hinweise darauf, dass doch nicht alles ganz so war, wie es sein sollte. Der direkte Nachbar eines Technikers, ein Elektromonteur, verzichtete an diesem Morgen auf den Strand und legte sich stattdessen auf dem Dach seines Wohnblocks auf einer Gummimatte in die Sonne. Nach einer Weile dort oben bemerkte er, dass er sehr schnell braun wurde. Fast sofort ging von seiner Haut ein verbrannter Geruch aus. Nach einer Weile kam er herunter, um eine Pause einzulegen, und sein Nachbar fand ihn seltsam aufgekratzt und gutgelaunt, als hätte er getrunken. Als niemand sonst Interesse zeigte, ihm auf dem Dach Gesellschaft zu leisten, ging er allein wieder hinauf und arbeitete weiter an seiner Turbobräunung.[42]

Im Kraftwerk erkannten die Atomingenieure der Morgenschicht indes sehr wohl die Gefahr für die Stadt und versuchten ihre Angehörigen zu warnen. Einige erreichten sie telefonisch und rieten ihnen, in den Wohnungen zu bleiben. Wohl wissend, dass das KGB die Telefonate überwachte, versuchte einer, seine Frau in kodierter Sprache darauf vorzubereiten, die Stadt zu verlassen.[43] Ein anderer überredete Direktor Brjuchanow, ihn zum Mittagessen nach Hause fahren zu lassen, und packte dann eilig seine Familie ins Auto, um sie in Sicherheit zu bringen. Er kam nur bis zum Ende des Lenin-Prospekts, wo ihn ein bewaffneter Milizionär, an einer Straßensperre, wieder zurückschickte. Die Stadt war abgeriegelt worden. Niemand durfte sie ohne Räumungsbefehl verlassen.[44]

Als Weniamin Prianitschnikow, der Leiter der technischen Schulungsprogramme im Kraftwerk, gegen 11:00 Uhr vormittags am Bahnhof Janow ankam, hatte er das Drama der vorangegangenen zwölf Stunden gänzlich verpasst.[45] Er war auf Geschäftsreise in Lwiw gewesen. Auf der Rückfahrt im Zug an diesem Morgen hatte er gehört, wie andere Fahrgäste sich über einen schweren Störfall unterhielten, der angeblich im Kraftwerk stattgefunden hatte. Prianitschnikow, ein erfahrener Atomphysiker, den seine Expertise von den Plutoniumfabriken in Krasnojarsk-26 zum atomaren Testgelände nach Kasachstan geführt hatte, war von Anfang an am Projekt Tschernobyl beteiligt gewesen und stolz auf seine Position im Kraftwerk. Er kannte die Reaktoren gut und wollte das Geschwätz nicht glauben. Eine Explosion im Reaktorkern war schlicht undenkbar. Er widersprach seinen Mitreisenden daher dermaßen vehement, dass es beinahe zu einer Prügelei gekommen wäre.

Als er jedoch in Prypjat eintraf, sah er, wie Tanklastzüge des 427. mechanisierten Zivilschutz-Regiments die Straßen mit einem Detergens besprühten, das in den Rinnsteinen weißen Schaum hinterließ. Der Physiker erkannte es als desorbierende Lösung, dazu bestimmt, Radionuklide zu absorbieren und zu binden, wenn sie auf den Boden sanken. Und überall waren Milizionäre.[46] Prianitschnikow lief in seine Wohnung, um seine Frau und seine Tochter zu warnen, traf sie aber nicht zu Hause an.

Von der Wohnung aus versuchte er, im Kraftwerk anzurufen, aber die Leitung war tot. Er stieg aufs Fahrrad und fand seine Frau ein paar Kilometer außerhalb der Stadt in ihrer Datsche, wo sie sich um die Blumen kümmerte. Sie wollte partout nicht glauben, dass irgendetwas nicht stimmte. Erst als er ihr die schwarzen Graphitflecken auf den Blättern ihrer Erdbeerpflänzchen zeigte, war sie bereit, mit ihm nach Hause zu fahren.

Prianitschnikow hegte den Verdacht, dass es sich bei dem kolportierten Unfall um ein katastrophales Reaktorversagen handelte, doch ohne Dosimeter konnte er seine Nachbarn schwer von solch einer ketzerischen Vorstellung überzeugen.[47] Sie hörten ihm einfach nicht zu, und als jemand, dessen Vater und Großvater beide durch die Partei zu Tode gekommen waren, wusste er, wie gefährlich es sein konnte, allzu beharrlich auf seiner Meinung zu bestehen.

Als der Major zu Hauptmann Wolodins Hubschrauber zurückkehrte, konnte er bestätigen, dass der Schaden am Kraftwerk, den sie aus der Luft gesehen hatten, von einer Explosion herrührte. Eine Regierungskommission aus Moskau sei bereits nach Prypjat unterwegs, erzählte er. Bei ihrer Ankunft würden sie einen vollständigen Lagebericht benötigen. Er werde Wolodin und seine Männer begleiten, wenn sie die Stadt überflogen, um Bereiche mit potentiell hoher radioaktiver Kontamination aufzuspüren, sagte der Major. Bevor sie erneut starteten, riet Wolodin allen Umstehenden, mit ihren Kindern nach Hause zu gehen und die Fenster zu schließen.[48]

Gegen 13:30 Uhr brachte der Pilot den Hubschrauber auf eine Höhe von hundert Metern, flog zunächst nach Norden, über die ersten drei Dörfer in Stadtnähe, ehe er nach Westen schwenkte. Das Cockpit-Dosimeter blieb auf Null. Wolodin ging bis auf fünfzig Meter hinunter und hielt auf das nächste Dorf zu; nichts. Er brachte den Hubschrauber noch tiefer, auf gerade einmal zwanzig Meter, aber der Zeiger des Radiometers regte sich nicht. Wolodin hatte schon den Verdacht, das Gerät sei einfach nicht empfindlich genug, um etwas anzuzeigen. Nachdem er den letzten Wendepunkt des Aufklärungsflugs passiert hatte, folgte Wolodin den Eisenbahnschienen in Richtung Kraftwerk.

Zu seiner Rechten lag das Dorf Tschistogalowka, in dem ebenfalls Menschen ihre Gärten bestellten. Der Wind blies jetzt nach Südwest und trieb eine dünne Spur weißen Rauches – vielleicht auch Dampf – aus Richtung des Kraftwerks und des Bahnhofs auf das Dorf zu.[49]

Tschistogalowka war im Aufklärungsflugplan nicht enthalten, aber Wolodin beschloss, trotzdem einige Messungen vorzunehmen. Und wenn der Rauch radioaktiv war? Das Zeug konnte den Leuten direkt auf die Köpfe fallen. Als er den Bahnhof passierte, riss er den Steuerknüppel herum. Der Hubschrauber schwenkte nach rechts.

Große Perlen Flüssigkeit bildeten sich auf dem Kabinendach. Zuerst dachte Wolodin, es sei Regen. Doch dann bemerkte er, dass sie nicht wie Wassertropfen über die Scheibe liefen, sondern seltsam schwer und zähflüssig waren. Sie rannen langsam, gallertartig, und verdampften, eine salzartige Spur hinterlassend. Der Himmel war klar. Er beugte sich über die Armaturen und blickte nach oben: direkt über ihm trieb derselbe weißliche Rauch, einmal dünner, dann wieder dichter. Fast wie eine Wolke.

»Genosse Hauptmann, Maximalausschlag!«, rief der Bordingenieur.

»Was denn?«

»Das DP-3. Die Nadel hängt fest.«

»Dann schalten Sie auf ein höheres Messintervall«, sagte Wolodin und drehte sich nach hinten, um selbst nachzusehen. Doch das Radiometer war schon auf das höchste Intervall eingestellt. Der Zeiger klebte am äußersten Rand, bei 500 Röntgen pro Stunde. Und Wolodin wusste, dass das Gerät seine Messwerte von einem Empfänger erhielt, der auf der Rückseite seines Sitzes angebracht war. Es schien unmöglich: Der Strahlungspegel *innerhalb* des Cockpits überstieg den bei einem Atomkrieg erwarteten Höchstwert. Was immer es mit dieser Wolke auf sich hatte, er musste ihr unverzüglich entkommen.

Wolodin drückte den Knüppel nach vorn. Die Nase des Hubschraubers tauchte nach unten, dann nach links. Die Baumwipfel fegten unter ihnen durch. Er flog, was die Maschine hergab, vom Bahnhof weg, auf Prypjat zu. Dann schlug die Tür zum Cockpit auf, und der entsetzte Major stand da, das eigene Radiometer in der Hand.

»Was haben Sie getan?«, brüllte der Offizier in das Dröhnen der Rotoren. »Sie haben uns alle umgebracht!«

Natalia Juwtschenko hatte den ganzen Vormittag herauszufinden versucht, was ihrem Mann Alexander zugestoßen war. Zuerst hatte sie von der öffentlichen Telefonzelle aus im Krankenhaus angerufen, aber dort wollte man ihr nichts sagen. Dann hörte sie, dass der KGB dort war und niemand hineinließ. Doch sie konnte nicht einfach mit dieser Ungewissheit zu Hause bleiben. Und Alexander war nicht der einzige, der aus der Arbeit nicht wie sonst nach Hause gekommen war. Ihre Freundin Mascha kam zu ihr hoch, um ihr zu sagen, dass ihr Mann, der in Block 3 arbeitete, auch nicht nach Hause gekommen war.[50]

Und so ließ Natalia ihren Sohn Kirill in der Obhut einer Nachbarin, und die beiden Frauen gingen von Tür zu Tür, Wohnung zu Wohnung, Gebäude zu Gebäude die Straße hinunter und über die Höfe – eilten hallende Betonstiegen hinauf und hinunter, klingelten an Türen, auf der Suche nach irgendeinem Mitarbeiter des Kraftwerks, der ihnen sagen konnte, was passiert war. Sie versuchte, ihren Eltern ein Telegramm zu schicken, aber das Postamt war geschlossen. Mascha griff zum Telefon, um ihre Eltern in Odessa anzurufen. Aber die Leitung war tot.

Irgendwann kam Maschas Ehemann nach Hause, offenbar unverletzt, und bestätigte die Nachricht von einem Störfall. Er habe heute vor Sonnenaufgang dabei geholfen, Alexander ins Krankenhaus zu bringen, erklärte er. Dann sagte ein anderer Nachbar, er habe ihn im Krankenhaus gesehen, heil und gesund, und der Nachbar wusste auch genau, wo Natalia ihn finden konnte: auf der zweiten oder dritten Etage, ganz hinten. Sie dürfe vielleicht nicht hinein, könne aber zu ihm hinaufrufen.

Es war bereits später Nachmittag, als Natalia am Krankenhaus Nummer 126 eintraf. Alexander erschien im Fenster, mit bloßem Oberkörper, nur eine Schlafanzughose am Leib. Er lehnte sich hinaus und fragte seine Frau, ob sie in der vergangenen Nacht die Fenster der Wohnung offen gelassen habe.

Sie war erleichtert. Er sah aus wie immer und schien unversehrt. Lediglich ein Arm und die Schulter waren knallrot, wie bei einem heftigen Sonnenbrand. Noch beunruhigender war, dass die Haare an den Schläfen schlohweiß geworden waren.

»Natürlich!«, entgegnete sie. »Es war so heiß und stickig.«

Hinter ihrem Mann konnte Natalia andere Leute im Zimmer herumgehen sehen; vielleicht noch mehr Patienten. Sie wusste es nicht. Keiner kam ans Fenster. Sie hatte entsetzliche Angst, jemand könne sie bemerkt haben und sie wegbringen lassen.

»Natascha«, sagte Alexander, »schließe alle Fenster. Wirf das Essen weg, das draußen gestanden hat. Und wasche alles in der Wohnung ab.«

Er konnte nicht mehr viel sagen. Das KGB war da und befragte jeden. Doch das Paar kam überein, sich tags darauf wieder auf dieselbe Art zu treffen. Unterdessen war es anderen Frauen gelungen, ihre Männer mit Wodka, Zigaretten und traditionellen Hausmitteln zu versorgen; sie knüpften Taschen an Seile, und ihre Männer zogen sie durch die Krankenhausfenster nach oben.[51] Alexander bat Natalia, ihm ein paar Dinge herzubringen – ein Handtuch, eine Zahnbürste, Zahnpasta und etwas zu lesen. Dinge, die jeder im Krankenhaus haben wollte. Wie es schien, war die Panik vorbei. Natalia war ganz sicher, dass alles wieder ins Lot käme, sobald der ominöse Schaden im Kraftwerk behoben wäre. Sie ging nach Hause und tat, was ihr Mann ihr gesagt hatte.[52]

Um 16:00 Uhr begann das medizinische Personal der Notaufnahme, die Patienten nach der Schwere ihrer Verletzungen zu selektieren. Alexander Esaulow, der stellvertretende Bürgermeister von Prypjat, stand dabei, als der zuständige Arzt ein zerschlissenes Notizbuch zückte und jemandem am Institut für Biophysik in Moskau telefonisch eine Liste von Symptomen daraus vorlas.[53]

»Viele sind in einem kritischen Zustand«, sagte er tonlos. »Die Verbrennungen sind schlimm. Einige leiden an … extremen Brechanfällen und haben eine große Anzahl von Brandwunden an den Extremitäten. Der Zustand der Patienten wird durch thermische Verbrennungen verschlimmert. Sie sollten dringend nach Moskau verlegt werden.« Als er jedoch erklärte, dass insgesamt fünfundzwanzig Personen ausgeflogen werden müssten, tönte Protest aus der Leitung. Die Stimme des Arztes wurde barsch.[54]

»Nun, dann organisieren Sie es«, sagte er.

Immer mehr Patienten wurden eingeliefert, alle mit den Symptomen eines akuten Strahlensyndroms. Nach einigem Hin und Her traf der Direktor des Krankenhauses die Entscheidung, an alle Bewohner Prypjats stabiles Jod zu verteilen – eine Prophylaxe gegen das Radioisotop Jod-131, das besonders Kindern gefährlich werden konnte.[55] In Prypjats Apotheken waren jedoch nicht genügend Jod-Tabletten vorrätig, und die Krise musste unbedingt geheim bleiben. Also nutzte Esaulow seine Parteikontakte in den Nachbarbezirken Tschernobyl und Polesien, um dort in aller Stille um Hilfe zu bitten. Bis zum Einbruch der Dunkelheit waren insgesamt dreiundzwanzigtausend Kaliumjodidtabletten angekommen, und es wurden Vorkehrungen getroffen, sie den Leuten an die Wohnungstüren zu bringen.

Um 20:00 Uhr bestellte der Zweite Sekretär Malomusch Esaulow wieder ins Weiße Haus zurück.[56] Als der stellvertretende Bürgermeister dort eintraf, war das Gebäude von allen möglichen Fahrzeugen umstellt: Wolgas, Moskwitsche, Streifenwagen und Begleitfahrzeuge der *Militsia*, Militärjeeps und die neuen schwarzen Limousinen führender Parteifunktionäre. In der dritten Etage wartete eine Gruppe hochrangiger Militärs vor dem Büro, in dem die Regierungskommission sich versammelt hatte. Malomusch wies Esaulow an, die Schwerstverwundeten vom Krankenhaus in Prypjat zum Flughafen Boryspil außerhalb von Kiew transportieren zu lassen. Von dort aus würde sie ein Militärjet, den General Iwanow, der Chef des Zivilschutzes, besorgt hatte, nach Moskau fliegen.

Vom Fenster seines Büros aus konnte Esaulow sehen, wie nach einer Abendvorführung eine große Menschenmenge aus dem Prometheus-Kino strömte, und wie Mütter mit ihren Kindern zum Café am Pier schlenderten. Von einer Hochzeitsfeier im Restaurant unten wehte das Geräusch klirrender Gläser herauf. »Küssen!«, rief einer, woraufhin im Chor »Eins! Zwei! Drei!« gerufen wurde.

Bei Einbruch der Dunkelheit waren am Samstag die Telefonleitungen und die fest installierten Radiogeräte in jeder Wohnung in Prypjat verstummt. Die Kästen – *radio-totschki* – hingen in der Sowjetunion allerorten an den Wänden und leiteten über drei Kanäle Propaganda in die Wohnungen wie Gas und Strom: Komsomol, Sowjetrepublik und Stadt. Die Sendungen begannen um sechs Uhr früh mit der Nationalhymne und dem freudlosen Gruß »*Govorit Moskva*« – »Hier spricht Moskau«. Viele Menschen hatten das Radio permanent laufen – es auszuschalten, galt früher als verdächtig – eine raunende Berieselung mit Parteipropaganda in jeder Küche.[57] Als die Kästen verstummt und die Telefone tot waren, dämmerte in Prypjat sogar denen, die den ganzen Nachmittag Sonne getankt hatten, dass irgendetwas Ungewöhnliches vor sich ging.[58]

Und dann kamen Abgesandte lokaler Hausverwaltungen, sogenannte *Zheks*, an die Tür, um den Leuten zu sagen, sie sollten ihre Treppenhäuser wischen, und junge Komsomol-Frauen klopften an und verteilten Jodtabletten. Es ging das Gerücht, dass nun auch die übrigen Reaktoren des Kraftwerks abgeschaltet worden waren. Auch von einer Evakuierung der Stadt war die Rede. Manche packten sogar schon ihre Taschen und gingen hinaus auf die Straße, weil sie jede Minute damit rechneten, abgeholt zu werden. Doch von offizieller Seite kam kein Wort.[59]

Alexander Korol hatte fast den gesamten Vormittag in Leonid Toptunows Wohnung gesessen und darauf gewartet, dass sein alter Freund nach Hause kommen und erklären würde, was in Block Vier passiert war. Er hatte gehört, dass es im Kraftwerk zum GAU, dem Größten Anzunehmenden Unfall, gekommen war. Doch er weigerte sich, das zu glauben. Endlich kam Toptunows Freundin, die Krankenschwester, und erzählte, dass alle Arbeiter der Mitternachtsschicht im Krankenhaus Nr. 126 lägen. Einige von ihnen würden noch an diesem Abend zu einer Spezialklinik in Moskau geflogen.[60]

Es war nach 21:00 Uhr, als Korol am Krankenhaus eintraf, ein Handtuch, Zahnpasta und Toptunows Zahnbürste in seinen Händen.[61] Als er dort ankam, standen zwei rote Ikarus-Busse vor der Eingangstreppe.[62] Der eine wurde gerade mit verletzten Feuerwehrmännern und mit Korols Freunden aus der Nachtschicht in Block Vier beladen. Sie trugen alle ihre Krankenhausschlafanzüge, und viele wirkten vollkommen gesund. Korol stieg ebenfalls ein und entdeckte Toptunow – Leonid sah aus wie immer. Doch die Sitze und Wände des Busses waren mit Plastikplanen abgedeckt worden, und als Toptunow redete, machte er einen verwirrten, orientierungslosen Eindruck.[63]

Korol fragte ihn, was passiert war. »Ich weiß es nicht«, sagte der junge Operator. »Die Stäbe sind auf halbem Weg stecken geblieben.«[64]

Korol stellte keine Fragen mehr. Außer ihm, das wusste er, ahnten sicher nur wenige Leute in Prypjat, dass die Männer aus der Stadt gebracht wurden, geschweige denn, wohin sie fuhren. Er ging daher mit Papier und Stift durch den Bus und notierte sich die Namen und Adressen der Angehörigen seiner Freunde – so konnte er ihnen zumindest erzählen, dass ihre Lieben nach Moskau verlegt worden waren. Während er das tat, wurden zwei Männer auf Tragen in den Bus gehoben.

Einer von ihnen blickte auf. »Grüß dich, Korol!«, sagte er heiter.

Doch Korol hatte keine Ahnung, wer der angeschlagene Experte war. Sein Gesicht war feuerrot und so geschwollen, dass er nicht wiederzuerkennen war. Und als Korol den Mann auf der zweiten Trage sah, dessen Körper zu dreißig Prozent von Brandwunden überzogen war, wurde ihm klar, dass es sich bei diesem Unfall, was auch immer mit den Steuerstäben passiert sein mochte, mit Sicherheit nicht um eine Lappalie handelte. Es war nun an der Zeit, sich zu verabschieden, denn der Bus würde gleich losfahren. Korol stieg aus und sah zu, wie er auf die Straße bog.[65]

In dieser Nacht fanden sich Korol und andere leitende Ingenieure aus dem Kraftwerk in Gruppen zusammen, tranken Bier und diskutierten, was den Unfall verursacht haben könnte. Es gab nur viele Theorien. Sie schalteten den Fernseher ein, in der Hoffnung, aus den Nachrichten mehr zu erfahren, aber das Kraftwerk und der Unfall wurden mit keiner Silbe erwähnt.

In ihrer großen Eckwohnung am Ende des Lenin-Prospekts hatte Walentina Brjuchanow den ganzen Tag vergeblich auf Nachrichten von ihrem Mann gewartet, den sie nicht mehr gesehen hatte, seit er noch vor Sonnenaufgang aus dem Haus gegangen war. Es war lange nach Mitternacht, als der Kraftwerksdirektor nach Hause kam. Er hatte eine Genehmigung bei sich, die ihrer schwangeren Tochter und dem Schwiegersohn erlauben würde, im Wagen der Familie die Straßensperren der Miliz zu passieren und die Stadt zu verlassen. Er hielt sich nur wenige Minuten zu Hause auf. Er müsse ins Kraftwerk zurück, sagte er. »Du weißt doch, dass der Kapitän immer als Letzter von Bord geht. Von nun an«, sagte er zu Walentina, »bist du für die Familie verantwortlich.«[66]

Als Weniamin Prianitschnikow telefonisch endlich seinen Vorgesetzten im Kraftwerk erreichte, wurde ihm gesagt, es finde dort eine Übung statt, er solle sich um seinen eigenen Kram kümmern. In dieser Nacht schloss Prianitschnikow seine Frau und seine Tochter in der Wohnung ein und wies sie an, die Koffer zu packen. Sie sollten sich bereithalten, die Stadt mit dem ersten Zug zu verlassen. Die drei waren gerade im Begriff, zu Bett zu gehen, als sie merkwürdige Geräusche aus der Richtung des Kraftwerks hörten. Von ihrem Balkon im sechsten Stock aus sahen sie zu, wie aus der zerklüfteten Ruine von Reaktor Vier gelbe und grüne Flammen hundert Meter in den Himmel schossen.[67]

In den frühen Sonntagmorgenstunden startete General Iwanows Maschine am Flughafen Kiew-Boryspil. An Bord waren sechsundzwanzig Männer, die an den Anfangssymptomen einer akuten Strahlenkrankheit litten. Darunter waren Leonid Toptunow, sein Schichtleiter Alexander Akimow, der stellvertretende Chefingenieur Djatlow, Alexander Juwtschenko und die Feuerwehrmänner, die auf dem Dach der Reaktorhalle gegen die Brände angekämpft hatten. Die meisten hatten keine Ahnung, wohin man sie brachte. Sie sorgten sich um das Schicksal ihrer Familien – und grübelten darüber nach, was im Kraftwerk geschehen war. Der Flug nach Moskau dauerte nur knapp zwei Stunden. Diejenigen, die noch bei Bewusstsein waren, mussten sich unentwegt übergeben.[68]

Als in der Polizeiwache in Prypjat, in der die Abteilung für Innere Angelegenheiten eine Notfallzentrale eingerichtet hatte, der neue Tag anbrach, machte der diensthabende Beamte mehrere Notizen im offiziellen Protokoll. Um 7:07 Uhr schrieb er: »Die Leute ruhen sich aus. Um 8:00 Uhr fangen die Büroangestellten mit der Arbeit an. Die Lage ist normal. Der Strahlungspegel steigt.«[69]

Kapitel 9

Sonntag, 27. April, Prypjat

Der erste große Transporthubschrauber kam kurz nach Sonnenaufgang und flog tief über die Dächer rings um den Marktplatz. Der Lärm der beiden Turbinentriebwerke hallte von den Betonfassaden des *Ispolkom* und der Wohnblöcke an der Kurtschatow-Straße. Der Luftzug des Rotors wirbelte Staub auf und riss die Blütenblätter von den Blumen in den Beeten. Generalmajor Nikolai Antoschkin, der milchgesichtige dreiundvierzigjährige Stabschef der 17. Luftlandearmee der sowjetischen Streitkräfte, stand auf dem Boden und schwenkte seine Uniformmütze, um den Piloten einzuweisen, bis die Maschine sicher auf der Straße vor dem Hotel Polesia gelandet war.[1]

Nachdem er in der Nacht zuvor vom Zentralkommando des Wehrbereichs Kiew nach Prypjat abkommandiert worden war, hatte General Antoschkin die Stadt am Samstag nach Mitternacht im Auto erreicht, in Begleitung eines Experten der Luftwaffe für chemische Kriegsführung.[2] Er hatte nur eine vage Ahnung, was im Kraftwerk vor sich ging, und weder Instruktionen noch Mitarbeiter oder Ausrüstung – nicht einmal die Funksprechgeräte, die er gebraucht hätte, um mit seinen Piloten zu kommunizieren. Nach seiner Ankunft in Prypjat begab er sich geradewegs zum Weißen Haus, um sich bei Boris Schtscherbina zu melden.[3] Der Vorsitzende der Regierungskommission fasste sich kurz: »Wir brauchen Hubschrauber«, sagte er.[4]

In einem der Büros, die mittlerweile von Generälen und Admirälen der Armee, der Atommarine und des Zivilschutzes annektiert worden waren, schnappte sich Antoschkin ein Telefon, holte seinen Stellvertreter in Kiew aus dem Bett und wies ihn an, die Transporthubschrauberregimenter auf den Weg zu bringen. Die ersten Maschinen flogen nachts, bei Regen, tief hängenden Wolken und von Gewittern bedroht, über die Ukraine und Weißrussland zum nahegelegenen Fliegerhorst Tschernigow. Antoschkin nutzte die Notstandsverordnung, die der Regierungskommission erteilt wurde, um Testpiloten von der Hubschrauberflugschule in Torschok, nördlich von Moskau, nach Prypjat zu beordern, und ließ weitere Piloten von den etwa tausend Kilometer entfernten Stützpunkten an der kasachischen Grenze nach Prypjat versetzen.[5]

Am Sonntag, bei Sonnenaufgang, hatte der General das Kommando über eine achtzig Hubschrauber umfassende Spezialeinheit, die für den Katastrophenfall ausgebildet war und auf vier verschiedenen Fliegerhorsten rund um das Kraftwerk auf seine Befehle wartete. Weitere Hubschrauber wurden aus Fliegerhorsten in der gesamten Sowjetunion nach Prypjat geschickt. Antoschkin war mittlerweile seit über vierundzwanzig Stunden auf den Beinen.

Im Hotel schüttelte der Lärm des landenden Hubschraubers Boris Schtscherbina, das Akademiemitglied Legassow und die übrigen Kommissionsmitglieder aus den Betten.[6] Sie hatten bis tief in die Nacht beraten und dabei versucht, den schier unentwirrbaren Knoten zu lösen, der aus den Problemen um den havarierten Block 4 entstanden war – die Gefahr einer neuen Kettenreaktion im Reaktor; das Feuer und die Notwendigkeit, die unsichtbare Wolke der in die Atmosphäre entweichenden Radionuklide zu neutralisieren. Dazu kamen die Fragen, ob mit der Evakuierung der Stadt begonnen werden sollte und wie das Rätsel der Unfallursache zu lösen sei.

Nach Legassows Schätzung hatte der Reaktor 2500 Tonnen Graphitblöcke enthalten, die in Brand geraten und bereits eine Temperatur von über 1000 Grad Celsius erreicht hatten.[7] Die intensive Hitze konnte bald sowohl die Zirkonium-Ummantelung der im Kern verbliebenen Brennelemente schmelzen als auch die darin enthaltenen Urandioxid-Pellets.[8] Auf diese Weise würden noch mehr radioaktive Teilchen aus dem zertrümmerten Kern in die Luft entweichen. Pro Stunde verbrannte etwa eine Tonne Graphit.[9] Selbst unter Einberechnung des Materials, das durch die

Explosion aus dem Kern geschleudert worden war, konnte das Feuer, falls Legassows Kalkulationen zutrafen, ungebremst noch zwei Monate weiter wüten – und eine Rauchsäule aus Radionukliden in die Luft freisetzen, die Kontamination in die gesamte UdSSR tragen und den Erdball noch jahrelang umkreisen würde.[10]

Doch das Problem erwies sich als beispiellos komplex. Gewöhnliche Brandbekämpfungsmaßnahmen waren nutzlos.[11] Graphit und Kernbrennstoff brannten mit so hohen Temperaturen, dass ihnen weder mit Wasser noch mit Schaum beizukommen war; Wasser würde in der Hitze nicht nur augenblicklich zu Dampf werden, wobei sich in einer giftigen Wolke radioaktive Aerosole verbreiten würden, sondern konnte sich auch in seine Bestandteile Sauerstoff und Wasserstoff spalten, was die Möglichkeit einer weiteren Explosion befürchten ließ.[12] Überdies verhinderten die riesigen Gammastrahlenfelder rings um den Reaktor, dass man sich ihm auf dem Wasser- oder dem Landweg für längere Zeit nähern konnte.[13]

Legassow und die übrigen Nuklearexperten debattierten, zunehmend erschöpft, stundenlang, brachten jede Idee zur Sprache, die ihnen einfiel, holten sich Informationen aus Büchern und Leitfäden sowie per Telefon und Fernschreiber aus Moskau. Die Feuerwehr-Kommandanten aus dem Innenministerium und die Experten aus dem Energieministerium ersuchten ihre Kollegen in der Hauptstadt um Hilfe. Ein Physiker, der die Antwort auf eine einfache Frage in den Technikhandbüchern des Kraftwerks nicht finden konnte, rief seine Frau an und bat sie, zu Hause nachzuschlagen.[14] In seinem Büro im Kurtschatow-Institut saß der dreiundachtzigjährige Direktor Anatoli Alexandrow – Vorsitzender der Sowjetischen Akademie der Wissenschaften, Inhaber des Patents für den RBMK-Reaktor und Legassows Mentor – persönlich neben einem abhörsicheren Telefon und beriet die Wissenschaftler in Prypjat, wie man Reaktor 4 wieder unter Kontrolle bringen könnte. Legassow schlug vor, man solle ihn mit dem Eisenerz bedecken, das auf der Baustelle am Kernkraftwerk gelagert wurde, um strahlungsresistenten Schwerbeton herzustellen; Schtscherbina wollte Feuerlöschboote den Prypjat hinauf schicken und aus Hochdruckschläuchen Wasser in die Reaktorhalle lenken. Doch die Baracke, in der das Eisenerz lagerte, stand direkt in der Schneise der radioaktiven Wolke aus Block Vier und war bereits viel zu kontaminiert, als dass man sich ihr hätte nähern können; noch mehr Wasser in den Reaktor zu schütten, wäre gefährlich und sinnlos.[15]

Die Auseinandersetzungen dauerten die ganze Nacht. Unterdessen kehrte das Team des Kernforschungsinstituts WNIIAES des Energieministeriums von seiner Erkundung des Kraftwerks zurück, wo es das furchterregende Lichtschauspiel über dem zerborstenen Block Vier beobachtet hatte. Die Männer berichteten daher Schtscherbina, dass die Strahlungssituation gefährlich sei.[16]

Um 2:00 Uhr morgens telefonierte Schtscherbina mit seinem Parteiboss in Moskau, Wladimir Dolgich – der für Schwerindustrie und Energie zuständige Sekretär des Zentralkomitees –, und bat um die Erlaubnis, die Stadt verlassen zu dürfen.[17] Als die Wissenschaftler in den frühen Morgenstunden endlich in ihre Hotelbetten krochen, war Schtscherbina auch zu einem Entschluss gelangt, was den brennenden Reaktor anbelangte: Er sollte durch Bombardierung aus der Luft erstickt werden, mit Hilfe von Antoschkins Hubschraubern.[18]

Die Mitglieder der Regierungskommission waren allerdings noch immer zu keinem Ergebnis gelangt, mit welcher Materialkombination dies funktionieren würde, oder wie genau so eine Operation durchzuführen sei.

Am Sonntagmorgen gegen sieben ging Boris Schtscherbina in das Büro im Weißen Haus, das jetzt von den führenden Strahlungsexperten der Sowjetarmee belegt war: General Boris Iwanow, stellvertretender Chef des sowjetischen Zivilschutzes, und Generaloberst Wladimir Pikalow, Befehlshaber der Chemischen Truppen der UdSSR. Er erklärte sich bereit, das Thema Evakuierung anzugehen.

»Ich habe mich entschieden«, sagte Schtscherbina. »Was ist Ihre Meinung?«[19]

Iwanow gab ihm den Strahlungsbericht.[20] Anstatt zu sinken, wie die Funktionäre des Gesundheitsministeriums gehofft hatten, stieg der Strahlungspegel in den Straßen kontinuierlich an. Für den Chef des Zivilschutzes und seinen regionalen Stellvertreter bestand kein Zweifel – die Stadtbevölkerung war nicht nur durch die Radionuklide in Gefahr, die weiterhin aus dem Reaktor trieben, sondern auch durch den Fallout, der sich bereits auf dem Boden angesammelt hatte.

Die Stadt musste evakuiert werden. Die Ansicht der Offiziere wurde von einem Bericht des Direktors von Krankenhaus Nr. 126 bestätigt. Nur Pikalow, der imposante Kommandant der Chemischen Truppen mit den buschigen Brauen, ein hoch dekorierter Veteran des Großen Vaterländischen Krieges, war der Ansicht, dass es mit der Evakuierung Prypjats keine Eile habe.

Schtscherbina dagegen hielt an seinem Entschluss fest: Die Evakuierung solle noch am selben Nachmittag beginnen. Trotzdem zögerte er, den Befehl dazu zu geben. Zuerst wollte er sich Reaktor Vier persönlich ansehen.[21]

Kurz nach acht Uhr morgens, immer noch dieselben Anzüge am Leib, in denen sie tags zuvor in Moskau aufgebrochen waren, bestiegen Schtscherbina und Waleri Legassow den Mi-8-Hubschrauber, der mitten auf dem städtischen Fußballplatz stand.[22] Sie wurden begleitet von den Generälen Pikalow und Antoschkin und von zwei Kiewer Staatsanwälten, die eine brandneue Videokamera bei sich hatten, um den Anblick zu filmen. Der Flug von Prypjat zum Atomkraftwerk nahm nur knapp zwei Minuten in Anspruch, und als der Hubschrauber eine Schleife um das westliche Ende der langen Turbinenhalle drehte, spähten die sechs Männer durch die runden Bullaugen der Kabine auf das entsetzliche Schauspiel unter ihnen.[23]

Selbst der störrischste sowjetische Betrachter musste einsehen, dass der vierte Reaktorblock des Kernkraftwerks Tschernobyl niemals wieder auch nur ein einziges Watt Strom produzieren würde. Im klaren Licht des neuen Tages wurde nur allzu deutlich, dass der Reaktor vollständig zerstört war. Das Dach sowie die oberen Wände der Reaktorhalle waren weggefegt, und im Inneren erspähte Legassow, dass die obere Abdeckung des Reaktors von einer gewaltigen Explosion beiseite geschleudert worden war und nun im steilen Winkel auf dem Behälter ruhte. Er sah Graphitblöcke und große Teile der Brennelemente auf dem Dach der Maschinenhalle und auf dem Boden darunter verteilt. Eine weiße Dampfsäule – höchstwahrscheinlich das Erzeugnis des Graphitbrands, dachte Legassow – trieb aus dem Krater und ragte mehrere hundert Meter in den Himmel. Und tief im Inneren der dunklen Ruine sah der Wissenschaftler tiefrote Glutnester, wo etwas – was es war, wusste er nicht – wütend zu lodern schien.[24]

Als der Hubschrauber wieder nach Prypjat zurückflog, stand für Legassow endgültig fest, dass man es nicht nur mit einem weiteren bedauerlichen Versagen sowjetischer Ingenieurstechnik zu tun hatte, sondern mit einer Katastrophe globalen Ausmaßes, mit deren Folgen die Welt noch über Generationen beschäftigt sein würde. Und jetzt war es an ihm, sie einzudämmen.[25]

Am Sonntagmorgen um zehn, volle zweiunddreißig Stunden nach Beginn der Katastrophe, bestellte Boris Schtscherbina sämtliche Parteimitglieder in die *gorkom*-Büros des Weißen Hauses und gab endlich den Befehl, Prypjat zu evakuieren.[26]

Um 13:10 Uhr brachen die *Radio-Totschki* in allen Küchen der Stadt ihr Schweigen.[27] Mit schriller, zuversichtlicher Stimme verlas eine junge Frau die Ankündigung[28], die am Morgen von einer Schar hochrangiger Funktionäre aufgesetzt und dann von Schtscherbina gebilligt worden war:

> Achtung! Achtung, Genossen! Der Stadtrat der Volksbeauftragten möchte Ihnen mitteilen, dass sich in der Stadt Prypjat aufgrund eines Unfalls im Kernkraftwerk Tschernobyl schädliche Strahlungsbedingungen entwickeln. Von den Organen der Partei und des Staates werden die notwendigen Maßnahmen ergriffen. Um jedoch für die Menschen – und vor allem die Kinder – vollkommene Sicherheit zu gewährleisten, ist eine vorübergehende Evakuierung der Stadt erforderlich. Die Bewohner werden in umliegende Orte der Region Kiew gebracht … Wir ersuchen Sie, sich während dieser vorübergehenden Evakuierung ruhig und diszipliniert zu verhalten.[29]

Die Proklamation war vorsichtig formuliert worden; sie verriet den Bürgern nicht, wie lange sie ihre erzwungene Abwesenheit würden ertragen müssen, sondern ließ sie absichtlich in dem Glauben, dass es nur für kurze Zeit sein würde.[30] Man sagte ihnen, sie sollten lediglich wichtige Dokumente einpacken und ausreichend Kleidung und Lebensmittel für zwei bis drei Tage, dann die Fenster schließen und Strom und Gas abstellen.[31] Städtische Angestellte würden in der Stadt bleiben und Einrichtungen und Infrastruktur aufrechterhalten. Die leeren Wohnungen würden von Polizeipatrouillen bewacht. Aus Sorge, was in ihrer Abwesenheit passieren würde, packten einige Leute nur ihren wertvollsten Besitz ein – Abendkleider, Schmuck, Besteck. Andere packten Winterkleidung ein und machten sich auf das Schlimmste gefasst.

Stunden zuvor war Natalia Juwtschenko mit einem Handtuch, einer Zahnbürste und den übrigen Dingen, um die ihr verletzter Mann sie gebeten hatte, wie vereinbart zum Krankenhaus Nr. 126 zurückgekehrt. Doch als sie die Stelle unterhalb des Fensters erreichte, wo sie und Alexander tags zuvor miteinander gesprochen hatten, war von ihm oder den anderen Männern und Frauen aus dem Kraftwerk keine Spur. Die Fenster des Gebäudes standen offen, aber der gesamte Krankenhausflügel – noch vor wenigen Stunden voller Patienten – war jetzt menschenleer. Sie sah sich nach jemandem um, der ihr vielleicht sagen konnte, wohin alle verschwunden waren, fand aber niemanden.

Als Juwtschenko zu ihrer Wohnung am Stroiteley-Prospekt zurückkam, erzählten ihr die Nachbarn von der bevorstehenden Evakuierung der Stadt: Sie würden drei Tage fort sein, Busse würden kommen und sie alle auflesen; bis dahin sollten sie die Kinder nicht ins Freie lassen und abwarten. Für Angst oder Panik blieb keine Zeit. Es gab zu viele Fragen, die einer Antwort bedurften: Wo sind meine Freunde? Wohin fahren wir? Wann kommen wir zurück?

Juwtschenko konzentrierte sich auf die unmittelbaren Notwendigkeiten. Als erstes musste sie sicherstellen, dass sie sämtliche Familiendokumente einpackte. Sie suchte die Pässe, ihre Universitätsdiplome, Impfscheine und die Papiere für die Wohnung zusammen. Dann: Woher bekam sie die Milch, die sie brauchte, um Kirill drei Tage lang zu füttern? Die Läden waren allesamt geschlossen. Und vor allem musste sie ihren Mann finden.

Aber es dauerte nicht lange, bis sie herausfand, warum Alexander so plötzlich verschwunden war. Sascha Korol, der die Adressen abklapperte, die er sich am Abend zuvor im Bus notiert hatte, kam bald darauf zu ihr und erzählte, was er vom Krankentransport nach Moskau gesehen hatte. Unaufgefordert brachte er Natalia auch Geld – 100 Rubel, fast ein Monatslohn[32] – und eine Tüte Milch für das Baby.

Sie legte die Milch auf dem Sattel von Alexanders Fahrrad im Flur ab und ging ins Schlafzimmer, um zu packen. Sie füllte einen kleinen Koffer mit Anziehsachen für den Jungen, ein paar Kleidern und Schuhen – und ging dann nach unten, um zu warten.[33]

Während Armeeoffiziere, Wissenschaftler und Mitglieder der Regierungskommission kamen und gingen, hatte Maria Protzenko in der zweiten Etage des Weißen Hauses die ganze Samstagnacht hindurch an ihrem Schreibtisch gesessen. Es gab viel zu tun, und wenige, die es tun konnten. Der Großteil der technischen Fachkräfte des *Ispolkom* war nach Hause geschickt worden.[34]

Ungeachtet der Krise im Kraftwerk fühlte Protzenko sich bemüßigt, den Berg an Schreibarbeit zu erledigen, die für die geplante Entwicklung und Ausweitung der Stadt erforderlich war. Sie glaubte zuversichtlich, dass alles nach Plan laufen würde.

Doch die Chemischen Truppen des Zivilschutzes kamen stündlich zu ihr und baten sie, weitere Karten für sie zu zeichnen, in denen sie die steigenden Strahlungspegel in und außerhalb von Prypiat einzutragen gedachten. Und am Samstagabend um acht hatte der Bürgermeister ihr aufgetragen, die Stadt auf eine mögliche Evakuierung vorzubereiten. Noch sei nichts bestätigt. Doch falls der Befehl käme, sagte er, solle sie sich bereit halten, die gesamte Einwohnerschaft Prypjats unverzüglich aus der Stadt zu schaffen – per Bus und per Bahn.

Im Konferenzraum gegenüber ihrem Büro stieß Protzenko zu einer Gruppe aus zwanzig Mitgliedern der Stadtverwaltung, um die nötigen Vorkehrungen zu treffen. Die Architektin breitete die Stadtpläne aus und zählte alle Wohnblöcke in der Stadt, während die Leiter der internen Passabteilung und die Bezirks-*Zheks* die Anzahl der Familien in jedem Komplex zusammenzählten und eruierten, wie viele Kinder und ältere Leute in jeder Familie lebten. Gemeinsam mit dem Leiter des städtischen

Zivilschutzes errechnete Protzenko dann die Anzahl von Bussen, die erforderlich war, um alle Personen aus den sechs Bezirken der Stadt abzuholen.

Insgesamt lebten 51 300 Männer, Frauen und Kinder in Prypjat.[35] Über 4000 von ihnen waren Operatoren und Bauarbeiter, die in der Stadt bleiben sollten, um die grundlegende Versorgung der Stadt aufrechtzuerhalten und im Kraftwerk zu arbeiten. Um alle Familien sicher aus der Stadt zu bringen, wurden über tausend Busse gebraucht – dazu zwei Flussschiffe und drei Dieselzüge, die zum Bahnhof Janow umgeleitet werden sollten, um die alleinstehenden Männer aus den Wohnheimen aufzunehmen.[36]

Zur gleichen Zeit begann das ukrainische Verkehrsministerium Busse von Transportunternehmen aus ganz Kiew und den umliegenden Klein- und Vorstädten anzufordern. Die Fahrer wurden am späten Samstagabend zur Arbeit bestellt und darauf vorbereitet, mit Polizeieskorte nach Prypjat zu fahren.[37] Um 23:25 erteilte ihnen der ukrainische Ministerrat den Befehl zum Aufbruch. Um 3:50 Uhr hatten bereits fünfhundert Fahrzeuge die Stadtgrenze erreicht, weitere fünfhundert trafen nur eine knappe halbe Stunde später in Tschernobyl ein.[38] Vor Sonnenaufgang stand eine etwa zwölf Kilometer lange Fahrzeugkolonne auf der Straße nach Prypjat, während die Fahrer auf weitere Instruktionen warteten und sich aus einer mobilen Kantine etwas zu essen holten. Die gesamte Operation wurde unter strenger Geheimhaltung durchgeführt. Am Sonntagvormittag drängten sich auf den Bushaltestellen in Kiew frustrierte Fahrgäste, die vergeblich auf ihre Busse warteten, die nicht aufkreuzten.[39]

Am Sonntagmittag hatten sich die Bürger von Prypjat vor ihren Häusern versammelt, um auf die Busse zu warten, die sie aus der Stadt bringen würden. Sie hatten kleine Einkaufstaschen mit ein paar Habseligkeiten, Lebensmittelvorräten – gekochte Kartoffeln, Brot, Speck – und den nötigsten Dokumenten in ihren Händen.[40] Es gab keinerlei Anzeichen von Panik. Trotz der Warnungen, im Haus zu bleiben, hatten junge Eltern Mühe, ihre kleinen Kinder in Schach zu halten, die in den staubigen Straßen herumliefen und spielten.[41] Einige Familien machten sich zu Fuß auf den Weg.[42]

Um dieselbe Zeit bereiteten sich die Besatzungen zweier Hubschrauber des 51. Hubschraubergarderegiments darauf vor, einen Luftangriff auf Reaktor Vier zu fliegen.[43] Die Operation, um acht Uhr Morgens von Boris Schtscherbina abgesegnet, begann hastig und improvisiert.[44] Nicht nur die Start- und Landeplätze, auch die Flugpläne, Geschwindigkeiten, ballistischen Bahnen und Strahlungsbedingungen mussten von General Antoschkin und seinen Männern ausgearbeitet werden, und sie alle waren den Ansprüchen des reizbaren Vorsitzenden der Regierungskommission ausgeliefert. Als die Piloten ihre Aufklärungseinsätze begannen und dabei Flugrouten über den Reaktor erstellten, wandte Schtscherbina seine Aufmerksamkeit auf die Beschaffung der zigtausend Tonnen Material, die abgeworfen werden sollten.

Waleri Legassow und die übrigen Wissenschaftler erarbeiteten schließlich einen komplexen Cocktail[45] – darunter Ton, Blei und Dolomit –, um ihn in den havarierten Block Vier zu kippen, in der Hoffnung, er werde den Graphitbrand ersticken, den lodernden Kernbrennstoff herunterkühlen und der Freisetzung weiterer Radionuklide in die Atmosphäre entgegenwirken. Der alte Alexandrow und die Atomphysiker aus dem Kurtschatow-Institut empfahlen Blei und Dolomit – ein natürlich vorkommendes Mineral, das Kalzium- und Magnesiumcarbonat enthielt. Wegen seines niedrigen Schmelzpunktes glaubten die Wissenschaftler, dass sich das Blei in der Hitze des Feuers verflüssigen und dazu beitragen würde, die Temperatur des Kernbrennstoffs abzukühlen und Radionuklide einzufangen, die aus dem zerstörten Kern freigesetzt wurden. Sie hofften auch, dass es auf den Grund des Reaktorbehälters fließen würde, um dort auszuhärten und eine Barriere gegen Gammastrahlung zu bilden. Der Dolomit sollte den Brennstoff abkühlen und sich in der Hitze des Feuers chemisch zersetzen. Dabei würde Kohlendioxid freigesetzt, das dem Graphitbrand Sauerstoff entziehen würde. Alexandrow schlug vor, auch Ton beizumengen, der den Reaktor versiegeln und dabei helfen könnte, Radionuklide zu absorbieren.

Doch keine dieser Substanzen war im Kraftwerk aufzutreiben. Besonders Blei gehörte zu den vielen Rohstoffen, die in der UdSSR ständig knapp waren.[46] Dabei war es unabdingbar, sofort mit der Operation zu beginnen. Schtscherbina instruierte die Piloten, den Reaktor zunächst mit pulverisiertem Bor zu bombardieren, das endlich vom Kernkraftwerk in Rowno eingetroffen war – es sollte als Neutronenmoderator wirken und die Möglichkeit weiterer Kettenreaktionen im verbliebenen Uran abwenden. Legassow war in einem Schützenpanzerwagen zum Reaktor gefahren, um persönlich die Neutronenstrahlung zu messen, und seine Daten schienen zu bestätigen, dass die Kettenreaktion inmitten der Trümmer jetzt zum Stillstand gekommen war. Doch die Physiker wollten vollkommen sicherstellen, dass sie nicht wieder starten würde.

Inzwischen schickte Schtscherbina General Antoschkin und zwei stellvertretende Minister der UdSSR – beide Kernspezialisten – zum Flussufer, wo sie eigenhändig Säcke mit Sand befüllten.[47] Das Akademiemitglied Legassow argumentierte, dass Sand das Feuer ersticken und wie ein Filter die aus dem Reaktor entweichenden heißen Partikel und radioaktiven Gase einfangen würde. Sand war zudem preisgünstig und in ausreichender Menge vorhanden. Im Zuge der Stadterweiterung waren bereits Tonnen davon aus dem Fluss gebaggert worden, die sich nun neben dem Café am Pier häuften – nur zwei Straßen vom Hotel Polesia entfernt, auf dessen Vorplatz die Hubschrauber landeten. Dies war ein glücklicher Zufall, denn die benötigte Menge war enorm. Die absorbierende Schicht, die den Reaktor bedecken sollte, müsse mindestens einen Meter dick sein, so die Wissenschaftler. Ihren Berechnungen zufolge bräuchten sie etwa fünfzigtausend Säcke.[48]

Es war heiß am Flussufer, und der General und die beiden Minister – noch immer in ihren Anzügen und den Stadtschuhen – waren bald schweißgebadet. Und wenn die Sonne schlimm war, war die Strahlung schlimmer. Sie hatten weder Atemschutzmasken noch Dosimeter zur Verfügung. Einer der Minister bat den Sprecher einer Gruppe von Brennelementspezialisten um Unterstützung. Dieser verlangte einen Bonus für seine Männer, wenn sie auf kontaminiertem Gelände arbeiten sollten. Doch selbst mit ihrer Hilfe war die Aufgabe fast nicht zu bewältigen. Zwei der Spezialisten fuhren daher zu einer nahegelegenen Kolchose – namens *Druzhba*, »Freundschaft« –, deren Mitglieder auf den Feldern mit der Frühlingsaussaat beschäftigt waren. Die Landarbeiter, entspannt und fröhlich in der Sonne, glaubten weder, was man ihnen über den Unfall und die Notwendigkeit erzählte, das Feuer im Reaktor zu ersticken –, noch wollten sie einsehen, dass der Boden, den sie bestellten, bereits radioaktiv verseucht war. Erst als der Leiter der Kolchose und Parteisekretär ankam und ihnen immer und immer wieder erklärte, was alles auf dem Spiel stand, waren die Arbeiter bereit zu helfen. Schließlich meldeten sich zwischen 100 und 200 Männer und Frauen aus dem Kollektiv freiwillig zum Arbeitseinsatz am Flussufer. Dazu kamen noch Soldaten einer Zivilschutzeinheit aus Kiew.[49]

Boris Schtscherbina blieb unerbittlich. Wieder im Weißen Haus, trieb er die Minister und Generäle zu noch härterer, schnellerer Arbeit an und brachte den Vertretern der Atomministerien eine wütende Verachtung entgegen. Reaktoren in die Luft jagen, das könnten sie, brüllte er, aber wenn sie Säcke mit Sand befüllen sollten, würden sie kläglich versagen.[50]

Wenn sich Schtscherbina des steigenden Kontaminationspegels in der Luft ringsum bewusst war, ließ er sich nichts anmerken. Der Vorsitzende begegnete den Gefahren der Strahlung mit der hochmütigen Verachtung eines Kavallerieoffiziers, der im Schritt ein Schlachtfeld durchquerte, während ihm die Kanonen um die Ohren flogen. Und fast alle Kommissionsmitglieder folgten seinem Beispiel; die Radioaktivität rings um sie her zu erwähnen, erschien ihnen fast taktlos. Unter den Ministern herrschte das Ethos sowjetischen Draufgängertums.[51]

Schließlich wurden am frühen Sonntagnachmittag die ersten zehn Sandsäcke – jeder einzelne mindestens sechzig Kilo schwer – zum Vorplatz hinaufgeschafft und an Bord eines Hubschraubers gehievt.[52]

Insgesamt waren es 1225 Busse, ein Kaleidoskop aus Farben, die über ein Dutzend unterschiedliche sowjetische Transportunternehmen repräsentierten; einige rot, andere gelb, grün oder blau; einige halb rot, halb weiß, andere mit einem Streifen – dazu 250 Lastwagen und Tanklaster.[53] Um 14:00 Uhr[54], ganze eineinhalb Tage, nachdem die Wolke aus Radionukliden angefangen hatte, in die Atmosphäre zu entweichen, setzte sich die kunterbunte Fahrzeugkarawane, die am Stadtrand von Prypjat wartete, endlich in Bewegung.

Maria Protzenko erwartete sie auf der Eisenbahnbrücke am Eingang der Stadt. Sie hatte sich einen Stadtplan von Prypjat unter den Arm geklemmt und trug, weil es heiß war, eine Bluse, einen Rock und offene Sandalen.

Ein Armeemajor leistete ihr Gesellschaft, dann noch ein Polizeimajor. Sie schüttelten einander die Hände. Sie wussten alle, was zu tun war. Niemand sagte viel.[55]

Als der erste Bus näherkam, ließ der Polizeimajor ihn anhalten, und Protzenko stieg ein. Sie zeigte dem Fahrer den Stadtplan und gab ihm Anweisungen. Die Busse sollten in Fünfergruppen weiterfahren; sie sagte ihm, welchen Mikrobezirk sie ansteuern sollten, wie sie dorthin kamen, vor welchem Gebäude sie anhalten und auf welcher Route sie die Stadt wieder verlassen sollten. Dann stieg sie aus. Der Polizist winkte die zweite Gruppe Busse heran, und Protzenko erklärte dem nächsten Fahrer den Stadtplan.

Stunde um Stunde sah sie zu, wie ein Bus nach dem anderen den malerischen Lenin-Prospekt hinunter fuhr und mit einer scharfen Wendung und einem herben Ausstoß von Abgasen in die Stadt verschwand.

Vor den 540 getrennten Eingängen der 160 Wohnblöcke stiegen die Einwohner Prypjats die Stufen zu ihren Bussen hinauf, und hinter ihnen knallten die Türen zu.[56]

Gegen 15:00 Uhr sah Oberst Boris Nesterow, stellvertretender Luftwaffenkommandant des Militärdistrikts Kiew, ein Hubschrauberpilot mit zwanzigjähriger Erfahrung, der in Syrien gedient und Kampfeinsätze in den Bergen Nordafghanistans geflogen hatte, sein Ziel in Sicht kommen. Während er den kräftigen Mi-8-Transporthubschrauber in einer Höhe von zweihundert Metern aus westlicher Richtung eindrehte, drosselte er sachte die Geschwindigkeit und hielt auf den rot-weiß-gestreiften Abluftkamin von Block Vier zu. Hinter ihm im Frachtraum hatte der Bordingenieur bereits die Seitentür geöffnet und sein Gurtwerk eingehakt; zehn Sandsäcke waren zu seinen Füßen gestapelt.[57]

Nesterow ging auf 100 km/h herunter und gab das Kommando: »Fertig zum Abwurf!«

Die Ruine von Reaktor Vier kam schnell in Sicht. Aus Nesterows Kopfhörern drang statisches Rauschen, das Thermometer im Cockpit sprang abrupt von 10 auf 65 Grad Celsius, und das Radiometer auf der Rückseite seines Sitzes stand auf Anschlag. Durch das Cockpit-Fenster zwischen seinen Fußpedalen sah der Oberst die Säule aus weißem Dampf und die Ränder des Reaktors, rot glühend wie ein Hochofen voller Schmelze.

Der Hubschrauber hatte keine Bombenvisiere oder Zielmechanismen, die ihnen helfen könnten. Um die Sandsäcke in den Reaktorkrater fallen zu lassen, musste der Bordingenieur so gut er konnte auf Sicht zielen, die Wurfbahn einschätzen und einen Sack nach dem anderen aus der Öffnung stoßen. Als er sich über dem Reaktor hinausbeugte, umhüllten ihn Wolken aus toxischem Gas, und es trafen ihn Wellen aus Gamma- und Neutronenstrahlen. Der einzige Schutz, den er hatte, war sein Fliegeroverall. Die intensive Hitze, die von unten aufstieg, machte es Nesterow unmöglich, in den Schwebeflug zu gehen; sollte sein Hubschrauber an Tempo verlieren, wäre er in der Säule überhitzter Luft gefangen, die Drehzahl seiner Rotorblätter würde verhängnisvoll sinken, und der Vogel abrupt vom Himmel fallen.

Der Oberst drosselte die Geschwindigkeit auf sechzig Stundenkilometer. Er bemühte sich, den Helikopter ruhig zu halten, und hoffte, der Flugingenieur behielt das Gleichgewicht. »Abwerfen!«, rief er. Der Ingenieur stieß den ersten Sandsack über Block Vier aus der Tür, dann noch einen, und noch einen. »Fracht abgeworfen!«

Nesterow drehte nach Steuerbord ab und setzte zur zweiten Runde an.

Um 17:00 Uhr faltete Maria Protzenko ihren Stadtplan zusammen, winkte den letzten Bus heran, stieg ein, fuhr bis zum Lenin-Prospekt mit, ein einsamer Fahrgast in einer menschenleeren Stadt.[58] Sie dirigierte den Fahrer quer durch Prypjat, ließ ihn in jedem Bezirk anhalten, um die Ergebnisse ihrer Arbeit zu überprüfen. Um 18:30 Uhr kehrte Protzenko zum *Ispolkom* zurück, um dem Bürgermeister mitzuteilen, dass ihre Aufgabe erledigt sei.

»Wladimir Pawlowitsch, das war's. Alle haben die Stadt verlassen«, sagte sie.

Mit Ausnahme des Versorgungspersonals und der Männer, die zurückgeblieben waren, um die intakten Reaktoren des Kraftwerks zu bedienen, war niemand mehr in der Stadt.

Als ihr Bericht über die Instanzen an den Vorsitzenden der Regierungskommission weitergegeben wurde, empfand Protzenko kein Bedauern, nur Befriedigung über die gute Arbeit, die sie geleistet hatte. Genau wie bei den Jungen Pionieren: »Die Partei befiehlt – und der Komsomol sagt, ist erledigt!«

Erst in der Nacht kamen die Beschwerden: Ihr Hals war rau, und sie hatte rasende Kopfschmerzen; Füße und Knöchel brannten und juckten. Sie führte die Symptome nicht bewusst auf die Strahlung zurück. Zum einen wusste sie nichts über die Auswirkungen der radioaktiven Alpha- und Beta-Teilchen im Staub, den ihr der Wind um die nackten Beine wehte, als sie stundenlang auf der Eisenbahnbrücke gestanden hatte; zum anderen wollte sie auch gar nicht darüber nachdenken. Als der Durchfall einsetzte, sagte sich Protzenko, dass sie vermutlich ein paar verdorbene Gurken erwischt hatte; die Kopfschmerzen und der raue Hals – nun ja, sie hatte zwei Tage nicht geschlafen. Sie ließ im Badezimmerwaschbecken kaltes Wasser über die Beine laufen, um das Jucken zu lindern. Doch es kam schon bald wieder.

Protzenko kehrte an ihren Schreibtisch zurück und zeichnete weiter Stadtpläne für die Chemischen Truppen, die jetzt stündlich Strahlungsmessungen in der Gegend durchführten. Sie gingen auch im *Ispolkom* herum und warnten sie, dass sämtliche Flure kontaminiert seien. Der Hausmeister war längst gegangen, und so nahm Protzenko einen feuchten Lappen und wischte den Linoleumboden selbst sauber – mit bloßen Händen, da es keine Handschuhe gab.

Als sich die bunte Buskolonne durch die engen Straßen der Stadt wand, wussten wenige der abfahrenden Einwohner, wohin man sie bringen würde.[59] Niemand hatte ihnen etwas gesagt. Doch sie glaubten zuversichtlich, dass sie bald zurückkommen würden. Ein Teil der Kolonne hatte die Stadtgrenzen längst hinter sich gelassen, als jemandem einfiel, dass die Fahrzeuge gefährliche Mengen an radioaktivem Staub an den Rädern hatten und umkehren mussten, um in Prypjat dekontaminiert zu werden.[60] Ein Mitglied der Kraftwerksbelegschaft fuhr mit seiner Frau und den Kindern im Bus über fünfzig Kilometer aus der Stadt hinaus, bevor er sie allein weiterfahren ließ, während er zum Kraftwerk zurückkehrte, um seinen Kollegen zu helfen; der Fahrer setzte ihn in Iwankow ab, wo er den örtlichen Kommandanten der *Militsia* dazu überreden musste, ihn nach

Prypjat zurückkehren zu lassen. Einige Evakuierte überredeten ihre Fahrer, sie bis nach Kiew mitzunehmen, doch der Plan des Innenministeriums sah vor, dass die Menschen aus Prypjat in den kleinen Städten und Dörfern des bäuerlichen Polesien verteilt werden sollten, wo sie – jeweils eine Familie – bei Bauern und Kolchosenarbeitern Aufnahme fanden.[61]

Wiktor Brjuchanows Frau Walentina weinte, als sie von der Stadt weggebracht wurde.[62] In Natalia Juwtschchenkos Bus flüsterten die Passagiere besorgt, wo sie wohl landen würden. Während sie von einer Ortschaft zur nächsten fuhren, suchten sie die Straßenränder nach den Namen der Dörfer ab und sahen das Mitleid auf den wettergegerbten Gesichtern der Bauern, die vor ihren Höfen standen, um sie vorbeifahren zu sehen.[63]

In der dritten Etage des Weißen Hauses fanden weiterhin die Besprechungen der Regierungskommission statt. Unten saß Maria Protzenko an ihrem Schreibtisch. Es war gegen 20:00 Uhr, als sie aus dem Fenster blickte und eine Frau über den Platz gehen sah, stadteinwärts. Sie war allein und trug einen Koffer. Protzenko konnte es nicht verstehen. Alle Frauen und Kinder in der Stadt sollten doch schon seit Stunden in Sicherheit sein. Sie schickte einen Wachmann hinunter, um der Sache nachzugehen, und beobachtete von ihrem Büro aus, wie er die Frau zur Rede stellte. Die beiden unterhielten sich, dann nickte die Frau und setzte ihren Weg fort, mitsamt dem Koffer. Als der Wachmann zurückkam, musste Protzenko erfahren, dass die Züge, trotz Notstand in Prypjat, offenbar noch immer planmäßig hielten. Die Frau hatte das Wochenende in Chmelnizki verbracht – dreihundert Kilometer südwestlich von Prypjat – und keinerlei Grund anzunehmen, dass sich während ihrer Abwesenheit etwas verändert hatte.[64]

Als der Sicherheitsmann ihr erklärte, was passiert war, reagierte sie weder besorgt noch panisch. Natürlich sei sie bereit, die Stadt zu verlassen, sagte sie zu ihm. »Aber zuerst gehe ich heim.«

Doch als die Frau ihren Koffer nach Hause trug, fand sie Prypjat gespenstisch verändert. In nur wenigen Stunden war Wiktor Brjuchanows geliebte Stadt der Zukunft zu einer Geisterstadt geworden. Auf den Balkonen am Lenin-Prospekt flatterte einsam die Wäsche. Die Strände waren verlassen, die Restaurants leer, die Spielplätze still.

Jetzt hallten neue Geräusche durch die Straßen: das Gebell verstörter Hunde, deren Fell dermaßen mit giftigem Staub verseucht war, dass ihre Besitzer sie notgedrungen zurücklassen mussten; das Sirenengeheul von Aufklärungsfahrzeugen des Zivilschutzes; und das pausenlose Lärmen der Hubschrauber des 51. Gardehubschrauberregiments, die immer wieder zum Kraftwerk flogen, um Säcke mit Bor und Sand in den Schlund des radioaktiven Vulkans zu schleudern.

Teil 2

Tod eines Imperiums

Kapitel 10

Die Wolke

Auf einer Säule wütender Hitze aus dem zerborstenen Kern in den Himmel getragen und von gefälligen Winden begleitet, war die unsichtbare Wolke seit ihrem Entweichen aus der Karkasse von Block Vier Tausende Kilometer gereist.

Entfesselt von der Wucht der Explosion, war sie hoch in die reglose Nachtluft aufgestiegen, bis zu einer Höhe von etwa 1500 Metern, wo sie dann, von kräftigen Winden erfasst, die aus südlicher und südöstlicher Richtung bliesen, mit Geschwindigkeiten zwischen fünfzig und hundert Stundenkilometern fortgerissen wurde und in nordwestlicher Richtung über die UdSSR auf das Baltische Meer zutrieb.[1] Die Wolke führte gasförmiges Xenon 133 mit sich, mikroskopisch kleine Fragmente von verstrahltem Graphit sowie Partikel von reinen radioaktiven Isotopen – einschließlich Jod 131 und Cäsium 137 –, die soviel Hitze erzeugten, dass sie die Luft ringsum erwärmten und wie Hunderttausende winziger Heißluftballons davontrieben.[2] Im Herzen der Wolke pulsierten etwa 20 Millionen Curie Radioaktivität.[3] Als sowjetische Wissenschaftler am Sonntag, dem 27. April – einen ganzen Tag nach dem GAU – endlich um den Unfallort herum regelmäßige Messungen aus der Luft durchführten, war das unsichtbare Monster längst entschlüpft. Sie hatten keinerlei Ahnung von seiner Größe und Intensität. Ihre Messungen erfassten lediglich seinen Schweif.[4] Binnen vierundzwanzig Stunden hatte das Ungeheuer Skandinavien erreicht.[5]

Am Sonntagmittag verzeichnete ein automatisches Überwachungsgerät des Risø National Laboratory nördlich von Roskilde in aller Stille die Ankunft der Wolke in Dänemark. Doch weil Sonntag war, blieben die

Messwerte unbemerkt. Am selben Abend registrierte ein Soldat an der Messwarte der finnischen Streitkräfte im südfinnischen Kajaani eine ungewöhnlich hohe Hintergrundstrahlung. Er meldete seine Beobachtung der Kommandozentrale in Helsinki, doch die unternahm nichts weiter.[6] Spät nachts, über Schweden, stieß die radioaktive Wolke auf Regenwolken, und deren Feuchtigkeit plünderte und konzentrierte die Schadstoffe, die sie enthielt.[7]

Als aus den Wolken schließlich Regen fiel, rings um die Stadt Gävle, zwei Autostunden nördlich von Stockholm, war dieser Regen stark radioaktiv.

Kurz vor sieben Uhr am Montagmorgen, dem 28. April, saß Cliff Robinson beim Frühstück in einer Cafeteria des Atomkraftwerks Forsmark, fünfundsechzig Kilometer südöstlich von Gävle am Bottnischen Meerbusen.[8] Robinson, ein neunundzwanzigjähriger anglo-schwedischer Techniker im radiochemischen Labor des Kraftwerks, pendelte jeden Morgen in einem Bus zur Arbeit, der Bauarbeiter nach Forsmark brachte, wo ein großes unterirdisches Atommülllager entstand.[9]

Als er seinen Kaffee getrunken hatte, ging Robinson in den Umkleideraum, um sich die Zähne zu putzen. Auf dem Rückweg passierte er einen Strahlungsmesspunkt, und die Alarmglocke ertönte. Der Techniker, noch halb im Schlaf, war verunsichert. Er war doch eben erst gekommen und noch nicht einmal im Reaktorblock gewesen. Er konnte unmöglich kontaminiert sein. Doch die Alarmglocke rief ein Mitglied der betriebsinternen Strahlenschutzbelegschaft auf den Plan, dem Robinson erklärte, was geschehen war. Er passierte den Detektor erneut. Wieder ertönte die Glocke. Bei einem dritten Versuch jedoch tat sich nichts. Verdutzt kamen die beiden Männer zu dem Schluss, dass das Gerät einen Fehler hatte. Vielleicht war die Alarmschwelle falsch kalibriert. Der Dosimetrist schickte Robinson an die Arbeit zurück. Das Gerät konnte später repariert werden.

Zufällig bestand Robinsons Aufgabe im Labor darin, die radioaktive Strahlung in Forsmark-1 zu messen, sowohl im Gebäude als auch außerhalb. Der Reaktor war erst sechs Jahre alt, war aber mit kleineren technischen Fehlern behaftet, und leckende Brennstäbe hatten in diesem Winter bereits mehrmals zur Freisetzung kleiner Mengen radioaktiven Materials geführt. Seine Montagmorgen-Routine führte ihn zunächst in die oberen Ebenen des Kraftwerks, wo er Gasproben am Abluftkamin entnahm, um sie anschließend im Labor zu analysieren. Das dauerte. Gegen 9:00 Uhr ging er wieder nach unten, um noch eine Tasse Kaffee zu trinken. Doch als er sich dem Strahlungsmesspunkt näherte, hatte sich eine lange Schlange von Arbeitern gebildet, die alle den Alarm ausgelöst hatten. Noch perplexer als zuvor, nahm Robinson den Schuh eines Mannes, legte ihn in eine Plastiktüte, um eine Kreuz-Kontamination zu vermeiden, und ging zurück ins Labor. Er legte den Schuh auf den Germaniumdetektor, ein empfindliches Gerät zur Messung von Gammastrahlen, und stellte sich auf eine gewisse Wartezeit ein.

Doch die Ergebnisse kamen mit schrecklicher Geschwindigkeit zurück, explodierten in steilen, grünen Spitzen über den Computerbildschirm. Der Schuh war mit dem gesamten Spektrum von Spaltprodukten kontaminiert, die in Forsmark-1 üblicherweise im Kern zu finden waren: Cäsium 137, Cäsium 134 und kurzlebige Jodisotope – doch auch andere Elemente waren darunter, zum Beispiel Kobalt 60 und Neptunium 239. Letztere konnten nur von Nuklearbrennstoff herrühren, der mit der Atmosphäre in Kontakt gekommen war. Robinson rief unverzüglich seinen Chef an, der ihn bat, das Schlimmste befürchtend, noch einmal zum Abluftkamin hinaufzusteigen und weitere Gasproben zu entnehmen.[10]

Um 9:30 Uhr wurde Karl Erik Sandstedt, der Kraftwerksleiter, über die Kontamination in Kenntnis gesetzt. Doch die Führungsriege in Forsmark war davon genauso verwirrt wie Robinson. Innerhalb des Kraftwerks war keine Ursache zu finden. Doch angesichts der Wetterverhältnisse entsprachen die Strahlungspegel draußen den Werten, die man von einem größeren Leck in einem der Reaktoren in Forsmark erwarten würde. Um halb elf ließ Sandstedt die Zugangswege zum Kraftwerk sperren. Die lokalen Behörden schlugen vorsichtshalber Alarm. Per Radio erging eine Warnung an die Bevölkerung, sich von Forsmark fernzuhalten, und die Polizei errichtete Straßensperren.[11] Dreißig Minuten später war Robinson noch immer im Labor, um die neu gewonnenen Proben zu analysieren, als im Gebäude die Sirenen ertönten: Das gesamte Kraftwerk wurde evakuiert.[12]

Doch mittlerweile waren bei den staatlichen Atombehörden in Stockholm Berichte von ähnlich hohen Kontaminationswerten in einer Forschungseinrichtung in Studsvik eingegangen, zweihundert Kilometer von Forsmark entfernt. Luftproben in Stockholm wiesen ebenfalls erhöhte Strahlungswerte auf und eine Isotop-Zusammensetzung, die Graphit-Partikel enthielt, was auf einen katastrophalen Unfall in einem zivilen Kernreaktor hindeutete, der sich jedoch im Typus von den Meilern in Forsmark stark unterschied. Bis 13:00 Uhr hatte das schwedische Forschungsinstitut für Verteidigung mittels meteorologischer Berechnungen, die dabei helfen sollten, das Moskauer Atomteststoppabkommen zu überwachen, auch vorherrschende Wettermuster über dem Baltikum nachgestellt. Das Ergebnis ließ keinerlei Zweifel: Die radioaktive Kontamination hatte keinesfalls in Forsmark ihren Ursprung. Sie war irgendwo außerhalb von Schweden entstanden. Und der Wind blies aus südöstlicher Richtung.[13]

Gegen elf Uhr vormittags, Moskauer Zeit, saß Heydar Alijew in seinem Büro im Kreml, als das Telefon klingelte und er zu einer dringenden Besprechung des Politbüros gerufen wurde.[14] Als stellvertretender Vorsitzender des Ministerrats der UdSSR war Alijew einer der mächtigsten Männer der Sowjetunion. Der frühere Chef des KGB in Aserbaidschan und eines von nur zwölf wahlberechtigten Mitgliedern des Politbüros trug die Mitverantwortung für die wichtigsten Entscheidungen, die den Kurs des Imperiums beeinflussten.[15] Doch am Montagmorgen kannte auch Alijew nur äußerst vage Details über einen Atomunfall in der Ukraine. In der sowjetischen Presse, in Funk und Fernsehen, war Tschernobyl mit keinem Wort erwähnt worden. Die Behörden in Kiew hatten, ohne Aufforderung aus Moskau, bereits dafür gesorgt, dass der Vorfall der Aufmerksamkeit von Wissenschaftlern entging. Am Samstag, nachdem die Instrumente am Botanischen Institut in Kiew stark erhöhte Strahlungswerte registriert hatten, kamen Mitarbeiter des KGB und versiegelten die Geräte, angeblich, »um Panik und die Verbreitung provozierender Gerüchte zu vermeiden«.[16] Als Generalsekretär Gorbatschow die Krisensitzung einberief, um über das Ereignis zu sprechen, erkannte Alijew dennoch, dass man bald weit jenseits der Grenzen der Sowjetunion erhöhte Strahlungswerte entdecken würde.[17]

Die zwölf Männer – darunter Alijew, Ryschkow, Propagandachef Alexander Jakowlew, Gorbatschows erstarkender konservativer Gegenspieler Jegor Ligatschow, und Wiktor Tschebrikow, Chef des KGB – tagten nicht wie üblich im Konferenzsaal des Politbüros, sondern im düsteren Büro von Generalsekretär Gorbatschow in der dritten Etage des Kreml.[18] Obwohl der Raum erst unlängst renoviert worden war, die Teppiche kunstvolle Muster aufwiesen und Kristalllüster die gewölbte Decke zierten, wirkte er höhlenartig und ungemütlich. Alle waren nervös.[19]

Gorbatschow fragte nur: »Was ist passiert?«[20]

Wladimir Dolgich, Sekretär des Zentralkomitees und zuständig für den sowjetischen Energiesektor, erläuterte, was er aufgrund seiner Telefongespräche mit Schtscherbina und den Experten in Prypjat wusste.[21] Er beschrieb eine Explosion, die Zerstörung des Reaktors und die Evakuierung der Stadt. Die Luftwaffe setze Hubschrauber ein, um den zerstörten Block unter Sand, Lehm und Blei zu begraben, sagte er. Eine radioaktive Wolke ziehe nach Süden und nach Westen und sei bereits in Litauen entdeckt worden.[22] Informationen darüber seien noch immer knapp und widersprüchlich; die Streitkräfte sagten dies, die Wissenschaftler jenes. Jetzt gelte es zu entscheiden, ob – und falls ja, wie – das sowjetische Volk über den Unfall zu informieren sei.[23]

Für Gorbatschow war dies eine plötzliche, unerwartete Bewährungsprobe für die neue Offenheit und Transparenz in Regierungsfragen, die er erst vor einem Monat in der Parteikonferenz versprochen hatte. Seitdem war Glasnost weiter nichts als ein Schlagwort gewesen.[24] »Wir sollten so bald wie möglich eine Erklärung abgeben«, sagte er. »Wir dürfen die Sache nicht hinauszögern.«[25]

Doch die traditionellen Reflexe von Geheimhaltung und Paranoia waren tief verwurzelt. Zwischenfälle, die das Prestige der Sowjetunion unterminieren oder Panik in der Bevölkerung schüren könnten, waren immer schon vertuscht worden. Noch drei Jahrzehnte später hatte die Explosion 1957 in Majak offiziell niemals stattgefunden; als ein Pilot der sowjetischen Luftstreitkräfte 1983 versehentlich einen Jumbojet der Korean Air abgeschossen hatte, mit 269 Menschen an Bord, bestritt die UdSSR zunächst, etwas über den Vorfall zu wissen. Und Gorbatschows Position blieb schwach und angreifbar für eine reaktionäre Revolte, wie sie bereits Chruschtschow und seinem Entstalinisierungsprogramm zum Verhängnis geworden war. Er musste vorsichtig sein.[26]

Dem offiziellen Protokoll nach zu urteilen, herrschte in dieser Konferenz völlige Einigkeit, was die Notwendigkeit einer öffentlichen Erklärung anbelangte.[27] Der erste stellvertretende Ministerratsvorsitzende Heydar Alijew jedoch behauptete später das Gegenteil: Er habe sich damals für eine sofortige und absolute Ehrlichkeit eingesetzt, ganz Europa würde schließlich bald wissen, dass etwas Schreckliches geschehen war, und diese Katastrophe sei schlicht zu groß, um sie zu verheimlichen. Wozu etwas vertuschen, was bereits alle Welt wusste? Doch bevor er zu Ende sprechen konnte, war ihm Jegor Ligatschow ins Wort gefallen, den damals viele als den zweitmächtigsten Mann im Kreml betrachteten: »Was wollen Sie?«, fragte er streitsüchtig. »Welche Informationen wollen Sie freigeben?«[28]

»Hören Sie schon auf!«, erwiderte Alijew, »wir können das nicht verheimlichen!«[29]

Andere am Tisch argumentierten, sie hätten noch nicht genügend Informationen, um damit an die Öffentlichkeit zu gehen, und wollten auf keinen Fall Panik schüren. Falls sie überhaupt irgendwelche Nachrichten herausgaben, mussten diese strikt gefiltert sein.[30] »Die Stellungnahme sollte so formuliert sein, dass keine übermäßige Panik entsteht«, sagte Andrei Gromyko, der Vorsitzende des Präsidiums des Obersten Sowjet.[31] Und als es zur Abstimmung kam, hatte sich Ligatschow offenbar durchgesetzt: Das Politbüro beschloss, die Sache auf traditionelle Art anzugehen. Die versammelten Parteispitzen entwarfen eine aus dreiundzwanzig Wörtern bestehende Stellungnahme, die von der staatlichen Nachrichtenagentur TASS veröffentlicht werden sollte und dazu bestimmt war, das zu bekämpfen, was der offizielle Sprecher des Zentralkomitees als »bourgeoise Verfälschung … Propaganda und Erfindung« verunglimpfte.[32]

Was immer Gorbatschows Absicht gewesen sein mochte, die alten Methoden waren, wie es schien, eben doch die besten.

Um 14:00 Uhr waren sich die staatlichen Behörden in Stockholm einig: Infolge eines größeren nuklearen Störfalls im Ausland war Schweden kontaminiert worden. Etwa eine Stunde später wandte sich der Außenminister des Landes mit der Frage an die Regierungen von Ostdeutschland, Polen und der UdSSR, ob auf ihrem Gebiet ein solcher Unfall stattgefunden habe. Bald danach sandten die Schweden ein identisches Kommuniqué an ihre Vertreter in der Internationalen Atomenergie-Organisation. Mittlerweile hatten auch die Regierungen Finnlands und Dänemarks bestätigt, dass sie innerhalb ihrer Grenzen radioaktive Kontamination entdeckt hätten.[33]

In der Stadt Tschernobyl füllte sich unterdessen das kleine Hotel, in dem Wiktor Brjuchanow einst auf einem Bett gesessen und Pläne für seine atomare Zukunft entworfen hatte, mit erschöpften *Apparatschiki* aus Moskau. Noch immer wallten Radionuklide aus den schwelenden Überresten des Vierten Reaktorblocks, während die Hubschrauberpiloten der 17. Luftlandedivision versuchten, den Reaktor zuzudecken und den Graphitbrand einzudämmen, der unter ihnen toste. Dennoch versicherten die sowjetischen Behörden den Schweden, sie wüssten nicht das Geringste über irgendeinen nuklearen Störfall innerhalb der UdSSR.[34]

An diesem Nachmittag kontaktierte der Wissenschaftsattaché der schwedischen Botschaft in Moskau das Staatskomitee für die Nutzung von Kernenergie – das freundliche öffentliche Gesicht von Sredmasch, dem Ministerium für Mittleren Maschinenbau. Doch das Komitee wollte ein Problem mit seinen Reaktoren weder bestätigen noch abstreiten. Auf einer Cocktailparty in der schwedischen Botschaft am frühen Abend verwickelte Botschafter Torsten Örn einen Funktionär des sowjetischen Außenministeriums in ein Gespräch und fragte ihn ohne Umschweife, ob er etwas von einem Atomunfall in der UdSSR wisse.[35]

Der Funktionär versprach Örn, er werde nachfragen, hielt sich jedoch bedeckt.[36]

Am Montagabend um acht, dem 28. April, fast drei Tage, nachdem über Block vier zum ersten Mal die toxische Wolke in den Nachthimmel gestiegen war, sendete Radio Moskau die TASS-Stellungnahme, auf die man sich in Gorbatschows Büro geeinigt hatte. »Im Kernkraftwerk Tschernobyl hat sich eine Havarie ereignet«, las der Nachrichtensprecher. »Dabei wurde einer der Reaktoren beschädigt.[37] Es werden Maßnahmen zur Beseitigung der Folgen der Havarie ergriffen. Den Betroffenen wird Hilfe erwiesen.

Eine Regierungskommission wurde eingesetzt.« In ihrer Kürze und Sparsamkeit im Umgang mit der Wahrheit war die Verlautbarung typisch für sowjetische Nachrichten; eine Fortsetzung der Art und Weise, wie der Staat herkömmliche Industrieunfälle seit Jahrzehnten unter den Teppich gekehrt hatte. Eine Stunde später wiederholte Radio Moscow World Service die Meldung für ausländische Hörer auf Englisch und schickte eine lange Liste atomarer Störfälle im Westen hinterher. Beide Stellungnahmen vermieden es zu erwähnen, wann genau der Unfall in der Ukraine stattgefunden hatte.

Um 21:25 Uhr Moskauer Zeit meldete *Wremja*, die Vorzeige-Nachrichtensendung im Fernsehen, dieselbe dreiundzwanzig Wörter umfassende Verlautbarung, verlesen im Namen des Ministerrats der UdSSR. Sie war die 21. Meldung des Tages. Es gab keine Bilder. Nur der ernste Gesichtsausdruck des Moderators und die Erwähnung des Ministerrates ließen erahnen, dass sich etwas Außerordentliches ereignet haben könnte.[38]

Am darauffolgenden Morgen, dem 29. April, erwähnte die Presse in Moskau den Unfall mit keinem Wort. In der Ukraine berichteten die Tageszeitungen in Kiew darüber, aber ihre Redakteure bemühten sich nach Kräften, den Ball möglichst flach zu halten. In der *Prawda Ukrainy* erschien ein kurzer Bericht am unteren Rand der dritten Seite, unter einem Artikel, der von zwei Ruheständlern handelte, die sich zu Hause ein Telefon installieren lassen wollten. Die *Robitnytscha Hazeta* – die ukrainische Arbeiterzeitung – achtete darauf, ihre Tschernobyl-Meldung unter den Tabellen der sowjetischen Fußball-Liga und dem Bericht über ein Schachturnier zu begraben.[39]

Im Kreml hatte unterdessen Generalsekretär Gorbatschow das zweite außerplanmäßige Treffen des Politbüros binnen zwei Tagen einberufen, wieder um 10:30 Uhr.[40] Nun zeigte er sich besorgt, dass die anfängliche Reaktion auf die sich entwickelnde Katastrophe allzu unbeholfen gewesen war. Die Strahlung breitete sich weiterhin aus, erhöhte Werte waren bereits in Skandinavien gemessen worden, und die Polen stellten peinliche Fragen. Konnte es sein, dass die Kontamination auch Leningrad erreichen würde – oder gar Moskau?

Wladimir Dolgich gab seinen Kollegen die neuesten Nachrichten. Die

Radioisotopenwolke aus Tschernobyl hatte sich dreigeteilt: eine Spur führte nach Norden, eine nach Süden und eine nach Westen.[41] Das Innenministerium hatte rings um das Kraftwerk eine mindestens zehn Kilometer breite Zone abgesperrt, doch die Strahlungspegel dort gingen allmählich zurück. Tschebrikow, der Chef des KGB, widersprach: Seinen Quellen zufolge gebe es keinerlei Anzeichen für eine Verbesserung der Strahlungssituation, im Gegenteil, sie sprächen von einer Katastrophe.[42] Weitere Evakuierungsmaßnahmen in der Gegend seien bereits im Gange, fast zweihundert Opfer des Unfalls seien inzwischen in Moskauer Krankenhäusern untergebracht, und Wladimir Schtscherbitzki, der ukrainische Ministerratsvorsitzende, berichtete von Panikausbrüchen in seiner Republik.

Alle Anwesenden waren sich einig darüber, dass man den Reaktor so schnell wie möglich komplett versiegeln müsse. Um die Lage in den Griff zu bekommen, stellten sie eine siebenköpfige Operativgruppe auf, mit Ministerpräsident Ryschkow an der Spitze und mit Dolgich, Tschebrikow, dem Innenminister und dem Verteidigungsminister unter den Mitgliedern. Die Gruppe, die infolge der Notstandsermächtigung den Oberbefehl über sämtliche Organe von Partei und Regierung innerhalb der Sowjetunion innehatte, würde von Moskau aus die Katastrophenhilfe koordinieren und sämtliche Ressourcen des Zentralstaates der Regierungskommission in Tschernobyl zur Verfügung stellen.

Dann kam man erneut darauf zu sprechen, wie man die Welt über das Geschehene in Kenntnis setzen sollte. »Je ehrlicher wir sind, desto besser«, sagte Gorbatschow und schlug vor, man solle zumindest den Regierungen in den sowjetischen Bruderstaaten, in Washington, D. C., und London reinen Wein einschenken. »Sie haben recht«, sagte Anatoli Dobrynin, der unlängst ins Zentralkomitee berufen worden war, nachdem er zwanzig Jahre als sowjetischer Botschafter in den Vereinigten Staaten gelebt hatte. »Sicher liegen die Fotos bereits auf Reagans Schreibtisch.«[43] Sie kamen überein, ihren Botschaftern in den Welthauptstädten Stellungnahmen zu telegraphieren, unter anderem in Havanna, Warschau, Bonn und Rom.[44]

»Sollen wir unsere eigenen Leute informieren?«, fragte Alijew.

»Vielleicht«, antwortete Ligatschow.[45]

Am Dienstagabend übertrug *Wremja* im Namen des sowjetischen Ministerrates eine neue Verlautbarung. Bei einer Explosion im Kernkraftwerk Tschernobyl, hieß es darin, seien zwei Menschen getötet worden; ein Teil des Reaktorgebäudes sei zerstört worden, Prypjat evakuiert. Von radioaktiver Verseuchung war keine Rede. Diesmal wurde der Bericht an die sechste Stelle gesetzt, gleich nach den neuesten ermutigenden Nachrichten zur mächtigen Wirtschaft der Sowjetunion.[46]

Mittlerweile waren die übrigen Medien in der Welt einer spektakulären Katastrophe hinter dem Eisernen Vorhang auf der Spur, und Tschernobyl war im Westen überall in den Schlagzeilen. Zeitungen und Fernsehsender schickten ihre Korrespondenten auf die Suche nach weiteren Einzelheiten, wie unseriös ihre Quellen auch sein mochten. Da sie nicht in die Ukraine reisen durften und von einer Mauer des Schweigens umgeben waren, taten die Vertreter der ausländischen Presse in Moskau ihr Möglichstes, mit den dürftigen Informationen zu arbeiten. Luther Whittington von der Presseagentur United Press International, erst seit kurzem in der UdSSR, war vor wenigen Wochen auf dem Roten Platz auf eine Ukrainerin gestoßen, die, wie er glaubte, Kontakte zu den Rettungsdiensten hatte. Whittington rief die Frau zu Hause in Kiew an und glaubte verstanden zu haben, dass infolge der Explosion achtzig Menschen sofort getötet worden und weitere zweitausend auf dem Weg zum Krankenhaus gestorben seien. Es fand sich keinerlei unabhängige Bestätigung dieser Behauptungen, und einer von Whittingtons Kollegen in Moskau, Nicholas Daniloff von *U. S. News & World Report* sollte später der festen Überzeugung sein, dass die Russischkenntnisse des UPI-Mannes so rudimentär gewesen seien, dass er die Worte seiner Informantin möglicherweise missverstanden hatte. Nichtsdestoweniger war es eine sensationelle Story, die unverzüglich über die internationalen Drähte lief, mit absehbaren Ergebnissen.[47]

»›2000 DIE‹ IN NUKEMARE; Soviets Appeal for Help as N-Plant Burns out of Control«, brüllte es am Dienstag von der Titelseite der *New York Post*, als in Kiew die Meldung verschämt unter den Sportresultaten versteckt wurde. In London las man tags darauf in der *Daily Mail*: »2000 DEAD IN ATOM HORROR«.[48] Am selben Abend wurde dieser entsetzliche Blutzoll in den USA zur Titelgeschichte in den Fernsehnachrichten.

Eine Quelle im Pentagon sagte *NBC*, dass Satellitenbilder vom Kraftwerk eine Zerstörung offenbart hätten, deren Ausmaß Tausende Tote vermuten lasse. Zweitausend »schien ungefähr hinzukommen, da im Kraftwerk viertausend Menschen gearbeitet hatten«.[49] Bald darauf erhielt der amerikanische Außenminister George Shultz eine geheimdienstliche Einschätzung, in der die Behauptung der Sowjets, es habe nur zwei Todesopfer gegeben, als »grotesk« bezeichnet wurde.[50]

Unterdessen war die radioaktive Wolke weiter nach Norden gezogen und hatte sich westwärts ausgebreitet, um ganz Skandinavien einzuhüllen – bevor das Wetter stagnierte und die Kontamination nach Süden trieb, über Polen, dann einen Keil bildete, der sich hinunter nach Deutschland schob. Heftiger Regen hinterließ einen dichten Strahlungsstreifen, der sich von der Tschechoslowakei bis in den Südosten Frankreichs erstreckte.[51] Die Regierungen Westdeutschlands und Schwedens richteten wütende Beschwerden an Moskau, weil die Verantwortlichen es versäumt hatten, sie unverzüglich über den Unfall in Kenntnis zu setzen, und forderten – vergeblich – weitere Informationen. Stattdessen kontaktierten sowjetische Botschaftsangehörige Wissenschaftler sowohl in Bonn als auch in Stockholm, um sich von ihnen Ratschläge einzuholen, wie ein Nuklearbrand zu bekämpfen sei, vor allem Tipps, wie sich brennender Graphit löschen ließ. Die Gerüchte, die kursierten, die öffentlichen Spekulationen der Experten über eine Kernschmelze, und jetzt – noch beängstigender – die Möglichkeit eines radioaktiven Feuers, das nicht gelöscht werden konnte, schürten in ganz Europa Panik.[52]

In dänischen Apotheken waren die Kaliumjodidtabletten im Handumdrehen ausverkauft. In Schweden wurden Lebensmittelimporte aus der UdSSR und aus fünf osteuropäischen Ländern verboten, in der Milch einer stillenden Mutter war angeblich ein radioaktives Teilchen entdeckt worden, und die Telefone der Behörden wurden mit Anrufen von Leuten bombardiert, die wissen wollten, ob es sicher sei, Wasser zu trinken oder ins Freie zu gehen.[53] Im kommunistischen Polen, wo das Staatsfernsehen der Bevölkerung versicherte, dass ihr keine Gefahr drohe, verteilten die Behörden dennoch stabiles Jod an die Kinder und schränkten den Verkauf von Milchprodukten ein. In Holland berichtete ein niederländischer

Amateurfunker, er habe auf Kurzwelle ein Gespräch mitangehört, in dem jemand aus der Gegend um Kiew behauptete, in Tschernobyl sei nicht nur ein Reaktor von einer Kernschmelze betroffen, sondern zwei.[54] »Die Welt hat keine Vorstellung von der Katastrophe«, beteuerte der Ukrainer durch das statische Rauschen. »Helft uns.«[55]

Sowjetische Sprecher taten diese Geschichten als opportunistische westliche Propaganda ab, hatten aber, verwirrt angesichts der reflexartigen Heimlichtuerei des Staates, kaum Fakten, um dagegenhalten zu können. Am Mittwochabend räumte Radio Moskau ein, dass abgesehen von den zwei Todesopfern weitere 197 Menschen infolge des Unfalls ins Krankenhaus eingeliefert worden seien. 49 von ihnen seien jedoch nach einer gründlichen Untersuchung bereits wieder entlassen worden. Die »Strahlungssituation«, fügte der Sprecher unaufrichtig hinzu, sei dabei, sich zu »verbessern«. Ein einziges Foto vom Kraftwerk, angeblich kurz nach der Explosion aufgenommen, wurde ebenfalls im Fernsehen gezeigt, als Beweis, dass es nicht vollständig zerstört worden war; gleichzeitig verkündete Radio Kiew seine Absicht, »westliche Gerüchte« von Tausenden Toten zum Verstummen zu bringen.[56]

Unterdessen informierte KGB-Chef Tschebrikow seine Vorgesetzten darüber, dass er die bourgeoise Verschwörung an ihrer Wurzel zu bekämpfen gedachte. Er wolle, ließ er das Zentralkomitee der KPdSU wissen, »durch gezielte Maßnahmen die Aktivitäten ausländischer Diplomaten und Korrespondenten überwachen, ihre Möglichkeiten beschränken, sich über den Unfall im Kernkraftwerk Tschernobyl Informationen zu verschaffen, und Versuche durchkreuzen, das Unglück zu missbrauchen, um im Westen die anti-sowjetische Propaganda anzufachen.«[57]

Am selben Tag bemerkte Nicholas Daniloff in Moskau, dass er nicht in der Lage war, seine Berichte an das Hauptquartier von *U. S. News & World Report* in Washington, D. C., zu telegraphieren. Er beschloss daher, das Gerät im UPI-Büro zu verwenden, zwanzig Autominuten entfernt. Im Gehen begriffen, warf Daniloff einen Blick aus dem Fenster und sah, dass sich im Hof mehrere Männer an den Kabeln in einem offenen Kanalschacht zu schaffen machten – offenbar versuchten sie gerade, ihn gänzlich von der Außenwelt abzuschneiden.[58] Es hatte keinen Zweck: Mit ihren Versuchen, die westliche Berichterstattung zu behindern, machten die Sowjets die Gerüchte allenfalls noch schlimmer. Am Ende der Woche sollte die *New York Post* berichten, dass bei dem Unfall, unbestätigten Berichten aus der Ukraine zufolge, fünfzehntausend Menschen zu Tode gekommen seien, deren Leichen man in Massengräbern auf einer Atommülldeponie verscharrt habe.[59]

Im Hauptquartier der Regierungskommission in Prypjat war die Krisensituation weiter eskaliert. Am Sonntagabend begab sich General Antoschkin, der junge Luftwaffenkommandant, ins »Weiße Haus«, um dem Vorsitzenden Boris Schtscherbina über den Fortschritt des Löscheinsatzes seiner Piloten Meldung zu machen. Mit nur drei Helikoptern hatten sie bis zum Einbruch der Nacht zehn Tonnen Bor und achtzig Tonnen Sand in den Reaktorblock Vier geschüttet.[60] Es war ein heroischer Kraftakt unter schrecklichen Bedingungen gewesen, aber Schtscherbina zeigte sich unbeeindruckt. Solche Mengen seien lächerlich angesichts einer globalen Katastrophe: »Achtzig Tonnen Sand für einen solchen Reaktor, das ist, als wollte man einen Elefanten mit einem Luftgewehr erschießen!«, schnaubte er. Sie müssten schon mehr zustande bringen.[61]

Antoschkin forderte daraufhin schwere Transporthubschrauber an, darunter die riesige Mi-26, den stärksten Helikopter der Welt mit dem Spitznamen *Korowa*, »fliegende Kuh«, dessen Nutzlast bis zu zwanzig Tonnen betrug.[62] Er lag die ganze Nacht wach, um über Möglichkeiten nachzudenken, wie sich der Einsatz effektiver gestalten ließ. Am darauffolgenden Tag wies die Kommission die Einwohner mehrerer Städte und Dörfer der näheren Umgebung an, Säcke mit Sand zu befüllen. Antoschkin organisierte eine improvisierte Flugsicherung, um den Ablauf des Ladevorgangs zu beschleunigen, forderte ausgemusterte Bremsfallschirme von MiG-23-Kampfjets an und funktionierte sie zu Frachtnetzen um. In der Zwischenzeit stießen die Flugtechniker die Säcke weiter von Hand in den Reaktor und setzten sich dabei nahezu ungeschützt den Gammastrahlen aus, die aus dem zerstörten Gebäude aufstiegen.

Die Besatzungen flogen täglich von Sonnenauf- bis Sonnenuntergang, ehe sie am Abend zu ihrem Luftlandeplatz in Tschernigow zurückkehrten, um die Hubschrauber zu dekontaminieren, die Uniformen zu entsorgen und sich in der Sauna den radioaktiven Staub vom Leib zu schrubben. Die Hubschrauber völlig von der Strahlung zu befreien, erwies sich allerdings als nahezu unmöglich, und wenn sie am Morgen zu ihren abgestellten Maschinen zurückkamen, war das Gras darunter über Nacht gelb geworden.[63] Die meisten Besatzungen flogen insgesamt zehn bis fünfzehn Einsätze über dem Reaktor, mit jeweils zwei oder drei Abwurfrunden. Die ersten Piloten aber taten noch mehr; einer flog in den ersten drei Tagen insgesamt sechsundsiebzigmal zum havarierten Reaktor. Nach dem zweiten oder dritten Einsatz sprangen Antoschkin zufolge einige Bordingenieure gleich nach der Landung aus ihren Hubschraubern und übergaben sich in die Büsche am Flussufer.[64]

Am Dienstagmorgen, dem 29. April, schien die Arbeit von Antoschkins Truppe erste Erfolge zu zeitigen. Die radioaktive Strahlung aus dem Reaktor nahm allmählich ab, und die Temperatur sank von 1000 auf 500 Grad Celsius.[65] Doch in den verlassenen Straßen von Prypjat war die Strahlenbelastung inzwischen so gefährlich hoch geworden, dass die Regierungskommission gezwungen war, sich in ein neues Hauptquartier zurückzuziehen, im neunzehn Kilometer entfernten Tschernobyl.[66] Das Gebiet rings um das Kraftwerk, etwa eineinhalb Kilometer im Durchmesser – schon bald als *osobaya zona*, »Sonderzone« bezeichnet –, war mit radioaktivem Schutt und Fallout schwer kontaminiert. Wissenschaftler, Spezialisten und diejenigen Operatoren, die vor Ort geblieben waren, um sich um die übrigen drei Reaktoren zu kümmern, näherten sich dem Kraftwerk nur in Schützenpanzerwagen.[67]

In Moskau leitete der Ministerratsvorsitzende Ryschkow am Nachmittag die erste Besprechung der Operativgruppe des Politbüros, und sofort wurde der Hammer der zentralen Planwirtschaft geschwungen.[68] Akademiemitglied Legassow und die übrigen Wissenschaftler kalkulierten, dass letztendlich insgesamt 2000 Tonnen Blei benötigt wurden, um den Graphitbrand einzudämmen, doch Legassow hatte Scheu, diese knappe Ressource kurzfristig in solch gewaltigen Mengen anzufordern.[69] Schtscherbina – ein alter Hase im Umgang mit dem System – preschte vor und forderte sicherheitshalber 6000 Tonnen, und Ryschkow ließ jeden Zug auf sowjetischen Gleisen, der Blei geladen hatte, nach Tschernobyl umleiten. Die ersten 2500 Tonnen trafen bereits am folgenden Morgen ein.[70]

Als am Dienstagabend die Dunkelheit hereinbrach, hatten Antoschkins Hubschrauberbesatzungen weitere 190 Tonnen Sand und Lehm in die Ruine von Block Vier geschüttet. Doch das Feuer loderte weiter, und noch immer entwichen Radionuklide aus dem havarierten Reaktor.[71] Ein wissenschaftlicher Bericht enthüllte der Partei in Kiew, dass die gemessene Hintergrundstrahlung in den ukrainischen Städten Rowno und Schitomir, über hundert Kilometer westlich beziehungsweise südwestlich von Prypjat gelegen, bereits um das Zwanzigfache erhöht war.[72] Die Leiter des regionalen Zivilschutzes hatten Vorbereitungen getroffen, die Siedlungen innerhalb eines Zehn-Kilometer-Radius um das Kraftwerk evakuieren zu lassen – insgesamt zehntausend Menschen –, und beschworen Schtscherbina, seine Einwilligung zu geben. Doch zu ihrer Entrüstung weigerte er sich.[73]

Am darauffolgenden Morgen wurde per Hubschrauber eine Ladung Fallschirme nach Tschernobyl geliefert; nicht etwa ausgemusterte, wie General Antoschkin vorgeschlagen hatte, sondern vierzehntausend brandneue Exemplare, beschlagnahmt aus den Beständen von Luftlandeeinheiten aus der gesamten UdSSR.[74] Als Antoschkin sie testen ließ, stellte sich heraus, dass jeder Fallschirm ganze 1,5 Tonnen tragen konnte, ohne zu reißen. Und so trafen den Reaktor bis Sonnenuntergang weitere 1000 Tonnen Absorptionsmittel.[75] Als der General an diesem Abend Bericht erstattete, hellte sich Schtscherbinas Miene zum ersten Mal seit Beginn der Bombardierungen des Reaktors auf.[76]

Am Mittwoch, dem 30. April – der Tag vor den alljährlichen Maifeierlichkeiten, deren Paraden und Kundgebungen in allen Städten der Sowjetunion die Menschen auf die Straßen lockten – wechselte der Wind, der über das Kraftwerk Tschernobyl blies, erneut die Richtung. Diesmal drehte er geradewegs nach Süden und trug energiegeladene Alpha- und Beta-Kontamination direkt nach Kiew, dazu gefährlich hohe Gammastrahlenwerte in Form von Jod 131 – das Radioisotop, das sich in der Schilddrüse, besonders der von Kindern, gefährlich anreichert.[77] Punkt ein Uhr an diesem Nachmittag stiegen die Strahlungspegel in den Straßen der Stadt abrupt an. Zum Einbruch der Nacht hatte die gemessene Radioaktivität auf dem Nauki-Prospekt, nahe dem Herzen Kiews am Ostufer des Dnepr, bereits 2,2 Milliröntgen (oder 22 Mikrosievert) pro Stunde erreicht – mehrere hundert Mal höher als normal.[78] Der Weg der radioaktiven Wolke war von der Wetterwarte des Staatskomitees für Hydrometeorologie der UdSSR aufgespürt worden, das an diesem Tag geheime Berichte seiner Beobachtungen sowohl zum Ministerratsvorsitzenden Ryschkow nach Moskau schickte, als auch zu den Anführern der Kommunistischen Partei der Ukraine in Kiew, einschließlich des Ersten Sekretärs Schtscherbitzki.[79]

Im Gesundheitsministerium der Ukraine gerieten die erfahrensten Ärzte der Republik – normalerweise sachlich und zurückhaltend – allmählich in Panik.[80] Sie diskutierten über die Notwendigkeit, Vorkehrungen gegen radioaktive Aerosole zu treffen und die Bevölkerung zu warnen. Doch weiter taten sie nichts. Walentin Sgurski, der Vorsitzende des Exekutivkomitees der Stadt Kiew – der Bürgermeister, verantwortlich auch für die Koordination des lokalen Zivilschutzes –, hatte in einer Fabrik gearbeitet, die Gammastrahlungsmessgeräte herstellte, und war daher vertraut mit den Gefahren der Strahlung.[81] Er versuchte Schtscherbitzki zu überzeugen, die große Maiparade abzusagen, die tags darauf durch das Zentrum der Stadt ziehen sollte. Der Erste Sekretär hatte von Moskau jedoch bereits Befehle erhalten. Die Parade habe nicht nur stattzufinden, sie seien alle aufgefordert, daran teilzunehmen und ihre Familien mitzubringen – als ein Zeichen, dass in Kiew kein Grund zur Panik bestand.[82]

Am folgenden Morgen wurden wie üblich die Vorbereitungen für die Parade getroffen. Organisatoren aus den Reihen der Partei hatten Fahnen aufgehängt, und Zuschauer füllten die Straßen. Um zehn sollte der Erste Sekretär von der großen Tribüne aus, die den Platz der Oktoberrevolution überblickte, die Parade eröffnen. Doch zehn Minuten vor zehn war noch keine Spur von ihm zu sehen; sein zentraler Platz auf dem Podium blieb leer.[83] Die Mitglieder des ukrainischen Politbüros, der Bürgermeister der Stadt und die übrigen versammelten Würdenträger wurden nervös. Nur der Erste Sekretär hatte das Recht, den Zug in Gang zu setzen, und er war in seiner gesamten Amtszeit noch nie zu spät zur Parade erschienen. Endlich kam sein Tschaika den Hügel herunter, hielt auf die Tribüne zu und bremste scharf. Schtscherbitzki, der auf dem Rücksitz gesessen hatte, stieg rotgesichtig und fluchend aus dem Wagen.

»Ich hab ihm gesagt, dass wir die Parade unmöglich über den Chreschtschatik schicken können«, murmelte er den versammelten Parteioberen zu. »Hier ist es nicht wie auf dem Roten Platz. Es ist wie in einer Schlucht: Hier sammelt sich die Strahlung … Und er antwortete mir darauf: Wenn Sie die Parade vermasseln, geben Sie Ihren Parteiausweis ab.«

Der wütende Erste Sekretär ließ niemanden im Zweifel, mit wem er eben gesprochen hatte. Der einzige Mann in der Sowjetunion, der genügend Autorität besaß, um ihm mit dem Parteiausschluss zu drohen, war Gorbatschow selbst.[84]

»Zur Hölle damit«, sagte Schtscherbitzki. »Fangen wir an.«[85]

Kurz nach zehn begann die jubelnde Menge ihren Marsch entlang der breiten Chreschtschatik-Allee. Die Sonne war warm, die Stimmung festlich. Ein Meer aus roten Fahnen zwischen Blumenrabatten in allen Schattierungen des Frühlings, magentafarben, gelb und blau; Parteiveteranen in grauen Anzügen und mit roten Schärpen; die Mädchen der Jungen Pioniere mit ihren weißen Uniformen und den roten Halstüchern winkten mit blühenden Kirschzweigen; und junge Tänzer in den bestickten Hemden und pludrigen *sharovary*-Hosen der traditionellen Tracht ukrainischer Kosaken, schunkelten Arm in Arm in langen Reihen oder wirbelten im Kreis.[86]

Kiews Bürger, ihre Kinder auf dem Arm tragend oder an der Hand führend, marschierten Schulter an Schulter unter den berühmten Kastanienbäumen der Allee, hielten Ballons in ihren Händen und präsentierten Plakate, auf denen sowjetische und ukrainische Parteigrößen abgebildet waren, und gelangten schließlich auf den Platz der Oktoberrevolution mit seinen Brunnen, wo die gigantischen Porträts von Marx, Engels und Lenin stoisch von den grauen Häuserfassaden blickten.

Schtscherbitzki, der auf der Tribüne stand und der Menge gönnerhaft lächelnd zuwinkte, hatte angesichts des gefährlichen Atomstaubs, den der Wind mit sich führte, einige Zugeständnisse gemacht: Statt wie sonst vier, dauerte die Parade nur zwei Stunden; statt zwischen vier- und fünftausend Menschen aus jedem Viertel sammelten die Organisatoren der Partei nur zweitausend.[87] Doch der Erste Sekretär hatte dafür gesorgt, dass auch sein Enkel Wladimir in der Parade mitmarschierte. Der Kiewer Bürgermeister Sgurski brachte seine drei Söhne und die zwei Enkel mit. Einige Männer auf der Tribüne hatten sich am Morgen mit Dosimetern ausgestattet und konsultierten sie diskret, aber konstant. Andere warfen einfach nur gelegentliche Blicke gen Himmel.[88]

Später, als der Wind erneut drehte und die Radionuklide nach Norden, in Richtung Moskau trug, flogen sowjetische Piloten wiederholt Einsätze, um die Wolken mit Silberjodid zu impfen und so zum Abregnen zu veranlassen. Die Hauptstadt blieb verschont. Doch dreihundert Kilometer weiter südlich, in Weißrussland, mussten Bauern zusehen, wie Hunderte Quadratkilometer ihres fruchtbaren Ackerlands von schwarzem Regen überzogen wurden.[89]

In Moskau fegte die Maiparade wie in jedem Jahr über den Roten Platz, und in der Stadt herrschte Karnevalsstimmung. Arbeiter aus allen Teilen der Sowjetunion marschierten in Neunerreihen an Lenins Mausoleum aus rotem Granit vorbei, schwenkten Papiernelken und rote Fahnen, während Gorbatschow und die übrigen Mitglieder des Politbüros auf sie herabblickten.[90] Doch anschließend ließ der Ministerratsvorsitzende Ryschkow ein weiteres dringendes Treffen der Operativgruppe Tschernobyl einberufen, an dem über ein Dutzend hochrangige Minister teilnahmen, einschließlich jener, die für die Ressorts Gesundheit, Verteidigung und auswärtige Angelegenheiten zuständig waren, außerdem Ligatschow und Tschebrikow, Ersterer Chefideologe, Letzterer Chef des KGB. Als Vertreter der Atomwissenschaftler saß Anatoli Alexandrow, der Leiter des Kurtschatow-Instituts, mit am Tisch.[91]

Während draußen in den Straßen weiter gefeiert wurde, war die Gruppe mit der Katastrophenlage konfrontiert, die sich in Tschernobyl immer mehr zuspitzte. Zuerst erfuhren sie, dass das sowjetische Gesundheitsministerium mit dem Ausmaß der Krise überfordert war. Ryschkow enthob den Chef des Ministeriums seiner Verantwortung für die medizinische Versorgung und gab die Kontrolle an den stellvertretenden Gesundheitsminister Oleg Schepin weiter. Ryschkow wies ihn an, die Gruppe täglich darüber zu informieren, wie viele Opfer der Katastrophe in Krankenhäusern lagen, und bei wie vielen eine Strahlenkrankheit diagnostiziert worden war. Obwohl sie Prypjat inzwischen verlassen hatten, waren Schtscherbina, Legassow und die übrigen Mitglieder der Regierungskommission bereits gefährlichen Strahlungsdosen ausgesetzt gewesen und mussten so bald wie möglich abgelöst werden. Man würde medizinische Versorgungsgüter aus dem Westen bestellen und in harter Währung für sie bezahlen müssen. Die Gruppe musste auch das Hilfsangebot ausländischer Ärzte in Erwägung ziehen, die nach Moskau kommen wollten, um bei der Behandlung von Strahlungsopfern zu helfen.[92]

Marschall Achromejew, Chef des Generalstabs der UdSSR, berichtete, dass Truppen des Verteidigungsministeriums im unmittelbaren Umfeld des Kraftwerks Tschernobyl mit den Dekontaminationsarbeiten begonnen hätten, allerdings würden dringend weitere Männer gebraucht, weil sich die Strahlung immer noch ausbreitete. Es war auch klar, dass die Versuche, das wirkliche Ausmaß der Katastrophe vor der internationalen Gemeinschaft zu verbergen, alles nur noch schlimmer gemacht hatten. Westliche Diplomaten und Journalisten überschütteten Moskau mit Protesten und Fragen zu Art und Größenordnung des Unfalls. Ryschkow beschloss daher, eine Pressekonferenz für ausländische Journalisten zu organisieren, und delegierte die Details an Schtscherbina, Alexandrow und Andranik Petrosjanz, den Vorsitzenden des Staatskomitees für die Nutzung der Atomenergie.

Ryschkow versammelte nun die Mitglieder der neuen Regierungskommission und gab ihnen den Befehl, am darauffolgenden Tag nach Tschernobyl zu fliegen. Dieses neue Team würde von Iwan Silajew geleitet werden, dem 55-jährigen ehemaligen Minister für die Flugzeugindustrie.[93] Der wissenschaftliche Leiter, der Waleri Legassow ablösen sollte, war Jewgeni Welichow – Legassows direkter Nachbar und sein Rivale im Kampf um die Nachfolge für den greisen Alexandrow als Leiter des Kurtschatow-Instituts.

Als das Treffen zu Ende war, begab sich Ryschkow in Gorbatschows Büro.[94] Der Vorsitzende des Ministerrats und Ligatschow, der Anführer der Konservativen, hatten beschlossen, dass es nun an der Zeit sei, den

Unfallort zu besichtigen. Ryschkow teilte dem Generalsekretär seine Absichten mit, in der Erwartung, Gorbatschow werde sich anschließen. Doch offenbar dachte der Generalsekretär gar nicht daran. Tags darauf flogen daher Ryschkow und Ligatschow – gemeinsam mit dem Chef des KGB – ohne ihn nach Kiew.[95]

In Begleitung Schtscherbitzkis, des Ersten Sekretärs der Ukraine, und des Ministeratsvorsitzenden der Ukraine flogen die Männer des Politbüros im Hubschrauber zum Kernkraftwerk Tschernobyl. Sie landeten in einem Dorf, in dem Evakuierte aus Prypjat vorübergehend angesiedelt worden waren. Ryschkow fand die Menschen, denen er begegnete, merkwürdig ruhig und argwöhnte, dass sie vielleicht immer noch nicht wussten, welches Ausmaß die Katastrophe um sie herum angenommen hatte. Als sie fragten, wann sie wieder nach Hause zurückkehren durften, wussten die Minister keine Antwort. Sie sollten warten und Geduld haben, sagten sie den Menschen.[96]

Um 14:00 Uhr trafen sich Ryschkow und Ligatschow in der Parteizentrale in Tschernobyl zu einer Besprechung. Man kam auf die Evakuierung der Siedlungen rings um das Kraftwerk zu sprechen. Die Evakuierung der Zehn-Kilometer-Zone habe eben angefangen, sagte Schtscherbina zu Ryschkow.[97]

Auf dem Tisch lagen Detailkarten von der Umgebung des Kraftwerks, das Ergebnis unabhängiger Messungen durch das Militär, durch Meteorologen und Geologen; allesamt streng geheim.[98] Sie zeigten die Ausbreitung des radioaktiven Fallouts. Legte man sie übereinander, ergab sich ein unregelmäßiger Fleck, mit Prypjat als Zentrum, der sich in südöstlicher Richtung ausdehnte und Tschernobyl mit einschloss. Nach Norden überschritt er die weißrussische Grenze, und in westlicher Richtung zog sich eine lange Spur von schwerem Fallout, der eine gespaltene Zunge bildete, die nach den Städten Wiltscha und Polesskoje leckte. Die Kontamination hatte sich weit über die Grenzen der Zehn-Kilometer-Zone hinaus verbreitet und bedrohte nun Zigtausende Menschen in einem riesigen Gebiet – an einigen Orten bis zu dreißig Kilometer vom Kraftwerk entfernt.

Der Ministerratsvorsitzende Ryschkow studierte die Karten sorgfältig. Einige Orte schienen vorläufig sicher zu sein, andere waren es eindeutig nicht, und in einigen Dörfern war der Fallout ungleichmäßig, variierte von einer Straße zur anderen. Irgendetwas musste geschehen, nur was? Alle Anwesenden warteten auf seine Entscheidung.

»Wir evakuieren die Siedlungen innerhalb der Dreißig-Kilometer-Zone«, sagte Ryschkow schließlich.

»Alle?«, fragte jemand.

»Alle«, antwortete Ryschkow, und um seinen Worten Nachdruck zu verleihen, kreiste er das Gebiet auf der Karte ein. »Und wir fangen sofort damit an.«

Kapitel 11

Das Chinasyndrom

Vom Dach des Hotels Polesia aus hatte Oberst Lubomir Mimka einen ausgezeichneten Blick. Das Stadtzentrum von Prypjat breitete sich vor ihm aus, von der funkelnden konstruktivistischen Skulptur am Eingang über die Musikschule zu seiner Linken bis hin zur Reihe bunter Wimpel, die zu seiner Rechten über dem Platz flatterten. Sein Funker und er hatten die Stadt ganz für sich allein. Das Hotel war leer, sogar die Vögel waren weggeflogen; das Gezeter der Spatzen, die sich einmal auf den Zweigen der Pappeln und Akazienbäume getummelt hatten, war längst verstummt. Als die beiden Männer den Bankettsaal unten erkundet hatten, war ihnen ein mysteriöser schwarzer Teppich aufgefallen, der sich von einer Wand zur anderen erstreckte. Erst als der Funker, der in seinem Schutzanzug vor Hitze fast einging, ihn mit knirschenden Schritten überquerte, war ihnen bewusst geworden, dass der vermeintliche Teppich aus Tausenden dösender, offenbar verstrahlter Fliegen bestand. Sie holten einen Feuerwehrschlauch von der Wand, spritzten den Boden sauber und zogen hierher um, zumal oben die Sonnenhitze und die Radioaktivität nicht mehr zu ertragen waren. Doch vom Dach der achten Etage aus, umrahmt von den schweren Betonstützen der Freiluftterrasse, war der Ausblick auf Reaktorblock Vier – etwa drei Kilometer entfernt, aber deutlich sichtbar am Horizont – absolut perfekt.[1]

Fast vom Beginn der Bombardierungen an hatte die Luftwaffe das Hotel als improvisierten Tower benutzt, doch nun hatte General Antoschkin ein System ausgetüftelt, das es seinen Piloten ermöglichte, täglich Hunderte Tonnen Material in den brennenden Reaktor zu kippen. Während ein Hubschrauber nach dem anderen Kurs auf Block Vier nahm, sah Mimka vom

Dach aus zu und gab den Piloten über Funk letzte Anweisungen, wobei er mit bloßem Auge die Entfernung und ballistische Bahn abschätzte. Mittlerweile waren mehrere Dutzend Hubschrauber im Einsatz – die mittelschwere Mi-8, die schwere Mi-6 und die superschwere Mi-26 –, die von drei unterschiedlichen Landezonen aus fortwährend starteten.[2] Jede Maschine hatte mindestens einen umgedrehten Fallschirm am Rumpf hängen, der von Soldaten des Zivilschutzes und Arbeitstrupps, die in den umliegenden Dörfern rekrutiert worden waren, mit Sand- oder Lehmsäcken beladen worden war. Nachdem sie in einer tosenden Staubwolke abgehoben hatten, näherten sie sich mit hundert Stundenkilometern dem Reaktor.

Mimka wartete ab, bis sie dreihundert Meter von ihrem Zielort entfernt waren, wobei ihm als Maßstab für ihre Position die Strommasten der Umspannanlage rings um das Kraftwerk dienten. »Achtung!«, lautete sein Befehl, und der Pilot legte den Finger auf den Entriegelungsknopf. Noch zwei, drei Sekunden, dann »Abwurf!«, sagte Mimka, und der Pilot ließ die Ladung fallen. Der Hubschrauber, von der Last befreit, drehte schnell ab – um eine weitere Ladung an der Landezone aufzunehmen.

Mimka stand jeden Morgen um vier Uhr auf und durchlief aufgrund seiner Strahlungsexposition einen Bluttest zum Frühstück. Um sechs Uhr morgens war er in der Luft und unternahm einen Aufklärungsflug über den Reaktor, bevor man ihn auf dem Platz vor dem Hotel absetzte. Er blieb auf dem Dach, bis es kurz nach 21:00 Uhr dunkel wurde, und unternahm den letzten Flug des Tages persönlich, um ein zweites Mal Strahlungswerte und Temperatur über Reaktor Vier zu messen. Um zehn folgten Dekontamination und Abendessen, anschließend eine Lagebesprechung. Um Mitternacht endlich wurde geschlafen – und vier Stunden später rüttelte ein Kadett ihn wieder wach.

General Antoschkin hatte seinen Männern eine maximale Strahlenexposition von 22 rem auferlegt, obwohl viele regelmäßig zu geringe Werte angaben, um länger fliegen zu können.[3] Zum Schutz vor der Strahlung erhielten sie sowohl bittere Kaliumjodid-Tabletten als auch eine süße Paste – aus einer pharmazeutischen Fabrik in Leningrad –, die sie *pastila* nannten.[4] Als die ersten Ladungen Blei eintrafen – in Form von Barren, Blechen und Zehn-Kilo-Packungen Jagdmunition, noch mit den Preisschildern daran –, improvisierten die Piloten ihren eigenen Schutz. Sie verkleideten den Boden der Kabinen mit den vier und fünf Millimeter dicken Blechen und befüllten die Kuhlen ihrer Sitze – normalerweise für Fallschirme ausgespart – mit den Schrotkugeln. Sie hatten sich sogar einen passenden Spruch dazu ausgedacht: *Yesli hochesh byt' otsom, zakrivay yaitso svintsom* – »Willst du noch Vater werden, dann bette deine Eier in Blei.«[5]

Während die Bombardierungen fortgesetzt wurden, hatten Akademiemitglied Legassow und die anderen Wissenschaftler des Kurtschatow-Instituts für Atomenergie und des Ministeriums für Mittleren Maschinenbau in Moskau noch immer keine Ahnung, was tatsächlich in dem brennenden Reaktor vor sich ging. Die Piloten nahmen zwar ein rotes Glühen ins Visier, das sie in Block Vier sehen konnten, aber niemand wusste genau, wodurch es verursacht wurde. In der Hauptstadt wurden Physiker spät nachts in ihre Büros am Kurtschatow-Institut gerufen, um zu berechnen, wieviel Uran-Brennstoff noch immer im havarierten Reaktorblock übrig sein mochte.[6] Und fünf- oder sechsmal am Tag begleiteten Wissenschaftler die Hubschrauberbesatzungen bei ihren Flügen zum Unfallort, um die Strahlungswerte in der Luft zu messen und die Hitze des brennenden Kerns zu schätzen, indem sie die radioaktiven Isotope in der Atmosphäre analysierten. Mit einer in Schweden hergestellten Wärmebildkamera maßen sie die Oberflächentemperatur des Reaktors.[7] Sie sahen zu, wie die befüllten Fallschirme in den Reaktor stürzten und zerfranste pilzförmige Wolken aus schwarzem, radioaktivem Rauch und Staub hundert Meter in die Luft stiegen und dort ausharrten, ehe sie vom Wind erfasst und über die Landschaft fortgeweht wurden.[8] Als die Dämmerung hereinbrach, schwebte ein schöner blutroter Nimbus über dem Gebäude.[9] Wenn Oberst Mimka bei seinen Aufklärungsflügen über den Reaktor im Abendschein auf die hell leuchtende Masse hinunter blickte, war er an die Lava erinnert, die er zwischen den Vulkanen von Kamtschatka im Fernen Osten der UdSSR gesehen hatte.[10]

Ganz zu Beginn hatte ein Mitglied der Kurtschatow-Gruppe in Tschernobyl – Konstantin Fedulenko, Spezialist für RBMK-Reaktoren – Legassow sagen wollen, dass die Bombardierungen möglicherweise unangebracht waren. Er hatte mit eigenen Augen gesehen, dass bei jedem Lastenabwurf in das havarierte Gebäude schwere radioaktive Teilchen in die Atmosphäre wirbelten. Und weil das Ziel so klein war – zudem teilweise verdeckt vom gekippten Betondeckel Elena – und die Hubschrauber sich so schnell näherten, bestand seiner Meinung nach kaum eine Chance, dass Sand und Blei es tatsächlich ins Auge des Reaktorkraters schafften.[11]

Doch Legassow war anderer Ansicht. Es sei zu spät für eine Kursänderung, antwortete er Fedulenko. »Die Entscheidung ist gefallen«, sagte er. Die beiden Wissenschaftler diskutierten noch ein paar Minuten, bis Fedulenko schließlich mit der ganzen Wahrheit herausrückte. Er hege die Befürchtung, sagte er, dass all ihre Bemühungen, das Graphitfeuer zu ersticken, die reinste Zeitverschwendung sein könnten. Seiner Meinung nach sollte man einfach abwarten, bis die radioaktiven Flammen von selbst erloschen.

Legassow wollte davon nichts hören. Man müsse unverzüglich Maßnahmen ergreifen, entgegnete er, ob sie nun effektiv seien oder nicht.

»Die Menschen würden es nicht verstehen, wenn wir nichts tun«, sagte Legassow. »Sie wollen sehen, dass etwas unternommen wird.«

Tag für Tag wuchs die Menge an Material, die in den Reaktor geschüttet wurde: Am Montag, dem 28. April, flogen die Hubschrauberbesatzungen 93 Einsätze und warfen insgesamt 300 Tonnen ab; tags darauf brachten sie es auf 186 Einsätze und 750 Tonnen.[12] Am Morgen des 30. April, einem Mittwoch, begannen sie Blei abzuwerfen und bedeckten Block Vier an diesem Tag mit 1500 Tonnen Absorptionsmitteln, einschließlich Sand, Lehm und Dolomit.[13] In den Landezonen arbeiteten die Männer des Sonderbataillons 731 – ein über Nacht in der Region Kiew eilig rekrutierter Verband von Reservisten – sechzehn Stunden am Tag unter den wirbelnden Hubschrauberrotoren, stapelten Säcke in Fallschirme und sicherten diese an den Lasthaken der Maschinen.[14] Das heiße Wetter und die durch die Rotoren verwirbelte Luft schufen einen fast ständigen Tornado radioaktiven Staubs, der dreißig Meter in die Luft stieg. Die Soldaten trugen keine Schutzanzüge – nicht einmal die dünnen »Mullläppchen«-Atemmasken. Der Staub drang ihnen in Augen und Mund und kroch unter ihrer Kleidung auf die Haut. Nachts, in Zelten am Ufer des Prypjat, schliefen sie unruhig in ihren verstrahlten Uniformen. Im Morgengrauen standen sie auf, um wieder anzupacken.[15]

Während die Bombardierung aus der Luft weiterging, sanken die Strahlungspegel der Radionuklide, die aus dem Reaktor geschleudert wurden, kontinuierlich; von sechs Millionen Curie am Sonntag auf fünf Millionen am Montag, vier am Dienstag und drei Millionen am Mittwoch. Der Brandherd, den die Flieger anvisiert hatten, schien endlich gelöscht zu sein. Am Abend des 1. Mai, einem Donnerstag, meldete General Antoschkin Boris Schtscherbina, dass seine Piloten über 1200 Tonnen Blei, Sand und andere Materialien über Reaktor Vier abgeworfen hätten.[16] Einige Mitglieder der Regierungskommission standen auf und klatschten Beifall. Schtscherbina bedachte den General mit einem seltenen Lächeln – und setzte ihm für den folgenden Tag ein neues Ziel: 1500 Tonnen.[17]

Doch bis zum folgenden Abend hatten Waleri Legassow und das Team von Wissenschaftlern, das die jüngsten Daten von Block Vier analysierte, eine schockierende und anscheinend unerklärliche Entdeckung gemacht. Anstatt weiter zu sinken, stiegen die radioaktiven Freisetzungen aus dem Reaktor plötzlich wieder an, verdoppelten sich über Nacht von 3 auf 6 Millionen Curie. Auch die Temperatur des brennenden Kerns stieg rasch an.[18] Am Donnerstagabend ließen Legassows Schätzungen vermuten, dass sie fast 1700 Grad Celsius erreicht hatte.[19]

Die Akademiemitglieder befürchteten jetzt, das noch in Reaktor Vier verbliebene Urandioxid und seine Hüllrohre aus Zirkalloy könnten so heiß geworden sein, dass sie sich allmählich zu einer Masse radioaktiver Lava verflüssigten. Das Ergebnis wäre eine vollkommene Kernschmelze. Schlimmer noch, die 4.600 Tonnen Sand, Blei und Dolomit, die aus zweihundert Metern Höhe in die Ruine geworfen worden waren, dazu die Wucht der Explosionen vor einer Woche, konnten das Fundament des Reaktors schwer beschädigt haben.[20] Sollte die Temperatur des verflüssigten Brennstoffs 2800 Grad Celsius erreichen, konnte sich die Schmelze, so die Vermutung, durch den Stahlbetonboden des Reaktors fressen und mit entsprechendem Druck von oben in den Keller des Gebäudes und von dort tief ins Erdreich vordringen. Es war das Weltuntergangsszenarium eines Reaktorstörfalls – das Chinasyndrom.[21]

Obwohl dieser Begriff von amerikanischen Atomingenieuren erdacht worden war, erreichte er erst als Titel eines erfolgreichen Hollywood-Thrillers, der nur einen knappen Monat vor dem Störfall im Kernkraftwerk Three Mile Island in die Kinos gekommen war, traurige Berühmtheit. Jane Fonda spielte in dem Film eine furchtlose Fernsehreporterin, die zu ihrem Entsetzen herausgefunden hatte, wie sich eine Masse aus geschmolzenem Uranbrennstoff durch das Fundament eines beschädigten Reaktors in Kalifornien und unerbittlich weiter durch die Erde fressen konnte, bis nach China am anderen Ende. Und obschon dieser hypothetische Albtraum gegen alle Gesetze von Physik, Geologie und Geographie verstieß, stellte das Chinasyndrom, falls in Tschernobyl eine Kernschmelze begonnen hatte, zwei reale Gefahren dar. Die erste und offenkundigste betraf die unmittelbare Umgebung. Das Kernkraftwerk stand nur wenige Meter über dem Wasserspiegel des Flusses Prypjat. Sollte der geschmolzene Brennstoff bis zu ihm vordringen, wären die Folgen katastrophal. Eine ganze Bandbreite von toxischen Radionukliden würde nicht nur das für Kiew bestimmte Trinkwasser vergiften, sondern das von allen Menschen in der Ukraine, die ihr Wasser aus dem Dnepr-Becken bezogen – insgesamt an die dreißig Millionen Menschen –, und darüber hinaus bis ins Schwarze Meer gelangen.[22]

Doch die zweite Bedrohung war sogar noch größer und beängstigender als die Verseuchung des Wassers. Die Kernschmelze würde den Prypjat und den Dnepr nur dann erreichen, wenn sie die Fundamente des Gebäudes durchbrach. Bevor das geschah, müsste sie die Kondensationskammern passieren, die gefluteten Sicherheitsabteile unter Reaktor Vier. Und einige Wissenschaftler befürchteten, dass das Resultat, sollte der weißglühende Brennstoff mit den Tausenden Kubikmetern Wasser in Kontakt kommen, die sich in den versiegelten Kammern dort befanden, eine neuerliche Dampfexplosion wäre, noch weitaus heftiger als die erste. Sie könnte nicht nur die Überreste von Reaktor Vier zerstören, sondern auch die übrigen Reaktoren, die bei dem Unfall intakt geblieben waren.[23]

Eine solche Explosion kam einer gewaltigen schmutzigen Bombe gleich, bestehend aus über fünftausend Tonnen hoch radioaktivem Graphit und aus fünfhundert Tonnen Kernbrennstoff. Sie konnte alles Leben innerhalb der Sonderzone auslöschen – und genügend Fallout in die Atmosphäre blasen, um große Landstriche Europas für hundert Jahre unbewohnbar zu machen.

Am Freitag, dem 2. Mai, traf aus Moskau Iwan Silajews neues Team in Tschernobyl ein, als Ersatz für Boris Schtscherbina und die Mitglieder seiner Regierungskommission. Mit von der Partie war Legassows alter Rivale Jewgeni Welichow.[24]

Schtscherbina und seine Leute waren erschöpft und – nach fünf Tagen einer oftmals leichtfertigen Geringschätzung der nicht greifbaren Gefahr um sie herum – durch und durch verstrahlt.[25] Die Kommissionsmitglieder hatten erst nach vierundzwanzig Stunden in der Unfallzone Jodtabletten und Dosimeter erhalten, und nicht alle hatten es für nötig befunden, sie auch anzuwenden.[26] Nachdem sie so lange dem radioaktiven Staub ausgesetzt gewesen waren, waren ihre Augen und Kehlen rot und wund; einige bemerkten, wie ihre Stimmen hoch und quäkend wurden – eine seltsame Nebenwirkung der Kontamination mit Alpha-Strahlung.[27] Anderen war übel und schwindelig, und sie wurden so fahrig, dass sie sich kaum noch konzentrieren konnten. Am Sonntag, dem 4. Mai, als sie schließlich nach Moskau zurückkehrten, wurden Schtscherbina und seine Leute ins Krankenhaus gebracht und auf Symptome der Strahlenkrankheit untersucht.[28] Ihre Kleidung und die teuren ausländischen Uhren, zu kontaminiert, um sie zu behalten, mussten vergraben werden. Einer von Schtscherbinas Assistenten wurde im Bemühen, die radioaktiven Teilchen von seiner Haut zu entfernen, achtzehnmal abgeduscht. Krankenschwestern schoren allen die Köpfe, mit Ausnahme von Schtscherbina, der erklärte, eine derartige Behandlung sei unter der Würde eines Mitglieds des sowjetischen Ministerrates, und nur einem Kurzhaarschnitt zustimmte.[29]

Trotz seiner steigenden Strahlendosis und der Abreise seiner Kollegen beschloss Waleri Legassow, in Tschernobyl zu bleiben.[30] Am Sonntagabend hatten die Emissionen aus dem Reaktor 7 Millionen Curie erreicht – ein Wert, der noch höher war als zu Beginn des Helikoptereinsatzes. Und jetzt waren Legassow und Jewgeni Welichow nicht einig darüber, wie darauf zu reagieren sei.

Wie Legassow hatte auch Welichow keine direkte Erfahrung mit Kernreaktoren und war mit der Absicht gekommen, durch Handeln zu lernen.[31] Sein Auftreten machte keinen Eindruck auf die Generäle, die den sportlichen, entschlossenen Legassow – einen bekennenden Sozialisten und sowjetischen Anführer traditioneller Prägung – dem korpulenten Akademiker mit seinen Freunden im Westen und den grellbunten karierten Hemden vorzogen.[32] Doch Welichow konnte sich auf seine langjährige Freundschaft mit Gorbatschow verlassen, der eine persönliche Abneigung gegen Legassow hegte. Und weil dieser längst den Verdacht hatte, dass man ihm nicht die ganze Wahrheit über den Unfall sagte, brauchte er jemanden in Tschernobyl, dem er vertrauen konnte.[33]

Jetzt waren die beiden Wissenschaftler, die im Wesen unterschiedlicher nicht hätten sein können, auch noch gegensätzlicher Meinung, was den Umgang mit der drohenden Kernschmelze in Block Vier anging. Welichow hatte vor kurzem den Film *Das China-Syndrom* gesehen – man hatte ihn einer ausgewählten Gruppe aus dem Fachbereich Physik an der Staatlichen Universität Moskau gezeigt – und befürchtete das Schlimmste. Legassow und andere Atomspezialisten vor Ort waren von der Hollywood-Version der Ereignisse unbeeindruckt.[34] Sie hielten das Risiko einer vollständigen Kernschmelze für unerheblich gering.[35]

Die Wissenschaftler wussten nach wie vor nicht wirklich, was in Block Vier vor sich ging. Sie hatten keine verlässlichen Daten aus dem Inneren des brennenden Reaktors, und sogar ihre Messungen der Radionuklide, die in die Atmosphäre entwichen, hatten eine Fehlertoleranz von 50 Prozent.[36] Sie wussten nichts über den Zustand des Graphits und hatten keine aktuellen Daten über die Spaltprodukte, die der Brennstoff freisetzte; sie konnten nicht sicher sein, ob das Zirkonium brannte oder wie diese Elemente mit den Tausenden Tonnen unterschiedlicher Materialien interagierten, die aus den Helikoptern abgeworfen wurden.[37] Sie wussten nicht, wie heißer Kernbrennstoff mit einem eingeschlossenen Wasservolumen reagieren konnte. Und sie hatten auch keinerlei hypothetische Modelle zur Verfügung, die ihnen helfen konnten.[38]

Im Westen hatten Wissenschaftler seit fünfzehn Jahren die Worst-Case-Szenarien von Kernschmelzen simuliert, ihre Forschungstätigkeit hatte sich nach der Katastrophe im Atomkraftwerk Three Mile Island noch intensiviert. Sowjetische Physiker dagegen waren dermaßen von der Sicherheit ihrer Reaktoren überzeugt gewesen, dass sie es als unnötig und fast schon ketzerisch empfanden, sich in der Theorie mit einer Situation auseinanderzusetzen, die über den Auslegungsstörfall hinausging. Und westliche Spezialisten direkt um Hilfe zu bitten, schien in diesem Stadium undenkbar. Trotz der zunehmenden Besorgnis unter den Physikern angesichts des brennenden Reaktors blieben die Regierungskommission und das Politbüro fest entschlossen, die Nachricht von einer möglichen Kernschmelze vor der Welt jenseits der Dreißig-Kilometer-Zone geheimzuhalten.[39]

Welichow kontaktierte den Leiter seines Forschungslabors am Stadtrand von Moskau und ließ sein Team über die Maifeiertage arbeiten. Das Dutzend Wissenschaftler erhielt keine Einzelheiten über Telefon, und sogar als sie im Labor ankamen, war nur ganz allgemein von einem Unfall die Rede. Sie sollten möglichst viel über die potentielle Geschwindigkeit einer Reaktorkernschmelze herausfinden – nur waren sie alle theoretische Physiker, Experten in der Erforschung esoterischer Phänomene im Zusammenspiel von Lasern und Feststoffen, Plasmaphysik und Trägheitsfusion. Keiner von ihnen wusste auch nur das Geringste über Kernreaktoren, und so mussten sie als Erstes soviel wie möglich über den RBMK-1000 herausfinden. Sie stöberten in der Bibliothek nach Fachbüchern über die Eigenschaften verschiedener Radioisotope, über Nachzerfallswärme und Wärmeleitfähigkeit und nahmen im Labor die vorhandenen sowjetischen Großrechner in Beschlag, um Berechnungen anzustellen.[40]

Unterdessen, während Welichow und Legassow sich wegen der Risiken einer Kernschmelze in den Haaren lagen, loderte der Graphit weiter, und die Temperatur in Reaktor Vier stieg nach wie vor an.[41] Welichow telefonierte mit Gorbatschow in Moskau. Was in Tschernobyl vor sich ging, war so geheim, dass er seine Frau sechs Wochen lang nicht anrufen durfte. Wann immer er aber mit dem Generalsekretär sprechen musste, erreichte er ihn am Telefon in seiner Limousine. »Sollten wir Kiew evakuieren?«, fragte Gorbatschow.[42]

Welichow gab zu, er sei sich nicht sicher.

Der neue Vorsitzende der Regierungskommission, Iwan Silajew, Held der sozialistischen Arbeit und Träger zweier Leninorden, war ein altgedienter Technokrat mit einem silbergrauen Haarschopf über der kühnen Stirn, und mit seiner direkten Art weniger sprunghaft als Boris Schtscherbina.[43] Dabei sah er sich mit einer noch bedrohlicheren Situation konfrontiert als sein Vorgänger: der Brand, die entweichende Strahlung, die Kernschmelze und jetzt die mögliche Explosion. Er ließ sich daher alle dreißig Minuten auf den neuesten Stand bringen.[44] Die Mitglieder der Kommission arbeiteten von acht Uhr morgens bis ein Uhr nachts. Viele schliefen in der Nacht nur für zwei oder drei Stunden.[45]

In seinem Hauptquartier in der Stadt Tschernobyl packte Silajew die Krise auf typisch sowjetische Weise an. Statt der möglichen Kernschmelze mit einer einzigen konsequenten Vorgehensweise zu begegnen, rief er an allen Fronten gleichzeitig zu dynamischem Handeln und aufopferndem Patriotismus auf. Er instruierte die Kraftwerksbelegschaft, einen Weg zu finden, Stickstoff in den Reaktor zu pumpen. Auf diese Weise sollte der schmelzende Kern bedeckt und dem Graphitbrand der Sauerstoff entzogen werden. Er ließ Tunnelbauingenieure aus Kiew kommen, die unter Reaktorblock Vier Bohrungen vornehmen sollten, um den sandigen Boden mit flüssigem Stickstoff oder Ammoniak zu gefrieren und das Grundwasser vor der Kernschmelze zu schützen.[46] Und er ließ nach Männern suchen, die den Mut hatten, die dunklen Kellerräume direkt unter dem Reaktor zu betreten, die Schieber der Kondensationskammern zu öffnen und das hoch radioaktive Wasser abzupumpen – insgesamt fünftausend Kubikmeter –, das sie dort vorfinden würden.[47]

Unterdessen wurde General Antoschkins Luftoffensive auf Reaktor Vier fortgesetzt.[48]

Am Samstag, dem 3. Mai, um ein Uhr früh hatte sich Hauptmann Piotr Zborowski vom 427. Mechanisierten Rotbanner-Regiment des Zivilschutzes im Feldlager dreißig Kilometer südlich des Kraftwerks eben gewaschen und war im Begriff, sich abzutrocknen, als er die Meldung bekam, jemand suche nach ihm. Ein Oberst und ein Generalmajor kamen auf ihn zu. Er kannte keinen von beiden.[49]

»Ziehen Sie sich an«, sagte der General. »Der Leiter der Regierungskommission möchte Sie sprechen.«

Zborowski war sechsunddreißig und seit sechzehn Jahren im Katastrophenschutz tätig. Aufgrund seiner Körperkraft lautete sein Spitzname *Los*, »Elch«. Er hatte mit seinen Männern drei Tage in Wolken aus peitschendem Staub Säcke voller Sand und Lehm in die gewendeten Fallschirme gehievt, die Antoschkins Helikopter über dem Reaktor abwarfen. Seit dem Frühstück am Morgen hatte er nichts mehr gegessen und freute sich auf eine medizinische Dosis von 100 Gramm Wodka.

»Ich gehe nirgendwohin, bevor ich nicht was zu essen hatte«, sagte Zborowski.

»Wir warten«, erwiderte der General.

Die Kondensationsbecken befanden sich tief im Labyrinth klaustrophobischer Räume unter Reaktor Vier. Sie lagen innerhalb eines massiven Betontanks mit einem Fassungsvermögen von siebentausend Kubikmetern, aufgeteilt in zwei Ebenen, vollgestopft mit einem Wald aus dicken Rohrleitungen, unterteilt in Korridore und Kammern und halb mit Wasser gefüllt. Die Becken waren Teil des Reaktorsicherheitssystems gewesen und sollten im Fall einer gebrochenen Druckleitung im Reaktorkern eine Dampfexplosion verhindern. Der entweichende Dampf sollte im Notfall durch Sicherheitsventile nach unten in die Becken abgeleitet werden, wo er durch das Wasser nach oben steigen und dabei gefahrlos zu Flüssigkeit kondensieren würde.[50]

Doch am 26. April war das Kondensationssystem schnell überlastet gewesen und hatte bei der endgültigen Zerstörung von Reaktor Vier versagt. Nun wussten weder die Kraftwerksbelegschaft noch die Wissenschaftler, wieviel Wasser in den Becken enthalten war und ob sie überhaupt noch intakt waren. Techniker aus dem Kraftwerk hatten eines der Ventile des Systems geöffnet und nur das Zischen der einströmenden Luft gehört. Doch die Wissenschaftler vermuteten trotzdem, es könnte noch Wasser in den Becken verblieben sein. Also wurde angeordnet, eine geeignete Stelle zu finden, um ein Loch in die fast zwei Meter dicke und mit Edelstahl umhüllte Wand zu sprengen. Als die Anweisung einen Schichtleiter in Block

Drei erreichte, schlug dieser vor, es gebe vielleicht auch eine weniger riskante Methode, um die Aufgabe zu bewältigen. Er studierte die Pläne des Kraftwerks und lokalisierte ein Paar Ventile – tief im Labyrinth unter dem Reaktor gelegen –, dazu bestimmt, das Wasser zu Wartungszwecken aus den Becken abzulassen, und erkundete die Route mit einer Taschenlampe und einem Armee-Dosimeter DP-5.[51]

Vor dem Unfall wäre das Öffnen der Ventile eine einfache Angelegenheit gewesen: eine Treppe hinunter bis zu Kote-3, also drei Meter unter Bodenniveau, dann den Korridor 001 entlang, einen langen Verbindungsgang zwischen den Blöcken Drei und Vier; den Ventilraum aufsuchen und die Räder an den Ventilen 4GT-21 und 4GT-22 drehen. Doch jetzt war Korridor 001 mit radioaktivem Wasser überflutet. Im Ventilraum stand es eineinhalb Meter hoch. Als er dort angelangt war, stand das Dosimeter des Schichtleiters auf Anschlag, und so ließ sich nicht genau feststellen, wie hoch die Strahlenbelastung tatsächlich war. Die Ventile konnten erst geöffnet werden, wenn der Korridor kein Wasser mehr enthielt.

Es war noch immer früh am Morgen, als »Elch« Zborowski im Hauptquartier der Regierungskommission in Tschernobyl in den Konferenzsaal in der zweiten Etage geführt wurde. Der Stellvertretende Minister Silajew kam hinter seinem Schreibtisch hervor und nahm stramm Haltung an.

»Genosse Hauptmann, auf Befehl der Regierung sollen Sie unter Block Vier das Wasser abpumpen.«

»Jawohl, Genosse!«, entgegnete Zborowski, ohne lang nachzudenken.

»Alles weitere erfahren Sie an Ihrem Stützpunkt«, sagte Silajew. »Halten Sie sich um 0900 bereit.«

Erst auf der Treppe kam dem Hauptmann der jüngste Lagebericht zu Block Vier in den Sinn: 2800 Röntgen pro Stunde neben der Außenwand des Reaktors. In der Technikerschule des Militärs hatte man ihm beigebracht, dass eine Dosis von 700 rem tödlich war. An der Wand würde er sich die in fünfzehn Minuten holen. Wie hoch mochte die Strahlung dann erst direkt unter dem Reaktorkern sein?[52]

Zborowski fuhr die 120 Kilometer nach Kiew zu seinem Stützpunkt zurück, um Männer und Ausrüstung anzufordern. Unterwegs machte er kurz zu Hause Halt. Wohl wissend, dass seine Kleidung schwer kontaminiert war, zog er sich im Flur aus, bevor er die Wohnung betrat. Er gab seinem schlafenden zwölfjährigen Sohn einen Kuss und nahm Abschied von seiner Frau, ohne ihr zu sagen, was er vorhatte.

Als er sich am Samstag um neun bei Silajew zurückmeldete, erfuhr der Hauptmann, dass bei diesem Einsatz jeder Schritt erst noch akribisch geplant werden musste. Nicht einmal die grundlegenden Fragen waren geklärt worden: Wie war der Keller unter Block Vier zu erreichen? Wie sollte man das Wasser herauspumpen – und wohin damit? Bei der Versammlung der Regierungskommission an diesem Morgen konnten sich die Experten nicht einig werden über einen sicheren Lagerort für fünftausend Kubikmeter hoch radioaktiver Flüssigkeit – genug für zwei olympische Schwimmbecken. Während er auf eine Entscheidung wartete, erkundete Zborowski in einem Panzerfahrzeug das Gelände und fand eine Stelle, wo sich die Mauer zum Wartungstunnel im Keller durchbrechen ließ. Weil er erneut die Konsequenzen fürchtete, die der Einsatz von Sprengstoff so nah am havarierten Reaktor mit sich bringen konnte, fragte Zborowski nach Freiwilligen aus seiner Kompanie, die sich mit einem Vorschlaghammer Zugang verschaffen sollten. Fünf Männer traten vor. Die Strahlung war enorm; jeder konnte nach Schätzung des Hauptmanns maximal zwölf Minuten am Stück arbeiten. Als sie endlich durchgebrochen waren, stieg Zborowski an einem Seil, das er sich wie ein Tiefseetaucher um die Hüfte geschlungen hatte, hinunter in den Keller. Er tastete sich durch die Schwärze voran, bis er Wasser unter seinen Sohlen hörte. Nach und nach erreichte das Wasser eine Tiefe von über vier Metern. Es war warm – 45 Grad Celsius, wie in der Badewanne – und stank nach Schwefelwasserstoff.[53]

In Moskau führte unterdessen das Theoretikerteam von Jewgeni Welichow Experimente durch, um das Verhalten von schmelzendem Kernbrennstoff zu erforschen. In Ermangelung tatsächlicher Daten aus dem Kraftwerk hatte Welichow sich von seinen Kontakten im Westen kistenweise Abhandlungen über das Phänomen einfliegen lassen, doch die Wissenschaftler waren zu sehr in Eile, um den Berg an Material durchzuarbeiten und zusammenzufassen. Selbst zu forschen, beschlossen sie, sei der schnellere Weg. Sie arbeiteten rund um die Uhr und schliefen auf den Bürostühlen. Im Labor erhitzten sie Metallzylinder und Uranbrennstoff-Pellets mit Kohlendioxid-Lasern, platzierten sie auf Betonstücken und zeichneten die Ergebnisse auf.[54] Sie schickten Proben nach Kiew, wo ein Spezialist die Interaktion zwischen Urandioxid, geschmolzenem Schwerbeton und Sand untersuchte.[55] Bald bestätigten sie Welichows schlimmste Befürchtungen: Eine Brennstoffmasse, nur zehn Kilo schwer, konnte ausreichend Hitze erzeugen, um sich durch den Stahlbetonboden des Reaktorbehälters zu fressen und mit einer Geschwindigkeit von 2,5 Metern pro Tag in die Erde vorzudringen.[56] Außerdem konnte das glühendheiße Uran mit Schutt, Metall und Sand zu völlig neuen Substanzen verschmelzen – hoch radioaktiv und mit noch unerforschten Eigenschaften.[57]

In Tschernobyl grübelte die Kommission derweil wie erstarrt über dem Problem, wohin das radioaktive Wasser aus den Kondensationskammern zu verfrachten sei, während die Temperatur im Reaktor weiter anstieg. Silajew berief eine Versammlung nach der anderen ein. »Elch« Zborowski versuchte, sooft er konnte, ein paar Minuten zu schlafen, während sich die Diskussionen bis tief in die Nacht zogen – und die Akademiemitglieder, Generäle und Politiker einander überbrüllten.[58] In diesem Tohuwabohu rief Gorbatschow aus Moskau an, seine Stimme laut genug, um von allen im Raum gehört zu werden:

»Nun? Haben Sie sich entschieden?«

Unterdessen wanderten die Kraftwerksphysiker, von Angst zerfressen, wie Zombies durch die Gegend: Was ihnen zu schaffen machte, war nicht so sehr der langfristige Schrecken der Strahlung, sondern die unmittelbare Bedrohung der Explosion, die sie und jeden Menschen im Umkreis von hundert Metern – jeden Moment – töten konnte.[59]

Endlich, nach zwei Tagen Beratungszeit, beschloss Zborowski, einen der leitenden Ingenieure im Kraftwerk wegen des Wassers um Rat zu fragen. Der Techniker beschrieb zwei Freilandbecken, am Stadtrand von Prypjat gelegen, die sich perfekt für den Zweck eignen würden. Um sie vom Keller unter Block Vier aus zu erreichen, wären eineinhalb Kilometer lange Schläuche vonnöten, doch jedes Becken hatte ein Fassungsvermögen von mindestens zwanzigtausend Kubikmetern. Die Temperatur des Wassers im Keller war unerklärlicherweise gestiegen. Sie betrug jetzt 80 Grad. Und am Sonntagabend um sechs maß Legassow im Reaktor bereits 2000 Grad Celsius. Irgendetwas ging hier vor. Sie mussten unverzüglich handeln.[60]

Kapitel 12

Die Schlacht von Tschernobyl

Am Freitag, dem 2. Mai, landete kurz nach 20:00 Uhr Präsident Ronald Reagan an Bord der Air Force One in Tokio auf dem Haneda Airport, der Höhepunkt einer zehntägigen Reise durch Asien und den Pazifik. Er war nach Japan gekommen, um am G7-Gipfel teilzunehmen – mit den Staatsoberhäuptern Großbritanniens, Frankreichs, Deutschlands, Japans, Italiens und Kanadas –, doch die Reise war von Anfang an überschattet von der nuklearen Katastrophe, die sich auf der anderen Seite der Erde ereignete.[1]

Die ersten Berichte von erhöhter Strahlung, die über Schweden entdeckt worden war, hatten Reagan an Bord der Präsidentenmaschine erreicht, als er gerade in Hawaii abflog, und sein geplanter Urlaubstag in Bali war von einer Mitteilung des US-Geheimdienstes über die Vorgänge im Kernkraftwerk Tschernobyl unterbrochen worden. Seitdem hatte sich die unaufrichtige Haltung der Sowjetunion im Hinblick auf den Unfall zu einer globalen diplomatischen und ökologischen Krise ausgewachsen.[2] Aus hochauflösenden Fotos eines Spionagesatelliten über der Ukraine, auf denen sich sogar einzelne Feuerwehrschläuche ausmachen ließen, die in Richtung der Reaktorkühlungskanäle rings um das Kraftwerk ausgelegt waren, schlossen CIA-Analysten, dass das Ausmaß der Katastrophe weitaus größer war als Moskau zuzugeben bereit war.[3] Und Mitarbeiter an der US Nuclear Regulatory Commission hegten mittlerweile den Verdacht, dass mindestens ein weiterer Reaktor in Tschernobyl vom Störfall in Block Vier bedroht war.[4] Dennoch hatte Moskau das Angebot Reagans, medizinische und technische Hilfe zu leisten, zurückgewiesen, und amerikanische Nuklearexperten konnten nur darüber spekulieren, was wirklich in dem beschädigten Kraftwerk vor sich ging.[5]

Gleichzeitig wurden sowjetische Bemühungen, weitere Einzelheiten des Unfalls zu vertuschen, eingedämmt. In einem geheimen Bericht an Gorbatschow am 3. Mai warnte der sowjetische Außenminister Eduard Schewardnadse, dass fortgesetzte Geheimhaltung kontraproduktiv sei und nicht nur im westlichen Europa Misstrauen erregt habe, sondern auch bei befreundeten Nationen, die sich die sowjetische Kerntechnologie zu eigen machen wollten, darunter Indien und Kuba. Der traditionelle Umgang mit dem Störfall, schrieb Schewardnadse, gefährde auch Gorbatschows Traum, einen historischen atomaren Abrüstungsvertrag mit den USA auszuhandeln. Westliche Zeitungen stellten bereits die Frage, inwiefern einer Nation, die nicht einmal einen atomaren Störfall eingestehe, zuzutrauen sei, die Anzahl ihrer Atomraketen ehrlich anzugeben.[6]

Am Sonntagmorgen, dem 4. Mai, hielt Präsident Reagan seine wöchentliche Ansprache an die Nation von seiner Suite im Hotel Okura aus. Er berichtete von seinen Gesprächen in Südostasien, der Notwendigkeit einer Ausweitung des freien Handels und den Problemen des internationalen Terrorismus – in Anspielung auf den Luftangriff auf Oberst Gaddafis Kasernenkomplex in Tripolis durch US-amerikanische Kampfflugzeuge des Typs F-111.[7] Er war die Reaktion auf den von Libyen finanzierten Bombenanschlag auf eine von amerikanischen Soldaten frequentierte Diskothek in Berlin.

Reagan bekundete den Opfern des Störfalls erneut sein Mitgefühl und wiederholte sein Hilfsangebot. Dann jedoch verhärtete sich sein Ton. Er stellte der Offenheit »freier Nationen« die »Geheimhaltung der Sowjetregierung und ihre hartnäckige Weigerung« gegenüber, die internationale Gemeinschaft darüber zu informieren, welche Risiken sie aufgrund der Katastrophe zu tragen hätte. »Ein atomarer Störfall, der mehrere Länder mit radioaktivem Material kontaminiert, ist nicht einfach nur eine interne Angelegenheit«, sagte Reagan mit seiner rustikal rauen Stimme. »Die Sowjets schulden der Welt eine Erklärung.«

Am selben Tag fiel auch auf Japan radioaktiver Regen, bevor er vom Jetstream nach Osten getragen wurde – in einer Höhe von 9000 Metern und mit einer Geschwindigkeit von 160 Stundenkilometern –, über den Pazifik, und auf die Küsten Alaskas und Kaliforniens.[8] Am darauffolgenden Nachmittag, dem 5. Mai, traf auf Einladung der Sowjetregierung eine Delegation der Internationalen Atomenergie-Organisation IAEO in Moskau ein. Dem Team, unter der Leitung von IAEO-Direktor Hans Blix, war eine vollständige, ehrliche Zusammenfassung der Geschehnisse im Kernkraftwerk Tschernobyl versprochen worden.[9]

In den Stunden vor der Ankunft der Wissenschaftler versammelte sich das Politbüro erneut im Kreml, um über die Krise zu sprechen. Unter den zwei Dutzend Männern am runden Tisch waren diesmal auch Boris Schtscherbina, der betagte Atomhäuptling Anatoli Alexandrow und Efim Slawski, das kampflustige Oberhaupt des Ministeriums für Mittleren Maschinenbau. Waleri Legassow war aus Tschernobyl angereist, um persönlich Bericht zu erstatten.[10]

Es gab viel zu besprechen und die Prognose war finster.

Der Vorsitzende des Ministerrats Nikolai Ryschkow ergriff das Wort mit einer detaillierten Analyse und beschrieb, was er bei seiner Besichtigung der Unfallzone vor zwei Tagen gesehen hatte. Der Löscheinsatz mit Helikoptern zeige Erfolg, sagte er, die Gefahr einer neuerlichen Kettenreaktion innerhalb des havarierten Reaktors sei daher vorerst gebannt. Doch die Reaktion sowjetischer und lokaler Behörden auf den Unfall sei von Versagen und Inkompetenz geprägt gewesen. »Die extremen Bedingungen brachten bei einigen in der Praxis ein hohes Maß an Organisationstalent hervor, bei anderen absolute Hilflosigkeit«, sagte er.

Die Evakuierung einer Dreißig-Kilometer-Zone um das Kraftwerk herum sei noch im Gange. Einhunderttausend Menschen seien bereits aus dem Gebiet gebracht worden, das auch zwei Bezirke in Weißrussland umfasse. Doch die Anfangsergebnisse der Operation seien chaotisch gewesen: »Fünf- oder sechstausend Personen sind uns verloren gegangen«, sagte Ryschkow. »Wir wissen nicht, wo sie sich aufhalten.«

Zivilschutz und Gesundheitsministerium hätten in ihrem Verantwortungsbereich völlig versagt. Es habe keinerlei Klarheit, keinerlei Plan gegeben. Den Menschen aus der evakuierten Zone sei nicht einmal Blut abgenommen worden, um die Strahlungsexposition festzustellen. Das Fiasko habe die jahrzehntelange Vorbereitung der UdSSR auf die Folgen eines Atomschlags ins Lächerliche gezogen. »Ich mag mir gar nicht vorstellen, was passiert wäre, wenn noch Schlimmeres geschehen wäre«, sagte der Ministerratsvorsitzende angewidert.[11]

Bislang seien mehr als 1800 Menschen, darunter 445 Kinder, in stationärer Behandlung, und es würden noch mehr werden. Im Westen der Sowjetunion, von der Krim im Süden bis nach Leningrad im Norden, würden derzeit erhöhte Strahlungspegel gemessen. Vielerorts überstiegen sie die natürliche Hintergrundstrahlung um das Fünf- oder gar Zehnfache. Der Chef der Chemischen Truppen der UdSSR habe bereits zweitausend Mann in die evakuierte Zone beordert und den Befehl erhalten, einen Dekontaminationsplan zu entwickeln. Er habe veranlasst, so Ryschkow, dass ein dreißig Kilometer langer Damm um den Unfallort errichtet werde, damit der Frühlingsregen keine kontaminierte Erde aus der Zehn-Kilometer-Zone in die Flüsse Prypjat und Dnepr spüle. Er schlage vor, dass Militäringenieure die Aufgabe in nur achtundvierzig Stunden erledigen sollten.

Und jetzt, erklärte der Ministerratsvorsitzende seinen Genossen, müssten sie sich der größten Bedrohung von allen stellen: der Kernschmelze. Die Wissenschaftler hätten ihm zwei mögliche Prognosen für den geschmolzenen Brennstoff vorgelegt, der sich derzeit zum Untergeschoss von Block Vier durchbrenne. Die erste gehe davon aus, dass sich die Hitze des radioaktiven Zerfalls von allein verflüchtige, was ihren Berechnungen zufolge Monate in Anspruch nehmen konnte.

Das zweite Szenario, das Legassow und der greise Alexandrow präsentierten, war erheblich düsterer. Neben Welichows Befürchtung, dass bei einem Temperaturanstieg auf 2800 Grad Celsius die Kollision des geschmolzenen Brennstoffs mit dem Wasser aus den Kondensationskammern in einer Dampfexplosion münden könnte, die nicht nur den havarierten Block Vier, sondern zudem noch Block 3 vernichten würde, sahen die Akademiker noch eine weitere Gefahr – »eine Atomexplosion mit noch verheerenderen Folgen.«[12]

Als nächstes ergriff Schtscherbina das Wort, und Legassow präsentierte eine technische Analyse der Hindernisse, mit denen sie es zu tun hatten – die freigesetzte Strahlung, der brennende Graphit, die ansteigende Temperatur des schmelzenden Kerns und die Notwendigkeit, schnell zu handeln.

Alexandrow pflichtete ihm bei. Unstimmigkeiten und Gezanke wurden laut.

»Werden Sie nicht hysterisch«, sagte Gorbatschows konservativer Stellvertreter Ligatschow zu Schtscherbina.

»Sie verwechseln doch wohl Röntgen mit Milliröntgen«, sagte Schtscherbitzki, der Anführer der kommunistischen Partei der Ukraine, zum zweiten Minister für Hydrometeorologie.

Achromejew, der Chef des sowjetischen Generalstabs, schlug vor, man solle die Mauer zu den Kondensationskammern mit einer Hohlladungsgranate durchbrechen. Solch ein Herangehen sei doch viel zu gefährlich, widersprach Schadow, der Minister für Kohlebergbau. Falls das Wasser herausgepumpt werden könne, schlug er vor, würden seine Männer die Räume mit Beton ausgießen und auf diese Weise stabilisieren. »Nötigenfalls«, sagte er, »graben wir einen Tunnel unter das Gebäude.«

Legassow stimmte zu: Man solle unter dem Reaktor eine Grube ausheben und Stickstoffgas hineinpumpen, um ihn von unten zu kühlen. Es bestehe noch keine Notwendigkeit, den Westen um Hilfe zu bitten, versicherte er Gorbatschow. Sollte es zum Schlimmsten kommen, müsste die maximale Evakuierungszone allenfalls auf 250 Kilometer um das Kraftwerk herum ausgeweitet werden.

Doch Gorbatschow hatte bereits mit Welichow geredet, der in Tschernobyl geblieben war, und war zu der Einsicht gelangt, dass sie einer schrecklichen Gefahr entgegen schlitterten. Bei einer weiteren Explosion müsste die Sperrzone auf einen Radius von 500 Kilometern ausgeweitet werden. Dies hieße, dass in einer der am dichtesten besiedelten Regionen der UdSSR eine riesige Fläche evakuiert werden müsste. Sämtliche Bewohner in den größten Städten Weißrusslands und der Ukraine, einschließlich der Städte Minsk und Lwiw, müssten umgesiedelt werden. In Kiew – mit zwei Millionen Einwohnern die drittgrößte Stadt der UdSSR – waren die Verantwortlichen bereits in aller Stille dazu übergegangen, einen Evakuierungsplan zu erstellen, hatten aber entsetzliche Angst davor, ihn umsetzen zu müssen. Sie befürchteten eine Massenpanik, die Plünderung von Geschäften, Wohnungen und Museen. Hunderte Menschen würden beim Ansturm auf Bahnhöfe und Flugplätze niedergewalzt werden.[13]

»Wir müssen noch mehr Gas geben und rund um die Uhr arbeiten«, sagte Gorbatschow. Als hätte ein Atomschlag stattgefunden, erklärte er. »Uns läuft die Zeit davon.«[14]

Sie debattierten immer noch darüber, was nun als Nächstes zu tun sei, als Schtscherbina eine Nachricht aus dem Untergeschoss von Block Vier erhielt: Hauptmann Zborowskis Wasser-Abpumpaktion hatte begonnen.

Mit zwanzig Männern, die er in Zivilschutz-Kompanien und in Feuerwachen der Region rekrutiert hatte, war Zborowski zum Kraftwerk aufgebrochen.[15] Bei ihrer Ankunft war der Ort unheimlich still, fast menschenleer, bis auf die Notbesetzung der Blöcke Eins, Zwei und Drei. Verwaiste Maschinen umgaben das Trümmerchaos von Reaktor Vier; die Löschzüge, die ihre Kollegen vor über einer Woche hatten stehen lassen, zu verstrahlt, um reaktiviert zu werden, waren jetzt verbeult und zerschlagen, getroffen von Blei- und Sandladungen aus Antoschkins Hubschraubern, die ihr Ziel verfehlt hatten. Obwohl die Luftoffensive eine Zeitlang unterbrochen worden war, stieg eine dünne Rauch- oder Dampfsäule aus den Trümmern. Graphitbrocken lagen auf dem Boden verstreut, noch an derselben Stelle, wo die Explosion sie hingeschleudert hatte, und schimmerten in der heißen Sonne.[16]

In ihrem Stützpunkt in Kiew hatten die Feuerwehrtrupps versucht, Schläuche von einem Helikopter aus zu entrollen, damit die Feuerwehrmänner nicht zuviel Zeit in der hochverstrahlten Umgebung des Reaktors verbringen mussten. Doch diese Experimente waren gescheitert. Die Männer würden die eineinhalb Kilometer langen Schläuche daher von Hand entrollen müssen. Immer wieder übten sie die Handgriffe und Wege ein, verkürzten um weitere Sekunden die Zeit, die sie brauchten, um sie zusammenzubauen und an den ZIL-Löschzügen zu befestigen, ausgerüstet mit leistungsstarken Pumpen, die 110 Liter Wasser pro Sekunde bewegen konnten.[17]

Anfangs hatte Hauptmann Zborowski keine Angst vor dem, was vor ihm lag. Schließlich, so dachte er, würden seine Vorgesetzten ihn doch nie mit einem Auftrag wissentlich in den Tod schicken. Erst als er das Kraftwerk betrat, wurde ihm allmählich klar, welcher Gefahr er sich aussetzte.

Die Belegschaft dort hatte erlebt, wie ihre Freunde zur Spezialklinik nach Moskau gebracht wurden, und blickte ihn so mitleidig an, als sei er zum Tod verurteilt.[18]

Die Spezialisten und Führungskräfte des Kraftwerks, die vor Ort geblieben waren, um den Betrieb zu gewährleisten, unterstanden nominell noch immer Direktor Wiktor Brjuchanow und seinem Chefingenieur, dem großmäuligen Nikolai Fomin. Die beiden Männer saßen nach wie vor an ihren Telefonen im spärlichen Licht des Bunkers unterhalb des Kraftwerks und warteten auf Instruktionen von der Regierungskommission. Doch die Erschöpfung, die Folgen der Strahlung und der Schrecken hatten sie völlig ausgezehrt. Fomin war fünf Tage lang im Bunker geblieben und hatte sich neben den summenden Geräten im Belüftungsraum zum Schlafen eingerollt.[19] Seit der endgültigen Evakuierung der Stadt Prypjat hatte man Brjuchanow und die anderen Ingenieure in einem Pionierlager namens Skasotschni, »Märchen«, untergebracht; dreißig Kilometer vom Kraftwerksgelände entfernt.[20]

Skasotschni, normalerweise ein Ferienlager, in dem die Kinder der Kraftwerksmitarbeiter einen Teil ihrer langen Sommerferien verbringen konnten, bestand aus kleinen Ziegelhäusern oder Blockhütten, die tief im Wald standen, geschmückt mit phantasievollen Drachen, Meeresungeheuern und Charakteren aus der slawischen Sagenwelt.[21] Jetzt waren die umliegenden Wälder und Wiesen voll von Krankenwagen, Autos, Feuerwehr- und Militärfahrzeugen. Am Eingangstor stand eine dosimetrische Prüfstelle. Überall im Lager, an den Zäunen hängend und quer über die Fenster der Kantine geklebt, fand sich ein Meer aus Zetteln; Botschaften von Kraftwerksangestellten, die ihre Frauen und Kinder suchten, umgesiedelte Familien aus Prypjat, die angaben, in welchen Dörfern sie zu finden waren, und Bitten um Auskunft zu Angehörigen, die im Evakuierungsgetriebe verloren gegangen waren.[22]

Während Hauptmann Zborowski und seine Männer ihren Einsatz vorbereiteten, hatten gleichzeitig weitere Bemühungen begonnen, die Kernschmelze zu stoppen. Erst kamen die Tunnelbauer aus Kiew und hoben neben dem Reaktor Drei eine große Grube aus. Mit Hilfe von speziellen, in Japan hergestellten Bohrmaschinen begannen sie horizontal in Richtung

Block Vier zu graben, in der Absicht, unterhalb seiner Fundamente eine Reihe von parallel verlaufenden, 140 Meter langen Tunnels zu schaffen. Sie sollten schmale Rohre für flüssigen Stickstoff aufnehmen, der das Erdreich gefrieren ließe. Auf diese Weise wollte man das Fortschreiten der Kernschmelze verhindern, ehe es den Grundwasserspiegel erreichte.[23]

Unterdessen folgten Techniker aus dem Kraftwerk Legassows Plan, den Reaktorbrand mit Stickstoffgas zu löschen. Der Gedanke war, die bestehenden Rohrleitungen zu nutzen – die vor dem Störfall die verschiedenen Gase zum Betrieb des Kraftwerks transportiert hatten –, um den Stickstoff durch den Keller in die Ruine der Reaktorhalle zu leiten. Die Belegschaft des Kraftwerks, die den Plan ausführen sollte, erkannte auf der Stelle, dass er sinnlos war. Die Rohre unterhalb des Reaktors waren mit ziemlicher Sicherheit beschädigt, und selbst wenn der Stickstoff in die Reaktorhalle gelangte, konnte er dem Feuer nicht den Sauerstoff entziehen, weil das Gebäude kein Dach mehr hatte; anstatt sich um den brennenden Graphit zu konzentrieren und den Flammen die Luft zu entziehen, würde das Gas einfach nur nutzlos in die Atmosphäre entweichen. Aber Befehl war Befehl.[24]

Silajews Regierungskommission ließ den gesamten verfügbaren flüssigen Stickstoff in der Ukraine per Lkw und Bahn nach Tschernobyl umleiten. Die beiden gewaltigen Verdampfer, die erforderlich waren, um die Flüssigkeit in Gas zu verwandeln, standen im Werk Kriogenmash in Odessa und wurden zum Flugplatz Tschernigow geflogen, während in der Nähe der Kraftwerksverwaltung eine spezielle Baracke errichtet wurde, die sie beherbergen sollte.[25] Als sie angeliefert wurden, in zwei von Antoschkins riesigen Mi-26-Transporthubschraubern, den »fliegenden Kühen«, erwiesen sich die Maschinen als zu groß, um durch die Tür der Baracke zu passen. Die Techniker mussten die Öffnung mit Vorschlaghämmern erweitern. Um 20:00 Uhr gaben sie Silajew Bescheid, dass die Pumparbeiten beginnen konnten, sobald der Stickstoff eingetroffen wäre. Er sollte noch in der Nacht angeliefert werden, doch am nächsten Morgen war noch immer keine Spur davon zu sehen. Die Techniker warteten den ganzen Tag. Um 23:00 Uhr erhielt Direktor Brjuchanow einen Anruf von Silajew.[26]

»Finden Sie den Stickstoff«, sagte der Kommissionsvorsitzende, »oder Sie werden erschossen.«[27]

In Begleitung eines Trupps Soldaten gelang es Brjuchanow, den Lkw-Konvoi im sechzig Kilometer entfernten Iwankow aufzuspüren. Die Fahrer hatten, offensichtlich aus Angst vor der gespenstischen Bedrohung durch die Strahlung, angehalten und sich geweigert, weiterzufahren. Soldaten mit Maschinengewehren postierten sich zu beiden Seiten des Konvois, und mit vorgehaltener Waffe ließen sich die Fahrer schließlich überreden, ihre Fracht anzuliefern.

Es war am Dienstag, dem 6. Mai, um acht Uhr abends, als Zborowskis Männer endlich ihre Atemmasken und Schutzanzüge anlegten – die schweren, gummierten Kampfanzüge für den Einsatz im Atomkrieg – und zum Reaktor Vier aufbrachen. Zborowski hatte eigene Messungen durchgeführt und genau berechnet, an welchen Stellen sie sich wie lange aufhalten konnten. Die Gammawerte variierten gewaltig, von 50 Röntgen vor Block Eins bis hin zu den gefährlichsten Regionen – kaum 250 Meter von Block Vier entfernt –, in denen die Strahlung bis zu 800 Röntgen erreichte.[28] Die Männer stellten die Fahrzeuge in den Transportkorridor – die breite Durchfahrt unterhalb des Reaktors, in der Triebwagen frischen Brennstoff für das Kraftwerk anlieferten.[29] Sie entrollten die Schläuche in nur fünf Minuten – ein Drittel der regulären Zeit – und warfen die Pumpen an.[30] Während die Motoren weiterliefen, schlossen sie die Tore des Transportkorridors hinter sich und rannten zu einem nahegelegenen Bunker.[31] Endlich begann der Wasserspiegel im Untergeschoss zu sinken. Von ihren Posten unter dem Kraftwerk riefen Brjuchanow und Fomin Silajew an, der die Nachricht an Moskau weiterreichte.[32]

Alle paar Stunden rannten drei Männer hinaus, um bei den Löschfahrzeugen Benzin und Öl nachzufüllen; zwei weitere sollten stündlich die Strahlung und die Wassertemperatur messen.[33] Um drei Uhr am Mittwochmorgen kamen zwei Feuerwehrleute in den Bunker gerannt, um zu melden, dass die Schläuche gerissen waren. Ein Team der chemischen Truppen, das in der Dunkelheit Strahlungsmessungen durchführen sollte, war mit einem Panzerfahrzeug darüber gefahren, hatte sie an zwanzig Stellen beschädigt und die Schlauchkupplungen zertrümmert. Nur fünfzig Meter vom Reaktor entfernt ergoss sich radioaktives Wasser auf den Boden. Zwei Feldwebel rannten hinaus, um die Risse zu flicken. Sie brauchten zwanzig neue Schlauchabschnitte, und der Austausch eines jeden Abschnitts nahm zwei Minuten in Anspruch. Die Männer arbeiteten auf Knien – in einem größer werdenden Tümpel aus verstrahltem Wasser. Die Gummifäustlinge ihrer Kampfanzüge waren steif und heiß; sie warfen sie fort und machten mit bloßen Händen weiter. Eine Stunde später, nach getaner Arbeit, zogen sich die Männer erschöpft zurück, im Mund einen seltsamen Geschmack nach saurem Apfel.[34]

Die Pumpen liefen die ganze Nacht hindurch, bis weit in den folgenden Tag. Nachdem sie vierzehn Stunden ununterbrochen in Betrieb gewesen waren, geriet eine der Pumpen ins Stottern und versagte den Dienst. Sie musste ersetzt werden.[35] Zborowskis Männer hatten Angst. Einer wurde zur Feuerwache nach Tschernobyl geschickt, um eine Kiste mit medizinischem Wodka zu holen, verlor aber unterwegs die Nerven und kam nicht zurück.[36] Ein zweiter faselte plötzlich unzusammenhängendes Zeug und wurde mit Erbrechen ins Krankenhaus gebracht. Bevor sich der »Elch« erneut nach draußen wagte, um die Strahlung zu messen, wies er einen Feuerwehrhauptmann an, ihn zu begleiten – für den Fall, dass er umkippte oder sich im Gebäude verirrte. Der Offizier weigerte sich.[37]

»Bring nicht das Schlimmste aus mir heraus, du Mistkerl!«, brüllte Zborowski. »Sonst lass ich dich von meinen Leuten fesseln und vor Block Vier werfen. Fünfzehn Minuten da draußen genügen, und du sagst nie wieder ein Wort.«[38]

Der Offizier schlüpfte in einen Schutzanzug und gehorchte.

Im einhundertvierzig Kilometer entfernten Kiew sickerten allmählich Einzelheiten von den Vorfällen im Kraftwerk durch. Die Nachricht verbreitete sich mündlich und über das Rauschen der »Feindesstimmen« –, die Radioprogramme in russischer Sprache, die von der BBC, von Radio Schweden und Voice of America in die Sowjetunion gesendet wurden – sofern die Störmaßnahmen des KGB sie nicht unterbrechen konnten. Ängstliche Gerüchte wogten durch die Stadt.[39] Die Observationsabteilung des Innenministeriums berichtete wilde Spekulationen über die Anzahl der Opfer des Störfalls und die Verseuchung der Luft und des Wassers. Ein Informant hörte einen Taxifahrer sagen, dass Prypjat evakuiert worden sei und

Regierungstruppen vergeblich versucht hätten, Chaos und Plünderungen zu verhindern; unter den Getöteten sei auch ein Minister der Regierung, schwangere Frauen hätten abtreiben lassen und der Dnepr sei schon völlig radioaktiv verseucht.[40]

Die sowjetischen Behörden beteuerten indes nach wie vor, dass die Gefahr, die vom Kraftwerk ausging, auf die Dreißig-Kilometer-Zone beschränkt sei. Doch die Straßen Kiews hatten seit Tagen Gammastrahlen ausgesandt, weil heiße Partikel im Fallout aus dem Reaktor langsam in den Asphalt geschmolzen waren.[41] Schtscherbitzki, Chef der Kommunistischen Partei der Ukraine, wusste, dass die Strahlendosisrate in der Stadt steil nach oben geschnellt war.[42] Und die Menge an radioaktivem Jod im Wasser des Dneprbeckens hatte tatsächlich ein Vielfaches dessen erreicht, was normalerweise gemessen wurde.

Unterdessen warnte der Chef des ukrainischen KGB, dass die Opferzahlen im Moskauer und Kiewer Fernsehen, die dem Störfall zugeschrieben wurden, sehr unterschiedlich ausfielen. Doch seine Kollegen waren sich weiter uneins darüber, was die Öffentlichkeit wann erfahren sollte.

Am Dienstag, dem 6. Mai – zehn Tage nach Beginn der Krise – äußerte sich schließlich der ukrainische Gesundheitsminister im regionalen Funk und Fernsehen dazu. Die Menschen in Kiew sollten sich vor der Strahlung schützen, indem sie im Haus blieben, die Fenster geschlossen hielten und sich nicht dem Wind aussetzten.[43] Mittlerweile machten Gerüchte die Runde, dass führende Parteimitglieder ihre Kinder und Enkel klammheimlich in Pionierlager und Sanatorien im Süden in Sicherheit gebracht hätten.[44] Tage zuvor hatte der Arzt und Autor Jurij Schtscherbak in der Kiewer Innenstadt vor der Stammapotheke der Mitglieder des ukrainischen Zentralkomitees wohlhabende Pensionäre gesehen, die geduldig Schlange standen, um stabiles Jod zu besorgen.[45] Schlimmer noch, man munkelte auch von der Möglichkeit einer zweiten vernichtenden Explosion im Kraftwerk und dem geheimen Notfallplan der Regierung für die totale Evakuierung der Stadt. Viele Menschen durchschauten die beschwichtigenden offiziellen Stellungnahmen des Staates als hohle Propaganda.[46]

An diesem Abend drängten sich Menschenmassen auf dem Bahnhof, weil Tausende versuchten, aus der Stadt zu fliehen. Wer seinen Platz in der

Schlange vor dem Fahrkartenschalter nicht aufgeben wollte, übernachtete in der Halle.[47] Die eingeschränkte Reisefreiheit innerhalb der Sowjetunion hinderte die meisten Menschen daran, die Region, in der sie registriert waren, ohne guten Grund zu verlassen, und so stellten viele Arbeiter eilig einen Urlaubsantrag; einige kündigten gar aus Verzweiflung, wenn er ihnen verweigert wurde.[48] Bald tauchten Flotten orangefarbener Straßenreinigungsfahrzeuge auf, um unablässig heißen Fallout von den Straßen der Stadt zu spülen.[49] Mittlerweile standen die Menschen auch vor den Banken der Stadt Schlange. Einige Geldinstitute mussten bereits wenige Stunden nach dem Öffnen am Morgen wieder schließen; andere begrenzten die Abhebungen auf 100 Rubel pro Person. Am Nachmittag war vielen Banken das Geld ausgegangen. Als in den Apotheken das stabile Jod ausverkauft war, tranken die Menschen stattdessen Jodtinktur, die als Antiseptikum nur zur äußerlichen Anwendung gedacht war und beim Schlucken entsetzlich brannte. Die Schlangen vor den Schnapsläden wurden viermal länger als sonst, weil sich die Menschen mit Rotwein und Wodka vor der radioaktiven Strahlung zu schützen suchten. Der stellvertretende Gesundheitsminister sah sich schließlich zu folgender Aussage gezwungen: »Das Gerücht, dass Alkohol vor Strahlung schützt, hat keinerlei Wahrheitsgehalt.«[50]

Bis zum Mittwoch kämpften Massen panischer Menschen um Fahrkarten, flohen in einer Zahl aus der Stadt, wie sie nicht mehr gesehen worden war, seit 1941 der Blitzkrieg der Deutschen den Osten überzogen hatte.[51] An den Bahnsteigen warfen die Leute dem jeweiligen Schaffner eine Hand voll Rubel zu, drückten sich zu zehnt in ein Viererabteil und kletterten in die Gepäckablagen.[52] Andere versuchten, per Auto oder per Bus zu fliehen, und bald verstopfte der Verkehr die Ausfallstraßen in den Süden. An einem einzigen Tag verließen fast zwanzigtausend Menschen die Stadt per Auto oder Bus.[53] Die Regierung organisierte zusätzliche Flüge und verdoppelte die Anzahl der Züge von Kiew nach Moskau. Dort sahen westliche Reporter Waggons voller unbegleiteter Kinder ankommen, die sich mit großen Augen die Nasen an den Scheiben plattdrückten, von ihren Verwandten auf dem Bahnsteig bereits ängstlich erwartet.[54]

Weil er eine Massenpanik befürchtete und sich der Krise bewusst war, die im Kraftwerk schwelte, zog der Ministerratsvorsitzende der Ukraine eine organisierte Evakuierung aller Kinder der Stadt in Betracht. Doch die Regierungskommission in Tschernobyl hatte in diesem Zusammenhang keine Anweisungen erteilt. Und niemand im Staatsapparat der Sowjetrepublik wollte wirklich die Verantwortung übernehmen für einen solch drastischen Schritt, der – zumal er sich schlecht verbergen ließe – der Außenwelt mitteilen würde, wie beängstigend die Situation geworden war. Der Ministerratsvorsitzende brauchte fachkundigen Rat. Er ersuchte daher den Kreml, dessen Häuptlinge der Strahlungsmedizin und der Meteorologie – Leonid Iljin und Juri Israel – nach Kiew zu schicken, weil er sie dringend konsultieren müsse.[55]

In Moskau hatte das Untersuchungsteam der IAEO aus dem Westen – der schwedische Generaldirektor der Organisation und frühere Diplomat Hans Blix und der Amerikaner Morris Rosen, Direktor für nukleare Sicherheit – die Erlaubnis erhalten, sich persönlich ein Bild von der Katastrophe zu machen. Sie wären die ersten offiziellen Besucher aus dem Ausland am Unfallort und sollten am Donnerstag, dem 8. Mai, nach Kiew fliegen. Als Jewgeni Welichow diese Nachricht erhielt, war er entsetzt. Das Akademiemitglied beschwor den stellvertretenden Minister Silajew, Gorbatschow anzurufen: »Sagen Sie ihm, dass unser Plumpsklo überfließt und sie auf einen Berg aus Scheiße steigen müssen!«[56]

Erst am Donnerstagmorgen um vier tauchten die Ablasshähne in der Ventilkammer aus dem kontaminierten Wasser in Korridor 001 auf.[57] Der Stellvertretende Minister Silajew bestand darauf, dass man sofort Männer hineinschicken müsse, um sie zu öffnen. Doch das Untergeschoss war mit kilometerlangen Rohrleitungen angefüllt, und alle Ventile sahen gleich aus. Es war stockdunkel. Nur jemand, der sich in dem Labyrinth aus schmalen, dunklen Räumen gut auskannte, konnte hoffen, die Aufgabe zu bewältigen und wohlbehalten wieder herauszukommen.[58] Drei Männer aus der Kraftwerksbelegschaft wurden für die Arbeit ausgewählt – zwei, um die Ventile zu öffnen, und einer als Begleitung, falls etwas schiefging – und mit Taucheranzügen ausgestattet, die ein stellvertretender Minister der Ukraine persönlich zum Kraftwerk gefahren hatte.[59] Ausgerüstet mit Schraubenschlüsseln, Taschenlampen und Taschendosimetern, die man ihnen an die

Brust und an die Fußknöchel geklemmt hatte, begaben sie sich in den gemeinsamen Keller von Block Drei und Vier.[60]

Boris Baranow, Oberschichtleiter im Kraftwerk, tastete sich nach unten, gefolgt von den zwei Ingenieuren Alexey Ananenko und Waleri Bespalow. Bei Kote-3 blieb Baranow stehen, um im Korridor, der unter Block Vier führte, die Strahlungswerte abzulesen. Er zog den Teleskoparm seines DP-5 zur maximalen Länge aus und hielt den Sensor in die Dunkelheit. Der Zeiger des Dosimeters war augenblicklich in allen Messbereichen auf Anschlag. »Macht schnell!«, sagte Baranow, und die drei Männer sprinteten los. Einer der Ingenieure konnte nicht anders und warf einen Blick zurück. Dabei entdeckte er einen riesigen Zapfen, schwarz und porös, mit Brocken von Beton vermischt – Material, das von dem zertrümmerten Gebäude über ihnen in diesen Gang gelangt war. Der metallische Geschmack flüssiger Radiolyse kribbelte ihm auf der Zunge.

Der Weg abwärts bis zum Korridor 001 war von einem Mitarbeiter mit DP-5-Radiometer überwacht worden, der seine abschließende Messung direkt an der Wasseroberfläche im Korridor durchführte. Dahinter blieb das Untergeschoss ein gefährliches Mysterium. Niemand wusste, wie viel Wasser es enthielt, oder wie die Radioaktivität ansteigen würde, je tiefer sie vordrangen. Die Strahlungsexposition wuchs mit jedem Moment, den sie im Tunnel verbrachten. Jede Sekunde zählte. Baranow hielt Wache, während die beiden Ingenieure sich hinein wagten. Der Raum war gespenstisch still. Das Geräusch ihrer Schritte im Wasser hallte von der niedrigen Decke; sie hörten ihr eigenes stoßweises Atmen unter den feuchten Schutzmasken aus Mull. Doch das Wasser war nur knöcheltief, und die Männer entdeckten eine dicke Rohrleitung, die am Boden entlang lief, breit genug, um darauf zu gehen. Die Ablassventile selbst waren intakt und klar benannt: Nummer 4GT-21 und Nummer 4GT-22 ließen sich leicht öffnen. Einige Augenblicke später hörte Ananenko über ihren Köpfen das Wasser aus den Kondensationskammern gurgeln.[61]

Bis zum frühen Morgen des 8. Mai war die unmittelbare Bedrohung einer zweiten verheerenden Explosion unterhalb des Reaktors endlich abgewendet worden. Bald danach suchte ein Funktionär in Zivilkleidung Zborowski an seinem Posten im Bunker auf und drückte ihm einen Briefumschlag der Regierungskommission in die Hand. Darin steckten eintausend Rubel in bar.[62]

Die Erleichterung der Akademiemitglieder über die Entleerung der Kondensationskammern währte nur kurz. Während die Bemühungen der Soldaten und Ingenieure die Möglichkeit einer vernichtenden Dampfexplosion abgewendet hatten, blieb die Gefahr für den Grundwasserspiegel bestehen, und die Angst der Wissenschaftler vor dem Chinasyndrom wuchs.[63] Einigen Schätzungen zufolge konnte sich der weißglühende Uranbrennstoff, wenn er sich erst einmal durch die Fundamente von Block Vier geschmolzen hatte, bis zu drei Kilometer weit in die Erde vorarbeiten, ehe er zum Stillstand kam. Die Tunnelarbeiter aus Kiew hatten bereits mit ihren Grabungen angefangen, um das Erdreich unter dem Reaktor mit flüssigem Stickstoff einzufrieren, doch ihre Anstrengungen wurden von Regen, Staub und hoch radioaktivem Schutt behindert.[64] Sie stießen im Untergrund wiederholt auf gewaltige Hindernisse, die in den Plänen des Kraftwerks nicht eingezeichnet waren, zum Beispiel die Fundamentplatten der Kräne, die bei der Errichtung des Kraftwerks zum Einsatz gekommen waren. Kostbare Bohreinsätze brachen ab, und sie mussten in immer tieferen Schichten neu ansetzen.[65]

Gleichzeitig erteilte Silajew den Befehl, gasförmigen Stickstoff in die Kondensationskammern zu pumpen, während andere Männer sie mit flüssigem Beton auffüllen sollten, sobald das Wasser herausgepumpt wäre.[66] Und bis zum Wochenende hatte das Politbüro die bisher verzweifeltste Maßnahme bewilligt – Sowjetische Diplomaten hatten sich angeblich an das Deutsche Atomforum um Hilfe gewandt, Westdeutschlands führenden Kernindustrieverband. Ohne spezifische Details zum vorliegenden Problem preiszugeben, wollten die sowjetischen Gesandten dringend wissen, wie man »mit einem extrem heißen Etwas zu verfahren habe, das eventuell durch das Fundament des Kernkraftwerks geschmolzen sei.«[67]

Am Stadtrand von Moskau setzten unterdessen die Wissenschaftler in Welichows Labor ihre Rund-um-die-Uhr-Forschung zu den Eigenschaften geschmolzenen Urandioxids fort. Aus dem Politbüro hatte sie inzwischen die Anweisung erreicht, zu einer möglichst konservativen Prognose für die

Kernschmelze zu gelangen. Die Physiker arbeiteten mit zwei voneinander getrennten Mathematiker-Teams zusammen, die Tag und Nacht an ihren Computern saßen und die Theorien überprüften. Ein einziger Test-Algorithmus-Zyklus nahm zehn bis vierzehn Stunden in Anspruch, und so stand jedem Mathematiker ein Kollege zur Seite, der seine Fehler korrigierte, wenn er schlappmachte, oder ihn wach rüttelte, wenn er einschlief. Nur wenn die Ergebnisse der beiden Gruppen übereinstimmten, konnten sie zuversichtlich sein, dass ihre Schlussfolgerungen richtig waren.[68]

Sie waren entsetzt von den Ergebnissen. Falls sich der geschmolzene Brennstoff über ein ausreichend großes Gebiet verbreitete – und eine nur zehn Zentimeter dicke Schicht bildete –, würde er schneller abkühlen als er Erdreich oder Beton schmelzen konnte, und irgendwann von allein stillstehen und sich verfestigen. Allerdings fanden sie auch heraus, dass die neue Substanz, die möglicherweise aus dem schmelzenden Reaktorkern sickerte – ein mit Sand, Zirkonium und Blei vermischter Urandioxidschlamm, der eine menschengemachte radioaktive Lava bildete, das Corium –, unerwartete Reaktionen zeigen konnte. Wurde das Corium von oben zugedeckt – zum Beispiel von mehreren tausend Kubikmetern Beton –, wäre die Nachzerfallswärme eingeschlossen, und der Schmelzvorgang würde sogar noch beschleunigt. Und während das Voranschreiten der Schmelze theoretisch durch eine Reihe von Rohren verhindert werden konnte, mit deren Hilfe das Erdreich unter dem schmelzenden Brennstoff eingefroren wurde, offenbarte das Computermodell, dass dies nur innerhalb enger Grenzen gelingen konnte. Lagen die Kühlungsrohre weiter als vier Zentimeter auseinander, konnte das Corium sich in getrennten Bahnen durch die Zwischenräume brennen – bevor es sich auf der anderen Seite wie eine primitive, aber raffinierte neue Lebensform zu einer einzigen Masse verdichtete, um seinen erbarmungslosen Weg nach unten fortzusetzen. Die Wissenschaftler erkannten, dass die Bemühungen der Tunnelingenieure zum Scheitern verurteilt waren, und dass der Versuch, die Kondensationskammern mit Beton zu füllen, unterbunden werden musste.[69]

Die Wissenschaftler betrachteten sich nun nicht mehr als weltabgeschiedene Akademiker, die in enthobenen Sphären der reinen Physik huldigten, sondern als die einzigen Menschen, die zwischen den ignoranten

Dummköpfen in Tschernobyl und einer globalen Katastrophe standen. Wjatscheslaw Pismenny, der Leiter des Labors, faltete daher einen Ausdruck ihrer Computersimulation zusammen, verstaute ihn in seinem Gepäck und nahm den nächsten Flug nach Kiew, an Bord eines Yak-40-Jets.[70]

Am Donnerstagmorgen, dem 8. Mai, nur Stunden, nachdem man begonnen hatte, das Wasser aus den Kondensationskammern unter Reaktorblock Vier zu pumpen, brachen Hans Blix und Morris Rosen von der IAEO in Moskau auf, um das Kernkraftwerk Tschernobyl zu begutachten. Am Flughafen in Kiew wurden sie von Jewgeni Welichow in Empfang genommen, und gemeinsam flogen sie im Helikopter nach Nordwesten.[71]

Es war heiß in der Kabine, und alle schwitzten in ihren grünen Overalls. Das Kraftwerk rückte immer näher. Rosen, ein altgedienter Manager aus der amerikanischen Kernindustrie, fragte Welichow, welchen Messbereich er auf seinem Dosimeter einstellen sollte.[72]

»Ungefähr hundert«, antwortete Welichow.

»Milliröntgen?«

»Nein. Röntgen.«

Rosen wurde es mulmig zumute. Sein Gerät war für eine derart hohe Strahlungsexposition nicht geeignet. Welichow aber versicherte ihm, es werde schon alles gutgehen. Sein eigenes sowjetisches Messgerät könne ohne weiteres in diesem Bereich Messungen vornehmen – und außerdem fliege er die Strecke selbst jeden Tag.

Was das Akademiemitglied seinem amerikanischen Kollegen verschwieg, war die Tatsache, wie wenig er selbst von den Strahlungspegeln rings um das Kraftwerk verstand. Besonders verwirrte ihn, warum sie nicht wie erwartet sanken, wenn er sich von Block Vier wegbewegte, sondern langsamer abnahmen als es das Abstandsgesetz nahelegen würde. Erst später sollte er herausfinden, dass er und seine Kollegen bei jedem Flug, den sie unternahmen, starken Gammafeldern ausgesetzt waren, nicht nur aus dem Reaktor unter ihnen, sondern auch aus Dutzenden Brennstofffragmenten, die über die Plattformen des Abluftkamins verstreut lagen.[73]

Trotzdem durfte Welichow – endlich – ein wenig optimistisch sein. Während der verzweifelte Arbeitseinsatz zur Eindämmung des Schmelzvorgangs unter dem Reaktor weiterging, waren die Radionuklide, die in die Luft entwichen, plötzlich weniger geworden – die Werte waren ebensoso schnell und unerklärlich gesunken, wie sie fünf Tage zuvor gestiegen waren.

Als Reaktor Vier in Sicht kam, sahen Rosen und Blix eine zarte Rauchfahne aus der Ruine wehen, doch die Menge an radioaktiver Freisetzung, zwar nach wie vor signifikant, ging allmählich auf null zu – das Graphitfeuer war offenbar nahezu gelöscht.[74] Die Temperatur auf der Reaktoroberfläche war von 2000 Grad Celsius auf nur 300 Grad gesunken. Obwohl die sowjetischen Wissenschaftler nicht wirklich verstanden, warum dem so war, schien die Notlage – dreizehn Tage, nachdem sie begonnen hatte – endlich überwunden. Trotzdem wollte Rosen kein Risiko eingehen. Als der Helikopter noch achthundert Meter entfernt war, fragte Welichow den Amerikaner, ob er näher heranfliegen wolle.[75]

»Nein«, antwortete dieser. »Von hier aus habe ich alles im Blick.«[76]

Bei einer Pressekonferenz in Moskau am darauffolgenden Tag sagte Rosen vor Reportern, das Graphitfeuer sei gelöscht, »die radioaktive Strahlung jetzt relativ gering.« Dies hätten Messungen vom Helikopter aus ergeben. Er sei zuversichtlich, dass die Gefahr einer Kernschmelze abgewendet sei. »Die Lage scheint sich zu stabilisieren«, sagte er. »Ich kann sagen, dass eine kompetente – wirklich sehr kompetente – Gruppe sowjetischer Experten vor Ort im Einsatz ist. Sie haben viele vernünftige Ideen und tun jetzt in diesem Augenblick ihr Bestes.«[77]

An diesem Sonntag, dem 11. Mai, sendete das Moskauer Zentralfernsehen seinen ersten Bericht aus der Dreißig-Kilometer-Zone von Tschernobyl. Man sah darin Polizisten mit Atemschutzmasken Straßen absperren, verlassene Häuser und einen versiegelten Brunnen. Im Hauptquartier der Regierungskommission im Stadtzentrum gaben Welichow und der stellvertretende Minister Silajew Interviews. Silajew, der unter einem Porträt von Lenin saß, an einem Tisch in einem hallenden Konferenzraum, umgeben von Technikern in weißen Arbeitsanzügen, die über Landkarten und Notizbüchern konferierten, wirkte blass, aber glücklich. »Wir sind heute zu dem Schluss gelangt, dass die größte Bedrohung abgewendet ist«, sagte er und blätterte durch einen Ordner mit Luftaufnahmen vom Reaktor, bis er eine fand, die vom selben Tag stammte. »Dieses Foto hier ist heute entstanden«, sagte er. »Wie Sie sehen, ist jetzt alles ruhig. Kein Rauch und keine Glutnester mehr.[78]

»Dies ist ein historischer Augenblick. Was von der Welt prophezeit wurde – besonders von den dekadenten Zeitungen im Westen, die davon tönten, dass eine gewaltige Katastrophe unmittelbar bevorstehe –, ist nun keine Bedrohung mehr. Wir sind der festen Überzeugung, dass die Gefahr vorüber ist.«

In Moskau bestanden unterdessen die theoretischen Physiker weiterhin darauf, dass das geschmolzene Corium, tief im Inneren von Reaktor Vier, noch immer eine schreckliche Gefahr darstellte. Doch es gab heftige Unstimmigkeiten über ihre Entdeckungen. Die Nuklearexperten am Kurtschatow-Institut und am Sredmasch verwarfen sie als die Meinungen akademischer Fremdlinge, die keinerlei Erfahrung mit Atomreaktoren hätten. Es sei so gut wie sicher, so ihr Argument, dass das Corium aufhöre zu schmelzen, noch ehe es die tiefsten Fundamente des Gebäudes erreicht hätte. Und die Theoretiker räumten ein, dass dies tatsächlich das wahrscheinlichste Szenario sei – wenn auch keinesfalls garantiert. Ihren Berechnungen zufolge standen die Chancen, dass ein radioaktiver Lavaball sich durch alle vier der 1,8 Meter dicken Stahlbetonböden unter dem Reaktor fressen und den Wasserspiegel des viertlängsten Flusses in Europa erreichen könnte, eins zu zehn.[79]

In ihrem offiziellen Bericht erklärten die Theoretiker, dass der einzige garantierte Schutz gegen das Chinasyndrom ein gewagtes Bauprojekt sei, das unter den denkbar gefährlichsten Bedingungen durchgeführt werden müsse. Sie empfahlen die Aushebung einer Kammer tief unter Block Vier, etwa fünf Meter hoch und dreißig Meter im Quadrat, die einen massiven, spezialgefertigten, wassergekühlten Wärmetauscher beherbergen sollte, um die Erde abzukühlen und das geschmolzene Corium zum Stillstand zu bringen. Um die Gefahr zu veranschaulichen, in der sie schwebten, kam Laborleiter Pismenny mit einem großen Betonbrocken zu einer Besprechung ins Sredmasch-Hauptquartier. Er war bei ihren Experimenten geschmolzen und umschloss noch immer ein deformiertes Urandioxid-Pellet.

Dies genügte offenbar, um den Chef des Bauwesens bei Sredmasch zu überzeugen. »Legen Sie los«, sagte er.[80]

Kapitel 13

Im Krankenhaus Nummer Sechs

»Zwei Schritte zurück! Zwei Schritte zurück, sonst spreche ich mit niemandem! Zwei Schritte zurück!«[1]

Die Chefökonomin des Stadtrats von Prypjat stieg auf einen Hocker und warf einen strengen Blick in die Menschenmenge, die sich in dem kleinen Raum drängte. Die Schlange, die den gesamten Flur und die gewundene Treppe bevölkerte, reichte bis hinunter auf die Straße vor dem Haus. Swetlana Kiritschenko, normalerweise eine gutmütige Frau, die gerne lachte, hatte mittlerweile schon mehrere Tage in Polesskoje zugebracht, einer Kleinstadt mit holprigen Straßen, einem bescheidenen Marktplatz und einem Lenin-Denkmal, etwa fünfzig Kilometer westlich vom Kraftwerk Tschernobyl entfernt. Sie und die Handvoll Mitarbeiter aus dem Prypjater *Ispolkom* hatten sich im Rathaus von Polesskoje ein Büro eingerichtet und bekamen nun die Wut und Verwirrung ihrer exilierten Bürgerschaft zu spüren. Die frustrierten Menschen drängten nach vorn, verlangten nach dem Bürgermeister, setzten ihr schreiende Kinder auf den Schreibtisch, wollten wissen, was sie mit ihren bettlägrigen Großeltern tun sollten und wann sie ihren Lohn ausgezahlt bekämen – aber vor allem wollten sie wissen, wann sie wieder nach Hause zurückkehren konnten.

Als am Sonntag, dem 27. April, die Nacht hereinbrach, waren mindestens einundzwanzigtausend Menschen aus ihren modernen Wohnungen in Prypjat geholt und in Bussen auf über fünfzig kleine Städte und Dörfer verteilt worden, die im aufgeweichten Tiefland der nordwestlichen Ukraine verstreut lagen. Da man ihnen gesagt hatte, sie wären nur drei Tage von zu Hause fort, hatten die entwurzelten Familien schon bald keine Lebensmittel, kein Geld und keine saubere Kleidung mehr, und dann mussten sie auch noch erfahren, dass sogar Dinge, die sie für einwandfrei gehalten hatten, es in Wirklichkeit nicht waren. Als ein Dosimetrist an einem Schreibtisch vor dem Polesskojer Krankenhaus eine improvisierte Strahlungsmessstation einrichtete, bildete sich bald eine Schlange von Evakuierten. Sie kam schnell voran, und schien doch nie kürzer zu werden.[2] Während der Dosimetrist mit seinem Messgerät nacheinander Kleidung, Haare und Schuhe der Menschen berührte, gab er mit müder, tonloser Stimme eine Art Singsang von sich: »Sauber … kontaminiert … kontaminiert … sauber … Kleider mit dem Wind ausschütteln … sauber … kontaminiert … kontaminiert … kontaminiert …«[3]

Zunächst waren viele der Bauernfamilien, die Evakuierte bei sich aufnahmen, nett und gastfreundlich und machten das Beste aus der Situation. Wiktor Brjuchanows Frau Walentina, eine ausgebildete Ingenieurin, war mit einem Laborleiter auf einer Kolchose im Dorf Roswaschew untergebracht, in der sie das Kühemelken übernahm.[4] Im Zuge der Evakuierung war Walentina sowohl von ihrer schwangeren Tochter als auch von ihrer Mutter getrennt worden. Sie hatte keine Ahnung, was mit ihrem Mann geschehen war, wusste nicht, wo ihre Angehörigen waren, und hatte auch keine Möglichkeit, es herauszufinden.[5]

Dreißig Kilometer entfernt waren Natalia Juwtschenko und ihr zweijähriger Sohn Kirill unter den 1200 Flüchtlingen, die in den strohgedeckten Lehmhütten von Lugowiki einquartiert worden waren, einer bäuerlichen Siedlung am Fluss Usch, in der es nicht ein einziges Telefon gab. Als sie ihren Mann Alexander das letzte Mal gesehen hatte, hatte er ihr von seinem Krankenzimmer in Prypjat aus zugewinkt und ihr gesagt, sie solle nach Hause gehen und die Fenster schließen. Seitdem hatte sie keinerlei Information erhalten, wohin man ihn gebracht hatte und in welchem Zustand er war. Mit zwei anderen Familien aus ihrem Wohnblock in Prypjat wurden Juwtschenko und ihr Sohn von einem älteren Bauernehepaar aufgenommen, die den Neuankömmlingen ihr Schlafzimmer in dem kleinen Haus überließen. Juwtschenko und die anderen Frauen mit kleinen Kindern teilten sich das Bett; alle anderen schliefen auf dem Boden. Am Montag ging der alte Mann mit den Kindern zum Angeln, aber Kirill war immer noch krank, und das Haus sehr feucht.[6]

Schon am Dienstag gab es nicht mehr genug zu essen für drei Familien, und Juwtschenko hatte fast kein Geld mehr. Sie wandte sich an ihren früheren Nachbarn: »Sergei, lasst uns weggehen«, sagte sie, und gemeinsam brachten sie genügend Geld auf, um mit dem Bus nach Kiew zu fahren. Dort angekommen, nahm sie Kirill mit zum Flughafen und bestieg ein Flugzeug nach Tiraspol in Moldawien, wo ihre und Alexanders Eltern noch immer in derselben Straße wie früher wohnten. Von dort aus machte sich Juwtschenko erneut auf die Suche nach ihrem Mann.

Bis zum Mittwoch blieb die offizielle Informationssperre über den GAU in Kraft, und die Nachricht wurde sogar vor den Belegschaften anderer Kernkraftwerke verheimlicht. Ein paar Details jedoch waren durchgesickert, und die beiden Familien spielten ihre Beziehungen aus, um noch mehr herauszufinden. Durch einen Onkel in Moskau mit Kontakten zum Militär erfuhr Natalia Juwtschenko, dass die Schwerstverletzten aus dem Kraftwerk in ein Spezialkrankenhaus in der Hauptstadt gebracht worden waren. Die Einrichtung war dem Dritten Direktorat des Gesundheitswesens unterstellt und den Mitarbeitern der sowjetischen Atomindustrie vorbehalten. Juwtschenko und ihre Schwiegermutter flogen am Morgen nach Moskau und fanden eine Stadt vor, die nichtsahnend von der Krise in der Ukraine mit den Vorbereitungen der Maifeierlichkeiten am folgenden Tag beschäftigt war.[7]

Die beiden Frauen konnten sich nicht einigen, wo sie Alexander zuerst suchen sollten. Natalia hatte die Adresse eines Krankenhauses in einem schwer zugänglichen Sperrbezirk erhalten, auf dem Gelände des Sowjetischen Instituts für Biophysik. Alexanders Mutter dagegen hatte eine andere Einrichtung in Erfahrung gebracht – ein Krebsforschungszentrum in der Kaschirskoje Schosse, in einem völlig anderen Stadtteil – und bestand darauf, dass ihre Quelle die richtige war; Natalia wollte nicht streiten. Als die Belegschaft im Onkologiezentrum ihnen sagte, sie hätten keinen Patienten namens Alexander Juwtschenko, bestiegen die beiden Frauen ein Taxi und sagten dem Fahrer, er solle sie quer durch die Stadt zum Krankenhaus Nummer Sechs fahren.

Es war bereits mitten am Nachmittag, als sie endlich dort ankamen, und Juwtschenko wusste sofort, dass sie hier richtig waren. Das Gebäude selbst mit seinen neun Etagen aus nüchternem braunen Backstein, umgeben von einem Rasen und einem gusseisernen Zaun, wirkte unscheinbar, nicht aber die Umgebung: Die Eingänge waren streng bewacht, und Techniker mit Strahlungsmessgeräten prüften die Schuhe und Hosen von jedem, der im Gebäude ein und aus ging.[8]

Eine Menschentraube hatte sich direkt vor dem Haupteingang gebildet. Juwtschenko erkannte viele Gesichter aus Prypjat. Alle wirkten ebenso bestürzt und verängstigt wie sie selbst, aber niemand durfte das Krankenhaus betreten. Stattdessen kam, während Juwtschenko die Szene beobachtete, ein Arzt aus der Tür und verlas laut die Namen von Patienten aus dem Kernkraftwerk Tschernobyl sowie ihren aktuellen Gesundheitszustand. Die Menschen waren unruhig, schubsten, drängelten und riefen dem Arzt laut Fragen zu; weil einige nicht hören konnten, was der Mediziner sagte, musste er seine Worte mehrmals wiederholen. Juwtschenko bemühte sich vergeblich, aus all dem Trubel Informationen über ihren Mann herauszuhören. Schließlich bahnte sie sich mit den Ellbogen einen Weg durch das Gedränge bis ganz nach vorn.

»Was ist mit Alexander Juwtschenko?«, wollte sie wissen. Der Arzt blickte von der Liste auf.

»Sie da«, sagte er. »Kommen Sie mit hinein.«

Die ersten Patienten aus dem Kraftwerk waren am Sonntag, dem 27. April, kurz nach Sonnenaufgang in Moskau gelandet.[9] Am Flughafen Wnukowo waren sie von Ärzten mit Schürzen und Schutzanzügen aus PVC in Empfang genommen und in Bussen, deren Sitze mit Plastikfolie überzogen waren, zum Krankenhaus transportiert worden. Die Spezialisten des Krankenhauses Nummer Sechs[10] – eine mit sechshundert Betten ausgestattete Einrichtung, die der Behandlung von Mitarbeitern im atomaren Sektor des Ministeriums für Mittleren Maschinenbau vorbehalten war und sich auf zwei Etagen der Strahlungsmedizin widmete – hatten die gesamte Abteilung geräumt, um auf ihr Eintreffen vorbereitet zu sein.[11] Einige Patienten hatten immer noch dieselben Kleider am Leib, die sie im Augenblick der Explosion getragen hatten. Viele waren mit radioaktivem Staub bedeckt, und nachdem sie das Krankenhaus erreicht hatten, stellte sich heraus, dass ihre Transportmittel nicht mehr zu dekontaminieren waren.[12] Das Flugzeug, das den ersten Schwung Patienten gebracht hatte, musste in seine Einzelteile zerlegt werden, und einer der Busse wurde auf das Gelände des Kurtschatow-Instituts gefahren und dort in einer Grube versenkt.[13]

Bis zum Sonntagabend waren insgesamt 207 Männer und Frauen auf die Krankenzimmer der Klinik verteilt worden. Der Großteil bestand aus Kraftwerksmitarbeitern und Feuerwehrleuten – aber auch Sicherheitspersonal, das neben dem brennenden Block Dienst tat, Bauarbeiter, die unter der radioaktiven Fallout-Wolke an einer Haltestelle auf den Bus gewartet hatten, sowie die Angler vom Zulaufkanal waren darunter. Bei einhundertfünfzehn wurde eine akute Strahlenkrankheit diagnostiziert.[14] Zehn von ihnen hatten überaus hohe Strahlungsdosen abbekommen, so dass die Ärzte ihr Überleben sofort für unmöglich erachteten.[15]

Leiterin der Klinischen Abteilung des Krankenhauses Nummer Sechs war die zweiundsechzigjährige Dr. Angelina Guskowa. Sie hatte ihre medizinische Karriere vor über dreißig Jahren begonnen, als das sowjetische Atomwaffenprogramm ins Leben gerufen worden war. 1949, kurz nachdem sie ihren Abschluss als Neurologin gemacht hatte, war sie in die geheime Stadt Tscheljabinsk im Südural beordert worden, um Soldaten und Gulag-Gefangene zu behandeln, die in den Plutoniumfabriken der Kerntechnischen Anlage Majak arbeiteten. Wenn sie an einen dieser streng geheimen Orte in der UdSSR geschickt wurden, hatten selbst hochqualifizierte Experten wie Guskowa wenig Ahnung davon, was sie dort erwartete, und einmal angekommen, durften sie den Ort weder verlassen, noch mit der Außenwelt Kontakt aufnehmen.[16] Als Guskowa nach zwei Jahren noch immer nicht aus Majak zurückgekehrt war, ging ihre Mutter davon aus, dass sie verhaftet und von den Kerkern des KGB verschluckt worden war. Doch während ihre Mutter Bittgesuche schrieb, um ihre Freilassung aus den Fängen der Geheimpolizei zu erwirken, schmiedete sich die junge Ärztin an der rauen Front der Biophysik eine neue Karriere.[17]

In Majak sah Guskowa zum ersten Mal Opfer der akuten Strahlenkrankheit; dreizehn Gulag-Gefangene, die mit Übelkeit und Erbrechen zu ihr in die Klinik kamen. Weil sie sich ihre Symptome nicht erklären konnte, behandelte die Ärztin sie auf Lebensmittelvergiftung und schickte sie wieder an die Arbeit. Erst als die Männer zurückkamen, fiebernd und mit inneren Blutungen, fand sie heraus, dass sie entsetzlichen Strahlungsfeldern ausgesetzt gewesen waren, als sie im schwer mit Radionukliden belasteten Erdreich unweit der Radiochemischen Fabrik Nummer 25 Ablaufgräben ausgehoben hatten. Zu diesem Zeitpunkt hatte mindestens einer der Unglücklichen bereits eine tödliche Dosis erhalten: 600 rem.[18]

Später zeigten die jungen Frauen, die an den Werkbänken in der Fabrik arbeiteten, Symptome einer mysteriösen Krankheit, die sie schwach und schwindelig machte und ihnen so heftige Schmerzen verursachte, dass eine von ihnen am liebsten »die Wände hochgegangen« wäre, wie sie sagte. Guskowa war eine der ersten Ärztinnen in der Geschichte, die die Symptome dieses neuen Leidens aufzeichneten – der chronischen Strahlenkrankheit oder CRS –, verursacht von schwach radioaktiven Isotopen, denen der Körper über einen längeren Zeitraum hinweg ausgesetzt war. Sie entwickelte Untersuchungs- und Behandlungsmethoden, führte Studien durch, die ihren Vorgesetzten am Sredmasch suggerierten, dass Strahlung, wenn sie sorgsam gehandhabt wurde, wenig Schaden anrichtete, und wurde schnell befördert. Sie reiste zum geheimen Kernwaffentestgelände Semipalatinsk – die vielen hunderttausend Quadratkilometer kasachischer Steppe, »Polygon« genannt –, um die ersten sowjetischen Atombombentests mitzuerleben, und verarztete die Kameramänner, die unmittelbar nach den Explosionen zum Detonationsort geeilt waren, um ihre Aufnahmen zu machen. Guskowa wurde die Privatärztin von Igor Kurtschatow persönlich, dem Vater der Bombe, und im September 1957, nach der Explosion von Tank Nummer vierzehn für Atommüll, war sie in Majak, um bei den Opfern der ersten Atomkatastrophe der UdSSR Nothilfe zu leisten.[19] Im selben Jahr, dreiunddreißigjährig, wurde sie in die neue Klinik für die Behandlung von Strahlenschäden berufen, die gerade am Moskauer Institut für Biophysik eingerichtet wurde.[20]

In den folgenden dreißig Jahren wuchs das atomare Imperium des neu gebildeten Ministeriums für Mittleren Maschinenbau in rasantem Tempo und preschte mit einer Geschwindigkeit, die wenig Zeit für Sicherheitsbedenken erübrigte, dem Weltuntergang entgegen. Den Preis für den Fortschritt bezahlten unglückliche Reaktortechniker und verstrahlte

U-Boot-Fahrer, die einer nach dem anderen zu Tode kamen, bevor sie heimlich verscharrt oder ihre Körper zur Untersuchung nach Moskau geschickt wurden – in Guskowas Abteilung im Krankenhaus Nummer Sechs. Die Unfälle selbst blieben geheim, und den Patienten, die überlebt hatten, war es verboten, die wahre Ursache der Krankheiten preiszugeben, mit deren Konsequenzen sie ihr Leben lang zu kämpfen hätten. Guskowa und ihre Kollegen sammelten indes eine riesige Menge an klinischen Daten über die Wirkung von radioaktiver Strahlung auf Menschen.[21] Alarmiert angesichts der Weigerung von Sredmasch, die Gefahren einzugestehen, die der halsbrecherischen Entwicklung der Kernkraftindustrie innewohnten, brachte sie 1970 ein Buch zu Ende, das die möglichen Folgen eines schwerwiegenden Störfalls in einem zivilen Atomkraftwerk beschrieb. Als sie das Manuskript jedoch dem Stellvertretenden Gesundheitsminister der UdSSR vorlegte, schleuderte dieser es wütend durch sein Büro und untersagte ihr die Veröffentlichung.[22] Im darauffolgenden Jahr verklausulierte sie ihre klinischen Erfahrungen in dem Buch *Strahlenkrankheit*, wofür man ihr den Leninorden verlieh.[23]

1986 leitete Guskowa bereits seit zehn Jahren die größte Klinik für Strahlenkranke in der UdSSR.[24] Sie hatte über tausend Opfer erhöhter Strahlenexposition behandelt und wusste vielleicht mehr über Atomunfälle als irgendein anderer Arzt auf der Welt. Die überzeugte Kommunistin war eine der wenigen Frauen in den oberen Rängen des sowjetischen Gesundheitswesens, knallhart und von ihrer Belegschaft gefürchtet. Gleichzeitig blickte sie mit Stolz auf die Arbeit zurück, die sie zum Schutz der Bevölkerung und für die Sicherheit in der UdSSR geleistet hatte. Sie lebte allein in einer Wohnung auf dem Krankenhausgelände, mit dem Telefon neben dem Bett, um jederzeit für den nächsten atomaren Zwischenfall einsatzbereit zu sein.[25]

Natalia Juwtschenko brauchte nur wenige Augenblicke, um durch die Messstelle zu gelangen, die fünf Steinstufen hinaufzugehen und die Schwelle des Krankenhauses Nummer Sechs zu überschreiten. In ihrer Wahrnehmung jedoch dehnte sich der Weg zu einer Ewigkeit benommenen Schreckens. *Das ist das Ende*, dachte sie.[26]

Erst als die massive hölzerne Pforte des Krankenhauses hinter ihr ins Schloss fiel, erfuhr Juwtschenko die Wahrheit. Sie war nicht etwa aus der Menge herausgeholt worden, um zu erfahren, dass sie Witwe war, sondern weil sie dank ihrer familiären Beziehungen einen Sonderstatus genoss. Über seine Kontakte zum Ministerium für Mittleren Maschinenbau hatte Natalias Onkel einen speziellen Pass für sie organisiert, der ihr den Zugang zum Krankenhaus erlauben würde. Er hatte am Vormittag stundenlang auf sie gewartet und sich gewundert, warum sie nicht kam.

Juwtschenko stieg in einen beengten Aufzug – gerade groß genug, um zwei Personen und den Fahrstuhlführer aufzunehmen. Das Krankenhaus war düster und baufällig, mit Parkettböden und hohen Decken. Hier und da klafften Löcher in den Wänden, aus denen lose Drähte ragten. Alle, die dort arbeiteten, von den Soldaten, die die Flure wischten, bis hin zu den Ärzten und Labortechnikern, trugen identische weiße oder blaue Kittel und Kappen; ihre Münder und Nasen waren mit Schutzmasken bedeckt. Feuchte Tücher lagen zusammengefaltet über der Schwelle zu jedem Raum, um den radioaktiven Staub fernzuhalten.[27] Als der Fahrstuhl in der achten Etage stockend anhielt, öffnete Juwtschenko die Tür und ging nach links, zum Zimmer 801. Und dort – neben einem Mann, den sie nicht kannte – lag Alexander. Sein dichtes, störrisches Haar war ihm vom Kopf geschoren worden.[28]

»Verdammt!«, sagte er. »Sieh doch bloß, wie lächerlich ich aussehe! Schau dir diesen Kopf an!«

Nach den Tagen der Angst und Ungewissheit, seit sie ihn zuletzt gesehen hatte, verspürte Natalia nichts als Freude. Was auch immer in der besagten Nacht im Kraftwerk mit ihm geschehen war, er war ihr Sascha, genauso kannte sie ihn. Er sah nicht aus wie jemand, der in ein Spezialkrankenhaus gehörte.

Als sie am Montagmorgen in ihren Krankenhausbetten erwachten, verspürten Juwtschenko und die anderen Operatoren aus dem Kraftwerk – darunter der Stellvertretende Chefingenieur Djatlow, Schichtleiter Alexander Akimow und der junge leitende Kontrollingenieur Leonid Toptunow – nicht mehr die akuten Auswirkungen der Strahlenkrankheit. Das Schwindelgefühl und die Brechanfälle vom Samstagmorgen waren verflogen. Die

Feuerwehrleute – stämmige, gesunde junge Männer, die in der Unfallnacht voller Kraft und Vitalität an die Arbeit gegangen waren – saßen nun ausgelassen und fröhlich auf ihren Betten und spielten Karten.[29] Einige fühlten sich so gut, dass die Ärzte sie mit Mühe davon abhalten konnten, sich nicht selbst zu entlassen. Ihre übrigen Symptome schienen erträglich zu sein. Einige Männer hatten noch immer rasende Kopfschmerzen, wenig Appetit und eine Trockenheit im Mund, die keine noch so große Menge an Wasser zu mildern vermochte.[30] Andere bemerkten Hautrötungen und leichte Schwellungen an Stellen, die der Gammastrahlung ausgesetzt gewesen waren oder radioaktivem Wasser, das sie bespritzt hatte oder durch ihre Kleidung gesickert war.[31]

Eine Krankenschwester hatte Alexander Juwtschenko bei seiner Ankunft den Kopf geschoren – gemäß einem Protokoll, das nach dem Kyschtym-Unfall von 1957 erstellt worden war. Damals mussten schwer verstrahlte Opfer schockiert erleben, dass ihnen Wochen nach dem Unfall die Haare büschelweise ausfielen.[32] Die Radioaktivität im Haar einiger Tschernobyl-Mitarbeiter war tausendmal höher als normal. Es wurde in einem Plastiksack gesammelt und vergraben. Doch abgesehen von seinem kahlen Schädel, über den er sich lustig machte, sah Alexander gut aus. Was konnte ihm fehlen?[33]

Er sagte Natalia, dass er im Zimmer nicht sprechen wolle. »Lass uns hinausgehen und eine rauchen«, sagte er.[34]

Wie üblich bei unabsichtlich von Menschenhand gemachten Krankheiten, ist das akute Strahlensyndrom ein grausames, komplexes und wenig erforschtes Leiden, das die moderne Medizin an ihre Grenzen bringt. Die Strahleneinwirkung, die es entstehen lässt, mag nur wenige Sekunden dauern und zunächst keine Reaktion nach sich ziehen. Doch ihre destruktive Wirkung beginnt sofort, wenn die hochenergetischen Alpha-, Beta- und Gammastrahlen DNA-Stränge schädigen und die exponierten Zellen absterben. Mit einer Geschwindigkeit und Heftigkeit, die von der Dosis abhängen, setzen Übelkeit und Erbrechen ein, und es kann zu Hautrötungen kommen. Doch irgendwann vergeht die Übelkeit. Die Hautverfärbungen, bis auf die schwersten Verbrennungen, verblassen binnen achtzehn

Stunden, und der Patient durchlebt eine angenehme Latenzphase. Je nach Dauer und Stärke der Exposition kann diese trügerische Phase scheinbaren Wohlbefindens Tage oder sogar Wochen anhalten. Erst danach entwickeln sich weitere Symptome der Strahlenkrankheit. Je niedriger die Dosis, desto länger die Latenzzeit und desto größer die Gesundungswahrscheinlichkeit – mit der richtigen Behandlung, wohlgemerkt.[35]

Die Patienten aus Tschernobyl waren der Strahlung auf erschreckend vielfältige Art ausgesetzt gewesen. Die Feuerwehrleute, die auf die Dächer von Block Drei gestiegen waren, hatten mit dem Rauch Alpha- und Betastrahler eingeatmet, waren von Fallout eingestaubt und mit Gammastrahlen aus den Brennstoff-Pellets und Kernfragmenten um sie herum beschossen worden. Die Höhe ihrer Dosen hing von der Stelle ab, an der sie gestanden hatten. Wenige Meter konnten bereits zwischen Leben und Tod entscheiden. Die Kraftwerksmitarbeiter, die den Schaden innerhalb von Block Vier eindämmen wollten, waren von Staub und radioaktivem Dampf umgeben, mit kontaminiertem Wasser in Berührung gekommen und hatten Trümmer durchsucht, in denen der Schutt aus dem Reaktorkern verstreut lag. Einige hatten Xenon, Krypton und Argon eingeatmet, kurzlebige, aber schwer radioaktive Gase, die die Schleimhäute im Mund und die Atemwege versengten. Andere erlitten großflächige Verbrennungen durch Gammastrahlen oder Beta-Partikel, die auf ihrer Haut gelandet oder durch ihre Kleidung gesickert waren. Einige waren nur Minuten lang exponiert gewesen, andere weitaus länger. Alexander Akimow, der – gemeinsam mit Toptunow – bei dem sinnlosen Versuch, den zertrümmerten Reaktor zu kühlen, knöcheltief in radioaktiv verseuchtem Wasser geschuftet hatte, verließ das Flugzeug in Moskau im selben schmutzigen Arbeitsanzug, den er in der Nacht getragen hatte. Das Kleidungsstück hatte seine Haut über vierundzwanzig Stunden lang verstrahlt, bis es ihm von den Notaufnahme-Schwestern im Krankenhaus Nummer Sechs endlich abgenommen wurde.[36]

Doch von den 207 Patienten, die einen vollen Tag nach dem Unfall in Moskau eintrafen, wiesen nur die am schlimmsten betroffenen äußere Krankheitszeichen auf.

Ein halbes Dutzend Feuerwehrleute – unter der Leitung von Leutnant

Prawik von der Feuerwache des Kraftwerks Tschernobyl und verstärkt durch Männer von der städtischen Feuerwehr Prypjat und in ihren Drillich-Uniformen nicht gegen Gammastrahlung geschützt – hatte solch akute Strahlendosen abbekommen, dass ihre Gesichtsfarbe, als sie im Krankenhaus Nummer Sechs ankamen, bereits von Rot zu einem wächsernen Grau verblasst war, weil die Strahlung die oberste Hautschicht abgetötet hatte. Der Organschaden war schwieriger zu erkennen, sollte sich aber als genauso schlimm erweisen. Es waren die Teile des Körpers betroffen, in denen sich Zellen am schnellsten vermehren, vor allem Lungen und Atemwege, Eingeweide und Knochenmark. Die für die geschädigten Organe verfügbare Behandlung beschränkte sich auf Bluttransfusionen, Antibiotika gegen Infektionen und – für die schlimmsten Fälle – eine Knochenmarkstransplantation, ein riskantes Verfahren voller Komplikationen und Nebenwirkungen, die sich ebenfalls als tödlich erweisen konnten.

Sobald sich die äußeren Symptome der Strahlenkrankheit zeigten – darunter Schwellungen, Hautverbrennungen und Nekrose, blutige Durchfälle und Hämorrhagien, eine Verringerung des Knochenmarks, die chemische Verbrennung der Atemwege und des Verdauungssystems –, konnten Dr. Guskowa und ihr Team nicht mehr einschreiten. Und ohne detaillierte Kenntnisse über die Umstände der Strahleneinwirkung ließ sich die genaue Dosis – und die entsprechende Behandlung – schwer ermitteln. Selbst bei kleineren, klar umrissenen Atomunfällen war die Triage fast nur ein vages Ratespiel. Im Chaos nach der Explosion von Reaktor Vier waren sich wenige der Unfallopfer bewusst gewesen, wie oder wo sie der Strahlung ausgesetzt waren. Die Sicherheitsmannschaft im Kraftwerk war überfordert gewesen; die Feuerwehrleute hatten keinerlei radiometrische Ausrüstung erhalten, und die Operatoren hatten nur primitive Filmdosimeter zur Verfügung, die für den Alltagsgebrauch im Kraftwerk bestimmt waren und nur bis zu zwei rem messen konnten. Die Geräte, die an den Overalls der Patienten gesteckt hatten, waren behutsam eingetütet und nach Moskau geflogen worden, nur um im Zuge der Dekontamination versehentlich zerstört zu werden.[37]

Doch in ihrer jahrzehntelangen Arbeit in der Strahlungspathologie hatte Guskowa eine Methode der biologischen Dosimetrie auf den Weg gebracht, bei der die Exposition anhand von Gesprächen und Tests ermittelt wurde. Letztere beinhalteten die Zeit bis zum ersten Erbrechen und eine Zählung der weißen Blutkörperchen beziehungsweise Leukozyten. Im Knochenmark gebildet, sind diese Zellen das Fundament des körpereigenen Immunsystems und gehören zu den verlässlichsten biologischen Markern für die Auswirkungen der Strahlenkrankheit. Indem sie die Leukozyten des Patienten zählten und die Rate, mit der ihre Zahl sank, konnten die Ärzte die ungefähre Dosis schätzen, die dieser Patient erhalten hatte.[38] Es war ein mühsamer Prozess. Mangels automatischer Blutzellenmessgeräte, wie sie in den Praxen westlicher Hämatologen Standard waren, mussten die Klinikärzte sie unter einem Mikroskop zählen, was nicht zwanzig Sekunden, sondern eine halbe Stunde in Anspruch nahm.[39]

Der Blutzellentest gehörte zu einer Reihe von Analysen, mit deren Hilfe sich für jeden Patienten eine Prognose erstellen ließ. Und die Patienten gewöhnten sich bald an die Tatsache, dass ihnen täglich Blut abgenommen wurde, entweder aus der Fingerspitze oder einer Vene. Die Ärzte nahmen auch Hautproben, um die Werte von Strontium und Cäsium zu messen, und untersuchten ihren Urin auf Spuren von Natrium-24, das ein Hinweis darauf war, dass der Körper Kernspaltung ausgesetzt gewesen war, und diesen auch selbst radioaktiv werden lassen konnte. Doch der maßgebliche Indikator, wer überleben würde und wer – so gut wie sicher – nicht, war nach wie vor der Bluttest.

Als Natalia Juwtschenko die Ärzte zu Alexanders Zustand befragte, sagten sie ihr, dass sie einfach abwarten müsste.

»Innerhalb der ersten drei Wochen werden wir es wissen«, sagten sie ihr. »Seien Sie auf das Schlimmste gefasst.«[40]

Bis zum 1. Mai hatten Guskowa und ihr Team sämtliche Patienten identifiziert, die weniger schwer verletzt waren, und all jene, die einer intensiven Betreuung bedurften und in eigene Räume verlegt werden mussten, um einer Kreuzinfektion vorzubeugen. Als ein Arzt zu Piotr Chmel ins Zimmer kam, um ihm seine Testergebnisse mitzuteilen, schien er verblüfft, dass die Blutzellen des jungen Feuerwehrmannes, trotz der anfänglichen Rötung seiner Haut, relativ wenig Schädigungen aufwiesen. Er fragte

Chmel, ob er vor kurzem an einem sonnigen Ort Urlaub gemacht hätte. Offenbar schien ihm ein Sonnenbad die logischere Erklärung für die Bräune seines Patienten als die Einwirkung von Gammastrahlen aus dem brennenden Reaktor. Es gab nur zwei Gründe, warum die weißen Blutzellen so gesund geblieben waren.[41]

»Entweder Sie waren nicht dort, oder Sie hatten getrunken«, sagte der Arzt. »Sagen Sie mir die Wahrheit.«

Chmel, der sich vor den Konsequenzen fürchtete, falls das Krankenhaus melden sollte, dass er im Dienst betrunken gewesen war, gab nur kleinlaut zu, dass er die Nacht davor gefeiert hatte. Es habe eine Menge Wodka gegeben. »Es war Tag der Offiziere«, sagte er.

Der Arzt lächelte und klopfte ihm auf die Schulter. »Gut gemacht, Genosse Leutnant. Jetzt machen wir Sie gesund.«

Unterdessen waren die Angehörigen der Opfer nicht nur aus Prypjat und Kiew im Krankenhaus eingetroffen, sondern auch aus anderen Teilen der Sowjetunion. Als eine der ersten kam Leutnant Prawiks Mutter, und wich ihrem Sohn von Stund an kaum mehr von der Seite. Die Ärzte legten den Ehefrauen und Eltern der Opfer nahe, Lebensmittel mitzubringen, damit sie bei Kräften blieben, und schlugen Gänse- oder Hühnerbrühe vor.[42] Von seinem Bett aus schickte Prawik seiner jungen Frau und der einen Monat alten Tochter einen fröhlichen Brief, in dem er sich für seine krakelige Schrift und seine Abwesenheit von zu Hause entschuldigte.[43]

»Liebe Grüße, meine Schätzchen«, schrieb er, »von Eurem Faulenzer und Schnorrer. … Ich bin ein Versager, denn schließlich trage ich die Verantwortung für die Erziehung unserer Kleinen. Hier geht es mir gut. Sie haben uns zur Beobachtung in die Klinik verlegt. Wie ihr wisst, ist mittlerweile jeder hier, der vorher dort war, also habe ich das Vergnügen, mein gesamtes Gefolge um mich zu haben. Wir gehen spazieren, und an den Abenden freuen wir uns an den Sehenswürdigkeiten von Moskau bei Nacht. Der einzige Nachteil ist, dass wir sie von unserem Fenster aus betrachten müssen. Das geht wahrscheinlich noch ein, zwei Monate so. Leider sind das die Regeln. Sie können uns erst entlassen, wenn sie mit ihrer Einschätzung fertig sind.

Nadia, du weinst, wenn du diesen Brief liest. Tu das nicht – trockne deine Tränen. Alles ist nochmal gut gegangen. Wir werden hundert Jahre alt. Und unser geliebtes Töchterchen wird uns dreimal über den Kopf wachsen. Ich vermisse euch beide sehr. … Mama ist hier bei mir. Sie ist schnurstracks hergekommen. Sie wird dich anrufen und dir sagen, wie's mir geht. Und es geht mir ausgezeichnet.«

Die Eltern des leitenden Reaktorkontrollingenieurs Leonid Toptunow waren in ihrer Datscha bei Tallinn gewesen, als sie hörten, dass es im Kernkraftwerk, in dem ihr Sohn beschäftigt war, einen Störfall gegeben hatte. Sie waren sofort nach Hause geeilt. Am Dienstag erhielten sie ein Telegramm von Leonid: »MAMA BIN IN MOSKAU IM KRANKENHAUS ES GEHT MIR GUT«, schrieb er und fügte hinzu, wo er zu finden war. Wera Toptunowa und ihr Ehemann nahmen den ersten verfügbaren Flug aus Estland.[44] Als sie am darauffolgenden Tag im Krankenhaus Nummer Sechs eintrafen, wurden sie nach oben begleitet und einen schmalen Gang entlang geführt, wo Leonid aus seinem Zimmer kam, um sie zu begrüßen. Er trug einen kurzen weißen Schlafanzug und eine passende Kappe und schien in Ordnung zu sein. Er konnte eigenständig laufen und bestand darauf, dass es ihm gutging.[45] »Alles in Ordnung! Reg dich nicht auf, Mama«, sagte er und lächelte. »Alles in Ordnung.«[46]

Doch ein Blick auf Leonids Beine verriet Wera, dass es ihm ganz und gar nicht gutging. Wo Leonids Schlafanzughose endete, konnte man sehen, dass mit seiner Haut irgendetwas Schreckliches passierte. Sie hatte die hässliche Farbe alter Blutergüsse, als wären seine Beine und Füße mit blauen Flecken übersät oder mit einer ätzenden Substanz übergossen worden.

Dr. Robert Gale war ein Mann mit festen Gewohnheiten. Er pflegte früh aufzustehen, während seine Frau und die drei Kinder noch schliefen, sich zu rasieren und dann in der würzigen Luft der Santa Monica Mountains kurz in den Pool seines Hauses in Bel-Air zu springen. Anschließend führte er Telefonate mit Kollegen in New York und Europa, deren Arbeitstag bereits begonnen hatte. Er war noch im Bad, als er am 29. April im

Radio die Meldung über den Störfall hörte. Der Gedanke, dass er vielleicht helfen könnte, kam ihm erst am späteren Vormittag, nachdem er erfahren hatte, dass es im Kernkraftwerk Tschernobyl Todesopfer zu beklagen gab.[47]

Gale, vierzig Jahre alt, war ein Hämatologe am UCLA Medical Center und Spezialist für Knochenmarkstransplantationen. Er hatte eine Vorliebe für hölzerne Clogs, maßgefertigt in der Melrose Avenue, und für breite Krawatten mit Bildern von Walen oder Schafen darauf; er war ein eifriger Jogger, aß jeden Mittag Yoghurteis, und war ein leidenschaftlicher Selbstdarsteller, der seinen Ruf als Querdenker voll auskostete. Außerdem war er der Ausschussvorsitzende des internationalen Forschungsregisters für Knochenmarkstransplantationen und erkannte, dass dessen Ressourcen einen wichtigen Beitrag leisten konnten, um Strahlenkranken das Leben zu retten. Gale wusste, dass die UdSSR medizinische Hilfsangebote seitens des US-Außenministeriums bereits offiziell abgewiesen hatte, und plante deshalb einen anderen Weg über seinen Freund und Förderer Armand Hammer zu nehmen. Gegen neun Uhr dreißig an diesem Morgen griff er zum Telefon.[48]

Armand Hammer, CEO der amerikanischen Ölfirma Occidental Petroleum, war ein angesehener Philanthrop und Kunstsammler. Als Sohn engagierter Kommunisten in New York geboren, war er nach Abbruch seines Studiums 1921 in die UdSSR gereist, angeblich, um dort die Interessen des Arzneimittelunternehmens seines Vaters zu vertreten. In Moskau begegnete er Lenin, der Hammer Handelskonzessionen einräumte, die zum einen seinen Wohlstand begründeten – und ihm zum anderen einen direkten Draht zu sowjetischen Staatsführern eröffneten. Dieser Kontakt würde fast siebzig Jahre Bestand haben.[49] Obwohl er letztendlich als einer der großen Scharlatane der Geschichte entlarvt werden sollte – ein aktives Werkzeug des sowjetischen Geheimdienstes, ein Schwindler und Betrüger –, genoss Hammer mit siebenundachtzig noch seinen Ruf als Globetrotter und Menschenfreund, den der Fernsehjournalist Walter Cronkite als »nahezu einzige Brücke zwischen Kommunismus und Kapitalismus« beschrieb.[50]

Gale hatte Hammer 1978 kennengelernt, als er anlässlich eines medizinischen Kongresses an der Moskauer Universität in die UdSSR gereist war.

Später hatte er die Bekanntschaft mit Hammer vertieft wegen dessen Initiative, ein Heilmittel gegen Krebs zu finden. Für sein Angebot, den Strahlenopfern von Tschernobyl zu helfen, konnte Gale sich keinen besseren Verbindungsmann vorstellen.

Gale spürte Hammer in einem Hotel in Washington, D.C., auf und erklärte ihm die potentielle Wichtigkeit von Knochenmarkstransplantationen für die Rettung von Strahlungsopfern. Noch am selben Tag richtete Hammer einen Brief an Michail Gorbatschow, in dem er sich für Gales Vorhaben einsetzte, und übermittelte ihn per Fernschreiben an den Kreml. Bereits am Donnerstagnachmittag durchschritt der Arzt den Los Angeles International Airport – die Tickets in der Hand und umringt von einer Schar Pressefotografen – um den Flieger nach Moskau zu besteigen.[51]

In den Fluren des Krankenhauses Nummer Sechs trafen sich die Facharbeiter aus dem Kraftwerk, um miteinander zu plaudern, zu rauchen und über das Rätsel zu diskutieren, das sie alle bewegte: die Unfallursache, derenthalben sie hier gelandet waren. Mitarbeiter des KGB und Ermittler der sowjetischen Staatsanwaltschaft begaben sich von einem Zimmer zum anderen, um Patienten zu befragen, und die Feuerwehrleute und Ingenieure ergingen sich in wilden Spekulationen, aber keiner wusste wirklich, wie es zu der Explosion hatte kommen können.[52] Kerntechniker und Atomphysiker – darunter der Stellvertretende Chefingenieur Djatlow, Alexander Akimow, Leonid Toptunow und Alexander Juwtschenko – standen noch immer vor einem Rätsel.[53]

»Wir sind für jeden Vorschlag offen, Freunde«, sagte Djatlow zu den jungen Technikern, die in der fraglichen Nacht seinen Anweisungen gefolgt waren. »Habt keine Angst, sagt ruhig, was ihr denkt, und sei es noch so weit hergeholt.«

Selbst als ihr Zustand sich verschlimmerte, diskutierten sie nicht, wer Schuld hatte. Die Eltern Leonid Toptunows – er hatte den AZ-5-Knopf gedrückt, der die Explosion ausgelöst hatte – scheuten sich beide, den Unfall anzusprechen, wenn sie an seinem Bett standen. Doch schließlich nahm Wera allen Mut zusammen und fragte ihn.[54]

»Lionetschka«, sagte sie. »Was ist passiert – wie konnte es dazu kommen?«

»Ich hab alles richtig gemacht, Mama«, sagte er. »Ich habe mich genau an die Vorschriften gehalten.«

Dann kam ein Arzt dazwischen und bedeutete ihr, den Sohn nicht weiter aufzuregen. Sie sprachen danach nie wieder über den Unfall.

Am Donnerstagmorgen, dem 1. Mai, wurde Ludmilla Ignatenko in Angelina Guskowas Büro im sechsten Stock gerufen, und die Ärztin erklärte ihr, dass es nötig sei, bei ihrem Mann eine Knochenmarkstransplantation durchzuführen. Wasili Ignatenko, ein Feldwebel in Prypjats Feuerwache und der beste Sportler der Truppe, hatte an der Seite Leutnant Prawiks die Flammen auf dem Dach des dritten Reaktorblocks bekämpft. Um sein Leben zu retten, musste ihm ein enges Familienmitglied Knochenmark spenden. Seine nächsten Angehörigen seien zu diesem Zweck bereits auf dem Weg nach Moskau, erklärte Guskowa.[55]

Sechs Tage waren seit dem Unfall vergangen, und für die schwerstverstrahlten Patienten ging die anfängliche Latenzzeit allmählich zu Ende. Wasili hing am Tropf und erhielt regelmäßig Spritzen. In dieser Nacht überraschte er Ludmilla mit einem Blumenstrauß, den er mit Hilfe einer Krankenschwester hereinschmuggeln konnte, und gemeinsam sah sich das Paar von seinem Zimmer im achten Stock der Klinik aus das Maifeuerwerk an. Wasili konnte noch aufrecht stehen und legte den Arm um sie, als sie aus dem Fenster blickten. Doch sein Zustand hatte sich bereits so sehr verschlechtert, dass er nicht mehr in der Lage war, die Brühe zu essen, die sie ihm mitgebracht hatte. Die Ärzte schlugen vor, er solle es mit rohen Eiern versuchen, doch auch diese konnte er nicht bei sich behalten.

Knochenmarkspender für die am schlimmsten verstrahlten Patienten zu finden, wurde immer schwieriger – die Anzahl ihrer weißen Blutzellen nahm so rapide ab, dass kaum noch genügend zu finden waren, um die Gewebetypisierung durchzuführen.[56] Für diejenigen Verwandten, die sich als potentielle Spender herausstellten, war das Spendeverfahren selbst eine Tortur. Wera Toptunowa, damals fünfzig Jahre alt, war eine der ersten, die diese Prozedur auf sich nahmen. Nachdem sie eine Vollnarkose bekommen hatte, punktierten die Ärzte mit massiven, fünfzehn Zentimeter langen Nadeln ihren Beckenknochen, um das Mark herauszusaugen und jeweils einen Teelöffel voll zu erhalten. Etwa neunzig Minuten dauerte es, um die zweihundert Einstiche durchzuführen, die nötig waren, um einen Messbecher mit etwa einem Liter rötlich-rosa Flüssigkeit zu füllen.[57] Labortechniker seihten diese ab, um Fett- und Knochenteilchen zu entfernen, verarbeiteten sie in einer Zentrifuge, füllten sie in einen Beutel und transfundierten sie in eine Armvene ihres Sohnes. Dann hieß es warten, bis die Knochenmarkszellen die Hohlräume in seinen Knochen erreichten, um gesundes neues Blut zu bilden.

Als Wasili Ignatenko hörte, dass seine jüngere Schwester Natalia die beste Kandidatin für eine Spende sei, verweigerte er den Ärzten die Erlaubnis, die Entnahme einzuleiten. »Ich akzeptiere kein Knochenmark von Natascha!«, sagte er. »Lieber sterbe ich!« Selbst als seine Frau ihm erklärte, dass Natalia keine Langzeitschäden davontragen würde, wehrte sich Ignatenko. Schließlich unterzog sich seine ältere Schwester Ljuda der Prozedur.[58]

Bis zum Ende der ersten Woche hatte Dr. Alexander Baranow, Leiter der Hämatologie am Krankenhaus Nummer Sechs, drei Knochenmarkstransplantationen an schwerstkranken Patienten beaufsichtigt, darunter Toptunow und Akimow.[59] Drei weitere Patienten hatten dagegen so viel Strahlung abbekommen, dass keine Leukozyten mehr übrig waren, mit denen man eine Typisierung hätte durchführen können. Bei diesen Männern versuchten die sowjetischen Ärzte stattdessen eine neue, experimentelle Transplantationstechnik, bei der sie Leberzellen von totgeborenen oder abgetriebenen Föten verwendeten.[60] Diese Behandlung versprach noch weniger Aussicht auf Erfolg als die Knochenmarkspende, aber Guskowas Mitarbeiter wussten, dass sie sonst nicht viel tun konnten. Für diese Patienten kam bereits jede Hilfe zu spät.[61]

Mittlerweile wurden die Grenzen der biologischen Dosimetrie offenkundig. Guskowas anfängliche Schätzungen hatten suggeriert, dass einige der Männer nur niedrige Strahlendosen abbekommen hatten – weniger als einige Krebspatienten als Teil der üblichen Bestrahlungstherapie erhalten.[62] Doch diese Analyse konnte nur die Wirkung von Gammastrahlen auf das Knochenmark sichtbar machen, nicht aber den Schaden, den die interne Verstrahlung anrichtete, verursacht durch das Einatmen von radioaktivem Rauch, Staub und Dampf oder durch das Verschlucken radioaktiver Teilchen.[63] Und als auf der Haut der Opfer die sichtbaren Zeichen – Verbrennungen durch Betastrahlen – deutlicher hervortraten, wunderten sich die Ärzte über deren Ausmaß und Schwere.[64] Am 2. Mai schätzte Dr. Baranow, dass zehn seiner Patienten das Krankenhaus nicht mehr lebend verlassen würden. Schon bald darauf musste er die Zahl auf siebenunddreißig erhöhen.[65]

Trotzdem setzten die Patienten und ihre Angehörigen große Hoffnungen auf die bevorstehende Ankunft des amerikanischen Arztes, von der sie gehört hatten, und auf die vielgerühmte Expertise und lebensrettenden Medikamente, die er mitbringen würde.[66]

Nachdem er am Freitagabend im Sowietskaja Hotel unweit des Roten Platzes abgestiegen war, stand Robert Gale am folgenden Morgen früh auf, schlüpfte in ein Trikot, auf dem die Lettern »USA« prangten, und joggte acht Meilen durch die Straßen Moskaus. Anschließend traf er Alexander Baranow zum Frühstück im Hotel. Der hagere, kahlköpfige sowjetische Chirurg, dessen Pionierleistung darin bestand, die allererste Knochenmarkstransplantation in der UdSSR durchgeführt zu haben, hatte den gehetzten Blick eines Mannes, der viele seiner Patienten qualvoll hatte sterben sehen. Er war Kettenraucher und besaß die Angewohnheit, sich aus einem Stück Papier einen Aschenbecher zu basteln, den er nach jeder Zigarette zerknüllte und wegwarf.[67] Nach dem Frühstück fuhren die beiden Männer zum Krankenhaus Nummer Sechs, wo Baranow seinen amerikanischen Kollegen mit Angelina Guskowa bekannt machte. Sie begrüßte ihn herzlich, war aber ein wenig enttäuscht, dass der jungenhaft wirkende amerikanische Chirurg statt der teuren westlichen Gerätschaften, die man ihr angekündigt hatte, nur eine kleine Tasche bei sich trug.[68] Anschließend führte Baranow Gale zu den Patienten in der achten Etage.[69]

Hier oben befand sich die sterile Abteilung des Krankenhauses, in der sich die Empfänger der Knochenmarkspenden nach ihren Operationen erholten. Bis sich die transplantierten Zellen ausreichend etabliert hatten, um Blutbestandteile bilden zu können – ein Prozess, der zwei bis vier Wochen in Anspruch nehmen konnte –, war das Immunsystem der Patienten so gut wie unbrauchbar. Sie waren anfällig für Blutungen, kleinere Infektionen und sogar für pathogene Angriffe durch Bakterien aus ihrem eigenen Darm, die sich als tödlich erweisen konnten.[70]

In der sterilen Abteilung fand Gale vier Patienten vor, die in Isolierzelten, sogenannten »Lebensinseln« eingeschlossen waren. Es waren Plastikblasen als unverzichtbare Demarkationslinien im Kampf der Ärzte, die Männer lange genug am Leben zu erhalten, bis die gespendeten Knochenmarkzellen angewachsen waren. Die Patienten atmeten Luft, die gefiltert oder mit ultraviolettem Licht sterilisiert worden war. Um sie zusätzlich vor Keimen zu schützen, wurden sie ausschließlich von Pflegekräften versorgt, deren Hände und Kleidung keimfrei waren, oder über Handschuhe, die in die Zeltwand eingearbeitet waren. Weil das Krankenhaus über weit weniger Lebensinseln verfügte als nötig, wurde ihr Einsatz rationiert. Auf Gale, der noch nie zuvor eine Verbrennung durch Betastrahlen gesehen hatte, wirkten die vier Männer, die er an diesem Nachmittag untersuchte, zwar krank, aber nicht beunruhigend krank. Bald darauf nahm er an seiner ersten Transplantation teil und assistierte Baranow, als dieser bei einem Spender Knochenmark entnahm.[71]

Nachdem er die Knochenmarkzellen seiner Schwester erhalten hatte, wurde Wasili Ignatenko in die achte Etage verlegt und in einer Lebensinsel betreut. Die Belegschaft versuchte zwar, seine Frau von ihm fern zu halten, aber Ludmilla gelangte trotzdem hinein und griff in die Blase, um seine Lippen zu befeuchten. Statt der Krankenschwestern kamen jetzt junge Soldaten in sein Zimmer.[72] Sie trugen Handschuhe, wenn sie ihm Injektionen verabreichten und Blut und Plasma entsorgten. Niemand wollte mehr mit ihm im selben Raum sein – vielleicht aus Angst vor Kontamination, dachte Ludmilla. Einige Krankenhausmitarbeiter, vor allem die jüngeren, hatten mittlerweile eine irrationale Angst vor den Patienten und glaubten, dass die Strahlenkrankheit irgendwie ansteckend sei, ähnlich wie die Pest.[73]

Ignatenko erholte sich schnell von dem Transplantationsverfahren. Sein Allgemeinzustand aber verschlechterte sich zusehends und in erschreckender Weise. Sein Äußeres veränderte sich von Minute zu Minute. Seine

Haut wechselte die Farbe und sein Körper wurde aufgedunsen. Er hatte Schlafprobleme, also gab man ihm zu den vielen Dutzend Pillen, die er täglich einnehmen musste, auch noch Beruhigungstabletten.[74] Als ihm die Haare ausfielen, wurde er ärgerlich. »Was soll das Ganze?«, fragte er. »Sie sagten mir, ich würde nur zwei Wochen schlecht dran sein! Jetzt sieh dir an, wie lang das schon so geht!«[75]

Er bekam immer schlechter Luft. Risse überzogen seine Arme; die Beine schwollen an und wurden blau. Schließlich wirkten die Schmerzmittel nicht mehr. Am Sonntag, dem 4. Mai, konnte er nicht mehr stehen.

Die am schlimmsten betroffenen Patienten im Krankenhaus Nummer Sechs waren Angriffen von außen und von innen ausgesetzt. Während die Anzahl ihrer weißen Blutzellen rapide sank, befielen Keime die Haut der jungen Techniker und Feuerwehrmänner. Dicke schwarze Herpesblasen verkrusteten ihre Lippen und Mundschleimhaut. Eine Infektion mit Candida ließ ihr Zahnfleisch rot und empfindlich werden, und die Haut schälte sich ab, so dass sie die Farbe rohen Fleisches annahmen. Überall dort, wo Betateilchen sie verbrannt hatten, auf den Armen, den Beinen und am Rumpf, bildeten sich schmerzhafte Geschwüre.[76] Anders als thermale Verbrennungen, die allein durch Hitze verursacht werden und mit der Zeit allmählich heilen, verschlimmern sich Verbrennungen durch ionisierende Strahlung nach und nach. Ausgehend von den Stellen, die mit radioaktivem Material in Kontakt gekommen waren, verbreiteten sich die durch Betastrahlen hervorgerufenen äußeren Verbrennungen wellenförmig und fraßen sich in das darunter liegende Gewebe. Die Männer verloren Körperhaare und Augenbrauen, ihre Haut verfärbte sich, wurde zuerst rot, dann violett, ehe sie schließlich ein papierenes Braunschwarz annahm und sich im Anschluss abschälte.[77]

Innerlich zerfraß die Gammastrahlung die Darmschleimhaut und zersetzte das Lungengewebe. Anatoli Kurgus, der sich unmittelbar nach der Explosion, eingehüllt von Dampf und Staub, darum bemüht hatte, die Druckschleuse zur Reaktorhalle zu schließen, hatte so viel Cäsium im Körper, dass er mittlerweile selbst zu einer gefährlichen Strahlungsquelle geworden war. Er bekam hysterische Anfälle, und um ihn im Bett zu halten, musste sich Dr. Anschelika Barabanowa, auf Verbrennungen spezialisiert, regelrecht auf ihn legen und ihr gesamtes Körpergewicht zum Einsatz bringen. Rings um Kurgus' Zimmer wurden dermaßen hohe Strahlenwerte gemessen, dass die Leiterin der Station aus dem angrenzenden Büro ausziehen musste. Der Parkettfußboden im Flur vor dem Büro war zu schwer kontaminiert. Er musste später herausgenommen und ersetzt werden.

Innerhalb der ersten zwölf Tage nach dem Unfall führten Alexander Baranow und Robert Gale vierzehn Knochenmarkstransplantationen durch, und Armand Hammer und das Unternehmen Sandoz sorgten dafür, dass Medikamente und medizinische Geräte im Wert von mehreren hunderttausend Dollar aus dem Westen nach Moskau geflogen wurden. Gale erhielt die Genehmigung der Sowjetregierung, weitere Kollegen aus New York und Los Angeles kommen zu lassen.[78] Doch die Ärzte wussten, dass ihre Bemühungen wahrscheinlich größtenteils vergeblich waren – Hinterher verkündete Gale in einer Pressekonferenz in Moskau, dass drei Viertel ihrer Transplantatpatienten vermutlich sterben würden.[79]

Bei Schichtleiter Alexander Akimow, der stundenlang von allen Seiten durch energiereiche Gammastrahlen beschossen worden und durch kontaminiertes Wasser gewatet war, konnte die Knochenmarkspende seines Zwillingsbruders den Zusammenbruch seines Stoffwechsels nicht aufhalten. Allein sein kontaminierter Arbeitsanzug hatte ihn 10 Gray – 1000 rem – ausgesetzt und bewirkt, dass fast sein gesamter Körper mit Verbrennungen durch Betastrahlen überzogen war. Nur ein breiter Streifen um die Taille – wo ein schwerer Armeegürtel den Anzug zusammengehalten hatte – war unbeeinträchtigt geblieben. Doch Akimow hatte noch eine zusätzliche Dosis von 10 Gray eingeatmet und infolgedessen eine akute Lungenentzündung entwickelt. Seine Temperatur stieg an; sein Darm zersetzte sich und sickerte als blutiger Durchfall aus seinem Körper. Bei einem ihrer Besuche hatte seine Frau Luba kurz aus dem Fenster gesehen, und als sie sich wieder zu ihm umdrehte, riss sich ihr Mann büschelweise den Schnurrbart aus.[80]

»Keine Sorge«, sagte er. »Es tut nicht weh.«[81]

Akimow wusste, dass er das Krankenhaus vielleicht nicht lebend verlassen würde, doch als er noch kräftig genug war, um zu sprechen, verriet er einem Freund, er würde gern Jagdaufseher werden, wenn er am Leben bliebe.[82] Luba dagegen schlug vor, dass sie mit ihren zwei Söhnen an einem Fluss leben könnten, um sich dort um die Boote zu kümmern und den Schiffsverkehr zu regeln, wie der Vater des stellvertretenden Chefingenieurs Djatlow. Eines jedenfalls wusste Akimow genau: »Ich werde nie wieder im Bereich der Kernenergie arbeiten«, sagte er. »Ich tue alles … fange nochmal ganz von vorne an, aber ich gehe nie wieder in die Nähe eines Reaktors.«[83]

Als Sergei Jankowski, der Chefermittler der Kiewer Staatsanwaltschaft, zu Akimow ins Zimmer kam, um ihn über den Störfall zu befragen, war der Körper des Ingenieurs bereits heftig angeschwollen. Er konnte kaum noch sprechen. Die Ärzte hatten wenig Zeit für den Ermittler und wollten wissen, warum er einen Sterbenden quälte. Schließlich habe Akimow nur noch wenige Tage zu leben. Jankowskis Bemühungen, eine Befragung durchzuführen, erwiesen sich als fruchtlos.

Bevor er ging, beugte er sich über das Bett des angeschlagenen Ingenieurs. »Wenn Ihnen noch etwas einfällt«, sagte er, »dann schreiben Sie es auf.«[84]

Am 6. Mai feierte Akimow seinen dreiunddreißigsten Geburtstag. Bald danach fiel er ins Koma.[85]

Am Abend des 9. Mai – der Tag des Sieges, der den Triumph der Sowjettruppen über Nazi-Deutschland und das Ende des Zweiten Weltkrieges feierte – sahen die Patienten durch die Fenster im Krankenhaus erneut, wie ein Feuerwerk den Himmel erleuchtete. Doch diesmal empfanden sie wenig Fröhlichkeit.[86] Wasili Ignatenkos Haut hatte angefangen, sich zu schälen, und er blutete. Er hustete und schnappte nach Luft. Aus seinem Mund tropfte Blut.[87] Piotr Chmel, allein in seinem Zimmer, erhielt eine aufmunternde Nachricht von seinem Freund Prawik, die ihm einer der Ärzte überbrachte. »Gratuliere zu den Ferien! Bis bald!« Chmel hatte seinen alten Klassenkameraden nicht mehr gesehen, seit sie zwölf Tage zuvor gemeinsam im Krankenhaus angekommen waren, und wusste nicht, in welchem Zimmer er lag. Trotzdem erwiderte er Prawiks Gruß.[88]

Das Sterben begann tags darauf.[89] Der erste Tote war ein Feuerwehrmann aus der kraftwerkseigenen Brigade, Feldwebel Wladimir Tischura, der Minuten nach der Explosion gemeinsam mit Prawik auf das Dach gestiegen war. Am 11. Mai erlagen Prawik und Kibenok – Kommandant der Feuerwache Prypjat – ihren Verletzungen. Absurde Gerüchte erreichten später Prawiks Männer zu Hause in der Ukraine: Er sei so starker Strahlung ausgesetzt gewesen, dass seine Augenfarbe von braun zu blau gewechselt habe und die Ärzte Blasen auf seinem Herzen fanden.[90] Am selben Tag erlag als erster der Kraftwerksbelegschaft Alexander Akimow seinen Verletzungen: Er starb mit offenen Augen, die Haut schwarz verfärbt.[91]

Dr. Guskowa untersagte den Patienten von nun an jede weitere Kommunikation und verbannte sie in ihre Zimmer. Die Bäume vor den Fenstern standen in voller Blüte; das Wetter war herrlich. Jenseits des Zauns an der Marschall-Nowikow-Straße, ging Moskau wie üblich seinen Geschäften nach. Die überlebenden Männer und Frauen lagen allein in ihren Betten, Stunde um Stunde, an Infusionsschläuche oder Dialysegeräte angeschlossen. Oft leisteten ihnen nur die Krankenschwestern Gesellschaft. Neuigkeiten von weiteren Verlusten unter den Freunden und Kollegen erreichten sie flüsternd, über Verwandte, und über das beunruhigende Geräusch von Krankenbetten, die durch die langen Klinikgänge geschoben wurden.[92]

Während die ersten seiner Kameraden aus dem vierten Reaktorblock bereits zu Grabe getragen wurden, fing Alexander Juwtschenkos Tortur gerade erst an. Wie die Ärzte vorhergesagt hatten, offenbarten sich an seinem Körper die Verbrennungen durch Betastrahlung erst nach und nach. Zuerst erschienen kleine rote Punkte auf seinem Nacken. Dann tauchten weitere Läsionen auf dem linken Schulterblatt, der Hüfte und dem Unterschenkel auf, wo er sich gegen die massive Tür der Reaktorhalle gestemmt hatte und der Schleim aus Beta- und Gammastrahlern, der sie bedeckte, durch seine nasse Kleidung gedrungen war.[93]

Juwtschenko wurde auf die Intensivstation verlegt, einer von nur vier schwerstkranken Männern, die auf demselben Flur in getrennten Zimmern betreut wurden. Nebenan lag sein Vorgesetzter, Reaktorschichtführer Waleri Perewostschenko. Der frühere Marinesoldat hatte beim Betreten der Reaktorhalle in den brennenden Kern geblickt und dabei eine riesige

Dosis Gammastrahlen abbekommen, dann aber Juwtschenko am Hinunterschauen gehindert und ihm so das Schlimmste erspart. Trotzdem wurden die Verbrennungen auf Juwtschenkos Körper dunkel und breiteten sich aus, und seine Haut verfärbte sich schwarz und schälte sich. Darunter kam zartrosa Fleisch zum Vorschein. Und was auf seinem Schulterblatt als eine Art Sonnenbrand begonnen hatte, warf allmählich Blasen und starb ab; es wurde gelb und wächsern, während sich die Verstrahlung zum Knochen durchfraß. Der Schmerz war kaum noch zu ertragen, und die Schwestern verabreichten ihm Morphium. Die Ärzte diskutierten über die Notwendigkeit einer Amputation und ließen spezielle Geräte aus Leningrad kommen, um zu prüfen, ob sein Arm noch zu retten war.[94]

Am Dienstag, dem 13. Mai, nahm Ludmilla Ignatenko zusammen mit ihren Freundinnen Nadia Prawik und Tanja Kibenok, deren Männer zwei Tage zuvor verstorben waren, den Bus zum Friedhof Mitino am nordwestlichen Stadtrand von Moskau. Ludmilla sah zu, wie die Särge in die Gräber hinabgelassen wurden. Sie hatte das Krankenhaus um neun Uhr morgens verlassen, um sich auf das Begräbnis vorzubereiten. Ihrem Mann Wasili ließ sie sagen, dass sie sich lediglich ausruhen müsse. Als sie am Nachmittag zurückkam, war auch Wasili gestorben. Sein Körper war dermaßen aufgedunsen, dass ihn die Bestatter, die ihn für das Begräbnis vorbereiten wollten, nur mit Mühe in seine Uniform zwängen konnten. Als er schließlich in Mitino neben seinen Kameraden zu liegen kam, war der Leichnam des jungen Feuerwehrmannes in zwei dicke Plastiksäcke, einen Sarg aus Holz und einen aus Zink gebettet, ineinander geschachtelt wie eine verstrahlte *Matrjoschka*-Puppe.[95]

Am selben Tag erlag auch Waleri Perewostschenko seinen Verletzungen. Natalia Juwtschenko versuchte, ihrem Mann die Nachricht zu verheimlichen, doch von seinem Bett aus hörte Alexander, wie das Piepen der Maschinen im Zimmer nebenan verstummte. Am 14. Mai starben drei weitere Mitarbeiter aus dem vierten Reaktorblock, darunter Leonid Toptunow, dessen Eltern bis zum Schluss an seinem Bett ausharrten. Der junge Mann, dessen Haut zu neunzig Prozent durch Betastrahlung verbrannt und dessen Lunge von Gammastrahlen zerstört war, erwachte spät nachts und schnappte nach Luft. Er erstickte, bevor sein Knochenmarktransplantat seine Wirkung entfalten konnte. Am Ende schätzten die Ärzte, dass er 1300 rem Strahlung absorbiert hatte, ein Dreifaches der tödlichen Dosis.[96] Wiktor Proskurjakow, einer der beiden Praktikanten, die sich mit Perewostschenko auf das Gerüst gewagt und in den brennenden Reaktor geblickt hatten, war von entsetzlichen Verbrennungen übersät, besonders an den Händen, da er Juwtschenkos Taschenlampe gehalten hatte. Er blieb noch drei Tage am Leben, starb dann aber am 17. Mai.[97]

Am Ende der dritten Maiwoche waren bereits zwanzig Todesopfer zu beklagen, und Alexander Juwtschenko bekam es mit der Angst. Die Anzahl seiner weißen Blutzellen sackte auf null, und das noch verbliebene Haar fiel ihm aus. *Wann bin ich an der Reihe?*, fragte er sich.[98] Allein in ihren Zimmern, fürchteten die schwerstkranken Überlebenden die Dunkelheit, und so blieb in einigen Krankenzimmern fast die ganze Nacht über das Licht an.

Als guter Kommunist war Juwtschenko nicht religiös und kannte keine Gebete. Trotzdem lag er Abend für Abend wach und flehte zu Gott, ihn noch eine Nacht am Leben zu lassen.[99]

Kapitel 14

Die Liquidatoren

Am Mittwoch, dem 14. Mai 1986, über zweieinhalb Wochen nach der Explosion im vierten Reaktorblock, trat Michail Gorbatschow endlich im Fernsehen auf, um zum ersten Mal öffentlich den Störfall anzusprechen.[1] Eine schriftliche Stellungnahme verlesend, vor zweihundert Millionen Zuschauern in dreizehn Zeitzonen ausgestrahlt und gleichzeitig live auf CNN übertragen, wirkte der telegenste aller Regierungschefs in der Geschichte der Sowjetunion jetzt fahl, verloren und gehetzt.[2] Der Störfall in Tschernobyl »hat das sowjetische Volk tief getroffen und die internationale Gemeinschaft aufgeschreckt«, sagte er in einer Rede, die stellenweise defensiv klang, oftmals zornig, und sich am Ende über sechsundzwanzig Minuten dehnte.[3]

Gorbatschow wetterte gegen den »Berg von Lügen«, den die Vereinigten Staaten und ihre NATO-Verbündeten über den Störfall verbreiteten, eine »niederträchtige« Kampagne, wie er sagte, die doch nur von dem Versagen ablenken sollte, auf sein jüngstes Angebot zur atomaren Abrüstung einzugehen. Er dankte Robert Gale und Hans Blix und drückte den Angehörigen der Toten und Verwundeten sein Mitgefühl aus. »Die Regierung der Sowjetunion wird sich um die Familien der Getöteten und Verletzten kümmern«, sagte er und versicherte den Zusehern, dass zwar das Schlimmste hinter ihnen liege, die Aufgabe jedoch bei weitem nicht bewältigt sei: »Es ist das erste Mal, dass wir mit einer so entsetzlichen Kraft konfrontiert sind wie der außer Kontrolle geratenen Kernenergie ... Wir arbeiten täglich rund um die Uhr. Die ökonomischen, technischen und wissenschaftlichen Ressourcen der gesamten Nation wurden mobilisiert.«[4]

Achtundvierzig Stunden zuvor war der sowjetische Verteidigungsminister – Held der Sowjetunion Marschall Sergei Sokolow – in Tschernobyl eingetroffen, in Begleitung eines Teams aus ranghohen Stabsoffizieren und Funktionären des Gesundheitswesens aus seinem Ministerium.[5] Ein militärisches Einsatzkommando, allen voran die Strahlungsspezialisten der Chemischen Truppen und des Zivilschutzes, war seit Anfang des Monats in die Dreißig-Kilometer-Zone vorgestoßen.[6] Junge Männer in Kiew, Minsk und Tallinn waren von ihren Arbeitsplätzen abkommandiert, beziehungsweise mitten in der Nacht durch ein Klopfen an die Tür aus dem Schlaf gerissen worden, hatten Uniformen erhalten und den Treueeid geleistet. Von jetzt an seien sie im Krieg, hieß es. Sie erfuhren ihren Zielort erst, als sie in der Zone eintrafen. Jetzt durfte Marschall Sokolow, der 1979 die sowjetische Armee über die Grenze nach Afghanistan geschickt hatte, seine Männer einmal mehr in eine heldenhafte Schlacht zum Schutz des Mutterlandes führen, eine Schlacht, die offiziell als die »Liquidation der Folgen des Unfalls in Tschernobyl« bekannt werden sollte.[7]

Aus allen Sowjetrepubliken strömten Männer, Frauen und Gerätschaften nach Tschernobyl, als sich die ganze Macht des Einheitsstaates – mit der größten Armee auf Erden – schwerfällig in Bewegung setzte. An Bord von riesigen Armee-Transportflugzeugen des Typs Iljuschin-Il-76 wurden Soldaten und schwere Maschinen eingeflogen. Aus allen Landesteilen zwischen Riga und Wladiwostok kamen Wissenschaftler, Ingenieure und einfache Arbeiter nach Tschernobyl. Bürokratische Einschränkungen, Planziele und wirtschaftliche Prioritäten wurden beiseite gelassen. Ein Anruf genügte, um notwendige Ressourcen aus allen Winkeln der Sowjetunion auf schnellstem Wege zum Kraftwerk bringen zu lassen; Tunnelbauexperten und Rollen von Bleiblech aus Kasachstan, Punktschweißgeräte aus Leningrad, Graphitblöcke aus Tscheljabinsk, Fischernetze aus Murmansk, 325 Tauchpumpen sowie 30 000 Baumwoll-Arbeitsanzüge aus Moldawien.[8]

Der Geist der patriotischen Mobilisierung der Massen wurde von der ersten ausführlichen Berichterstattung über den Unfall, der in der sowjetischen Presse erschien, ausdrücklich gelobt, denn die Propaganda-Experten im Kreml wussten die Katastrophe bestens für ihre eigenen Zwecke zu nutzen. Die Zeitungen *Iswestjia* und *Prawda* veröffentlichten ehrfürchtig detaillierte Berichte von der mutigen Opferbereitschaft der

Feuerwehrleute, die zu Beginn den Brand bekämpften, sowie Porträts von Bergarbeitern und Tunnelbauern, die unter der Ruine einen Tunnel aushoben. Obwohl diese Geschichten scheinbar die Handschrift von Glasnost trugen – als ehrliche Berichterstattung über die gefährliche Strahlung und die Besuche bei den Verwundeten im Krankenhaus Nummer Sechs daherkamen –, war ihre Aufrichtigkeit doch sehr überschaubar. Von Verwirrung, Unfähigkeit oder fehlenden Sicherheitsvorkehrungen war darin keine Rede. Jeder Feuerwehrmann setzte sich angeblich aus freien Stücken der Gefahr aus, im vollen Bewusstsein der Risiken, die er einging, bereit, seinen Platz im Pantheon sowjetischer Helden einzunehmen. Die Ursachen des Unfalls wurden nicht erforscht. An anderer Stelle wurde deutlich gemacht, dass die Notsituation bald überstanden wäre.[9] Laut Aussage der Wochenzeitung *Literaturna Ukraina* war das Atom »vorübergehend außer Kontrolle geraten«. Sowjetische Wissenschaftler hätten »alles wieder im Griff, was in und um den Reaktor geschah«.[10] Die Bewohner des evakuierten Landstrichs, so die Zeitung, würden wieder in ihre Wohnungen zurückkehren können, sobald die Dekontaminationsarbeiten abgeschlossen wären.[11]

Die ersten Aufräumarbeiten begannen im Kraftwerk selbst, während die Bemühungen, die Strahlung aus der glühenden Hülle des havarierten Reaktors einzudämmen, noch im Gange waren. Das kontaminierte Gelände wurde in drei konzentrische Kreise unterteilt: ganz außen die Dreißig-Kilometer-Zone, dann die Zehn-Kilometer-Zone und ganz innen der giftigste Bereich von allen, die Sonderzone unmittelbar um das Kraftwerk herum. Die Arbeit fiel an Militäringenieure, an Soldaten der Zivilverteidigung und der Chemischen Truppen unter dem Kommando des sowjetischen Generalstabs, viele davon junge Rekruten. Es herrschte Chaos.[12]

Weder auf ziviler noch auf militärischer Seite waren jemals Pläne entworfen worden, wie die Aufräumarbeiten nach einer Katastrophe dieser Größenordnung konkret auszusehen hätten. Mitte Mai waren noch immer nicht genügend Kraftwerkspezialisten verfügbar, um die improvisierte Operation zu betreuen, und es herrschte Uneinigkeit darüber, wie hoch die maximale Strahlendosis für die Einsatzkräfte anzusetzen war. Marineärzte, die sich ihre Expertise auf die harte Tour verdient hatten, beharrten auf dem Standard von 25 rem aus dem Verteidigungsministerium. Doch sowohl der sowjetische Gesundheitsminister als auch der Leiter der Chemischen Truppen, General Wladimir Pikalow, forderten das Doppelte, 50 rem, die für den Kriegsfall vorgeschriebene Dosis. Drei Wochen vergingen, ehe man sich endlich auf den niedrigeren Grenzwert einigen konnte. Zu diesem Zeitpunkt hatten viele der Männer bereits eine gefährliche Überdosis Strahlung abbekommen. Doch auch die Grenze von 25 rem erwies sich als schwer zu überwachen und wurde von Truppenkommandanten oft absichtlich missachtet.[13]

Die zivilen Atomkraftexperten, die aus anderen Kernkraftwerken der UdSSR nach Tschernobyl kamen, um bei den Aufräumarbeiten zu helfen, waren entsetzt über die mangelnde Vorbereitung um sie herum. Es fanden sich zu wenige ausgebildete Dosimetristen, um ihre Strahlungsdosis effektiv zu überwachen.[14] Noch immer hatte keine umfassende Untersuchung des Gebiets stattgefunden, und das Volumen an Radionukliden, die aus dem Reaktor quollen, schwankte unentwegt, so dass es fast unmöglich war, verlässliche Strahlungswerte zu erhalten.[15] Dosimeter waren chronisch knapp. Ein Zug von dreißig Soldaten musste sich nicht selten ein einziges Messgerät teilen. Die Dosis, aufgezeichnet von demjenigen, der es am Leib trug, wurde ganz einfach auf alle anderen übertragen, egal, wo sie sich aufgehalten und welche Arbeit sie verrichtet hatten.[16]

Die Aufgabe, die größten und radioaktivsten Trümmer aus dem Umkreis des Reaktors wegzuschaffen, erledigten Soldaten mit gewaltigen IMR-2-Pionierpanzern. Dazu bestimmt, Truppen den Weg durch Minenfelder oder durch das Chaos nach einem Atomschlag zu bahnen, waren diese Kampfpanzer statt mit Geschütztürmen mit Räumschilden und Auslegekränen ausgestattet und verfügten über hydraulische Greifer, groß genug, um umgestürzte Telefonmasten oder Baumstämme aus dem Weg zu räumen. Um die Strahlungsexposition so gering wie möglich zu halten, waren die Fahrerkabinen mit Blei verkleidet worden, und jeder Soldat durfte nur wenige Minuten am Stück arbeiten, bevor ein anderer ihn ablöste. Doch eines der ersten Fahrzeuge, die in das Trümmerlabyrinth von Block Vier fuhren, geriet schon bald in Schwierigkeiten. Der Fahrer, dessen Sicht nach außen durch die schmalen Sehschlitze des Panzers beschränkt war, fand sich bei seinem Vorstoß unversehens von allen Seiten von Schutt eingekeilt. Sein Kommandant konnte ihn über Funk nicht erreichen, und sein Zeitfenster im hoch verstrahlten Bereich schloss sich allmählich. Schließlich fuhr der Oberst zu ihm hinüber, lehnte sich aus der offenen Luke seines eigenen Panzerfahrzeugs, um dem Unglücksfahrer Anweisungen zuzurufen, und half ihm so aus seiner misslichen Lage. Der Soldat wurde gerettet, aber für den Oberst waren die wenigen ungeschützten Momente zuviel: Tags darauf wurde er, strahlenkrank, in ein Militärkrankenhaus gebracht.[17]

Am 4. Mai wurden die ersten beiden ferngesteuerten Räumfahrzeuge – das eine in Tscheljabinsk hergestellt, das andere aus Finnland importiert – zum Kraftwerk geflogen. Sie sollten rings um Block Vier den radioaktiven Schutt beiseite schaffen und das verstrahlte Erdreich abtragen. Dieses Gelände blieb der tödlichste Bereich der Sonderzone. Hier erreichte die Gammastrahlung aus dem Haufen pulverisierter Trümmerteile, die von der nördlichen Wand des Reaktorgebäudes gestürzt waren, mehrere Tausend Röntgen pro Stunde. Ungeschützt konnte man dort nur wenige Sekunden arbeiten. Nachdem sie ihre empfindlichen ferngesteuerten Geräte mit Bleiblechen abgeschirmt hatten, begannen Techniker ihre ersten Experimente mit den Bulldozern. Aus der relativen Sicherheit eines speziell geschützten ABC-Aufklärungsfahrzeugs in einigen hundert Metern Entfernung veranlassten sie die Kolosse, herumliegende Fragmente nuklearen Brennstoffs zum Block Vier zurückzuschaffen. Das Fahrzeug aus Skandinavien versagte jedoch schon bald den Dienst, weil es den steilen Abhang aus radioaktivem Schutt nicht erklimmen konnte. Sein neunzehn Tonnen schweres sowjetisches Pendant überlebte nur wenig länger, bevor es im Schatten des Reaktors den Geist aufgab und sich nicht mehr wiederbeleben ließ.[18] Bis September landeten mehrere der grellgelben Maschinen verwaist auf einem nahegelegenen Feld.[19]

Während das Energieministerium dringend zusätzliche ferngesteuerte Fahrzeuge im Ausland aufzutun versuchte und die Politbüro-Operativgruppe des Ministerratsvorsitzenden Ryschkow an einem Plan arbeitete, eine Decke aus Latexlösung über dem Reaktor auszubreiten, fanden die Mitglieder der Regierungskommission ein bewährtes sowjetisches Heilmittel gegen den Berg von radioaktivem Schutt an der nördlichen Reaktorwand – Sie ließen ihn mit Beton zuschütten.[20] Bauarbeiter-Teams des Energieministeriums trieben den grauen Brei durch eine achthundert Meter lange Rohrleitung; dieser wurde kochend heiß, als er Brennelemente einschloss, die bei der Explosion aus dem Reaktor geschleudert worden waren, und bald schossen Geysire aus heißem, radioaktivem Zement in die Luft.[21] Unterdessen begannen die Zivilschutz-Reservisten des Spezialbataillons 731 ihre Arbeit und trugen die Bodenkrume um den Reaktor von Hand ab. Während andere Soldaten in Panzerfahrzeugen durch die hoch verstrahlte Zone fuhren, arbeiteten diese Männer im Freien und trugen dabei ihre normalen Armeeuniformen. Ihr einziger Schutz waren Atemmasken aus Baumwolle. Sie schaufelten die Erde mit gewöhnlichen Spaten beiseite und schütteten sie in Metallcontainer, um sie in den halbfertigen Abfalllagerstätten der Blöcke Fünf und Sechs zu deponieren.[22] Ihre Schichten dauerten nicht länger als fünfzehn Minuten, aber es war heiß und die Strahlung erbarmungslos. Ihre Kehlen juckten, sie fühlten sich schwindelig und es gab nie genügend Wasser zu trinken. Einige Männer hatten Nasenbluten, andere mussten erbrechen.[23] Eine Einheit der Chemischen Truppen, angetreten, um Graphitbrocken wegzuschaffen, die unweit des dritten Reaktorblocks auf dem Boden lagen, kam im Lastwagen angefahren und ging daran, die Teile mit bloßen Händen aufzusammeln.[24]

Solche Aufgaben setzten die Liquidatoren ihrer jährlich erlaubten Höchstdosis an Strahlung aus – oft binnen Sekunden. In den extrem verstrahlten Bereichen der Sonderzone konnte eine Aufgabe, die überall sonst von nur einem Arbeiter innerhalb einer Stunde erledigt werden konnte, dreißig Männer erfordern, die jeweils nur zwei Minuten arbeiteten. Und den neuen Vorschriften zufolge sollten sie, sobald sie ihr 25-rem-Limit erreicht hatten, die Zone verlassen und auch nicht mehr dorthin zurückkehren. Für jeden Handgriff musste nicht nur die Zeit bemessen werden, sondern auch die Anzahl von Personen, die gefährdet werden mussten, um ihn auszuführen. Am Ende entschieden einige Kommandanten, dass es besser sei, die Männer einzusetzen, die bereits vor Ort waren – und ihr Höchstmaß an Strahlung schon erreicht hatten –, als immer wieder frische Soldaten in der Gefahrenzone zu »verheizen«.[25]

Unterdessen hatte unterirdisch der Kampf gegen das Chinasyndrom Fahrt aufgenommen. Dem Atomphysiker Weniamin Prianitschnikow wurde Anfang Mai – nachdem er seine Familie mit dem Zug in Sicherheit gebracht hatte – endlich die Erlaubnis erteilt, zum Kraftwerk zurückzukehren. Dort musste er feststellen, dass in seinem Büro alles unter einer zwei Zentimeter dicken Schicht Asche begraben war. Am 16. Mai erhielt er den Befehl, direkt unter dem Reaktor Temperatur- und Strahlungsmessungen durchzuführen, weil man eruieren wollte, ob sich der schmelzende Kern schon bald durch sein Betonfundament brennen würde.[26] Trotz der angenommenen verringerten Hitze durch den zerfallenden Brennstoff schätzten die Wissenschaftler die Temperatur immer noch auf 600 Grad Celsius. Nun war es an Prianitschnikow, mit seinem Team exakte Daten darüber zu sammeln, was im Untergrund vor sich ging; ob das geschmolzene Corium sich noch bewegte und ob das Wasser der Flüsse Prypjat und Dnepr noch immer von einer katastrophalen radioaktiven Verseuchung bedroht war.[27]

Mit Hilfe eines Plasmabrenners, angetrieben durch einen riesigen elektrischen Transformator, der aus Moskau eingeflogen worden war, brauchte ein Team von Soldaten achtzehn Stunden, um sich durch die dicke Betonwand in den Raum direkt unter dem Reaktor vorzuarbeiten. Innerhalb der dunklen Kammer, unter den Hunderten Tonnen geschmolzenem Nuklearbrennstoff, schätzte Prianitschnikow den Strahlungspegel auf mehrere Tausend Röntgen pro Stunde. Er würde daher immer nur fünf bis sechs Sekunden am Stück arbeiten können, weil bereits eine Minute Selbstmord gewesen wäre. Er trug leichte Kleidung – einen Arbeitsanzug aus Baumwolle, dazu die Atemschutzmaske aus Stoff –, weil er davon ausging, dass ohnehin nur Geschwindigkeit ihn vor den Gammastrahlen aus dem Reaktor schützen konnte. Als er sich jedoch mit seinen Strahlungs- und Temperatursonden durch das Loch gezwängt hatte, versagte sein Dosimeter, und die Arbeit nahm weitaus mehr Zeit in Anspruch, als er erwartet hatte. Nachdem er endlich die Instrumente installiert hatte, rieselte ihm von oben Staub auf den Kopf. Entsetzt hastete Prianitschnikow aus der geschwärzten Kammer, riss sich im Gehen die Kleider vom Leib und rannte nackt, unter den Blicken erstaunter Soldaten, die einen Kilometer lange Strecke bis zum Verwaltungsgebäude. Erst als er dort angekommen war, stellte sich heraus, dass der Staub auf seinem Kopf nicht etwa Kernbrennstoff war, sondern Sand. Die Dosis, die er in den wenigen Minuten unter dem Reaktor abbekommen hatte, belief sich letztendlich auf nicht einmal 20 rem.[28]

Mittlerweile waren an die vierhundert Grubenarbeiter aus den Donbasser und Moskauer Kohlebecken damit beschäftigt, das gewaltige Projekt mit den Wärmetauschern umzusetzen, das die Wissenschaftler für das Erdreich unter Reaktor Vier geplant hatten.[29] Wieder einmal schien es nahezu unmöglich, die von der Regierungskommission gesetzte Frist einzuhalten. In gut einem Monat sollte das gesamte Unternehmen geplant, gebaut, getestet und einsatzbereit sein.[30] Ausgehend von einer Grube, die sie gut 130 Meter vom Ziel entfernt in der Nähe des dritten Reaktorblocks aushoben, begannen die Grubenarbeiter mit dem Tunnelbau und arbeiteten in Drei-Stunden-Schichten rund um die Uhr. Der Schacht war nur 1,8 Meter im Durchmesser und erstickend heiß, aber die Erde über ihren Köpfen schirmte die Männer vor der schlimmsten Strahlung an der Oberfläche ab. Sie durften nicht rauchen unter Tage, hielten sich aber gelegentlich, um sich eine Zigarette zu genehmigen oder Wasser zu trinken, am Tunneleingang auf, wo sie unmerklich mit Gammastrahlen aus dem Staub und Schutt der Umgebung bombardiert wurden.[31] Die Arbeiter gruben mit Schaufeln und Pressluftbohrern, schafften den Aushub auf einer Lorenbahn nach draußen und gelangten so bald unter das Fundament des Reaktorgebäudes. Dort gingen sie daran, die dreißig Quadratmeter große Kammer freizulegen, die den Wärmetauscher beherbergen sollte. Wenn sie nach oben fassten, konnten sie das Fundament des Reaktorgebäudes berühren. Der Beton fühlte sich warm an. Die Konstrukteure des Sredmasch warnten sie wiederholt, dass die geringste Abweichung von ihren Vorgaben für die Kammer dazu führen könnte, dass ihnen der gesamte Reaktorbehälter samt Inhalt auf den Kopf krachte, und sie alle augenblicklich in einem Massengrab verschüttet wurden.[32]

Als der Raum fertiggestellt war, gingen Sredmasch-Ingenieure daran, den Wärmetauscher zu installieren, dessen Segmente, in ihrer Größe dem Durchmesser des Tunnelschachts angepasst, in Moskau hergestellt worden waren. Nun wurden die Bedingungen unter Tage noch infernalischer. Das Aneinanderschweißen der einzelnen Teile füllte den schmalen, schlecht belüfteten Raum mit toxischem Gas, und die Männer mussten würgen und wurden ohnmächtig.[33] Die vierzig Kilo schweren Graphitblöcke, die eingebaut werden mussten, wurden über die gesamte Tunnellänge von einem jungen Rekruten zum nächsten weitergereicht. Die Temperatur im Tunnel erreichte sechzig Grad Celsius, und die jungen Männer arbeiteten mit nackten Oberkörpern, bis man sie am Ende jeder Schicht völlig erschöpft aus dem Tunnel ziehen musste.[34]

Die Endmontage begann im Juni, unter dem Kommando von Schichtleiter Wjatscheslaw Garanichin, einem hoch gewachsenen Sredmasch-Schweißer mit wirrem Haar und Zottelbart, der bei einer Gelegenheit durch den Tunnel polterte und die Bauarbeiter mit einer Axt bedrohte.[35] Doch lange vor der Fertigstellung des Projekts am 24. Juni hatten Prianitschnikows Sensoren eine noch niedrigere Temperatur gemessen, und so legte sich die Angst vor dem Chinasyndrom allmählich. Der Wärmetauscher mit seinem komplizierten Geflecht aus Edelstahlrohren, den zehn Kilometern Steuerkabeln, den zweihundert Thermoelementen und Temperatursensoren, in Beton geschichtet und unter Graphitblöcken eingekeilt – das Resultat der mehrwöchigen fieberhaften Anstrengungen von Hunderten Grubenarbeitern, Soldaten, Bauarbeitern, Elektrikern und Ingenieuren –, wurde gar nicht erst in Betrieb genommen.[36]

Ende Mai war Armeegeneral Walentin Warennikow aus Kabul abberufen worden, wo er das Oberkommando für alle bewaffneten Einsätze in Afghanistan innehatte, um die Kontrolle über die Aufräumarbeiten in Tschernobyl zu übernehmen.[37] Als der General dort eintraf, fand er über zehntausend Angehörige allein der Chemischen Truppen vor, die innerhalb der Sperrzone schufteten. Außerdem waren Hunderte Bauarbeiter des Energieministeriums, die in der Nähe wohnten, abrupt hierher abkommandiert worden. Doch zur Bewältigung der Aufräumarbeiten, so viel stand fest, waren noch weitaus mehr Helfer vonnöten.[38] Das Politbüro sah nun ein, dass die Gesundheit einer gesamten Generation sowjetischer Jugend auf dem Spiel stand, wenn weiterhin junge Wehrpflichtige – bereits von Alkohol- und Drogenmissbrauch geplagt – in die verstrahlte Zone geschickt würden. Das Land wäre nicht mehr imstande, sich nötigenfalls gegen einen Angriff aus dem Westen zu verteidigen.[39] Am 29. Mai erließen das Politbüro und der Ministerrat der UdSSR daher eine Verfügung, die in Friedenszeiten beispiellos war: Hunderttausende Reservisten – Männer zwischen vierundzwanzig und fünfzig – sollten bis zu sechs Monate eingezogen werden.[40] Sie würden für besondere militärische Übungen gebraucht, hieß es – viele erkannten die Wahrheit erst, als sie schon die Uniformen anhatten.[41] Anfang Juli lagerten bereits über vierzigtausend Soldaten um das Gebiet der Sperrzone herum, schliefen in Zelten und wurden jeden Morgen in Lastwagen-Konvois in die Sperrzone transportiert.[42] Die Fahrt war lang und heiß, auf neu angelegten Asphaltstraßen, die in der Sonne gleißten und von Tankfahrzeugen mit Wasser bespritzt wurden, um den Staub in Schach zu halten. Bäume und Felder, die vorbeiwischten, sahen üppig und grün aus, waren aber mit Sperrholzplatten eingezäunt, auf denen die Warnung stand »Nicht anhalten – kontaminiert.«[43]

Der Staub, der im Windschatten endloser Kolonnen dahinbrausender Lastwagen und Betonmischer von den Straßenrändern geweht oder im Abwind der schweren Transporthubschrauber aufgewirbelt wurde, trug die radioaktive Strahlung in die gesamte Zone. Von der Brise in den Himmel gehoben, reisten mikroskopisch kleine radioaktive Teilchen, nur wenige Mikrometer groß, mit heimtückischer Leichtigkeit, ließen sich in der Nähe nieder oder wurden als schwerer Fallout in hundert Kilometern Entfernung vom Regen zu Boden gebracht. Physiker von der ukrainischen Akademie der Wissenschaften wagten sich in die Zone, um Luftproben zu nehmen. Sie benutzten Gazesiebe und gewöhnliche Staubsauger und fanden heraus, dass sich im Windschatten eines einzigen Hubschrauberflugs die Strahlungswerte um das Tausendfache erhöhten. Der Staub legte sich in den Büros auf Gerätschaften, Möbel und Dokumente und fand seinen Weg in die Haare, Lungen und Mägen derjenigen, die darin arbeiteten. Im Inneren des Körpers richteten »heiße« Partikel – die fast unsichtbaren Fragmente nuklearen Brennstoffs, die aus dem Reaktorkern geblasen wurden – einen exponentiell größeren Schaden an als von außen; 1 Mikrogramm Plutonium konnte das Weichteilgewebe von Speiseröhre oder Lunge mit 1000 Rad energetischer Alphastrahlung beschießen – mit tödlichen Folgen. Die Liquidatoren trugen Barette und Mützen, und überall hingen ihre elektrostatischen Feinstaubmasken herum; sie versuchten nur aus frisch geöffneten Mineralwasserflaschen zu trinken.[44] Wer sich der Gefahr bewusst war, entwickelte bald die reflexartige Gewohnheit, winzige Staubkörnchen von Kleidung und Tisch zu zupfen und sie in einem fortwährenden Prozess der persönlichen Dekontamination fortzuschnippen.[45] Andere jedoch ahnten nichts von der unsichtbaren Gefahr, die sie umgab. Soldaten lungerten unweit des Reaktors in der Sonne herum und rauchten in der sommerlichen Hitze mit freiem Oberkörper ihre Zigaretten. Eine Gruppe KGB-Beamte kam inkognito in die Zone; Die Männer trugen die Montur der Panzerbesatzungen und waren mit teuren in Japan gefertigten Dosimetern ausgerüstet – näherten sich jedoch dem havarierten Reaktorblock, ohne zu wissen, dass man die Geräte auch einschalten musste.[46] Nur das Schicksal der Krähen, die allzu lange im Schutt herumgestöbert hatten – und deren verstrahlte Kadaver jetzt überall auf dem Kraftwerksgelände herumlagen –, war eine sichtbare Warnung vor dem Preis der Unwissenheit.[47]

Tägliche Strahlungsmessungen entlang der Zonengrenzen und darüber hinaus – per Hubschrauber, Flugzeug, Panzerfahrzeug oder zu Fuß mit Schutzanzügen und Atemmasken – ergaben, dass weite Landstriche der Ukraine, Weißrusslands und Russlands kontaminiert waren. Die Rauchwolke aus Block Vier hatte ihren Schatten nicht nur über die Städte Prypjat und Tschernobyl geworfen, sondern auch über Kolchosen und Industriebetriebe, Kleinstädte, entlegene Dörfer, Wälder und große Streifen Agrarlandes. Deutliche Spuren von Radioaktivität ließen sich nördlich und westlich der Dreißig-Kilometer-Zone nachweisen, aber selbst in dreihundert Kilometern Entfernung hatte der radioaktive Fallout, bestehend aus einundzwanzig unterschiedlichen Radionukliden aus Reaktor Vier – darunter Strontium-89, Strontium-90, Neptunium-239, Cäsium-137 und Plutonium-239 –, einen Flickenteppich intensiver Kontamination hinterlassen.[48] Die Gefahr, die von der Strahlung für die Bevölkerung ausging, kam von zwei Seiten: von außen, durch den feinen verstrahlten Staub und Schutt auf dem Boden um sie herum; und von innen durch Radioisotope, die über das Erdreich, die Feldfrüchte und Nutztiere die Nahrungskette vergifteten. Bis Ende Mai waren bereits fünftausend Quadratkilometer Land – ein

Gebiet größer als Delaware – in gefährlichem Maße kontaminiert.[49] Wind und Wetter verschlimmerten die Lage, und radioaktiver Staub wurde fortwährend in Bereiche zurückgeweht, die von den Soldaten bereits gesäubert worden waren.[50] Ihre Dekontaminationsarbeit wurde damit gleichsam zur Sisyphusaufgabe.[51]

Die Dekontamination des riesigen Geländes jenseits der Kraftwerksgrenzen wurde nicht nur durch das Wetter und die gewaltigen Proportionen des Unterfangens verkompliziert, sondern durch die Unterschiede in der Topographie und die breite Palette an Materialien. Radioaktive Aerosole waren in Beton, Asphalt, Metall und Holz eingesickert. Die Wolke hatte auf ihrem Tage und Wochen dauernden Weg über die Landschaft Gebäude, Werkstätten, Gärten, Büsche, Bäume und Seen überquert. Dächer, Mauern, Agrarflächen, Maschinen und Wälder mussten abgewaschen, abgekratzt, sauber gezupft oder gefällt und vergraben werden. Das Wort »Liquidation«, Abwicklung, war nichts als ein kriegerischer Euphemismus.[52] In Wirklichkeit konnten Radionuklide weder zerlegt noch zerstört werden – nur verlagert, vergraben oder bestattet, idealerweise an einem Ort, wo der lange Prozess des radioaktiven Zerfalls eine weniger unmittelbare Bedrohung für die Umwelt darstellen würde.

Es war eine Aufgabe, die in der Menschheitsgeschichte ihresgleichen suchte und der die UdSSR – und auch sonst kein Land auf Erden – nicht im Mindesten gewachsen war.[53] Und doch war sie jetzt den routinemäßig absurden Erwartungen des sowjetischen Verwaltungsapparats unterworfen. Als General Pikalow, Kommandant der Chemischen Truppen, den Anführern der Politbüro-Operativgruppe den ersten Lagebericht über die Dreißig-Kilometer-Zone ablieferte, prognostizierte er, dass die Dekontaminationsarbeiten bis zu sieben Jahre in Anspruch nehmen konnten. Als er das hörte, platzte Hardliner Jegor Ligatschow fast vor Wut und sagte zu Pikalow, er gebe ihm sieben Monate.[54]

»Und falls Sie es bis dahin nicht schaffen, sind Sie Ihr Parteibuch los!«

»Hochgeschätzter Jegor Kusmitsch«, entgegnete der General, »wenn das so ist, brauchen Sie nicht sieben Monate auf mein Parteibuch zu warten. Sie können es sofort haben.«

Nach ihrer Rückkehr nach Moskau stand die Operativgruppe des Politbüros vor einem neuen Problem: Sie musste einen Weg finden, um die Ruine von Reaktor Vier von der Umgebung abzuschotten. Nun, da das Graphitfeuer endlich am Erlöschen und das Schreckgespenst namens Chinasyndrom in die Schranken verwiesen war, galt es, die Freisetzung weiterer radioaktiver Teilchen in die Atmosphäre unbedingt zu verhindern – und Tschernobyls übrige drei Reaktoren schnellstmöglich wieder ans Netz zu bringen. Der Strom, den sie erzeugten, war für die Wirtschaft der Sowjetunion vielleicht nicht essentiell, doch ihre Wieder-Inbetriebnahme würde einmal mehr die Macht des sozialistischen Staates demonstrieren und das Volk in seinem Engagement für die Atomenergie bestärken. Sie konnten jedoch erst wieder sicher an das Stromnetz angeschlossen werden, wenn der havarierte Block Vier versiegelt war.[55] Die Verantwortung dafür fiel zuerst an das Energieministerium, doch seine Bautrupps waren von der Größe der zu bewältigenden Aufgaben bald überfordert. Am 12. Mai warfen sie verzweifelt die Flinte ins Korn.[56]

Doch Generalsekretär Gorbatschow war fest entschlossen, das Fiasko so schnell wie möglich in den Griff zu bekommen. Die UdSSR habe als erste Nation der Welt ein Atomkraftwerk gebaut, sagte er im Politbüro. Jetzt seien sie die ersten, die einen Sarg für eines errichten müssten. Es war höchste Zeit, jene Experten hinzuzuziehen, die als die Väter des sowjetischen Atomausbaus galten: die Spezialisten aus dem Ministerium für Mittleren Maschinenbau.[57] An Bord seines Privatjets Tupolew Tu-104 traf Sredmasch-Chef Efim Slawski tags darauf mit einem zehnköpfigen Team in Kiew ein und kreiste dann per Helikopter über der Ruine des Kraftwerks.

»Was für eine Schweinerei«, sagte er, als er das Wrack aus der Luft begutachtete. Seine Belegschaft war entsetzt von dem Anblick. Die Katastrophe war weitaus schlimmer als die offiziellen Berichte hatten vermuten lassen. Noch immer wehte Rauch aus dem Reaktorkrater, der jetzt einem schlafenden Vulkan glich und jeden Moment donnernd wieder zum Leben erwachen konnte. Es war klar, dass wer immer die Aufgabe übernehmen würde, die Überreste von Block Vier zu ummanteln, in einer der lebensfeindlichsten Umgebungen arbeiten müsste, mit der sich die Menschheit je konfrontiert sah. Die Aufgabe verhieß Strahlungspegel in kaum vorstellbarer Höhe; eine Baustelle, die zu gefährlich war, um beaufsichtigt zu werden; und einen unmöglichen Stichtag – Der Reaktor müsste bis zum Jahresende sicher versiegelt sein, verlangte Gorbatschow von Slawski. Damit waren Todesopfer kaum zu vermeiden. Der achtzigjährige Atomminister wandte sich an seine Männer.[58]

»Leute, ihr werdet das Risiko eingehen müssen«, sagte er.[59]

Am darauffolgenden Nachmittag, in einem Interview, das im Zentralen Fernsehen ausgestrahlt wurde, skizzierte der Vorsitzende der Regierungskommission Iwan Silajew die Pläne für eine letzte Ruhestätte des Reaktors; ein Grab, in dem die Ruine des vierten Blocks für immer bestattet werden sollte. Es müsste »ein riesiger Behälter« sein, erklärte er, »der es uns ermöglicht, alles darin zu begraben, … was von diesem Unfall geblieben ist.« Es wäre ein monumentales Bauwerk, das mindestens hundert Jahre überdauern sollte, und vor laufenden Kameras gab Silajew ihm einen Namen, der nach Geschichte und Ritual klang: *Sarkofag*.[60]

Öffentlich versicherte die sowjetische Regierung ihrem Volk weiterhin, dass die Katastrophe unter Kontrolle sei und die bereits freigesetzte Strahlung keine dauerhafte Bedrohung darstelle.[61] Doch in ihren heimlichen Zusammenkünften innerhalb des Kremls erfuhr die Operativgruppe des Politbüros, dass die unmittelbaren Auswirkungen der Katastrophe auf die Bevölkerung der UdSSR bereits alarmierende Ausmaße angenommen hatten.[62] Am Samstag, dem 10. Mai, wurde Ryschkow mitgeteilt, dass insgesamt fast 9500 Menschen im Zusammenhang mit dem Unfall ins Krankenhaus eingeliefert worden waren, mindestens 4000 von ihnen allein in den vorangegangenen achtundvierzig Stunden. Über die Hälfte davon waren Kinder, bei 26 von ihnen war eine akute Strahlenkrankheit diagnostiziert worden. Die Kontaminationspegel in vier der westlichen Regionen Russlands hatten einen Anstieg erfahren, der einer Erklärung bedurfte, und das sowjetische Ministerium für Hydrometeorologie hatte beschlossen, über Kiew Wetterkontrollflüge durchzuführen. Flugzeuge sollten die Wolken vermehrt mit Silberiodid impfen, weil man auf diese Weise zu verhindern hoffte, dass radioaktiver Regen auf die Stadt niederging.

Der sowjetische Ministerratsvorsitzende erließ neue Instruktionen, um Moskau gegen die sich ausbreitende Gefahr abzuschirmen. Einheiten des Zivilschutzes organisierten Straßensperren auf allen Hauptverkehrswegen nach Moskau und führten bei jedem Fahrzeug Strahlungsmessungen durch. Der Verkehr staute sich stundenlang, während wütende Fahrer in der saisonunüblichen Hitze schwitzten. Reisende, die aus Weißrussland und der Ukraine in die Hauptstadt kamen, wurden in Krankenhäusern dekontaminiert. Jetzt wies Ryschkow auch die agrarindustriellen Unternehmen an, sämtliche Lieferungen von Fleisch, Milchprodukten, Obst und Gemüse aus den betroffenen Gebieten bis auf weiteres zu unterbinden.[63]

Unterdessen hatte die Regierung der Ukraine in Kiew ihren eigenen Krisenstab gebildet, um die Reinigung von Städten und Dörfern innerhalb der Dreißig-Kilometer-Zone zu beaufsichtigen, und Maßnahmen eingeführt, um die Menschen in angrenzenden Gebieten vor der Kontamination zu schützen. Am 12. Mai untersagte sie in fünf Bezirken, bis zu 120 Kilometer südlich des Kraftwerks das Fischen und Schwimmen sowie das Waschen von Kleidung, Tieren oder Fahrzeugen in den Flüssen und Teichen.[64]

Auf jeder Straße nach Kiew richtete die Verkehrspolizei Wasch- und Dekontaminationsstellen ein, um sicherzustellen, dass nicht ein einziger Wagen in die Stadt gelangen konnte, ohne zuvor auf Strahlung geprüft zu werden. Städtische Tanklastwagen patrouillierten auf den Straßen und bespritzten die Fahrbahnen und Gehsteige mit Tausenden Litern Wasser, während Soldaten den radioaktiven Staub von Mauern und Bäumen spülten. Doch die ukrainischen Regierungschefs, die keine Panik schüren wollten und Angst hatten, ihre Bosse in Moskau zu verärgern, hatten noch immer keine Entscheidung getroffen, ob sie die Kinder aus der Stadt bringen sollten.[65]

Die führenden Experten des Kremls für Strahlenmedizin und Meteorologie – Leonid Iljin und Juri Israel – weigerten sich, eine finale Einschätzung hinsichtlich der Langzeitfolgen der sich ausbreitenden Kontamination zu liefern. Aus Tschernobyl zu einer Dringlichkeitssitzung mit dem Krisenstab der ukrainischen Regierung gerufen, gaben sie an, dass der Reaktor abgedeckt und die radioaktiven Emissionen auf ein Mindestmaß reduziert seien; bald wären sie völlig eingedämmt. Sie behaupteten weiterhin beharrlich, dass die gegenwärtigen Strahlungspegel eine Evakuierung nicht rechtfertigten, und empfahlen der Regierung lediglich, die Bevölkerung über die laufenden Maßnahmen zur Bewältigung der Krise zu informieren. Doch die Regierungschefs der Ukraine argwöhnten, dass sich auch Iljin und Israel – ungeachtet ihrer wahren Überzeugungen – vor der Verantwortung drücken wollten, eine Evakuierung zu befürworten. In einer nächtlichen Sondersitzung des ukrainischen Politbüros wies Wladimir Schtscherbitzki die beiden Wissenschaftler an, ihre Meinung in schriftlicher Form kundzutun und die Stellungnahme zu unterzeichnen. Dann sperrte er das Dokument in seinen Büro-Safe und setzte sich über ihren Rat hinweg.[66]

Noch in derselben Nacht gab Schtscherbitzki den Befehl, alle Kinder aus Kiew – vom Kindergarten bis zur siebten Klasse – einschließlich derer, die bereits aus der Umgebung von Tschernobyl und Prypjat umgesiedelt worden waren, für mindestens zwei Monate in sichere Gebiete im Osten zu bringen. In der darauffolgenden Nacht erschien der ukrainische Gesundheitsminister Romanenko erneut im Fernsehen, um den Zuschauern zu versichern, dass die Strahlungspegel in der Republik die internationalen Grenzwerte nicht überschritten. Dennoch empfahl er, Kinder immer nur für kurze Zeit draußen spielen zu lassen, und ihnen Ballspiele zu verbieten, die Staub aufwirbeln konnten. Erwachsene sollten täglich duschen und sich die Haare waschen. Das Schuljahr werde zwei Wochen früher enden, fügte er hinzu, »um die Gesundheit der Kinder in Kiew und der Oblast zu verbessern.«[67]

Die Evakuierung begann fünf Tage später. Sie betraf 363000 Kinder sowie Zehntausende stillende Mütter und Schwangere – ein Exodus von einer halben Million Menschen, einem Fünftel von Kiews Gesamtbevölkerung. Der logistische Aufwand überstieg bei weitem den anfänglichen Versuch, die Dreißig-Kilometer-Zone zu evakuieren, und war von Anfang an vom Gespenst der Panik überschattet. Dreiunddreißig Spezialzüge wurden eingesetzt und fuhren im Zwei-Stunden-Takt am Bahnhof in Kiew ab; Trauben von Grundschulkindern scharten sich auf den Bahnsteigen, nummerierte Papierschilder an die Hemden gesteckt, falls sie verloren gingen; und für jene, die nicht im Zug reisen konnten, wurden Flugzeuge bereitgestellt. Als die Flut an Frauen und Kindern die Pionierlager und Sanatorien der Ukraine überforderte, wurden den Urlaubern in den Touristenorten im Kaukasus kurzerhand die Ferien gestrichen, und so fanden die Evakuierten zwischen Odessa und Aserbaidschan ein vorübergehendes Zuhause. Drei Tage später war Kiew zu einer Stadt ohne Kinder geworden. Niemand wusste, wann sie zurückkehren würden.[68]

Am 22. Mai setzte Schtscherbitzki seine Unterschrift unter einen Parteibericht, der beschrieb, wie die Sowjetrepublik den Unfall handhabte. Trotz des weitreichenden Versagens und der Nachlässigkeit – insbesondere die späte Festsetzung sicherer Grenzwerte für die Strahlungsexposition der Bevölkerung – seien 90 000 Menschen erfolgreich aus den ukrainischen Gebieten der Dreißig-Kilometer-Zone evakuiert worden. Alle seien neu angesiedelt worden, und über 90 Prozent arbeiteten bereits wieder. Man habe sie mit 200 Rubel pro Person entschädigt, insgesamt also 10,3 Millionen Rubel aufgewendet. Von den über 9000 Männern, Frauen und Kindern in der Ukraine, die in den Tagen nach dem Unfall ins Krankenhaus eingeliefert oder unter Quarantäne gestellt worden waren, habe man bei 161, darunter 5 Kinder und 49 Soldaten des Innenministeriums, eine Strahlenkrankheit diagnostiziert. Insgesamt seien 26 900 Kinder in Pionierlager in anderen Teilen der Sowjetunion geschickt und stillende Mütter in Sanatorien innerhalb der Region Kiew untergebracht worden.[69]

Doch trotz all dieser scheinbaren Sorge um die Bevölkerung waren die ersten Opfer des Unfalls bereits in den schwarzen Sog der Sowjetgeschichte geraten. Erst tags zuvor hatte der ukrainische Gesundheitsminister ein Telegramm von seinem Vorgesetzten in Moskau erhalten. Die Nachricht umfasste Instruktionen, wie man die Diagnosen der Patienten, die infolge des Unfalls mit Strahlung in Berührung gekommen waren, zu dokumentieren habe. Während jene mit einer schweren Strahlenkrankheit und Verbrennungen entsprechend beschrieben werden sollten – »akute Strahlenkrankheit aufgrund von kumulativer Strahlungsexposition« –, durfte in den Krankenakten von Patienten mit geringerer Exposition und ohne schwerwiegende Symptome keinerlei Radioaktivität erwähnt werden. Stattdessen habe dort zu stehen, so die Vorgabe aus Moskau, dass bei den Patienten eine »vegetativ-vaskuläre Dystonie« diagnostiziert worden sei. Dies war ein psychisches Leiden mit körperlichen Symptomen – Schweißausbrüche, Herzrasen, Übelkeit und Krampfanfälle –, ausgelöst durch nervliche Belastungen oder »Umweltbedingungen«, einzigartig in der sowjetischen Medizin, aber der westlichen Vorstellung von Neurasthenie sehr ähnlich. Die Mitteilung sah diese irreführend vage Diagnose auch im Falle der Liquidatoren vor, die sich nach Erhalt der maximal erlaubten Strahlendosis für Notfallarbeiter zur Untersuchung ins Krankenhaus begaben.[70]

Innerhalb der Zone waren unterdessen die Hunde und Katzen, die von der flüchtenden Bevölkerung zurückgelassen worden waren, selbst zum Gesundheitsrisiko geworden – das sowjetische Landwirtschaftsministerium befürchtete die Ausbreitung von Tollwut und Pest. Vorerst jedoch waren diese hungrigen, verzweifelten Tiere mit ihrem hoffnungslos verstrahlten Fell für jeden toxisch, dem sie über den Weg liefen.[71]

Das Innenministerium der Ukraine wandte sich an den Jagd- und Fischereiverband der Republik um Hilfe und schickte zwanzig Trupps aus der Region durch das kontaminierte Gelände, um all die im Stich gelassenen Haustiere zu liquidieren, die sie finden konnten. Jede Gruppe sollte aus zehn bis zwölf Jägern bestehen, begleitet von zwei Hygieneinspektoren, einem Polizisten und einem Kipplaster. Vier mechanische Bagger sollten Gruben ausheben, in denen die toten Tiere vergraben wurden. Während der Frühling fortschritt, zerrissen immer wieder krachende Gewehrsalven die Stille der menschenleeren Landschaft Polesiens, wenn die Männer des Jagd- und Fischereiverbands ihrer domestizierten Beute durch die Sperrzone nachstellten.

Obwohl die fleißigen ukrainischen Jäger es schon bald geschafft hatten, innerhalb der Dreißig-Kilometer-Zone insgesamt zwanzigtausend Nutz- und Haustiere zu eliminieren, erwies es sich als unmöglich, sie alle zu töten.[72] Einige Hunde konnten über die Zonengrenze entkommen, und wurden von den Liquidatoren, die dort campierten, adoptiert und gefüttert. Auch wenn sich die Soldaten wenig scherten, wieviel Strahlung die Tiere mitbrachten, gaben sie ihnen dennoch bittere neue Namen, die besser zu ihrer veränderten Umgebung passten: *Doza* und *Rentgen*, *Gamma* und *Dozimetr*.[73]

Die Männer in General Pikalows Einheit, die im Sommer 1986 in der Zone ausschwärmten, nahmen an einem umfassenden, einzigartigen Experiment teil. In sowjetischen Notfallkonzepten für einen atomaren Störfall war allenfalls eine einmalige, kurze Freisetzung von radioaktiver Strahlung aus einem beschädigten Reaktor angedacht – mit einer, die sich so lange hinzog und die trotz des Beginns von Dekontaminationsarbeiten noch immer nicht ganz eingedämmt war, hatte bestimmt niemand gerechnet.[74] Alle Häuser und Gebäude innerhalb der Dreißig-Kilometer-Zone waren unterschiedlich stark kontaminiert, je nachdem, wie groß ihr Abstand zum Kraftwerk war und welche atmosphärischen Bedingungen zu dem Zeitpunkt herrschten, als die Wolke sie erreicht hatte. Es gab keinerlei Regelwerk, dem man hätte folgen können. Strahlungsexperten waren aus Tscheljabinsk-40 angefordert worden. Ihre Arbeit mit der noch immer nicht bewältigten Hinterlassenschaft des Kyschtym-Unfalls hatte sie in einzigartiger Weise qualifiziert, eine radioaktive Landschaft aufzuräumen. Doch nicht einmal sie waren je mit einer Katastrophe solchen Ausmaßes konfrontiert gewesen.[75]

Zunächst versuchten die chemischen Truppen einfach nur, alles sauber zu waschen. Mit Wasserkanonen und Löschschläuchen ausgerüstet, beschossen sie Bauernhäuser und Ställe mit Wasser und der Dekontaminationslösung SF-2U. Doch weil die Lösung im Erdreich versickerte, wurde der Fallout dort höher konzentriert, und die radioaktive Kontamination des Bodens neben den Gebäuden verdoppelte sich, so dass die obersten Erdschichten mit Bulldozern entfernt werden mussten.[76] Einige Materialien erwiesen sich als hartnäckiger als andere. Insbesondere geflieste Wände waren schwer zu reinigen, und Stahlbeton war nach der Reinigung genauso kontaminiert wie zuvor, und die Männer mussten ihn mit Bürsten abschrubben, um wenigstens einen Teil der Radionuklide zu entfernen.[77] In Hinterhöfen und Gärten trugen die Männer die Bodenkrume ab und schütteten sie in Gräben, die sie unter einer Schicht Lehm versiegelten und dort frisches Gras aussäten. Das am schwersten kontaminierte Erdreich wurde weggeschafft und als Atommüll in eigens dafür ausgehobene Gruben gekippt. Viele Siedlungen wurden zwei- oder gar dreimal dekontaminiert, aber Gebäude, die dem Prozess zu lange widerstanden, wurden kurzerhand abgerissen. Bald wurden ganze Dörfer platt gewalzt, vergraben und ihre Standorte mit dreieckigen Metallschildern gekennzeichnet, auf denen das weltweit bekannte Strahlensymbol Trefoil vor radioaktiver Strahlung warnte.[78]

Sowjetische Techniker taten ihr Möglichstes, um die Radionuklide von den Gebäuden und dem sie umgebenden Land zu entfernen. Die Soldaten kochten in Feldküchen Polyvinyl-Alkohollösung auf, um eine Flüssigkeit zu gewinnen, die auf die Wände gestrichen Schadstoffe binden konnte. Sobald sie trocken war, ließ sie sich abziehen.[79] Sie besprühten die Straßenschultern mit Bitumen, um den Staub zu binden, und wo sich Straßenbeläge nicht reinigen ließen, belegten sie Kilometer um Kilometer mit frischem Asphalt. Sie bestückten Mi-8-Hubschrauber mit riesigen Fässern, die Leim enthielten. Dieser wurde aus der Luft verteilt, um radioaktive Teilchen auf dem Boden zu fixieren.[80] Spezialisten aus dem NIKIMT, der Technologieabteilung des Ministeriums für Mittleren Maschinenbau, durchforsteten Fabriken in der gesamten Sowjetunion nach Substanzen, mit deren Hilfe sich der Staub in Schach halten ließe – Hauptsache, sie waren preisgünstig und in riesigen Mengen verfügbar. Im Laufe des Sommers wurde alles – von PVA-Leim bis hin zu *barda*, einem Brei aus Rote Beete und Abfallprodukten aus der Holzverarbeitung – in die Bahnbetriebshöfe im Umkreis der Zone transportiert und in dicken, dunklen Güssen von Hubschraubern versprüht.[81]

Mittlerweile hatte die radioaktive Gefahr für die Flüsse, Seen und Wasserspeicher in der Ukraine den Einfallsreichtum sowjetischer Ingenieure und Hydrologen an seine Grenzen gebracht. In den ersten Tagen nach der Explosion aus Moskau und Kiew in die Zone beordert, versuchten sie nach Kräften zu verhindern, dass der Fallout in den Prypjat gespült wurde und ins Grundwasser gelangte, und dass die radioaktive Verseuchung, die den Fluss bereits erreicht hatte, weiter flussabwärts wanderte – auf Kiew und den riesigen Wasserspeicher zu, der die Stadt mit Trinkwasser versorgte. Baubrigaden aus dem Militär und Männer aus dem sowjetischen Wasserministerium errichteten 131 neue Dämme und Filteranlagen, hoben 177 Entwässerungsgräben aus und bauten eine unterirdische Lehmbarriere – fünf Kilometer lang, bis zu einem Meter dick und dreißig Meter tief –, die kontaminiertes Wasser aufhalten sollte, bevor es den Fluss erreichte.[82]

Nicht weit von Prypjat stand der Kiefernwald, der die Sicherheitszone zwischen der Stadt und dem Kraftwerk ausfüllte, auch direkt in der Spur des schweren Fallouts, der in den ersten Tagen nach der Explosion aus dem Reaktor freigesetzt worden war. Mit einer dicken Staubschicht aus Betastrahlern überzogen, die sie massiven Strahlungsdosen aussetzten – bis zu 10 000 Rad an einigen Stellen – waren nahezu vierzig Quadratkilometer Wald fast sofort ausgelöscht worden.[83] Binnen zehn Tagen nahmen die dichten Kiefernbestände, welche die Hauptstraße zwischen der Stadt Prypjat und dem Kraftwerk säumten, nach und nach eine ungewöhnliche Färbung an – ihre tiefgrünen Nadeln wurden kupferrot.[84] Die Soldaten und Wissenschaftler, die auf dieser Straße unterwegs waren, brauchten nicht aus den Beobachtungsschlitzen ihrer Panzerwagen zu spähen, um zu wissen, dass sie in den »Roten Wald« eingefahren waren; trotz gepanzerter Fahrzeuge und schusssicherer Scheiben begannen die Zeiger ihrer Radiometer ob der außerordentlich hohen Strahlung wild auszuschlagen. Der Wald stellte eine solche Bedrohung dar, dass auch er bald von Pionieren gefällt und in Betongräbern versenkt werden sollte.[85]

Auf den Feldern der Kolchosen wandten Agrarwissenschaftler die Methode des Tiefpflügens an, um die Bodenkrume zu wenden und dabei die Radionuklide sicher zu vergraben. Sie erprobten etwa zweihundert verschiedene Gemüse- und Getreidesorten, um festzustellen, welche von ihnen die größten Strahlungsmengen absorbierten, und brachten Kalk und andere Calciumverbindungen auf den Äckern aus, um das Strontium 90 im Boden zu binden und davon abzuhalten, in die Nahrungskette zu gelangen.[86] Die optimistische Prognose der Experten lautete, dass der Anbau innerhalb der Zone binnen Jahresfrist wieder möglich sei.[87]

Doch an einem Ort, wo die Blätter auf den Bäumen und der Boden unter den Füßen zu Quellen ionisierender Strahlung geworden waren, geriet alles zur Sisyphusarbeit. Die sanfteste Sommerbrise konnte Staub und mit ihm auch Alpha- und Betastrahler aufwirbeln. Jeder Regenguss spülte radioaktive Strahlung aus den Wolken und weitere langlebige Kernisotope in die Teiche und Flüsse. Mit der Ankunft des Herbstes würden radioaktive

1: Die Stadt Prypjat zu Beginn der 80er Jahre. Am Horizont ist das Atomkraftwerk Tschernobyl zu sehen. Reaktorblock Vier des Kraftwerks war nur drei Kilometer vom südöstlichen Stadtrand entfernt.

2: Blick stadteinwärts auf den von Pappeln gesäumten Lenin-Prospekt.

3: Das Kaufhaus Raduga – Regenbogen – Ecke Kurtschatow-Straße und Lenin-Prospekt. Kraftwerksdirektor Wiktor Brjuchanow lebte wie andere führende Mitglieder der Belegschaft in einer Wohnung über dem Kaufhaus. Auf dem Dach stand in großen Lettern »Ehre sei Lenin!« und »Ehre sei der Partei!«

4: Prypjat war von Wald und weißen Sandstränden umgeben; ein täglicher Tragflügelboot-Service bot eine preisgünstige und schnelle Verbindung in die Hauptstadt Kiew, zwei Stunden weiter südlich am Fluss Dnepr gelegen.

5 und 6: Wiktor Brjuchanow mit seiner Frau Walentina und dem gemeinsamen Sohn Oleg 1980 beim Pilzesammeln im Wald, unweit von Prypjat.

7: Alexander Juwtschenko, leitender Maschinenbauingenieur der fünften Schicht in Block Vier, und seine Frau Natalia posieren in geborgten Hüten in der Nacht von Alexanders vierundzwanzigstem Geburtstag am 25. Oktober 1985.

8: Natalia mit Sohn Kyrill, damals zwei Jahre alt, in ihrer Wohnung in Prypjat zu Sylvester 1985.

9: Wiktor Brjuchanow (Mitte, mit Sonnenbrille), Sekretär der Kommunistischen Partei im KKW Tschernobyl, Serhij Paraschyn (links von Brjuchanow), und andere Parteichefs aus dem Kraftwerk und aus Prypjat an der Spitze der Siegesparade der Stadt am 9. Mai 1985 – man feiert den vierzigsten Jahrestag des sowjetischen Sieges über Deutschland im Großen Vaterländischen Krieg.

10: Anatoli Alexandrow, der achtzigjährige Direktor des Kurtschatow-Instituts und Leiter der Sowjetischen Akademie der Wissenschaften, bei einer Vorlesung. Im Hintergrund sind Aufnahmen der atombetriebenen Eisbrecher zu sehen, die er mit auf den Weg brachte. Alexandrow selbst befürwortete die Ausbreitung der Atomkraft in der UdSSR ohne Rücksicht auf Verluste und erhielt große Anerkennung für die Erfindung des RBMK-Reaktors.

11: Die Reaktorhalle von Block Drei des Kernkraftwerks Tschernobyl. Man sieht die 1600 Brennstoffkanäle des Reaktors ohne ihre Abdeckungen. Die Reaktoren des Typs RBMK-1000 der Blöcke Drei und Vier, Rücken an Rücken gebaut, waren fast identisch.

12: Block Vier, der jüngste und fortschrittlichste Reaktorblock des Kernkraftwerks Tschernobyl. Die Aufnahme entstand kurz nach seiner Fertigstellung im Jahr 1983.

13: Leonid Toptunow (links), leitender Reaktorkontrollingenieur in der Mitternachtsschicht des 25. April, mit seinem Freund Alexander »Sascha« Korol (Mitte). Das Foto entstand 1981 während einer Reise mit einem nicht identifizierten Freund, zwei Jahre vor Toptunows und Korols Studienabschluss am Moskauer Institut für Physikingenieurwesen.

14: Leutnant Wladimir Prawik, der dreiundzwanzigjährige Kommandant der dritten Wache der Werksfeuerwehr im Kraftwerk Tschernobyl in der Nacht des 25. April.

15: Alexander Akimow, in der Nacht vom 25. auf den 26. April 1986 Schichtleiter in der Kontrollwarte von Block Vier.

16: Das erste Foto von Block Vier nach dem Unfall, von dem Werksfotografen Anatoli Rasskasow am 26. April 1986 gegen 15.00 Uhr von einem Hubschrauber aus aufgenommen.

17: Eine Skizze, gezeichnet von einem Mitglied der Belegschaft, die in den frühen Morgenstunden des 26. April die großen, elektrisch betriebenen Ventile öffnen sollte, um so Kühlwasser in den havarierten Reaktor zu speisen: Alexander Akimow (unten links) und Leonid Toptunow (unten rechts) stehen bis zu den Knöcheln in radioaktivem Wasser; Akimow kann sich nicht mehr auf den Beinen halten, und Toptunow übergibt sich.

18: Oberleutnant Alexander Logatschew, oberster Offizier der Aufklärungsdivision Strahlenschutz des 427. Mechanisierten Rotbannerregiments des Zivilschutzes der Region Kiew, 1984 mit seiner Tochter.

19: Hauptmann Sergej Wolodin, am 26. April 1986 der erste Hubschrauberpilot am Unfallort, im Cockpit seiner Maschine.

20: Generalmajor Nikolai Antoschkin, Stabschef der Sowjetischen Luftstreitkräfte der Region Kiew, in der Kabine eines der Hubschrauber unter seinem Kommando.

21: Hauptmann Piotr Zborowski 1986. Zborowski, der aufgrund seiner Körperkraft den Spitznamen Los – »Elch« – trug, leitete die Operation, das Wasser aus dem Kellerbereich von Block Vier zu pumpen. Auf diese Weise hoffte man, eine zweite, nach Meinung der Experten noch verheerendere Explosion im Kraftwerk abzuwenden.

22: Ein Foto des Hotels Polesia (links) und des Prypjater Ispolkom-Gebäudes – das »Weiße Haus« (rechts). Es zeigt die Position, von der aus Antoschkins Offiziere die Helikopter auf ihren Bombardierungsflügen über Block Vier dirigierten.

23: Maria Protzenko, Prypjats Chefarchitektin, in ihrem Büro in Tschernobyl nach dem Unfall; hinter ihrem Schreibtisch ist eine Karte der evakuierten Stadt zu sehen.

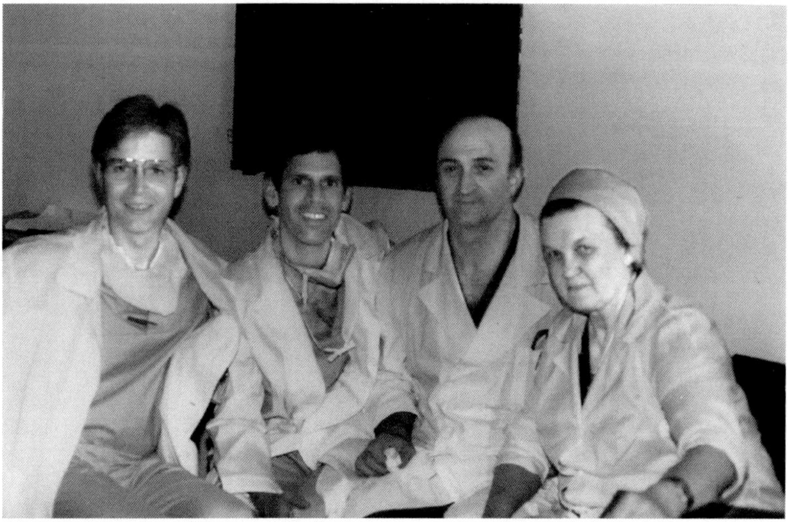

24: Zwei der amerikanischen Hämatologen, die sich Anfang Mai nach Moskau begaben, um bei der Behandlung der Unfallopfer zu helfen, fotografiert mit ihren sowjetischen Kollegen im Krankenhaus Nummer Sechs: (von links nach rechts) Dr. Richard Champlin, Dr. Robert Gale, Dr. Alexander Baranow und Dr. Angelina Guskowa.

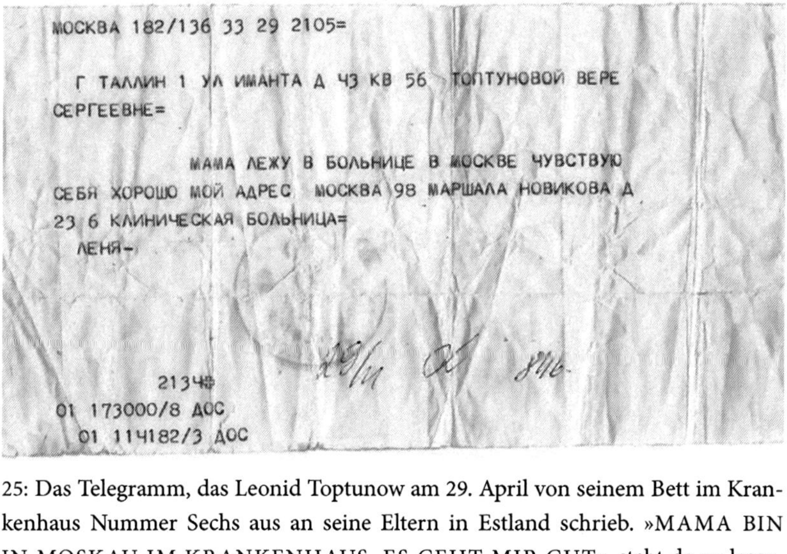

МОСКВА 182/136 33 29 2105=

Г ТАЛЛИН 1 УЛ ИМАНТА Д 43 КВ 56 ТОПТУНОВОЙ ВЕРЕ
СЕРГЕЕВНЕ=

МАМА ЛЕЖУ В БОЛЬНИЦЕ В МОСКВЕ ЧУВСТВУЮ
СЕБЯ ХОРОШО МОЙ АДРЕС МОСКВА 98 МАРШАЛА НОВИКОВА Д
23 6 КЛИНИЧЕСКАЯ БОЛЬНИЦА=
ЛЕНЯ-

2134
01 173000/8 ДОС
01 114182/3 ДОС

25: Das Telegramm, das Leonid Toptunow am 29. April von seinem Bett im Krankenhaus Nummer Sechs aus an seine Eltern in Estland schrieb. »MAMA BIN IN MOSKAU IM KRANKENHAUS. ES GEHT MIR GUT«, steht da zu lesen, außerdem die Adresse in Moskau, unter der er zu finden war.

26: Der STR-1, einer der wenigen Roboter sowjetischer Bauart, sollte im Spätsommer 1986 radioaktiven Schutt vom Dach des dritten Reaktorblocks schaffen. Auf dem Foto sieht man ihn einen aus dem Reaktorkern geschleuderten Graphitblock über die Kante des Gebäudes schieben. Als die Strahlung sich für die Roboter als zu stark erwies, wurden stattdessen über 3000 Personen zum Unfallort geschickt, damit sie die Aufräumarbeiten erledigten.

27: Der Stellvertretende Ministerratsvorsitzende Iwan Silajew (links), der zweite Leiter der Regierungskommission, die von Moskau geschickt worden war, um sich der Krise anzunehmen, sieht sich gemeinsam mit dem Wissenschaftler Juri Israel (Mitte) und Jewgeni Welichow (rechts) Luftaufnahmen des zerstörten Kraftwerks an.

28: Stellvertretender Vorsitzender des Ministerrats Boris Schtscherbina (Zweiter von links), der ursprüngliche Leiter der Regierungskommission, und Akademiemitglied Waleri Legassow (Vierter von links) bei ihrer Rückkehr nach Tschernobyl im September 1986, wo sie für die Beseitigung der Unfallfolgen verantwortlich waren.

29: Efim Slawski – auch »Efim der Große« oder »der Ayatollah« genannt – (links), Leiter des Ministeriums für Mittleren Maschinenbau, im September 1986 mit den Experten für Konstruktion und Ingenieurwesen Wladimir Kurnosow (Mitte) und Ilja Dudorow (rechts) am Ort der Katastrophe. Slawski hatte Sredmasch US-605 gegründet, einen engagierten Bautrupp, der den havarierten Reaktor mit einem »Sarkophag« aus Stahl und Beton ummänteln sollte.

30: Der im Bau befindliche Sarkophag Mitte Oktober 1986. Die höheren Ebenen der Kaskadenmauer werden über die Rohrleitungen einer Reihe von Betonpumpen hinterfüllt; auf der rechten Seite arbeitet ein Demagkran auf Raupen an dem Turm, der das westliche Ende des Bauwerks stützen soll.

31: Der fertiggestellte Sarkophag im November 1986.

32: Der Prozess gegen die Männer, die beschuldigt wurden, die Katastrophe verursacht zu haben, begann im Juli 1987 im Kulturpalast von Tschernobyl. Flankiert von zwei Wachmännern des MWD saßen (von links nach rechts) der Kraftwerksdirektor Wiktor Brjuchanow,der Stellvertretende Chefingenieur Anatoli Djatlow und Chefingenieur Nikolai Fomin auf der Anklagebank.

33: Einer der »Maschinen-Friedhöfe«, auf dem Busse, Feuerwehrfahrzeuge, Hubschrauber, Panzerspähwagen und Baumaschinen – allesamt zu verstrahlt, um die Sperrzone rings um das Kraftwerk wieder verlassen zu können – nach dem Unfall abgestellt wurden. Bis 1997 hatte die Katastrophe, einer Schätzung zufolge, Gesamtkosten von 128 Milliarden Dollar verursacht.

34: Der »Elefantenfuß«, die riesige erstarrte Masse aus geschmolzenem Sand, Uranbrennstoff, Stahl und Beton, die im Herbst 1986 von den Wissenschaftlern der Komplexen Expedition Tschernobyl im Keller unter der Ruine von Reaktor Vier entdeckt worden war. Das Gebilde war noch immer dermaßen radioaktiv, dass weniger als fünf Minuten in seiner Gegenwart genügten für einen qualvollen Tod.

35: Die Stadt Prypjat im April 2016, mit dem Kernkraftwerk Tschernobyl und dem Bogen des New-Safe-Confinement-Gebäudes am Horizont. Dreißig Jahre nach dem Unfall war die Atomstadt fast vollständig von der Natur zurückerobert worden.

Blätter über den Boden fegen. Die Prypjat-Auen – das größte Sumpfgebiet Europas – waren zu einem gewaltigen Schwamm für Strontium und Cäsium geworden, und die weiten Agrarflächen abzutragen, überforderte selbst ganze Geschwader von Erdbaumaschinen. Nur zehn Quadratkilometer der Zone wurden jemals wirklich dekontaminiert. Für eine vollständige Säuberung hätten fast sechshundert Millionen Tonnen Erdreich abgetragen und als Atommüll vergraben werden müssen. Und selbst mit den Arbeitskräften, die der Sowjetunion in scheinbar unbegrenzter Zahl zur Verfügung standen, war dies schlicht unmöglich.[88]

Anfang Juni war die Dreißig-Kilometer-Zone zum radioaktiven Schlachtfeld geworden, eingekreist von einer Belagerungsstreitmacht.[89] Die Trümmer des Kampfes – verlassene Fahrzeuge, kaputte Ausrüstung, im Zickzack verlaufende Gräben und massive Erdarbeiten – lagen überall um das Kraftwerk herum.[90] Doch selbst als noch Dosimetristen in Schutzanzügen über die Felder streiften und Militärhubschrauber über ihnen hin und her flogen, zog es die verbannten Einwohner Prypjats allmählich wieder in ihre Häuser zurück. Es war bereits zu Plünderungen gekommen, und jeder hatte irgendetwas, das er dringend aus der Stadt holen wollte. Einige hatten Personalausweise und Reisepässe zurückgelassen, andere große Geldbeträge; wieder andere wollten einfach nur ihre alltäglichen Habseligkeiten.[91] Allein am 6. Juni mussten Truppen des ukrainischen Innenministeriums sechsundzwanzig frühere Bewohner der Stadt zurückweisen, die entweder Kontrollpunkte überqueren oder die verbotene Zone ohne die erforderlichen Dokumente betreten wollten.[92]

Am 3. Juni gab der Vorsitzende der Regierungskommission die Anweisung, dass Versuche, Prypjat wieder bewohnbar zu machen, mit sofortiger Wirkung zu unterlassen seien.[93] Der Stadtrat von Prypjat – das *Ispolkom* hatte vorübergehend ein verlassenes Bürogebäude in der Sowietskaja-Straße in Tschernobyl bezogen, und dort suchte ein Mitglied des KGB einige Tage später Maria Protzenko auf. Er hatte in Afghanistan gedient, und im Gegensatz zu vielen seiner Kollegen im Komitee für Staatssicherheit machte er auf sie einen warmherzigen, höflichen Eindruck. Er bat die Architektin, ihm beim Erstellen einer neuen Karte von Prypjat zu helfen.

Man wolle um die Stadt einen Zaun errichten, sagte er, und benötige ihren Rat, wo er verlaufen sollte. Pflichtbewusst wieder einmal ihre Karte im Maßstab von 1:2000 ausbreitend, skizzierte Protzenko noch eine weitere Kopie, und gemeinsam prüften sie die beste und kürzeste Strecke für den Zaun. Er umschloss die Hauptgebäude, sparte aber den Friedhof aus und mied die Stellen, wo Grabungsarbeiten die Abwasserrohre und Stromkabel beschädigen könnten, die für die städtische Infrastruktur unerlässlich waren. Sie stellte die wichtigen Fragen: Wie wollten die Soldaten die Fundamente graben? Welche Geräte würden sie benutzen? Wie würden sie die Pfosten in den Boden treiben? Sie redete sich ein, dass sie die Stadt einfach nur vor Dieben und Plünderern beschützten.[94]

Am 10. Juni trafen Bautrupps des 25. Motorisierten Schützenzugs in Prypjat ein. Sie hatten große Mengen an Stacheldraht bei sich, dazu Holzpfosten und Traktoren, die mit gigantischen Bohrern bestückt waren. Von dem Wissen getrieben, dass sie sich in einer hoch verstrahlten Zone bewegten, arbeiteten sie mit erstaunlichem Tempo, und so war ihre Aufgabe binnen zweiundsiebzig Stunden erledigt. Protzenkos geliebte *Atomstadt* war von einem dichtmaschigen zwei Meter hohen Zaun umschlossen, mit einem Umfang von 9,6 Kilometern, vor dem bewaffnete Wachleute patrouillierten.[95] Bald danach wurde im Inneren, um Eindringlinge fernzuhalten, eine zentral gesteuerte elektronische Alarmanlage installiert, entwickelt von der Spezialtechnikabteilung des Ministeriums für Mittleren Maschinenbau.[96]

Um die 30-Kilometer-Zone zogen die Ingenieure ebenfalls eine zehn bis zwanzig Meter breite Spur – quer durch Sümpfe, Wälder und Flüsse – aus der Ukraine hinaus und mitten durch Weißrussland, bauten Brücken und gruben Kanäle. Wilde Hunde rannten durch den Weizen, der ungeschnitten auf den Feldern stand, während die Männer siebzigtausend Pfosten in den Boden trieben und vier Millionen Meter Stacheldraht dazwischen spannten. Mancherorts waren die Strahlungspegel so hoch, dass sie spontan beschlossen, den Zonenrand nach außen zu verschieben und die neuen Strahlungsherde mit einzubeziehen.[97] Bis zum 24. Juni hatten sie schließlich einen 195 Kilometer langen alarmgesicherten Zaun um die gesamte Sperrzone gezogen. Prypjat und das Atomkraftwerk Tschernobyl standen nun im Zentrum eines 2600 Quadratkilometer großen entvölkerten Gebiets, in dem Soldaten aus dem Innenministerium patrouillierten und das nur den Inhabern eines von der Regierung ausgestellten Passierscheins zugänglich war.[98]

Maria Protzenko glaubte nach wie vor fest an die Behauptung der Parteiführer, die Evakuierung sei nur vorübergehend. Eines Tages – vielleicht nicht sofort, aber irgendwann in der Zukunft – wäre der radioaktive Schmutz von der Stadt geschrubbt, und sie würde mit ihrer Familie in ihr Zuhause am Flussufer zurückkehren dürfen.

Doch als die Tage allmählich wieder kürzer wurden, und Protzenko die Arbeit des *Ispolkom* in ihrem Tschernobyler Exil weiterführte, konzentrierten sich ihre Verantwortlichkeiten mehr und mehr auf die wachsenden Verwaltungsaufgaben im nuklearen Niemandsland. Sie konnte inzwischen unterscheiden – am Ozongeruch, der ihren Kleidern anhaftete –, welche der Experten, die zu ihr ins Büro kamen, zuvor in der Sonderzone gewesen waren. Gleichzeitig erhielt sie von offizieller Seite die Anweisung, den Evakuierten dabei zu helfen, Möbelstücke und persönliches Eigentum aus ihren Wohnungen in Prypjat zu holen. Ein Komitee aus zwölf Personen bestimmte, was mitgenommen werden durfte. So entstand der Plan, 150 Möbelwagen aus dem gesamten Oblast nach Prypjat zu bestellen, außerdem ein 50-köpfiges Dosimetristen-Team einzusetzen, das in den Wohnungen der Menschen und an Kontrollstationen Messungen vornehmen sollte. Des weiteren galt es Busse zu finden, die die Besucher durch die Zone fahren würden, und eine halbe Million Plastiktüten zu bestellen, worin die Menschen ihre bewegliche Habe packen konnten. Nach zweiwöchiger Planung sollte die Operation gerade beginnen, als jemand zu bedenken gab, dass sie unmöglich durchzuführen sei: Die Bewohner von Prypjat standen nach wie vor gleichsam auf der Straße und konnten die Gegenstände, die sie aus der verlassenen Stadt holen würden, nirgends unterbringen.[99]

Schließlich freundete sich Protzenko mit mehreren Physikern aus der ukrainischen Akademie der Wissenschaften an, die den Auftrag hatten, die Strahlungspegel in der Zone zu überwachen. Von ihnen erfuhr sie endlich die Wahrheit. General Pikalows chemische Truppen würden die Straßen und Wohnblocks der Atomstadt fünf Monate lang dekontaminieren, doch nur, um eine weitere Ausbreitung der gefährlichen Radioaktivität einzudämmen.[100] Um die Stadt vollständig zu säubern und wieder bewohnbar zu machen, kalkulierte die Regierungskommission, wären 160 000 engagierte Einsatzkräfte vonnöten. Die Kosten für ein solches Unterfangen wären unvorstellbar hoch.[101]

»Vergessen Sie's«, sagten ihr die Physiker. »Sie werden nie wieder nach Prypjat zurückkehren.«[102]

Kapitel 15

Die Ermittlungen

Als Sergei Jankowski am 26. April kurz vor Sonnenaufgang zum Unfallort kam, fragte er sich, warum er sich das angetan hatte. Mit gerade einmal dreißig Jahren war der schmächtige Mann mit den vorstehenden Zähnen seit fast sechs Jahren Chefermittler der Staatsanwaltschaft für die Region Kiew. Er war für »Verbrechen gegen Personen« zuständig: Vergewaltigung, Körperverletzung, bewaffneter Raubüberfall, Selbstmord und Mord, sowie strafbares oder fahrlässiges Handeln im Beruf.[1] Obschon gemäß der marxistisch-leninistischen Lehre nicht-weltanschauliche Verbrechen als rein kapitalistisches Problem galten, und das KGB nur damit beschäftigt war, Leute einzusperren, die Witze über Breschnew erzählten, hatte Jankowski alle Hände voll zu tun.[2]

Insbesondere der Wodka war ein mächtiger Brandbeschleuniger für einen gewaltsamen oder nicht-natürlichen Tod. Hochzeiten und Beerdigungen endeten nicht selten in Raufereien und Messerstechereien; im Winter schliefen Betrunkene im Freien ein und wurden dann am nächsten Morgen steif gefroren aufgefunden; und tödliche Unfälle am Arbeitsplatz waren an der Tagesordnung. In einer Kolchose in Jankowskis Bezirk schliefen nach einem feuchtfröhlichen Mittagessen fünf Mähdrescherfahrer auf einem Weizenfeld ihren Rausch aus, ohne zu merken, dass ein sechster, gewissenhafterer, wieder an die Arbeit ging; als der schließlich merkte, was passiert war, waren seine fünf Genossen bereits unter den Messern seiner Kombine in Stücke gehackt worden. Allein im Jahr 1981 schickte Jankowski 230 Leichen zur Obduktion in die Leichenhalle.

Es war zwei Uhr morgens gewesen, als ihn ein Anruf seines Chefs – Waleri Danilenko, stellvertretender ermittelnder Staatsanwalt der Region –

aus dem Schlaf gerissen hatte. Zwanzig Minuten später wartete der Chef im mobilen Kriminallabor des Dezernats – ein komplett ausgerüsteter Minibus in den *Militsia*-Farben, mit roten und blauen Signallichtern und einem Signalhorn – vor Jankowskis Kiewer Wohnung.[3] Im Kernkraftwerk Tschernobyl sei ein Feuer ausgebrochen, sagte er, sie müssten die Ermittlungen aufnehmen.

Die Straße zum Kraftwerk war nahezu leer, und sie kamen gut voran in der stillen Landschaft. Am flachen Horizont zeichneten sich scharf die tintenschwarzen Silhouetten von Bäumen und Strommasten ab. Kam ein anderes Auto in Sicht, schaltete der Fahrer die Sirene ein. Unterwegs überholten sie eine Kolonne Feuerwehrwagen, die in dieselbe Richtung fuhren.

Als sie schließlich am Zielort eintrafen und zweihundert Meter vom vierten Reaktorblock entfernt anhielten, wirkte die Umgebung merkwürdig ruhig. Es war noch nicht vollständig hell, und Jankowski bemerkte einen leichten Dunst oder Nebel über dem Gebäude. Doch Flammen sah er keine. Da waren die Feuerwehrautos, aber keinerlei Anzeichen einer gewaltigen Katastrophe. In der Dämmerung stand jemand, der lässig eine Zigarette rauchte und dabei zusah, wie das Wasser durch das Wrack spritzte.

»He! Was war hier los?«, fragte Jankowski.

»Ach, da ist was in die Luft geflogen«, antwortete der Mann. Beiläufig – als würde das tagtäglich passieren.

Damit hätten doch die Kollegen vor Ort zurechtkommen müssen, dachte Jankowski.

»Warum haben die uns dann herbestellt?«, sagte er zu Danilenko. »Warum haben die uns so früh aus dem Bett geholt?« Die reinste Zeitverschwendung, dachte er.

»Warte – warte mal«, sagte Danilenko. »Hier stimmt doch was nicht.«

Gemeinsam gingen sie zum Verwaltungsgebäude des Kraftwerks. Die führenden Funktionäre waren schon da. Malomusch, der Parteichef aus Kiew, besprach sich gerade mit seinen Leuten.

»Was tut ihr denn hier?«, fragte Malomusch die Ermittler. »Wir kommen allein klar. Der Brand ist bereits gelöscht. Und der Reaktor wird in null Komma nichts wieder laufen.«

Doch als sie hinüber nach Prypjat fuhren, war die Polizeiwache voller

Bonzen aus dem ukrainischen Innenministerium. Allmählich erfuhren sie mehr: Männer seien mit Verbrennungen und Brechanfällen ins Krankenhaus Nummer 126 eingeliefert worden; der KGB sei auf dem Kraftwerksgelände unterwegs und suche nach Saboteuren. Es war eindeutig, dass etwas Schwerwiegendes passiert war. Danilenko traf sich mit seinem Dienstvorgesetzten, dem obersten Staatsanwalt vor Ort. Unterdessen stellte die örtliche Polizei Jankowski einen Wagen und ein Büro zur Verfügung.

Gegen sechs Uhr morgens kam Danilenko zurück. Der örtliche Staatsanwalt hatte eine Entscheidung getroffen.

»Wir eröffnen eine Klage«, sagte er zu Jankowski. »Wir erstatten Anzeige.«

Der Ermittler setzte sich an eine Schreibmaschine, legte ein Blatt Papier ein und begann zu tippen.[4]

Die Untersuchung der Ursachen des Unfalls im Vierten Reaktorblock des Kernkraftwerks Tschernobyl, der in den frühen Morgenstunden des 26. April seinen Anfang nahm, verlief in zwei parallelen Strängen. Der erste, die strafrechtliche Ermittlung, nahm im Laufe des Tages, als das Ausmaß der Katastrophe langsam ans Licht kam, immer mehr an Fahrt auf. Zu Mittag, als sich Sergei Jankowski und eine Handvoll Kollegen in Prypjat und auf dem Kraftwerksgelände umsahen, die Operatoren im Krankenhaus befragten und Dokumente aus der Kontrollwarte des Kraftwerks beschlagnahmten, war aus der regionalen Ermittlung eine nationale geworden. Dann, kurz vor Einbruch der Nacht, traf der zweite Generalstaatsanwalt der UdSSR aus Moskau ein, mit neuen Instruktionen. Er ordnete die Gründung einer Sonderermittlungsgruppe an, innerhalb der Zweiten Abteilung der Staatsanwaltschaft der Sowjetunion. Diese Abteilung war mit Verbrechen in den geheimen Militär- und Atomeinrichtungen befasst. Die gesamte Untersuchung war von nun an als streng geheim eingestuft.

Noch am selben Abend leitete die Regierungskommission in Prypjat ebenfalls eine technische und wissenschaftliche Untersuchung ein, mit der sie Akademiemitglied Waleri Legassow betraute. Die Oberaufsicht hatte allerdings Alexander Meschkow, der stellvertretende Vorsitzende des allmächtigen Ministeriums für Mittleren Maschinenbau, das den Reaktor konzipiert hatte. Meschkow kam schnell zu dem Schluss, dass die Unfallursache zweifellos auf menschliches Versagen hindeute. Die Wasserpumpen seien überlastet gewesen, das Notkühlsystem sei ausgeschaltet worden, der Reaktor trocken gelaufen, und aus diesem Grund sei irgendetwas explodiert. Es sei zu dem gefürchteten, aber kalkulierbaren größten anzunehmenden Unfall gekommen, und jedes Mitglied der Belegschaft sei eigentlich darin geschult, diesen abzuwehren.[5]

Am darauffolgenden Morgen jedoch reisten zwei RBMK-Experten des Kurtschatow-Instituts im Flugzeug aus Moskau nach Kiew, um anhand der Daten aus dem Reaktor eine forensische Analyse vorzunehmen.[6] Auf ihrer Fahrt vom Flughafen Schuljany nach Prypjat wurden die Wissenschaftler von einer endlosen Buskolonne aus der Gegenrichtung aufgehalten und erreichten ihr Ziel erst am Abend. Am darauffolgenden Tag begaben sie sich in den Bunker unter dem Kraftwerk, wo sie die Logbücher von Block Vier einsammelten, die Computerausdrucke aus dem Diagnostik- und Meldesystem des Reaktors sowie Tonbänder, auf denen die Gespräche der Operatoren in den Minuten vor der Explosion aufgezeichnet waren. Bei der Auswertung der Daten fanden die Physiker den ungefähren Ablauf der Ereignisse, der zu dem Unfall geführt hatte: der Reaktor, der auf niedriger Leistung lief; das Ausfahren fast aller Steuerstäbe aus dem Reaktorkern; erstickte Stimmen, dann der Ausruf: »Drück auf den Knopf!«; und die Aktivierung der AZ-5-Schnellabschaltung. Schließlich sahen sie die aufgezeichneten Kurven, die zeigten, wie die Reaktorleistung steil anstieg, bis sie plötzlich vertikal nach oben und bis über den Rand des Ausdrucks hinausführten.

Einem der beiden Spezialisten, Alexander Kalugin, der dem RBMK-Projekt seine Karriere gewidmet hatte, kam dies alles erschreckend vertraut vor. Zwei Jahre zuvor hatte er an einem Treffen der Reaktor-Konstrukteure des NIKIET teilgenommen, bei dem jemand zu bedenken gegeben hatte, dass die einfahrenden Kontrollstäbe – unter gewissen Umständen – Wasser aus dem Boden des Reaktorkerns verdrängen und eine jähe Reaktivitätssteigerung verursachen könnten. Damals hatten die Wissenschaftler des Instituts den Einwand abgetan. Der Fall sei schlicht zu unwahrscheinlich, als dass man sich deshalb Sorgen machen müsste. Jetzt dagegen erschien er Kalugin, der bestürzt auf die beängstigende Form der Kurven auf dem Computerausdruck von Reaktor Vier starrte, nur allzu möglich.

Doch bevor die Daten nicht ausführlich analysiert waren, blieb Kalugins Idee nur eine unbehagliche Theorie. Unterdessen übermittelten die Experten Legassow telefonisch ihre ersten Ergebnisse. Am Montagnachmittag, dem 28. April, traf im Politbüro in Moskau ein Telegramm ein: UNFALLURSACHE UNKONTROLLIERBARER LEISTUNGSANSTIEG IM REAKTOR.[7]

Doch die Frage, was diesen Leistungsanstieg bewirkt hatte, blieb unbeantwortet. Die Suche nach geeigneten Sündenböcken begann sofort.

Bis zum Ende der ersten Maiwoche waren die Reaktorspezialisten aus dem Kurtschatow-Institut bereits wieder nach Moskau zurückgekehrt und hatten sich an das Auslesen der Informationen gemacht, die in all den Unterlagen, Lochkarten, Handbüchern und Tonbandrollen der Dokumentations- und Diagnosesysteme von Block Vier enthalten waren. Jeder einzelne Computer des Instituts wurde auf die Aufgabe angesetzt und arbeitete rund um die Uhr daran, die Daten zu entschlüsseln und die letzten Stunden des Reaktors zu rekonstruieren. Unterdessen gingen die Ermittler der Staatsanwaltschaft und des KGB weiter durch die Patientenzimmer von Krankenhaus Nummer Sechs, um die Ingenieure und Operatoren des Kraftwerks zu befragen, während die ersten bereits ins Koma fielen und starben.[8]

Im Kraftwerk hielt inzwischen Direktor Wiktor Brjuchanow die Stellung, nach außen hin gelassen wie eh und je, in Wirklichkeit aber erschöpft und erschüttert vom Tod seiner Männer und schier erdrückt von der Last der Verantwortung angesichts der Katastrophe um ihn herum. Tag für Tag erfüllte er nach bestem Wissen und Gewissen die Anweisungen der Regierungskommission, hatte aber gleichzeitig alle Hände voll zu tun, die Spezialisten zu ersetzen, die bereits im Krankenhaus lagen oder zu verstrahlt waren, um weiter im Kraftwerk zu arbeiten. Am Ende eines jeden Tages kehrte er zum Pionierlager zurück, wo er sich mit seinen Kollegen in der Bücherei einquartiert hatte. Wenn sie nachts zwischen den Bücherregalen lagen, rätselten sie stundenlang, was die Katastrophe verursacht haben könnte, und schliefen dabei kaum.[9]

Als Sergei Jankowski den Direktor über seine Rolle bei dem Unfall befragen wollte, fand er ihn in der Krankenstation. »Verdammt nochmal«, sagte Brjuchanow, »ich hab mich auf Fomin verlassen. Ich dachte, es sei nur ein Test der Elektrik. Dass er so enden würde, konnte ich doch nicht ahnen.« Der Ermittler zitierte spöttisch den russischen Dichter Sergei Jessenin, und spielte dabei auf dessen unrühmlichen Selbstmord an: »Vielleicht bringt mir morgen das Krankenhausbett den ewigen Frieden.«[10]

Bald darauf besichtigte der Atomingenieur und Autor Grigori Medwedew den Unfallort und stieß in Tschernobyl zufällig auf Brjuchanow, der sich vor dem Hauptquartier der Regierungskommission auf dem Flur herumdrückte. Die Akademiemitglieder Welichow und Legassow teilten sich im selben Flur ein Büro mit dem sowjetischen Minister für Kernenergie. Dort war man immer noch darum bemüht, die Angst vor dem Chinasyndrom in Schach zu halten. Brjuchanow trug den weißen Arbeitsanzug der Kraftwerks-Operatoren; seine Augen waren rot, seine Haut kreideweiß, und ein schwermütiger Ausdruck hatte sich in den tiefen Falten seines Gesichts festgesetzt.

»Sie sehen nicht gut aus«, sagte Medwedew.[11]

»Niemand braucht mich«, sagte Brjuchanow. »Ich hänge hier rum wie ein Stück Scheiße in einem Eisloch. Ich bin hier für niemanden von Nutzen.«

»Und wo ist Fomin?«

»Er ist verrückt geworden. Sie haben ihn weggeschickt, er soll sich ausruhen.«

Zwei Wochen später, am 22. Mai, ersuchte Brjuchanow den Minister für Atomenergie Anatoli Majorez um die Erlaubnis, seine Frau Walentina und den gemeinsamen Sohn Oleg besuchen zu dürfen, die auf die Krim gebracht worden waren. Majorez war einverstanden, und Brjuchanow flog für eine Woche in den Süden.[12]

In seiner Abwesenheit traf der Minister Vorkehrungen, Brjuchanow ein für allemal seiner Stellung als Direktor des Atomkraftwerks Tschernobyl zu entheben.

Während die Untersuchung fortgesetzt wurde, behaupteten führende sowjetische Politiker in der Öffentlichkeit, der Unfall sei das Ergebnis eines nahezu unmöglichen Zusammenspiels unglücklicher Umstände gewesen, ausgelöst von den Operatoren. »Die Ursache liegt offenbar im subjektiven Bereich menschlichen Versagens«, sagte Boris Jelzin – Mitglied im Politbüro und künftiger Präsident Russlands – zu einem Korrespondenten des westdeutschen Fernsehens. »Wir ergreifen Maßnahmen, die gewährleisten sollen, dass so etwas nicht noch einmal passiert.«[13]

»Der Unfall ist einer Verkettung höchst unwahrscheinlicher technischer Faktoren geschuldet«, schrieb Andranik Petrosjanz, der Vorsitzende des sowjetischen Staatskomitees für die friedliche Nutzung der Atomenergie, in einer Stellungnahme, die in der *Los Angeles Times* erschien. »Unserer Ansicht nach haben Fehler der Belegschaft die Situation verkompliziert.« Nach Abschluss der Ermittlungen, gelobte Petrosjanz, werde auf einer internationalen Konferenz der IAEO in deren Hauptsitz in Wien ein ausführlicher Bericht zu den Ursachen der Katastrophe vorgelegt.[14]

Wortführer der sowjetischen Delegation wäre Waleri Legassow. Ihm falle die Aufgabe zu, den Bericht für die Konferenz zu erstellen – der einen beispiellosen Einblick in eine der geheimsten Festungen der sowjetischen Wissenschaft versprach – und für die Öffentlichkeit zu präparieren. Einige Hardliner innerhalb des Ministeriums für Mittleren Maschinenbau sprachen sich gegen seine Ernennung aus, weil er ihrer Ansicht nach schwer zu kontrollieren war.[15] Das Akademiemitglied war am 13. Mai zum zweiten Mal aus Tschernobyl heimgekehrt – als ein völlig veränderter Mensch. Hände und Gesicht waren braun von der radioaktiven Strahlung, sein Vertrauen in die Ideologie erschüttert. Mit Tränen in den Augen beschrieb er seiner Frau, wie der Unfall die Verantwortlichen überfordert habe; wie wenig sie darauf vorbereitet waren, das sowjetische Volk vor den Konsequenzen zu schützen: Es fehlte an sauberem Wasser, an nicht kontaminierter Nahrung und an stabilem Jod. Eine Untersuchung im Krankenhaus Nummer Sechs offenbarte tief in Legassows Körper den toxischen Fingerabdruck des Reaktors. Die Ärzte fanden Spaltprodukte in seinen Haaren, den Atemwegen und der Lunge – unter anderem Cäsium-134 und 137, Tellurium-132 und Ruthenium-103. Seine Gesundheit war ruiniert, er litt an Kopfschmerzen, Übelkeit, Verdauungsproblemen und chronischer Schlaflosigkeit.[16] Dennoch ging Legassow daran, Material für seinen Bericht zusammenzustellen, der sich aus der Arbeit Dutzender Spezialisten und aus Hunderten Dokumenten zusammensetzte. Er arbeitete Tag und Nacht, in seinem Büro am Kurtschatow-Institut, und dann zu Hause, wo er seine Aufzeichnungen mit denen seiner Kollegen verglich, bis er sicher war, dass alles seine Richtigkeit hatte. Auf dem Fußboden im Wohnzimmer seines Hauses türmten sich die Papierstapel, belegten den Flur und wucherten die Treppe hinauf.[17]

Unterdessen war hinter verschlossenen Türen in Moskau eine bürokratische Schlacht entbrannt über den gemeinschaftlichen *Pechotnaja-26-Bericht über die Ursachen des Unfalls in Reaktorblock Vier des Atomkraftwerks Tschernobyl*, die geheime Version der Ereignisse, die für das Politbüro vorbereitet wurde. In Memoranden, Sitzungen und zahlreichen vorläufigen Dokumenten überboten sich die Barone der sowjetischen Kernindustrie – die Wissenschaftler und die Leiter der rivalisierenden Ministerien – gegenseitig im Vonsichweisen jeglicher Schuld; idealerweise, bevor der Abschlussbericht Generalsekretär Gorbatschow erreichte.[18]

Der Konflikt war asymmetrisch: Auf der einen Seite standen das Ministerium für Mittleren Maschinenbau, das Nuklearforschungsinstitut NIKIET und das Kurtschatow-Institut, jeweils von achtzigjährigen Titanen der sowjetischen Wissenschaft geleitet, allesamt Apparatschiks der alten Garde; der einstige revolutionäre Kavallerist Efim Slawski; Nikolai Dolleschal, Konstrukteur des allerersten sowjetischen Reaktors; und der massige, kahlköpfige Buddha des Atoms höchstpersönlich, Anatoli Alexandrow. Diese Männer hatten den RBMK geschaffen, aber auch über zehn Jahre sämtliche Warnungen hinsichtlich seiner Unzulänglichkeiten in den Wind geschlagen. Auf der Gegenseite stand das Energieministerium, vertreten von dem sechsundfünfzigjährigen nuklearen Neuling Anatoli Majorez. Sein Ministerium hatte das Kraftwerk gebaut, den Reaktor betrieben – und war verantwortlich für die Ausbildung und Disziplin der Belegschaft, die das Ganze in die Luft gejagt hatte.

Die Zwistigkeiten begannen fast sofort, mit Abschluss des vorläufigen Berichts der Kommission hinsichtlich der Ursachen der Katastrophe, nur zehn Tage nach der Explosion, am 5. Mai. Unter der Aufsicht von Meschkow, Slawskis Stellvertreter am Ministerium für Mittleren Maschinenbau, wurde darin die Schuld an dem Unfall, was nicht weiter überraschte, auf die Belegschaft geschoben; Sie habe maßgebliche Sicherheitssysteme außer Kraft gesetzt, Bestimmungen missachtet und den Test durchgeführt, ohne mit den Reaktor-Konstrukteuren Rücksprache zu halten; der leitende Reaktoroperator Leonid Toptunow hatte in dem ebenso verzweifelten wie fruchtlosen Versuch, den Unfall noch abzuwenden, den seine eigene Inkompetenz und die seiner Kollegen ausgelöst hatte, den AZ-5-Knopf gedrückt. Toptunow und Schichtführer Alexander Akimow würden dieser Version der Ereignisse kaum widersprechen – beide waren praktischerweise in zehn Tagen tot.

Doch die Spezialisten aus dem Energieministerium weigerten sich, den gemeinsamen Untersuchungsbericht zu unterzeichnen. Stattdessen legten sie eine Ergänzung vor, basierend auf ihren eigenen, unabhängigen Ermittlungen. Reaktor Vier, so ihre Vermutung, hätte niemals explodieren können – unabhängig von den Bedienfehlern der Belegschaft –, gäbe es nicht grundlegende Mängel im Entwurf, wie zum Beispiel den positiven Voidkoeffizienten und die fehlerhaften Steuerstäbe, die die Reaktivität steigerten, statt sie zu verringern. Ihre detaillierte technische Analyse legte die Möglichkeit nahe, dass das Drücken des AZ-5-Knopfes nicht, wie eigentlich vorgesehen, den Reaktor sicher abgeschaltet, sondern stattdessen die Explosion *herbeigeführt* hatte.

Im Gegenzug berief Alexandrow zwei Sondersitzungen des ressortübergreifenden Wissenschafts- und Technikrates der Kernindustrie ein, um die Ursachen des Unfalls zu prüfen. In diesem Gremium saßen jedoch zahlreiche Leute aus dem Ministerium für Mittleren Maschinenbau sowie ehemalige Befürworter des RBMK. Den Vorsitz hatte außerdem Alexandrow, der das Patent für den Entwurf des RBMK innehatte.[19] Die Sitzungen dauerten Stunden, doch Alexandrow wusste geschickt jeden Hinweis auf die Unzulänglichkeiten des Reaktors im Keim zu ersticken, und lenkte die Gespräche stattdessen immer wieder auf die Fehler der Belegschaft. Wann immer dies misslang, brüllte Slawski – »der Ajatollah« – kurzerhand jeden nieder, dessen Meinung er nicht hören wollte. Der Vertreter der staatlichen

Atomaufsichtsbehörde erhielt noch nicht einmal die Erlaubnis, seine Änderungsvorschläge vorzutragen, mit denen er die Sicherheit des Reaktors zu verbessern gedachte.[20]

Doch Gennadi Schascharin, Majorez' Stellvertreter und verantwortlich für atomare Angelegenheiten am Energieministerium, wollte sich nicht geschlagen geben. Nach dem zweiten ressortübergreifenden Treffen schrieb er einen Brief an Gorbatschow, in dem er die tatsächlichen Gründe für den Unfall schilderte und die Versuche seitens Alexandrows und Slawskis beschrieb, die Wahrheit über die Konstruktionsfehler des Reaktors zu vertuschen. Schascharin räumte zwar das Fehlverhalten der Kraftwerksbelegschaft ein, gab aber zu bedenken, dass die Konzentration auf diese Fehler nur den Mangel an Organisation und Disziplin im Kraftwerk ans Licht bringe: »Den wahren Ursachen der Katastrophe kommen wir so um kein Jota näher.« Und der stellvertretende Minister erklärte, dass sich die Wahrheit nicht für immer verbergen ließe, auch wenn sie sich alle noch so sehr bemühten. Das globale Ausmaß der Katastrophe sei ein Garant dafür, dass die internationale Gemeinschaft der Wissenschaftler nach den technischen Details der Unfallabfolge verlangte. »Früher oder später«, warnte Schascharin den Generalsekretär, »wird ein großer Kreis von Reaktorspezialisten im In- und Ausland davon Kenntnis erhalten.«[21]

Wiktor Brjuchanow kehrte Ende Mai von dem Besuch bei seiner Familie auf der Krim zurück. Nach seiner Ankunft in Kiew rief er im Kraftwerk an und bestellte einen Wagen, der ihn vom Flughafen abholen sollte. Eine verlegene Pause am anderen Ende der Leitung sagte ihm, dass irgendetwas nicht stimmte. Als er im Kraftwerk eintraf, ging Brjuchanow in sein Büro in der dritten Etage des Verwaltungsgebäudes. Dort waren die Fenster mit Bleiblechen abgedeckt, und an seinem Schreibtisch saß ein anderer. Als erste öffentliche Demütigung – weitere sollten folgen – hatte es niemand der Mühe wert befunden, den bedrängten Direktor zu informieren, dass er nicht mehr das Sagen hatte.[22]

»Was machen wir mit Brjuchanow?«, fragte der neue Direktor seinen Chefingenieur. Die beiden Männer beschlossen, eine Stellung für ihn zu erfinden: zweiter Vorsitzender der industrietechnischen Abteilung, ein

Ruheposten in einem Hinterzimmer. Dort würde man ihn bei der Stange halten, während er auf sein Schicksal wartete. Sie wussten beide, dass es nur eine Frage der Zeit war, bis man ihn für seine Vergehen zur Rechenschaft ziehen würde.[23]

Im Hauptquartier der Zweiten Abteilung der Generalstaatsanwaltschaft der UdSSR, in einem Hochsicherheitstrakt in der Granowskogo-Straße in Moskau wurden die Befragungen fortgesetzt. Sergei Jankowskis Ermittlungen hatten sich mittlerweile auf die Konstrukteure und Wissenschaftler ausgeweitet, die den RBMK geschaffen und beaufsichtigt hatten, und auch die Akademiemitglieder wurden wie alle anderen zum Verhör gerufen. Jankowski zitierte den Reaktor-Konstrukteur Nikolai Dolleschal zu sich, und der alternde Atombaron versicherte dem Ermittler, dass die Schuld an der Explosion allein bei den Operatoren liege; sein Entwurf sei völlig in Ordnung.[24]

Im Spätsommer würde die Ermittlung gegen die Reaktorentwickler abgebrochen und zu einem eigenen Kriminalfall werden, während die Operatoren in den Mittelpunkt rückten. Jankowski reiste kreuz und quer durch die UdSSR, um Informationen zu sammeln. Er flog nach Swerdlowsk, wo er Dokumente beschlagnahmte und die Belegschaft der Fabrik befragte, in der die gewaltigen Hauptumwälzpumpen von Block Vier hergestellt worden waren. Er verbrachte zehn Tage in der Stadt Gorki, dem Aufenthaltsort des Atomexperten Andrei Sacharow, der als Strafaktion für seine Menschenrechtskampagne dorthin verbannt worden war. Er hatte Lochkarten-Ausdrucke aus der Computeranlage des Reaktors bei sich, weil er hoffte, Sacharow könnte ihm bei deren Auswertung helfen. Nach seiner Rückkehr in die Ukraine besuchte Jankowski weitere Kernkraftwerke, um Beweismaterial zu früheren Unfällen zu sammeln. Dabei wurde er auf Schritt und Tritt von KGB-Agenten beschattet, die gewährleisten sollten, dass die Ergebnisse seiner Ermittlungen auch weiterhin unter Verschluss blieben.

Am Mittwoch, dem 2. Juli, wurde Wiktor Brjuchanow nach Kiew beordert und erhielt dort ein Flugticket nach Moskau, wo bei einer Zusammenkunft des Politbüros tags darauf seine Gegenwart erforderlich wäre.[25] Vor seiner Abreise nahm er Abschied von Malomusch, dem zweiten Parteisekretär der Region. Malomusch, der Brjuchanow stets nur mit eisiger Förmlichkeit begegnet war, drückte ihn jäh an sich. Es war kein gutes Zeichen; doch der abgesetzte Direktor hatte sich mittlerweile in sein Schicksal gefügt.[26]

Am folgenden Vormittag Punkt elf versammelte sich das Politbüro in einem düsteren Konferenzsaal in der dritten Etage des Kreml. Kleine Schreibtische füllten den Raum, und Brjuchanow saß unter den ehrwürdigen Speerspitzen der sowjetischen Kernindustrie – darunter Alexandrow, Slawski und Walery Legassow. Und alle schauten drein wie Schuljungen, die etwas ausgefressen hatten. Das obligatorische Porträt von Lenin an der Wand blickte streng auf sie herab. Generalsekretär Gorbatschow eröffnete die Sitzung und bat Boris Schtscherbina, er möge den Abschlussbericht seiner Regierungskommission zu den Ursachen der Katastrophe vortragen.[27]

»Der Unfall war das Ergebnis schwerwiegender Verstöße der Belegschaft gegen die Instandhaltungsvorschriften und grober Konstruktionsfehler im Reaktor«, begann der Vorsitzende. »Doch diese Ursachen sind nicht gleichrangig. Die Kommission ist der Meinung, dass der Unfall durch Fehler der Belegschaft ausgelöst wurde.«[28]

Es war das bevorzugte Narrativ des Ministeriums für Mittleren Maschinenbau –, und dennoch fügte Schtscherbina hinzu, dass der Reaktor tiefgreifende, unlösbare Unzulänglichkeiten aufweise. Der RBMK entspreche nicht den modernen Sicherheitsstandards und hätte außerhalb der UdSSR schon vor dem Unfall keine Betriebsgenehmigung erhalten. Tatsächlich sei dieser Reaktortyp so potentiell gefährlich, dass seine Spezialisten ihm empfohlen hätten, bereits vorhandene Pläne, weitere Reaktoren dieses Typs zu bauen, kurzerhand zu streichen.

Als Schtscherbina zu Ende gesprochen hatte, war Gorbatschow außer sich vor Wut. Seit die Katastrophe sich immer weiter ausweitete, hatte er Zorn und Frustration in sich aufgestaut. Er hatte sich um exakte Informationen bemüht, und nun war sein guter Ruf im Westen – als ein Mann der Reformen, mit dem man Handel treiben konnte – von all den linkischen Vertuschungsversuchen beschädigt. Er beschuldigte Slawski und Alexandrow, über einen Geheimstaat zu walten und absichtlich die Wahrheit über die Unfallursache vor ihm zu verbergen. »Seit dreißig Jahren behaupten Sie, dass alles vollkommen sicher sei. Sie dachten, wir würden Sie wie Götter verehren. *Das* ist der Grund, warum das alles passiert ist, warum es zu dieser Katastrophe kommen musste. Niemand hat die Ministerien und Wissenschaftszentren kontrolliert«, sagte er. »Und im Augenblick kann ich keinerlei Anzeichen erkennen, dass Sie die notwendigen Schlüsse gezogen haben. Stattdessen versuchen Sie, alles zu vertuschen.«[29]

Die Sitzung zog sich in die Länge. Die Mittagessenszeit kam und ging. Gorbatschow fragte Brjuchanow, ob er von Three Mile Island und der Geschichte der Störfälle im Kernkraftwerk Tschernobyl Kenntnis habe. Der Direktor war überrascht, wie höflich der Generalsekretär schien.[30] Slawski beschuldigte weiterhin die Operatoren, während sich Gorbatschows Stellvertreter Ligatschow, ein Hardliner, wie an einen Strohhalm an den sowjetischen Stolz klammerte. »Wir haben der Welt gezeigt, dass wir die Sache bewältigen können«, sagte er. »Niemand durfte in Panik geraten.«[31] Die Vertreter des Energieministeriums räumten ein, dass sie über die Probleme mit dem Reaktor Bescheid gewusst hätten, doch Alexandrow und Slawski hätten dennoch darauf bestanden, das Atomprogramm auszubauen.[32]

Irgendwann behauptete Meschkow unklugerweise, dass der Reaktor nach wie vor vollkommen sicher sei, sofern die Vorschriften präzise eingehalten würden.

»Jetzt erstaunen Sie mich«, entgegnete Gorbatschow.[33]

Dann gab Waleri Legassow zu, dass die Wissenschaftler das sowjetische Volk enttäuscht hätten. »Es ist natürlich unsere Schuld«, sagte er. »Wir hätten ein Auge auf den Reaktor haben müssen.«[34]

»Der Unfall war unausweichlich … Wäre er nicht hier und jetzt passiert, dann eben anderswo«, sagte der Ministerratsvorsitzende Ryschkow und argumentierte, es sei die berauschende Macht gewesen, die Alexandrow und Slawski letztlich zum Verhängnis wurde. »Wir steuerten schon seit langer Zeit darauf zu.«[35]

Gegen sieben Uhr abends – nach fast acht Stunden ununterbrochenen

Debattierens – präsentierte Gorbatschow seine Schlussfolgerungen und schlug die Bestrafung all derer vor, die er für schuldig hielt. Der daraus resultierende Beschluss beinhaltete einen aus fünfundzwanzig Punkten bestehenden Aktionsplan und wurde elf Tage später dem Politbüro zur Abstimmung vorgelegt. Darin bemängelten die Parteiführer an Direktor Brjuchanow und Chefingenieur Fomin, sie hätten Regelverstöße und »strafbare Fahrlässigkeit« innerhalb des Kraftwerks geduldet und es versäumt, die nötigen Sicherheitsvorkehrungen für den Test zu treffen, in dessen Verlauf es zu dem Unfall gekommen sei. Dem Energieministerium warfen sie schlampiges Management vor, Nachlässigkeit im Hinblick auf die Schulung der Kraftwerksmitarbeiter sowie Gleichgültigkeit hinsichtlich der Anzahl der Unfälle in den Kernkraftwerken seiner Zuständigkeit. Die staatliche Atomkontrollbehörde wurde beschuldigt, ihre Aufsichtspflicht vernachlässigt zu haben.

Doch die Resolution des Politbüros erkannte auch die eigentlichen Gründe für den Unfall, der Reaktor Vier zerstört hatte. Die Katastrophe sei »auf Mängel in der Konstruktion des RBMK-Reaktors« zurückzuführen, »die nicht ganz den Sicherheitsanforderungen entspricht«, hieß es darin. Überdies habe Efim Slawski, der sich dieser Unzulänglichkeiten durchaus bewusst gewesen sei und zahlreiche Warnungen erhalten habe, nichts unternommen, um die Fehler im Reaktorkonzept zu beheben.[36]

Die barscheste Rüge behielt sich das Politbüro für die mittleren Ränge der Nomenklatura vor. Der zweite Vorsitzende des Ministeriums für Mittleren Maschinenbau Meschkow, der stellvertretende Minister Schascharin, der am Energieministerium für die Atomkraft verantwortlich war, sowie der zweite Vorsitzende des Nuklearforschungsinstituts NIKIET wurden entlassen. Wiktor Brjuchanow wurde aus der Partei ausgeschlossen und musste, in Ungnade gefallen, nach Kiew zurückfliegen.

Das Politbüro schlug aber auch weitreichende Veränderungen innerhalb der Industrie und der Organisationen vor, deren Unzulänglichkeiten durch den Unfall offenkundig geworden waren. Die Resolution instruierte das Innenministerium und das Verteidigungsministerium, Soldaten und Feuerwehrleute für den Umgang mit Strahlenunfällen und Dekontaminationsarbeiten auszurüsten und umzuschulen. Gosplan und das Energieministerium sollten ihre langfristigen Erwartungen an den Atomstrom noch einmal überdenken. Ausbildungs- und Sicherheitsstandards sollten überholt und die Aufsicht über die Kernenergie einem neuen Atomkraftministerium unterstellt werden. Schließlich beschlossen die Parteiführer – ein implizites Zugeständnis, dass mit dem Reaktor selbst etwas nicht stimmte –, alle existierenden RBMK-Kraftwerke modifizieren zu lassen, damit sie den bestehenden Sicherheitsstandards entsprächen. Pläne für den Bau weiterer RBMK-Reaktoren wurden unverzüglich beendet.

Und doch entgingen die Bonzen der Kernindustrie, die das Projekt von Anfang an begleitet hatten, fast ganz der öffentlichen Zurechtweisung. Slawski – mittlerweile für den Bau des Sarkophags verantwortlich, der den missglückten Reaktor für immer begraben sollte – und Alexandrow wurden lediglich an ihre Verpflichtung erinnert, die Sicherheit des friedlichen Atoms zu gewährleisten. Nikolai Dolleschal wurde überhaupt nicht erwähnt.

Am Ende des Sitzungsmarathons unterstrich Gorbatschow die tiefgreifenden globalen Auswirkungen der Katastrophe. Sie habe den Ruf sowjetischer Technologie beschmutzt. Von nun an werde alles, was in diesem Land getan werde, von der ganzen Welt kritisch beäugt. Deshalb müsse man jetzt vollkommen offen über das Geschehen sprechen, nicht nur mit befreundeten sozialistischen Ländern, sondern auch mit der IAEO und der internationalen Gemeinschaft. »Offenheit ist von großem Nutzen für uns«, sagte er. »Wenn wir nicht alles erwartungsgemäß aufdecken, werden wir dies zu spüren bekommen.«[37]

Nicht alle waren dieser Meinung. Tags darauf reichten Funktionäre der Sechsten Verwaltung des KGB eine Liste mit Themen herum, die sich auf den Unfall in Tschernobyl bezogen und in verschiedenen Graden als geheim betrachtet wurden. Zwei getippte Seiten umfassend, listete das Dokument sechsundzwanzig Punkte auf. Ganz oben, als *»Sekretno«* – »geheim« – gekennzeichnet, stand Punkt eins: »Informationen über die wahren Ursachen für den Unfall in Block Vier.«[38]

Nach seiner Ankunft in Kiew wurde Wiktor Brjuchanow zum Hotel Leningrad gefahren. Tags darauf sollte er vor der Staatsanwaltschaft eine Stellungnahme abgeben. Der Ermittler legte ihm eine Liste mit Fragen vor, und Brjuchanow beantwortete sie handschriftlich. Am Ende füllte die Stellungnahme neunzig Seiten, und als sie fertig war, wurde er zum Pionierlager zurückgebracht.[39]

Am Abend des 19. Juli wurde die offizielle Version des Politbüro-Urteils in der Nachrichtensendung *Wremja* verkündet. Es war unmissverständlich und vernichtend. »Dank den Erkenntnissen der Regierungskommission«, so der Sprecher, »steht nun eindeutig fest, dass der Unfall auf eine Reihe grober Verstöße gegen die Betriebsvorschriften durch die Kraftwerksbelegschaft zurückzuführen ist … Verantwortungslosigkeit, fahrlässiges Verhalten und Disziplinlosigkeit hatten schwerwiegende Konsequenzen.« Die Stellungnahme beinhaltete eine Liste der Minister, die entlassen worden waren, und endete mit der Nachricht, dass Brjuchanow aus der Partei ausgeschlossen worden war. Die Generalstaatsanwaltschaft der UdSSR habe Ermittlungen eingeleitet, hieß es, ein Gerichtsverfahren werde folgen. Von den Fehlern des Reaktors war keine Rede.[40]

Am folgenden Morgen füllte die Nachricht die Titelseiten von *Prawda, Iswestija* und allen anderen sowjetischen Zeitungen; die Stellungnahme des Politbüros sollte auch in voller Länge in der *New York Times* abgedruckt werden. Am selben Tag stieß ein Reporter der kanadischen Zeitung *Globe and Mail* auf eine Frau, die ein Lenin-Standbild säuberte, und fragte sie nach ihrer Meinung zu den Beschuldigten. »Sie gehören alle ins Gefängnis«, antwortete sie.

Zu Hause in Taschkent, wo sie bei einem ihrer drei jüngeren Kinder lebte, saß Brjuchanows alte Mutter gerade vor dem Fernseher, als die Nachricht übertragen wurde, in der von dem Absturz ihres Sohnes berichtet wurde. Sie stand auf, wankte hinaus auf die Straße, erlitt einen Herzinfarkt und starb.[41] Ein paar Tage später verkündete in Kiew das Zentralkomitee der Kommunistischen Partei der Ukraine seine eigenen Einschätzungen: Chefingenieur Nikolai Fomin wurde gefeuert, weil er den verhängnisvollen Test angeordnet hatte, und wegen »eklatanter Fehler und Nachlässigkeiten bei der Arbeit«. Außerdem wurde der Parteisekretär des Kraftwerks, Sergei Paraschin, seines Postens enthoben.[42]

In der zweiten Augustwoche war Wiktor Brjuchanow vom Begräbnis seiner Mutter in Usbekistan zurückgekehrt und mit vielen hundert Kraftwerksmitarbeitern und Liquidatoren auf einem von elf Flusskreuzfahrtschiffen einquartiert worden, die in einer malerischen Biegung des Dnepr etwa vierzig Kilometer vom Kraftwerk Tschernobyl entfernt vor Anker lagen.[43] Am 12. August kam der stellvertretende Chefingenieur des Kraftwerks aus Kiew zurück. Er hatte eine Vorladung mit Brjuchanows Namen bei sich, die diesen aufforderte, sich am folgenden Tag um zehn Uhr im Zimmer 205 der Staatsanwaltschaft in der Resnizkaja-Straße in Kiew einzufinden. Dort wurde der ehemalige Kraftwerksdirektor drei weitere Stunden verhört und dann – nach Artikel 220, Paragraph 2 des Strafgesetzbuches der Ukraine – offiziell beschuldigt, »gegen Sicherheitsvorschriften in explosionsgefährdeten Kraftwerken oder Einrichtungen verstoßen zu haben«, und verhaftet. Von zwei Männern in Zivil durch die Hintertüre abgeführt, wurde er in eine Gefängniszelle des KGB gebracht, in der er den Großteil des folgenden Jahres verbringen würde.[44]

Zwei Wochen später, am 25. August, dem Eröffnungstag der Technikkonferenz im Sitz der IAEO in Wien, betrat im grauen Anzug und mit gestreifter Krawatte, mit aufgedunsenem Gesicht und verstörtem Blick hinter der dicken Brille Waleri Legassow die Rednertribüne. Die Atmosphäre war düster und angespannt, und der holzvertäfelte Konferenzsaal brechend voll. Sechshundert Nuklearforscher aus zweiundsechzig Ländern, begleitet von über zweihundert Journalisten, waren gekommen, um die Wahrheit über die Havarie zu erfahren, die mittlerweile die ganze Welt in Atem hielt. Auf Legassow lastete eine riesige Bürde – Nicht nur der gute Ruf der sowjetischen Wissenschaft stand auf dem Spiel, sondern die Zukunft der globalen Atomindustrie. Die Katastrophe ließ vermuten, dass den Technikern der UdSSR nicht zugetraut werden konnte, ihre eigenen Reaktoren zu bauen oder zu betreiben, und dass die Technologie selbst so viele Gefahren in sich barg, dass sogar im Westen Atomkraftwerke stillgelegt oder rückgebaut werden sollten.[45]

Legassow hatte einen Großteil des Sommers damit verbracht, das Material zusammenzustellen, das er vorzulegen gedachte: Auszüge aus den Beiträgen eines dreiundzwanzigköpfigen Expertenteams, das zur Hälfte aus Mitarbeitern des Kurtschatow-Instituts bestand, des weiteren aus den Reaktorkonstrukteuren, dem Vorsitzenden der sowjetischen Agentur für Umwelt und Meteorologie und den Spezialisten für Strahlenmedizin und Dekontamination Dr. Angelina Guskowa und General Wladimir Pikalow.[46]

Doch die Organe des Sowjetstaates waren so wenig bereit wie eh und je, die Wahrheit über die zahllosen Mängel sozialistischer Technologie offenzulegen, Glasnost hin oder her.[47] Als ein Entwurf des Berichts schließlich das Zentralkomitee erreichte, war der Leiter der Energieabteilung entsetzt von dem, was er da las, und reichte den Text mit einer angehängten Notiz an das KGB weiter: »Dieser Bericht enthält Informationen, die den Namen der sowjetischen Wissenschaft beschmutzen … Wir halten es für angebracht, dass seine Verfasser durch Partei und Justiz bestraft werden.«

Seine Vorstellungen von Vergeltung mögen hart gewesen sein, doch die Befürchtungen des Apparatschik waren nicht ganz unbegründet. Der Welt die wahren Wurzeln der Tragödie zu offenbaren – die Konstruktion des Reaktors selbst, die systematischen, nachhaltigen Versäumnisse sowie die Geheimhaltungs- und Leugnungskultur des sowjetischen Atomprogramms, dazu noch die Arroganz der führenden Wissenschaftler, die seine Durchsetzung beaufsichtigten –, war schlicht undenkbar. Falls der Bericht die Konstruktionsfehler des RBMK-Reaktors eingestand, konnte die Verantwortung für die Havarie bis hinauf zum Chefentwickler und Vorsitzenden der Akademie der Wissenschaften verfolgt werden. In einer Gesellschaft, in der sich der Wissenschaftskult an die Stelle der Religion gesetzt hatte, galten die Atomchefs als heiligste Ikonen, als die Säulen des Sowjetstaates. Sie niederreißen zu lassen, würde die Integrität des gesamten Systems untergraben, auf dem die UdSSR gründete. Sie durften daher nicht für schuldig befunden werden.[48]

Legassows Vortrag war meisterhaft.[49] Fünf Stunden lang ununterbrochen sprechend, schlug das Akademiemitglied das Auditorium in seinen Bann. Er skizzierte detailliert den Entwurf des Reaktors, wobei er gewisse »Schattenseiten« einräumte, aber unangenehme Fakten übertünchte, und rekonstruierte minutengenau die Unfallfolge, ein Szenario, das noch weitaus beängstigender war als die westlichen Experten angenommen hatten. Nachdem er zu Ende gesprochen hatte, stellte er sich für mehrere Stunden

den Fragen der Zuhörer, und Legassow und sein Team beantworteten sie fast alle. Zu den erwähnten Nachteilen im Reaktorentwurf befragt, erwiderte Legassow: »Der Fehler im System bestand darin, dass die Entwickler das ungeschickte, tölpelhafte Verhalten der Operatoren nicht vorhersahen.« Nichtsdestoweniger räumte er ein, dass »etwa die Hälfte« der vierzehn verbliebenen RBMK-Reaktoren der UdSSR bereits abgeschaltet worden waren, um sie einer technischen Modifizierung »zur Erhöhung ihrer Sicherheit« zu unterziehen.[50]

Beeindruckt von solch einer scheinbar beispiellosen Aufrichtigkeit seitens sowjetischer Wissenschaftler und beschwichtigt von dem Gedanken, dass die Katastrophe ein Ausnahmeereignis darstellte, das für die nukleare Sicherheit außerhalb der UdSSR wenig Relevanz hatte und dessen Folgen für die Gesundheit und die Umwelt sich innerhalb annehmbarer Grenzen bewegten, verließen die Delegierten den Saal im zuversichtlichen Glauben an die Zukunft der sowjetischen Atomkraft – und der Atomindustrie weltweit. Als man am Ende der Woche aus Wien abreiste, war die Stimmung heiter, fast ausgelassen. Für die Sowjetunion – und für Waleri Legassow persönlich – war die Konferenz, wie ein prominenter britischer Physiker im *Bulletin of the Atomic Scientists* bemerkte, »ein PR-Triumph«.[51]

Nach seiner Rückkehr nach Moskau begab sich Legassow schnurstracks zum Kurtschatow-Institut und rannte die Stufen hinauf in die dritte Etage. »Sieg!«, rief er einem Freund zu.

Und doch blieben quälende Fragen.

Nach der Hälfte der Konferenz, während einer Kaffeepause zwischen drei Sitzungstagen unter Ausschluss der Medien, hatte der MIT-Physiker Richard Wilson zwei Mitgliedern der sowjetischen Delegation eine Frage gestellt, die ihn beschäftigte. In der Kopie des Berichts, die Wilson erhalten hatte, hastig übersetzt vom US-amerikanischen Energieministerium und gespickt mit Tabellen und Statistiken, schien die einfache Arithmetik an manchen Stellen falsch zu sein: Die Zahlen, die den radioaktiven Fallout in bestimmten Regionen der UdSSR bezifferten, schienen in der Summe mit dem Gesamtergebnis am Ende nicht übereinzustimmen. Die beiden sowjetischen Delegierten mussten zugeben, dass die Zahlen womöglich nicht ganz korrekt waren. Jahre später erfuhr Wilson, dass auf Legassows Anweisungen hin sechs Seiten mit Daten zur Kontamination von Weißrussland und Russland aus dem Bericht herausgeschnitten worden waren. Er hatte den Bericht auf direkten Befehl des Ministerratsvorsitzenden Ryschkow manipuliert.[52]

»Ich habe in Wien nicht gelogen«, schrieb Legassow in einem Bericht, den er zwei Monate später der sowjetischen Akademie der Wissenschaften vorlegte. »Ich habe aber auch nicht die volle Wahrheit gesagt.«[53]

Kapitel 16

Der Sarkophag

Im abgedunkelten Raum direkt unter dem Dach warteten die Soldaten in einer Reihe, während ihre Kameraden die Ausrüstung überprüften. Über die olivgrünen Uniformen schnallten sie sich knielange Schürzen und schützten Brust, Hinterkopf und Rückgrat mit drei Millimeter dicken Platten aus weichem Bleiblech; auch die Leisten umschlossen sie mit Bleiblech und stopften es in ihre Stiefel. Sie trugen grüne Drillichhauben, die sie fest um die Gesichter gezurrt hatten. Zuletzt setzten sie sich schwere Atemschutzmasken und Schutzbrillen auf. Einige trugen zudem Bauhelme aus Kunststoff.

»Seid ihr bereit?«, fragte General Tarakanow. Seine Stimme hallte von den Betonwänden. Die Augen der ersten fünf Männer waren von Angst gezeichnet, als sie auf die Treppe zugingen. Oben angekommen, wandten sie sich nach rechts und folgten dem Anführer einen geschwärzten Gang entlang, auf einen gezackten Fleck gleißenden Himmels zu; ein Loch, durch die Gebäudeschale gesprengt und gerade groß genug, um einen erwachsenen Mann hindurchschlüpfen zu lassen. Das Loch führte hinaus in die Zone M, auf dem Dach über dem dritten Reaktorblock, wo sich Monate zuvor die Feuerwehrleute abgemüht hatten, die brennenden Trümmer zu löschen, die aus dem havarierten Reaktor vier geschleudert worden waren.[1]

General Tarakanow hatte die Dächer gemäß ihrer Strahlenbelastung unterteilt.[2] Jedes Areal erhielt den Namen einer Frau aus seinem Leben: In Areal K (Katja) erreichten die Gammastrahlenfelder 1000 Röntgen, in Areal N (Natascha) bis zu 2000 Röntgen, und in Areal M (für Mascha, die große Schwester des Generals) sprach man nur in ehrfürchtigem Flüstern von der Höhe der Strahlung. Areal M, mit direktem Blick auf die klaffende

Schale von Block Vier und die Überreste des zerstörten Reaktors, war ein Schlachtfeld aus verkohltem Schutt und Mauerwerk, das durch die Wucht der Explosion in die Luft geschleudert worden war.[3] Es war übersät mit verbogenen Bewehrungsstäben und Geräteteilen aus der Reaktorhalle, einige davon fast eine halbe Tonne schwer. Graphitblöcke, die einmal den Reaktorkern gebildet hatten, lagen überall herum – einige weiß verfärbt, vielleicht durch die Hitze der Explosion, aber ansonsten intakt. Um sie herum erreichten die gemessenen Strahlungspegel 10 000 Röntgen pro Stunde – genug für eine tödliche Dosis in weniger als drei Minuten.[4]

General Nikolai Tarakanow, stellvertretender Kommandant des Zivilschutzes der UdSSR, war zweiundfünfzig Jahre alt. Der zwergenhaft kleine Kosake mit angehender Glatze, das fünfte von sieben Kindern, hatte als Junge mitansehen müssen, wie sein Dorf von den Deutschen niedergebrannt wurde. Er hatte gelogen, was sein Alter betraf, um in die Armee eintreten zu können, und erhielt fünfzehn Jahre später den Doktortitel in Militärwissenschaft. Tarakanow war auf die Koordination von Pioniertruppen nach einem Atomschlag spezialisiert und hatte zwei Handbücher für die Sowjetarmee verfasst, in denen er darlegte, wie nach einem Atomangriff der Wiederaufbau beginnen konnte. Er befasste sich mit ausführlichen Szenarien, in denen die erwartete Zerstörung durch US-amerikanische Raketen auf die größten Städte der UdSSR simuliert wurde; grauenvolle Visualisierungen, die Hunderttausende Tote zeigten, eine Bevölkerung, die in einer verseuchten Landschaft ums Überleben kämpfte, und Schlüsselindustrien, die im verborgenen Hinterland des Reiches unterirdisch neu aufgebaut wurden. 1970 begann er mit Experimenten auf einem militärischen Testgelände in Noginsk, außerhalb von Moskau, wo eine Kleinstadt angelegt worden war, um eine postapokalyptische urbane Umgebung zu simulieren, samt Schuttbergen und zerstörten Gebäuden. Dort hatte er bei der Entwicklung der Vorgehensweisen und der massiven Gerätschaften geholfen – der gepanzerten IMR-2-Räumfahrzeuge mit ihren Teleskoparmen und mechanischen Zangen –, die Anfang Mai in den Bereichen mit der höchsten Strahlenbelastung in Tschernobyls Spezialzone zum Einsatz gekommen waren. Doch mittlerweile war September. Im Areal M hatten

Theorie und Technologie versagt, und nun schickte Tarakanow seine Männer nur mit Schaufeln bewaffnet in die Schlacht.

Am Ende des Gangs versammelten sich die Soldaten an der Schwelle. Ihr Atem ging röchelnd in den schweren Atemschutzmasken aus Gummi. Ein Offizier betätigte die Stoppuhr, und weitere fünf Männer traten hinaus ans Licht.

In den vier Monaten seit Iwan Silajew im sowjetischen Fernsehen seine Pläne angekündigt hatte, einen Sarkophag zu errichten, um darin die Überreste des vierten Reaktorblocks für immer zu begraben, war ein frisches Heer von Architekten, Ingenieuren und Baubrigaden in die Zone berufen worden und schuftete nun rund um die Uhr, um die Idee umzusetzen. Während ihre Konkurrenten im Energieministerium damit beauftragt wurden, die übrigen drei Reaktoren des Kraftwerks wieder in Betrieb zu nehmen, wurde das Sarkophag-Projekt einer Brigade anvertraut, die vom Ministerium für Mittleren Maschinenbau eigens zu diesem Zweck zusammengestellt und mit dem Kürzel US-605 bezeichnet worden war. Entwürfe für das neue Gebäude wurden bei den zahllosen akronym-geschmückten Agenturen und Unterabteilungen des Ministeriums angefordert: im allrussischen wissenschaftlichen Forschungs- und Designinstitut für Energietechnologie, kurz VNIPIET; in der Konstruktionsabteilung des Ministeriums, genannt SMT-1; und im NIKIMT, dem experimentellen Laboratorium, das sich der Forschung und Entwicklung von kerntechnischen Anlagen widmete.

Das endgültige Konzept sollte aus einer engeren Auswahl von achtzehn Entwürfen ausgesucht werden.[5] Ingenieure des Forschungs- und Konstruktionsinstituts NIKIET hatten vorgeschlagen, den zerstörten Reaktor mit hohlen Bleikugeln zu füllen.[6] Andere wollten ihn unter einem gewaltigen Schotterhügel begraben oder in einem riesigen Hohlraum unter Block Vier versenken, damit er komplett in einem Stück vom Erdboden verschluckt werde.[7] Während der ersten Sitzungen zum Thema hatte Efim Slawski, der rauflustige Sredmasch-Vorsitzende, seine eigene, typisch emphatische Lösung vorgestellt: Wir ersäufen die ganze Schweinerei kurzerhand in Beton – und Schluss. Der Vorschlag von Efim dem Großen wurde mit verlegenem Schweigen quittiert, das schließlich von Anatoli Alexandrow gebrochen wurde. Der Leiter des Kurtschatow-Instituts wies auf die physikalischen Nachteile von Slawskis Ansatz hin: Die andauernde Zerfallswärme des noch vorhandenen nuklearen Brennstoffs innerhalb des Reaktorgebäudes mache eine Versiegelung schwer praktikabel, wenn nicht gar unmöglich.[8]

So verlockend die Vorstellung auch sein mochte, den havarierten Reaktor vollkommen von der Atmosphäre ringsum abzuschotten, so Alexandrow, gebe er doch zu bedenken, dass die Brennstoffmasse stattdessen ein weit verzweigtes Belüftungssystem benötige, um sicherzustellen, dass sie gefahrlos weiter abkühlen könnte. Außerdem sei eine pausenlose Überwachung erforderlich, damit man gewarnt sei, falls eine neue Kettenreaktion einsetze. Die Ruine musste von einer Schutzhülle bedeckt werden, obwohl noch niemand sagen konnte, wie dies zu bewerkstelligen war. Block Vier belegte ein dermaßen großes Areal – fast so groß wie ein Fußballfeld –, dass ein Dach in jedem Fall von senkrechten Pfeilern gestützt werden müsste. Doch das Reaktorgebäude war noch immer ein Niemandsland aus eingestürzten Wänden, zerschundenen Gerätschaften und Betontrümmern, zum großen Teil unter den zigtausend Tonnen Sand und Lehm begraben, die aus General Antoschkins Hubschraubern abgeworfen worden waren. Die Ingenieure konnten nicht wissen, ob irgendetwas innerhalb der Trümmer genügend strukturelle Festigkeit besaß, um ein wie auch immer geartetes Dach zu tragen. Und dank der Strahlung war es nahezu unmöglich, dies herauszufinden.

Unter den eingereichten Architekturlösungen waren auch einige sehr ambitionierte, darunter ein einzelner Bogen mit einer Spannweite von 230 Metern oder der Vorschlag, eine Reihe vorgefertigter Kuppeln über die gesamte Breite der Reaktorhalle zu rollen. Ein anderer Entwurf war eine massive Dachkonstruktion, gehalten von einer Reihe schräger Stahlarme, die von den Ingenieuren spöttisch als »Heil Hitler« bezeichnet wurde. Bis diese phantastischen Konzepte allerdings umgesetzt wären, zu astronomisch hohen Kosten, konnten Jahre ins Land gehen. Einige lagen wohl auch jenseits der bekannten Grenzen sowjetischer Ingenieurskunst. Beim endgültigen Entwurf gab dagegen ein typisch unrealistischer Zeitplan des

Politbüros den Takt vor. Außerdem waren die Arbeitsbedingungen auf der Baustelle haarsträubend. Was auch immer um den vierten Reaktorblock entstehen sollte, musste so schnell wie möglich fertiggestellt werden – nicht binnen Jahren, sondern binnen Monaten –, und das nicht nur, um der Verbreitung radioaktiver Strahlung entgegenzuwirken, sondern auch, um die Blöcke Eins, Zwei und Drei relativ gefahrlos wieder in Betrieb nehmen zu können und damit das angekratzte technologische Prestige der UdSSR zumindest teilweise zu retten.[9]

Doch die technischen Herausforderungen waren nicht zuletzt deshalb immens, weil das Gebäude aus einem Sicherheitsabstand heraus ferngesteuert zusammengesetzt werden musste. Selbst nachdem die Ruine mit Sand bombardiert und in geschmolzenem Blei ertränkt worden war, blieb die Strahlenbelastung rings um Block Vier viel zu hoch, als dass jemand länger als drei Minuten am Stück dort hätte arbeiten können.[10] Daher wollten die Ingenieure das neue Bauwerk mit Hilfe von Kränen und Robotern aus vorgefertigten Segmenten zusammensetzen.[11] Und die Zeit drängte. Am 5. Juni gab Gorbatschow Slawski und seinen Männern bis September Zeit, um das neue Gebäude fertigzustellen – weniger als vier Monate, um eine der gefährlichsten und ambitioniertesten Großtaten des Bauingenieurwesens in der Geschichte zu vollbringen. Die Arbeit begann, noch bevor sich die Ingenieure und Architekten in Moskau auf einen praktikablen Entwurf geeinigt hatten.[12]

Um ihre Gesamt-Strahlenexposition zu begrenzen, begaben sich die Teams von Sredmasch US-605 abwechselnd für zwei Monate in die Sperrzone von Tschernobyl.[13] Die erste Schicht, die am 20. Mai begann, musste das Durcheinander beseitigen, das von den gescheiterten Lösungsversuchen des Energieministeriums hinterlassen worden war – blockierte Straßen, kaputte Ausrüstung und halbfertige Betoniervorhaben –, und für das gewaltige Unterfangen die erforderliche Infrastruktur schaffen.[14] Es galt Unterkünfte, Nahrung und Sanitäranlagen für eine zwanzigtausend Mann starke Truppe vorzubereiten, zum Großteil Reservisten, die von Sredmasch zum Dienst verpflichtet und als *Partisanen* in die Geschichte eingehen sollten. Da das Ministerium für Mittleren Maschinenbau seine Technikexperten – Architekten, Ingenieure, Wissenschaftler, Elektriker und Dosimetristen – als unersetzlich erachtete, mussten diese vor übermäßiger Strahlungsexposition bewahrt werden, um möglichst lange in der Zone eingesetzt werden zu können. Die *Partisanen* dagegen, oft mittleren Alters, galten als ungebildet, ungelernt und verzichtbar.[15] Sie wurden daher, ein Zug nach dem anderen, an vorderster Front eingesetzt, wo immer sie gebraucht wurden, um manuelle Arbeiten in hoch verstrahlten Zonen auszuführen. Diese Männer fingen sich binnen Stunden – oder Minuten – ihre Höchstdosis ein. Dann wurden sie nach Hause geschickt und durch neues Kanonenfutter ersetzt.

Die Hauptaufgabe der ersten Schicht bestand darin, eine kontinuierliche Versorgung mit dem wichtigsten Strahlenschutz des Ministeriums für Mittleren Maschinenbau zu gewährleisten: Stahlbeton. Die Bahnlinien und Zementfabriken, die man für den Bau der ersten vier Tschernobyl-Reaktoren eingesetzt hatte, lagen direkt in der Schneise des ersten schweren Fallouts aus Block Vier und waren dermaßen kontaminiert, dass sie stillgelegt werden mussten.[16] Vor Beginn der Bauarbeiten legten die Sredmasch-Ingenieure fünfunddreißig Kilometer neue Straßen und errichteten Dekontaminationsstationen, einen Eisenbahnknotenpunkt, ein Dock, um Schiffsladungen von 500 000 Tonnen Kies abzuladen, und drei neue Betonwerke.[17]

Dann gingen sie daran, den Reaktor zu umzingeln.[18] Dabei rückten sie langsam vor, hinter mehreren »Pioniermauern«, um die Bauarbeiter gegen den unsichtbaren Gammastrahlenbeschuss aus dem Inneren der Ruine abzuschirmen. In sicherer Distanz schweißten die Ingenieure hohle Stahlquader aneinander, im Profil 2,3 Meter im Quadrat und fast sieben Meter lang, die sie, riesigen Ziegelsteinen gleich, auf Niederflurtriebwagen stapelten. Dann brachten sie die beladenen Triebwagen mit Hilfe von Pionierpanzern in die richtige Position um den Reaktor herum und gossen Beton darüber. Dazu benutzten sie Pumpen, die mindestens 300 Meter entfernt standen. Über sechs Meter hoch und sieben Meter dick, warfen die so entstandenen Mauern einen »Gammaschatten«, in dem sich die Arbeiter bis zu fünf Minuten am Stück aufhalten konnten.[19] Der Boden um sie herum wurde ebenfalls dekontaminiert; besprüht mit staubbindender Flüssigkeit und nach und nach mit einer weiteren einen halben Meter dicken Betonschicht überzogen.[20]

Die Arbeit war erbarmungslos, nahm täglich vierundzwanzig Stunden in Anspruch, sieben Tage die Woche, verteilt auf vier Schichten zu je sechs Stunden. Nachts wurde die Baustelle mit Suchscheinwerfern erhellt und zusätzlich von oben von einem vertäuten Luftschiff aus beleuchtet. Die Regierungskommission bewertete den Fortschritt der Baubrigaden nach sowjetischem Maßstab am Betonvolumen, das sie täglich ausgossen, und übte beständig Druck auf sie aus. Bis zum Mittsommer wurden von den Sredmasch-Werken binnen vierundzwanzig Stunden verblüffende eintausend Kubikmeter Beton – zwölftausend Tonnen – ausgestoßen.[21] Betonmischer und Pumpfahrzeuge transportierten ihn eilig zum havarierten Block Vier, wobei die Fahrer mit hundert Sachen über die neuen Straßen preschten, weil sie verhindern mussten, dass sich ihre Fracht in der Sommerhitze verfestigte – aber auch, weil sie die Strahlenbelastung in der Luft fürchteten. Und schon bald häuften sich an den Straßen die Wracks von umgekippten Lastwagen.[22]

Im Juli und im August füllte die zweite Schicht Sredmasch-Ingenieure auch den Raum zwischen der ersten Pioniermauer und den Außenmauern von Block Vier mit Beton, Schutt, Trümmerteilen und kontaminierten Gerätschaften. Von diesen Fundamenten ausgehend bauten sie nach oben. Drei Demag-Schwerlastkräne, einschließlich zweier mechanischer Monster auf Gleisketten, die für 4,5 Millionen Rubel aus Westdeutschland gekauft worden waren, trafen per Schiene in der Sperrzone ein.[23] Da sie fast zwanzigmal so viel heben konnten wie ein gewöhnlicher Kran, wurden sie verwendet, um riesige vorgefertigte Stahlformen zu installieren, die erneut mit Beton ausgegossen wurden, um den Steilhang aus hoch radioaktivem Schutt zu begraben, der aus der Nordfassade des Reaktorgebäudes gebrochen war.[24] Diese sogenannte »Kaskadenmauer« erhob sich in mehreren Terrassen – vier gewaltige Stufen, jeweils fünfzig Meter lang und zwölf Meter hoch –, wie der Tempel für eine rachsüchtige prähistorische Gottheit. Die Größe des Bauwerks ließ die Männer und Maschinen, die in seinem Schatten arbeiteten, zwergenhaft klein erscheinen, und niemand konnte lange in seiner Nähe bleiben. Kamen sie ihm zu nahe, gerieten die Motoren der Betonpumpen ins Stottern und starben ab, und die Zeiger der Strahlungsmessgeräte drehten durch, wie Kompassnadeln in einem Magnetfeld. Es war ein Phänomen, das die Experten nie zufriedenstellend erklären konnten.[25]

Die Stahlformen der Kaskadenmauer wurden zu massiven Segmenten vormontiert, die von den Kränen in der gewünschten Position gehalten wurden, bis sie mit Beton umhüllt waren. Die Arbeit nahm mehrere Wochen in Anspruch. Löcher und Hohlräume in den Wänden von Block Vier bedeuteten, dass Tausende Kubikmeter Flüssigbeton nutzlos in die Ruine versenkt worden waren und den Keller, die Korridore und Treppenschächte füllten, bis die Löcher gestopft werden konnten. Sobald der Mörtel fest geworden war, trennten ferngesteuerte Sprengbolzen die Last vom Kranseil, und es konnte damit begonnen werden, das nächste Segment zu platzieren. Als jedoch das Ecksegment der Kaskadenmauer – ein sechzehn Stockwerke hoher Turm in einem brodelnden Gammafeld – endlich in Position gebracht war, versagten die Sprengbolzen. Die Sredmasch-Spezialisten suchten daher einen Freiwilligen unter den *Partisanen*, der bereit war, sich von einem zweiten Kran in die Höhe ziehen zu lassen und die Kabel von Hand zu lösen. Bevor der Mann sich an die Arbeit machte, stattete man ihn mit drei verschiedenen Dosimetern aus, die seine Exposition während des Auftrags aufzeichnen sollten. Es dauerte eine Stunde, bis er wieder nach unten kam und mit 3000 Rubeln, einer Kiste Wodka und sofortiger Demobilisierung belohnt wurde. Die Dosimeter aber warf er fort, aus Angst davor, was sie ihm anzeigen könnten.[26]

Während die Sredmasch-Ingenieure mit dem Bau des Sarkophags beschäftigt waren, machte sich eine wissenschaftliche Einsatzgruppe aus dem Kurtschatow-Institut an die Lösung des Rätsels, was mit den 180 Tonnen Nuklearbrennstoff passiert war, den sie noch immer irgendwo innerhalb der Gebäudemauern vermuteten.[27] Zunächst hatten die Wissenschaftler angenommen, dass ein Großteil des Urans durch die Explosion aus dem Reaktorkessel geschleudert worden war und nun in den Trümmern der Reaktorhalle herumlag. Doch Strahlungsdetektoren, die von einem Hubschrauber aus in die Ruine hinuntergelassen wurden, fanden dort keinerlei Spuren. Akademiemitglied Legassow befürchtete nun, dass es zu einer erneuten Kritikalität kommen könnte, wenn auch nur eine geringe Menge an Uranbrennstoff und Graphitmoderator intakt und in der richtigen Anordnung innerhalb des Reaktors verblieben war. Das Ergebnis wäre eine neuerliche atomare Kettenreaktion, der niemand Einhalt gebieten könnte, und die Freisetzung weiterer Radionuklide in die Atmosphäre rings um das Kraftwerk. Sein Rivale Welichow befürchtete, dass die Baubrigaden des Sredmasch, indem sie blindlings Beton über die verstreuten Haufen von Nuklearbrennstoff pumpten, unbeabsichtigt eine gewaltige atomare Zeitbombe bauen könnten.[28]

Doch ihre anfänglichen Versuche, den Uranbrennstoff innerhalb der Reaktorhalle selbst zu lokalisieren, waren allesamt gescheitert. Die Mitglieder der Kurtschatow-Gruppe maßen auf allen verfügbaren Wegen durch den Schutt zum Reaktorbehälter – von unten, von oben und von beiden Seiten – Strahlungspegel von Tausenden Röntgen pro Stunde; sie suchten nach flüssigem Blei und den geschmolzenen Überresten der Unmengen von Sand, Borcarbid und Dolomit, die aus den Hubschraubern abgeworfen worden waren. Doch sie fanden nichts dergleichen, und auch keine Spur des Brennstoffs.[29]

Schließlich erreichten die Wissenschaftler einen der Räume im Untergeschoss der Reaktorhalle, drei Etagen unterhalb des Reaktors – und weit östlich davon. Ausgestattet mit einem Gerät, das Dosisraten von bis zu 3000 Röntgen pro Stunde messen konnte, fand das Team auf seinem Weg relativ erträgliche Strahlungspegel. Doch dann schoben sie den Sensor des Radiometers nach oben, in den Raum direkt über ihren Köpfen. Dort, im Abschnitt 217/2 bei Kote +6 stießen sie auf ein dermaßen intensives Gammastrahlenfeld, dass das Instrument den Maximalwert anzeigte und gleich darauf – überfordert – den Geist aufgab. Was immer sich dort oben befand, war unfassbar radioaktiv und womöglich die Antwort auf die Frage, wohin die vielen hundert Tonnen Brennstoff verschwunden waren. Allerdings liefe jeder, der sich in die Schwärze von Korridor 217/2 wagte, Gefahr, sich binnen Minuten oder Sekunden einer tödlichen Dosis Gammastrahlen auszusetzen.

Alexander Borowoi, ein stämmiger neunundvierzigjähriger Neutrino-Physiker und seit mehr als zwanzig Jahren im Kurtschatow-Institut tätig, kam Ende August aus Moskau, um sich dem Einsatzteam anzuschließen. Es war warm, als er in Tschernobyl aus dem Tragflächenboot *Raketa* stieg. Er erhielt ein paar khakifarbene Uniformen und zwei Päckchen mit Mull-Atemmasken – aber keine Instruktionen, wie damit zu verfahren sei. Am selben Abend kam ein alter Kollege aus dem Institut nach der Schicht bei ihm vorbei, um ihm die »Gebote« zu überbringen, wie man in den hoch verstrahlten Zonen des zerstörten Kraftwerks überleben konnte. Er hatte sie in monatelanger praktischer Erfahrung zusammengetragen. Um sich nicht zu verlaufen, sagte er zu Borowoi, dürfe er niemals einen Raum betreten, in dem kein elektrisches Licht brenne. Er solle stets eine Taschenlampe bei sich tragen und für den Fall, dass sie ausfalle, auch eine Schachtel Streichhölzer. Er solle sich vor Wasser von oben hüten, weil es die Nase, die Augen und den Mund kontaminieren könne. Das oberste Gebot sei jedoch, stets auf Ozongeruch zu achten. Die Dozenten in Moskau behaupteten zwar, dass man Strahlung weder riechen noch schmecken könne, aber keiner der Lehrenden dort sei je in Tschernobyl gewesen. Intensive Gammastrahlenfelder von 100 Röntgen pro Stunde und darüber – an der Schwelle zum Verursachen eines akuten Strahlensyndroms – erzeugten eine extensive Ionisierung der Luft, die ein deutliches Aroma hinterließ, wie nach einem heftigen Gewitter. Riechst du Ozon, sagte sein Kollege, dann nimm die Beine in die Hand.

Am folgenden Morgen wurde Borowoi auf Befehl des Akademiemitglieds Legassow auf seine erste Erkundungstour in Block Vier geschickt.[30]

Während die Kurtschatow-Gruppe ihre Suche nach dem Brennstoff fortsetzte und die Sredmasch-Brigaden sich abmühten, den Sarkophag fertigzustellen, beeilten sich die Techniker des Energieministeriums, ihre eigene Frist einzuhalten. Das Politbüro hatte der Öffentlichkeit versprochen, dass die beiden ersten der drei verbliebenen Tschernobyl-Reaktoren noch vor dem Winter wieder in Betrieb genommen werden sollten.[31] Doch da nun die Wahrheit über die Konstruktionsfehler im RBMK endlich ans Licht gekommen war, mussten die Spezialisten die Reaktoren zunächst modifizieren, um ihren Betrieb sicherer zu machen. Dabei verbesserten sie ihre Leistung, indem sie den Voidkoeffizienten und die Funktionsweise der Kontrollstäbe veränderten. Gleichzeitig mussten sie das gesamte Kraftwerk von oben bis unten dekontaminieren, bis die Substanz der Anlage selbst keine Gefahr mehr für die Belegschaft darstellte, die darin arbeitete. Die Kabelstollen unterhalb der vier Reaktoren, die infolge der Havarie mit radioaktivem Wasser überflutet waren, wurden leer gepumpt, der Betonboden und die feuerfeste Beschichtung herausgemeißelt, zerkleinert und ersetzt. Wände und Böden des Kraftwerks wurden mit Säure gereinigt, mit schnelltrocknenden Polymerlösungen abgebeizt oder mit dicken Plastikplanen abgedeckt.[32] Das gesamte Belüftungssystem wurde von radioaktivem Staub und heißen Teilchen befreit oder neu aufgebaut, und sämtliche elektrischen Einrichtungen in dem riesigen Komplex wurden mit einer Lösung aus Alkohol und Freon gesäubert. Die Aktion begann im Juni und sollte noch drei Jahre dauern.[33]

Das gefährlichste Problem jedoch lag über ihren Köpfen. Vier Monate nach der Explosion waren das Zikkurat-Dach von Block Drei und die Plattformen des rot-weiß-gestreiften Abluftschlots, der über dem havarierten Block vier aufragte, noch immer mit größeren und kleineren Graphitbrocken und Reaktorbestandteilen übersät. Brennelemente und Keramik-Pellets aus Uranoxid, Kontrollstäbe und Zirkalloykanäle lagen, wohin die Wucht der Explosion sie geschleudert hatte, zwischen den verwaisten Schläuchen der Feuerwehrleute, die bereits Wochen zuvor im Krankenhaus Nummer Sechs gestorben waren. Mancherorts türmte sich der Schutt zu instabilen Haufen; eine fünf Tonnen schwere Betonplatte aus der Reaktorhalle, von der Druckwelle nach oben geschleudert, lag nun inmitten glitschiger Brocken aus Reaktorgraphit. An anderen Stellen, wo das Bitumen in den Flammen geschmolzen war, blieben Wrackteile mit dem Dach verschweißt. Alles war höchst radioaktiv und musste entfernt werden, bevor die Belegschaft gefahrlos in die darunterliegenden Räume zurückkehren konnte, um den Reaktor und die Turbinen von Block Drei zu bedienen.[34]

Die Regierungskommission wandte sich erneut an das Moskauer Institut NIKIMT, das schon den Rote-Beete-Brei vorgeschlagen hatte, mit dem man derzeit den Staub in der Zone band. Die Wissenschaftler antworteten mit einer weiteren ebenso genialen wie sparsamen Lösung. Aus Lumpen, die als Abfälle in der Textilindustrie anfielen, wurden große Matten hergestellt, die erst mit einem billigen, wasserlöslichen Klebstoff getränkt und dann über die Dächer gebreitet wurden, wo sie an den Wrackteilen kleben blieben. Sobald der Klebstoff ausgehärtet war, konnten diese »Löschblätter« mitsamt dem radioaktiven Schutt angehoben, abtransportiert und vergraben werden. Die ersten Tests der Wissenschaftler erwiesen sich als erfolgreich. Mit einem einzigen Quadratmeter Löschpapier ließen sich zweihundert Kilo Schutt von den siebzig Meter hohen Dächern fortschaffen. Als sie jedoch um Erlaubnis fragten, die riesigen Demag-Kräne einsetzen zu dürfen, um die Löschblätter auf das Dach von Block Drei zu heben, lehnte die Kommission dies ab. Die Kräne würden rund um die Uhr für den Bau des Sarkophags gebraucht, man könne sie nicht entbehren. Daraufhin führte das NIKIMT-Team ein zweites erfolgreiches Experiment durch, indem es seine Erfindung von Hubschraubern aus platzieren ließ, durfte dann aber nicht fliegen – weil der Abwind durch die Rotorblätter zu viel toxischen Staub aufwirbelte.[35]

Unterdessen planten Techniker des Energieministeriums, den Schutt mit Hilfe von Robotern wegzuräumen. Ein aus Westdeutschland importiertes Gerät war eigens dazu konzipiert, radioaktive Materie zu handhaben, und trug den Spitznamen »Joker«, zwei weitere waren ferngesteuerte Fahrzeuge, die im sowjetischen Mondfahrtprogramm zum Einsatz kommen sollten, und nur mit kleinen Räumschilden modifiziert waren. Um Zeit zu sparen und die Wrackteile nicht eigens auf einer Deponie entsorgen zu müssen, beschlossen die Techniker, sie kurzerhand über die Dachkante zu schieben, zurück in den Schlund von Block Vier. Doch in den Gammastrahlenfeldern von Areal M versagte schon bald die empfindliche Elektronik des Joker. Und selbst die Maschinen, die zur Erkundung der Mondoberfläche gedacht waren, konnten dem ungastlichen Neuland auf dem Dach des zerstörten Kraftwerks nicht standhalten. Ihre künstlichen Gehirne verhedderten sich, die Reifen blieben am Bitumen kleben, wurden von Mauerbrocken blockiert oder verfingen sich in den eigenen Kabeln, bis ein Roboter nach dem anderen schließlich stotternd den Geist aufgab.[36]

Am 16. September erhielt General Tarakanow eine kodierte Nachricht, die ihn zu einem Treffen der Regierungskommission in der Stadt Tschernobyl beorderte. Mittlerweile war Boris Schtscherbina – nachdem er seinen Bericht zu den Ursachen des Unfalls Gorbatschow vorgelegt hatte – aus Moskau zurückgekehrt, um die Leitung der Kommission ganz zu übernehmen. Die Mitglieder trafen sich kurz nach 16 Uhr in Schtscherbinas bleiverkleidetem Büro, im kommunalen Parteigebäude am Lenin-Prospekt. Der Kommandant der Strahlungs-Messtruppe, der die Aufräumaktion über dem dritten Reaktorblock zu beaufsichtigen hatte, ergriff als erster das Wort. Juri Samoilenko, ein gedrungener Ukrainer mit dunkler Zottelmähne und grüblerischer Miene, wirkte ausgezehrt. Unter seinen dunklen Augen hingen dicke Tränensäcke. Er rauchte ohne Unterlass.[37]

Anhand einer Skizze von den Dächern, die mit durchnummerierten Messwerten übersät und mit roten Flaggen und Sternen gekennzeichnet war, um auf die größten Gefahren hinzuweisen, erklärte er die Situation, mit der sie konfrontiert waren. Sämtliche mechanischen und automatisierten Maßnahmen, um den Schutt wegzuräumen, seien gescheitert und die Strahlungspegel enorm hoch. Doch die Dächer müssten freigeräumt sein, bevor der Sarkophag versiegelt und damit die einzige Lagerstätte für die am höchsten kontaminierten Reaktortrümmer für immer verschlossen wäre. Alle anderen Optionen seien ausgeschöpft. Es sei daher an der Zeit, sagte er, den Job von Hand erledigen zu lassen.[38]

Es folgte betretenes Schweigen.

Die Kampagne *Bio-Roboty* – »Bioroboter« – hatte begonnen.

Tarakanows Soldaten starteten ihre Operation drei Tage später, am Nachmittag des 19. September. Ihre Vorbereitungen waren übereilt und ihre Ausrüstung improvisiert. Ein Radiologe aus der Sanitätstruppe hatte in Zone M einen ersten Test durchgeführt. Er war in experimenteller Schutzkleidung und mit zehn verschiedenen Dosimetern, die seine Strahlungsexposition aufzeichnen sollten, auf das Dach gestiegen. Geschützt von seiner Haube, der Bleischürze, der Atemmaske und den Bleiblechplatten, die man von den Bürowänden des Regierungsgebäudes in Tschernobyl gerissen hatte, hastete der Radiologe über das Dach, blickte rasch umher und warf fünf Schaufelladungen Graphit in den Schlund der Ruine. In einer Minute,

13 Sekunden absorbierte er eine Dosis von 15 rem und wurde mit dem Roten Stern ausgezeichnet. Seine Schutzkleidung hatte die Exposition um kaum mehr als ein Drittel reduziert, denn das Gammastrahlenfeld war so kraftvoll, dass das Blei praktisch kaum etwas ausrichtete. Für die Soldaten, die ihm folgen sollten, blieb die Geschwindigkeit der beste Schutz.[39]

Um seine Truppen auf die Schlacht vorzubereiten, baute Tarakanow ein maßstabsgetreues Modell der Dachlandschaft; ein neues postapokalyptisches Trainingsgelände, diesmal der Realität entnommen, nach Luftaufnahmen des Kraftwerks modelliert und mit falschen Graphitblöcken, Brennelementen und Teilen von Zirkalloyhüllen übersät. Er verteilte grobe, eilig zusammengezimmerte Gerätschaften, darunter Schaufeln, Rechen und hölzerne Tragen, um große Trümmerteile wegzuschaffen. Mittels langstieliger Greifer sollten die Männer Fragmente von Uranbrennstoff aufnehmen, und erhielten Vorschlaghämmer, um die Trümmer loszubrechen, die im geschmolzenen Bitumen feststeckten. Tarakanow versammelte die Männer im Raum unweit des Daches und benutzte die Bilder aus Überwachungskameras, die über ihnen installiert waren, um sie auf ihre Aufgabe vorzubereiten. Jedem neuen Kommando hielt er dieselbe Rede: »Ich fordere jeden von euch auf, der sich der Sache nicht gewachsen fühlt oder ein mulmiges Gefühl hat, das Team zu verlassen!«[40] Viele waren jung und sträubten sich innerlich. Aber wenn *sie* es nicht taten, wer sollte es dann tun?[41]

Jahre später würde der General betonen, dass kein einziger aus der Reihe getanzt war.[42]

Oben auf dem Dach rannten die Männer stolpernd los, behindert von ihrer unbeholfenen Rüstung und den mit Blei ausgeschlagenen Stiefeln, die über die glatten Graphitbrocken rutschten und schlitterten. Sie eilten an Rampen entlang, stiegen Leitern hinauf und hielten inne, um im Gammaschatten des Abluftkamins zu Atem zu kommen. Sie nahmen ein paar Bruchstücke radioaktiven Mülls auf die Schaufel, bahnten sich einen Weg bis zur Kante und schleuderten sie in den Schlund des Kraters. Der Einsatz eines jeden wurde mit der Stoppuhr gemessen, um seine geschätzte Dosis unter den vorgeschriebenen 25 rem zu halten. Drei Minuten, zwei Minuten, vierzig Sekunden – die Zeit war im Nu vorbei, worauf eine elektrische Sirene ertönte oder eine Glocke bimmelte. Sie sollten eigentlich nur einmal hinausgehen, aber einige Männer kehrten immer wieder auf die Dächer zurück. Ihre Augen schmerzten, sie bemerkten einen metallischen Geschmack im Mund und spürten ihre Zähne nicht mehr. Im Areal M überkam den ehemaligen Kriegsfotografen Igor Kostin ein mystisches Gefühl, als erkunde er fremde Welten. Die Strahlung war so intensiv, dass sie anschließend auf dem Film zu sehen war, sickerte in Kostins Kameras, kroch durch die Mechanik des Filmtransports und hinterließ geisterhafte Spuren am unteren Rand seiner Bilder, wie Hochwassermarken nach einer Überschwemmung.[43]

Wenn die Männer wieder nach unten kamen, fühlten sie sich, als hätten Vampire ihnen das gesamte Blut ausgesaugt. Sie kauerten sich zusammen und waren keiner Bewegung mehr fähig. Die Arbeit jedes Einzelnen wurde von Experten aus Obninsk mit kleinkrämerischer Präzision in ein Hauptbuch eingetragen, seine Erschöpfung quantifiziert:[44]

»Dudin N. S. – hat sieben Zirkalloyrohre hinuntergeworfen, bis zu 30 Kilo schwer.

Barsow I. M. – Hat zwei 80 mm dicke und 30–40 cm lange Rohre entfernt … 10 Zirkalloyrohre … 25 kg schwer.

Bytschkow W. S. – Hat mit einem Vorschlaghammer einen Graphitblock aus dem Bitumen geschlagen.

Kazmin N. D. – Hat Graphitbrocken vom Dach geworfen, bis zu 200 kg schwer.«

Zwölf Tage lang schufteten Tarakanows menschliche Roboter einander abwechselnd wie bei einem Staffellauf von acht Uhr morgens bis acht Uhr abends: Insgesamt 3828 Männer, von denen ein jeder schließlich für seinen Einsatz ein amtliches Zeugnis sowie einen kleinen Geldbonus erhielt und nach Hause geschickt wurde.[45] Am 1. Oktober erklärte der General die Mission für erledigt. Um dreiviertel fünf an diesem Nachmittag, nach monatelangen Reparaturen, Modifizierungen und Sicherheitstests, wurde Reaktor Eins endlich wieder in Betrieb genommen. Nach fünf Monaten erzeugte das Kernkraftwerk Tschernobyl zum ersten Mal wieder Strom.[46]

Auf dem Dach von Block Drei hielten Tarakanow und die für die Aufräumarbeiten zuständigen Wissenschaftler eine kleine Zeremonie ab, um ihren Erfolg zu feiern. Drei Soldaten in blauen Turnschuhen und Drillichuniformen trabten über die leere Fläche von Areal M und kletterten die Leiter hinauf, die seitlich am Abluftkamin angebracht war. Oben angekommen, 150 Meter über dem Boden, steckten die Männer eine Fahne an das Schutzgeländer und entrollten sie im Wind. Von einem Hubschrauber aus, der über ihren Köpfen schwebte, fing Igor Kostin das Bild ein: Die rote Flagge, steif im Wind, war ein bewegendes Symbol für den Triumph des Menschen über die Strahlung.[47]

Acht Tage später bestieg Tarakanow seinen Wagen vor dem Kraftwerk, und kollabierte. Nach fast zwei Wochen im Befehlsstand, von dem aus er den Fortschritt seiner Männer auf dem Bildschirm beobachtet hatte, und wiederholten Aufenthalten auf den Dächern, hatte sich der General selbst eine Dosis von 200 rem eingefangen.[48]

Am 30. September war die Fertigstellung der Kaskadenwand des Sarkophags auf der Titelseite der *Iswestija* zu sehen.[49] Mittlerweile war bereits die dritte Schicht der Sredmasch-Einheit US-605 in der Sperrzone eingetroffen, elftausend Männer, deren Befehl lautete, das Projekt im Sturm fertigzustellen. Der Chefingenieur der Schicht, Lew Botscharow, arbeitete schon seit über dreißig Jahren für das Ministerium für Mittleren Maschinenbau. Der fröhliche einundfünfzigjährige Botscharow, der mit wattierter Jacke und schwarzem Barett durch die Sperrzone schritt, hatte drei Staatspreise gewonnen und seine Karriere mit einem der monumentalsten Projekte in der Geschichte des Sredmasch begonnen. Er hatte Schewtschenko mit aufgebaut, eine Stadt für 150 000 Menschen, neben einer Uranmine auf einer entlegenen Wüstenhalbinsel in Kasachstan. Mit Hilfe von zehntausend Gulag-Gefangenen, die hinter Stacheldraht lebten und arbeiteten, beaufsichtigte Botscharow den Bau der Uranverarbeitungsanlagen der Stadt, den ersten kommerziellen »schnellen Brüter«-Reaktor der Welt, die weltweit größte atombetriebene Entsalzungsanlage sowie alles, was für die Versorgung der Männer und Frauen, die darin arbeiteten, erforderlich war, von Kinos bis hin zu einer Zahnpastafabrik.[50]

Botscharows Aufgabe in Tschernobyl war die bislang anspruchsvollste, die von den Sredmasch-Ingenieuren vor Ort zu bewältigen war. Er sollte den stählernen Sarg um Block Vier verschließen – indem er ein Dach über die zerstörte Reaktorhalle spannen und zwischen den Blöcken Drei und Vier eine dicke Betonmauer errichten ließ. Sie sollte den havarierten Teil des Gebäudes vom übrigen Kraftwerk abschotten, damit die anderen Reaktoren den normalen Betrieb wieder aufnehmen konnten. Doch das Projekt blieb bereits hinter dem Zeitplan zurück, und die korrigierten Fertigstellungstermine waren so absurd wie bei anderen Projekten.[51]

Mittlerweile war Block Vier nicht mehr als Teil eines Atomkraftwerks zu erkennen. Seine zertrümmerte Fassade war von senkrechten Wänden aus burgunderrot getünchten hohlen Stahlelementen ummantelt, aufgerichtet von Demag-Kränen und über eine schlammige Rampe von insektenartigen Betonmischern befüllt. Über der Reaktorhalle und dem exponierten Reaktorkern waren die Strahlungspegel nach wie vor derart massiv, dass man weder Nieter noch Schweißer hineinschicken konnte. Die Bestandteile des Sarkophags wurden daher zu Segmenten vormontiert, deren Gewicht die Kräne gerade noch heben konnten, um dann allein durch die Schwerkraft am Platz gehalten zu werden – ein massives, stählernes Kartenhaus.[52] Jedes der kolossalen, unansehnlichen Teile erhielt von den Ingenieuren einen Spitznamen, je nach Form oder Größe: die Mütze, der Rock, der Oktopus, die Hundehütte, das Flugzeug, der Hockeyschläger und schließlich das Mammut, ein einzelner Stahlträger, siebzig Meter lang und fast 180 Tonnen schwer. Wegen seiner gewaltigen Größe musste er auf eigens dafür hergestellten Sattelzügen angeliefert werden, die mit vier Stundenkilometern dahinkrochen.[53]

Botscharow und seine Ingenieure hatten ihr Hauptquartier direkt vor Block Vier, in einem Gebäude mit meterdicken Betonmauern, das vor dem Unfall als Lager für flüssigen Atommüll gedient hatte. In der verkehrten Welt der Zone war es jetzt einer der am wenigsten verstrahlten Orte im Kraftwerkskomplex, und so hielt Kommissionsleiter Boris Schtscherbina hier täglich Besprechungen zum Projekt ab und leitete die Informationen alle vierundzwanzig Stunden an Gorbatschow weiter. Efim Slawski, der achtzigjährige Leiter des Sredmasch, war hier Dauergast. Aus dem Inneren des behelfsmäßigen Bunkers beaufsichtigten die Ingenieure über ferngesteuerte Videokameras die Montage des Sarkophags. Den Blick auf eine Reihe von Fernsehbildschirmen geheftet, auf denen die tödlichsten Stellen der Baustelle zu sehen waren, riefen sie den Kranführern über Funkgeräte Anweisungen zu – »Nach oben!« – »Nach unten!« – »Links!« – »Rechts!« Die Kranführer selbst agierten blind. In ihren Kabinen, ummantelt von fünfzehn Zentimeter dicken Bleiplatten, sahen sie nichts als schwarzweiße Nahaufnahmen von den eigenen Kranhaken, die über einen kleinen Monitor flackerten.[54]

Auch Botscharow arbeitete im Dunkeln. Selbst als die Endmontage begann, hatte er keine endgültigen Pläne von dem Sarkophag und konnte keine verlässlichen Messungen innerhalb der Ruine durchführen. Er orientierte sich stattdessen an Luftbildern des vierten Reaktorblocks, aufgenommen von einem Hubschrauber oder Satelliten, und schaute von dem bleigeschützten Beobachtungsposten bei Kote +67 in Block Drei durch ein Fernglas. Als es schließlich unmöglich wurde weiterzumachen, ohne die Baustelle persönlich zu besichtigen, hatten die NIKIMT-Techniker eine weitere kreative Lösung: Der *batiskaf* – die Tiefseetauchkapsel – war eine zwanzig Tonnen schwere Bleikabine mit einem einzigen Bullauge aus dreißig Zentimeter dickem Bleiglas, die an einem fünf Meter langen Tau vom Haken eines Demag-Krans baumelte. Mit ausreichend Platz im Inneren für vier Personen, konnte die Tauchkapsel in hundert Metern Höhe per Kran über Block Vier »geflogen« werden und ermöglichte es den Ingenieuren, verhältnismäßig gefahrlos selbst die radioaktivsten Bereiche der Baustelle zu prüfen.[55]

Der Plan des Chefkonstrukteurs zur Abdeckung des Reaktors war einfach, aber riskant. Er hatte vorgeschlagen, ein Dach aus siebenundzwanzig massiven Stahlrohren zu bauen, die nebeneinander über Stahlträger gelegt wurden, getragen von den Mauerresten des Reaktorgebäudes, und dies alles mit Beton zuzudecken. Doch dank der Strahlung ließ sich unmöglich einschätzen, wie schwer diese Tragemauern beschädigt waren oder inwieweit sie das Gewicht des neuen Daches tragen konnten. Würden sie einstürzen, befürchteten die Physiker eine weitere Explosion.[56]

Als sie einen Stahlträger in Position hievten, war er so schwer, dass eines der Trageseile am Demag-Kran abrupt und mit einem lauten Knall zerriss. Botscharow zufolge sprang daraufhin der Kranführer, der ein verhängnisvolles Kollabieren befürchtete, aus seiner bleigeschützten Kabine und flüchtete in panischer Angst. Es dauerte vierundzwanzig Stunden, um das Tau zu ersetzen und einen neuen Fahrer zu finden, der den Träger in Position manövrierte.

Und als Botscharow Boris Schtscherbina zum Beobachtungsposten bei Kote +67 führte, um ihm die geplante Stelle für das Fundament des größten und wichtigsten Stahlträgers zu zeigen – des 180 Tonnen schweren Mammuts, welches das Dach für die gesamte Südseite des Sarkophags tragen sollte –, war der Vorsitzende entsetzt. Er sah als Auflage für den Balken nichts weiter als ein Durcheinander aus Trümmern, nicht nur Betonbrocken und ineinander verdrehte Rohrleitungen, sondern auch die Überreste der Büromöbel, die aus dem Schutt ragten. »Sind Sie irre?«, fuhr er Botscharow an. »Das ist unmöglich! Sie müssen eine andere Lösung finden.«

Doch es gab keine andere Lösung. Die Fertigstellung des gesamten Bauwerks hing nun von der erfolgreichen Installation dieses einen massiven Stahlteils ab. Wenn es nicht gelang, mussten sie mit dem Bau des Sarkophags noch einmal ganz von vorn anfangen.[57] Botscharow beschloss daher, das Fundament persönlich zu erkunden – zu Fuß.

Bis zum Spätherbst hatte man Zigtausende *Partisanen* mittleren Alters aus der gesamten Sowjetunion eingezogen und auf den hoch verstrahlten Arealen arbeiten lassen, bis sie ihr 25-rem-Limit erreicht hatten. Anschließend wurden sie dekontaminiert und demobilisiert und mussten ein Geheimhaltungsversprechen unterzeichnen, bevor sie dorthin zurückgeschickt wurden, woher sie gekommen waren. Jeder erhielt ein Büchlein aus Pappe, in dem seine offizielle Gesamtdosis verzeichnet war, doch kaum einer glaubte den Zahlen in diesem Dokument. Bevor sie abreisten, wurden einige für besondere Leistungen ausgezeichnet und durften sich eine Belohnung aussuchen: einen Kassettenrecorder oder eine Uhr? Viele kehrten nach Hause zurück und versuchten die Strahlung mit Wodka aus dem Körper zu spülen.[58] Ungeachtet der triumphierenden Schlagzeilen in der *Prawda* und der *Iswestija* verbreitete sich die bittere Wahrheit zu den Arbeitsbedingungen, die diese Reservisten in der Sperrzone erwarteten, nach und nach in allen Städten und Dörfern der UdSSR. Wenn sie daher den Einberufungsbefehl erhielten, der sie zu einer »Sonderübung« bestellte, wussten sie immer öfter, was dies zu bedeuteten hatte.[59] Manch einer bestach den Rekrutierungsoffizier, um zu Hause bleiben zu dürfen; während eine Zurückstellung vom Krieg in Afghanistan Berichten zufolge für 1000 Rubel zu haben war, zahlte man für das Entkommen aus der Pflicht in Tschernobyl nur die Hälfte. Und in einigen Zeltlagern innerhalb der Zone hatten die Kommandanten es mit meuternden Soldaten zu tun.[60] Eine zweihundert Mann starke Partisanentruppe aus Estland, die den Bescheid erhalten hatte, dass ihr Einsatz von zwei auf sechs Monate verlängert worden war, rottete sich zu einer wütenden Meute zusammen und weigerte sich, wieder an die Arbeit zu gehen.[61] Patrouillen der Militärpolizei in Kiew griffen ranghohe Offiziere auf, die ihre Männer im Stich gelassen und betrunken versucht hatten, im Zug aus der Stadt zu fliehen.[62]

Doch immer noch gab es viele, die sich freiwillig zum Einsatz in Tschernobyl meldeten, angelockt von den hohen Löhnen, die dort angeblich gezahlt wurden, als Bonus für die Arbeit in der hoch verstrahlten Zone. Andere waren von wissenschaftlicher Neugier getrieben – oder der Aussicht, sich für ihr Mutterland zu opfern, wie es ihre Väter und Großväter im Großen Vaterländischen Krieg getan hatten.[63]

Wladimir Usatenko war sechsunddreißig Jahre alt, als er am 17. Oktober einberufen wurde, einer von achtzig *Partisanen*, die an Bord eines Iljuschin-76-Transportflugzeugs von Charkow nach Kiew und in einer Lastwagenflotte zu einem Zeltlager unweit des Kraftwerks gebracht wurden. Der Ingenieur, der bei der sowjetischen Raketenabwehr als Funker gedient hatte, hätte sich freikaufen können, aber er entschied sich dagegen. Innerhalb der Zone fand er das totale Chaos vor; überall huschten uniformierte Soldaten wie grüne Ameisen zu ihren Einsätzen, doch die ranghöheren Offiziere schienen wenig Ahnung zu haben, was vor sich ging. Soldaten lungerten grüppchenweise in hoch verstrahlten Bereichen herum, warteten auf Anweisungen oder sahen den anderen bei der Arbeit zu. Offenbar ahnten sie nicht, dass ihre Strahlungsdosen dadurch anstiegen.

Usatenko übernahm das Kommando über einen Zug Soldaten, und die

Unteroffiziere, die schon eine Weile hier waren, warnten ihn, auf sich achtzugeben – Hör nicht auf die Kommandanten und bewahre deine Jungs vor der schlimmsten Strahlung. Fast sofort wurden sie der Arbeit für Sredmasch US-605 innerhalb der Maschinenhalle zugeteilt, unterhalb der senkrechten Mauern des Sarkophags. Usatenko ging mit acht Männern hinauf zur Ebene +24,5, wo noch an der Betonbarriere zwischen den Blöcken Drei und Vier gebaut wurde, und brauchte eine Stunde, um Holzbretter an die Wände zu nageln. Alles, was sie taten, unterstand der Geheimhaltung, und die Soldaten erfuhren nie, welchen Zweck ihre Arbeit erfüllte: hier ein Stapel Bretter; dort Hämmer; hier Nägel. Los geht's. Die Aufgaben waren unterschiedlich, aber im Wesentlichen glichen sie sich. Es war anstrengende körperliche Arbeit, und in ihrem Sinn nicht erklärbar. Als Teil einer Menschenkette schleppten sie Vierzig-Liter-Säcke voller Wasser in den Keller des Gebäudes, mischten von Hand Beton, warfen liegen gebliebene Feuerwehrschläuche vom Dach und fischten Trümmer unter dem Gasabscheidungsbecken hervor – weil man ihnen gesagt hatte, sie sollten einfach alles herausschaffen, was sie finden konnten, und das schnell.

Es war dunkel und feucht innerhalb des Sarkophags, und Usatenkos größte Angst war, seine Männer könnten irgendwo in dem düsteren Labyrinth verloren gehen. Überall war die Strahlung extrem hoch, und in bestimmten Räumen spürten sie sie als unsichtbaren Sprühregen gegen die Augäpfel prallen; in anderen hatte das Sredmasch Lautsprecher installiert, die ein konstantes, niederfrequentes Gebrüll übertrugen – eine akustische Warnung, auf keinen Fall zu verweilen. Anderswo brachten die Bauexperten von US-605 Girlanden aus 36-Volt-Lampen entlang den Wänden an und überwachten von ihren bleigeschützten Beobachtungsposten aus den Fortschritt der Partisanen. Als sie schließlich den Befehl erhielten, in einem Raum direkt neben dem Reaktor zu arbeiten – wo ihre Messgeräte bereits nach einer Minute die Maximalwerte anzeigten –, rebellierten Usatenko und seine Männer. Zwar betraten sie den Raum, stießen dann aber die Kamera um, die den Eingang überwachte, und blieben in der Zeit, die für die Aufgabe vorgesehen war, in Sicherheit. Die Techniker von US-605 brauchten zehn Tage, um eine neue Videokamera zu installieren. Doch bis dahin waren Usatenko und seine Männer bereits fort.[64]

Wladimir Usatenko sollte schließlich achtundzwanzig Einsätze innerhalb der Blöcke Drei und Vier absolvieren und insgesamt vierundvierzig Tage innerhalb der Zone verbringen. Doch er traf dort auf keine großen Patrioten. Jeder, mit dem er sprach, wollte lediglich seine 25 rem erreichen und dann schleunigst nach Hause zurückkehren.[65]

In Begleitung eines Physikers vom Kurtschatow-Institut, der den Weg kannte, und eines Kameramannes, der das schwere Video-Equipment schleppte, bahnte sich Lew Botscharow, der Chefingenieur der letzten Schicht von US-605 den Weg in die Ruine von Block Vier, zum Fundament des Mammut-Trägers. Die Männer stiegen eine Treppe hinauf, die durch die Explosion von der Wand gerissen worden war und jetzt in einem aberwitzigen Winkel ins Leere ragte. Bei Kote +24 betraten sie einen dunklen Korridor und fingen an zu rennen. Doch je weiter sie liefen, desto niedriger wurde die Decke. Da dämmerte es ihnen, dass der Gang mit fehlgeleitetem Sredmasch-Beton zugeschüttet worden war. Am Ende des schwarzen Durchgangs musste Botscharows Team auf die Knie gehen und sich dann auf allen Vieren kriechend durch einen vierzig Zentimeter hohen Raum zwängen. Dabei hielt sich jeder an den Beinen des Vordermannes fest. Bei Kote +39 sahen sie endlich Tageslicht:; eine Öffnung unweit der Stelle, an der das Mammut aufliegen sollte. Die anderen zurücklassend, rannte Botscharow hinaus und über den Schutt. Drei Minuten später kam er zurück, mit einer hohen Strahlendosis – und einem Plan.[66]

Mit Hilfe eines Demag-Krans, der Tauchkapsel, eines Teams aus sechzig Partisanen, handverlesen aufgrund ihrer Schnelligkeit und Fitness, und einer Ladung Fischernetze, die über Nacht aus dem arktischen Teil von Murmansk eingeflogen worden war, improvisierte Botscharow eine Betonplattform, die man bei Kote +51 auf den Schutt goss. Mehrere hastige Belastungstests versicherten den Ingenieuren, dass dieses Fundament stark genug wäre, um das Gewicht des Mammuts zu tragen. Am ersten November um zehn Uhr nachts wurde der massive Träger endlich an Ort und Stelle gebracht. Zum ersten Mal seit Beginn der Aufräumarbeiten hatte Efim Slawski ein Lächeln im Gesicht.[67]

Danach ging die Arbeit rasch voran. Nachdem der giftige Schlund des Reaktors endlich zugedeckt war, installierten die Sredmasch-Teams ein Ventilationssystem, um die Atmosphäre innerhalb des Sarkophags zu stabilisieren, und stellten in einem frisch dekontaminierten Raum, der mit Computer-Equipment angefüllt war, diverse Messgeräte auf, um den Strahlungspegel und die Temperatur zu überwachen. Es gab noch immer keinerlei Hinweis auf die fehlenden 180 Tonnen Uranbrennstoff aus dem Reaktorkern, und Akademiemitglied Legassow und die anderen Wissenschaftler machten sich weiterhin Sorgen wegen der Möglichkeit einer neuen Kettenreaktion. Innerhalb des Sarkophags installierten die Sredmasch-Ingenieure auf Anraten des Kurtschatow-Instituts auch eine Sprinkleranlage, dazu bestimmt, die Ruine mit neutronenabsorbierender Borcarbid-Lösung zu besprühen, bis ein Film entstand, der jede neue Kritikalität bereits im Keim ersticken sollte.[68] Schließlich wurden Dach und Fenster der Maschinenhalle in Block Vier mit Stahlplatten beschichtet und das westliche Ende der Reaktorhalle mit zehn massiven Stahlpfeilern gestützt, jeder fünfundvierzig Meter hoch.[69]

Als am 13. November Slawski eintraf, um das Projekt erneut zu beaufsichtigen, war der Sarkophag beinah fertiggestellt – ein unheimliches Bauwerk, düster, still und dräuend, dessen Erscheinung ganz seiner Funktion entsprach, wie die mittelalterliche Phantasie eines Kerkers für den Teufel. Es war eine außerordentliche Leistung, ein Triumph der Technik unter grauenvollen Bedingungen, und ein neuer Höhepunkt sowjetischer Gigantomanie. Das Bauwerk enthielt 440 000 Kubikmeter Beton, 600 000 Kubikmeter Kies und 7700 Tonnen Metall, wie die Ingenieure stolz betonten.[70] Die Kosten waren am Ende auf über eine Million Rubel – 1,5 Millionen Dollar – am Tag gestiegen.[71] Als er sein Meisterstück betrachtete, eine Kathedrale des Brutalismus aus Beton und Stahl, traten dem alten Mann angeblich Tränen in die Augen.[72]

Es sollte Slawskis letzte Errungenschaft als Chef des weitläufigen Sredmasch-Imperiums sein. Eine Woche später bestellte ihn der Ministerratsvorsitzende Ryschkow in sein Büro im Kreml und verlangte seinen Rücktritt. Mit seinem charakteristischen blauen Stift kritzelte Slawski nur einen Satz hin: »Ich bin auf einem Ohr taub geworden und bitte deshalb um meine Entlassung«, ein letzter trotziger Seitenhieb, in dem deutlich wurde, was er davon hielt, aus dem Amt gedrängt zu werden, obwohl er noch so viel mehr zu geben hatte. Slawski war achtundachtzig Jahre alt und stand kurz vor seinem dreißigjährigen Jubiläum als Leiter des Sredmasch. Als die Nachricht von seinem Ausscheiden das Ministerium für Mittleren Maschinenbau in der Bolschaja Ordynka Straße in Moskau erreichte, weinten seine Mitarbeiter vor Trauer.[73]

Das Dokument, das den Sarkophag offiziell in Auftrag gab, wurde am 30. November 1986 unterzeichnet, nur sieben Monate und vier Tage, nachdem die ersten Explosionen den vierten Reaktorblock zerrissen hatten. Am 3. Dezember beendete Lew Botscharow seinen Rundgang in der Sperrzone. Es war Winter geworden in der Ukraine, und bald würde der erste Schnee auf den Sarkophag fallen. Eingehüllt in die Kaltwetterjacke und das gestreifte Unterhemd der Soldaten in Afghanistan erreichte er den Bahnhof in Kiew. Mit einer Handvoll Kollegen bestieg Botscharow den Nachtzug nach Moskau. Er hatte einen großen Karton mit Wodkaflaschen bei sich. Auf dem Weg nach Hause trank jeder ein Gläschen.

Als der Zug früh morgens in Moskau einfuhr, dachte Botscharow, man würde sie am Bahnhof empfangen wie siegreiche Helden, aber am Gleis wartete keine jubelnde Menge, um sie zu begrüßen. Er sah nur seine Frau, einen Freund, der sie hergefahren hatte, um ihn abzuholen – und einen Soldaten aus dem afghanischen Morast, der den pelzbesetzten Tarnanzug des Ingenieurs erkannte.

»Kandahar?«, fragte der Soldat.

»Tschernobyl«, antwortete Botscharow.

Der Soldat legte ihm den Arm um die Schulter. »Da hattest du den härteren Job von uns beiden, Bruder.«[74]

Kapitel 17

Die verbotene Zone

Anfang August 1986 hatte sich die Anzahl der Gräber in der Spezialabteilung des sauberen neuen Friedhofs unweit des Dorfes Mitino am Stadtrand von Moskau auf fünfundzwanzig erhöht. Sie standen in zwei Reihen, fünfzig Meter vom gelbgefliesten Krematorium am Eingang entfernt, und es gab noch Raum für mehr. Einige hatten weiße Marmorgrabsteine, mit Inschriften in goldenen Lettern und geschmückt mit einem Sowjetstern; andere, so frisch, dass sie kaum mehr waren als Erdhügel, waren mit Blumen bestreut und mit Namensschildern aus Pappe versehen. Krähen kreisten am Himmel. Als neugierige westliche Reporter zum Friedhof fuhren und versuchten, die Namen der Toten aufzuschreiben, beschlagnahmten Polizisten ihre Notizbücher und führten sie schweigend hinaus.[1]

Im September verkündete Dr. Angelina Guskowa, dass infolge der Explosion und des Feuers in Block Vier des Kernkraftwerks Tschernobyl insgesamt einunddreißig Männer und Frauen gestorben seien. Diese Zahl würde von nun an als offizieller Blutzoll des Unfalls gelten. Höhere Schätzungen galten als Beweis für dekadente westliche Propaganda.[2] Die Leiche des Pumpentechnikers Waleri Chodemtschuk, der durch die Explosion oder durch herabfallende Trümmer ums Leben gekommen war, blieb unter der havarierten Reaktorhalle begraben; sein Kollege Wladimir Schaschenok, der infolge eines physischen Traumas und thermaler Verbrennungen ein paar Stunden später im Krankenhaus von Prypjat gestorben war, war auf dem Friedhof eines kleinen Dorfes unweit des Kraftwerks beerdigt worden.[3] Seitdem waren in den Radiologiestationen in Kiew und der Spezialklinik in Moskau weitere neunundzwanzig Betroffene – Operatoren, Feuerwehrmänner und Sicherheitsleute – den Folgen der akuten

Strahlenkrankheit erlegen.[4] Von den dreizehn Patienten, die von Robert Gale und den sowjetischen Fachärzten mit transplantiertem Knochenmark behandelt worden waren, hatte nur einer überlebt – was Guskowa schließlich dazu bewog, diese Technik für die Behandlung der Strahlenkrankheit als unbrauchbar zu verwerfen. Dennoch waren viele, die in den ersten Stunden der Katastrophe grauenvolle Verletzungen erlitten hatten, nach Monaten der Qual im Krankenhaus Nummer Sechs nun endlich auf dem Weg der Besserung.[5]

Der stellvertretende Chefingenieur Anatoli Djatlow, der trotz der Einwände seiner Untergebenen darauf bestanden hatte, das verhängnisvolle Turbinenexperiment fortzuführen, und der dann stundenlang ungläubig durch den havarierten Block Vier gelaufen war, hatte an den Unterschenkeln entsetzliche Verbrennungen durch Betastrahlung davongetragen und insgesamt eine Dosis von 550 rem absorbiert, konnte jedoch Anfang November aus dem Krankenhaus entlassen werden. Er kehrte nach Kiew zurück, wurde aber bald darauf verhaftet und in Untersuchungshaft genommen.[6] Major Leonid Teljatnikow, Feuerwehrkommandant im Kraftwerk Tschernobyl in der Nacht des Unfalls, erfuhr erst im Juli vom Tod seiner Männer, nachdem er aus der Quarantäne entlassen worden war und mit einer Atemmaske zum Schutz vor Infektionen wieder selbständig auf den Fluren des Krankenhauses umhergehen konnte. Im August wurde er mit seiner Frau und den beiden Kindern zur Erholung an die lettische Küste geschickt, wenn auch mit der Auflage, die pralle Sonne zu meiden – und fettige Speisen, aufgrund der Strahlenschäden an seiner Leber. Im darauffolgenden Monat hatte er sich so weit erholt, dass er seine Eltern in Kasachstan besuchen konnte.[7]

Die Tatsache, dass einige der am schlimmsten verstrahlten Kraftwerksmitarbeiter überlebt hatten, galt bei den Ärzten fast als ein Wunder.[8] Einer der Elektroingenieure, Andrei Tormozin, war nur 120 Meter vom Reaktor entfernt gewesen, als dieser explodiert war, und hatte sich dann stundenlang in hoch radioaktiven Bereichen der Maschinenhalle aufgehalten, wo er versuchte, Förderpumpen abzustellen und Ölbrände zu löschen. Er hatte Gamma- und Betastrahlen in einer Dosis abbekommen, von der Guskowa und die anderen Spezialisten immer angenommen hatten, sie sei tödlich:

fast 1000 rem. Sein Körper hatte sich gegen eine Knochenmarkstransplantation gewehrt, er hatte sich eine Blutvergiftung und strahlungsinduzierte Hepatitis zugezogen und den Prognosen zufolge keinerlei Überlebenschance. Doch Ende Mai verbesserte sich sein Blutbild allmählich und war schließlich völlig wiederhergestellt – die Gründe dafür konnten sich die Ärzte nie vollständig erklären.

Alexander Juwtschenko, der gehört hatte, wie die Gerätschaften, die seine Freunde in den angrenzenden Zimmern am Leben erhielten, nach und nach verstummten, hatte selbst den ganzen Mai über mit dem Tod gerungen. Wochenlang war seine Frau Natalia jeden Morgen im nahegelegenen Wohnheim mit der Angst aufgewacht, es könnte in der Nacht etwas passiert sein, und hatte ihre Mutter gebeten, im Krankenhaus anzurufen. Abergläubisch hatte sie gehofft, die Nachricht über den Zustand ihres Mannes fiele besser aus, wenn sie die Ärzte nicht selbst anrief. Als seine Knochenmarksfunktion versagte, erhielten die Ärzte ihn mit Bluttransfusionen am Leben. Natalia durchstreifte unterdessen die Stadt auf der Suche nach knappen und teuren Lebensmitteln, die ihn stärken sollten. Sie brachte ihm mit schwarzem Kaviar belegte Brote ans Bett; sein Freund Sascha Korol kam ihn besuchen und meinte, er solle stattdessen lieber Ketchup probieren. Doch Juwtschenko konnte nichts essen und erhielt Infusionen.[9]

Erst im Juni erholte sich Juwtschenkos Knochenmark allmählich wieder. In seinem Blut tauchten erste weiße Blutzellen auf, und es schien sicher, dass er überleben würde. Doch die radioaktiven Verbrennungen – vor allem an seinem Arm und der Schulter – würden wohl nie mehr vollständig abheilen, und die Chirurgen mussten ihm wiederholt fauliges schwarzes Gewebe vom Schulterblatt schneiden. Die schmerzenden offenen Wunden am Ellbogen, wo sich Beta-Teilchen ins Fleisch gefressen hatten, gaben wenig Grund zur Hoffnung, dass er je wieder ein normales Leben führen würde.[10]

Doch in der zweiten Septemberhälfte erlaubten die Ärzte Juwtschenko, für kurze Zeit nach Hause zu fahren, in die neue Wohnung, die der Familie zugeteilt worden war, in einer wohlhabenden Gegend von Moskau nahe der Universität. Er war dürr und ausgemergelt und inzwischen süchtig nach den Medikamenten, die seine entsetzlichen Schmerzen lindern sollten. Während die Ärzte ihm die Schmerzmittel abzugewöhnen versuchten, mussten sie ihn zugleich auch ermutigen, nach wochenlanger Rund-um-die-Uhr-Pflege wieder eigenständig zu leben. Doch die Strahlung war noch lange nicht fertig mit ihm. Immer wieder tauchten neue Verbrennungen an seinen Armen und Beinen auf, noch Monate nach der Explosion, und er musste sich erneut im Krankenhaus Nummer Sechs behandeln lassen.

Während die überlebenden Opfer des Strahlensyndroms in ihren Krankenbetten in Moskau lagen, blieben die Menschen aus Prypjat in der Schwebe. Sie wussten nicht, ob sie je wieder in ihre Häuser in der verlassenen *Atomstadt* zurückkehren durften. Kurz hinter der Sperrzone, in der Stadt Polesskoje, kleideten sich Tausende Heimatvertriebene, die weder saubere Wäsche noch Geld bei sich hatten, mit allem ein, was gerade verfügbar war, und seien es Bademäntel oder die weiße Kluft der Kraftwerksmitarbeiter. Ihr Glaube an die Kraft des Wodkas zum Schutz vor Strahlung brachte sie dazu, dem Schnapsladen vor Ort die Tür einzurennen, und schon bald wechselte der *Samogon* für 35 Rubel pro Liter den Besitzer – in Kiew der Preis für eine gute Flasche Cognac. Unterdessen bemühte sich der Staat um neue Arbeitsplätze für sie und um Schulen für ihre Kinder.[11] Im Mai leistete das Sowjetische Rote Kreuz eine einmalige Zahlung von 50 Rubel pro Person an die Katastrophenflüchtlinge. Später im Monat zahlte die Sowjetregierung einen weiteren Pauschalbetrag von 200 Rubel pro Kopf an die Heimatvertriebenen. Fünfzehn Auszahlungsbeamte verteilten die dafür erforderlichen Millionen Rubel, wobei das Bargeld jeden Morgen in Säcken aus der Bank zu einem Gemeindebüro in Polesskoje gebracht wurde, unter den wachsamen Blicken bewaffneter Milizionäre. Trotzdem kamen in den Monaten Juni und Juli immer wieder Menschen zu den Büros ihres exilierten Stadtrats in der Sowietskaja Straße in Tschernobyl und fragten: »Wann kann ich wieder nach Hause zurück?«[12]

Am 25. Juli erhielten sie eine Antwort: An diesem Morgen fuhren erstmals wieder Busse nach Prypjat – allerdings nur, um den Evakuierten im Rahmen eines offiziellen Programms die Möglichkeit zu geben, aus ihren Wohnungen zu holen, soviel sie tragen konnten. Für die Dinge, die sie zurücklassen mussten, sollten sie Entschädigungen fordern. An einem Kontrollpunkt am Rand der Dreißig-Kilometer-Sperrzone erhielten die Menschen Anzüge aus Baumwolle, dazu Überschuhe, Atemschutzmasken und feste Plastiktüten. Nachdem man am Ortseingang von Prypjat ihre Papiere geprüft hatte, durften sie drei oder vier Stunden in ihren verlassenen Wohnungen verbringen und durch die Straßen der Stadt schlendern, wo sich gelber Sand an den Bordsteinen häufte und durch Risse im kalkhaltigen Asphalt bereits Grashalme sprossen. Neunundsechzig Männer und Frauen stiegen an diesem ersten Morgen aus den Bussen, und Hunderte mehr kehrten über Monate täglich zurück, um aus ihren früheren Wohnungen möglichst viel zu retten.[13]

Die Flüchtlinge durften sich nur Eigentum innerhalb streng definierter Kategorien zurückholen. Große Möbelstücke und Objekte, die eine Menge Staub ansammelten – einschließlich Teppiche und Fernseher – waren ebenso verboten wie Kinderkleidung und Spielzeug und alle Gegenstände, die höhere Strahlungswerte aufwiesen als 0,1 Milliröntgen pro Stunde. Die Wohnblöcke wurden nicht mehr mit Strom oder Wasser versorgt, und der herbe Geruch nach Zigarettenrauch und menschlichem Schweiß, der früher einmal in den Treppenhäusern und Fluren gehangen hatte, war bereits verschwunden. Trotz patrouillierender Milizionäre und trotz der Alarmanlagen, die an den Hauseingängen installiert worden waren, stellten viele Menschen fest, dass ihre Wohnungen geplündert worden waren. In den Kühlschränken faulten die Essensvorräte vor sich hin, die sie für die Maifeierlichkeiten zu Beginn des langen, heißen Sommers eingekauft hatten.[14] Einige kämpften mit den Tränen, als sie in den muffigen Zimmern standen, die sie, wie ihnen jetzt bewusst wurde, vermutlich nie mehr wiedersehen würden, und ihre verlassenen Möbel betrachteten.[15]

Es war September, als Natalia Juwtschenko in die Zweizimmerwohnung am Stroiteley-Prospekt zurückkehrte, in der sie mit Alexander und ihrem Sohn gelebt hatte. Kirills Kinderwagen lag kaputt im Treppenhaus, und sie hatte Angst vor dem, was sie oben erwartete. Doch als sie die Wohnung betrat, war alles noch genau so, wie sie es verlassen hatte. Als erstes bemerkte sie den vergessenen Milchkarton, den Sascha Korol am Morgen der Evakuierung für den Jungen besorgt hatte. Er lag noch immer auf Alexanders Fahrradsattel. Sie nahm nicht viel mit, suchte nur eine Handvoll Dias und Fotos zusammen; eines war im Jahr zuvor bei Alexanders Geburtstag entstanden und zeigte sie beide mit lustigen Hüten. Ihr Nachbar hatte eigens für den Anlass komische Reime verfasst.[16] Andere Bewohner holten, in einem hastigen Aktionismus, hin und her gerissen zwischen Pragmatismus und Rührseligkeit, scheinbar wahllos Gegenstände heraus – eine Plastiktüte voller Science-Fiction-Romane oder eine Handvoll Besteck. Jeder Besucher hatte maximal vier Stunden Zeit, um zu entscheiden, was er aus seinem früheren Leben retten wollte, bevor er wieder in den Bus steigen und wegfahren würde.[17] Walentina Brjuchanow, die mittlerweile in der Siedlung Zeleny Mys am Flussufer wohnte und im Kraftwerk Doppelschichten absolvierte, während ihr Mann in Kiew in einer Gefängniszelle des KGB saß, holte sich ihre kostbarste Habe aus der Wohnung: ein Paar Kristallgläser, die sie zur Silberhochzeit geschenkt bekommen hatten, ein Familienfoto, aufgenommen, als ihr Sohn noch klein war, ihren geliebten Schaffellmantel, den sie schließlich einer Nachbarin schenkte, und ein paar Bücher, die sie mit Essig abwischte in der Meinung, damit die Strahlung zu neutralisieren.[18]

Es wurde oft späte Nacht[19], bevor die Besuchergruppen zur Dosimetriestation am Rand der Zone zurückkehrten, wo junge Kerntechnikstudenten vom MEPhI in Obninsk ihre Habe prüften. Sie arbeiteten bei jedem Wetter, ließen die Sensoren ihrer Radiometer über Kisten mit Porzellan, über Kassettenrecorder, Bücher, Fotoapparate, Kleidung und Nippes gleiten. Sobald sich ein Gegenstand als zu verstrahlt erwies, um durchgelassen zu werden, versuchte der betreffende Eigentümer, sich mit Bargeld den Durchgang zu erkaufen oder mit der anderen Währung, die in der verbotenen Zone üblich war – Wodka. Die jungen Studenten waren verwundert, dass sogar frühere Kraftwerksangestellte die Gefahren von radioaktivem Staub nicht kannten, und überrascht, wenn plötzlich Fremde verstohlen aus der Dunkelheit traten und ihnen kistenweise Alkohol anboten, um ein paar Momente in den Stapeln beschlagnahmter Gegenstände stöbern zu dürfen, die sie außerhalb der Zone auf Gebrauchtwarenmärkten verkaufen wollten.[20]

Die Besuche in der verlassenen Stadt wurden exakt vier Monate gestattet, bis zum 25. Oktober 1986.[21] Bis zu diesem Zeitpunkt waren 29496 Personen in ihre Wohnungen in Prypjat zurückgekehrt. Einige waren mehr als einmal dort gewesen, andere dagegen überhaupt nicht, und ihr Eigentum blieb herrenlos. Der Stadtrat plante für den Herbst des darauffolgenden Jahres weitere Fahrten nach Prypjat, doch die Regierungskommission verweigerte ihre Zustimmung. Ein Regierungsbeschluss sorgte für eine Entschädigungszahlung an die Vertriebenen, zum Ausgleich für die verlorene Habe: ein Pauschalbetrag von 4000 Rubel für eine Einzelperson und 7000 Rubel für ein Ehepaar. Zum Vergleich: ein Neuwagen – sofern jemand das Glück hatte, einen zu ergattern – kostete damals 5000 Rubel. Das *Ispolkom* erhielt über den Sommer täglich Hunderte von Entschädigungsanträgen, und zum Jahresende beliefen sich die Ansprüche der Einwohner von Prypjat, die ihren Hausrat an die Verwüstung durch das friedliche Atom verloren hatten – Autos, Garagen, Datschen und Motorboote nicht mitgerechnet – auf insgesamt 130 Millionen Rubel. In diesem Herbst erlebten die Möbelläden in Kiew einen anhaltenden Verkaufsboom, weil die Evakuierten sich ihr Leben wieder aufzubauen suchten, anfangs von dem hohlen Wunsch beseelt, alle bedeutenderen Stücke, die sie je besessen hatten, eins zu eins zu ersetzen.[22]

Zunächst hatte die Misere all derer, die durch den radioaktiven Staub aus Block Vier aus ihren Häusern vertrieben worden waren, in der gesamten UdSSR großes Mitleid hervorgerufen. Ende April richtete die Regierung bei der Staatsbank einen Hilfsfonds ein – in bewährter sowjetischer Nüchternheit als Konto Nr. 904 bezeichnet –, in den Spendenwillige Geld einzahlen konnten, um die Opfer zu unterstützen. Im Mai fand im Olympiastadion in Moskau vor dreißigtausend Menschen ein Wohltätigkeits-Rockkonzert statt – das erste jemals in der Sowjetunion –, das live in ein Studio in Kiew übertragen wurde. Dort hatten sich Grubenarbeiter, Operatoren und andere Liquidatoren versammelt, und Feuerwehrleute verlasen die Namen ihrer Kameraden, die im Krankenhaus Nummer Sechs gestorben waren.[23] Anfang August berichtete der Vorsitzende der Staatsbank, dass auf Konto Nr. 904 bereits Spenden im Wert von fast 500 Millionen Rubel eingegangen seien, eingezahlt von Einzelpersonen und Kollektiven, und abgespart von

Löhnen, Pensionen und Bonuszahlungen. Dazu kämen noch Überweisungen aus dem Ausland.[24]

Doch die dauerhafte Umsiedlung von 116 000 Menschen – die Facharbeiter und ihre Familien aus Prypjat, die Einwohner Tschernobyls und die Bauern aus den vielen Dutzend kleinen Dörfern innerhalb der Dreißig-Kilometer-Zone, die allesamt neue Arbeitsplätze, Schulen und Wohnungen brauchten – war komplizierter. Im Juni verabschiedete das Politbüro eine Resolution, die das Schicksal der Evakuierten zur Chefsache machte und die Regierungen der Sowjetrepubliken Ukraine und Weißrussland aufforderte, noch vor dem Winter Zehntausende neue Wohnungen zu bauen.[25] In der Ukraine kamen fünfzigtausend Männer und Frauen aus der gesamten Sowjetunion an und nahmen sofort die »Stoßarbeiten« auf.[26] Die erste Siedlung, 150 Ziegelbauten unweit der riesigen Gorki-Kolchose, gut hundert Kilometer südlich von Tschernobyl, wurde im August mit einer feierlichen Zeremonie eingeweiht.[27] Jedes Haus war angeblich mit Möbeln, Gasflaschen, elektrischem Licht, Handtüchern und Laken ausgestattet und einem Betonkeller, in dem Kartoffeln lagerten.[28] Insgesamt begann die Ukraine allein den Bau von 11 500 neuen Einfamilienhäusern, in der Absicht, sie alle noch vor dem 1. Oktober fertigzustellen.[29]

Doch die Politbüro-Arbeitsgruppe in Moskau beschlagnahmte zusätzlich 13 000 erst unlängst fertiggestellte Wohnungen in Kiew und anderen Städten der Ukraine – indem sie sie Familien vor der Nase wegschnappte, die seit Jahren auf Wartelisten eingetragen waren – und drückte die Schlüssel Evakuierten aus Prypjat in die Hand.[30] Spezialisten aus dem Kraftwerk Tschernobyl und ihre Familien wurden auf die übrigen drei ukrainischen Kernkraftwerke verteilt, in Konstantinowka, Saporischschja und Rowno, wo sie neue Arbeitsplätze erhielten und nagelneue Wohnungen bezogen. Bei ihrer Ankunft wurden sie nicht alle von ihren Kollegen willkommen geheißen, die es als ungerecht empfanden, ihre hart erkämpften Plätze in der Schlange an Kollegen abzutreten, die infolge ihrer eigenen Inkompetenz aus ihren Wohnungen vertrieben worden waren. In Kiew kamen mehrere große Wohnungsbauprojekte, die eigentlich bis zum Winter hätten fertig sein sollen – um für die Umsiedler beschlagnahmt zu werden – aus mysteriösen Gründen zum Stillstand.[31] Schließlich brachte man viele der früheren Bewohner Prypjats im selben weitläufigen Komplex von Hochhäusern in Trojeschtschina unter, einer abgelegenen Trabantenstadt am nordöstlichen Stadtrand von Kiew.

Dort wurden sie von ihren neuen Nachbarn gemieden, die einen Groll gegen die Flüchtlinge hegten und sich außerdem vor einer unsichtbaren Ansteckung mit Radioaktivität fürchteten.[32] Eltern verboten ihren Kindern, die Schulbank mit einem Kind aus Prypjat zu teilen – und das nicht einmal ganz grundlos.[33] In den Treppenhäusern und Fluren der neuen Wohnblöcke in Trojeschtschina wurden bald Strahlenwerte gemessen, die um das Hundertfache höher waren als anderswo in Kiew.[34]

In Tschernobyl versuchte die Regierungskommission derweil eifrig, alle Hindernisse aus dem Weg zu räumen, die der erneuten Inbetriebnahme des Kraftwerks im Zentrum der radioaktiven Zone entgegenstanden. Nachdem Anfang Oktober der erste Reaktor wieder ans Netz gegangen war, verkündete der neue Kraftwerksdirektor seine Absicht, demnächst auch den zweiten wieder in Betrieb zu nehmen.[35] Block Drei war nach wie vor dermaßen verstrahlt, dass der Chefingenieur des Kraftwerks und Spezialisten aus dem Kurtschatow-Institut übereinstimmend erklärten, ihn wieder hochzufahren wäre viel zu teuer – und würde die Gesundheit zu vieler Mitarbeiter aufs Spiel setzen. Doch ihre Einwände wurden verworfen, und so sollte der dritte Tschernobyl-Reaktor schon im zweiten Quartal des Jahres 1987 wieder ans Netz gehen.[36] Die Kommission ordnete sogar an, die Bauarbeiten an den Reaktoren Fünf und Sechs wieder aufzunehmen, die – kurz vor ihrem Abschluss – in der Unfallnacht schlagartig zum Erliegen gekommen waren.[37]

In der Zwischenzeit berichtete die *Prawda* von ehrgeizigen Plänen, ein weiteres *Atomgrad* zu errichten, als Unterkunft für die Arbeiter und ihre Familien, die das neu erstandene Kraftwerk Tschernobyl betreiben würden. Diese neue Stadt der Zukunft, wegweisend in das einundzwanzigste Jahrhundert, sollte fünfundvierzig Kilometer nordöstlich von Prypjat entstehen, mitten im Wald an einem abgeschiedenen Ufer des Dnepr. Sie sollte Slawutytsch heißen und mit den modernsten Annehmlichkeiten ausgestattet sein. Vor allem aber sollte sie in die natürliche Umgebung integriert werden. Um einen zentralen Marktplatz angelegt, sollte sie eine

Leninstatue erhalten und ganz in der Nähe ein Museum, das den Helden von Tschernobyl gewidmet wäre.[38]

In Moskau konzentrierte sich das Propagandanarrativ der Katastrophe mittlerweile auf den Edelmut und die Opferbereitschaft der Feuerwehrleute und ihres Kommandanten Major Teljatnikow. Im September erschien ein Foto von Teljatnikow – noch immer kahlköpfig infolge der Strahlenkrankheit – auf dem Titelblatt der *Iswestjia* unter der Schlagzeile »Habt Dank, ihr Helden von Tschernobyl«, und die Staatsmedien verkündeten, dass ihm und General Antoschkin, dem Kommandanten der Hubschrauberstaffel, die höchste Auszeichnung zuteil worden sei – Von nun an seien sie Helden der Sowjetunion. Die beiden jungen Oberleutnants Wladimir Prawik und Wiktor Kibenok, die ihre Männer auf die Dächer des Reaktorgebäudes geführt hatten, um die zerborstenen Brennelemente und lodernden Graphitbrocken mit Wasser zu bespritzen, erhielten die Auszeichnung posthum. Die Leiter der Einsatztruppe Sredmasch US-605, die den Sarkophag errichtet hatten, wurden als Helden der sozialistischen Arbeit gefeiert. Sobald sein rötliches Haar nachgewachsen war, durfte Teljatnikow ins Ausland reisen, wo man ihn als Berühmtheit willkommen hieß. Er erhielt Auszeichnungen von Feuerwehrkollegen in den Vereinigten Staaten und Großbritannien, wurde von der Zeitschrift *People* interviewt und erhielt in London eine Audienz bei Premierministerin Margaret Thatcher.

Bei einer im Fernsehen übertragenen Zeremonie im Januar hielt der grauhaarige Apparatschik Andrei Gromyko, das repräsentative Staatsoberhaupt der UdSSR, eine Rede, in der er die Feuerwehrmänner, die Liquidatoren aus der Armee und die Sredmasch-Bauleiter, die den rauchenden Reaktor unter Sand und Beton begraben hatten, als Helden feierte. »Abermillionen Menschen auf der ganzen Welt, nah und fern, haben eure Stoßarbeit mit Hoffnung verfolgt«, sagte er. »Diese Großtat ist eine Großtat der Massen, eine Großtat des ganzen Volkes. … Ja, Tschernobyl war ein Schmerz, der von uns allen geteilt wurde. Doch es ist zum Symbol geworden für den Sieg des Sowjetmenschen über die Elemente. … Gleichzeitig zollt unsere Partei jedem Einzelnen die ihm gebührende Anerkennung. Es gibt keine namenlosen Helden. Jeder von ihnen hat ein eigenes Gesicht, einen eigenen Charakter, die eigene besondere Großtat.«[39]

Dennoch sollten sich einige Helden als gleicher erweisen als andere. Es gab noch immer keine öffentliche Anerkennung für die Ingenieure und Operatoren des Kraftwerks, die in der Turbinenhalle die Brände erstickt und weitere Explosionen verhindert hatten, oder für jene, die sich inmitten tödlicher Gammastrahlenfelder vergeblich bemüht hatten, den todgeweihten Reaktor zu kühlen. Die wenigen Auszeichnungen, die man Kraftwerksmitarbeitern zuerkannte, wurden im Geheimen abgewickelt.[40] Einmal kam Anatoli Dobrynin, Sekretär des Zentralkomitees und Leiter der internationalen Abteilung, zum Krankenhaus Nummer Sechs, um die verletzten Operatoren zu besuchen, allerdings ohne dass die Presse darüber berichtete.[41] Statt anerkennender Worte angesichts des Heldenmutes ihrer Angehörigen, erhielten die Familien von Alexander Akimow und Leonid Toptunow die Mitteilung, dass sich die Angeklagten nach Artikel 6, Paragraph 8 des ukrainischen Gesetzbuches nur aufgrund ihres Todes nicht vor Gericht zu verantworten hätten.[42]

Der in Ungnade gefallene Kraftwerksdirektor Wiktor Brjuchanow blieb 1986 den ganzen Winter über im KGB-Gefängnis in Kiew und wartete auf seine Gerichtsverhandlung. Bis auf seine Frau Walentina, die ihm einmal im Monat ein fünf Kilogramm schweres Lebensmittelpaket bringen durfte, in das sie Würste, Käse und Butter packte, ließ man keine Besucher zu ihm.[43] Gelegentlich hatte Brjuchanow einen Zellengenossen – einen Fälscher oder Einbrecher –, doch die meisten Wochen verbrachte er in Einsamkeit und vertrieb sich die nicht enden wollende Zeit mit der Lektüre von Büchern aus der Gefängnisbibliothek und lernte Englisch.[44] Eine Weile durfte Walentina ihm englischsprachige Zeitungen bringen, bis ihr gemeinsamer Sohn heimlich die Nachricht »Ich hab dich lieb, Papa« in eine der Zeitungen schrieb. Da wurde ihm auch dieses Privileg entzogen.[45]

Zunächst weigerte Brjuchanow, sich von einem Anwalt vertreten zu lassen, weil er ahnte, dass das Urteil gegen ihn ohnehin längst gesprochen war.[46] Doch seine Frau konnte ihn umstimmen, und so reiste Walentina nach Moskau, wo sie einen Rechtsanwalt fand, der gewillt war, Brjuchanow zu vertreten. Dieser Jurist hatte die Erlaubnis, Fälle zu übernehmen, die mit den geheimen Anlagen des sowjetischen Atomprogramms im Zusammenhang standen. Er hatte auch das besondere Recht, Beweismittel in Augenschein zu nehmen, die das Ministerium für Mittleren Maschinenbau hinter seinen Mauern unter Verschluss hielt.[47] Noch im selben Monat legten die Ermittler Brjuchanow das Material vor, das sie im Zuge ihrer Untersuchungen aufgedeckt hatten und gegen ihn verwenden wollten.[48] Zwischen all den Akten fand der Direktor einen Brief, geschrieben von einem der Experten des Kurtschatow-Instituts, der ihm die geheime Geschichte des RBMK-Reaktors offenbarte – die Andeutung gefährlicher Konstruktionsfehler, von denen die Wissenschaftler längst gewusst hatten, die sie aber Brjuchanow und seiner Belegschaft sechzehn Jahre lang vorenthalten hatten.[49]

Am 20. Januar 1987, nachdem Brjuchanow sechs Wochen lang in Isolationshaft gesessen und über den Einzelheiten seines Falls gebrütet hatte, reichten die Ermittler der Staatsanwaltschaft ihre Anklageschrift beim Obersten Gericht der UdSSR ein. Insgesamt schickten sie achtundvierzig Beweisakten nach Moskau, allesamt als streng geheim klassifiziert. Fünfzehn davon enthielten Dokumente, die direkt aus dem Kraftwerk stammten und dermaßen radioaktiv kontaminiert waren, dass die Anwälte Schutzkleidung tragen mussten, um sie zu lesen.[50]

Brjuchanow – und mit ihm vier weitere führende Belegschaftsmitglieder, darunter Djatlow und Fomin – wurde offiziell beschuldigt, gegen Artikel 220, Paragraph 2 des Strafgesetzes der Ukraine verstoßen zu haben. Er habe sich einer »Verletzung der Sicherheitsvorschriften« schuldig gemacht, die Verluste an Menschenleben und andere schwerwiegende Folgen in »explosionsgefährdeten Fabrikanlagen oder Einrichtungen« nach sich gezogen habe.[51] Es war ein raffinierter juristischer Schachzug – noch nie hatten sowjetische Juristen ein Kernkraftwerk als explosionsgefährdete Fabrikanlage eingestuft – und die erste von vielen logischen Verzerrungen, die nötig waren, um die Verantwortung für den Unfall auf die Handvoll ausgesucher Sündenböcke zu beschränken.[52] Um den Fall zu verschärfen, warf man Brjuchanow und Fomin zudem Machtmissbrauch vor – ein Verstoß gegen Artikel 165 des Strafgesetzes. Brjuchanow wurde beschuldigt, am Morgen nach dem Unglück die Strahlenwerte im Kraftwerk absichtlich nach unten manipuliert und damit die Evakuierung des Kraftwerks und der Stadt Prypjat hinausgezögert zu haben. Außerdem habe er wissentlich Männer in die am heftigsten verstrahlten Bereiche des Reaktorgebäudes geschickt. Falls man sie für schuldig befand, drohte den drei ranghöchsten Mitgliedern der Kraftwerksbelegschaft jeweils die Höchststrafe von zehn Jahren Gefängnis.[53]

Das Verfahren, ursprünglich für den 18. März 1987 anberaumt, wurde verschoben, als deutlich wurde, dass der stellvertretende Chefingenieur Nikolai Fomin noch immer psychisch zu labil war, um in den Zeugenstand zu treten.[54] Gleichzeitig mit Brjuchanow inhaftiert, hatte er im Gefängnis versucht, sich das Leben zu nehmen. Er hatte seine Brille zertreten und die Scherben dazu benutzt, sich die Pulsadern aufzuschneiden. Während der unglückliche Techniker sich im Krankenhaus erholte, wurde das Verfahren um einige Monate verschoben.[55]

Maria Protzenko kehrte im Januar 1987 eines der letzten Male nach Prypjat zurück. Fest eingemummt gegen die Kälte – Baumwolljacke und -hose wattiert, an den Füßen dicke Filz-*Walenki* –, führte sie einen kleinen Trupp Soldaten die verschneiten Stufen zum »Weißen Haus« hinauf. Sie gingen von einem Zimmer zum nächsten in dem verlassenen Ratsgebäude, räumten Schränke und Tresore leer und füllten Säcke mit Dokumenten, die einerseits zu verstrahlt waren, um sie dem Archiv der unergründlichen sowjetischen Bürokratie zu übergeben, andererseits zu heikel, um zurückgelassen zu werden. Als sie fertig waren, sammelte Protzenko die Schlüssel zu allen Büros im Gebäude ein, während die Soldaten die Säcke auf einen Lastwagen luden. Anschließend fuhren sie mit ihrer Fracht davon und begruben sie in einer der achthundert Deponien für radioaktiven Müll, die sich wie ein wachsender Flickenteppich über die gesamte Sperrzone verbreiteten.[56]

Am 18. April desselben Jahres wurde in der neuen Atomstadt Slawutytsch der Stadtrat gewählt. Die Verwaltung von Prypjat wurde offiziell aufgelöst, und die Stadt hörte somit auch formal auf zu existieren. Nachdem Protzenko fast ein ganzes Jahr nahezu ohne einen freien Tag innerhalb der Sperrzone durchgearbeitet hatte, wurde sie nun nach Kiew versetzt, auf einen neuen Posten. In Anerkennung ihrer Leistung in den langen Monaten seit dem Unfall durfte sie sich endlich um eine Mitgliedschaft in der Kommunistischen Partei bewerben. Am Ende des Jahres begab sich Protzenko zur Behandlung in ein Krankenhaus in Kiew und blieb über einen Monat dort. Sie zeige die Symptome einer »nervösen Anspannung« infolge von Überarbeitung, diagnostizierten die Ärzte und schrieben in ihre Krankenakte den Vermerk »Gewöhnliche Krankheit: nicht mit ionisierender Strahlung verbunden«.[57] Das leere *Ispolkom*-Gebäude in Prypjat wurde unterdessen zum Hauptsitz der PO Kombinat, der Industrie-Organisation Kombinat – ein neues Staatsunternehmen, das die anhaltenden Forschungs- und Aufräumarbeiten innerhalb der Dreißig-Kilometer-Zone zu verwalten hatte.[58] Die neue Behörde, nunmehr Alleinherrin in der leeren Stadt, nahm das zentrale Schwimmbad in Prypjat wieder in Betrieb, um den Liquidatoren einen Ort zu geben, an dem sie sich entspannen konnten, und richtete in den Treibhäusern der Stadt eine Versuchsgärtnerei ein, in der Techniker mit grünem Daumen in verstrahlter Erde Erdbeeren und Gurken anbauten.[59]

Während sich die Aufräumarbeiten innerhalb der Dreißig-Kilometer-Zone immer mehr in die Länge zogen, sank die Moral der zigtausend Liquidatoren, die herbeigeholt worden waren, damit sie die gefährliche und offensichtlich endlose Aufgabe erfüllten, auf den absoluten Tiefpunkt.[60] Staub aus hochverstrahlten Arealen wehte in Bereiche, die bereits gesäubert worden waren, so dass die Männer wochenlang völlig umsonst geschuftet hatten. Das Unternehmen Kombinat schien in Prypjat Fortschritte erzielt zu haben, bis dem KGB zu Ohren kam, dass seine Spezialisten nur die Werte aus den am wenigsten verstrahlten Bereichen weitergegeben hatten, während die tatsächlichen Strahlenbelastungen in der Stadt mindestens zehnmal höher waren. Die Geheimagenten bemerkten außerdem, dass die Liquidatoren schlechtes Essen bekamen, der Strahlenschutz zu wünschen übrig ließ, die Arbeiter nicht einmal rechtzeitig bezahlt wurden, und eine Atommülldeponie regelmäßig mit Flusswasser überspült wurde.[61] Den Kombinat-Chefs wurde schließlich von der Partei eine scharfe Rüge erteilt, weil sie Vetternwirtschaft, Diebstahl und Trunkenheit tolerierten.[62]

Mittlerweile hatten die Plünderungen innerhalb der Zone, oft durch die Liquidatoren selbst initiiert, und manchmal sogar mit dem Einverständnis ihrer Kommandanten, industrielle Ausmaße angenommen.[63] Eines Nachts beobachtete der Aufklärungsoffizier Alexander Logatschew verwundert, wie ein abtrünniger Trupp Soldaten einen Lastwagen nach dem anderen mit Gasöfen und Baumaterialien belud, die aus einem hochverstrahlten Baudepot im Schatten des Kraftwerks stammten. »Seid ihr verrückt geworden?«, fragte er sie, aber sie machten unbeirrt weiter, und als der Morgen dämmerte, waren zwei massive Antonow-22-Transportflugzeuge, angefüllt mit toxischer Schmuggelware, unterwegs zum sibirischen Wehrbereich. Leutnant Logatschew selbst schloss sich schon bald den Diebeszügen an – wenngleich er so professionell handelte, die gestohlene Ware zu dekontaminieren, bevor er sie aus der Sperrzone schaffte.[64]

In Prypjat fielen die Autos und Motorräder, die von der flüchtenden Bevölkerung zurückgelassen worden waren – insgesamt standen über tausend eingezäunt im Stadtzentrum – Plünderern zum Opfer, die ihre Windschutzscheiben stahlen und die Karosserien zerstörten. Einige der Fahrzeuge waren beschlagnahmt worden, um den Wissenschaftlern und Technikern innerhalb der Zone als Transportmittel zu dienen. So war aus bunten Ladas, Schigulis und Moskwitschen ein improvisierter Fuhrpark entstanden. Motorhauben und Türen jedes Fahrzeugs waren mit einer Nummer im weißen Kreis versehen, und Maria Protzenko führte bis zum Schluss sehr genau Buch darüber, wer gerade in welchem Wagen unterwegs war. Die vielen hundert Fahrzeuge, die zu kontaminiert waren, um ihren Besitzern zurückgegeben zu werden, wurden auf einer Deponie für radioaktiven Müll verschrottet, in eine Grube geschoben und vergraben.[65]

Als im April 1987 der erste Jahrestag des Super-GAUs näherrückte, überlegten sich die Mitglieder des Politbüros in Moskau eine Reihe von Propagandamaßnahmen, um den Umgang der UdSSR mit der Katastrophe im bestmöglichen Licht darstellen zu können. Die Vorschläge beinhalteten Geschichten fürs Fernsehen, für die Wissenschaftspresse und Publikationen in ausländischen Medien.[66] Der offizielle Bericht der Sowjetunion an die IAEO hatte siebzig Seiten detaillierter strahlenmedizinischer Informationen beinhaltet, die Dr. Angelina Guskowa und ihre Kollegen zur Verfügung gestellt hatten – einschließlich der Gesamtstrahlendosis, die die fünfundsiebzig Millionen Menschen in der westlichen UdSSR infolge des Unfalls voraussichtlich erhalten würden.[67] Doch der sowjetische Bericht hatte nicht die Gesamtzahl zusätzlicher Todes- oder Krankeitsfälle prognostiziert, die durch die Kontamination verursacht werden könnten, und westliche Experten hatten diese Lücke mit Schätzungen gefüllt, die die sowjetischen Ärzte in Rage versetzten.[68] Robert Gale sagte der Presse, es könnten weitere fünfundsiebzigtausend Menschen an Krebsarten sterben, die direkt den Auswirkungen der Katastrophe zuzuschreiben seien; vierzigtausend davon innerhalb der Sowjetunion, die übrigen im Ausland.[69]

Trotz der zunehmenden Freiheit, die den Redakteuren und Produzenten der parteikontrollierten Medien durch Gorbatschows Glasnost eingeräumt wurde, durfte in diesem Fall die Wahrheit nicht die Weisung behindern, »die feindseligen, voreingenommenen Behauptungen in der westlichen Presse zu zerschlagen«. Der stellvertretende Chef des Sowjetischen Staatskomitees für Funk und Fernsehen schlug eine Liste von sechsundzwanzig Geschichten vor, die an die Nachrichtenagentur TASS weitergegeben werden sollten, darunter der Bericht »Geburtsort: Tschernobyl«, der dreihundert Kinder im Auge behielt, die von Frauen nach deren Umsiedlung aus der Sperrzone geboren worden waren. Die Geschichte sollte zeigen, dass diese Kinder unter ständiger medizinischer Beobachtung standen und keinerlei Krankheitszeichen zeigten; ein anderer Artikel trug die Überschrift »Wonach roch im April der Wind?« und enthielt Daten, anhand derer der Vorsitzende des sowjetischen meteorologischen Instituts zu widerlegen suchte, dass gefährliche radioaktive Teilchen auf Westeuropa gefallen waren. »Die bunte Fruchtpalette auf dem Frühjahrsmarkt« war ein Bericht über das Obst und Gemüse, das im Frühling in Kiew eingetroffen war und laut Geigerzähler keinerlei Radionuklide aufwies.

Der endgültige Plan, der am 10. April gebilligt wurde, beinhaltete Maßnahmen zur Gegenpropagada, die an sowjetische Botschaften im Ausland verschickt werden sollten, und den Vorschlag, einer Delegation ausländischer Journalisten zu gestatten, direkt aus der Sperrzone zu berichten. Zeitungsreporter der *New York Times* und der *Chicago Tribune* betraten die Zone schließlich Ende Juni, um von der sterilen Mondlandschaft aus Beton und Asphalt zu berichten, die den Sarkophag umgab, von den vertrockneten Kiefern im Roten Wald und von den leeren Straßen Prypjats.

Hier schaltete man über ein Jahr nach dem GAU noch immer nachts die Straßenlampen ein, und manchmal tönte knisternd Opernmusik aus den Lautsprechern entlang der Kurtschatow-Straße.[70] Doch die bunten Wimpel, die über dem zentralen Platz im Wind flatterten, waren von der Sonne gebleicht und zerfranst, und auf den Wohnungsbalkonen verrottete die zurückgelassene Wäsche. Trotzdem gaben sich die Behörden immer noch der Illusion hin, die Stadt sei nicht tot, sie schlafe nur und würde eines Tages von den Schritten ihrer wiederkehrenden Bevölkerung geweckt.[71]

Kapitel 18

Der Prozess

Der Prozess gegen Wiktor Brjuchanow und die anderen fünf Männer, die beschuldigt wurden, die Katastrophe im Atomkraftwerk Tschernobyl verursacht zu haben, begann am 7. Juli 1987. Nach sowjetischem Recht musste die Gerichtsverhandlung eigentlich im selben Bezirk stattfinden, in dem das mutmaßliche Verbrechen geschehen war. Doch da Prypjat zur verstrahlten Geisterstadt geworden war, fand das Verfahren in der nächstgelegenen Alternative statt, vierzehn Kilometer vom Kraftwerk entfernt, in Tschernobyl selbst. Obwohl die Stadt monatelang dekontaminiert worden war, lag sie nach wie vor innerhalb der Dreißig-Kilometer-Sperrzone und war nur für Personen zugänglich, die über einen Passierschein der Regierung verfügten. Somit war die Teilnahme an der Verhandlung, obwohl diese nominell öffentlich war, Personen vorbehalten, die innerhalb der Zone arbeiteten oder von behördlicher Seite für geeignet erachtet wurden. Alle Menschen diesseits wie jenseits der sowjetischen Grenzen, die von der schlimmsten Atomkatastrophe der Welt in Atem gehalten wurden, erhofften sich Gerechtigkeit, aber die Partei wollte verhindern, dass ihre juristische Pantomime von einem allzu wissbegierigen Publikum gestört wurde.[1] Eine Handvoll Vertreter der internationalen Presse, darunter Korrespondenten der BBC und des japanischen Fernsehens, durften der Verhandlung beiwohnen. Sie wurden allerdings im Bus in die Stadt eskortiert und konnten nur an der Eröffnung und am Abschluss des Verfahrens teilnehmen, als ausschließlich vorbereitete Stellungnahmen verlesen wurden. Der ehedem baufällige Kulturpalast an der Ecke Sowietskaja- und Karl-Marx-Straße war renoviert und neu gestrichen worden, um die Kulisse für das Gerichtsverfahren abzugeben; Der Zuschauerraum war neu bestuhlt worden, die Wände schmückten glänzende graue Behänge, und am Eingang war ein Strahlungsmessposten installiert worden.[2]

Um 13.00 Uhr nahm Richter Raimund Brise vom Obersten Gericht der UdSSR seinen Platz auf der Tribüne ein, und die sechs Beschuldigten, eskortiert von uniformierten Soldaten des Innenministeriums, rückten auf die Anklagebank. Zwei Stunden lang saßen sie dort und hörten zu, während Brise die Anklageschrift verlas. Alle sechs Männer wurden beschuldigt, in fahrlässiger Weise ein gefährliches und nicht genehmigtes Experiment mit Reaktor Vier des Kernkraftwerks Tschernobyl durchgeführt zu haben, das nicht nur die völlige Zerstörung des Blocks zur Folge hatte, sondern auch die Freisetzung radioaktiven Niederschlags, die Evakuierung zweier Städte und Dutzender Dörfer mit insgesamt 116 000 Menschen, sowie die medizinische Versorgung von über zweihundert Personen, die aufgrund eines akuten Strahlensyndroms ins Krankenhaus eingeliefert werden mussten. Mindestens dreißig von ihnen seien bereits gestorben. Das Gericht erfuhr zudem, dass das Kernkraftwerk Tschernobyl bereits eine längere Geschichte von Störfällen aufzuweisen hatte, die nicht thematisiert, noch nicht einmal gemeldet worden waren, und dass diese Atomanlage, die in der UdSSR als eine der besten und modernsten ihrer Art betrachtet wurde, in Wirklichkeit aufgrund ihres laschen und inkompetenten Managements permanent nur knapp an der Katastrophe vorbeigeschrammt war. Von Fehlern im Konstruktionsdesign des RBMK-1000-Reaktors war nicht die Rede.

Alle Männer, die des Verstoßes gegen die Sicherheitsvorschriften in einer »explosionsgefährdeten Einrichtung« beschuldigt wurden – darunter auch Boris Rogoschkin, der Chef der Nachtschicht zur Zeit des Unfalls, sowie Alexander Kowalenko, der Werkstattleiter, der den Test genehmigt hatte – plädierten auf nicht schuldig. Doch Brjuchanow und Fomin räumten nach Artikel 165 strafbares Versagen in der Ausübung ihrer Pflichten ein – das geringere Vergehen, das eine Gefängnisstrafe von fünf Jahren nach sich zog. »Was die Vorwürfe gegen mich angeht, sehe ich mich nicht schuldig«, sagte Brjuchanow vor Gericht. »Doch als Direktor des Kraftwerks war ich in mancher Hinsicht nachlässig.«[3]

Die Anhörungen begannen jeweils um elf Uhr vormittags und dauerten bis um sieben Uhr abends, mit einer Stunde Mittagspause. Die Sommersonne knallte unbarmherzig auf das niedrige Dach des kleinen Gerichtssaals, und dank der Hitze verdichtete sich die ohnehin schon angespannte Atmosphäre noch mehr. Brjuchanow, ungerührt wie eh und je, bewahrte dennoch die Fassung. Ein Jacket tragend, aber keine Krawatte, saß er mit leicht erhobenem Kopf da und hörte aufmerksam zu, als Zeugen und Experten ihre Aussagen machten.[4] Er schilderte seine Handlungen in der Nacht des Unfalls, trug aber wenig zu seiner Verteidigung bei. Er hielt am Sicherheitsprotokoll des Kraftwerks fest und beschrieb die Unmöglichkeit seiner Arbeit: die Schwierigkeit, gut geschulte Mitarbeiter zu bekommen, und die überwältigende Last, für jede Kleinigkeit verantwortlich zu sein – sowohl im Kraftwerk selbst wie auch in der Stadt.[5] Gleichzeitig behauptete er, es hätte nicht in seiner Macht gestanden, die Evakuierung Prypjats anzuordnen; es sei nicht seine Absicht gewesen, die tatsächliche Strahlenbelastung zu vertuschen. Er habe die kritische Stellungnahme zu den Strahlungspegeln um das Kraftwerk herum und in der Stadt einfach nicht genau durchgelesen, bevor er sie unterzeichnet habe. Als der Staatsanwalt von ihm wissen wollte, wie er in solch einer wichtigen Pflicht versagen konnte, schwieg er.[6]

Während des Kreuzverhörs fragte ihn einer der Mitangeklagten, ob es schriftliche Beweise dafür gebe, dass das Kraftwerk jemals zuvor als »explosionsgefährdet« eingestuft worden sei. Brjuchanow zögerte vorsichtig. »Die Antwort auf diese Frage findet sich in den Ermittlungsunterlagen«, sagte er.[7]

Trotz aller Erniedrigungen und Härten, die ihm widerfahren waren, und der scheinbaren Unausweichlichkeit seines Schicksals blieb Brjuchanow ein Geschöpf des Systems, das ihn geformt hatte. Er verstand die Rolle, die die Partei von ihm erwartete, und hielt sich fast unbeirrbar an das Drehbuch.

»Wer trägt Ihrer Ansicht nach die Schuld?«, fragte ihn einer der Geschworenen.[8]

»Das soll das Gericht entscheiden«, erwiderte Brjuchanow.

»Halten Sie sich für den Hauptschuldigen?«, fragte der Staatsanwalt.

»Das Schichtpersonal trägt die Schuld – außerdem Rogoschkin, Fomin und Djatlow.«

»Und Sie, als Kraftwerksdirektor?«

»Ich auch.«

Chefingenieur Nikolai Fomin, der ehedem so herrische Partei-Apparatschik, der Elektroingenieur, der seine Kenntnisse in Kernphysik im Fernlehrgang erworben hatte, saß als gebrochener Mann vor Gericht, finster dreinblickend oder eulenhaft ins Leere starrend.[9] Mit bleichem Gesicht, glänzende Schweißperlen auf der Stirn, stand er auf, um laut vorzulesen, was er sich auf einem Blatt Papier notiert hatte.[10] Monate vor der Katastrophe habe ihn ein Autounfall außer Gefecht gesetzt, erklärte er.[11] Er sei schier zusammengebrochen unter seinem Arbeitspensum und habe beim Energieministerium vergeblich um die Erlaubnis angefragt, die Verwaltung des Kraftwerks umstrukturieren zu dürfen. Er habe das verhängnisvolle Testprogramm für den vierten Reaktorblock bewilligt, gab er zu, ohne die Behörden für atomare Sicherheit oder die Reaktorkonstrukteure in Moskau zu verständigen. Nicht einmal Brjuchanow habe Bescheid gewusst. Er beschrieb, wie er nach dem Unfall gegen vier Uhr morgens in den Bunker gekommen und weder über das Ausmaß der Zerstörung noch über die schlimmen Verletzungen seiner Männer im Bilde gewesen sei. Daraufhin erwiderte der Staatsanwalt, der Grad an Ignoranz des Chefingenieurs sei ihm absolut »unbegreiflich«.[12]

Auf die Frage, wer den Unfall versursacht habe, erwiderte Fomin: »Djatlow und Akimow, weil sie vom Versuchsprogramm abgewichen sind.«[13]

Von allen Angeklagten, die vor Gericht zu Wort kamen, erwies sich der stellvertretende Chefingenieur Anatoli Djatlow als der streitbarste. Stocksteif und etwas vorgebeugt saß er auf seinem Platz, hellwach und nur darauf wartend, mit einer Frage, Berichtigung, Forderung oder der Bitte um einen klärenden Hinweis auf bestimmte Dokumente oder Direktiven dazwischenzugehen. Er hatte einen ausgezeichneten Überblick über die technischen Aspekte der Zeugenaussagen, erfuhr jeden Tag mehr aus den Informationen, die als Beweise vorgelegt wurden, und erwies sich als kämpferisch und trotzig. Als ihn einer der versammelten Experten mit der Frage bedrängte, wie es um die betriebliche Reaktivitätsreserve des Reaktors bestellt sei, entgegnete er: »Ist das hier ein Physikexamen? Dann beantworten *Sie* doch die Frage!«[14]

Von Beginn an argumentierte Djatlow, dass die Operatoren in Tschernobyl keine Schuld treffe an dem, was mit Reaktor Vier passiert war, und äußerte sich detailliert zu jedem einzelnen Anklagepunkt. Die Verantwortung für den Unfall liege bei denen, sagte er, die es versäumt hätten, die Kraftwerksbelegschaft zu warnen, dass sie einen potentiell explosionsgefährdeten Reaktor bedienten. Er persönlich habe mit keiner Instruktion gegen Vorschriften verstoßen.[15] Obwohl mehrere Zeugen dem widersprachen, beharrte Djatlow auf seiner Aussage, er sei im maßgeblichen Augenblick vor dem Test, als Leonid Toptunow die Reaktorleistung fast bis auf null hatte absinken lassen, nicht in der Kontrollwarte gewesen; er habe weder den Befehl gegeben, die Leistung wieder zu steigern, noch habe er die beiden mittlerweile verstorbenen Praktikanten in die Reaktorhalle geschickt, damit sie die Steuerstäbe von Hand in den Kern einfahren sollten.[16]

Doch es wurde bald klar, dass weder die Konstruktion des Reaktors noch die lange Liste an Unfällen und institutionellen Vertuschungen, die dem Desaster vorausgegangen waren, vor Gericht berücksichtigt würden. Obwohl keiner der Angeklagten gefoltert wurde oder gezwungen, vor Gericht konterrevolutionäre Machenschaften zu gestehen, zweifelte niemand am Ausgang des Verfahrens – Es wurde tatsächlich zu einem der letzten Schauprozesse in der Geschichte der Sowjetunion.[17] Obwohl sich der Oberstaatsanwalt auf den offiziellen Unfallbericht der Regierungskommission stützte, um seine Anklage gegen die Operatoren zu begründen, ignorierte er kurzerhand, was darin über das problematische Reaktorkonzept zu lesen stand. Vor den Reportern wurde behauptet, dass man die Konstrukteure später in einem gesonderten Verfahren zur Verantwortung ziehen werde.[18]

Dabei entstammten viele der Sachverständigen, die man in den Zeugenstand rief, just denselben staatlichen Instituten – darunter NIKIET und das Kurtschatow-Institut –, die für das ursprüngliche Design des RBMK-1000 verantwortlich zeichneten. Erwartungsgemäß wiesen die Physiker jede Schuld von sich und argumentierten, dass die Marotten ihres Reaktors nur in den Händen inkompetenter Operatoren gefährlich würden.[19] Abweichende Meinungen wurden vom Gericht abgewürgt. Als ein Kernkraftexperte erklärte, dass Toptunow, Akimow und Djatlow von dem positiven Voidkoeffizienten keine Ahnung gehabt haben konnten, der die Explosion des Reaktors mit herbeigeführt hatte, entließ ihn der Staatsanwalt auf der Stelle aus dem Zeugenstand. Djatlow richtete vierundzwanzig schriftliche Fragen zu den technischen Maßgaben des Reaktors an die Sachverständigen und wollte wissen, ob dieser denn den Vorschriften des sowjetischen Staatskomitees für nukleare Sicherheit entsprach. Doch der Richter stufte die Fragen schlicht und ohne weitere Erklärung als unzulässig ein.[20]

Am 23. Juli hielt der Staatsanwalt sein Schlussplädoyer. Er war gnadenlos. Der leitende Reaktorkontrollingenieur Leonid Toptunow, der drei Monate vor seinem sechsundzwanzigsten Geburtstag an Strahlenvergiftung gestorben war, sei ein »schwacher Experte« gewesen, sein Chef, Schichtführer Alexander Akimow, dagegen »weich und unentschlossen« und voller Angst vor Djatlow. Den stellvertretenden Chefingenieur beschrieb der Staatsanwalt als intelligent, aber unorganisiert und grausam und nannte ihn einen »Nuklearrabauken«, der »gedankenlos gegen die Gebote der nuklearen Sicherheit verstoßen« habe und dessen strafbare Handlungen unmittelbar für die Katastrophe verantwortlich gewesen seien. Chefingenieur Fomin wiederum, der das Verhängnis hätte abwenden können, habe dies versäumt.[21]

Doch die bissigste Einschätzung behielt sich der Staatsanwalt für den Direktor des Kernkraftwerks Tschernobyl vor, der seiner Meinung nach seine Vorgesetzten in der Hoffnung belogen hatte, das Ausmaß des Unfalls vertuschen und seinen Posten behalten zu können. Damit habe er nicht nur seine Belegschaft in Gefahr gebracht, sondern jeden einzelnen Einwohner Prypjats. »Es gibt keinen Grund zu der Annahme, dass Brjuchanow über die wirkliche Strahlungssituation nicht im Bilde war«, sagte er. Brjuchanows Verhalten offenbare »sein moralisches Versagen, als Führungspersönlichkeit wie als Mensch.«[22]

Im Gegenzug brachten die Anwälte der Beschuldigten nun ihre Argumente vor, und auch die Angeklagten kamen zu Wort. Brjuchanows Anwalt sagte, dass sein Mandant ein anständiger Mensch sei und wisse, dass er die Schuld auf sich nehmen müsse. Beide räumten ein, dass gemäß den Betriebsbestimmungen des Kraftwerks der Direktor für alles, was innerhalb der Anlage vor sich ging, offiziell die Verantwortung trug. Insgeheim aber hofften sie, dass Brjuchanow mit einer Strafe für administrative Fahrlässigkeit davonkommen würde und sich nicht für den schlimmeren Vorwurf des Machtmissbrauchs zu verantworten hätte.[23] Fomin akzeptierte seine Schuld und bat das Gericht, Gnade walten zu lassen. Djatlow brachte seine Trauer um die Toten und sein Mitgefühl für die Verwundeten zum Ausdruck, blieb aber trotzig. Die anderen drei Angeklagten – Rogoschkin, Kowalenko und Juri Lauschkin, der Inspektor für atomare Sicherheit im Kraftwerk – plädierten auf Freispruch.[24]

Doch das sowjetische Volk war gut auf harte Urteile gegen die Männer eingestimmt worden, die mit ihrem korrupten und inkompetenten Verhalten das Land dreier Republiken unbewohnbar gemacht und Tausende unschuldige Opfer vergiftet hatten. Der Wissenschaftsredakteur der *Prawda*, Wladimir Gubarew, hatte bereits das Stück *Der Sarkophag* herausgebracht, das von einem Störfall in einem fiktiven Atomkraftwerk handelte. Die Schuld dafür sah er in einem maroden System, aber auch in den Kraftwerksfunktionären. Die Figur des Direktors bewilligt in dem Stück ein leicht entzündliches Dach, damit der Bau rechtzeitig fertiggestellt werden kann, und als es zu einer radioaktiven Explosion kommt, bringt er seine eigenen Enkel in Sicherheit und überlässt die Einwohner seiner Stadt ihrem Schicksal.[25]

Als der dekorierte Feuerwehrmann Major Leonid Teljatnikow seine Meinung zu den Beschuldigten geben sollte, ließ er keinen Zweifel: »Natürlich müssen sie bestraft werden«, sagte er. »Nach Meinung der Regierungskommission war die Ursache menschliches Versagen. Es war ihre Schuld. Die Konsequenzen waren bitter genug.«[26] Andere gingen sogar noch weiter. Während einer Unterbrechung im Prozess saß Walentina Brjuchanow auf einer Parkbank in Kiew neben einem alten Mann, der im Großen Vaterländischen Krieg gekämpft hatte. Als sie auf die Gerichtsverhandlung wegen Tschernobyl zu sprechen kamen, erklärte der Veteran, dass es nicht gerecht wäre, die Beschuldigten einzusperren, wie einige Leute meinten. Man sollte sie besser alle erschießen, sagte er.[27]

Am Dienstag, dem 29. Juli, einem weiteren brütend heißen Tag, verkündete Richter Brise sein Urteil.[28] Alle sechs Männer wurden für schuldig befunden: Juri Lauschkin erhielt zwei Jahre Haft, Alexander Kowalenko drei und Boris Rogoschkin fünf. Alle drei wurden im Gerichtssaal verhaftet. Brjuchanow, Fomin und Djatlow erhielten jeweils die Höchststrafe: zehn Jahre Haft in einer Strafkolonie. Alle blieben stoisch, bis auf Fomin, der auf der Anklagebank weinte. Walentina Brjuchanow verlor die Besinnung. Hinterher sagte einer der Ermittler zu ihr: »Sie können Ihre Ehe jederzeit beenden.«[29]

Der ehemalige Direktor des Atomkraftwerks Tschernobyl wurde in einem schwarzen Lieferwagen mit vergitterten Fenstern vom Kulturpalast abgeholt und zur Verbüßung seiner Strafe in ein Zuchthaus nach Donezk geschickt, eine Stadt im äußersten Osten der Ukraine.[30] Er reiste im Zug, in einem der berüchtigten *Stolypin*-Wagen des sowjetischen Gefängnissystems, und hatte Glück, die Reise zu überleben. In den zwei Wochen, die die siebenhundert Kilometer lange Fahrt dauerte, wurde er zumeist mit streng rationiertem Salzhering ernährt. Als er endlich im Gefängnis eintraf, kamen sämtliche Insassen in den Gefängnishof, um sich das Gesicht des schändlichen Menschen anzusehen, der das schlimmste Atomdesaster der Welt zu verantworten hatte – eine kleine, fragile Gestalt in einer viel zu großen blauen Sträflingskluft.[31]

Gegen Ende des Jahres 1987 war Slawutytsch, die neue Atomstadt für die Arbeiter aus Tschernobyl und deren Familien, so weit fertiggestellt, um ihre ersten Einwohner in Empfang zu nehmen, die sowohl aus dem Arbeiterlager am Dnepr und aus Unterkünften in Kiew ankommen sollten. Mit frenetischer Eile und unter großer öffentlicher Aufmerksamkeit errichtet, war Slawutytsch – mit fünf Bezirken, geprägt von den unterschiedlichen Regionalstilen einzelner Sowjetrepubliken – als Modellstadt für die sowjetische Einheit gedacht. Doch sogar dieses Prestigeprojekt litt unter den üblichen bürokratischen Hürden, Bauverzögerungen, Arbeitskonflikten und Schlampereien. In letzter Minute versagte das Zentralheizungssystem der Vorzeigestadt, die deshalb erst im Frühling bezugsfertig war.[32]

Vor der Ankunft der neuen Bürger der Stadt hatten Wissenschaftler des hydrometeorologischen Überwachungsdienstes, des Gesundheitsministeriums und des Verteidigungsministeriums im September dort Strahlungsmessungen durchgeführt und festgestellt, dass der Boden, auf dem Slawutytsch erbaut worden war, mit Cäsium-134, Cäsium-137, Ruthenium-106 und Cerium-144 kontaminiert war; im nahen Wald wurden Isotope von Cäsium, Strontium und Plutonium nachgewiesen.[33] Die daraus resultierende jährliche Strahlungsexposition überschreite zwar nicht die erlaubten Grenzwerte für Menschen, die in der Nähe von Atomkraftwerken lebten, so das Fazit der Wissenschaftler, dennoch sei dringend anzuraten, die Fußwege zu teeren, Straßen und Plätze regelmäßig zu säubern, und – besonders im umliegenden Wald, wo Menschen möglicherweise Spaziergänge unternahmen und Pilze sammelten – Bäume zu fällen und heruntergefallenes Laub in Säcken zu sammeln.

Am 4. Dezember 1987, nachdem er über achtzehn Monate lang dekontaminiert, repariert und modifiziert worden war, speiste auch der letzte der drei verbliebenen Reaktoren des Kernkraftwerks Tschernobyl wieder Strom in das sowjetische Netz ein.[34] Block Drei, der nun zwar durch eine Wand aus Beton und Blei von seinem begrabenen Zwilling abgeschottet war, wies nach wie vor dermaßen hohe Strahlungswerte auf, dass die Ingenieure nach dem Rotationsprinzip durchgewechselt wurden, um einer zu hohen Strahlenbelastung jedes einzelnen vorzubeugen. Trotz der aufopfernden Bemühungen von General Tarakanow und seinen menschlichen Robotern lagen immer noch Uranbrennstoff-Pellets auf dem Dach des Gebäudes verstreut, und die Turbinenfacharbeiter in der Maschinenhalle darunter verrichteten ihre Tätigkeit innerhalb von Schutzkabinen aus Beton, die mit bleiverglasten Bullaugen versehen waren.[35]

Man hatte die drei Tschernobyl-Reaktoren – und die zwölf anderen RBMK-1000-Anlagen, die in der Ukraine noch in Betrieb waren – alle der umfassenden technischen Überholung unterzogen, die in der geheimen Politbüro-Resolution im Juli vorgeschlagen worden war. In einer Maßnahme, die einem unausgesprochenen Schuldeingeständnis der Konstrukteure gleichkam, wurde jeder RBMK jetzt mit einer größeren Menge an hochangereichertem Uran bestückt, mit Dutzenden zusätzlichen Kontrollstäben modifiziert, um dem positiven Dampfblasenkoeffizienten entgegenzuwirken, und mit einem schnelleren, effektiveren Notabschaltsystem ausgestattet.[36] Die Behörden überarbeiteten die Schulungsprogramme für Reaktoroperatoren und stellten Geld für den Bau von Computersimulatoren zur Verfügung, um sie auf mögliche Unfallszenarien vorzubereiten.[37] Und doch hatte sich in Wahrheit nur wenig verändert. Über ein Jahr nach dem Desaster erhielt das Politbüro einen Bericht, der zeigte, dass sowjetische Kernkraftwerke nach wie vor von schlampiger Bauweise, disziplinloser Belegschaft und zahllosen kleineren Störfällen geplagt waren.[38]

Im Kernkraftwerk Tschernobyl wurden die Operatoren der verbliebenen drei Reaktoren auch von der Art und Weise demoralisiert, wie man ihren toten Kollegen die Schuld an dem Unfall zugeschoben hatte. Obwohl sie jeden Tag pflichtgemäß zur Arbeit gingen, argwöhnten viele von ihnen, dass man den wahren Ursachen der Katastrophe nicht wirklich auf den Grund gegangen war; einige waren nach wie vor der Überzeugung, dass ihnen ohne weiteres dasselbe zustoßen konnte. Fast niemand wollte in Slawutytsch leben.[39]

In der Öffentlichkeit hielt Waleri Legassow weiterhin an der Parteilinie fest, was die Sicherheit der sowjetischen Kernkraftindustrie anbelangte. Die sowjetischen Reaktoren hätten keine Schuld, sagte er, in ihrem Entwurf seien nahezu alle unvorhersehbaren Umstände berücksichtigt worden. Das Akademiemitglied bestand darauf, dass die Kernkraft den Zenith der Atomwissenschaft darstelle und maßgeblich sei für die Zukunft der Zivilisation.[40] Insgeheim jedoch war Legassow zutiefst erschüttert von dem, was der Erste Minister Ryschkow vor gut einem Jahr in Anwesenheit Gorbatschows und der übrigen Mitglieder des Politbüros gesagt hatte: Die Explosion in Tschernobyl sei unvermeidlich gewesen, und wäre sie nicht hier passiert, dann früher oder später in irgendeinem anderen sowjetischen Kraftwerk. Erst damals hatte Legassow das wahre Ausmaß des Verfalls im Herzen des Atomstaats erkannt – die Kultur der Verschwiegenheit und Selbstgefälligkeit, der Arroganz und Nachlässigkeit; und den schäbigen Standard im Bereich Konstruktion und Bauwesen. Er hatte verstanden, dass sowohl der RBMK-Reaktor als auch sein Druckwasser-Pendant, der WWER, inhärent gefährlich waren. Er begann, den Problemen genauer auf den Grund zu gehen, und setzte sich am Sredmasch für eine neue Reaktorgeneration ein, gekühlt mit flüssigem Salz. Doch seine Vorschläge stießen auf Wut und Empörung: Efim Slawski, zu diesem Zeitpunkt noch an der Spitze des Ministeriums für Mittleren Maschinenbau, warf Legassow vor, er sei ein technischer Analphabet und solle seine Nase gefälligst nicht in Angelegenheiten stecken, die ihn nichts angingen.[41]

Legassows gesundheitliche Probleme hatten sich mittlerweile verstärkt, und im Laufe des folgenden Jahres musste er mehrmals im Krankenhaus Nummer Sechs behandelt werden; aufgrund einer Neurose, aufgrund von Schwankungen in der Zahl der weißen Blutzellen und wegen Problemen mit dem Herzen und dem Knochenmark. Obwohl die Ärzte bei ihm offiziell keine akute Strahlenkrankheit diagnostizierten, hegte seine Frau keinerlei Zweifel darüber, was mit ihm los war. Nichtsdestoweniger arbeitete Legassow, beflügelt vom auflebenden Wind der Perestroika, an einer Reihe von Vorschlägen, wie sich die monolithischen Strukturen in der sowjetischen Wissenschaft modernisieren ließen. Der Bericht, den er seinen Kollegen an der Akademie der Wissenschaften vorlegte, stellte die Hegemonie einiger mächtiger Staatsorgane in Frage und wäre jedem anderen eindeutig als politisch zu riskant erschienen.[42] Er schlug erstens vor, das Ministerium für Mittleren Maschinenbau in kleinere Einheiten aufzubrechen, die miteinander in Konkurrenz treten sollten; zweitens, bei der Finanzierung der Forschungen am Kurtschatow-Institut mehr Strenge walten zu lassen und sie von realer Leistung abhängig zu machen; und schließlich die alten Männer, die jetzt die Budgets kontrollierten und die vielen Anstellungen auf Lebenszeit bestimmten, durch jüngere, vitalere Wissenschaftler zu ersetzen. Legassow hatte gehofft, mit seinem Bericht offene Türen einzurennen. Er hatte sich nicht nur bei den Aufräumarbeiten in Tschernobyl nach dem GAU verdient gemacht und den Ruf der Kernkraftindustrie in Wien verteidigt, er wurde zudem als Alexandrows Nachfolger als Leiter des Kurtschatow-Instituts gehandelt und hatte mächtige Fürsprecher innerhalb des Politbüros.[43]

Trotzdem wurden Legassows Vorschläge ignoriert. Er erkannte nicht, dass er mit seinen Ideen nicht nur die alte Garde vor den Kopf stieß, deren komfortable Positionen er in Frage stellte, sondern auch seine reformfreudigeren Kollegen verprellte. Letztere sahen in Legassow ein Geschöpf der Stagnationsära, dem seine privilegierte Abstammung einen reibungslosen Aufstieg an die Spitze erleichtert hatte. Sogar seine Rolle in Tschernobyl wurde plötzlich kritisch betrachtet, da seine Wissenschaftlerkollegen die Aktion, den brennenden Reaktor mit Sand und Blei zu bombardieren, zu hinterfragen begannen.[44] Im Frühling des Jahres 1987 befahl das Zentralkomitee der Kommunistischen Partei, die Belegschaft des Kurtschatow-Instituts solle – im Rahmen einer internen Perestroika – einen Aufsichtsrat für Wissenschafts- und Technikfragen wählen.[45] Legassow wollte nicht kandidieren – zum einen wegen seiner angeschlagenen Gesundheit, aber auch, weil Gegenstimmen verhindern konnten, dass er Alexandrows Nachfolge als Direktor antrat.[46] Alexandrow jedoch insistierte, und als die Ergebnisse vorlagen, musste Legassow einsehen, wie wenig er doch von der Meinung seiner Kollegen über ihn begriffen hatte. Von den 229 Stimmen waren nur 100 zu seinen Gunsten abgegeben worden; 129 waren gegen ihn. Legassow war wie vom Donner gerührt. Mit fünfzig spürte er das erste Mal Gegenwind in seiner glanzvollen Karriere.

Bei einem Parteitreffen am 10. Juni hatte der alte Alexandrow bessere Neuigkeiten zu vermelden; sie sollten Legassow gratulieren, sagte er den Anwesenden. Auf der Liste derer, die vom Politbüro für ihren heldenhaften Einsatz in Tschernobyl belobigt werden sollten, stehe der Name seines ersten Stellvertreters ganz weit oben: Legassow werde die Auszeichnung erhalten, die ihm bislang verwehrt worden sei, und als Held der sozialistischen Arbeit gewürdigt. Doch als die endgültige Liste veröffentlicht wurde, fehlte Legassows Name. Gerüchten zufolge hatte Gorbatschow in letzter Minute entschieden, dass niemand aus dem Kurtschatow-Institut in diesem Zusammenhang eine staatliche Auszeichnung erhalten sollte. Schließlich hatte das Institut die Katastrophe, die es einzudämmen half, selbst mit herbeigeführt. Tags darauf rief Legassow von zu Hause seine Sekretärin an. Bevor er auflegte, bat er sie, ein Auge auf seine beiden Kinder zu haben, und sie wurde stutzig. Kollegen eilten daraufhin zu seinem Haus in der Pechotnaja-Straße und fanden Legassow besinnungslos – ein Fläschchen Schlaftabletten neben sich.

Obwohl er gerettet werden konnte, kehrte Legassow nach seinem

Selbstmordversuch vollkommen verändert zur Arbeit zurück. Das neckische Funkeln in seinen Augen war erloschen, und er schlurfte die Treppe hinauf wie ein alter Mann. Bei einer wissenschaftlichen Tagung in England in diesem Sommer traf er seinen alten Freund, den Wissenschaftsredakteur der *Prawda* Wladimir Gubarew, dessen Theaterstück *Der Sarkophag* am National Theatre in London aufgeführt wurde. Gubarew versuchte Legassow zu ermutigen, die Auslandsreise auszukosten, sich mit Mädchen zu amüsieren oder sich vielleicht die West End-Aufführung von *Cats* anzusehen. Doch Legassow wollte nur zum Hotel zurück. In diesem Herbst las er zum ersten Mal die Bibel.[47] Mit Hilfe eines neuen japanischen Diktiergeräts, das ihm ein alter Freund geschenkt hatte, erstellte er mehrere Bandaufnahmen über seine persönlichen Erfahrungen in Tschernobyl, um Material zu sammeln für ein Buch. Den Menschen, die ihm nah standen, sagte er jedoch, dass seine Karriere beendet sei. Er versuchte erneut, sich umzubringen, jedoch wieder ohne Erfolg.[48]

Um seinen Freund aufzumuntern, schlug Gubarew ihm vor, er solle seine Ideen zur nuklearen Sicherheit in einem Artikel für die *Prawda* zum Ausdruck bringen.[49] Legassow schrieb den Text in wenigen Tagen nieder. Nach seinem Erscheinen rief er Gubarew jeden Tag an, weil er wissen wollte, wie er angekommen sei. Als auch der Artikel ignoriert wurde, unternahm Legassow einen drastischeren Schritt. In einem Interview mit der liberalen Literaturzeitschrift *Nowy Mir* warnte er, dass sich die Katastrophe von Tschernobyl – entgegen seinen früheren Aussagen – in jeder der RBMK-Atomkraftanlagen der UdSSR jederzeit wiederholen könne. Viele Wissenschaftler seien sich der Gefahr zwar bewusst, sagte er dem Reporter, aber keiner sei bereit, etwas zu tun, um sie abzuwenden. In einem zweiten Interview, mit der Zeitschrift *Junost*, deren Zensurfesseln dank Glasnost ebenfalls etwas gelockert worden waren, ging Legassow sogar noch weiter.[50]

Die Wissenschaft in der Sowjetunion tappe im Dunkeln, sagte Legassow und kehrte damit jeder politischen Überzeugung den Rücken, an die er von Jugend an fest geglaubt hatte. Die Männer und Frauen hinter den großen Triumphen sowjetischer Technologie – die das erste Atomkraftwerk gebaut und Juri Gagarin in den Weltraum geschickt hatten – hätten nach einer neuen, besseren Gesellschaft gestrebt und mit einem Ethos und einer Entschlusskraft gehandelt, die noch ein Erbe Puschkins und Tolstois gewesen seien. Nun sei ihnen der Kettfaden aufrechten Strebens aus den Fingern geglitten. Zurück bleibe eine junge Generation, die technisch zwar versiert, moralisch aber ungebunden sei. Es sei dieses grundlegende Scheitern des sowjetischen Gesellschaftsexperiments – und nicht bloß die Fahrlässigkeit einer Handvoll Operatoren –, das nach seiner Überzeugung die Schuld trage an der Explosion des vierten Reaktorblocks.

Anfang 1988 hatte Legassow die Hoffnung aufgegeben, jemals Direktor des Kurtschatow-Instituts zu werden. Stattdessen organisierte das Akademiemitglied, als Gorbatschows Reformen Fahrt aufnahmen und die öffentliche Kritik am Staat lauter wurde, ein Gremium für Ökologie und schlug vor, ein eigenes Institut für nukleare Sicherheit zu gründen – eine autonome Körperschaft, die der sowjetischen Atomindustrie ein wirklich unabhängiges Regulativ entgegensetzen könnte. In dem optimistischen Glauben, seine Pläne würden dort Anklang finden – zumindest in Anerkennung seiner Rolle bei der Beseitigung der Folgen des größten atomaren Unfalls der Geschichte –, unterbreitete Legassow sie der Akademie der Wissenschaften.[51]

Als jedoch Ende April endlich die Anhörungen stattfanden, unterstützte sein Mentor Alexandrow die Idee nur halbherzig, und so wurde Legassows Vorschlag abgelehnt. Das Akademiemitglied erhielt die Nachricht am 26. April 1988, auf den Tag genau zwei Jahre nach dem Super-GAU. An diesem Nachmittag holte Legassows Tochter Inga ihren Sohn wie üblich vom Kindergarten ab. Als sie nach Hause kamen, stand ihr Vater vor dem Eingang zum Wohnblock neben seinem Wagen und wartete auf sie. Inga lud ihn ein, mit ihnen zu essen, aber er lehnte ab. »Ich komme gerade aus der Akademie der Wissenschaften«, sagte er. »Ich wollte nur kurz vorbeikommen und dich anschauen.« Es war das letzte Mal, dass sie ihn lebend sah.[52]

Am darauffolgenden Tag kam Legassows Sohn Alexey um die Mittagszeit zum Haus der Familie in der Pechotnaja-Straße und fand im Treppenhaus die Leiche seines Vaters. Er hatte sich erhängt, ohne einen Abschiedsbrief zu hinterlassen.[53] Als ein Kollege aus dem Kurtschatow-Institut die

Strahlungswerte in Legassows Büro untersuchte, waren die persönlichen Gegenstände darin viel zu stark kontaminiert, um sie an die Familie zurückzugeben. In mehrere große Plastiksäcke verpackt, wurden sie stattdessen vergraben. Als bald darauf ein Funktionär Anatoli Alexandrow in seinem Büro aufsuchte, um mit ihm zu besprechen, welche Kollegen Legassows Pflichten übernehmen sollten, brach der fünfundachtzigjährige Direktor weinend zusammen.[54] »Warum hat er mich im Stich gelassen?«, sagte er. »Warum hat er mich bloß im Stich gelassen?«[55]

Zwei Wochen nach Legassows Tod hielt der sowjetische Gesundheitsminister in Kiew die Eröffnungsrede einer Konferenz zu den medizinischen Folgen des Unfalls, an der Vertreter der Internationalen Atomenergie-Organisation IAEO und der Weltgesundheitsorganisation WHO teilnahmen.[56] Zum ersten Mal gaben sowjetische Wissenschaftler zu, dass in den am stärksten kontaminierten Gebieten der Ukraine, Weißrusslands und Russlands zum Zeitpunkt des Super-GAUs 17,5 Millionen Menschen gelebt hatten, darunter 2,5 Millionen Kinder unter sieben. Bis Ende 1986 waren 696 000 von ihnen von namhaften Ärzten untersucht worden. Trotzdem blieb es bei der offiziellen Anzahl der Todesfälle, die bis dato dem Desaster zugeschrieben wurden – 31. Der Gesundheitsminister sagte, man habe in der allgemeinen Bevölkerung keine einzige Verletzung festgestellt, die auf die Strahlung zurückzuführen sei. »Es lässt sich also definitiv sagen«, erklärte er vor den Delegierten, »dass der Unfall in Tschernobyl keinerlei Auswirkungen auf die menschliche Gesundheit hat.«

Doch die Sowjetbürger hatten kein Vertrauen mehr zu ihren Wissenschaftlern. In Kiew hatten junge Paare noch zwei Jahre nach dem Unfall Angst, Kinder zu bekommen, und man schrieb jedes Unwohlsein den Auswirkungen der Strahlung zu. Die ukrainische *Prawda* versprach, wöchentlich über die Radioaktivität in den drei größten Städten in der Nähe des Kraftwerks zu berichten und sie wie die Wettervorhersage regelmäßig auf den neuesten Stand zu bringen.[57] Doch die Bonzen der Atomindustrie mochten noch immer nicht einsehen, in welchem Maße sie das Vertrauen der Öffentlichkeit verloren hatten. Anstatt wie gewohnt als ehrwürdige Ikonen der sozialistischen Utopie verehrt zu werden, stießen sie nun auf

Misstrauen und Feindseligkeit, hielten aber trotzdem mit selbstgerechter Verachtung an ihren Überzeugungen fest.[58]

Auf einer Pressekonferenz am letzten Tag der Medizinertagung in Kiew kritisierte der Leiter des sowjetischen Instituts für Biophysik all jene Wissenschaftler, die öffentlich prognostiziert hatten, dass infolge des Unfalls mit Tausenden Krebserkrankungen zu rechnen sei. »Sie richten großen Schaden an, weil sie die vielen Variablen außer Acht lassen«, sagte er. »Wir sprechen niemals von einer bestimmten Anzahl von Fällen. Das ist unmoralisch.«[59]

Er verwarf Berichte zu Krankheiten, die von den Langzeitfolgen der Explosion verursacht waren, als das Ergebnis eines neuen psychischen Syndroms, das er als »Radiophobie« bezeichnete.

Für die letzten Machthaber der UdSSR waren die zerstörerischsten Kräfte, die von der Explosion in Block Vier entfesselt worden waren, nicht radiologischer, sondern politischer und wirtschaftlicher Natur. Die radioaktive Wolke, die sich über ganz Europa verbreitet und dafür gesorgt hatte, dass sich die Katastrophe nicht vertuschen ließ, hatte die viel gepriesene Offenheit von Gorbatschows Glasnost selbst den konservativsten Mitgliedern im Politbüro aufgezwungen. Und die persönliche Einsicht des Generalsekretärs, dass sogar die atomare Bürokratie von Geheimhaltung, Inkompetenz und Stagnation unterminiert worden war, überzeugte ihn endgültig, dass der gesamte Staat verdorben war. Frustriert und zornig, sah er sich nach der Katastrophe mit der Notwendigkeit eines wahrhaft drastischen Wandels konfrontiert. In dem verzweifelten Versuch, das sozialistische Experiment zu retten, ehe es zu spät war, widmete er sich ganz der Perestroika.[60]

Doch kaum hatte die Partei ihre starre Informationspolitik gelockert, erwies es sich als unmöglich, das frühere Maß an Kontrolle zurückzugewinnen. Was mit einer offeneren Berichterstattung über Tschernobyl begonnen hatte – den Artikeln in den Zeitungen *Prawda* und *Iswestija* folgten Dokumentarfilme im Fernsehen und Augenzeugenberichte in beliebten Zeitschriften –, mündete in offene Diskussionen über lang zensierte gesellschaftliche Themen wie die Drogensucht, die Abtreibungsepidemie, der Krieg in Afghanistan und die Gräuel des Stalinismus.[61] Langsam zunächst, dann mit zunehmender Geschwindigkeit entdeckte die sowjetische Öffentlichkeit, wie sehr sie in die Irre geführt worden war – nicht nur im Zusammenhang mit dem Unfall und seinen Konsequenzen, sondern mit der gesamten Ideologie und dem Selbstverständnis, auf denen ihre Gesellschaft gründete. Der Super-GAU und die Unfähigkeit der Regierung, die Bevölkerung vor den Konsequenzen zu schützen, zerstörten endgültig die Illusion von der UdSSR als globaler Supermacht, deren Technologie Weltspitze war. Und als die Vertuschungsversuche des Staates im Zusammenhang mit dem GAU ans Licht kamen, standen selbst die loyalsten Sowjetbürger vor der Erkenntnis, dass ihre Regierung korrupt und der kommunistische Traum ein Schwindel war.

Kurz nach Legassows Selbstmord veröffentlichte die *Prawda* einen redigierten Auszug aus den Erinnerungen an Tschernobyl, die das Akademiemitglied auf Tonband aufgezeichnet hatte.[62] Er beschrieb darin, wie unfassbar schlecht das Land auf die Katastrophe vorbereitet gewesen sei, der eine lange Geschichte von Sicherheitsmängeln vorausgegangen war. »Nachdem ich das Atomkraftwerk Tschernobyl besucht hatte, kam ich zu dem Schluss, dass der Unfall der unausweichliche Schlussakt des in Jahrzehnten entwickelten sowjetischen Wirtschaftssystems war«, schrieb er in einem Vermächtnis, das unter der Überschrift »Dies zu sagen, ist meine Pflicht« erschien. Im September 1988, als ein Zeichen, wie schnell sich das System änderte, hatte das Politbüro der öffentlichen Besorgnis nachgegeben und den Bau von zwei weiteren Atomkraftwerken eingestellt, obwohl eines davon – in der Umgebung von Minsk – kurz vor der Inbetriebnahme stand.[63]

Zehn Monate später veröffentlichte der sowjetische Atomingenieur Grigori Medwedew ein sensationelles Exposé des Unfalls in der Zeitschrift *Nowy Mir*. Trotz Glasnost hatte es zwei Jahre gedauert, bis Medwedew seinen Bericht in Druck geben konnte.[64] Zuvor hatte er einen heimlichen Kampf gegen das KGB und eine Tschernobyl-Zensurkommission geführt, die eigens gegründet worden war, um die sensibelsten Informationen über den Unfall vor der Öffentlichkeit geheim zu halten. Dahinter steckte Boris Schtscherbina, der Vorsitzende der Regierungskommission, der zu Recht befürchtete, Medwedew könne sein Handeln in Prypjat offenlegen. Als minutiöse Rekonstruktion der Ereignisse am 26. April, basierend auf seinen eigenen Besuchen vor Ort und Dutzenden Zeugen-Interviews, besaß Medwedews Tschernobyl-Chronik große Sprengkraft. Er beschrieb darin Wiktor Brjuchanow als rückgratlosen Dummkopf, die Bonzen der sowjetischen Atomindustrie als kaltschnäuzig und inkompetent und zeigte, wie Schtscherbina die Evakuierung der dem Untergang geweihten Atomstadt unnötig hinausgezögert hatte. Das Nachwort lieferte der bekannteste Dissident der UdSSR, Andrei Sacharow, der von Gorbatschow kurz zuvor aus der Verbannung entlassen worden war. In einem Brief an den Generalsekretär hatte Sacharow damit gedroht, er werde persönlich dafür sorgen, dass die Informationen in Medwedews Geschichte, sollte diese nicht publiziert werden, eine möglichst große Öffentlichkeit fänden.[65] »Alles, was mit der Katastrophe von Tschernobyl zusammenhängt, ihre Ursachen und Folgen, muss Gegenstand von Glasnost sein«, schrieb Sacharow in seinem Nachwort. »Wir brauchen die absolute und ungeschminkte Wahrheit.«[66]

Im Februar 1989, fast drei Jahre nach dem Unfall, enthüllte *Wremja* zur besten Sendezeit dem sowjetischen Volk, dass das wahre Ausmaß der radioaktiven Verschmutzung jenseits der Dreißig-Kilometer-Zone vertuscht worden sei – und dass die kontaminierte Fläche außerhalb der Sperrzone tatsächlich noch größer war als die innerhalb.[67] »›Glasnost gewinnt am Ende doch‹, könnten wir zu Beginn dieser Geschichte sagen«, sagte der Korrespondent, der vor farbigen Landkarten stand, auf denen zu sehen war, dass die stärksten Strahlungsherde dreihundert Kilometer vom Kraftwerk entfernt lagen, hinter der weißrussischen Grenze, in den Bezirken Gomel und Mogilew, wo Augenzeugen im April und Mai schwarzen Regen hatten fallen sehen.[68] Das Land war dermaßen verstrahlt, dass die weißrussische Regierung davon ausging, weitere hunderttausend Personen umsiedeln zu müssen, und als Finanzhilfe umgerechnet zusätzliche 16 Milliarden Dollar von Moskau fordern wollte.[69]

Einige Wochen später, als die letzten Sowjettruppen geschlagen aus Afghanistan heimkehrten und sich die Nachrichten über die wirtschaftliche Lage im Land immer weiter verschlimmerten, reiste Generalsekretär Gorbatschow ein erstes Mal zum Unfallort.[70] Er zog sich einen weißen Mantel an und eine Schutzhaube, begab sich mit seiner Frau Raisa auf einen Rundgang durch Reaktor Zwei und besuchte Slawutytsch. In Kiew sprach er mit Parteifunktionären, kündigte ein Programm zum Schutz der Umwelt an und versprach, zu umstrittenen neuen Projekten öffentliche Referenden abzuhalten. Er bat um Geduld wegen der zunehmenden Verknappungen und der schwächelnden Wirtschaft und warnte, dass Sowjetrepubliken, die daran dächten, die Union zu verlassen, »mit dem Feuer spielten«. Doch für die aufkommenden Unabhängigkeitsbewegungen in Lettland und Estland rückten allmählich Umweltthemen in den Fokus und boten bald eine Plattform für die grüne Bewegung *Selenji Swit* in der Ukraine.[71] Als Gorbatschow in Kiew für einen der inszenierten Rundgänge aus seiner Limousine stieg und davon sprach, wie notwendig es sei, Perestroika zu unterstützen, wich die Menge vom festgelegten Skript ab.[72] »Die Menschen haben Angst«, sagte eine Frau zu ihm. Als er antworten wollte, fiel eine andere Frau dem Generalsekretär ins Wort, um ihn über seine Meinung zu zwei weiteren Atomreaktoren zu fragen, die auf der Krim entstanden.

Als der dritte Jahrestag der Katastrophe näherrückte, berichtete *Moscow News* aus einer Kolchose in der Region Schitomir in der Ukraine, vierzig Kilometer westlich der Sperrzone: Dort waren radioaktive Hotspots aus Strontium 90 und Cäsium 137 entdeckt worden. Bauern aus der Gegend hatten seit dem Unfall eine sprunghafte Zunahme der Geburtsfehler bei ihren Tieren festgestellt und beschrieben Ferkel mit Froschaugen und deformierten Schädeln und Kälber, die ohne Beine, Augen oder Köpfe zur Welt gekommen waren.[73] Das Mitglied eines Forscherteams der Akademie der Wissenschaften in Kiew sagte der Presse, die Befunde seien »erschreckend«, und bestand darauf, dass die Region unverzüglich evakuiert werden müsse.[74] Ein Vertreter des Kurtschatow-Instituts verwarf dagegen jeglichen Zusammenhang zwischen solchen Missbildungen und dem Unfall und führte sie stattdessen auf den exzessiven Einsatz von Düngemitteln und unangemessene Anbaumethoden zurück. Im Oktober 1989 berichtete die Zeitung *Sowietskaja Rossija*, dass in den Jahren seit 1986 Hunderte Tonnen Schweine- und Rindfleisch, kontaminiert mit radioaktivem Cäsium, heimlich in Würste gemischt und an ahnungslose Kunden verkauft worden seien.[75] Obwohl die Arbeiter in der fraglichen Fleischfabrik einen

Bonus erhalten hatten, der sie für ihre Strahlungsexposition entschädigen sollte, wurde in einem Nachfolgebericht an das Politbüro behauptet, dass die Tschernobyl-Wurst ohne weiteres gegessen werden könne und »in strenger Übereinstimmung mit den Richtlinien des Gesundheitsministeriums der UdSSR« hergestellt worden sei.

Innerhalb der Zone, in der Tausende Soldaten die Landschaft weiterhin nach Radionukliden absuchten, alte Siedlungen dem Erdboden gleichmachten und kontaminierte Möbel aus den Fenstern der Wohnungen in Prypjat warfen, entdeckten Wissenschaftler seltsame neue Phänomene in der Flora und Fauna vor Ort.[76] Igel, Wühl- und Spitzmäuse waren radioaktiv verstrahlt, und Stockenten hatten genetische Anomalien entwickelt; im Kühlwasserspeicher des Kraftwerks wuchsen Silberkarpfen zu monströser Größe heran; das Laub der Bäume rings um den Roten Wald hatte übernatürliche Ausmaße angenommen, manche Koniferen bildeten Nadeln aus, die zehnmal größer waren als üblich, und man fand Akazien, deren »Phyllodien so groß waren wie eine Kinderhand«. Die Behörden verkündeten ihre Absicht, in Weißrussland ein Wildreservat und ein internationales Forschungszentrum innerhalb der Zone einzurichten, um die Langzeitfolgen der Strahlung auf die Umwelt zu erkunden.

Doch Geld war knapp. Nach jahrzehntelangem Wettrüsten im Kalten Krieg wankte die Sowjetwirtschaft jetzt unter der Last der stümperhaften Marktreformen von Gorbatschows Perestroika, unter den hohen Kosten für den Rückzug der Truppen aus Afghanistan und ihre Demobilisierung und unter dem Einbruch des internationalen Ölmarktes. Und die finanzielle Belastung durch Tschernobyl – die Verstrahlung und Zerstörung von Ausrüstung, die Evakuierungen, die medizinische Versorgung sowie der Verlust von Fabriken, Agrarflächen und Millionen Kilowatt Strom – nahm stetig zu. Allein der Preis für den Bau und die Überwachung des Sarkophags betrug vier Milliarden Rubel beziehungsweise knapp 5,5 Milliarden Dollar.[77] Eine Schätzung bezifferte die Ausgaben für alle Aspekte des Desasters auf über 128 Milliarden Dollar – das gesamte Verteidigungsbudget der UdSSR für 1989. Das Ausbluten war langsam, aber unmöglich zu stillen –, eine weitere offene Wunde, die der Staat nicht mehr einfach abtun konnte. Der Koloss Sowjetunion sank langsam in die Knie.[78]

Im Juli 1989 hielt Gorbatschow eine Rede, in der er den Einwohnern der sowjetischen Satellitenstaaten des Ostblocks – Ostdeutschland, Tschechoslowakei, Rumänien und so weiter – zu verstehen gab, dass er nicht intervenieren würde, falls sie ihre Regierungschefs absetzen oder sich ganz aus dem sozialistischen Bund verabschieden würden. Vier Monate später fiel die Berliner Mauer, und das Sowjetimperium geriet aus den Fugen.

Innerhalb der Grenzen der UdSSR nahmen inmitten der chronischen Unterversorgung und einer implodierenden Wirtschaft ethnische Konflikte und der Widerstand gegen die Regierung in Moskau Fahrt auf. Aufruhr und ziviler Ungehorsam erschütterten die fünfzehn Sowjetrepubliken. In Litauen bildeten sechstausend Menschen eine Kette um das Kernkraftwerk Ignalina, wo die zwei neuen Reaktoren des Typs RBMK-1500 zum Ziel nationalistischen Zorns geworden waren und Proteste ausgelöst hatten, die bald dazu führen sollten, dass die drei Baltischen Staaten ihre Unabhängigkeit erklärten.[79] In Minsk marschierten angeblich achtzigtausend Menschen vor die weißrussische Regierung und verlangten, aus den kontaminierten Gebieten umgesiedelt zu werden. »Unsere Anführer lügen uns seit drei Jahren an«, sagte ein Teilnehmer zu einem sowjetischen Reporter. »Und jetzt haben sie dieses von Gott und Tschernobyl verfluchte Land im Stich gelassen.«[80]

Im Westen war das Vertrauen der Öffentlichkeit in die Kernkraft – das sich nach Three Mile Island nie mehr ganz erholt hatte – nach der Explosion des Reaktorblocks Vier in Tschernobyl endgültig erschüttert. Der Super-GAU entfesselte eine Welle des öffentlichen Misstrauens, und auf der ganzen Welt regte sich Widerstand gegen die Atomindustrie.[81] In den zwölf Monaten nach dem Unfall gelobten die Regierungen von Schweden, Dänemark, Österreich, Neuseeland und den Philippinen, ihre Atomprogramme endgültig aufzugeben, und neun weitere Nationen strichen oder verschoben ihre Pläne für den Bau weiterer Reaktoren. Meinungsumfragen ließen vermuten, dass nach Tschernobyl zwei Drittel der Menschen weltweit einen Ausbau der Kernkraft ablehnten. Die Vereinigten Staaten erlebten den Totalzusammenbruch des Reaktorbauwesens, und allein der

Name des ukrainischen Kraftwerks wurde im internationalen Wortschatz zum Synonym für technisches Versagen und für ein begründetes Misstrauen gegen offizielle Informationen.[82]

In der Ukraine war die fortgesetzte Planung und Umsetzung neuer Kernkraftwerke durch das sowjetische Energieministerium zum Kristallisationspunkt des regionalen Widerstands gegen Moskau geworden.[83] Als Kiew die Einstellung der Bauarbeiten an dem umstrittenen Kraftwerk auf der Krim forderte, wurden diese trotzdem fortgesetzt – bis die Behörden vor Ort Streiks genehmigten und die Gelder für das Projekt strichen. Am 1. März 1990 beschloss der Oberste Sowjet der Ukraine eine Reihe weitreichender Umweltschutzmaßnahmen für die Republik, unter anderem die Vereinbarung, binnen fünf Jahren die restlichen drei Reaktoren des Kernkraftwerks Tschernobyl abzuschalten. Am 2. August legten die Gesetzgeber der Ukraine ein Moratorium für den Bau neuer Atomkraftwerke in der Republik auf. Das Energieministerium in Moskau musste sich überlegen, wer das sowjetische AKW-Netz kontrollieren würde, wenn seine zentrale Entscheidungsgewalt plötzlich an die einzelnen Republiken überginge.

In der Sperrzone waren mittlerweile viele hunderttausend Tonnen Schutt aus dem Reaktor, verstrahlte Erde, Vegetation, Möbel, Autos und Ausrüstung in etwa achthundert Müllhalden vergraben worden, den *Mogilniki* oder »Entsorgungsplätzen« – mit Beton ausgekleidete Gräben, Gruben und Hügel, die mit Polymerlösungen besprüht und dann mit Gras bepflanzt worden waren. Doch die vielen Atommülldeponien waren hastig ausgehoben und dann schlecht gewartet worden.[84] Niemand hatte sich die Mühe gemacht, Buch darüber zu führen, was wo vergraben worden war, und zu Beginn des Jahres 1990 fanden sich nicht mehr genügend Liquidatoren. Selbst als man Reservisten mit dem doppelten Sowjetlohn und zusätzlichen Bonuszahlungen lockte, weigerten sich viele, in Tschernobyl Dienst zu tun.[85] Die fortgesetzten Mobilisierungen provozierten einen Aufschrei in der Bevölkerung, und am Ende kamen die sowjetischen Militärbehörden überein, keine Soldaten mehr in die Zone zu schicken. Im Dezember 1990 wurden die Aufräumarbeiten endgültig eingestellt.

Die Gesamtzahl der Liquidatoren zu errechnen, die in der verbotenen Zone Dienst getan hatten, erwies sich nicht zuletzt deshalb als nahezu unmöglich, weil die Zahlen von der sowjetischen Regierung beschönigt wurden. Bis zum Jahresbeginn 1991 hatten sich nicht weniger als sechshunderttausend Männer und Frauen aus der gesamten Sowjetunion an den Aufräumarbeiten in der radioaktiven Totenwelt rings um Reaktor Vier beteiligt und würden offiziell als Tschernobyl-Liquidatoren anerkannt werden.[86] In Würdigung ihrer Dienste erhielten viele besondere Personalausweise und eine emaillierte Medaille, auf der die griechischen Buchstaben Alpha, Beta und Gamma um einen roten Blutstropfen herum abgebildet waren. Ein jeder verstand, dass sie sich mit ihrer Opferbereitschaft – wie die Veteranen des Großen Vaterländischen Kriegs – eine lebenslange Fürsorge durch ihr Mutterland verdient hatten. In Kiew errichtete das sowjetische Gesundheitsministerium eine Klinik für sie – das Forschungszentrum für Strahlenmedizin –, in der alle Menschen behandelt werden sollten, die der Strahlung ausgesetzt gewesen waren.[87] Doch als die ersten ehemaligen Liquidatoren krank wurden, sträubten sich die staatlichen Ärzte, die Beschwerden der Menschen, weil sie ihnen unerklärlich, unberechenbar oder verfrüht erschienen, auf die Bedingungen innerhalb der Dreißig-Kilometer-Zone zurückzuführen. Der bankrotte Staat konnte es sich schlecht leisten, einer halben Million potentieller Invaliden die versprochene Betreuung durch Spezialisten zukommen zu lassen, und so schrieben die Ärzte ihre Diagnosen kodiert nieder – die Krankenakten wurden als geheim eingestuft. Bis auf die extremsten Fälle wurden alle mit derselben Diagnose entlassen, die auch Maria Protzenko erhielt: »Gewöhnliche Erkrankung: kein Zusammenhang mit ionisierender Strahlung.«[88]

Anfang Dezember 1991 sprach sich das ukrainische Volk in einem nationalen Referendum, das vier Monate zuvor vom Parlament in Kiew beschlossen worden war, für die Unabhängigkeit von der UdSSR aus, und Michail Gorbatschow verlor den Kampf, die übrigen zwölf Sowjetrepubliken zusammenzuhalten. Nach einem gescheiterten reaktionären Staatsstreich im August hatte er seine Position als Staatsoberhaupt kurz wiedererlangt und musste nun mitansehen, wie der russische Präsident Boris Jelzin ihm die Macht entzog und die Aktivitäten der Kommunistischen Partei stoppte. Am Ersten Weihnachtsfeiertag erschien Gorbatschow im Fernsehen, um eine emotionale Rücktrittsrede zu halten. Dann wurde die Rote Fahne der Sowjetunion zum letzten Mal über dem Kreml eingeholt. Inmitten des Chaos des zusammenbrechenden Imperiums gerieten die meisten Männer und Frauen in Vergessenheit, die in der Schlacht von Tschernobyl gekämpft hatten – als letzte Verteidiger einer Nation, die scheinbar über Nacht von der Bildfläche verschwunden war.

In den folgenden Jahren wurden viele, die die Katastrophe miterlebt hatten, im mittleren Alter zu Invaliden – zu Fall gebracht von einer mysteriösen Bandbreite von Symptomen, darunter Bluthochdruck, grauer Star, Nierenprobleme und chronische Erschöpfung. Hauptmann Sergej Wolodin, der erste Hubschrauberpilot vor Ort, der mit seiner Maschine versehentlich durch die Wolke aus radioaktivem Dampf geflogen war, entwickelte Höhenangst und bekam innerhalb der Luftwaffe einen Schreibtischjob zugewiesen.[89] Wer gänzlich arbeitsunfähig geworden war, lebte von gekürzten Pensionen und hatte Mühe, angemessen medizinisch versorgt zu werden. Einige starben an Herzleiden und an Blutkrankheiten wie Leukämie in Krankenhäusern in Kiew und Moskau.[90] Major Teljatnikow, der in der Unfallnacht die Feuerwehrleute kommandiert hatte, starb im Dezember 2004 im Alter von dreiundfünfzig Jahren an Kieferkrebs.[91] Andere vermochten der seelischen Belastung in einer abrupt veränderten Welt nicht standzuhalten. Der Elektroingenieur Andrei Tormozin, der seine offenbar tödliche Strahlendosis, eine fehlgeschlagene Knochenmarktransplantation und eine Blutvergiftung auf wundersame Weise überlebt hatte, konnte das Krankenhaus Nummer Sechs zwar lebend verlassen, verfiel aber anschließend in eine Depression und trank sich zu Tode.[92]

Fast zwei Jahrzehnte nach dem Unfall, im Februar 2006, traf ich in einem trostlosen Café in Kiew unweit des Wohnblocks, in dem er lebte, den Physiker Weniamin Prianitschnikow.[93] Er war ein stämmiger Mann im Dreiteiler und mit Tupfenkrawatte, zweiundsechzig Jahre alt, lebhaft und emphatisch, mit einer Sprache, die gespickt war mit Metaphern und trockenem Humor. Er erinnerte sich äußerst genau an die Graphitflecken auf den Erdbeerstauden seiner Frau und an den Kampf gegen das Chinasyndrom unter Block Vier. Von den fünf Männern, die in den entsetzlichsten

Tagen im Mai 1986 im Inneren des Reaktors Temperatur- und Strahlungswerte gesammelt hatten, seien vier bereits tot, sagte er mir. »Demnach haben zwanzig Prozent überlebt«, sagte er mit düsterem Lächeln. »Wenn Sie mich dazuzählen.«

Die Liquidatoren müssen mit der Angst leben, sie könnten sich auf dem Schlachtfeld unsichtbare, aber tödliche Wunden zugezogen haben. »Wir wissen, dass der unsichtbare Feind uns wie ein Wurm von innen auffrisst«, sagte General Nikolai Antoschkin, dessen Hubschrauberbesatzungen sich abgemüht hatten, das atomare Inferno zu löschen. »Für uns geht der Krieg weiter, und Stück für Stück schleichen wir uns aus dieser Welt.«[94]

2006 besuchte ich Alexander und Natalia Juwtschenko in ihrer Wohnung nicht weit von der Moskauer Staatsuniversität. Nach unzähligen Hauttransplantationen – bei fünfzehn hatte er zu zählen aufgehört – waren Arme und Rücken des Ingenieurs mit violettroten Narben übersät. Nach seiner Entlassung aus der Moskauer Spezialklinik war er so schnell wie möglich wieder an die Arbeit gegangen, lag aber später wochenlang in Deutschland im Krankenhaus, um sich von Militärärzten behandeln zu lassen. Er musste sich nach wie vor zwei Wochen im Jahr medizinischen Untersuchungen unterziehen. Juwtschenko hatte vor kurzem eine neue Stelle angetreten; seit 1986 zum ersten Mal wieder in seinem Fachgebiet, der Kerntechnik. Er war begeistert, beruflich immer wieder in die Ukraine reisen zu können, wo er die übrigen Kernkraftwerke des Landes besuchte und wieder mit denselben Kollegen zusammenarbeitete, die er seit seinem Studium in Odessa kannte.[95]

Als er jedoch auf den Unfall zu sprechen kam, lief ihm der Schweiß durch das kurzgeschorene Haar, sodass das Taschentuch, das er in der Faust knetete, bald völlig durchnässt war. Juwtschenko wusste nicht, ob er durch die Strahlung vielleicht zeugungsunfähig geworden war, obschon die Ärzte dem Paar versichert hatten, dass sie getrost weitere Kinder haben konnten. Natalia traute ihnen nicht und hinterfragte ihre Motive: Sie wollte nicht zur ahnungslosen Versuchsperson irgendeines kaltblütigen Experiments werden.

Und so war ihr Sohn Kirill, damals im Medizinstudium, ein Einzelkind geblieben. Sie hatten eine Siamkatze namens Charlie adoptiert – das Tier war am 26. April geboren, ein gutes Omen, wie sie beide meinten. Die Auswirkungen der Strahlung auf seine Gesundheit seien nicht so schlimm, wie man meinen könnte, behauptete Alexander. »Die Ärzte sagen mir immer wieder, ich hätte überlebt, jetzt müsste ich mir keine Sorgen mehr machen«, sagte er. »Doch als ich in die Ukraine zurückkehrte, hörte ich immer wieder von Leuten, die gestorben waren. Lag es an der Strahlung? Ich weiß es nicht. Ich verstehe nichts von Statistik. Doch wann immer meine Freunde mich danach fragen, sage ich zu ihnen: Je weniger du darüber nachdenkst, desto länger lebst du.«[96]

Kapitel 19

Der Elefantenfuß

Der 25. April 2016 war ein schöner Frühlingstag in Prypjat – und fast schon sommerlich warm. Die Stadt war still und leer: Pappelsamen schwebten und tanzten in der Brise, die schwere grüne Stille wurde nur von Vogelgesang unterbrochen. Fast genau dreißig Jahre nach der Explosion von Block Vier wurde die Atomstadt, die Wiktor Brjuchanow auf einer leeren Wiese ersonnen hatte, von der Natur zurückerobert. Die zarten baltischen Rosen, die der Direktor hatte pflanzen lassen, waren längst verwildert, und ihre geschwärzten Hagebutten verrotteten in einem ungepflegten Buschgestrüpp in der Mitte des Hauptplatzes; ein Wald aus Weiden, Kiefern und wilden Birnbäumen füllte das Fußballstadion; aus den zerbrochenen Stufen vor dem »Weißen Haus« entsprang ein einzelner Silberbirkenschößling; und Gruppen von Eichen und Akazien hatten einen breiten Streifen der Kurtschatow-Straße in einen scheckigen Waldweg verwandelt. Die Hammer- und Sichel-Symbole auf den Laternenpfahlen hatten durchgehalten, aber die Sowjetsterne waren verrostet und verbogen, von resoluten Ästen beiseitegeschoben, und die Symbole auf den Schildern der Fußgängerüberwege hatten Jahrzehnte Sonne und Regen ausgelöscht. Unter dem morschen Riesenrad breitete sich ein dicker Moosteppich aus.[1]

Den Elementen ausgeliefert, von Wasser, Frost und zerstörerischen Flechten angegriffen, waren viele Gebäude der Stadt einsturzgefährdet. In der Sportivnaja-Straße war der Eingang zu einem Wohnblock von massiven herausgebrochenen Betonplatten versperrt. Plünderer hatten jedes einzelne Stück Metall, das sie in die Finger bekamen, aus der Stadt entfernt. Zurück blieben Zimmer, die nur noch mit den dunklen Schatten verschwundener Heizstrahler möbliert waren, und Löcher in den Straßen, dort wo Rohre und Kabel aus dem Boden gerissen worden waren. In den Wohnblöcken am Lenin-Prospekt waren die Treppenhäuser mit Glasscherben übersät, und von den Schlafzimmerwänden lösten sich schlaffe Tapetenbahnen, pulvrig und ausgelaugt. Im vierten Stockwerk von Haus 13/34 mit Blick auf die Kurtschatow-Straße, war die Eingangstür zu Brjuchanows einstigem Zuhause aus den Angeln gerissen und lag im Flur unter einer schweren Schicht aus blassgrauem Staub. Die große Eckwohnung war fast kahl, und es gab nur wenige Hinweise darauf, wer früher einmal hier gelebt hatte. Die Kinderzeichnung von einem altmodischen Auto klebte an den Fliesen im dunklen Badezimmer; ein einzelner hochhackiger Schuh lag auf dem Küchenfußboden. Doch vom Balkon eines Zimmers mit Blick auf den Platz waren die Worte auf dem Dach des zehnstöckigen Wohnblocks gegenüber oberhalb der Baumkronen gerade noch sichtbar: »*Hai bude atom robitnikom, a ne soldatom!*, Das Atom sei ein Arbeiter, kein Soldat!«[2]

Drei Kilometer entfernt sah man über den Reaktoren Fünf und Sechs des Kernkraftwerks Tschernobyl die Baukräne aufragen, eingefroren in der Bewegung, seit die Arbeit in der Unfallnacht eingestellt worden war. Doch im Hauptteil des Atomkraftwerks arbeitete nach wie vor eine Restbelegschaft. Als die frisch in die Unabhängigkeit entlassene Republik Ukraine ihre ersten Stromrechnungen aus Russland erhielt, hob die Regierung ihre Entscheidung auf, die restlichen drei Reaktoren des Kraftwerks herunterzufahren, und so wurde der letzte Meiler erst im Jahr 2000 endgültig abgeschaltet. Seitdem hatte sich eine schwindende Anzahl von Beschäftigten, die in einer speziell dafür installierten Elektrotram täglich zwischen Slawutytsch und Prypjat pendelten, um die Kühlung, Stilllegung und den Rückbau der Blöcke Eins, Zwei und Drei gekümmert.

Als ich das Kernkraftwerk Tschernobyl eines Morgens im tiefsten Winter zum ersten Mal aufgesucht hatte, war die Heizung ausgefallen, und so war es im Inneren des Komplexes bitter kalt. Oben bei Kote +10, auf der »schmutzigen« Seite der Sicherheitsschleuse, trieben einzelne Schneeflocken an den Fenstern vorbei, und zwei Männer in weißen Arbeitsanzügen und dicken Mänteln gingen forsch den Entlüftungskorridor entlang, während ihr Atem kondensierte. In der Kontrollwarte Zwei standen drei Ingenieure um ihre Schreibtische, rauchten Zigaretten und telefonierten verhalten. Auf vielen Wählscheiben und Signalgebern auf dem Pult hafteten Zettel mit der Aufschrift »außer Betriebt«. Im Zentrum der eingemotteten Schalttafel, auf der früher unentwegt Signale aus dem Reaktor geblinkt hatten, übertrug ein kleiner Farbbildschirm Überwachungsbilder aus der Maschinenhalle, in der die gigantischen Turbinen Stück für Stück zerlegt wurden. Weiter westlich, den langen Korridor entlang, der einmal alle vier Reaktorblöcke des Kraftwerks miteinander verbunden hatte, reduzierte sich die Notbelegschaft zusehends. Im schlafenden Koloss von Block Drei sammelte sich in den düsteren Maschinenräumen eine bedrückende Stille. Die Böden waren noch immer mit den vergilbenden Plastikmatten bedeckt, die 1986, im Zuge der Dekontamination verlegt worden waren. Eintöniges, graues Licht sickerte durch die schmutzigen Glasscheiben, schweres Rohrgestänge hing von der Decke, und in der feuchten Luft lag der Geruch von Maschinenöl und Ozon.[3]

Noch eine Treppe tiefer, am Ende eines fensterlosen Ganges, kam man nicht mehr weiter. Die Gegenwart von etwas Monströsem, ganz nah, aber unsichtbar, wurde fast greifbar. Die dicken Rohre, die an der Decke entlangliefen, brachen jäh ab, und ihre durchtrennten Enden ragten kurz vor der Stelle in die Luft, die früher der Eingang in einen Korridor gewesen, jetzt aber mit dickem Beton versiegelt war. An dieser Wand, umgeben von einer Pfütze milchiger Flüssigkeit, erhob sich ein Monument aus rotem Marmor, mit einem Flachrelief aus Bronze: die dunkle Gestalt eines Mannes, der die zylindrische Kappe eines Kraftwerksarbeiters trug, den einen Arm angstvoll ausgestreckt, als greife er nach Hilfe, die nicht kommen würde.[4] Es war der Grabstein für Waleri Chodemtschuk, der als erster infolge der Explosion im vierten Reaktorblock zu Tode gekommen war. Seine überlebenden Kollegen hatten das Denkmal so nah wie irgend möglich an der Stelle errichtet, an der sie seine Leiche verschüttet glaubten. Was immer von dem verschwundenen Maschinisten übrig war, musste unmittelbar hinter der drei Meter dicken bleibeschichteten Betonmauer liegen, unter Tausenden Tonnen Schutt, Sand und verbogenen Trümmern. Irgendwo dort bei ihm war auch das Herz von Reaktor Vier, eine proteische Masse aus Uran, Zirkonium und anderen Kernelementen, die fast noch genauso enigmatisch und tödlich war wie am Tag der Katastrophe vor fast dreißig Jahren.

Von Beginn an hatte die kleine Forschergruppe des Kurtschatow-Instituts, die im Sommer 1986 im entstehenden Sarkophag ihre Erkundungen angestellt hatte, vor gewaltigen Hindernissen gestanden. Von Moskau gesandt, um die vielen hundert Tonnen Nuklearbrennstoff zu finden, die Reaktor Vier befeuert hatten, wurden sie von Gammastrahlenfeldern, umgestürzten Maschinen, Kaskaden aus frisch hereingepumptem Sredmasch-Beton und schlecht funktionierender Ausrüstung behindert. Versuche, Roboter einzusetzen, endeten zunächst genauso wie viele andere in der Sperrzone. Bei seiner ersten Testfahrt erwies sich ein enorm teures Gerät, dazu geschaffen, die Ruinen zu erkunden, als nicht einmal imstande, kleinsten Hindernissen auszuweichen; es musste wiederholt von seinen Operatoren gerettet werden und blieb schließlich in einer hoch verstrahlten Zone stecken. In einer auf Video gebannten Szene und noch in derselben Nacht vor der versammelten Einsatzgruppe vorgeführt, erwachte der Roboter unversehens wieder zum Leben und flüchtete – in einer lächerlichen Pantomime blinkender Lichter und fuchtelnder Greifarme – den Flur entlang, ehe er kreischend umkippte und von seinen Lenkern unter einer Flut von Flüchen zurückgeholt werden musste.[5]

Mit Hilfe eines Miniaturpanzers aus Plastik, den einer der Wissenschaftler für 12 Rubel (damals etwa 5 Dollar) im Spielzeugladen Detsky Mir – Kinderwelt – in Kiew erstanden hatte, startete man schließlich eine rudimentäre Aufklärung. Das Spielzeug wurde über eine batteriebetriebene Fernsteuerung am Ende eines langen Kabels gelenkt und war mit einem Dosimeter, einem Thermometer und einer kräftigen Taschenlampe ausgestattet. Die Wissenschaftler benutzten das Vehikel wie einen strahlungssensitiven Jagdhund, der zehn Meter vor ihnen herlief und sie warnte, sobald Gefahr drohte. Obwohl sie sich der Risiken, die sie umgaben, voll und ganz bewusst waren, wurden die Mitglieder der Kurtschatow-Spezialeinheit sowohl von der Dringlichkeit ihrer Suche nach dem fehlenden Brennstoff vorangetrieben – schließlich galt es zu gewährleisten, dass keine neue Kettenreaktion einsetzte – als auch von wissenschaftlicher Neugier. Innerhalb des Sarkophags waren sie Forscher an der Grenze zu einer fremden Welt. Noch nie hatte jemand vor ihnen Gammastrahlenfelder einer solchen Intensität erkundet. Außerdem stießen sie auf seltsame neue Materialien, die bei Temperaturen von über 10 000 Grad Celsius entstanden waren, im Schmelztiegel eines zerfallenden Atomreaktors.[6]

Im Herbst 1986 wagten sich die Mitglieder des Kurtschatow-Teams in den mysteriösen Korridor 217/2, in dem Monate zuvor, nachdem die Werte den Messbereich gesprengt hatten, ihre ferngesteuerte Strahlungsmesssonde durchgebrannt war. Und just an diesem Ort machten sie eine ihrer ersten und denkwürdigsten Entdeckungen. Um den Korridor zu erreichen, mussten sich die Wissenschaftler, mit Taschenlampen bestückt und in dünne Plastikanzüge gekleidet, die sie vor dem radioaktiven Staub schützen sollten, durch einen schmalen Tunnel zwängen. Was sie dort fanden, war eine massive, kugelförmige, stalagmitartige Formation aus einer mysteriösen Substanz. Sie schien von irgendwo über ihren Köpfen heruntergeflossen zu sein, bevor sie sich zu einer anthrazitfarbenen gläsernen Masse erhärtet hatte. Diese Formation, die sie »Elefantenfuß« nannten, war übermannsgroß und zwei Tonnen schwer. Ihre Oberfläche setzte erstaunliche 8000 Röntgen pro Stunde oder 2 Röntgen pro Sekunde frei: Fünf Minuten in ihrer Gegenwart, und ein qualvoller Tod wäre ihnen gewiss. Trotzdem erging von der Regierungskommission der Befehl, man möge den Fund fotografieren und genauestens analysieren.[7]

Bislang hatten die Wissenschaftler[8] weder den Kernbrennstoff aus dem Reaktor gefunden, noch die über sechzehntausend Tonnen Material, die von General Antoschkins heldenhaften Hubschrauberbesatzungen in den Reaktor geworfen worden waren.[9] Sie erhofften sich deshalb, der Elefantenfuß enthalte eine Spur des Bleis, das zur Kühlung des Kerns hätte beitragen sollen. Doch eine Probe zu entnehmen, war nicht einfach. Die Substanz erwies sich als zu hart für den Bohrer, der auf einen motorisierten Rollwagen montiert war. Und ein Soldat, der sich bereit erklärte, den Elefantenfuß mit einer Axt zu attackieren, verließ den Raum mit leeren Händen – und dermaßen verstrahlt, dass er Tschernobyl umgehend verlassen musste. Schließlich gelang es einem Präzisionsschützen der Polizei, ein Fragment aus der Oberfläche herauszuschießen. Die Untersuchung dieser Probe ergab, dass der Elefantenfuß eine erstarrte Masse aus Siliciumdioxid, Titan, Zirconium, Magnesium und Uran war – eine anfangs flüssige radioaktive Lava mit sämtlichen Radionukliden aus verstrahltem Kernbrennstoff, die irgendwie aus den angrenzenden Räumen in den Korridor geströmt war.[10] Doch er enthielt keine Spur von dem Blei, das Anfang Mai von oben in den Reaktor geworfen worden war.[11]

Mittels Temperaturmessungen in den Räumen unter dem Reaktor fanden die Kurtschatow-Experten Hinweise darauf, dass sich in dem Raum am Ende des Korridors, mit dem riesigen Kreuz aus Edelstahl – Struktur S –, das den Reaktorbehälter samt Inhalt stützte, eventuell noch mehr Lava befand, noch heiß aufgrund der Energie aus dem radioaktiven Zerfall. Doch erneut versperrten Schutt und Radioaktivität ihnen den Weg. Bei fast jedem Treffen der Regierungskommission machten Boris Schtscherbina und seine Funktionäre den Wissenschaftlern Vorwürfe, weil sie den Kernbrennstoff noch immer nicht entdeckt hatten. Außerdem wollten sie wissen, wie groß die Gefahr einer erneuten selbsterhaltenden Kettenreaktion noch immer sei.[12]

Zu Beginn des Jahres 1988 wurde eine neue Gruppe gegründet, ein interdisziplinäres Team aus dreißig Wissenschaftlern, die den Sarkophag erkunden und einen Lageplan zu seinem Inhalt erstellen sollten. Bis zu 3500 Bauarbeiter unterstützten sie dabei – die Komplexe Expedition Tschernobyl. Mittels horizontaler Bohrer, bis zu 26 Meter lang, die von Technikern des Sredmasch und aus der sowjetischen Bergbauindustrie gesteuert wurden, drang die Komplexe Expedition tief ins Innere von Block Vier vor und extrahierte Kernproben aus dem Schutt, um seine Bestandteile untersuchen zu können.[13] Im späten Frühling des Jahres 1988, fast auf den Tag genau zwei Jahre nach dem Super-GAU, hatte die Bohrung den Reaktorbehälter selbst erreicht. Am 3. Mai durchstieß eine Bohrerspitze die äußere Betonwand des Reaktorschachtes, dann die Schicht aus Füllsand sowie die Stahlwände des inneren Schutztanks und gelangte endlich in den Reaktortrichter selbst. Die Wissenschaftler schoben eine Sonde durch das Loch und auf die Mitte des Trichters zu, in dem Versuch, die Parameter der Zerstörung in den Graphitblöcken und Brennelementen der aktiven Zone, dem Entstehungsort des Unfalls, abschätzen zu können. Doch die Sonde stieß nicht auf Widerstand und glitt leicht, ohne Stocken, ohne Unterbrechung, durch die 11,8 Meter Durchmesser der einstigen aktiven Zone.[14]

Die Wissenschaftler waren verblüfft. Wo war der Brennstoff? Tags darauf führten sie ein Sehrohr ein und eine kräftige Lampe, um die Szene im Inneren zu beleuchten, und waren erstaunt von dem, was sie sahen: Der riesige Kessel von Reaktor Vier, der einmal 190 Tonnen Uranbrennstoff und 1700 Tonnen Graphitblöcke enthalten hatte und zudem mit unzähligen Ladungen Sand, Blei und Dolomit zugeschüttet worden war, erwies sich als nahezu leer.

Im Laufe der Unternehmung, die Jahre in Anspruch nehmen sollte, drangen die Männer der Komplexen Expedition immer weiter in das Trümmerlabyrinth im Inneren von Block Vier vor, entnahmen Proben, erstellten Fotos und Videoaufnahmen von ihren Entdeckungen und entschlüsselten endlich das Geheimnis dessen, was während der heißesten Phase in der Schlacht von Tschernobyl im Gebäude geschehen war. Die 17 000 Tonnen Material, die von oben auf das Gebäude geschüttet worden waren, hatten im Reaktorinneren nur geringfügigste Spuren hinterlassen.[15] Stattdessen wurde der Großteil der Ladungen anderswo unter den Trümmern in der Reaktorhalle entdeckt – in bis zu 15 Meter hohen Haufen.[16] Einige Bleibarren hatten den rot-weiß-gestreiften Abluftkamin getroffen, und das Dach von Block Drei, fast hundert Meter vom Zielort entfernt, war von einer Ladung aus der Luft durchschlagen worden.[17] Überdies schien es, als seien die 1300 Tonnen Graphit, die von den Explosionen nicht aus dem Reaktor geschleudert worden waren, fast vollständig von den Flammen aufgezehrt worden – am Ende hatte sich der lodernde Reaktor schlicht selbst ausgebrannt.[18] Die mutigen Anstrengungen der sowjetischen Piloten, ihn aus zweihundert Metern Höhe mit Sand zu ersticken, waren nahezu fruchtlos gewesen.[19]

Doch die Komplexe Expedition ergab außerdem, dass die Angst der theoretischen Physiker vor dem Chinasyndrom, von den pragmatisch orientierten nuklearen Goldgräbern des Sredmasch zunächst als nahezu unmöglich abgetan, am Ende doch nicht so abwegig gewesen war. Man stellte fest, dass die zwei Tonnen tödlicher Verbindungen im Elefantenfuß nur einen Bruchteil des weißglühenden Stroms radioaktiver Lava darstellten, der sich in den Minuten nach dem Unfall im Inneren des Reaktors gebildet hatte und dann langsam, bis zur vollständigen Entleerung des Reaktorgefäßes, in den Keller des Gebäudes geströmt war.[20]

Die Zirkalloyhüllen der Brennelemente waren zuerst geschmolzen, hatten binnen einer halben Stunde nach der Explosion eine Temperatur von über 1850 Grad Celsius erreicht und die Urandioxid-Pellets, die sie enthielten, aufgelöst.[21] Der so entstandene heiße Metallbrei hatte dann Teile des Reaktorgefäßes absorbiert – darunter Edelstahl, Serpentinit, Graphit und geschmolzener Beton. Die radioaktive Lava, die jetzt an die 135 Tonnen geschmolzenen Urans enthielt, fraß sich langsam durch den unteren biologischen Schutzschild des Reaktors, eine massive Stahlscheibe, gefüllt mit Serpentinit-Kies und 1200 Tonnen schwer. Sie brannte sich durch diesen Schild samt Inhalt, absorbierte dabei etwa ein Viertel ihrer Gesamtmasse und strömte weich in die Räume darunter.[22] Das Stahlkreuz – Struktur S –, auf dem das Reaktorgefäß ruhte, erreichte die Elastizitätsgrenze und verbog sich, der Schild fiel aus dem Reaktorboden, und das glühend heiße Corium brannte ein Loch in den Boden des Raums unter dem Reaktor. Die Rohre der Kondensationskammern, die sich als ungeeignet erwiesen hatten, den todgeweihten Reaktor Vier zu retten, boten nun der Lava einen bequemen Weg aus dem Gebäude. Dabei strebte sie auf vier getrennten Routen nach Süden und Osten, schmolz dabei Metall, strömte durch offene Türen, füllte allmählich Korridore und Räume und kroch durch die Rohrleitungen eine Etage nach der anderen abwärts, bis zum Fundament von Block Vier.[23]

Ehe das Corium schließlich die Kondensationskammern erreichte, die von Hauptmann Zborowski und den Spezialisten aus dem Kraftwerk zu einem so hohen Preis leer gepumpt worden waren, hatte es sich unter dem Reaktor durch drei Ebenen gebrannt und dabei weitere Gebäudeteile und Schutt verschlungen und schließlich ein Gewicht von mindestens tausend Tonnen erreicht.[24] In einigen Räumen sammelte sich geschmolzenes Metall in fünfzehn Zentimeter tiefen Pfützen und erhärtete sich dort, wo es zu liegen kam.[25] Trotz des wackeren Einsatzes von Zborowski und seinen Männern waren mehrere hundert Kubikmeter Wasser in den Kondensationskammern geblieben. Erst als der Coriumstrom dort anlangte, kam das Chinasyndrom endlich zum Stillstand. Die Lava, die in die Wasserlachen im Kondensationsbecken tropfte, kühlte sich ab, und das geschmolzene Herz von Reaktor Vier beendete endlich seine Reise – als grauer keramischer Bimsstein, der an der Oberfläche eines radioaktiven Teichs trieb, nur Zentimeter von den Fundamenten entfernt, die das Gebäude vom Erdreich darunter trennten.[26]

Die Männer der Komplexen Expedition sollten bis zum Jahr 1990 brauchen, bis sie endlich den Großteil des geschmolzenen Kernbrennstoffs finden und einen Abschlussbericht liefern würden. Darin versicherten sie der Regierungskommission, es sei unwahrscheinlich – »zumindest vorerst« –, dass sich das Gespenst des Reaktors erneut erheben würde.[27] Selbst vier Jahre nach dem Unfall betrug die Temperatur in einigen der Brennstoffhaufen nach wie vor 100 Grad Celsius. Doch solange der Brennstoff nicht mit Wasser durchtränkt wurde, hielten die Wissenschaftler eine neue Kritikalität für so gut wie ausgeschlossen und installierten ein neues Überwachungssystem, um frühzeitig gewarnt zu sein, falls es doch dazu käme. Unterdessen hatte der endgültige Zusammenbruch der Sowjetunion begonnen, und Tschernobyl rückte aus dem Blickfeld der Politik.

Zunehmend vergessen und unterversorgt, arbeitete die Komplexe Expedition unverdrossen weiter. Ihr Leiter, der korpulente Neutrino-Physiker Alexander Borowoi, hatte am Ende mehr als eintausend Expeditionen ins Innere des Sarkophags unternommen. Borowoi sagte, es habe ihm immer an Mut gefehlt. Nur weil er sich der Risiken der Radioaktivität bewusst gewesen sei, habe er damit umgehen können. Immer wenn er das große, schwarze Gebäude betrat, rief es dieselben Gefühle in ihm hervor wie Tschaikowskis Sinfonie Nummer sechs; ein ominöser Auftakt zu einem Kampf zwischen Leben und Auslöschung. Die Physiker hatten zu wenig Computer und Schutzausrüstung, und wann immer er hineinging, hatte Borowoi eine Rolle medizinisches Pflaster bei sich, um etwaige Risse in seinem Plastikanzug zukleben zu können.[28]

Irgendwann wurde bei den Männern sogar die Unterwäsche knapp, und nachdem die BBC einen Dokumentarfilm über die Expedition ausgestrahlt hatte, erhielten die Wissenschaftler Hilfspakete mit selbstgestrickten Socken aus dem Westen.[29] Borowoi gab sie als Belohnung an diejenigen Mitglieder der Gruppe weiter, die sich im Sarkophag durch besondere Leistungen hervorgetan hatten. Und doch empfanden die Wissenschaftler ihre Arbeit als so faszinierend und wichtig, dass sich einige weigerten, nach dem Ende ihres Auftrags Tschernobyl zu verlassen; viele ließen ihre Dosimeter absichtlich im Büro, um zu vermeiden, dass sie offiziell die Höchstdosis erreicht hatten und abreisen mussten.[30] Nach dem Elefantenfuß stießen sie in den Ruinen von Block Vier auf weitere Formationen aus erstarrter Lava, verblüffende Gebilde, die sie alle mit Spitznamen bedachten: der Tropfen, der Eiszapfen, der Stalagmit, der Haufen.[31] Zu ihren einzigartigen Entdeckungen gehörte auch eine neue Substanz, die sie »Tschernobylit« tauften – ein ebenso schönes wie tödliches blaues Kristallsilikat, bestehend aus Zirkonium und Uran, das sie aus den Ruinen herausbrachen. Es konnte gefahrlos nur kurze Zeit untersucht werden, und Proben davon mussten in Behältern mit Bleieinlage aus Block Vier transportiert werden. Und als die Gelder knapp geworden und die Ängste vor einer neuen selbsterhaltenden Kettenreaktion verebbt waren, stand die Komplexe Expedition vor einem neuen Problem. Der Sarkophag selbst, unter großer Geheimhaltung mit aller Hast und Erfindungsgabe errichtet, die die UdSSR aufzubringen vermochte, erwies sich nicht ganz als der Triumph der Technik, von dem die sowjetische Propaganda getönt hatte.[32]

Obwohl die Unzulänglichkeiten des Gebäudes zum Zeitpunkt seiner Entstehung sorgfältig vertuscht worden waren, fanden Borowoi und sein Team nun Lücken in den Wänden, die groß genug waren, um einen Menschen hindurchschlüpfen zu lassen, und Risse, durch die Wasser eindringen und radioaktiver Staub entweichen konnte. Sie befürchteten auch, dass innerhalb des Sarkophags das Betongerippe von Block Vier – oder was davon noch übrig war – bald einstürzen könnte.[33] Als Borowoi schließlich wieder nach Moskau zitiert wurde, war klar geworden, dass es neuer Mittel und Wege bedurfte, um die Welt vor der Ruine des noch immer heißen Reaktors zu schützen.

Der ehemalige Kraftwerksdirektor Wiktor Brjuchanow wurde am 11. September 1991 aus dem Gefängnis entlassen, nachdem er fünf seiner zehn Jahre abgesessen hatte, den Großteil davon in der Strafkolonie Donezk. Er kam früher frei, wegen guter Führung, wie es das sowjetische Rechtssystem vorsah, und durfte die letzten Monate seiner Zwangsarbeit – *khimiya*, »Chemie«, genannt – in Uman verbringen, einer Stadt, die näher bei Kiew lag, wo seine Frau Walentina lebte. Mit fünfundfünfzig verließ er das Gefängnis als gebrochener Mann und völlig ausgemergelt.[34] Der gute tschechische Mantel, den Walentina ihm nach ihrem Umzug nach Kiew besorgt hatte, hing an ihm herunter wie ein Sack. Als er nach Hause kam, führte sie ihn durch die neue Wohnung – im selben Komplex in der Innenstadt, in dem so viele seiner invaliden Kollegen und Angestellten neu angesiedelt worden waren, Klein-Prypjat genannt – und stellte ihn seiner fünfjährigen Enkelin vor, die er zum ersten Mal sah.[35]

Brjuchanow kam in eine völlig veränderte Welt. Die starren Gewissheiten der Partei, der er so treu gedient hatte, lösten sich allmählich auf, und sogar seine öffentliche Schande als der Mann, der die Tschernobyl-Katastrophe zu verantworten hatte, wurde angesichts der Enthüllungen schwerwiegenderer, schier unsäglicher Verbrechen beiseite gewischt. Am 26. Dezember 1991 schickte der Präsident des Kollegiums für Strafrecht des Obersten Gerichts der UdSSR zwei Zeilen an Brjuchanows Anwalt in Moskau, um ihn davon in Kenntnis zu setzen, dass die Berufung gegen das Urteil seines Mandanten ungeprüft zurückgeschickt worden sei, da der dafür verantwortliche Staat nicht mehr existiere.[36]

Zunächst sehnte sich Brjuchanow danach, wieder nach Prypjat zurückzukehren, und hoffte – trotz der Ereignisse –, wieder in dem Kernkraftwerk arbeiten zu können, das er mit aufgebaut hatte.[37] Schließlich verschaffte ihm Witali Skljarow, der sarkastische frühere Apparatschik, der noch immer das ukrainische Energieministerium beaufsichtigte, nunmehr Teil der unabhängigen Nationalregierung, eine Stellung im Gremium für internationale Handelsbeziehungen in Kiew. Anfang 1992 ging Brjuchanow in aller Stille wieder an die Arbeit – als vergessener Mann.[38]

Von allen Mitarbeitern des Kraftwerks, die aufgrund ihrer Mitschuld am Unfall in Block Vier bestraft worden waren, war der gefallene Direktor als letzter wieder freigekommen.[39] Kowalenko und Rogoschkin hatten erfolgreich um vorzeitige Haftentlassung ersucht und arbeiteten bereits wieder im Kraftwerk. Der ehemalige Inspektor für nukleare Sicherheit Lauschkin war ebenfalls freigelassen worden, aber bald darauf an Magenkrebs verstorben.[40] Chefingenieur Nikolai Fomin hatte sich nie ganz von dem Schock erholt. 1988, zwei Jahre nach seiner Festnahme, wurde er aufgrund einer »reaktiven Psychose« in die Psychiatrie überstellt. 1990 aus gesundheitlichen Gründen vorzeitig aus der Haft entlassen, fand Fomin im Atomkraftwerk Kalinin, im Norden von Moskau, wieder Arbeit – obwohl sein psychischer Zustand Berichten zufolge immer noch fragil war.[41]

Anatoli Djatlow, der despotische stellvertretende Chefingenieur, hatte seine gesamte Haftzeit damit zugebracht, das Urteil des sowjetischen Gerichts anzufechten.[42] Er hatte Briefe geschrieben und vom Gefängnis aus Interviews gegeben in dem Versuch, öffentlich zu machen, was er über die Unzulänglichkeiten des RBMK-Reaktors in Erfahrung gebracht hatte, und seinen Namen und den seiner Belegschaft reinzuwaschen. Er schrieb direkt an Hans Blix von der Internationalen Atomenergie-Organisation in Wien, um ihn auf die Fehler ihrer technischen Analyse hinzuweisen. Den Eltern von Leonid Toptunow erklärte er in einem Brief, dass ihr Sohn die Stellung gehalten habe, um den angeschlagenen Reaktor zu retten, und dass er zu Unrecht beschuldigt worden sei, den Unfall verursacht zu haben. Der Reaktor hätte niemals in Betrieb gehen sollen, schrieb er, Toptunow und seine toten Kollegen seien Opfer einer Vertuschungsaktion des Gerichts. »Ich möchte Ihnen mein tief empfundenes Beileid aussprechen«, schrieb Djatlow. »Ich trauere mit Ihnen. Nichts ist unerträglicher, als das eigene Kind zu verlieren.«

Im Gefängnis litt Djatlow weiterhin an den entsetzlichen Strahlungsverbrennungen, die er sich zugezogen hatte, als er in der Nacht des Unfalls durch den havarierten Block Vier gewandert war, und wurde im Oktober 1990 aufgrund seiner gesundheitlichen Probleme ebenfalls vorzeitig aus der Haft entlassen.[43] Von seiner Wohnung in Trojeschtschina aus bemühte sich der zusehends schwächer werdende Ingenieur weiterhin, die Wahrheit über die Konstruktionsfehler des Reaktors und über die Art und Weise offenzulegen, wie die Katastrophe von Akademiemitglied Legassow und der sowjetischen Delegation vor der IAEO beschönigt worden war.

Ungeachtet der Veröffentlichung von Augenzeugenberichten – zum Beispiel Grigori Medwedews Buch *Verbrannte Seelen* –, die die offizielle sowjetische Version der Geschichte in Frage stellten, blieben die Untersuchungsergebnisse der Regierungskommission über die Unfallursachen weiterhin unter Verschluss. Mithin war die öffentliche Wahrnehmung der

Ereignisse nach wie vor unverändert: Ein absolut verlässlicher Reaktor war von inkompetenten Ingenieuren in die Luft gejagt worden. Doch je schwächer die Arme des Schattenstaates wurden, desto mehr kamen die wahren Ursachen der Explosion in Block Vier ans Licht. Entgegen dem Widerstand durch NIKIET und das Atomenergieministerium startete das unabhängige staatliche Gremium für nukleare Sicherheit eine eigene Untersuchung zu den Ursachen des Unfalls und ließ sich sowohl von Ingenieuren aus dem RBMK-Konstruktionsteam als auch von ehemaligen Spezialisten des Kernkraftwerks Tschernobyl beraten.[44] Der Leiter des Untersuchungsgremiums trat in einen regen Briefwechsel mit Djatlow, um von ihm zu erfahren, welche Umstände unmittelbar zu der Explosion geführt hatten. Bisher unbeachtete Dokumente, die von den Sowjetbehörden an die IAEO weitergegeben worden waren, hatten die offizielle Version bereits untergraben, und im Juli 1990 gab ein führendes Mitglied der sowjetischen Delegation in Wien öffentlich zu, dass die Hauptschuld an der Katastrophe bei den Konstrukteuren lag und das Vorgehen der Operatoren nur eine untergeordnete Rolle spielte.[45]

Der Bericht, den das Untersuchungsgremium zur nuklearen Sicherheit im Januar 1991 dem Sowjetischen Ministerrat vorlegte, widersprach der Geschichte, die Legassow 1986 der IAEO erzählt hatte, nämlich dass eine sensible technische Einrichtung von nichtsnutzigen Operatoren, die gegen sämtliche Sicherheitsvorschriften verstoßen hätten, in die Luft gejagt worden sei. Die Ergebnisse konnten Djatlow allerdings nicht gänzlich reinwaschen, der nicht nur behauptete, dass das Kraftwerkspersonal völlig schuldlos gewesen sei an dem Unfall, sondern auch, dass er selbst in dem verhängnisvollen Moment, der als Auslöser galt – nämlich als Leonid Toptunow die Reaktorleistung gesteigert hatte, damit der Test stattfinden konnte –, nicht einmal im Raum gewesen sei. Dennoch machten sie deutlich, dass die Handlungsweise der Operatoren zwar zu dem Verhängnis beigetragen hatte, aber nicht für ein Desaster verantwortlich zu machen war, das sich bereits seit Jahrzehnten angebahnt hatte.

Im Mai 1991, während der Bericht noch immer von der Abteilung Brennstoff und Energie des Ministerrats geprüft wurde, legte einer seiner Haupturheber, der frühere Tschernobyl-Chefingenieur Nikolai Steinberg, seine Untersuchungsergebnisse dem ersten internationalen Kongress zum Thema Menschenrechte vor, der im Moskauer Sacharow-Zentrum stattfand.[46] Er teilte den Delegierten mit, dass die Ursachen für den Super-GAU von Tschernobyl in einer Kombination aus »wissenschaftlichen, technischen, sozioökonomischen und menschlichen Faktoren« zu suchen sei, die nur die UdSSR betreffe.[47] Die sowjetische Atomindustrie, die es an rudimentärsten Sicherheitsvorkehrungen fehlen lasse, sei davon ausgegangen, dass die Operatoren ihre Arbeit Nacht für Nacht mit roboterhafter Präzision und Sorgfalt verrichteten, trotz des unentwegten Drucks, termingerecht zu liefern und »über dem Plan zu liegen«, wodurch eine großzügige Auslegung der Vorschriften fast unumgänglich wurde. Er berichtete, dass Djatlow und die mittlerweile verstorbenen Operatoren aus Leitstand vier den Reaktor in einen instabilen Zustand gebracht hätten. Dies sei jedoch nur dem heftigen Druck geschuldet gewesen, der auf ihnen lastete, den Turbinentest zu Ende zu bringen.

»Unter diesen Umständen«, sagte Steinberg, »trafen die Operatoren und Verantwortlichen des Blocks eine Entscheidung, die aller Wahrscheinlichkeit nach den Unfall herbeigeführt hat.«[48] Doch niemand konnte sich dessen ganz sicher sein, weil man noch immer nicht entschieden hatte, ob sich der Reaktor, sobald der Test einmal begonnen war, überhaupt noch gefahrlos hätte abschalten lassen. Djatlow, Schichtleiter Akimow und Kontrollingenieur Toptunow hatten tatsächlich gegen einige Betriebsbestimmungen verstoßen. Von dem tödlichen Fehler im RBMK-1000, der bewirkt hatte, dass das Einfahren der Steuerstäbe am Ende des Versuchs den Reaktor nicht abschaltete, sondern vielmehr eine unkontrollierbare Kettenreaktion in Gang setzte, hatten sie jedoch nichts ahnen können.

Alle an dem Bericht Beteiligten waren jetzt einhellig der Meinung, dass die verhängnisvolle Leistungsexkursion, die den Reaktor zerstört hatte, mit dem Einfahren der Stäbe in den Kern begonnen hatte. »So fällt der Super-GAU in Tschernobyl in das Standardmuster der meisten katastrophalen Unfälle. Es beginnt mit einer Häufung kleinerer Regelverstöße. … Diese erzeugen einen Satz unerwünschter Eigenarten und Vorkommnisse, die für sich genommen nicht besonders gefährlich erscheinen. Am Ende gibt es jedoch einen auslösenden Faktor – in diesem speziellen Fall das eigenmächtige Handeln des Personals, das die potentiell zerstörerischen und gefährlichen Eigenschaften des Reaktors zutage treten ließ.«[49]

Steinberg erkannte, dass die Ursprünge des Unfalls sowohl bei denen lagen, die den Reaktor konzipiert hatten, als auch bei der obskuren, inzestuösen Bürokratie, die zugelassen hatte, dass er in Betrieb genommen worden war. Doch eine Schuldzuweisung – ob an jene, »die ein Gewehr an die Wand hängen, wohl wissend, dass es geladen ist, oder an jene, die versehentlich abdrücken« –, sei nicht weiter hilfreich, so sein Schluss.[50]

Die Barone der Atomindustrie hatten indes nicht mehr Interesse an der Wahrheit als fünf Jahre zuvor. Und so gab der Atomminister im Kreml, anstatt die Ergebnisse in Steinbergs Bericht sofort zu akzeptieren, eine zweite Untersuchung in Auftrag. Diese neue Kommission bestand zum Großteil aus denselben Männern, die hinter dem Wien-Bericht von 1986 steckten. Unter dem Druck der Reaktor-Konstrukteure am NIKIET richtete sich die Pfeilspitze ihrer Anschuldigungen erneut gegen die Operatoren. Zwei Mitglieder der Kommission, aus dem staatlichen Gremium für atomare Sicherheit, traten aus Protest zurück, und ihr Vorgesetzter weigerte sich, das neue Dokument zu unterschreiben. Die Angelegenheit war noch in der Schwebe, als Jelzin und Gorbatschow im August 1991 die Verschwörer des gescheiterten Staatsstreichs in die Knie zwangen und die UdSSR ihrem Ende entgegenschlitterte.[51]

Erst im darauffolgenden Jahr, nachdem die Organisation des sowjetischen Gremiums für atomare Sicherheit aufgelöst worden war, wurden Steinbergs Ergebnisse veröffentlicht – als Anhang zu einer aktualisierten Version des ursprünglichen IAEO-Berichts über die Katastrophe von Tschernobyl. In dem Versuch, ihren Bericht von 1986 zu berichtigen – man habe »neue Informationen«, hieß es –, enthüllten die IAEO-Experten endlich das wahre Ausmaß der technischen Vertuschungsversuche um die Ursachen der Katastrophe: die lange Liste früherer Unfälle mit RBMK-Reaktoren, das gefährliche Konzept des Reaktors, seine Instabilität und die Irreführung der Operatoren hinsichtlich seines Verhaltens. Bis ins kleinste wissenschaftliche Detail wurden die Probleme des positiven Dampfblasenkoeffizienten und die fatalen Folgen des Graphitspitzeneffekts der Steuerstäbe beschrieben.[52]

Obwohl das IAEO-Gremium das Verhalten der Tschernobyl-Operatoren nach wie vor »in vielerlei Hinsicht … unbefriedigend« fand, räumte es doch ein, dass die Primärursache der schlimmsten Atomkatastrophe der Geschichte nicht etwa bei den Männern in der Kontrollwarte von Block Vier zu suchen war, sondern im Konzept des RBMK-Reaktors selbst.[53] Sechs Jahre, nachdem sie im Friedhof von Mitino beerdigt worden waren, wurden Alexander Akimow, Leonid Toptunow und die anderen Operatoren, die im Krankenhaus Nummer Sechs gestorben waren, mit diesem Bericht teilweise rehabilitiert. Doch mittlerweile erregte die überbordende Fachterminologie des überarbeiteten Berichts außerhalb von Expertenkreisen wenig Aufmerksamkeit.[54] In Kiew setzte unterdessen der frühere stellvertretende Chefingenieur Djatlow, nach wie vor nicht zufrieden, seinen einsamen Kampf um Entlastung in der Presse fort, bis er im Dezember 1995 im Alter von vierundsechzig Jahren an einem Herzinfarkt starb.[55] 2008, über zwei Jahrzehnte nach dem Unfall, wurden Akimow und Toptunow – und zwölf weitere Ingenieure, Elektriker und Maschinisten der Kraftwerksbelegschaft – endlich für ihren heldenhaften Einsatz in der Nacht des 26. April ausgezeichnet. Präsident Wiktor Janukowytsch verlieh jedem von ihnen posthum den ukrainischen Tapferkeitsorden dritter Klasse.[56]

Kapitel 20

Ein Grab für Waleri Chodemtschuk

Eines frühen Abends im Oktober 2015 kehrte ich zu dem Wohnblock in einer Seitenstraße des Wernadski-Prospekts in Moskau zurück, in dem ich fast zehn Jahre zuvor mit Alexander und Natalia Juwtschenko gesprochen hatte. Die Sonne war bereits untergegangen, und es war kalt draußen, doch der erste Schnee im Jahr war noch nicht gefallen. Die Wohnung der Juwtschenkos im neunten Stock war teuer renoviert worden, mit einer modernen Küche in Hochglanz und einem neuen Badezimmer, wirkte dabei aber spartanisch und kalt. Kater Charlie war gestorben. Natalia erzählte, sie sei neuerdings oft in Deutschland, arbeite dort als Kosmetikerin. In ihrer Moskauer Wohnung sei sie nur gelegentlich. Die Vierundfünfzigjährige wirkte blass und zerbrechlich, trug einen kurzärmeligen grünen Pullover mit rosafarbenen Biesen und hatte sich die Haare rotbraun gefärbt und auftoupiert. Sie kochte einen Kräutertee, bot mir einen Teller mit süßen Teigwaren an und erzählte mir nach einer Weile, was mit ihrem Mann passiert war.

Alexander hatte einen gesunden Eindruck gemacht, als ich die beiden 2006 besuchte, und erst zum Jahresende war Natalia aufgefallen, dass er zusehends dünner wurde.[1] Damals dachte sie noch, es würde ihm guttun, ein wenig abzunehmen, weil es ihn jünger aussehen ließ. Seine neue Arbeit als Atomingenieur gefiel ihm gut, und er wirkte fit und glücklich. Anfang Oktober hatten sie auf Kreta Urlaub gemacht, und einmal war er mit einem Paddel zu ihr an den Strand gekommen: »Natascha«, sagte er, »ich möchte, dass du mitkommst!« Obwohl er den Profirudersport vor über zwanzig Jahren aufgegeben hatte, war seine Begeisterung dafür ungebrochen gewesen, und er verpasste kein Wettrudern im Fernsehen.

Jetzt hatte er ein Boot gefunden, brauchte aber einen Partner. Natalia hatte noch nie zuvor gerudert, aber ihr Mann ließ nicht locker: nur ein paar Minuten, bis zur anderen Seite der Bucht. Sie kletterte in den Bug, und Alexander setzte sich hinter sie. Sie tauchte das Ruder ins blaue Wasser. Es war nicht einfach. Sie war so zart und unerfahren, und ihr Mann, erst vierundvierzig, war noch immer breitschultrig und kräftig. Sie musste hektisch rudern, um mit seinen langen Armen und geübten Schlägen mithalten zu können, doch dann fand sie den Rhythmus und warf sich ins Zeug. Und als sie endlich den Strand erreichten, drehte Natalia sich zu ihrem Mann um, der von der Anstrengung, mit dem Tempo seiner Frau Schritt zu halten, ganz außer Atem war. Er strahlte sie an: »Du bist ein Champion!«, sagte er. Anstelle der Trophäe kaufte er ihr in einem Schmuckgeschäft um die Ecke ein Paar hübsche Aquamarin-Ohrringe.

Am Ende der Ferien saßen die beiden im Flieger nach Moskau, als Alexander sich plötzlich einer Ohnmacht nahe fühlte und spürte, wie alles Blut aus seinem Gesicht wich. Er führte es auf die Luftdruckveränderung in der Kabine zurück und dachte nicht weiter darüber nach. Wieder zu Hause, schien er völlig gesund, sah aber weiterhin sehr blass aus. Weil die Ergebnisse seiner regelmäßigen Blutuntersuchungen jedoch unauffällig waren, vermutete Natalia, er sei eben zu oft beruflich unterwegs und müsse nur ein wenig kürzer treten.

Nach den Neujahrsferien, Anfang Januar 2007, bekam Alexander hohes Fieber. Wahrscheinlich ein Virus, dachte er, und nahm Fieber senkende Medikamente. Doch seine Temperatur blieb schwankend – am Morgen war sie niedrig, am Abend schnellte sie nach oben –, und sie mussten einsehen, dass wohl ein anderes Problem dahinter steckte. Ihr Sohn Kirill rief den Arzt.

Wie sich herausstellte, war Alexanders Galle um ein Vielfaches vergrößert – ein klassisches Symptom für Leukämie. Seine Blutwerte hatten sich als irreführend erwiesen, und als er schließlich ins Krankenhaus kam, hatte sein Knochenmark die Funktion eingestellt. Er lag wieder im Krankenhaus Nummer Sechs, jetzt umbenannt in Staatliches Medizin- und Biophysikzentrum Burnasjan, in dem die beiden Ärztinnen, die 1986 für seine Behandlung verantwortlich gewesen waren – Angelina Guskowa, mittlerweile zweiundachtzig, und Anschelika Barabanowa, 72 – weiterhin in beratender Funktion tätig waren. Zu Beginn hatte Natalia Juwtschenko gehofft, dass man die Erkrankung ihres Mannes mit den richtigen Medikamenten in den Griff bekäme und er noch ein paar Jahre normal leben könnte. Doch im Laufe der folgenden achtzehn Monate entwickelte er einen Tumor, dessen Größe und Bösartigkeit bald jede Therapie vereitelten. Auch die neuen, experimentellen Medikamente aus der Schweiz waren machtlos dagegen.

Im Spätsommer 2008 war Natalia auf das Schlimmste gefasst. In der festen Überzeugung, ihr Mann habe nur noch fünf Tage zu leben, blieb sie im Wechsel mit Kirill und Alexanders Bruder Wladimir rund um die Uhr bei ihm und versorgte ihn. Zum Erstaunen aller erholte er sich und war Ende August unversehens wieder auf den Beinen. Die Ärzte erlaubten ihm, die Wochenenden zu Hause zu verbringen, wo er spazieren gehen, Auto fahren und auf dem Markt frisches Gemüse einkaufen konnte. Und wann immer Alexander ins Krankenhaus zurückkehrte, arbeitete er von seinem Bett aus. Er bestand darauf, dass Natalia die Geschäftsreise nach Paris unternehmen sollte, die sie für November geplant hatte. Doch obwohl er aktiv blieb und fest entschlossen war, einfach weiterzumachen wie bisher, verschlimmerte sich sein Zustand zusehends. Gesicht und Körper schwollen dermaßen an, dass er sich selbst nicht mehr ähnlich sah.

Anfang Oktober 2008, als die Ärzte sich mit ihrer Prognose ziemlich sicher waren, erlaubten sie Alexander, zwei Wochen zu Hause mit der Familie zu verbringen. Er kam jeden Nachmittag in seinem Wagen zu Natalias Büro, um sie von der Arbeit abzuholen und mit ihr nach Hause zu fahren. Am 25. Oktober wurde er siebenundvierzig. Er trank Champagner, und Freunde und Kollegen, darunter viele, von denen er seit Jahren nichts mehr gehört hatte, riefen ihn aus aller Welt an, um ihm zum Geburtstag zu gratulieren und alles Gute zu wünschen.

In der darauffolgenden Woche, über zweiundzwanzig Jahre, nachdem er das braune Backsteingebäude in der Marschall-Nowikow-Straße zum ersten Mal betreten hatte, kehrte Alexander Juwtschenko nun ein letztes Mal in die Flure des ehemaligen Krankenhauses Nummer Sechs zurück. Am selben Tag rief er Natalia an, um ihr zu sagen, dass er in die Intensivstation verlegt und operiert werden solle und sie deshalb nicht mehr anrufen könne. Mittlerweile arbeitete Kirill – fünfundzwanzig Jahre alt und Chirurg im Praktikum – selbst im Krankenhaus und besuchte seinen Vater jeden Tag. Doch als man die Station unter Quarantäne stellte, waren keine Besucher mehr erlaubt, und Kirill riet Natalia dringend ab, in die Klinik zu kommen. Am Samstag lachten und scherzten die beiden Männer noch miteinander, doch am Montag, dem 10. November, fiel Alexander ins Koma. Acht Stunden später, kurz vor Mitternacht, rief Kirill seine Mutter an.

»Vater ist tot«, sagte er.

Fast fünfundzwanzig Jahre nach der Explosion in Reaktor Vier, im Februar 2011, war die Dreißig-Kilometer-Sperrzone um das Kraftwerk nach wie vor schwer kontaminiert.[2] Die Strahlenbelastung variierte stark und auf unvorhersehbare Weise von einem Ort zum anderen; ein unsichtbarer Flickenteppich aus radioaktivem Niederschlag durchsetzte die Landschaft. Das Gelände des Roten Waldes – wo sowjetische Pioniertruppen die vergifteten Bäume gefällt und in ausbetonierte Gruben geworfen hatten, die dann mit frischem Erdreich und Sand bedeckt und mit Gras und Kiefern bepflanzt worden waren – erwies sich als dermaßen verstrahlt, dass die Straße, die hindurch führte, nicht mehr befahren werden konnte. Stattdessen wurde der Verkehr zum Kraftwerk einige hundert Meter weiter östlich auf eine neue Trasse verlegt. Auf einer Sandstraße, die an gesund aussehenden Koniferenbeständen vorbei auf spindeldürre, verformte Kiefern zu führte, steigerte sich das elektronische Knacken eines Geigerzählers von leichtem Tröpfeln zum steten Schwall, bis ein Fremdenführer mir sagte, dass wir nicht weiterfahren sollten. Jenseits dieser Grenze lag eine kahle Lichtung, die von toten Nadeln und abgebrochenen Ästen übersät war. Hier wollte fast nichts wachsen, und der Geigerzähler gab ein Geräusch von sich, das niemand hören wollte – das kontinuierliche weiße Rauschen, das Strahlungswerte anzeigte, die zigtausendmal höher waren als normal.

In den Jahrzehnten, seit die Grenzen der Sperrzone von den Pionieren der 25. Motorisierten Schützendivision im Sommer 1986 mit Zaunpfählen und Stacheldraht abgesteckt worden waren, hatte sich ihre Fläche wiederholt vergrößert, weil die dafür zuständigen neuerdings unabhängigen Regierungen die sowjetischen Grenzwerte für gefährliche Strahlung heruntergesetzt hatten, um westlichen Standards zu genügen.[3] 1993 wurde der Hauptteil des kontaminierten Landes in Weißrussland – das sogenannte radiologisch-ökologische Naturschutzgebiet Polessja – um zusätzliche 850 Quadratkilometer vergrößert. 1989 hatte die Ukraine am westlichen Rand der Zone einen weiteren, 500 Quadratkilometer großen Streifen verseuchten Landes hinzugefügt, der die frisch evakuierten Gebiete der Regionen Polessja und Naroditschi einschloss, um eine einzige Verwaltungseinheit namens »Sperrzone« und »obligatorische Umsiedlungszone« zu schaffen. Insgesamt umfassten die kontaminierten Bereiche im Nordwesten der Ukraine und im südlichen Weißrussland 2005 ein Gebiet von über 4700 Quadratkilometern, die aufgrund der Strahlung offiziell unbewohnbar geworden waren.

Jenseits der Grenzen des evakuierten Geländes erwies sich die Kontamination Europas mit Radionukliden als weitläufig und beständig. Von Minsk bis Aberdeen und von Frankreich bis Finnland fand man noch Jahre nach dem Unfall in Fleisch, Milchprodukten und Feldfrüchten Spuren von Strontium und Cäsium, woraufhin die Lebensmittel konfisziert und vernichtet wurden. In Großbritannien wurden die Verkaufsbeschränkungen für Schafe, die auf den Bergwiesen von North Wales weideten, erst 2012 aufgehoben.[4] Nachfolgende Studien ergaben, dass drei Jahrzehnte nach dem Unfall die Hälfte aller Wildschweine, die in den Wäldern der Tschechischen Republik geschossen wurden, immer noch zu verstrahlt waren für den menschlichen Verzehr.[5]

Gleichzeitig war aus dem Inneren der Sperrzone eine bemerkenswerte Geschichte erstanden – ein märchenhaftes Narrativ von ökologischer Wiedergeburt und Erneuerung. Anstatt jahrzehntelang unausweichlich Krankheit und Tod in einem atomaren Ödland zu erleiden, hatten die Pflanzen und Tiere in den evakuierten Gebieten nach dem GAU offenbar eine erstaunliche Gesundung erfahren. Der erste Hinweis auf das Phänomen kam von drei Kühen und einem Bullen, die man nach der Explosion unweit des Reaktors hatte herumlaufen sehen.[6] Auf einer Versuchsfarm in der Nähe von Prypjat waren alle vier Tiere – von den Forschern Alpha, Beta, Gamma und Uran getauft – infolge der heftigen Strahlungsdosen, die sie nach dem Unfall erhalten hatten, zunächst unfruchtbar geworden. Doch sie erholten sich allmählich, und 1989 kam auf der radioaktiven Farm das erste Kalb zur Welt. Und nachdem die Versuchsherde erweitert worden war, auf über dreißig Stück Vieh – darunter auch Tiere, die auf nicht-kontaminiertem Land außerhalb der Zone groß geworden waren –, untersuchte das Forscherteam das Blutbild beider Tiergruppen.

Sie hatten erwartet, in der Analyse zumindest einen kleinen Hinweis auf die unterschiedlichen Strahlenbelastungen der beiden Tiergruppen zu entdecken, doch sie fanden nichts.

Nach dem Zerfall der UdSSR, als es mit der Wirtschaft in der Ukraine und in Weißrussland steil bergab ging, verebbte das Interesse an der Finanzierung weiterer Tschernobyl-Forschungen. Doch ein Wissenschaftler – Sergei Gaschak, ein ehemaliger Liquidator, der im Sommer 1986 sechs Wochen lang täglich zwölf Stunden den radioaktiven Staub von Autos und Lastwagen in Kraftwerksnähe gewaschen hatte – blieb weiterhin in der Zone. Gaschak, der sich tief in die Wälder und Sümpfe der verlassenen Gegend vorwagte, entdeckte Geschöpfe, die im übrigen Teil der Ukraine und Weißrusslands längst verschwunden waren, darunter Wölfe, Elche, Braunbären und seltene Raubvögel. Seine Beobachtungen trugen zu einer neuen, ebenso reizvollen wie unerwarteten Sicht auf die Zone bei: Die Natur war offenbar in der Lage, sich auf unvorhersehbare Weise selbst zu heilen. In Abwesenheit des Menschen gediehen Pflanzen und Tiere in einem radioaktiven Eden.[7]

Dieses Wunder der Zone verbreitete sich über Dokumentarfilme und Bücher, die schilderten, wie sich eine chronische Belastung mit den relativ niedrigen Strahlungsdosen in den vielen Gebieten bei Tierpopulationen offenbar als harmlos – in manchen Fällen sogar als günstig – herausstellte.[8] Doch die wissenschaftlichen Beweise für diese These waren dünn oder widersprüchlich. Gaschak selbst fehlten die Mittel, um die Tier- und Pflanzenwelt in der Zone in groß angelegten Studien zu erforschen, und so gründeten seine Theorien auf Mutmaßungen. Ein unabhängiges Forschungsteam, geleitet von Timothy Mousseau aus den Vereinigten Staaten und Anders Pape-Moller aus Dänemark, publizierte Dutzende Artikel, die

Gaschaks Ergebnisse widerlegten und stattdessen Muster von vorzeitigem Tod und Missbildungen unter den Pflanzen und Tieren in der Zone aufzeigten.[9]

Was aus einem Großteil der Forschungen zu niedriger Strahlungsbelastung seit 1986 klar hervorging, war die Tatsache, dass unterschiedliche Spezies und Populationen auf eine chronische Exposition unterschiedlich reagierten. Moller und Mousseau fanden heraus, dass Hausschwalben, als Zugvögel, weitaus empfindlicher auf Strahlung reagierten als ortsansässige Vögel. Winterweizensaat, die man in den Tagen nach der Katastrophe in der Sperrzone entnommen hatte, um sie in nicht-kontaminiertem Boden auskeimen zu lassen, hatte Tausende Mutantenstämme hervorgebracht, und jede nachfolgende Generation erwies sich als genetisch instabil, noch fünfundzwanzig Jahre nach dem Unfall. Doch eine Studie mit Sojabohnen, die 2009 in der Nähe des Reaktors gezogen wurden, schien zu zeigen, dass sich die Pflanzen auf molekularer Ebene veränderten, um sich vor Strahlung zu schützen.[10]

Unterdessen versicherte die Weltgesundheitsorganisation hoffnungsvoll, dass von dem Unfall keine genetischen oder die Fortpflanzung betreffenden Spätfolgen auf die Populationen der Umgebung zu befürchten seien.[11] Damit bestätigte sie jahrzehntelange Forschungen, die zeigten, dass zwar Säugetierföten, die im Mutterleib Strahlung ausgesetzt gewesen waren, Geburtsfehler aufweisen konnten, das Risiko einer erblichen Mutation beim Menschen jedoch verschwindend gering war.[12] Doch einige Forscher bestanden darauf, dass niemand wirklich sicher sein konnte, wo sich in der Bandbreite zwischen DNA-Schädigungen und langfristiger Anpassung, wie sie bei niedrigeren Organismen zu beobachten war, die Menschheit verorten ließ.[13] Bis man darauf eine Antwort fände, konnten noch Jahrzehnte oder gar Jahrhunderte vergehen. Die genetischen Auswirkungen von chronischer Strahlenexposition auf jede der erforschten Spezies, so ihr Argument, seien oft subtil und vielschichtig gewesen und manifestierten sich erst nach vielen Generationen; die potentiellen genetischen Veränderungen bei Menschen – die 2011 erst vor kurzem ihre dritte Generation hervorgebracht hatten, als die Kinder der Liquidatoren allmählich eigene Familien gründeten – würden sich erst in

Hunderten Jahren vollständig zeigen. »Genau das wollen wir wissen«, erklärte Moller. »Gleichen wir in puncto strahlungsinduzierter Mutation den Hausschwalben oder eher den Sojabohnen?«[14]

Als 2011 der fünfundzwanzigste Jahrestag des Super-GAUs von Tschernobyl näherrückte, trieb die Regierung der Ukraine die Pläne voran, die Sperrzone als Touristenattraktion zu öffnen. »Die Sperrzone um Tschernobyl ist nicht so gruselig wie die ganze Welt meint«, sagte eine Pressesprecherin zu einem britischen Reporter.[15] »Wir wollen mit großen Reiseveranstaltern zusammenarbeiten und Touristen aus dem Westen zu uns bringen, denn das Interesse dort ist groß.« Die Behörden hatten bereits die heimliche Rückkehr von über tausend Bauern in ihre angestammten Höfe innerhalb der Zone toleriert, die dort in Abgeschiedenheit ihren Lebensabend zu verbringen gedachten – »Ureinwohner des Nuklearreservats«, die von selbst angebautem Obst und Gemüse leben. Nun befürchteten die Wissenschaftler, die in dem Gebiet forschten, dass diese neue Initiative der Auftakt zu einer vollständigen Wiederbesiedelung sein könnte, und waren entsetzt – Sergei Gaschak, weil er gehofft hatte, die Zone könnte dauerhaft zu einem Naturschutzgebiet werden, in dem Elche und Luchse außerhalb der Reichweite von Jägern leben könnten; Moller und Mousseau, weil sie sich um die Langzeitfolgen auf die Gesundheit einer menschlichen Bevölkerung sorgten, die den Mutagenen in der Umwelt ausgesetzt war.[16]

Doch nach einem Vierteljahrhundert war die kollektive Erinnerung an die schlimmste Atomkatastrophe der Welt allmählich verblasst. Im unbarmherzigen Licht steigender Ölpreise und globaler Erwärmung erwogen Regierungen erneut die Entwicklungsfähigkeit der Kernkraft. Der erste Vertrag für den Bau eines neuen Atomkraftwerks in den Vereinigten Staaten seit mehr als dreißig Jahren war bereits auf den Weg gebracht.[17] Anfang März 2011 verkündete die Ukraine Pläne, nicht weit von Tschernobyl zwei neue Reaktoren zu errichten. Die Regierung in Kiew überlegte noch, wie sich die Zukunft der verbotenen Zone gestalten ließ, als am 11. März 2011 der Unfall im japanischen Kernkraftwerk Fukushima Daiichi die Nachrichten beherrschte.[18]

Die Katastrophe in den drei General Electric-Reaktoren an der nordöstlichen Küste Honshus nahm einen mittlerweile vertrauten Verlauf, diesmal live im Fernsehen: ein Kühlmittelverlust führte zu einer Kernschmelze, einer gefährlichen Ansammlung von Wasserstoffgas und mehreren katastrophalen Explosionen. Niemand wurde durch die unmittelbare Strahlungsfreisetzung getötet oder verletzt, doch dreihunderttausend Menschen mussten die Umgebung verlassen, die noch Jahrzehnte kontaminiert bleiben würde. Während der Anfangsphasen der Aufräumarbeiten wurde klar, dass Roboter außerstande waren, in der hoch radioaktiven Umgebung innerhalb der Reaktorsicherheitsbehälter zu arbeiten. Also schickte man japanische Soldaten hinein – wieder ein Pyrrhussieg der menschlichen Roboter über die Technik.

Den zweckdienlichen Irrtum, dass die Vorkommnisse in Tschernobyl einem unseligen Zufall geschuldet waren, der nur einmal in einer Million Jahren vorkam, beiseite fegend, erstickte der Unfall in Fukushima die nukleare Wiedergeburt schon im Keim. Die japanische Regierung nahm augenblicklich ihre achtundvierzig Kernreaktoren vom Netz, und Deutschland schaltete acht seiner siebzehn Reaktoren ab. Die übrigen wollte man spätestens 2022 abschalten und sich stattdessen den erneuerbaren Energien zuwenden. In den USA wurden die Pläne für neue Reaktoren allesamt ausgesetzt oder gestrichen.

Doch die Kernkraft blieb bestehen.[19] Über sieben Jahre nach der Katastrophe in Japan verfügten die USA noch immer über hundert zugelassene und aktive Atomreaktoren – einer davon auf Three Mile Island. Frankreich erzeugte weiterhin 75 Prozent seines Stroms mit Hilfe von Atomkraftwerken, und China hatte sich vor kurzem in einen regelrechten Reaktorbaurausch gestürzt – zwanzig Reaktorblöcke wurden gerade gebaut, und neunundreißig waren bereits in Betrieb. Einige Umweltaktivisten argumentierten, dass die Menschheit es sich nicht leisten könne, der Verheißung und dem Schrecken des friedlichen Atoms den Rücken zu kehren.[20] Der Bedarf an Strom steige weltweit exponentiell: Prognosen zufolge werde die Menschheit bis spätestens 2050 ihren Energieverbrauch verdoppelt haben.[21] Trotz der wachsenden Gewissheit, dass die Verbrennung fossiler Brennstoffe die Ursache eines desaströsen Klimawandels sei – was die

Stabilisierung der Kohlendioxidemissionen unabdingbar mache –, bleibe Kohle die am weitesten verbreitete Energiequelle der Welt. Die Feinstaubpartikel aus Kohlekraftwerken töteten in den USA alljährlich über dreizehntausend Menschen; weltweit starben drei Millionen Menschen infolge der Luftverschmutzung durch Kohle- oder Ölkraftwerke.[22] Um den Klimawandel aufzuhalten, müsste die gesamte zusätzliche stromerzeugende Kapazität, die die Welt in den kommenden fünfunddreißig Jahren schaffen sollte, absolut sauber sein, doch weder Windkraft, noch Solarenergie, noch Wasserkraft oder Erdwärme – noch eine Kombination daraus – hätten das Potential, die Lücke zu schließen.[23]

Kernkraftwerke setzen kein Kohlendioxid frei und sind statistisch gesehen sicherer als jede andere Energiebranche, einschließlich Windanlagen.[24] Und über siebzig Jahre nach den Anfängen dieser Technologie entwickeln Ingenieure endlich Reaktoren, deren Entwurf nicht in erster Linie dem Bau von Bomben gilt, sondern der Stromerzeugung. Im Prinzip wären diese Reaktoren der vierten Generation kostengünstiger, sicherer, kleiner, effizienter und weniger giftig als ihre Vorgänger und könnten sich tatsächlich als Technologie erweisen, die die Welt rettet.[25]

Nur knapp einen Monat vor der Explosion von Reaktor vier im Jahr 1986 war einem Team von Kernkraftingenieuren am Argonne National Laboratory in Idaho in aller Stille der Beweis gelungen, dass der erste Reaktor dieses Typs, der schnelle Brüter, sogar unter den Bedingungen sicher war, die Three Mile Island 2 zerstört hatten und sich in Tschernobyl und Fukushima als desaströs herausstellen sollten. Der Flüssigsalzreaktor (LFTR), ein noch fortschrittlicheres Konzept, das am Oak Ridge National Laboratory in Tennessee entwickelt wurde, verwendet Thorium als Brennstoff.[26] Thorium ist in größerer Menge verfügbar und weitaus schwieriger in waffenfähiges Material umzuwandeln als Uran, brennt effizienter in einem Reaktor und könnte radioaktiven Müll produzieren, der mit Halbwertszeiten von mehreren hundert anstatt zigtausend Jahren weniger gefährlich wäre. Der LFTR wird mit Luftdruck betrieben und benötigt, da er keine Kritikalität erreicht, keinen massiven Reaktorsicherheitsbehälter, der vor Unfällen aufgrund von Kühlmittelverlust oder vor Explosionen schützen soll. Er könnte daher so kompakt konstruiert werden, dass sich jedes

Stahlwerk, jede Kleinstadt unterirdisch den eigenen Mikroreaktor bauen könnte.

2015 hatte der Microsoft-Gründer Bill Gates mit der Finanzierung von Forschungsprojekten begonnen, die diesen Reaktoren der vierten Generation ähnlich waren, mit dem Ziel, eine CO_2-neutrale Energiequelle für die Zukunft zu schaffen.[27] Unterdessen hatte die chinesische Regierung bereits siebenhundert Wissenschaftler in einem Crashprogramm darauf angesetzt, den ersten industriellen Thoriumreaktor der Welt zu bauen, um der Umweltverschmutzung entgegenzuwirken. »Das Problem mit der Kohle ist mittlerweile offensichtlich«, sagte der Projektleiter. »Die einzige Lösung bietet die Kernenergie.«[28]

Als der dreißigste Jahrestag des Super-GAUs näherrückte, hatte man die Sperrzone für regelmäßige Besichtigungsfahrten aus Kiew geöffnet. Offenbar war die internationale Wissenschaftsgemeinschaft hinsichtlich der Langzeitfolgen der Katastrophe von Tschernobyl auf die Gesundheit zu einem beruhigenden Konsens gelangt. Nachdem die sowjetischen Krankenakten bruchstückhaft und durch Geheimhaltung und Vertuschung verfälscht worden waren, hatten zahlreiche Nichtregierungsorganisationen, die unter dem Schirm der Vereinten Nationen operierten, im Zusammenhang mit Katastrophen die Rolle der wissenschaftlichen Autorität übernommen. Und mit jedem Fünf-Jahres-Meilenstein nach dem Super-GAU kamen die Weltgesundheitsorganisation, der Wissenschaftliche Ausschuss der Vereinten Nationen zur Untersuchung der Auswirkungen atomarer Strahlung (UNSCEAR) sowie die IAEO alle zu demselben Schluss: die Auswirkungen der Katastrophe von Tschernobyl »waren bei weitem nicht so substantiell wie zuerst befürchtet«.[29]

Nach Schätzungen des Tschernobyl-Forums, einer Forschungsgruppe unter dem Dach der IAEO, die mit den Vereinten Nationen und den Regierungen der Ukraine, Weißrusslands und Russlands kooperierte, würden bis zum Jahr 2005 etwa viertausend Menschen, die zum Zeitpunkt des Unfalls Kinder gewesen waren, aufgrund von Jod 131 aus dem Reaktor Schilddrüsenkrebs entwickeln, der in neun Fällen tödlich verliefe.[30] Ihre Schätzungen ließen außerdem vermuten, dass in den am stärksten kontaminierten Regionen der ehemaligen UdSSR aufgrund der freigesetzten Strahlung bis zu fünftausend tödliche Krebserkrankungen auftauchen könnten. In ganz Europa rechnete man mit fünfundzwanzigtausend zusätzlichen Krebserkrankungen infolge der Katastrophe. Angesichts einer Bevölkerung von über fünf Millionen Menschen in den betroffenen Gebieten betrachteten die Wissenschaftler der Vereinten Nationen diese Zahlen als kaum statistisch signifikant. Sie führten den Großteil der Krankheiten in den Fallout-Zonen stattdessen auf psychologische Faktoren zurück – einen »lähmenden Fatalismus« –, die jüngste Form sowjetischer »Radiophobie«.[31] In einem Folgebericht zehn Jahre später stellte die WHO fest, dass die Entdeckung erhöhter Katarakt-Raten bei Liquidatoren die Internationale Kommission für Strahlenschutz dazu bewogen habe, die Strahlungsgrenzwerte für Kernkraftwerksmitarbeiter herabzusetzen.[32] Sie vermerkte außerdem eine Zunahme von Herz-Kreislauf-Erkrankungen bei Liquidatoren, die ständig niedrig dosierter Strahlung ausgesetzt waren –, räumte jedoch ein, dass dies auch anderen Faktoren geschuldet sein könnte, wie schlechter Ernährung, mangelnder Bewegung und Stress.

Dr. Robert Gale, dank seiner Arbeit im Krankenhaus Nummer Sechs inzwischen eine kleine Berühmtheit, hatte sich im Bereich der Strahlungsmedizin einen Namen gemacht und bereits verkündet, dass es für die Medizin an der Zeit wäre, sich weiter zu bewegen. »Im Grunde ist hier nichts passiert«, sagte er. »Hier ist nichts passiert … und hier wird auch nichts passieren.«[33]

Zumeist wurde auf Studien verwiesen, durchgeführt mit Gruppen von Liquidatoren, die oft hohen Strahlungsdosen ausgesetzt und an Schilddrüsenkrebs erkrankt waren, oder auf breit angelegte Risikomodelle.[34] Man hatte sich wenig bemüht, eine international anerkannte Datensammlung zu den Langzeitfolgen des Unfalls auf die Gesamtbevölkerung zu erstellen, in Anlehnung an die siebzig Jahre andauernde Studie mit den japanischen Überlebenden des Atombombenangriffs von 1945. Die Institute der Vereinten Nationen betrachteten die Unzuverlässigkeit dosimetrischer Messungen unter Zivilpersonen als ausreichenden Grund, um jeden weiteren Versuch lebenslanger Studien aufzugeben. Infolgedessen verpasste man die Gelegenheit, die Langzeitwirkung niedrig dosierter Strahlung auf

Menschen zu erfassen. In Ermangelung groß angelegter epidemiologischer Studien registrierten unabhängige Wissenschaftler aus aller Welt bei den Bewohnern der betroffenen Gebiete weiterhin »endokrinologische Probleme, Muskel-Skelett-Erkrankungen, Atemwegs- und Kreislaufbeschwerden sowie einen Anstieg bösartiger Tumoren, insbesondere der Brust und der Prostata«.

Und unterdessen häuften sich die Ängste und Missverständnisse in Bezug auf die wirklichen Gefahren der Radioaktivität und der Kernkraft.

In Moskau, Kiew und Minsk und in den kleineren Städten und Dörfern der ehemaligen Sowjetunion wurden die noch lebenden Zeugen der Ereignisse im April 1986 allmählich älter und zunehmend kränker.

In der ostukrainischen Stadt Dnipro sprach ich mit Oberst Boris Nesterow, der die ersten Bombardierungsflüge über den Reaktor durchgeführt hatte. Man habe ihm bereits ein Fünftel seines Darms entfernt, erzählte er, er fliege aber immer noch, mit neunundsiebzig Jahren.

Im Garten seiner Datscha auf dem Land außerhalb von Kiew erklärte ein ehemaliger KGB-Major, er sei in der Nacht krank geworden und habe unser Treffen eigentlich absagen wollen, doch seine Frau habe ihm zugeraten: Es sei vielleicht seine letzte Chance, sein Wissen mit jemandem zu teilen. In seinem eingeschneiten Häuschen am Rand eines Nationalparks erzählte Alexander Petrowski – er hatte bei den Löscharbeiten auf dem Dach von Block drei geholfen –, dass dieses Leben an der frischen Luft und das tägliche Schwimmen im nahen Fluss ihn vor den Depressionen und der Alkoholsucht bewahre, die seine früheren Kameraden plagten. Der Feuerwehrmann Piotr Chmel dagegen, der auf dem Weg zum Explosionsort aus einer Flasche Sowjetchampagner getrunken hatte, arbeitete nach wie vor und bestand darauf, mir zur Feier des Tages aus der pistolenförmigen Karaffe auf seinem Büroschreibtisch einen Cognac einzuschenken.

Als ich Maria Protzenko zum ersten Mal traf, ging die ehemalige Chefarchitektin der Stadt Prypjat auf die siebzig zu. Sie lebte allein mit sechs Katzen in einer Wohnung am Stadtrand von Kiew und bewegte sich mühsam mit Hilfe zweier ramponierter Aluminiumstöcke.[35] Nach einem Sturz von der vierten Etage ihres Gebäudes – sie hatte sich ausgesperrt und wollte von einem Nachbarbalkon aus in ihre Wohnung klettern, ein Kunststück, das ihr zuvor schon oft geglückt war – hatten die Ärzte ihr mitgeteilt, dass sie vermutlich nie wieder gehen würde. Sie hatte sie eines Besseren belehrt und fuhr weiterhin täglich in die Stadt zum Institut Salvador Dalí, an dem sie Innenarchitektur lehrte. In ihrem schicken dunkelgrauen Kostüm zur cremefarbenen Bluse, die Nadel der Vereinigung sowjetischer Architekten am Revers, erzählte sie mir, dass sie sich unmittelbar nach der Katastrophe gescheut habe, über ihre Erlebnisse zu sprechen – »ich wusste ja, wie ich enden konnte … das Beispiel meines Großvaters hat mir genügt.« Doch jetzt beschrieb sie alles in lebhaftem Detail, wusste mit der romantischen Nostalgie eines alten Soldaten noch der dunkelsten Episode Farbe zu verleihen. Sie trauerte immer noch um ihren Ehemann und ihren Sohn – beide an Krebs gestorben. Die Tochter, die sich an ihrem letzten Nachmittag in Prypjat gemeinsam mit ihrem Vater einen Film angesehen hatte, weigerte sich schlicht, über das Geschehene zu sprechen. Als wir uns im darauffolgenden Jahr wieder trafen, hatte Protzenko selbstgemachte Ostergeschenke, ihren alten Liquidatorenausweis und das Notizbuch mitgebracht, das sie während der langen Monate in der Zone benutzt hatte. »Es stinkt immer noch nach Strahlung … wie Regen – Ozon«, sagte sie. Als ich den Geruch nicht identifizieren konnte, beugte sie sich über den Tisch und blies mir den Staub von den Seiten in die Nase. Ich war sichtlich erschrocken.

»*Tscha!*«, schnaubte sie, und ihre Augen funkelten boshaft. »Ich hätt's nicht mitgebracht, wenn Sie sich fürchten müssten!«[36]

An einem Herbstmorgen, kurz vor seinem achtzigsten Geburtstag, besuchte ich Wiktor Brjuchanow in der Wohnung im vierten Stock, die er seit seiner Freilassung aus dem Gefängnis mit seiner Frau Walentina teilte.[37] Brjuchanow hatte seine Arbeit am ukrainischen Energieministerium aufgegeben, als seine Augen schlechter wurden, und lebte zunehmend zurückgezogen. Nach zwei Schlaganfällen war er nahezu blind, sein Gesicht fast ohne Regung, sein Verstand aber nach wie vor scharf. Er erinnerte sich an den Optimismus und die hohen Erwartungen seiner ersten Wochen in Tschernobyl und an seine Auseinandersetzungen mit den Parteibossen; er sprach davon, wie schwierig es war, in den Flussauen des Prypjat aus dem Nichts eine Stadt aufzubauen, erzählte, wie die Pläne ständig umfangreicher wurden, für immer mehr, immer größere Reaktoren, und dass am anderen Flussufer eine zweite Kraftwerksanlage entstehen sollte. Doch als wir auf die Katastrophennacht zu sprechen kamen, erhob er sich langsam von seinem Stuhl und zog sich in ein anderes Zimmer zurück, überließ es seiner Frau, die Geschichte fortzuführen.

Als ich die beiden einige Monate später erneut besuchte, hatte Brjuchanow einen dritten Schlaganfall erlitten. Er war schwer gestürzt und hatte sich den linken Arm gebrochen, den ihm die Ärzte in einer komplizierten grauen Schaumstoffschlinge über den Bauch geschnallt hatten. Auf einer grünen Samtcouch in einem kleinen Hinterzimmer der Wohnung liegend, einen Stapel Kissen unter dem Kopf, trug Brjuchanow ein hellblaues T-Shirt, eine dunkelblaue Jogginghose und dicke Socken. Sein Haar war weiß und kurz geschnitten, seine Haut trocken wie Papier und pergamentfarben; seine dunkelblauen Augen starrten vor sich hin ins Leere, und seine freie Hand zitterte. Doch wenn er redete, sprudelten seine Worte, trotz der tauben Lippen und der schlaffen Zunge genauso schnell heraus wie eh und je. Er verteidigte seine Handlungsweise in der Nacht der Explosion und behauptete, er habe erst tags darauf, vom Hubschrauber aus, das ganze Ausmaß der Zerstörung erkannt. Vor Gericht hätte er nur deshalb seine Schuld am Geschehen auf sich genommen, weil er es als seine Pflicht angesehen habe. »Der Direktor trägt die Verantwortung für alles, was im Kraftwerk und in der Belegschaft vor sich geht. Mir blieb also nichts anderes übrig.«[38]

Er habe sich vor Gericht nicht verteidigen wollen, sagte er, weil er gewusst habe, dass die Partei den Ausgang des Verfahrens längst beschlossen hatte. Und nach dem Zusammenbruch der UdSSR habe er kein Interesse daran gehabt, bei den ukrainischen Behörden Berufung einzulegen, um seinen Namen reinzuwaschen. »Es war sinnlos«, sagte er. »Kein Mensch wird je etwas dagegen unternehmen.«

Doch während er zugab, dass ihn seine Verantwortung für den Unfall noch immer quälte, sprach er zugleich so, als wäre das Thema eine Verwaltungsformalität. »Ich fühle mich noch immer für die Menschen und die Einrichtung verantwortlich«, sagte er.

Und als ich ihn fragte, was er am meisten bedauere, schienen die Geister des Ehrgeizes aus dem Dornröschenschlaf zu erwachen. Er rappelte sich hoch.

»Was ich am meisten bedaure, ist die Tatsache, dass ich die Fertigstellung meines Büros im obersten Stock des Gebäudes nicht erlebt habe. Von dort aus hätte ich sowohl den ersten als auch den zweiten Abschnitt des Kernkraftwerks Tschernobyl im Blick gehabt«, sagte er.

Walentina, die dieses Aufflackern technokratischer Hybris aus Sowjetzeiten zu befremden schien, tupfte mit einem gepunkteten Taschentuch den Speichel von den Mundwinkeln ihres Mannes. »Ich versteh dich nicht, Witja«, sagte sie zu ihm. »Ich versteh dich nicht.«

»Laut Plan sollte ein zehnstöckiges Gebäude entstehen …«, fing er an, verstummte dann aber. »Ich mach natürlich nur Spaß.«

Dann fanden die blinden Augen des alten Mannes die meinen, sein Blick hart und saphirblau. Einen Augenblick spürte ich, wie Kraftwerksdirektor Wiktor Brjuchanow – Träger der Orden des Roten Banners der Arbeit und der Oktoberrevolution – mich geradewegs anblickte, und es erschien mir durchaus möglich, dass dieser Spaß keine Spur Humor enthielt.

Am Morgen des 26. April 2016 war es mit dem schönen Wetter in Prypjat plötzlich vorbei.[39] Es war kalt geworden; ein eisiger Wind fegte den Fluss hinunter, auf das Kraftwerk zu, und aus einem bleiernen Himmel peitschte der Regen. Unter einem massiven Bogen, der einige hundert Meter von dem maroden Sarkophag errichtet worden war, sprach der ukrainische Präsident und frühere Schokoladenmagnat Petro Poroschenko in ein Mikrophon. Seine verstärkte Stimme tönte donnernd vom Edelstahldach über ihm, hallte wie die von Zeus in einer billigen Verfilmung der griechischen Sagen:

»Satan schläft am Prypjat.

Der Verfluchte liegt in Gestalt einer dürren Weide am Ufer des Prypjat, am Ufer eines Flusses, der früher einmal blau war und klar.»[40]

Direkt vor dem Podium des Präsidenten, hinter einem Absperrband in fluoreszierendem Orange stand eine Gruppe Bauarbeiter in blaugrauen Jacken und stampfte mit den Füßen gegen die Kälte.

»Und seinetwegen flackert eine schwarze Kerze im Reaktorblock.
Und seinetwegen liegen Dörfer zerstört und voller Leid.
Er schlägt die Klauenwurzeln in den Sand.
Und der Wind pfeift ihm ins hohle Ohr.«

Hinter Poroschenko keuchten schwere Lastwagen und Bagger einen schlammigen Hügel hinauf, und Männer in Gummistiefeln und mit Atemschutzmasken bewegten sich im Schatten eines neuen Bauwerks, das sich um die Ruinen von Block Vier erhob. Mit jedem eisigen Windstoß, der dem Präsidenten entgegen blies, stieg die Gammastrahlung schlagartig an. Ein Taschendosimeter schlug beharrlich Alarm; der Ort war noch immer dermaßen verstrahlt, dass Essen und Trinken im Freien verboten waren.

»Er schmierte Obszönitäten an die Häuser. Stahl die Ikonen, verlor seine Atemschutzmaske. Und jetzt will er sich ausruhen.
Dies ist sein Königreich. Hier ist er der Herrscher.«

Nachdem er die Beschwörung beendet hatte, begann Poroschenko eine Rede, die live im Staatsfernsehen übertragen wurde. Die Katastrophe lag exakt dreißig Jahre zurück. Er sprach von der Rolle des Super-GAUs als Katalysator im ukrainischen Bestreben nach der Unabhängigkeit und Abspaltung von der UdSSR, und verortete ihn im Kontinuum der Ereignisse, die die Existenz des Staates bedrohten; auf halbem Weg zwischen dem Großen Vaterländischen Krieg und der russischen Invasion der Krim von 2014. Er beschrieb die konstanten Kosten des Unfalls, die 115 000 Menschen, die nie mehr in ihre Heimat innerhalb der Sperrzone zurückkehren würden, die 2,5 Millionen, die auf kontaminiertem Land lebten, und die vielen hunderttausend invaliden *Chernobyltsi*, die weiterhin Unterstützung durch den Staat und die Gesellschaft brauchten. »Die Frage nach den Spätfolgen der Katastrophe bleibt nach wie vor offen«, sagte er. »Die schwere Last lag auf den Schultern des ukrainischen Volkes, und wir sind leider noch immer weit davon entfernt, sie ein für allemal abzuwerfen.«[41]

Der Präsident wandte sich dann dem funkelnden Bogen zu, der sich auf der Baustelle über und um ihn her erhob. Als *New Safe Confinement* bezeichneten die Konstrukteure ihr Bauwerk. Die neue Schutzhülle sollte

»den Sarkophag wie eine gewaltige Kuppel umschließen«. Das noch unvollendete Projekt war den Ängsten geschuldet, die 1990 von den Männern der Komplexen Expedition des Kurtschatow-Instituts geschürt worden waren, und basierte auf Plänen, die 1997 von den G7-Staaten beschlossen, aber dann mehr als zehn Jahre hinausgezögert worden waren, weil man sich nicht einigen konnte, wer am Ende die Zeche bezahlen sollte. Die offiziellen Kosten für die Fertigstellung sollten sich auf mindestens 1,5 Milliarden Euro verdreifachen – gespendet von einer Gruppe aus dreiundvierzig Ländern der ganzen Welt.[42] Dabei waren die Geldmittel sorgsam verwaltet worden, weil man verhindern wollte, dass die in der Regierung der Ukraine allgegenwärtige Korruption sie abräumte. Die neue Schutzhülle, die den baufälligen Sarkophag stabilisieren und hermetisch versiegeln sollte, war eines der ambitioniertesten Bauvorhaben, die das zivile Ingenieurwesen jemals unternommen hatte; ein gigantischer Stahlbogen von 108 Metern Höhe – hoch genug, um die Freiheitsstatue unterzubringen –, vollgepackt mit Belüftungs- und Luftentfeuchtungstechnik und dreimal so umfangreich wie der Petersdom in Rom.

Seine Architekten waren mit Problemen konfrontiert, die es auf keiner anderen Baustelle zu bewältigen galt, seit die Leute des Sredmasch-Teams US-605 im Winter 1986 ihre Werkzeuge beiseite gelegt hatten. Der havarierte Reaktor war immer noch zu radioaktiv, um in seiner Nähe Arbeiten zuzulassen. Aus diesem Grund wurde der Bogen in vierhundert Metern Entfernung gebaut und anschließend von den französischen Arbeitern mit Hilfe von Schienen und Dutzenden hydraulischen Kolben an Ort und Stelle bewegt. Mit sechsunddreißigtausend Tonnen war er das größte bewegliche Gebäude an Land. Obwohl die Bauarbeiter durch einen eigens dazu gebauten Strahlungsschild aus Beton geschützt waren, musste ihre Strahlenbelastung regelmäßig überprüft werden. Ihre Arbeitszeiten waren auf Zeitspannen zwischen Sekunden und Stunden begrenzt.

Trotzdem äußerte Poroschenko sich zuversichtlich, dass sein Land dank internationaler Hilfe – einschließlich einer Finanzspritze von 87,5 Millionen Euro von der Europäischen Bank für Wiederaufbau und Entwicklung – die Fertigstellung des Projekts erleben würde, um die Katastrophe damit endlich in die Annalen der Geschichte verbannen zu können. »Das ukrainische Volk ist stark«, sagte er. »Es kann sogar den nuklearen Dämon bezwingen.«[43]

Sechs Monate später – wieder lag eine Schicht aus Dunst und Schnee über den Feldern am Prypjat – stand Poroschenko neben Vertretern der Europäischen Bank, dem französischen Botschafter und dem achtundachtzigjährigen ehemaligen IAEO-Chef Hans Blix.[44] Der Anlass war eine großartige Einweihungsfeier. In einem beheizten Zelt, unweit der Stelle, an der Wiktor Brjuchanow und die *Nomenklatura* aus Moskau ihr großartiges Projekt einst mit Cognac begossen hatten, feierten nun wohlgenährte Männer in dunklen Anzügen ihr Unternehmen mit Champagner, Hors d'œuvres und Profiteroles. Am Eingang verteilten junge Frauen in marineblauen Uniformen, kombiniert mit roten Halstüchern, Umhängebänder mit Dosimetern, um die Strahlenexposition der Gäste zu überwachen. Andere traten hinaus in den Schnee, um vor dem bautechnischen Wunder Selfies zu knipsen. Endlich an Ort und Stelle gerückt, hatte die neue Schutzhülle, das *New Safe Confinement*, die schwarze Silhouette des Sarkophags gänzlich verschluckt. Wann immer die Sonne durch die schweren Wolken brach, funkelte der Stahl im Herbstlicht.

Das fertige Gebäude, ein weiteres Zeugnis für die Macht der Gigantomanie, machte mit der Ästhetik eines Flugzeughangars und dem Charme einer Vorstadt-Shopping Mall durch Größe wett, was ihm an Eleganz fehlte. In Moskau spotteten die Architekten des ursprünglichen Sarkophags über das neue Gebäude und bezeichneten es als eine absurde Geldverschwendung.[45] Doch falls die Konstruktion ihren Zweck erfüllte, würde sie die Ruine von Block vier für weitere hundert Jahre sicher versiegeln. »Wir haben eine Wunde geschlossen – eine nukleare Wunde –, die uns allen gehört«, sprach Hans Blix in die Menge.[46] Das neue Gebäude würde auch als Denkmal für die letzte Ruhestätte Waleri Chodemtschuks dienen – ein radioaktives Mausoleum, das künftige Generationen an das erste Opfer der Katastrophe erinnern sollte.

Um seine Überreste herum würde das New Safe Confinement den Ingenieuren hoffentlich einen sicheren Raum bieten, in dem sich die Ruine des geschmolzenen Kerns von Reaktor Vier endlich auseinandernehmen ließe.

Doch als der Termin für die Fertigstellung des Gebäudes näherrückte, schien noch immer nicht klar, wie dies zu bewerkstelligen sei. Mindestens ein früherer Kernkraftexperte befürchtete, dass noch heute, über dreißig Jahre nach der Katastrophe, weder Mensch noch Maschine in einer solch feindlichen Umgebung arbeiten konnte.[47]

Epilog

Im Oktober 1986 legte **Anatoli Alexandrow** sein Amt als Leiter der Sowjetischen Akademie der Wissenschaften nieder, zu Beginn des Jahres 1988 auch sein Amt als Direktor des Kurtschatow-Instituts, arbeitete dort aber bis zu seinem Tod im Februar 1994, im Alter von neunzig Jahren weiter.[1] Er wies die Verantwortung für die Explosion in Reaktor Vier stets von sich, und in einem Interview kurz vor seinem Tod schob er die Schuld am Geschehen weiterhin auf die Kraftwerksbelegschaft: »Wenn Sie Auto fahren, das Steuer in die falsche Richtung reißen und einen Unfall bauen«, sagte er, »ist dann Ihr Wagen schuld? Oder dessen Konstrukteur? Nein, der ungeschickte Fahrer hat Schuld. Jeder wird Ihnen das bestätigen.«

Generalmajor **Nikolai Antoschkin** wurde 1989 nach Moskau versetzt, zum Generaloberst befördert und gründete schließlich die erste russische Kunstflugstaffel.[2] Als Kommandant der Luftlandetruppen der Russischen Föderation koordinierte er im Krieg gegen Tschetschenien Luftlandeeinsätze. 1998 nahm er seinen Abschied vom Militär und wurde 2002 zum Vorsitzenden des Clubs der Helden der Sowjetunion. 2014 wurde Antoschkin als Mitglied der herrschenden Partei Vereintes Russland in die Duma gewählt.

Hans Blix trat 1997 als Generaldirektor der IAEO in den Ruhestand. Drei Jahre später leitete er im Auftrag der Vereinten Nationen die Rüstungskontrollkommission UNMOVIC, die zu prüfen hatte, ob der Irak seiner Verpflichtung gemäß sämtliche Massenvernichtungswaffen zerstört hatte. Im Februar 2003 kam die Kommission zu dem Schluss, dass es im Irak keine Waffen dieser Art gab; nichtsdestoweniger fiel im darauffolgenden Monat eine von den USA geführte, mehr als 125 000 Mann starke Armee im Irak ein. Kurz darauf verließ Blix die Vereinten Nationen endgültig.

Lew Botscharow, Chefingenieur der dritten Schicht von Sredmasch US-605, berichtete bis zum Niedergang der Sowjetunion über den Zustand des Sarkophags. 1996 gehörte er einem russischen Gremium an, das dem Präsidenten der Ukraine eigene Pläne für ein Ersatzgebäude unterbreitete, die jedoch zugunsten der europäischen Vorschläge abgelehnt wurden. Zwanzig Jahre später, mit einundachtzig nach wie vor rüstig, lebt er mit seiner Frau in einem großen, von ihm selbst entworfenen Haus in der Kleinstadt Swenigorod, westlich von Moskau.

Alexander Borowoi beaufsichtigte nach dem Super-GAU fast 20 Jahre lang die Erkundung und Überwachung im Inneren des Sarkophags und entdeckte dort schließlich den fehlenden Brennstoff, bis auf fünf Prozent.[3] Er half bei der Entwicklung des ursprünglichen Konzepts für das New Safe Confinement und widmet sich seitdem der Katalogisierung und Bewahrung der dokumentarischen Aufzeichnungen zu Tschernobyl und hält Vorlesungen darüber.

Nach der Auflösung des Stadtrats von Prypjat wurde **Alexander Esaulow** nach Irpin am Stadtrand von Kiew umgesiedelt und fand schließlich eine Stelle in der Verwaltung der ukrainischen Energiewirtschaft. Er begann zu schreiben und hat seitdem 27 Bücher veröffentlicht – viele davon Abenteuergeschichten für Kinder. Auf seinem Schreibtisch liegt noch immer das amtliche Siegel des Bürgermeisters von Prypjat, und in seiner Freizeit führt er gelegentlich ausländische Touristen durch die verlassene Stadt.

Nach seinem Rücktritt gründete **Michail Gorbatschow** eine gemeinnützige Stiftung in Moskau und versuchte, weiterhin Einfluss zu nehmen auf die russische Politik.[4] 1996 kandidierte er als Präsident der Russischen Föderation, erhielt aber nicht einmal ein Prozent der abgegebenen Stimmen. Später würde er darauf bestehen, dass die Explosion in Reaktor Vier – und nicht seine missglückten Reformen – wie ein Katalysator den Zerfall der Union beschleunigte, den er so verzweifelt abwenden wollte. Im April 2006 schrieb er: »Die Kernschmelze in Tschernobyl vor nunmehr zwanzig Jahren war, mehr noch als die von mir eingeleitete *Perestroika*, vielleicht die wahre Ursache hinter dem Zusammenbruch der Sowjetunion fünf Jahre später. Die Katastrophe von Tschernobyl war tatsächlich ein historischer Wendepunkt: Es gab die Ära vor dem Supergau, und die völlig andere Ära danach.«

Dr. Angelina Guskowa vermittelte in zahlreichen Publikationen, was sie bei ihrer Tätigkeit im Krankenhaus Nummer Sechs herausgefunden hatte, und hielt vor Angestellten russischer Kernkraftwerke Vorträge, welche Lektionen sich aus dem Unfall ziehen ließen.[5] Sie blieb ihr Leben lang eine Befürworterin der Kernkraft und arbeitete bis kurz vor ihrem Tod im Jahr 2015, mit 91 Jahren, im staatlichen Medizin- und Biophysikzentrum Burnasjan.

Dr. Robert Gale kehrte in den Jahren nach dem Unfall wiederholt nach Moskau und Kiew zurück, und war bald in der gesamten Sowjetunion bekannt. 1988 veröffentlichte er einen Erfahrungsbericht mit dem Titel *Tschernobyl – die letzte Warnung*, der als Grundlage für ein gleichnamiges Dokudrama diente, mit Jon Voight in der Rolle von Gale und Jason Robards als Armand Hammer. Als internationaler Spezialist für Strahlenschäden wurde er auch zu anderen nuklearen Störfällen gerufen, 1987 beispielsweise nach Goiânia in Brasilien und 2011 nach Fukushima.

Nachdem er seine letzte Patrouille in der Sperrzone beendet hatte, bemühte sich **Alexander Logatschew** um eine Anerkennung für seine führende Rolle im 427. Mechanisierten Zivilschutzregiment an vorderster Front des Unfalls. 1987 erhielt er eine persönliche Audienz bei Michail und Raissa Gorbatschow, um seinen Fall vorzutragen. Schließlich wurden vierundsechzig Mitglieder des Regiments mit Orden und Medaillen ausgezeichnet. Logatschew jedoch wurde nach seinem Gespräch mit dem Generalsekretär umgehend nach Sibirien versetzt. 1989 wurde er aus der Sowjetarmee entlassen und praktiziert jetzt alternative Heilmethoden.

Weniamin Prjanitschnikow starb im November 2014 im Alter von 70 Jahren in Kiew an Herzversagen.

Maria Protzenko lehrt nach wie vor Kunst, Design und Architekur in Kiew. Jedes Jahr am 26. April trägt sie den Orden, den sie als Liquidatorin verliehen bekam, und legt Blumen vor das Denkmal für die Opfer des Unfalls. Anschließend hält sie ihre Vorlesung und beantwortet Fragen ihrer Studenten zum Super-GAU und seinen Konsequenzen. Sie war seit über 30 Jahren nicht mehr in Prypjat.

Cliff Robinson gab im Herbst 1986 seine Arbeit im Labor des Kernkraftwerks Forsmark auf. Anschließend widmete er sich im Rahmen einer Promotion ein Jahr lang der Erforschung des radioaktiven Regens, der im Frühjahr desselben Jahres auf Schweden gefallen war, nahm dann aber eine Stelle als Physiklehrer in Uppsala an, wo er bis heute lebt.

Der Vorsitzende des Ministerrats **Nikolai Ryschkow** überwarf sich allmählich mit Gorbatschow, was den Kurs der wirtschaftlichen Reformen in der Sowjetunion anging, und erlitt Ende 1990 einen Herzinfarkt.[6] Bei den ersten Präsidentschaftswahlen der Russischen Föderation im darauffolgenden Jahr verlor er das Rennen gegen Boris Jelzin und kämpfte fortan für eine Auferstehung der UdSSR und der Planwirtschaft. 2014 verhängte die US-Regierung Sanktionen gegen den mittlerweile Vierundachtzigjährigen aufgrund seiner Rolle bei der Annexion der Krim durch Russland.

Boris Schtscherbina beaufsichtigte weiterhin die Liquidation der Folgen des Super-GAUs von Tschernobyl, bis er von Gorbatschow im Dezember 1988 als Leiter einer neuen Kommission nach Armenien geschickt wurde, um bei dem vernichtenden Erdbeben, bei dem 25000 Menschen ums Leben kamen, die sowjetischen Hilfstruppen zu koordinieren.[7] Als Schtscherbina dort ankam, hatte die Strahlung, die er in Tschernobyl absorbiert hatte, seine Gesundheit bereits sehr stark beeinträchtigt. Die nervliche Belastung einer weiteren Katastrophe ging über seine Kräfte. Sechs Monate später wurde er seiner Pflichten im Ministerrat enthoben und starb im August 1990 im Alter von siebzig Jahren.

Wladimir Schtscherbitzki blieb weiterhin ein erbitterter Glasnost-Gegner, lehnte aber auch die nationalistischen Bestrebungen in der Ukraine ab und klammerte sich noch Jahre nach dem GAU an die Macht.[8] Im September 1989 wurde er von Gorbatschow schließlich aus dem Politbüro entlassen, trat die Kontrolle über die Kommunistische Partei der Ukraine an seinen Stellvertreter ab und verkündete seinen Rücktritt. Als gebrochener Mann und gesundheitlich schwer angeschlagen starb er knapp ein Jahr später, am 16. Februar 1990, mit einundsiebzig Jahren. Im April 1993 hatte eine einjährige Untersuchung der Staatsanwaltschaft der mittlerweile unabhängigen Ukraine ergeben, dass Schtscherbitzki – und seine ranghöchsten Minister – die Wahrheit über den Unfall in Tschernobyl und die daraus resultierende Strahlenbelastung in der Ukraine vertuscht und seine Pflicht, die Bevölkerung der Republik zu schützen, aufs Gröbste verletzt hatte. Aufgrund von Schtscherbitzkys Tod und weil die ukrainische Verjährungsfrist zu den Anklagepunkten abgelaufen war, wurde die Klage gegen ihn – kaum mehr als politisches Theater – fallen gelassen, bevor ihm der Prozess gemacht werden konnte.

Der ukrainische Energieminister **Witali Skljarow** fügte sich schnell in die post-sowjetische Welt ein und wurde zum glühenden Verfechter der Privatisierung von staatlichen Energieversorgern, war aber aus ökonomischen und ökologischen Gründen gegen den Bau neuer Atomkraftwerke.[9] 1993, nach über dreißig Jahren als »Strommann«, gab er seinen Ministerposten auf und wurde zum Berater des damaligen Vorsitzenden des Ministerrates Witali Masol. Während der wenigen Tage in der Sperrzone hatte er eine Dosis von 80 rem absorbiert. Dennoch erfreut er sich heute, mit über achtzig, nach wie vor bester Gesundheit und verbringt noch immer gern Zeit in seiner ehemaligen Regierungs-Datscha in Koncha-Zaspa.

Nach seiner erzwungenen Pensionierung verbrachte **Efim Slawski**, zunehmend taub und umgeben von Erinnerungsstücken aus seinen Jahrzehnten an der Macht, seinen Lebensabend in einer herrschaftlichen Wohnung in Moskau. Als zorniger Zeuge des Zerfalls des politischen Systems, dem er sein Leben gewidmet hatte, starb er im November 1991 mit dreiundneunzig Jahren.

Boris Stoljartschuk überlebte seine Strahlungsexposition in der Kontrollwarte 4 in der Nacht des Unfalls und arbeitete anschließend weiter in der Atomindustrie. 2017 wurde er zum amtierenden Chef der ukrainischen Atomaufsichtsbehörde ernannt.

Nach seiner Behandlung im Krankenhaus Nummer Sechs aufgrund einer strahlungsinduzierten Leukämie-Erkrankung war General **Nikolai Tarakanow** weiterhin in der sowjetischen Katastrophenhilfe tätig und war 1988, nach dem Erdbeben, in Armenien im Einsatz.[10] Im Krankenhaus fing er an, Gedichte zu schreiben, veröffentlichte dreißig Bücher und bereiste die Vereinigten Staaten, um über seine Arbeit in der Sperrzone und das bleibende Risiko atomarer Störfälle zu berichten. 2016, mit zweiundachtzig, kündigte er sein jüngstes Buch an, eine Biographie von Wladimir Putin mit dem Titel *Oberster Kriegsherr.*

Wladimir Usatenko verwendete die 1400 Rubel, die er in den sechs Wochen als Liquidator in der Todeszone verdient hatte, um sich seinen ersten Fernseher zu kaufen.[11] 1990 wurde er in das ukrainische Parlament gewählt und zum Vorsitzenden eines Subkomitees ernannt, das sich den wissenschaftlichen, gesellschaftlichen und juristischen Angelegenheiten widmete, die das Desaster und die Kernkraft in der Ukraine hervorgebracht hatten.

Nach dem Selbstmord von Waleri Legassow und der Pensionierung Anatoli Aleksandrows wurde das Akademiemitglied **Jewgeni Welichow** 1988 zum Direktor des Kurtschatow-Institutes ernannt. 1992 wurde er Präsident der Organisation und Vorsitzender der russischen Delegation am multinationalen Programm ITER zum Bau eines experimentellen Kernfusionsreaktors. 2001 wurde er von Präsident Wladimir Putin dazu bestimmt, den russischen Beitrag zu einer internationalen Initiative zur Entwicklung neuer Atomkraft-Technologien zu leiten – ein Vorschlag Putins auf dem UN-Millenniumsgipfel.

Kommissar **Sergei Jankowski** blieb dem Prozess gegen die sechs Männer fern, die er wegen ihrer Rolle in der Katastrophe vor Gericht gebracht hatte, und widmete sich stattdessen wieder seinem üblichen Arbeitsbereich, bestehend aus Mord und Korruption.[12] 1995 wurde er in die ukrainische Rada gewählt und setzte sich dafür ein, das siebenundfünfzig Bände umfassende Ermittlungsmaterial zum Unfall in Tschernobyl von Moskau nach Kiew überstellen zu lassen. Als er acht Jahre später aus dem Amt schied, verblieben die Kisten mit den Dokumenten und Kassettenaufnahmen im Keller des Obersten Gerichts unter Verschluss. Im Frühjahr 2017 war er einundsechzig Jahre alt und erholte sich in einem staatlichen Sanatorium in Kiew von einer Krankheit. »In diesen Akten steht so vieles, was niemand je erfahren wird«, sagte er.

Natalia Juwtschenko lebt und arbeitet in Moskau, in der Nähe ihres Sohnes Kirill und dessen Familie.

Nachdem Hauptmann **Piotr Zborowski, »der Elch«**, den Kellerbereich unter Block Vier leer gepumpt hatte, wurde er zum Major befördert.[13] Man verlieh ihm den Orden des Roten Sterns, weil er, wie lobend vermerkt wurde, in der Lage sei, »neue Geräte und Waffen zu meistern«. 1993 wurde er in die Reserve der Zivilverteidigung versetzt und arbeitete zunächst als Hausmeister, dann als Sicherheitsmann. Allerdings hatte er seine vielgerühmte Kraft eingebüßt, wurde oft ohnmächtig und stellte fest, dass seine Knochen sehr leicht brachen. Er starb 2007, im Alter von fünfundfünfzig Jahren.

Anmerkung des Autors

Dies ist ein Werk der Geschichte, aber auch eine Reportage. Um die unmittelbare Erfahrung der Tragödie nachzustellen, habe ich mich zum einen auf Interviews gestützt, die ich ab 2006 mit Augenzeugen führte, zum anderen auf veröffentlichte Erlebnisberichte und geheime sowjetische Dokumente. Dies wäre nicht möglich gewesen ohne die engagierte Unterstützung einiger hervorragender Übersetzer, Mittelsmänner und Rechercheure. Deshalb danke ich Olga Tikusch, Mischa Smetnick, Anna Sorokin und Artemis Dawlejew aus Russland, sowie Alex Liwotka, Ostap Zdorowylo, Natalia Mackessy, Tetiana Wodianytska und Dmytro Tschumak in der Ukraine. In New York suchte James Appell viele Monate nach schwer auffindbaren Quellen und übersetzte Dokumente und Briefe; Anna Kordunsky überprüfte die Fakten im Manuskript und erwies sich in jedem Zusammenhang – ob bei technischen Details im Reaktorentwurf oder den Feinheiten russischer Etymologie – als unermüdlich und schonungslos.

Doch ohne die Expertise und Unterstützung von Taras Schumeyko gäbe es dieses Buch heute nicht. Mein Fremdenführer und Weggefährte über zwölf Jahre begleitete mich in Provinzstädte und verschneite Dörfer, in denen wir mit Überlebenden der Katastrophe sprachen, zu internationalen Konferenzen und bei Ausflügen in die Sperrzone. Er spürte viele der Männer und Frauen für mich auf, deren Zeugnis sich für dieses Buch als wesentlich erwies. Er überzeugte auf charmante Weise Veteranen und Archivare, die Scheu hatten, mit uns zu sprechen, stöberte Dokumente auf und führte Interviews, die grundlegend wurden für die Geschichte.

Mehrere Bücher in russischer Sprache, in den Monaten nach dem Unfall entstanden, erwiesen sich als ausgezeichnete Quelle für Berichte aus erster Hand, die dem Narrativ wichtige Informationen hinzufügen. Juri Schtscherbaks *Tschernobyl* sowie Wasili Wosnjaks und Stanislaw Troizkis *Tschernobyl: Wie es war – eine Innenansicht* lieferten wertvolle Berichte von Augenzeugen der Tragödie; und die Sammlung persönlicher Schriften von Liquidatoren, zusammengetragen von A.N. Semenow in dem Band *Tschernobyl: Zehn Jahre danach: Unausweichlichkeit oder Unfall?*, gab mir wichtige Einblicke in die Erfahrung der Minister, Kerntechniker und anderer Fachkräfte, die in der Katastrophe gefangen waren. Elena Kozlowas *Die Schlacht gegen die Ungewissheit* schildert die Arbeit rings um den Sarkophag, erzählt fast ausschließlich in den Worten derer, die ihn damals errichteten.

Die ins Englische übertragene Transkription der Zeugenaussagen im Prozess gegen Wiktor Brjuchanow, die sich in Nikolay Karpans Buch *From Chernobyl to Fukushima* findet, bot mir unerlässliche Einblicke, aus denen ich mir ein Bild von den Ereignissen und Einstellungen machen konnte, die letztlich zur Explosion führten. Die unveröffentlichten Interviewtranskripte für die BBC-TV-Serie *The Second Russian Revolution* von 1990 und 1991, aufbewahrt in der Bücherei der London School of Economics, enthielten freimütige Schilderungen des Störfalls von alternden Mitgliedern des Politbüros und anderen sowjetischen Führungskräften, deren Ansichten ansonsten außerhalb unserer Reichweite geblieben wären. Mein Wegweiser zu den persönlichen Geschichten all derer, die im Kernkraftwerk Tschernobyl arbeiteten, war Piers Paul Reads Buch *Ablaze: The Story of the Heroes and Victims of Chernobyl*. Read befragte nahezu alle Augenzeugen der Katastrophe und ihrer Folgen und verfasste dann einen der ersten umfassenden englischsprachigen Berichte des Geschehens.

Der Zusammenbruch der Sowjetunion, die Revolutionen in der Ukraine und die drei Jahrzehnte seit dem Super-GAU haben den Zugang zu vielen Archiven von *ursprünglich als geheim klassifizierten* Akten erleichtert. Die Protokolle und Transkripte von den Zusammenkünften des Politbüros und der Operativgruppen des Ministerratsvorsitzenden Nikolai Ryschkow erwiesen sich als besonders nützlich bei der Unterscheidung zwischen den Fakten und dem sowjetischen Mythos über den Unfall – obwohl ich sie mit einigem Vorbehalt betrachtet habe. Die Politbüro-Sitzungsprotokolle unterschieden sich voneinander, in der Länge, in den Einzelheiten und in der möglichen Aufrichtigkeit, und tauchten in den russichen Archiven sowohl als Fotografien der ursprünglichen Dokumente auf, in einigen Fällen auch als Transkripte, erstellt von Wissenschaftlern. Letztere hatten privilegierten Zugang zu den Archiven erhalten, die kurz geöffnet und dann sofort wieder geschlossen wurden. Ich habe in diesem Zusammenhang sowohl Mark Kramer zu danken, dem Programmdirektor des Forschungsprojekts zum Kalten Krieg am Davis Center for Russian and Eurasian Studies an der Universität Harvard, als auch dem russischen Tschernobyl-Historiker Wladimir Malejew, die mir aufschlussreiche Informationen zur Verfügung stellten. Die Unterlagen zu vielen wichtigen Entscheidungen und zu den frühen Beratschlagungen der Regierungskommission in Prypjat und Tschernobyl sind nicht zahlreich; einige Quellen lassen vermuten, dass die Dokumente entweder schon damals zerstört wurden oder bald danach, um die Verbreitung sowohl von Information als auch von Kontamination zu begrenzen. Ich bin daher Anna Korolewska, der stellvertretenden Direktorin für Wissenschaft am Tschernobyl-Museum in Kiew zu großem Dank verpflichtet, weil sie mir den Zugang zu den Dokumenten des Ukrainischen Innenministeriums ermöglichte, die auf den Unfall verweisen – von den frühen Morgenstunden des 26. April bis zum 6. Mai 1986. Offenbar wurden sie von dem Beamten aufbewahrt, der mit ihrer Zerstörung betraut war. Sie lieferten mir einen unschätzbar wertvollen Einblick in die Reaktionen auf die Ereignisse damals.

Die umfassendere Geschichte des Unfalls, die mit der Entscheidung Ende der Sechzigerjahre, in der Nähe von Kiew ein Atomkraftwerk zu bauen, beginnt und sich über die Katastrophe selbst bis zur Gegenwart erstreckt, wird in mehreren Dokumentensammlungen sehr gut dargestellt: darunter vor allem »*Fond 89: The Soviet Communist Party On Trial*«, Teil der bemerkenswerten Sammlung von über neun Millionen ehemals geheimer Parteiakten, fotografiert im Russischen Staatsarchiv für Gegenwartsgeschichte (RGANI) und aufbewahrt in der Hoover Institution in Stanford. Ich hatte Gelegenheit, eine Kopie davon in der Lamont Library in Harvard zu lesen. Eine noch umfangreichere Auswahl von Primärquellen wurde von der ukrainischen Historikerin Natalia Baranowska in ihrem Buch *The Chernobyl Tragedy: Documents and Materials* zusammengetragen; das Ukrainische Institut für Nationales Gedächtnis hat mittlerweile eine ansehnliche Menge an Dokumenten zur Tragödie aufgebaut und ein

Online-Archiv erstellt; und die Verstrickung des ukrainischen KGB mit dem Atomkraftwerk Tschernobyl wird detailliert in den 121 Dokumenten dargelegt, die von Juri Daniljuk mit dem Titel »The Chernobyl Tragedy in Documents and Materials« veröffentlicht wurden. Das Wichtigste aber: Ich hatte auch Zugang zu Primärmaterialien – Logbücher, persönliche Briefe, Landkarten, Fotos, Regierungsakten –, kuratiert im Laufe von über zwanzig Jahren durch das Tschernobyl-Museum.

Die Menge an Fachliteratur über die Katastrophe ist schier überwältigend. Um jedoch zu verstehen, wie die Haltungen und Gebote der sowjetischen Kernindustrie der Katastrophe im vierten Reaktorblock den Weg bereiteten, stützte ich mich hauptsächlich auf die Erklärungen in *Producing Power* von Sonja D. Schmid und in *Red Atom* von Paul Josephson. Um die komplexen Zusammenhänge der Strahlungsforschung zu begreifen, fand ich nützliche Hinweise in *Final Warning* von Robert Gale und Thomas Hauser und in Timothy Jorgensens hervorragendem Werk *Strange Glow*. Um die Abfolge des Unfalls selbst akkurat nachzustellen, hielt ich mich an die detaillierten Informationen im Bericht INSAG-7 der Internationalen Atomenergie-Organisation und an Dr. Alexander Sichs Dissertation mit dem Titel »*The Chornobyl Accident Revisited: Source Term Analysis and Reconstruction of Events During the Active Phase*«.

Dank

Der Ursprung dieses Projekts reicht viele Jahre zurück, bis zu der Geschichte, die ich als Teenager in den Nachrichten verfolgt hatte und auf die ich Jahrzehnte später als Journalist erneut stieß. Während dieser Zeit erhielt ich wertvollen Beistand von Freunden und Kollegen auf der ganzen Welt. Ohne die Männer und Frauen, deren Leben durch die Explosion des vierten Reaktorblocks drastisch verändert worden war und die sich bereit erklärten, mir von ihrer Zeit in Prypjat, im Kernkraftwerk Tschernobyl und anderen Atomstädten und Einrichtungen der UdSSR zu erzählen, hätte ich dieses Projekt nicht verwirklichen können. Seit meiner ersten Begegnung mit Alexander und Natalia Juwtschenko an einem grauen Nachmittag in Moskau haben mich immer wieder Menschen in ihrem Zuhause willkommen geheißen und mir sehr viel Liebenswürdigkeit, Gastfreundschaft und Geduld entgegengebracht, selbst wenn sie über äußerst traumatische Ereignisse sprachen – ich bin ihnen allen sehr dankbar, dass sie sich so bereitwillig den Fragen eines Ausländers gestellt und so ihre Erfahrungen einem größeren Personenkreis zugänglich gemacht haben. Ich möchte in diesem Zusammenhang auch Anna Korolewska danken, die mich mit vielen dieser Zeugen der Katastrophe in Kontakt gebracht hat. Dank auch an Elena Koslowa, Tom Lasica, Maria Protzenko und Nikolai Steinberg, deren Hinweise und Einführungen für eine genaue Wiedergabe der Ereignisse wesentlich waren.

Mein erster Bericht aus Tschernobyl wurde mir von meinen Redakteuren des *Observer Magazine* ermöglicht: Allan Jenkins und Ian Tucker drückten mir – nach lebhafter Debatte – einen dicken Umschlag mit harter Währung in die Hand und schickten mich damit nach Russland und in die Ukraine. Später halfen mir meine Redakteure des Magazins *Wired* in London und San Francisco dabei, diverse Ausflüge in die Sperrzone zu unternehmen, und bei jedem hätte ich schwören können, dass es mein absolut letzter sein würde. Bei der Recherche zu diesem Buch profitierte ich von den Ratschlägen Piers Paul Reads, der mir großzügig seine Zeit zur Verfügung stellte und mir Mut machte. Praktische Unterstützung bei der Reise durch die Nationen der ehemaligen Sowjetunion erhielt ich von Natalia Lentsi, Andrey Slivka, Micky Lachmann, Fiona Cushley und Matt McAllester.

Katia Bachko, Peter Canby, David Kortava, Tali Woodward, Joshua Yaffa und Polina Sinovets halfen mir dabei, die herausragenden russisch sprechenden Forscher und Fakten-Checker zu finden, die ich bereits erwähnt habe. Eugenia Butska, Anton Powar und Gennadi Millinewski ermöglichten es mir, die ansonsten unzugänglichen Bereiche der Stadt Prypjat, des Atomkraftwerks Tschernobyl und der Sperrzone zu erkunden, die sich für die Geschichte im Buch als zentral herausstellten. Ich möchte mich auch bei Andrea Gallo, Inna Lobanowa-Heasley, Michael Wilson, Michael D. Cooper und Gunnar Bergdahl für ihre Hilfe bedanken.

Besonders danken möchte ich Roman Schumeyko für sein zu Recht legendäres Reisgericht *plov* und einen großartigen feuchtfröhlichen Abend am See, eine von vielen denkwürdigen Erfahrungen bei meinen Reisen in die Ukraine. Dank auch an Rose George, Greg Williams, James und Ana Freedman, Yudhijit Bhattarcharjee, Brendan Koerner, Julie Satow, Ted Conover, Evan Ratcliff, Nick Thompson und Keith Gessen für ihre wertvollen Ratschläge und ihre Unterstützung.

Ihor Kulyk und die Mitarbeiter des Ukrainischen Instituts für Nationales Gedächtnis sowie Cristian Ostermann und die Wissenschaftler des Wilson Center Cold War History Project halfen mir dabei, maßgebliche Dokumente in der Ukraine zu finden und zu übersetzen; Melanie Locay und die Mitarbeiter der Recherche-Abteilung der New York Public Library verschafften mir Zugang zu Materialien, auf die ich ansonsten keinen Zugriff erhalten hätte, und ließen mich die Vorzüge des Allen Room genießen, in dem ich die nötige Zeit und Stille fand, um sie auch richtig zu nutzen.

Während des langen Prozesses von der Ursprungsidee bis zum fertigen Buch konnte ich mich auf die höfliche, unerschütterliche Unterstützung meines Agenten Edward Orloff verlassen. Dank auch an Millicent Bennett, Henry Vines, Michelle Kroes und Scott Rudin, die schon früh an das Projekt glaubten. Bei Simon & Schuster teilten Jon Karp und Ben

Loehnen von Anfang an meine Begeisterung für die Geschichte, gaben mir anspruchsvolle Rückmeldung auf das Manuskript – und fanden schließlich einen wunderbaren Titel. Amar Deol führte mich gekonnt durch die oftmals verwirrende Veröffentlichungslogistik, und Kayley Hoffman und Phillip Bashe bewahrten mich vor zahlreichen Druckfehlern.

Großen Dank schulde ich auch Katie Mummah, Rob Goldston, Frank von Hippel und Alexander Sich, die mir die Kompliziertheiten der Atomphysik und der Kerntechnik nahebrachten und sämtliche Teile des Manuskripts überprüften, die sich mit der Konstruktion und den Schattenseiten des Reaktors vom Typ RBMK-1000 befassten; ebenso großzügig und geduldig zeigte sich Timothy Jorgenson, der mir die Wissenschaft und Terminologie von Radiobiologie und Strahlenmedizin erklärte; etwaige Fehler oder allzu starke Vereinfachungen gehen allein auf mein Konto.

Dank auch an Chris Heath, Lauren Hilgers, Nathan Thornburgh und an die netten Leute von Roads and Kingdoms, die mir dabei halfen, nicht den Verstand zu verlieren, während ich mich in der Jay Street bemühte, die Berge von Material zu einem Buch zusammenzubauen. Ich danke all meinen Freunden, die mir bei diesem und vielen anderen Projekten über die Jahre gute Weggefährten waren und mir ihre Sofas, Matratzen und Gästezimmer zur Verfügung stellten – Toby Amies, Andrew Marshall, Peg Rawes und Tom Corby; David Keeps, Ian Tucker, Michael Odell, Dan Crane, Kate und John; Micky und Lisa; Rupert, Julie, Stella, Soren und Nancy; Matt, Pernilla und Harry – vielen Dank euch allen. Und entschuldigt nachträglich, dass ich nicht öfter beim Geschirrspülen geholfen habe.

Schließlich möchte ich meiner ehrlichsten Kritikerin und unermüdlichen Cheerleaderin Vanessa Mobley und unserer Tochter Isla danken für all die Liebe und Geduld, die sie mir über die Jahre entgegengebracht haben. Sie mussten meine langen Abwesenheiten und endlose Überarbeitungen ertragen und unsere Wohnung über einen Flur betreten, auf dem sie Gefahr liefen, über potentiell radioaktives Schuhwerk und ganze Bücherstapel über das sowjetische Wirtschaftssystem zu stolpern; ohne euch hätte ich das alles nicht geschafft.

New York, September 2018

Glossar

Akademie der Wissenschaften: Das renommierteste Forschungsinstitut in der UdSSR. Es ist der Grundlagenforschung in Mathematik gewidmet, der Physik, den Sozial- und Naturwissenschaften, und hat Dependancen in allen Sowjetrepubliken.

Aktiv: Eine Aktivistengruppe der Kommunistischen Partei mit dem Auftrag, deren Beschlüsse auf lokaler Ebene durchzusetzen, besonders am Arbeitsplatz.

Apparat: Die Bürokratie des Sowjetstaates, vor allem die der Kommunistischen Partei selbst.

Apparatschik: Ein Funktionär des **Apparat**.

Ära der Stagnation: Von Michail Gorbatschow wurde die Ära Breschnew in den 1970er Jahren als »Zeit der Stagnation« bezeichnet.

Atomschtschiki: Kernkraftingenieure; die Elite der Atomkraftspezialisten, oftmals ausgebildet in den militärischen Einrichtungen des Ministeriums für Mittleren Maschinenbau.

Energetiki: Stromingenieure, auch jene in Atomkraftwerken, unmittelbar dem Ministerium für Energie und Elektrifizierung unterstellt.

Generalsekretär: Vorsitzender der Kommunistischen Partei der Sowjetunion, und faktisch das Staatsoberhaupt.

Gorkom: Das Bezirkskomitee der Kommunistischen Partei; es hatte deren Beschlüsse auf lokaler Ebene umzusetzen.

Gosplan: Komitee für die Wirtschaftsplanung der UdSSR, das Gehirn der zentralen Planwirtschaft.

Ispolkom: Komitee, das auf lokaler Ebene die Angelegenheiten einer Stadt, Großstadt oder eines Bezirks verwaltete; Äquivalent zum Stadtrat im Westen.

Junge Pioniere: Die kommunistisch indoktrinierte Antwort auf die Pfadfinder, für Kinder im Alter zwischen zehn und vierzehn Jahren.

Kolchos: Genossenschaftlich organisierter landwirtschaftlicher Großbetrieb.

Komsomol: Gesamtsowjetischer Leninscher Kommunistischer Jugendverband; die Jugendorganisation der KPdSU, die jungen Menschen im Alter zwischen vierzehn und achtundzwanzig Jahren vorbehalten war.

Kurtschatow-Institut für Atomenergie: Wichtigstes Forschungsinstitut der UdSSR im Bereich der Kerntechnik; zunächst als Labor Nummer 2 der sowjetischen Akademie der Wissenschaften bekannt, das die sowjetische Atombombe entwickelte.

Milizija: Polizei der Sowjetunion, dem Innenministerium unterstellt.

Minenergo: Energieministerium der Russischen Föderation.

Ministerrat: Kabinett der UdSSR – mit Entsprechungen in jeder Sowjetrepublik –, das die Entscheidungen des Politbüros umsetzte.

MWD: *Ministerstvo vnutrennykh del* – Ministerium für innere Angelegenheiten, paramilitärische Behörde, zuständig für die Polizei, die Feuerwehr und die innere Sicherheit.

NIKIET: *Nauchno-issledovatelskiy i konstruktorskiy institut energotekhniki* – das Wissenschaftliche Forschungs- und Konstruktionsinstitut für Energietechnik, in dem die Konstruktionsentwürfe für sowjetische Kernreaktoren entstanden, auch das Konzept für den RBMK.

NIKIMT: *Nauchno-issledovatelskiy i konstruktorskiy institut montazhnoy tekhnologii* – Technologieabteilung des Ministeriums für Mittleren Maschinenbau, zuständig für die Entwicklung technischer Lösungen im Bereich der Kerntechnik.

Nomenklatura: Die Elite der Kommunistischen Partei, deren Mitglieder, an Schlüsselpositionen, mit besonderen Privilegien und hohen Gehältern ausgestattet sind.

Oberster Sowjet: Höchstes Legislativorgan der UdSSR, mit nachgeordneten Organen in jeder Sowjetrepublik.

Oblast: Ein größerer Verwaltungsbezirk in der UdSSR. 1986 bestand die Ukraine aus vierundzwanzig Oblasten, deren größte die Oblast Kiew war. Jede Oblast war weiter unterteilt in Rajons, die etwa mit den deutschen Landkreisen vergleichbar sind.

OPAS: *Gruppa okazaniya pomoschi atomnym stantsiyam pri avariyakh* – Notfallteam, das bei Störfällen in Atomkraftwerken zum Einsatz kam.

Politbüro: Das »politische Büro« des Zentralkomitees der KPdSU. Höchstes politisches Führungsgremium der UdSSR.

RBMK: *Reaktor bolshoy moschnosti kanalnyy* – ein graphitmoderierter, wassergekühlter Siedewasser-Druckröhrenreaktor sowjetischer Bauart.

Sojusatomenergo: Die zivile Atomenergiebehörde innerhalb des Energieministeriums, verantwortlich für den Betrieb von Atomanlagen.

Sredmasch: Ministerium für Mittleren Maschinenbau, verantwortlich für das sowjetische Atomwaffenprogramm und Reaktortechnik.

WNIIAES: *Vsesoyuznyy nauchno-issledovatel'skiy institut po ekspluatatsii atomnykh elektrostantsiy* – Allrussisches ziviles Kernforschungsinstitut, das mit seiner Forschungsarbeit Kernkraftwerke unterstützt.

WWER: *Vodo-vodyanoy energetichesky reaktor* – ein wassergekühlter, wassermoderierter Druckwasserreaktor, ähnlich dem Druckwasserreaktor westlicher Bauart.

Zentralkomitee: Theoretisch die höchste Instanz der Kommunistischen Partei, verantwortlich für die Aktivitäten der Parteikomitees, Ministerien und Unternehmen innerhalb der UdSSR. Faktisch jedoch dem weitaus kleineren Politbüro untergeordnet.

ZhEK: *Zhilishchno-ekspluatatsionnaya kontora* – Hausverwaltung städtischer Wohnblocks.

Maßeinheiten zur Radioaktivität

Es gibt viele Möglichkeiten, radioaktive Strahlung und ihre Auswirkungen zu messen, und die Terminologie in diesem Zusammenhang hat sich wiederholt verändert, seit die Wissenschaft vor über einem Jahrhundert entstanden ist. Obwohl Wissenschaftler mittlerweile standardisierte internationale (SI)-Maßeinheiten verwenden, habe ich in diesem Buch diejenigen verwendet, die zum Zeitpunkt der Tschernobyl-Katastrophe gebräuchlich waren, hauptsächlich also Röntgen und Rem. Um dem Leser dabei zu helfen, die Bedeutung dieser älteren Einheiten und ihr Verhältnis zu den heute üblichen zu verstehen, habe ich jede Maßeinheit im Folgenden beschrieben:

Curie (Ci): bezieht sich auf die Menge an Radioaktivität, ursprünglich von der Anzahl radioaktiver Kernzerfälle in einem Gramm Radium bestimmt (ungefähr 37 000 000 000 Spaltungen pro Sekunde). Das Ci wurde von der neueren standardisierten Einheit **Becquerel** ersetzt.

Rad (rd): von engl. *radiation absorbed dose*, Einheit der pro Masse – ob Ziegelstein, Nadelbaum oder menschliches Organ – absorbierten Strahlenenergie. Die SI-Einheit für die absorbierte Dosis ist das **Gray (Gy)**, das für ein Joule absorbierter ionisierender Strahlungsenergie pro Kilogramm Masse steht. Einhundert Rad entsprechen einem Gray.

Röntgen (R): Eine Maßeinheit für die Strahlen*exposition*, die Menge an Energie, die ionisierende Strahlung in einem Volumen von einem Kubikzentimeter Luft abgibt. Ein Tausendstel Röntgen ist ein **Milliröntgen (mR)**, ein Millionstel Röntgen ein **Mikroröntgen (R)**. Exposition über einen Zeitraum kann in **Röntgen pro Stunde (R/h)** ausgedrückt werden. Die normale Hintergrundstrahlung in der UdSSR betrug 1986 zwischen 4 und 20 Mikroröntgen pro Stunde.

Rem: *roentgen equivalent man*, veraltete Einheit für die Äquivalentdosis; beziffert die gesundheitlichen Auswirkungen von ionisierender Strahlung auf den Organismus. Die Äquivalentdosis wird mittels verschiedener Faktoren errechnet, einschließlich der absorbierten Dosis und der Art der Strahlung. Sie kann dazu verwendet werden, die biologische Wirkung einer Dosis vorherzusagen, einschließlich Krebs. Dabei ist unwichtig, ob es sich um Alpha-, Beta-, Neutronen-, Röntgen- oder Gammastrahlen handelt. Ein Rem ist etwas weniger als das, was die Einwohner von Denver, Colorado, im Laufe eines Jahres an natürlicher Hintergrundstrahlung absorbieren; 5 Rem sind die jährliche Expositionsgrenze für die Beschäftigten in US-amerikanischen Atomkraftwerken; bei 100 Rem liegt die Schwelle zur akuten Strahlenkrankheit; und eine sofortige Dosis von 500 Rem auf den gesamten Körper wäre für die meisten Menschen tödlich. Das Rem wurde von der standardisierten Einheit **Sievert (Sv)** und deren kleineren Untereinheiten ersetzt, dem **Millisievert (mSV)** – ein Tausendstel Sievert – und dem **Mikrosievert** – ein Millionstel Sievert (µSV) –, die nun auf den Anzeigen der meisten modernen Dosimeter zu sehen sind. Ein Sievert entspricht 100 Rem.

Anmerkungen

Prolog

1 Genaue Zeitangabe auf Alexander Logatschews Dosimetrie-Karte des Kernkraftwerks Tschernobyl vom 26. April 1986, Archiv des Nationalmuseums Tschernobyl in Kiew, Ukraine.

2 Alexander Logatschew, oberster Offizier der Aufklärungsdivision Strahlenschutz des 427. Mechanisierten Rotbanner-Regiments des Zivilschutzes in der Region Kiew, Gespräch mit dem Autor vom 1. Juni 2017 in Kiew; Juli Chariton, Juri Smirnow, Linda Rothstein und Sergei Leskow, »The Khariton Version«, *Bulletin of the Atomic Scientists 49*, Nr. 4 (1993), S. 30.

3 Logatschew, Gespräch mit dem Autor, 2017.

4 Alexander Logatschew, *Die Wahrheit*, 2005, später erschienen in *Obozreniye krymskih del*, 2007; Oberst Wladimir Grebeniuk, Kommandant des 427. mechanisierten Rotbanner-Regiments des Zivilschutzes Kiew, Gespräch mit dem Autor, Kiew, 9. Februar 2016.

5 Logatschew, *Die Wahrheit*.

6 Logatschews Dosimetrie-Karte des Kernkraftwerks Tschernobyl, Nationalmuseum Tschernobyl.

7 Logatschew, *Die Wahrheit*.

Kapitel 1
Der sowjetische Prometheus

1 Wiktor und Walentina Brjuchanow (Mann und Frau; Kraftwerksdirektor und Wärmebehandlungstechnikerin im Kernkraftwerk Tschernobyl im April 1986), Gespräche mit dem Autor, Kiew, im September 2015 und im Februar 2016. Besuch des Autors in Kopatschi, Ukraine, am 17. Februar 2006. Im Dokumentarfilm *The Construction of the Chernobyl Nuclear Power Plant* von 1974 ist von Cognac die Rede und von dem Pfosten, der in die Erde getrieben wird.

2 Schores A. Medwedew, The Legacy of Chernobyl (New York 1990; dt.: *Das Vermächtnis von Tschernobyl*, Daedalus 1991), 239; »Controversy Around the Third Phase of the Chernobyl NPP«, *Literaturnaya Gazeta*, 27. Mai 1987.

3 Witali Skljarow, *Tschernobyl – Alptraum und Wirklichkeit*, Montreal 1993.

4 Alexander Sich, »The Chornobyl Accident Revisited: Source Term Analysis and Reconstruction of Events During the Active Phase« (Dissertation, Massachusetts Institute of Technology 1994), 203.

5 Richard F. Mould, *Chernobyl Record: The Definitive History of the Chernobyl Catastrophe* (Boca Raton, FL: CRC Press, 2000), 312.

6 Zwischen 1979 und 1989 stieg die Einwohnerzahl Kiews von etwa 2,2 Millionen auf 2,6 Millionen: V. A. Boldyrev, Results of USSR Population Census (Moskau: Statistisches Institut der UdSSR, 1990), 15. Vgl. auch Sich, »The Chornobyl Accident Revisited«, S. 196.

7 Wiktor und Walentina Brjuchanow, Gespräch mit dem Autor, 2015; Besuch des Autors in Tschernobyl am 25. April 2016.

8 Wiktor Brjuchanow, Gespräch mit Oleg Nikolajewitsch, »Stories about Tashkent Natives: True and Sometimes Unknown. Part 1«, *Letters about Tashkent*, 29. April 2016: http://mytashkent.uz/2016/04/29/istorii-o-tashkenttsah-pravdivye-i-ne-vsem-izvestnye-chast-1.

9 Major Wasili Lisowenko (Kommandant der Dritten Division der Sechsten Abteilung des ukrainischen KGB), Gespräch mit dem Autor im September 2016.

10 Lisowenko, Gespräch mit dem Autor, 2016. Seit der Revolution war es in der Sowjetunion übliche Praxis gewesen, loyale Parteimitglieder an die Spitze technischer Unternehmen zu setzen und sie durch Spezialisten beraten zu lassen. Grigori Medwedew, Gespräch während der Produktion der BBC-Dokumentarserie *The Second Russian Revolution* von 1991: 2RR Archivdatei Nr. 1/3/3, 16 (im Folgenden 2RR).

11 Neporoschni setzte sich in einem Brief an Ministerpräsident Alexei Kossygin vom 4. Juli 1969 für diesen Schritt ein. Sonja D. Schmid, *Producing Power: The Pre-Chernobyl History of the Soviet Nuclear Industry* (Cambridge 2015), 34n97.

12 Charles Dodd, *Industrial Decision-Making and High-Risk-Technology: Siting Nuclear Power Facilities in the USSR* (Lanham, MD 1994), S. 73–74.

13 V. A. Sidorenko, »Managing Atomic Energy«, in V. A. Sidorenko, Hg., *The History of Atomic Energy in the Soviet Union and Russia*, Moskau 2001, S. 219.

14 Die Gesamtkosten für den Bau von Tschernobyl wurden 1967 auf 389,68 Mil-

lionen Rubel geschätzt. Vgl. Dokument 1 in N. Baranowska, ed., *The Chernobyl Tragedy: Documents and Materials*, Kiew 1996: Antrag des Ministerrats der UdSSR an das Zentralkomitee der Kommunistischen Partei der Ukraine zur Genehmigung des Projekts, unweit des Dorfes Kopatschi im Bezirk Tschernobyl in der Region Kiew ein Kernkraftwerk zu errichten«, 2. Februar 1967.

15 Wiktor und Walentina Brjuchanow, Gespräch mit dem Autor 2015. Brjuchanow beschrieb in einem Gespräch mit Maria Wasyl auch seine vielen Verantwortlichkeiten in der Anfangszeit: *Fakty i kommentarii*: »Der frühere Kraftwerksdirektor Brjuchanow: ›Hätten sie juristische Gründe gefunden, mich erschießen zu lassen, hätten sie es getan.‹«, 18. Oktober 2000, http://fakty.ua/104690-byvshij-direktor-chaes-viktor-bryuhanov-quot-esli-by-nashli-dlya-menya-rasstrelnuyu-statyu-to-dumayu-rasstrelyali-by-quot.

16 Baranowska, Hg., *The Chernobyl Tragedy*, Dokument 7: »Die gemeinsame Entscheidung von Unterabteilungen des sowjetischen Ministeriums für Energie und Elektrifizierung, für das Kernkraftwerk Tschernobyl eine vorübergehende Anlegestelle zu bauen«, 29. April 1970.

17 Brjuchanow, Gespräch mit Wasyl, *Fakty i kommentarii*, 2000.

18 Wasili Kisima (Baustellenleiter in Tschernobyl) Gespräch mit dem Autor, Kiew, Ukraine, Februar 2016. Gennadi Milinewski (Student an der Universität Kiew, der im Sommer 1971 zur Baustelle Tschernobyl geschickt wurde, um dort bei den Bauarbeiten zu helfen), Gespräch mit dem Autor, Kiew, April 2016. »Stoßarbeiter« – *udarniki* – wurden jene sowjetischen Arbeitskräfte genannt, die regelmäßig Planziele übertrafen und an kommunistischen Arbeiter-Wettbewerben teilnahmen. 1971 gab es bereits 17,9 Millionen Stoßarbeiter in der UdSSR. (Lewis Siegelbaum, »Shock Workers«; Seventeen Moments in Soviet History, http://soviethistory.msu.edu/1929-2/shock-workers/).

19 Nikolai Steinberg, Gespräch mit dem Autor, Kiew, Ukraine, September 2015.

20 Schmid, *Producing Power*, 19.

21 Alexander Esaulow (stellvertretender Vorsitzender des *Ispolkom* in Prypjat), Gespräch mit dem Autor, Irpin, Ukraine, Juli 2015.

22 Brjuchanow, Gespräch mit Wasyl, *Fakty i kommentarii*, 2000; Steinberg, Gespräch mit dem Autor, 2015.

23 Wie viel Strom verbraucht wird, hängt von vielen Faktoren ab, einschließlich der geographischen Lage, doch diese konservative Schätzung basiert auf Zahlen der Atomaufsichtsbehörde für Privathäuser des 21. Jahrhunderts im Nordosten der Vereinigten Staaten: »What is a Megawatt?«, 4. Februar 2012, www.nrc.gov/docs/ML1209/ML120960701.pdf.

24 Baranowska, Hg. *The Chernobyl Tragedy*, Dokument Nr. 10: »Resolution des sowjetischen Ministeriums für Energie und Elektrifizierung zur Organisation und Durchführung von Operationen, um die technische Inbetriebnahme der sich im Bau befindlichen Kernkraftwerke auf sowjetischem Territorium zu beaufsichtigen«, Juli 1971, Steinberg, persönliche Kommunikation mit dem Autor, 6. August 2018.

25 Einige sowjetische Historiker schätzten, dass sich in der UdSSR vor 1972 die jährlichen Ausgaben für Truppen und Waffen effektiv auf 236 bis 300 Milliarden Rubel beliefen – und 1989 fast die Hälfte des Staatsbudgets ausmachten. Jewgenija Albaz, *The State Within a State: The KGB and ist Hold on Russia – Past, Present and Future*, übers. v. Catherine Fitzpatrick, New York 1999, S. 189. (dt.: *Das Geheimimperium KGB – Totengräber der Sowjetunion*, Dtv 1992).

26 Baranowska, Hg., *The Chernobyl Tragedy*, Dokument Nr. 13: »Resolution der Kommunistischen Partei der Ukraine und des Ministerrats der UdSSR zum Baufortschritt des KKW Tschernobyl«, 14. April 1972.

27 Schmid, Producing Power, S. 19; George Stein, »Pipes Called ›Puff Pastry Made of Steel‹«, *Los Angeles Times*, 16. Mai 1986; Piers Paul Read, *Ablaze: The Story of the Heroes and Victims of Chernobyl*, New York 1993, S. 30 und 46–47.

28 Produkte: Skljarow, *Chernobyl Was … Tomorrow*, S. 163. (Der russische Begriff dafür lautet *pred-montazhnaya reviziya* oborudovaniya)

29 Baranowska, Hg., *The Chernobyl Tragedy*, Dokument Nr. 13; Wladimir Woloschko, »The Town that Died at the Age of Sixteen«, nicht datiert, Prypjat.com, http://pripyat.com/people-and-fates/gorod-pogibshii-v-16-let.html.

30 Diese Bauziele wurden von ukrainischen Parteiführern für die Zeit zwischen 1972 und 1974 vorgegeben. Vgl. Baranowska, Hg., *The Chernobyl Tragedy*, Dokument Nr. 13.

31 Brjuchanows Dienstvorgesetzter Artem Grigorianz leitete im Energieministerium die Abteilung Kernkraft (Glawatomenergo); seine Aufgabe bestand darin, den Bau des KKW Tschernobyl zu beaufsichtigen und auf die Einhaltung von Terminen zu drängen.

32 Die Entstehung der kommunistischen Partei wird detailliert beschrieben in Robert Service, *A History of Modern Russia*, Cambridge 2010, S. 47–99.

33 Raymond E. Zickel, Hg., *Soviet Union: A Country Study*, Washington 1991, S. 281.

34 Theodore R. Weeks, *Across the Revolutionary Divide: Russia and the USSR, 1861–1945*, Chichester 2010, S. 77.

35 Das Durcheinander und die Machtkämpfe der Anfangsjahre der Parteibürokratie gingen aus den sichergestellten Archiven hervor, beschrieben von Merle Fainsod in *Smolensk Under Soviet Rule*, Cambridge 1958.

36 1970 waren etwa 13,4 Millionen Bürger Mitglieder der Kommunistischen Partei. A. M. Prochorow, ed., *Great Soviet Encyclopedia*, Bd. 24 (Moskau 1997), S. 176.

37 Wiktor Brjuchanow im Gespräch mit Sergei Babakow, »Die Vorwürfe gegen mich akzeptiere ich nicht …«, *Zerkalo nedeli*, 27. August 1999, https://zn.ua/society/c_predyavlennymi_mne_obvineniyami_ne_soglasen.html.

38 Read, *Ablaze*, S. 31.

39 Skljarow, *Chernobyl Was … Tomorrow*, S. 172.

40 Wladimir Schlapentoch, *A Normal Totalitarian Society: How the Soviet Union Functioned and How it Collapsed*, Armonk 2001, S. 56; Stephen Kotkin, *Armageddon Averted: The Soviet Collapse*, 1970–2000, New York 2003, S. 67.

41 Angus Roxburgh, Moscow Calling: Memoirs of a Foreign Correspondent, Berlin 2017, S. 28–30.

42 David Remnick, *Lenin's Tomb: The Last Days of the Soviet Empire*, New York 1994, S. 249.

43 Vgl. Skljarow, *Chernobyl Was … Tomorrow*, S. 119, 122. Witali Skljarow, zum Zeitpunkt des Unfalls ukrainischer Energieminister, traf oft mit Brjuchanow zusammen, sowohl in den Jahren vor dem 26. April 1986, als auch unmittelbar danach.

44 Wiktor und Walentina Brjuchanow, Gespräche mit dem Autor, 2015 und 2016.

45 Wiktor und Walentina Brjuchanow im Gespräch mit dem Autor, 2016. Im elektronischen Archiv von Tschernobyl und Prypjat mit dem Titel *Tschernobyl – Ein wenig von allem*, 14. November 2012, ist ein Foto von den Feierlichkeiten des 7. November 1984 in Prypjat zu sehen, »Prypjat vor dem GAU«: http//pripyat-city.ru/uploads/posts/2012-11/1352908300_slides-04.jpg.

46 Gespräch mit dem Autor, 2016.

47 Schores Medwedew, *Legacy of Chernobyl*, S. 239; Ljubow Kowalewska, »Not a Private Matter«, *Literaturna Ukraina*, 27. März 1986, online unter: www.myslenedrevo.comua/uk/Sci/HistSources/Chornobyl/Prolog/NePryvatnaSprava.html.

48 Vgl. Paul R. Josephson, *Red Atom: Russia's Nuclear Power Program from Stalin to Today*, Pittsburgh, 2005, S. 55.

49 Juri Jewsjukow, *Pripyat*, Kyiv 1986, online verfügbar unter http://pripyat-city.ru/books/57-fotoalbom.html.

50 Wasili Woznjak und Stanislaw Troitsky, *Chernobyl: It Was Like This – The View from the Inside*, Moskau 1993, S. 223.

51 Wiktor und Walentina Brjuchanow im Gespräch mit dem Autor, 2015.

52 Esaulow, Gespräch mit dem Autor.

53 Im Raduga gab es von Möbeln bis Spielsachen einfach alles zu kaufen. Natalia Juwtschenko (Lehrerin in der Schule Nummer Vier in Prypjat und verheiratet mit Alexander Juwtschenko, dem leitenden Maschinenbauingenieur im AKW Tschernobyl), Gespräch mit dem Autor, Moskau, Oktober 2015.

54 Swetlana Kiritschenko (Leiterin des Wirtschaftsressorts im *Ispolkom* von Prypjat), Gespräch mit dem Autor, Kiew, April 2016.

55 Alexander Esaulow, Die nicht existierende Stadt, Vinnytsia 2013, S. 14; Wiktor Klotschko (Chef des KGB von Prypjat), Gespräch mit Taras Schumeyko, Kiew, September 2015.

56 Anatoli Zacharow (Feuerwehrmann und Rettungsschwimmer in Prypjat), Gespräch mit dem Autor, Kiew, Februar 2016.

57 Wiktor und Walentina Brjuchanow, Gespräch mit dem Autor, 2016.

58 Remnick, *Lenin's Tomb*, S. 144–47.

59 Skljarow, *Chernobyl Was … Tomorrow*, S. 123.

60 Beispielsweise verlieh die Partei Orden an sieben Tschernobyl-Ingenieure, die im Dezember 1983 dazu beigetragen hatten, Block Vier zu starten. »Resolution 144/2C Zentralkomitees der Kommunistischen Partei der Sowjetunion«, 6. März 1984. Mikrofilm, Hoover Institution, Staatsarchiv für zeitgenössische Geschichte (RGANI), Opis 53, Rolle 11007, Datei 33.

61 Kizima, Gespräch mit dem Autor, 2016.

62 Wiktor Brjuchanow, Gespräch mit Wladimir Schunewitsch, »Ehemaliger Direktor des Atomkraftwerks Tschernobyl Wiktor Brjuchanow: ›Als ich nachts an Block Vier vorbeifuhr, sah ich, dass das Gebäude über dem Reaktor … verschwunden war!‹«

63 Wiktor und Walentina Brjuchanow, Gespräch mit dem Autor, 2015.

64 Zum Fertigstellungstermin für Block Vier vgl. Nikolai Karpan, *From Chernobyl to Fukushima*, übers. v. Andrey Arkhipets, Kiew 2012, S. 143.

65 Sich, »The Chornobyl Accident Revisited«, 148.

66 Schmid, *Producing Power*, S. 34.

67 David R. Marples, *Chernobyl and Nuclear Power in the USSR*, New York 1986, S. 120.

68 Kowalewska, »Not a Private Matter.« David Marples übersetzt und bespricht Auszüge aus Kowalewskas Beitrag in *Chernobyl and Nuclear Power in the*

USSR, 122–24. Vgl. dazu auch ein Interview mit Kowalewska durch den Journalisten Jurij Schtscherbak in seinem Buch *Chernobyl: A Documentary Story*, New York 1989, S. 15–21.

69 Zum Zeitpunkt des Unfalls wurde das Kraftwerk nach Aussage von Wolodymyr Wjatrowitsch, dem Leiter des Ukrainischen Instituts für Nationale Erinnerung von 91 KGB-Agenten überwacht, 8 Anwohnern, und 112 »autorisierten Personen« (Votrag in Kiew am 28. April 2016, www.youtube.com/watch?v=HJpQ4SWxHKU). Als Beispiel für die KGB-Berichte zu Liefer- und Bauproblemen, siehe Dokument Nr. 15, »Spezialbericht der 6. Abteilung des UkSSR KGBM ... zur Einfuhr minderwertiger Gerätschaften per Schiff aus Jugoslawien« vom 9. Januar 1984, in Juri Daniljuk, Hg., »The Chernobyl Tragedy in Documents and Materials«, Sonderausgabe, *Z arkhiviv VUChK-GPU-NKVD-KGB* 1, Nr. 16 (2001).

70 Wiktor Kowtuzki (Chefbuchhalter in der Bauabteilung von Tschernobyl), Gespräch mit dem Autor, Kiew, 24. April 2016.

71 Wiktor und Walentina Brjuchanow im Gespräch mit dem Autor, 2016.

72 Skljarow, *Chernobyl Was ... Tomorrow*, S. 123.

73 Gespräche mit dem Autor: Wiktor und Walentina Brjuchanow, 2015; Steinberg, 2015; Serhij Paraschyn (Sekretär der Kommunistischen Partei des Kraftwerks Tschernobyl), Kiew, 30. November 2016.

74 Gespräche des Autors mit Paraschyn und Kisima.

75 Wasili Kisima, Vgl. hierzu Grigori Medvedev, The Truth About Chernobyl, übers. v. Evelyn Rossiter, New York 1991, S. 141.

76 Steinberg, Gespräch mit dem Autor, 2017; Waleri, »My duty is to tell about this«, eine Erinnerung an den Unfall in Tschernobyl, der in voller Länge in Mould, »Chapter 19: The Legasov Testament«, *Chernobyl Record* zu finden ist, S. 298.

77 Alec Nove, *The Soviet Economy: An Introduction*, New York 1969, S. 258.

78 In seinem Interview mit *Fakty i kommentarii* im Jahr 2000 sprach Brjuchanow von 25 000 Bauarbeitern, die auf der Suche nach fester Arbeit waren. Einzelheiten über Angestellte bei Jupiter, viele von ihnen Frauen, gibt Esaulow in *The City That Doesn't Exist*, 13, und in seinem Gespräch mit dem Autor 2015.

79 Schmid, Producing Power, S. 87.

80 ebd., S. 90.

81 Alexander Nazarkowski (Elektroingenieur in Tschernobyl), Gespräch mit dem Autor, Kiew, Februar 2006.

82 Legassow, »My duty ist o tell about this«, S. 300.

83 Anna Korolowska (stellvertretende Leiterin des Wissenschaftsressorts im Tschernobyl-Museum), Gespräch mit dem Autor, Kiew, Juli 2015.

84 Read, *Ablaze*, S. 45.

85 *ebd.*

86 Steinberg, Gespräch mit dem Autor, 2017; Schmid, *Producing Power*, S. 153. Bezüglich der Diskussion, ob der Schichtwechsel das Problem verschärfte, vgl. Marples, *Chernobyl and Nuclear Power in the USSR*, S. 120.

87 Grigori Medwedew, *Verbrannte Seelen*, S. 64.

88 Gennadi Schascharin, der 1986 stellvertretender sowjetischer Minister für Energie und Elektrifizierung war, kommentiert Fomins Ernennung in »The Chernobyl Tragedy«, in A. N. Semenow, Hg., *Tschernobyl: Zehn Jahre danach. Zwangsläufigkeit oder Unfall?* Moskau 1995, S. 98.

89 Zeugnis eines Experten aus dem Protokoll der Gerichtsverhandlung, Karpan, *From Chernobyl to Fukushima*, S. 148.

90 Schascharin, »The Chernobyl Tragedy«, S. 98.

91 Esaulow im Gespräch mit dem Autor, 2015.

92 »Chernobyl NPP: Master Plan of the Settlement«, Ministerium für Energie und Elektrifizierung der USSR, 1971, S. 32.

93 Gespräche mit dem Autor, 2015: Esaulow, Kiritschenko und Wiktor und Walentina Brjuchanow; Wiktor Brjuchanow im Gespräch mit Anton Samarin, »Chernobyl hasn't taught anyone anything« (Niemand hat aus Tschernobyl Lehren gezogen)

94 Maria Protzenko (Chefarchitektin der Stadt Prypjat) im Gespräch mit dem Autor, Kiew, 5. September 2015. Ein Foto des Platzhalterdenkmals findet sich in »Prypjat vor dem GAU: Teil XVI«.

Kapitel 2
Alpha, Beta, Gamma

1 Robert Peter Gale und Eric Lax, *Radiation: What It Is, What You Need to Know*, New York 2013, S. 12.

2 Robert Peter Gale und Thomas Hauser, *Final Warning: The Legacy of Chernobyl*, New York: Warner Books, 1988, S. 6.

3 ebd.

4 ebd., S. 4–6.

5 Richard Rhodes, *The Making of the Atomic Bomb*, New York: Simon & Schuster, 1988, S. 711.

6 Emily Strasser, »TheWeight of a Butterfly«, *Bulletin of the Atomic Scientists* Website, 25. Februar, 2015; Jeremy Jacquot, »Numbers: Nuclear Weapons, from Making a Bomb to Making a Stockpile to Making Peace«, *Discover*, 23. Oktober 2010.

7 Aufgrund der chaotischen Zustände und der Zerstörung durch die Bombe und weil man nicht genau wusste, wie viele Menschen sich zur fraglichen Zeit in der Stadt aufgehalten hatten, variieren die Angaben zur Anzahl der Tode infolge der Explosion in signifikanter Weise. Die tatsächliche Opferzahl wird man nie genau wissen. Diese Angaben sind Teil einer Schätzung durch Paul Ham, *Hiroshima, Nagasaki: The Real Story of the Atomic Bombings and their Aftermath*, New York: Thomas Dunne Books / St. Martin's Press, 2014, S. 408.

8 Gale und Hauser, *Final Warning*, S. 6.

9 Fred A. Mettler, Jr., und Charles A. Kelsey, »Fundamentals of Radiation Accidents«, in Igor A. Gusew, Angelina K. Guskowa, Fred A. Mettler Jr., Hg., *Medical Management of Radiation Accidents*, Boca Raton, FL: CSC, 2001, S. 7; Gale und Hauser, *Final Warning*, S. 18.

10 Craig Nelson, *The Age of Radiance: The Epic Rise and Dramatic Fall of the Atomic Era*, New York: Simon & Schuster, 2014, S. 3 – 4.

11 Gale und Lax, *Radiation*, S. 13 und 17 – 18.

12 ebd., S. 20.

13 John Harrison et al., »The Polonium-210 Poisoning of Mr Alexander Litvinenko«, *Journal of Radiological Protection* 31, Nr. 1 (28. Februar 2017). Der FSB trat 1995 als Inlandsgeheimdienst der Russischen Föderation die Nachfolge des KGB an.

14 Gale und Hauser, *Final Warning*, S. 18 – 19.

15 Mettler und Kelsey, »Fundamentals of Radiation Accidents«, S. 7 – 9; Dr. Anschelika Barabanowa im Gespräch mit dem Autor, Moskau, 14. Oktober 2016.

16 Gale und Lax, *Radiation*, 39.

17 Jorgensen, *Strange Glow: The Story of Radiation*, Princeton, NJ: Princeton University Press, 2016, S. 23 – 28.

18 ebd., S. 31 – 32; Innenministerium der Vereinigten Staaten, »The Historic Furnishings Report of the National Park Service, Edison Laboratory«, 1995, S. 73, online unter www.nps.gov/parkhistory/online_books/edis/edis_lab_hfr.pdf. Ein Foto der Apparatur findet sich in Gilbert King, »Clarence Dally: The Man Who Gave Thomas Edison X-Ray Vision«, Smithsonian.com, 14. März 2012.

19 Jorgenson, *Strange Glow*, S. 93–95.

20 Gale und Lax, *Radiation*, S. 43–45.

21 Jorgensen, *Strange Glow*, S. 88–89.

22 Gale und Lax, *Radiation*, S. 44.

23 Timothy Jorgensen, Lehrbeauftragter am Lehrstuhl für Strahlenmedizin an der Universität Georgetown, Telefongespräch mit dem Autor am 19. Juni 2016.

24 National Research Council, *Health Risks from Exposure to Low Levels of Ionizing Radiation: BEIR VII Phase 2*, Washington, DC: National Academies Press, 2006, S. 141.

25 Informationen stammen von Masao Tomonaga (Leiter des Atomic Bomb Disease Institute der Universität Nagasaki), zitiert in Gale und Lax, *Radiation*, S. 52–57.

26 James Mahaffey, *Atomic Awakening: A New Look at the History and Future of Nuclear Power*, New York: Pegasus, 2009, S. 286–89 und 329–33. Vgl. zudem Dwayne Keith Petty, »Inside Dawson Forest: A History of the Georgia Nuclear Aircraft Laboratory«, *Pickens County Progress*, 2. Januar 2007, online unter http://archive.li/GMnGk.

27 Daghlians geschätzte GesamtkörperDosis betrug 5,100 Millisievert, also 510 rem (Jorgensen, *Strange Glow*, S. 111; James Mahaffey, *Atomic Accidents: A History of Nuclear Meltdowns and Disasters: From the Ozark Mountains to Fukushima*, New York: Pegasus Books, 2014, S. 57–60.

28 Eine Kollegin Daghlians in Los Alamos, Joan Hinton, erinnert sich, ihn zum Krankenhaus gefahren zu haben, als er das Gebäude verließ, während sie zufällig mit dem Wagen vorbeikam. Vgl. Ruth H. Howes und Caroline L. Herzenberg, *Their Day in the Sun: Women of the Manhattan Project*, Philadelphia: Temple University Press, 1999, S. 54–55.

29 »Atomic Bomb Worker Died ›From Burns‹«, (zu dt. etwa: Atombombenbauer stirbt an Verbrennungen) *New York Times*, 21. September 1945. Vgl. auch Paul Baumann, »NL Man Was 1st Victim of Atomic Experiments«, *The Day*, 6. August 1985.

30 David Holloway, *Stalin and the Bomb: The Soviet Union and Atomic Energy, 1939–1956*, New Haven, CT: Yale University Press, 1996, S. 213. Die amerikanische Vorgängerin der sowjetischen Bombe, die 1945 in der Jornada del Muerto-Wüste von New Mexico detoniert war, wurde von ihren Konstrukteuren als »*The Gadget*«, technische Spielerei, bezeichnet.

31 Swetlana Kuzina, »Kurtschatow wollte wissen, woraus Sterne gemacht waren – und baute Bomben« [Курчатов хотел узнать, из чего состоят звезды.

И создал бомбы], *Komsomolskaja Prawda*, 10. Januar 2013, www.kp.ru/daily/26012.4/2936276.

32 Obwohl der Reaktor zunächst einem horizontalen Design folgen sollte wie diejenigen in Hanford, wurde ihm von dem sowjetischen Ingenieur Nikolai Dolleschal schließlich ein vertikaler Entwurf zugrundegelegt, Holloway, *Stalin and the Bomb*, S. 183; Schmid, *Producing Power*, S. 45.

33 Mahaffey, *Atomic Awakening*, S. 203. Der vollständige Titel des Buches lautete *Atomic Energy for Military Purposes: The Official Report on the Development of the Atomic Bomb Under the Auspices of the United States Government, 1940–1945*. Fünfzigtausend Exemplare der russischen Übersetzung wurden gedruckt und sowjetischen Wissenschaftlern zur Verfügung gestellt, (Josephson, *Red Atom*, S. 24).

34 Im Russischen war die Erste Hauptverwaltung als PGU bekannt, für *Pervoye Glavnoye Upravleniye*. Roy A. Medwedew und Schores A. Medwedew, *The Unknown Stalin*, übersetzt von Ellen Dahrendorf, New York: I. B. Tauris, 2003, S. 133; Simon Sebag Montefiore, *Stalin: The Court of the Red Tsar*, New York: Knopf, 2004, S. 501–2.

35 Medwedew und Medwedew, *Unknown Stalin*, S. 134 und 162.

36 Holloway, *Stalin and the Bomb*, S. 218–19.

37 ebd., S. 347.

38 Josephson, *Red Atom*, S. 20–26.

39 Gale und Lax, *Radiation*, S. 48.

40 Holloway, *Stalin and the Bomb*, S. 307 and 317.

41 Stephanie Cooke, *In Mortal Hands: A Cautionary History of the Nuclear Age*, New York: Bloomsbury, 2010, S. 106–11. Dt.: *Atom: Die Geschichte des nuklearen Irrtums*. KiWi 2010.

42 Josephson, *Red Atom*, S. 173.

43 Cooke, *In Mortal Hands*, S. 113.

44 Schmid, *Producing Power*, S. 97.

45 Montefiore, *Stalin*, S. 652.

46 Schmid, Producing Power, S. 45 und 230n29.

47 Josephson, *Red Atom*, S. 11.

48 Josephson, *Red Atom*, S. 4–5.

49 Paul Josephson, »Rockets, Reactors, and Soviet Culture«, in Loren Graham, Hg., *Science and the Soviet Social Order*, Cambridge, MA: Harvard University Press, 1990, S. 174.

50 Josephson, *Red Atom*, S. 11. Der Große Vaterländische Krieg hieß der Krieg

gegen Nazi-Deutschland, der im Juni 1941 mit dem Einmarsch deutscher Truppen in der UdSSR begann.

51 ebd., S. 25; Schmid, *Producing Power*, S. 45.

52 Schmid, *Producing Power*, S. 46.

53 Josephson, *Red Atom*, S. 26–27.

54 Evelyn Mervine, »Nature's Nuclear Reactors: The 2-Billion-Year-Old Natural Fission Reactors in Gabon, Western Africa«, *Scientific American*, 13. Juli 2011.

55 Ray L. Lyerly und Walter Mitchell III, *Nuclear Power Plants*, überarbeitete Ausgabe. (Washington, DC: Atomic Energy Commission, 1973), S. 3; Bertrand Barré, »Fundamentals of Nuclear Fission«, in Gerard M. Crawley, Hg., *Energy from the Nucleus: The Science and Engineering of Fission and Fusion*, New Jersey: World Scientific Publishing, 2016, S. 3.

56 Chuck Hansen, *U.S. Nuclear Weapons: The Secret History*, Arlington, TX: Aerofax, 1988, S. 11.

57 World Nuclear Association, »Physics of Uranium and Nuclear Energy«, im Februar 2018 auf den neuesten Stand gebracht, www.world-nuclear.org/information-library/nuclear-fuel-cycle/introduction/physics-of-nuclear-energy.aspx; Robert Goldston und Frank Von Hippel, Gespräch mit dem Autor, Princeton, NJ, Februar 2018.

58 Goldston und Von Hippel im Gespräch mit dem Autor, 2018.

59 Der erste Reaktor im Vereinigten Königreich war der GLEEP für Graphite Low Energy Experimental Pile, der 1947 in Harwell, Oxfordshire, in Betrieb genommen wurde. In den Vereinigten Staaten entstand der erste experimentelle Siedewasserreaktor 1956 im Argonne National Laboratory. Vgl. »Nuclear Development in the United Kingdom«, World Nuclear Association, Oktober 2016; und »Boiling Water Reactor Technology: International Status and UK Experience«, Denkschrift, National Nuclear Laboratory, 2013.

60 Frank N.von Hippel und Matthew Bunn, »Saga of the Siberian Plutonium-Production Reactors«, Federation of American Scientists Public Interest Report, 53 (November / Dezember 2000), https://fas.org/faspir/v53n6.htm; von Hippel und Goldston im Gespräch mit dem Autor, 2018.

61 Mahaffey, *Atomic Awakening*, S. 206–7.

62 Josephson, *Red Atom*, S. 25; Schmid, *Producing Power*, S. 102.

63 Holloway, *Stalin and the Bomb*, S. 347.

64 Josephson, *Red Atom*, 56.

65 ebd., S. 27.

66 »RBMK Reactors, »World Nuclear Association, Juni 2016, www.world-nuclear.org/information-library/nuclear-fuel-cycle/nuclear-powerreactors/appendices/rbmk-reactors.aspx.

67 Igor Kurtschatow, »Speech at the 20th Congress of the Communist Party of the Soviet Union«, in Y. N. Smirnow, Hg., *Igor Wassiljewitsch Kurtschatow in Erinnerungen und Dokumenten [Игорь Васильевич Курчатов в воспоминаниях и документах]*, 2. Aufl. (Moskau: Kurtschatow-Institut/Izdat, 2004), S. 466–71.

68 W. W. Gontscharow, »The Early Period of USSR Atomic Energy Development«, in Sidorenko, Hg., *The History of Atomic Energy*, S. 19; Schmid, *Producing Power*, S. 20.

69 Schmid, *Producing Power*, S. 22 und S. 26–27.

70 ebd., S. 18.

71 *too cheap to meter:* diese unselige Phrase wurde im September 1954 von Lewis Strauss geprägt, dem Vorsitzenden der United States Atomic Energy Commission, in einer Rede vor der National Association of Science Writers, und spukt seitdem als Idee in den Köpfen der Vertreter der Kernkraftindustrie herum. Thomas Wellock, »›Too Cheap to Meter‹: A History of the Phrase«, United States Nuclear Regulatory Commission Blog, 3. Juni 2016.

72 Schmid, *Producing Power*, S. 22.

73 ebd., S. 21. Das erste Kernkraftwerk, 1956 noch in der Planungsphase, sollte in Nowoworesch entstehen. Das zweite, seit 1954 im Bau, war das Kernkraftwerk Belojarsk (ebd., S. 103 und 275n125).

74 ebd., S. 29.

75 ebd., S. 106 und 266n41; Holloway, *Stalin and the Bomb*, S. 348.

76 Holloway, *Stalin and the Bomb*, S. 348 und 443n16.

77 Schmid, *Producing Power*, S. 34.

78 *The Atom Joins the Grid*, London: British Pathé, October 1956, www.youtube.com/watch?v=DVBGk0R15gA.

79 Im Film *Windscale 1957: Britain's Biggest Nuclear Disaster* (Sarah Aspinall, BBC, 2007), sagt der britische Journalist Chapman Pincher: »I believe there were times when it was taking electricity out of the grid rather than pumping it in.« Vgl. auch Lorna Arnold, *Windscale 1957: Anatomy of a Nuclear Accident* (New York: St. Martin's Press, 1992), S. 21; und Mahaffey, *Atomic Accidents*, S. 181.

80 Eine graphische Darstellung des Windscale-Reaktors findet sich in Mahaffey, *Atomic Accidents*, S. 163.

81 Rebecca Morelle, »Windscale Fallout Underestimated«, 6. Oktober 2007, BBC News; Arnold, *Windscale 1957*, S. 161.

82 Arnold, *Windscale 1957*, S. 78–87.

83 Mahaffey, *Atomic Accidents*, S. 181. Der unzensierte Bericht des Brandes in Windscale, bekannt als *Penney Report*, wurde im Januar 1988 aus der Geheimhaltung freigegeben und veröffentlicht. Mahaffey beschreibt den Brand ausführlich in *Atomic Accidents*, S. 159–81.

84 Josephson, *Red Atom*, S. 4, S. 142–43, S. 147, S. 248. Fairerweise sollte man hinzufügen, dass auch US-amerikanische Wissenschaftler sich mit großer Begeisterung der Bestrahlung von Lebensmitteln widmeten, unter Zustimmung der US-amerikanischen Behörde für Lebensmittel- und Arzneisicherheit FDA, die 1963 mit Cobalt-60 bestrahlten Schinken für den menschlichen Verzehr freigab (ebd., S. 160). Der Physiker Edward Teller war ebenfalls ein eifriger – wenn auch frustrierter – Verfechter von *»peaceful nuclear explosions«* oder PNEs, friedlicher Kernexplosionen, und das US-Militär entwickelte seine eigenen mobilen Reaktoren.

85 ebd., S. 113–17.

86 ebd., S. 117–18 und S. 246–49.

87 Skljarow, *Chernobyl Was … Tomorrow*, S. 10–11. Erinnerungen an Slawski hat auch V. Y. Buschmelew zusammengetragen in: »Zum 115. Geburtstag von Efim Pawlowitsch Slawski«, Interregionale nicht-staatliche Bewegung der Kernkraft- und Industrieveteranen, 26. Oktober 2013, www.veteranrosatom.ru/articles/articles_276.html.

88 Angelina Guskowa im Gespräch mit Wladimir Gubarew, »On the Edge of the Atomic Sword« [На лезвии атомного меча], *Nauka i zhizn*, Nr. 4, 2007; Igor Osiptschuk, »Das legendäre Akademiemitglied Aleksandrow kämpfte in seiner Jugend auf der Seite der Weißen Armee«, 4. Februar 2014, *Fakty i kommentarii*, http://fakty.ua/176084-legendarnyj-prezident-sovetskoj-akademii-nauk-v-yunosti-byl-belogvardejcem.

89 »Die Entwicklung der Kernkraft: Einführung« [Эволюция отрасли: Введение], Rosatom, www.biblioatom.ru/evolution/vvedeniye.

90 Fedor Popow, *Arzamas-16: Seven Years with Andrei Saharov [Арзамас-16: семь лет с Андреем Сахаровым]* (Moskau: Institut, 1998), 52; Schmid, *Producing Power*, S. 93.

91 Schmid, *Producing Power*, S. 50 und 234n55.

92 Obwohl die Kernkraftforschung schließlich hauptsächlich von Wissenschaftlern betrieben wurde, die dem scheinbar transparenten Staatskomitee für die

Nutzung der Atomenergie unterstellt waren, war Letzteres im Grunde nur das öffentliche Gesicht von Sredmasch. Nikolai Steinberg weist darauf hin, dass diese falsche Unterscheidung zwischen Sredmasch und dem Staatskomitee ausländischen Experten durchaus bekannt war, und zwar schon lange vor dem Niedergang der UdSSR – »wie es so schön heißt, ›alles ist vertraulich, aber nichts geheim‹« (Georgi Koptschinsky und Nikolai Steinberg, *Chernobyl: On the Past, Present and Future [Чернобыль: О прошлом, настоящем и будущем]* (Kiew: Osnowa, 2011), S. 123). Später richtete die Sowjetregierung ein Regulativ ein – das Staatskomitee für die sichere Ausführung der Arbeiten in der Kernkraftindustrie –, dessen Vertreter die Betriebsbedingungen in sowjetischen Kernkraftwerken zu prüfen hatten. Allerdings veröffentlichte das Komitee niemals Berichte und agierte zudem unter strikter Geheimhaltung (Schores Medwedew, *Legacy of Chernobyl*, S. 263–64; Schmid, *Producing Power*, S. 50–52, 60, und 235n58).

93 David Fischer, *History of the Atomic Energy Agency: The First Forty Years* (Wien: IAEO, 1997), S. 40 und S. 42–43.

94 Im Gegensatz zu den Vertretern der offenbar störanfälligeren Anlagen in den Vereinigten Staaten, in Großbritannien und Frankreich, berichtete die sowjetische Delegation nie auch nur von einem einzigen Zwischenfall in einem Reaktor oder einer Wiederaufbereitungsanlage (Medwedew, *Legacy of Chernobyl*, 264–65).

95 Kate Brown, *Plutopia: Nuclear Families, Atomic Cities, and the Great Soviet and American Plutonium Disasters* (Oxford: Oxford University Press, 2015), S. 232.

96 G. Sh. Batorschin und Y. G. Mokrow, »Experience in Eliminating the Consequences of the 1957 Accident at the Mayak Production Association«, Internationales Expertentreffen zum Thema Stilllegung und Umweltsanierung nach einem Atomunfall, IAEO in Wien, vom 28. Januar bis zum 1. Februar 2013.

97 Brown, *Plutopia*, S. 239.

98 ebd., S. 232–36.

99 W. S. Tolstikow und W. N. Kusnezow, »Der Atomunfall 1957 im Südural: Fiktion und Wahrheit« [Южно-уральская радиационная авария 1957 года: Правда и домыслы], *Wremja* 32, Nr. 8 (August 2017): 13; Brown, *Plutopia*, S. 239–44.

100 Einige Wissenschaftler schätzen die Anzahl der Menschen, die der Strahlung ausgesetzt waren, auf 475 000 (siehe Mahaffey, *Atomic Accidents*, S. 284), an-

dere dagegen, vor allem offizielle russische Quellen, sprechen von einer weitaus geringeren Zahl, nämlich von 45 500 Menschen. Siehe hierzu: Russisches Ministerium für Notfallsituationen, »Die Folgen der menschengemachten Strahlenbelastung und die Herausforderung, die betroffenen Landstriche im Ural wieder nutzbar zu machen«, Moskau, 2002, http://chernobyl-mchs.ru/upload/program_rus/program_rus_1993-2010/Posledstviy_Ural.pdf.

101 Oleg A. Bucharin, »The Cold War Atomic Intelligence Game, 1945–70«, *Studies in Intelligence* 48, Nr. 2 (2004): S. 4.

Kapitel 3
Freitag, 25. April, 17:00 Uhr, Prypjat

1 Kowtutski, Gespräch mit dem Autor, 2016.

2 Maria Protzenko im Gespräch mit dem Autor, Kiew, September 2015. Ein Foto dieses Mottos ist hier zu sehen: »Prypjat vor dem GAU: Teil IX«, elektronisches Archiv Tschernobyl und Prypjat, 25. März 2011, http://pripyat-city.ru/uploads/posts/2011-04/1303647106_50008255-pr-c.jpg.

3 Alexander Juwtschenko, Gespräch mit dem Autor, 2006.

4 Alexanders jüngerer Bruder Wladimir entschied sich für den Rudersport und vertrat die UdSSR bei den Olympischen Spielen 1988 in Seoul. Natalia Donez et al., *25 Years of the National Olympic and Sports Committee of the Republic of Moldova* [25de ani ai Comitetului National Olimpic si Sportiv din Republica Moldova] (Chisinau: Elan Poligraph, 2016), S. 16.

5 Natalia Juwtschenko, Gespräch mit dem Autor, Moskau im Oktober 2015.

6 Natalia Juwtschenko, E-Mail-Korrespondenz mit dem Autor, Dezember 2015; Maria Protzenko, April 2016.

7 Natalia Juwtschenko, Gespräch mit dem Autor, 2015.

8 Alexander Juwtschenko, Gespräch mit dem Autor 2006.

9 Natalia Juwtschenko, Gespräch mit dem Autor, 2015; Besuch des Autors in der Wohnung der Juwtschenkos in Prypjat, 27. April 2016.

10 Read, *Ablaze*, S. 61; Natalia Juwtschenko, Gespräch mit dem Autor, 2015.

11 Natalia Juwtschenko, E-mail-Korrespondenz mit dem Autor, 2015.

12 Natalia Juwtschenko, Gespräch mit dem Autor, 2015.

13 Read, *Ablaze*, S. 61.

14 Alexander (Sascha) Korol, Gespräch mit dem Autor, Kiew, September 2015

15 Wera Toptunowa, Gespräch mit dem Autor, Kiew, September 2015.

16 Korol, Gespräch mit dem Autor, 2015.

17 Toptunowa, Gespräch mit dem Autor, 2015.

18 1942 ursprünglich als militärtechnisches Institut gegründet, verlegte die Hochschule ihren Schwerpunkt nach dem Krieg fast ausschließlich auf die Kernphysik, ermutigt und unterstützt durch Kurtschatow. »History«, Staatliche Hochschule für Physik und Ingenieurwesen Moskau MEPhi, https://mephi.ru/about/index2.php.

19 Andrei Gluchow, Gespräch mit dem Autor, Kernkraftwerk Tschernobyl, Februar 2016.

20 Alexey Breus, Gespräch mit dem Autor, Kiew, Juli 2015.

21 Kristin Roth-Ey, *Moscow Prime Time: How the Soviet Union Built the Media Empire That Lost the Cultural Cold War* (Ithaca, NY: Cornell University Press, 2011), S. 258–59.

22 Gespräch mit dem Autor, 2015: Toptunowa, Breus, und Gluchow.

23 Korol, Gespräch mit dem Autor, 2015.

24 Breus, Gespräch mit dem Autor, 2015.

25 Korol, Gespräch mit dem Autor, 2015.

26 Korol im Gespräch mit dem Autor (2015) und mit Taras Schumeyko (April 2018, Kiew).

27 Breus, Gespräch mit dem Autor, 2015.

28 ebd.; Korol, Gespräch mit dem Autor, 2015. Was das Datum der ersten Kritikalität angeht, vgl. Sich, »The Chornobyl Accident Revisited«, S. 83.

29 Korol, Gespräch mit dem Autor, 2015; Toptunowa, Gespräch mit dem Autor, 2015; R. Weklitschewa, »Ein sowjetisches Leben. Der Test«, *Wperiod* (offizielles Parteiorgan von Obninsk), 17. Juni, 1986, Wera Toptunowas persönliches Archiv.

30 Korol, Gespräch mit dem Autor, 2015; Josephson, *Red Atom*, S. 6–7. Radionuklide, die sich im Wasser anreicherten auf dessen Weg durch den Reaktor, sollten sich im Bodensatz des Kühlwasserteichs fangen und herausgefiltert werden, ehe das Wasser den Fluss Prypjat erreichte (Schores Medwedew, *Legacy of Chernobyl*, S. 92). Weil das Wasser aus dem Reaktor die Temperatur im Teich das ganze Jahr über konstant bei 24 Grad Celsius hielt, beschlossen die Behörden vor Ort 1978, den radioaktiven See für die kommerzielle Fischzucht freizugeben. Spätere Tests ergaben, dass Fische, die hier gefangen wurden, potentiell gefährliche Mengen an Strontium-90 enthielten, und drei Jahre später wurde ihr Verkauf untersagt. Fischer vor Ort machten trotzdem weiter. (Daniljuk, Hg., *Zarkhiviv*, Dokument Nr. 6: »Bericht an das KGB der

Ukrainischen Sozialistischen Sowjetrepublik: Bei der Prüfung der Möglichkeit, den Kühlteich des Kernkraftwerks Tschernobyl für die industrielle Fischzucht zu nutzen, kamen Verstöße gegen die Strahlenschutzbestimmungen ans Licht«, 12. März 1981.)

31 Sergei Jankowski, Gespräch mit dem Autor, Kiew, Februar 2016.

32 Das Handbuch der Operatoren wird von Anatoli Kryat beschrieben (Leiter des Kernphysiklabors im Kraftwerk), Zeugenaussage vor Gericht, vgl. dazu Karpan, *From Chernobyl to Fukushima*, S. 190.

33 Korol, Gespräch mit dem Autor, 2015.

34 Anatoli Kryat, Gespräch mit dem Autor, Kiew, Februar 2016.

35 Korol, Gespräch mit dem Autor, 2015.

36 Swetlana Kiritschenko (Chefökonomin im *Ispolkom* von Prypjat), Gespräch mit dem Autor, 24. April 2016; Erinnerungen von Anwohnern aus Prypjat: Vgl. Wosnjak und Stanislaw Troitsky. *Tschernobyl: Wie es war – Innenansichten [Чернобыль: Так это было – взгляд изнутри]* (Moskau: Libris, 1993).

37 Boris Stoljartschuk, Gespräch mit dem Autor, Kiew, Juli 2015; Jurij Schtscherbak, »Chernobyl: A Documentary Tale« [Чернобыль: Документальная повесть], *Yunost*, nos. 6–7 (1987), übersetzt von JPRS Political Affairs as »Fictionalized Report on First Anniversary of Chernobyl Accident«, Bericht Nr. JPRS-UPA-87-029, 15. September 1987 (im Folgenden »Bericht zum ersten Jahrestag der Katastrophe von Tschernobyl« genannt), Teil 1, S. 24.

38 Read, *Ablaze*, S. 61. Besuch des Autors im Kernkraftwerk Tschernobyl vom 10. Februar 2016. Der Weg zum Gebäude und die Routine im Inneren hatten sich seit 1986 fast nicht verändert.

39 Ein Querschnitt der Turbinenhalle findet sich in Sich, »The Chornobyl Accident Revisited«, S. 192.

40 Besuch des Autors im Kernkraftwerk Tschernobyl, 2016; Steinberg, Kommunikation mit dem Autor, 6. August 2018; Sich, »The Chornobyl Accident Revisited«, S. 191. Die Entgaserbühne wurde nach dem Unfall als »goldener« Korridor bekannt.

41 Anatoli Sacharow, Gespräche mit dem Autor, Februar 2006 und Februar 2016; Piotr Chmel, Gespräch mit dem Autor im Juli 2015; Besuch des Autors in der Feuerwache Zwei, Prypjat, 25. April 2016; Leonid Schawrey, Zeugenaussage in Sergei Kiseljow, »Inside the Beast«, übers. von Wiktoria Tripolskaja-Mitlyng, *Bulletin of Atomic Scientists* 52, Nr. 3 (1996): S. 47.

42 Region Kiew, Feuerwehreinsatz-Protokoll vom 25. und 26. April 1986 (Archiv des Tschernobyl-Museums in Kiew), S. 109–11.

43 Alexander Petrowski, Gespräch mit dem Autor, Bohdani, Ukraine, November 2016; Sacharow, Gespräch mit dem Autor, 2016.

44 Piotr Chmel, Gespräch mit dem Autor, 2016.

45 Sacharow, Gespräch mit dem Autor, 2016.

46 Piotr Chmel, Gespräch mit dem Autor, 2015; Leonid P. Teljatnikow, Bericht in Jurij Schtscherbak, *Chernobyl [Чернобыль]*, trans. Ian Press (London: Macmillan, 1989), 26–27; Schtscherbak, übers. von JPRS, »Report on First Anniversary of Chernobyl Accident«, S. 46–66.

47 Piotr Chmel, Gespräch mit dem Autor, 2015.

48 Graham Harding, »Sovetskoe Shampanskoye – Stalin's ›Plebeian Luxury‹«, *Wine As Was*, 26. August 2014.

49 Chmel, Gespräch mit dem Autor, 2015.

50 Alexander Juwtschenko, Gespräch mit dem Autor, 2006.

Kapitel 4
Die Geheimnisse des friedlichen Atoms

1 Internationale Atomenergie-Organisation IAEO, International Nuclear Safety Advisory Group (Beraterkommission Atomsicherheit), »The Chernobyl Accident: Updating of INSAG-1«, Nr. 75 – INSAG-7, 1992 (im Folgenden INSAG-7), S. 32; Schmid, *Producing Power*, S. 111.

2 Um zu erfahren, inwieweit Wirtschaftlichkeitsfaktoren diese Entscheidung beeinflusst haben, vgl. Marples, *Chernobyl and Nuclear Power in the USSR*, S. 111.

3 IAEO, INSAG-7, 40; das Gewicht der Graphitblöcke im Kern findet sich in Schores Medwedew, *Legacy of Chernobyl*, S. 5.

4 Schores Medwedew, *Legacy of Chernobyl*, S. 236; Alexander Sich, telefonisches Interview, Mai 2018.

5 Sich, »The Chornobyl Accident Revisited«, S. 185.

6 Zu den Dimensionen des Reaktorkessels (21,6 m × 21,6 m × 25,5 m) vgl. Sich, »The Chornobyl Accident Revisited«, S. 429. Auf S. 179 findet sich ein Querschnitt des Reaktorbehälters. Vgl auch: Sowjetisches Staatskomitee zur Nutzung der Atomenergie, »The Accident at the Chernobyl Nuclear Power Plant and Its Consequences«, Informationen für das IAEO-Expertentreffen in Wien im August 1986 (im Folgenden als »Legassows IAEO-Bericht zu Tschernobyl« bezeichnet), »Teil 2: Anhang 2«, 7 und 9. Sich (244) beschreibt Serpentinit als ein wasserhaltiges Magnesiumsilikat.

7 Alexander Sich liefert eine detaillierte Beschreibung der Baumaterialien, die für den Reaktorschacht verwendet wurden, und zeigt auf, dass die Masse von Struktur E insgesamt mindestens zweitausend Tonnen betrug (»Chornobyl Accident Revisited«, S. 427). Dieselbe Zahl findet sich auch im Bericht der IAEO zu Tschernobyl (INSAG-7, 9). Diese Angaben korrigieren die Schätzung des Gewichts auf eintausend Tonnen, die 1987 von der US Nuclear Regulatory Commission vorgenommen wurde in ihrem Bericht zum Super-GAU in Tschernobyl, *Report on the Accident at the Chernobyl Nuclear Power Station* (NUREG-1250), 2–12.

8 *Legassows IAEO-Bericht zu Tschernobyl*, Teil 2 Anhang 2, 7, und 9; Sich, »Chornobyl Accident Revisited«, S. 196.

9 Grigori Medwedew, *The Truth About Chernobyl*, S. 73–74.

10 Alexander Sich zufolge beträgt bei einem 1300-Megawatt-PWR-Reaktor, wie er im Westen üblich ist, der Durchmesser des Kerns 3,4 Meter und die Höhe 4,3 Meter (»Chornobyl Accident Revisited«, S. 158). Siehe dazu auch Josephson, *Red Atom*, 299t6.

11 Sich, »Chornobyl Accident Revisited«, 156–57; Schmid, *Producing Power*, S. 115 und 123.

12 Schmid, *Producing Power*, 290n124.

13 ebd., S. 123; Josephson, *Red Atom*, S. 36.

14 Schmid, *Producing Power*, S. 112.

15 Schores Medwedew, *Legacy of Chernobyl*, S. 236.

16 Nikolai Steinberg, Gespräch mit dem Autor, September 2015.

17 Internationale Atomenergie-Organisation, Beratergruppe Atomsicherheit INSAG-7, S. 9.

18 Charles K. Dodd, *Industrial Decision-Making and High-Risk Technology: Siting Nuclear Power Facilities in the USSR* (Lanham, MD: Rowman & Littlefield, 1994), S. 83–84.

19 Schmid, *Producing Power*, S. 110.

20 Es war der Physiker Wladimir Wolkow (ebd., S. 145).

21 Der Experte war Iwan Schescherun, auch er ein Mitarbeiter des Kurtschatow-Instituts (Schores Medwedew, *Legacy of Chernobyl*, S. 258–59).

22 Schmid, *ProducingPower*, S. 110 und 124; IAEO, Expertengruppe Atomsicherheit INSAG-7, S. 37.

23 Schmid, *Producing Power*, S. 110–11.

24 Internationale Atomenergie-Organisation, Expertengruppe Atomsicherheit INSAG-7, S. 37; Anatoli Djatlow, *Chernobyl: How It Was* (Wie es war) *[Чер-*

нобыль: Как это было] (Moskau: Nauchte-khizdat, 2003), online at http://pripyat-city.ru/books/25-chernobyl-kak-yeto-bylo.html, 27.

25 Dodd, *Industrial Decision-Making and High-Risk Technology*, app. A.

26 Sredmasch musste erst noch entscheiden, welcher Reaktortyp auf diesem zweiten Standort gebaut werden sollte. Man hatte drei Optionen, das gasgekühlte Graphitmodell RK-1000, den WWER und den RBMK. Der RBMK wurde zunächst verworfen, er galt sowohl in technischer als auch in wirtschaftlicher Hinsicht als die schlechteste Wahl. Stattdessen entschied man sich für den fortschrittlicheren und auch sichereren gasgekühlten RK-1000. Doch Mitte des Jahres 1969 waren Moskaus ehrgeizige Bauziele bereits in weite Ferne gerückt, die Zeit drängte. Sredmasch sah ein, dass der Graphit-Wasser-Koloss – trotz seiner Unzulänglichkeiten – schneller montiert werden konnte als das raffiniertere gasgekühlte Modell, und entschied sich schließlich für den RBMK. Sechs Monate später, zu Beginn des neuen Jahrzehnts, wurde Wiktor Brjuchanow zum Ministerium für Energie und Elektrifizierung nach Moskau bestellt und erhielt dort die Anweisung zum Bau der ersten beiden Reaktoren vom Typ RBMK-1000 des Kernkraftwerks Tschernobyl (Internationale Atomenergie-Organisation, Expertengruppe Atomsicherheit INSAG-7, 32–33; Schmid, *Producing Power*, S. 120–25).

27 Wann genau welcher RBMK-Reaktor in der UdSSR in Betrieb genommen wurde, ist nachzulesen bei Sich, »Chornobyl Accident Revisited«, S. 148.

28 Block Eins des Kernkraftwerks Leningrad erreichte erst elf Monate nach dem ersten Hochfahren am 1. November 1974 die volle Leistung (Schmid, *Producing Power*, S. 114).

29 Internationale Atomenergie-Organisation, Expertengruppe Sicherheit INSAG-7, 35–37.

30 ebd., S. 37.

31 ebd., S. 6.

32 Weniamin Prianitschnikow Gespräch mit dem Autor, Kiew, 13. Februar, 2006.

33 Koptschinsky und Steinberg, *Chernobyl*, S. 140; IAEO, Expertengruppe Atomsicherheit, INSAG-7, S. 39–40.

34 Internationale Atomenergie-Organisation, Expertengruppe Sicherheit, INSAG-7, S. 4–5.

35 ebd., S. 43; Sich, »Chornobyl Accident Revisited«, S. 185. Der ursprüngliche Entwurf des RBMK sah sieben Meter lange Steuerstäbe vor, mit sieben Meter langen Absorbern und Verdrängern, die im eingefahrenen Zustand die gesamte Länge des Kerns abdecken würden; 68 davon wären Havarieschutz-

Stäbe. Doch im Endentwurf war keiner der Stäbe lang genug, um den Kern ganz abzudecken, und statt der 68 Stäbe sollten nur 21 im Kern verbleiben. Für RBMK-Reaktoren der zweiten Generation waren 24 Stäbe vorgesehen. Die Gesamtzahl der Steuerstäbe wurde auf 211 erhöht.

36 IAEO Atomenergie, Expertengruppe INSAG-7, S. 45.

37 ebd., S. 41.

38 Schmid, *Producing Power*, S. 114.

39 Koptschinski und Steinberg, *Chernobyl*, S. 140–41.

40 Witali Abakumow, ein ehemaliger Mitarbeiter im Kernkraftwerk Leningrad, beschreibt detailliert seine persönlichen Erinnerungen an den Unfall in »Analyse der Ursachen und Umstände des Störfalls von 1975 in Block Eins des KKW Leningrad (Perspektive eines Physikingenieurs, Beteiligten und Augenzeugen der Ereignisse)«, 10. April 2013, http://accidont.ru/Accid75.html. Siehe auch Walentin Fedulenko, »Der Störfall aus unterschiedlichen Perspektiven: Erinnerungen eines Augenzeugen und Meinung eines Experten« [Версии аварии: мемуары участника и мнение эксперта], 19. September 2008, www.chernobyl.by/accident/28-versii-avarii-memuary-uchastnika-i-mnenie.html.

41 Koptschinski und Steinberg, *Chernobyl*, S. 161.

42 ebd.; IAEO, Expertengruppe INSAG-7, S. 48–49.

43 Der Regierungsbeschluss Nr. 2638 R wurde am 1. Dezember 1975 erlassen (Internationale Atomenergie-Organisation, Expertengruppe INSAG-7, S. 33).

44 Nikolai Steinberg, Gespräch mit dem Autor, Kiew, 28. Mai 2017.

45 Vgl. Koptschinski und Steinberg in *Chernobyl*, S. 116. Zur Geschichte des Stromnetzes in der Ukraine: vgl. »Abschnitt 3: Das einheitliche Stromnetz der Ukraine«, in K. B. Denisewitsch et al., *Buch 4: Die Entwicklung der Atomkraft und der einheitlichen Stromversorgung* (Kiew: Energetika, 2011), http://energetika.in.ua/ru/books/book-4/section-2/section-3.

46 Koptschinski und Steinberg, *Chernobyl*, S. 139–40. (Die vorhergehenden Strophen des Lieds spotteten über die raffinierteren WWER-Reaktoren, die aufgrund von Herstellungsproblemen nicht rechtzeitig in Betrieb genommen werden konnten.)

47 Steinberg, Gespräch mit dem Autor, 2015.

48 ebd.; Koptschinski und Steinberg, *Chernobyl*, S. 140.

49 Georgi Reichtman (zum damaligen Zeitpunkt angehender Reaktorfahrer in Block Eins des KKW Tschernobyl), Gespräch mit dem Autor, Kiew, September 2015.

50 Koptschinski und Steinberg, *Chernobyl*, S. 140–42.

51 Internationale Atomenergie-Organisation, Expertengruppe INSAG-7, S. 48–49.

52 ebd., S. 82.

53 Schmid, *Producing Power*, S. 62–63; Read, *Ablaze*, S. 193.

54 Internationale Atomenergie-Organisation, Expertengruppe INSAG-7, S. 72.

55 ebd., S. 48–50.

56 Der Bericht des KGB über den Störfall ist nachzulesen bei Daniljuk, Hg., *Z arkhiviv*, Dokument Nr. 9: »Bericht des KGB der UkrSSR, Kiew und Region Kiew, an die 2. Hauptverwaltung des KGB der UdSSR bezüglich der Notabschaltung von Block 1 des KKW Tschernobyl am 9. September 1982«, 10. September 1982.

57 Steinberg, Gespräch mit dem Autor, 2015.

58 Die Behauptung, dass angeblich keinerlei Radioaktivität freigesetzt worden war, stand in einem Bericht des KGB vom 13. September 1982, nachzulesen in Daniljuk, Hg., *Z arkhiviv*, Dokument Nr. 10: »Bericht des UkrSSR KGBM zu Stadt und Region Kiew an das UdSSR KGB und das UkrSSR KGB bezüglich der vorläufigen Untersuchungsergebnisse zu den Ursachen der Notfallsituation im KKW Tschernobyl am 9. September 1982«, 13. September 1982. Die Tatsache, dass sehr wohl Radioaktivität freigesetzt worden war, wurde am 14. September vom KGB vermerkt. Siehe KGB der Ukrainischen Sozialistischen Sowjetrepublik: *Bericht des KGB der UdSSR zur Anzahl der Ausländer aus kapitalistischen Staaten und aus Entwicklungsländern in der Ukrainischen SSR, zu den in England lebenden Kämpfern der Ukrainischen Nationalbewegung, zu den Folgen des Störfalls am Atomkraftwerk* [Информационное сообщение КГБ УССР о количестве иностранцев из капиталистических и развивающихся стран в УССР, ОУНовских боевиках в Англии, последствиях аварии на АЭС на 14 сентября 1982 г.], 14. September 1982, freigegebenes Archiv des Staatssicherheitsdienstes der Ukraine, http://avr.org.ua/index.php/viewDoc/24447/.

59 Daniljuk, Hg., *Z arkhiviv*, Dokument Nr. 12: *Bericht des UkrSSR KGBM zu Stadt und Region Kiew an das KGB der UdSSR und das KGB der UkrSSR bezüglich der radioaktiven Kontamination auf dem Gelände des Atomkraftwerks Tschernobyl nach dem Störfall am 9. September 1982*, 14. September 1982; und Dokument Nr. 13: *Bericht des KGB-Chefs der Region Kiew an den Vorsitzenden des KGB der UkrSSR bezüglich der Strahlenbelastung auf dem Gelände der Atomanlage Tschernobyl infolge des Störfalls am 9. September 1982*, 30. Ok-

tober 1982; Wiktor Kowtutzki, leitender Buchhalter in der Bauabteilung von Tschernobyl, Gespräch mit dem Autor, Kiew, April 2016; Esaulow, *City That Doesn't Exist*, S. 19.

60 Read, *Ablaze*, S. 43–44.

61 Andrei Gluchow, Gespräch mit dem Autor, Slawutytsch, Ukraine 2015.

62 Gespräche des Autors mit Steinberg und Gluchow.

63 Koptschinski und Steinberg, *Chernobyl*, S. 141; Steinberg, Gespräch mit dem Autor, 2015.

64 Grigori Medwedew, *Truth About Chernobyl*, S. 19 and S. 44–45.

65 Gespräche des Autors mit Steinberg, Gluchow, und Kupni; Grigori Medwedew, *Truth About Chernobyl*, S. 19.

66 Der ORM-Wert, die betriebliche Reaktivitätsreserve, maß die Gesamtzahl der konstant im Kern verbleibenden Steuerstäbe, beziehungsweise ihre Fähigkeit, die Reaktorleistung einzudämmen. Ein ORM-Wert von 30 könnte auf 30 komplett eingefahrene Stäbe, auf 60 halb eingefahrene oder auf 120 zu einem Viertel eingefahrene Stäbe verweisen.

67 Internationale Atomenergie-Organisation, Expertengruppe INSAG-7, S. 39–43.

68 Steinberg, Gespräch mit dem Autor, 2017; Sich, »Chornobyl Accident Revisited«, S. 159.

69 Steinberg, Gespräch mit dem Autor, 2017; Koptschinski und Steinberg, *Chernobyl*, 144; Internationale Atomenergie-Organisation, Expertengruppe INSAG-7, S. 42–44, 90n24. Der Brief (Referenznummer 33-08/67) war auf den 23. Dezember 1983 datiert.

70 1983, auf einem interdisziplinären Treffen in Moskau, zu dem Alexandrow geladen hatte, geriet Efim Slawski in Wut, als man auf die Unzulänglichkeiten des RBMK zu sprechen kam. Seine Haltung trug dazu bei, »jede ernsthafte Diskussion über diesen Reaktortyp im Keim zu ersticken«, erinnert sich Georgi Koptschinski, der damals die Abteilung Kernenergie im Zentralkomitee leitete und dem Treffen beiwohnte. Vgl hierzu Koptschinski und Steinberg, *Chernobyl*, S. 145. Nähere Einzelheiten zum Versäumnis, die bekannten Fehler im Konzept der RBMK-Reaktoren anzusprechen, finden sich in Nikolai Karpan, *Chernobyl: Revenge of the Peaceful Atom [Чернобыль: Месть мирного атома]* (Kiew: CHP Country Life, 2005), S. 399–404.

71 Expertengruppe INSAG-7 (45) berichtet, dass NIKIET bereits 1977 eine Modifizierung der Steuerstäbe vorgeschlagen habe, diese aber nur bei wenigen RBMK-Reaktoren umgesetzt worden sei. Koptschinski erwähnt, dass

die Idee vom Kernkraftwerk in Kursk kam und »nie in den Reaktor-Konstruktionsplan aufgenommen wurde.« Stattdessen war für jede Änderung an einem RBMK-Block eine Genehmigung durch das NIKIET erforderlich, ein Prozess, der »sich Monate hinziehen« konnte (Koptschinski und Steinberg, *Chernobyl*, S. 144).

72 Steinberg, Gespräch mit dem Autor, 2015; Alexey Breus, Gespräch mit dem Autor, Kiew, Juli 2015; Koptschinski und Steinberg, *Chernobyl*, S. 144; Andrei Gluchow erinnerte sich, dass die Belegschaft der Abteilung für nukleare Sicherheit in Tschernobyl 1983 ein Dokument erhielt, in dem vom sogenannten »Stabendeneffekt« die Rede war. Da es jedoch nur wenigen zugänglich sein sollte, waren die Betriebsvorschriften für den Reaktor nicht entsprechend ergänzt worden, um auf das Phänomen hinzuweisen (Gluchow, telefonisches Interview, Juli 2018).

73 Das Datum der Inbetriebnahme von Block Vier wird von Nikolai Fomin bestätigt, dem Chefingenieur des KKW Tschernobyl, siehe Karpan, *From Chernobyl to Fukushima*, S. 143.

74 Es gibt eine lebhafte Schilderung des Unfalls in Mahaffey, *Atomic Accidents*, S. 314–317 und in S. 342–350. Weitere Details finden sich in Mitchell Rogovin und George T. Frampton Jr. (NRC Special Inquiry Group), *Three Mile Island: A Report to the Commissioners and to the Public* (Washington, DC: Government Printing Office, 1980).

75 Grigori Medwedew, *Verbrannte Seelen*, S. 17.

76 William C. Potter, *Soviet Decision making for Chernobyl: An Analysis of System Performance and Policy Change* (Bericht an den National Council for Soviet and East European Research, 1990), S. 6; Edward Geist, »Political Fallout: ›The Failure of Emergency Management at Chernobyl‹«, *Slavic Review* 74, Nr. 1 (Spring 2015): S. 107–8.

77 Leonid Bolschow, damals ein namhafter Physiker am Kurtschatow-Institut, erinnert sich, dass von offizieller Seite folgende Information kam: die amerikanischen Operatoren seien schlecht ausgebildete ehemalige Marinesoldaten ohne höheren Schulabschluss, wogegen die russischen Operatoren ausnahmslos die besten Universitäten, spezialisiert auf Kerntechnik, besucht hätten und bestens geschult worden seien (Gespräch mit dem Autor, 2017). Vgl. auch Schores Medwedew, *Legacy of Chernobyl*, S. 272–73.

78 Das einzige Eingeständnis solcher beruflichen Zweifel, das je in Druck ging, war ein Aufsatz, den 1980 vier Physiker gemeinschaftlich verfasst hatten – Legassow, Sidorenko, Babajew und Kusmin. Darin hieß es: »Unter gewis-

sen Voraussetzungen könnten trotz bestehender Sicherheitsvorkehrungen gewisse Bedingungen in einem [Kernkraftwerk] einen Unfall begünstigen, der die aktive Zone beschädigt und bei dem eine geringe Menge an radioaktiven Substanzen in die Atmosphäre entweicht.« Er wurde von Sredmasch prompt als Panikmache kritisiert (»Fragen zur Sicherheit in Kernkraftanlage« [Проблемы безопасности на атомных электростанциях], *Priroda*, Nr. 6, 1980). Zur Entwicklung staatlicher Atomaufsichtsbehörden in der UdSSR vgl. Schmid, *Producing Power*, S. 59–60 und S. 92.

79 IAEO, Expertengruppe INSAG-7, S. 34–35.

80 »Nuclear Power Industry«, *Soviet Life* 353, Nr. 2 (Washington, DC: Sowjetische Botschaft, Februar 1986), S. 7–16.

81 Waleri Legassow, Lew Feoktistow und Igor Kusmin, »Nuclear Power Engineering and International Security«, *Soviet Life* 353, Nr. 2, S. 14.

82 Witali Skljarow, interviewt von Maxim Rylsky, »The Nuclear Power Industry in the Ukraine«, *Soviet Life* 353, Nr. 2, S. 8. Als ich 2017 mit Skljarow sprach, behauptete er, dass er sich weder an diese Aussage erinnern könne noch an den Artikel, in dem sie erschienen war.

Kapitel 5
Freitag, 25. April, 23:55 Uhr, Kontrollwarte des Vierten Reaktorblocks

1 Alexey Breus, Gespräch mit dem Autor, Kiew, Juli 2015. Fast überall im Kraftwerk war das Rauchen verboten. Die Kontrollwarte gehörte zu den wenigen Räumen, in denen es toleriert wurde. Die Reaktorkontrollingenieure rauchten an den Schalttafeln, und Leonid Toptunow war Raucher (so wie die große Mehrheit damals in der UdSSR).

2 Karpan zufolge behauptete Djatlows Verteidiger, als er Fomin während der Gerichtsverhandlung ins Kreuzverhör nahm, Djatlow habe sich zwei Tage lang ganz allein um Block Vier gekümmert. Fomin hielt dagegen, dass Djatlow am Nachmittag des 25. April eine »Pause« eingelegt habe und nach Hause gegangen sei. Er sei jedoch telefonisch erreichbar geblieben. *Chernobyl to Fukushima*, S. 148.

3 Boris Stoljartschuk, Gespräch mit dem Autor, Kiew, Juli 2015.

4 So einen Totalstromausfall hatte es bereits gegeben, nämlich 1980 im Kernkraftwerk Kursk: Schores Medwedew, *Legacy of Chernobyl*, S. 269.

5 Sich, »Chornobyl Accident Revisited«, S. 225.

6 Nikolai Steinberg, ehemaliger leitender Ingenieur im KKW Tschernobyl, erinnerte sich, dass vor 1986 bereits drei ähnliche Versuche stattgefunden hatten – und keiner war in der Lage gewesen, die Menge an Strom zu erzeugen, die bei einem Totalausfall der Energieversorgung erforderlich wäre (Gespräch mit dem Autor, 2015). Die Expertengruppe (INSAG-7) der Internationalen Atomenergie-Organisation fasst die Geschichte des Versuchs auf Seite 51 zusammen. Die Tatsache, dass Reaktor Vier in Betrieb ging, ohne dass dieser Versuch durchgeführt worden war, wird laut Verfahrensprotokoll zu Tschernobyl vom Richter bemerkt: Vgl. Karpan, *Chernobyl to Fukushima*, S. 143.

7 Diese *shturmovshchina*-Praxis vor wichtigen Produktionsquoten-Terminen – wörtlich: sie »im Sturm« nehmen – gehörte zur sowjetischen Arbeitswelt: Zhores Medvedev, *Legacy of Chernobyl*, S. 25–26. Vgl. hierzu auch die Schilderung Igor Kasatschkows, der an diesem Tag die erste Schicht in Block Vier beaufsichtigte: Schtscherbak, *Chernobyl*, S. 34.

8 Gennadi Metlenko (Chefingenieur von Dontechenergo), Aussage vor Gericht, vgl. Karpan, *Chernobyl to Fukushima*, S. 178.

9 Metlenko, von Djatlow vor Gericht befragt, vgl. Karpan, *Chernobyl to Fukushima*, S. 180.

10 Karpan, *Chernobyl to Fukushima*, S. 146 und 191; Gluchow, Gespräch mit dem Autor, 2015.

11 Leonid Toptunows Geburtsdatum ist der 16. August 1960; die Angabe stammt von seiner Mutter, Wera Toptunowa. Gespräch mit dem Autor, 2015.

12 Zhores Medvedev, *Legacy of Chernobyl*, S. 28.

13 Anatoli Djatlows Geburtsdatum (3. März 1931) wird während des Gerichtsverfahrens genannt, vgl. Karpan, *Chernobyl to Fukushima*, S. 194.

14 Djatlow, Zeugenaussage, vgl. Karpan, *Chernobyl to Fukushima*, S. 151.

15 Read, *Ablaze*, S. 33–34 und 46.

16 Erinnerungen von W. A. Orlow and W. W. Grischenko, Teile III und V in »Appendix 8: Memories about A. S. Dyatlov«, in Djatlow, *Chernobyl: How It Was*, S. 183 und 187. Was die Geschichte der Lenin-Komsomol-Werft betrifft, vgl »Komsomol'sk-na-Amure«, Russia: Industry: Shipbuilding, GlobalSecurity.org, November 2011.

17 Djatlow, Aussage vor Gericht, vgl. Karpan, *Chernobyl to Fukushima*, S. 156.

18 Djatlow, *Chernobyl: How It Was*, S. 25–32; Djatlow, Aussage vor Gericht, vgl. Karpan, *Chernobyl to Fukushima*, S. 152.

19 Anatoli Kryat erinnnert sich, Teil IV im Anhang 8 zu Djatlow, *Chernobyl:*

How It Was, S. 186; Steinberg, Gespräch mit dem Autor, 2015; Gluchow, Gespräch mit dem Autor, 2015.

20 Walentin Grischenko, der mit Djatlow sowohl in der Lenin-Komsomol-Werft als auch in Tschernobyl zusammengearbeitet hatte, stellt fest, dass es in Tschernobyl nur einen Kollegen gab – Anatoli Sitnikow, auch er ein langjähriger Kollege –, der als guter Freund Djatlows bezeichnet werden konnte. Zu Grischenkos Erinnerungen vgl. Djatlow, *Chernobyl: How It Was*, S. 187.

21 Korol, Gespräch mit dem Autor, 2015.

22 Djatlow, Aussage vor Gericht, in Karpan, *Chernobyl to Fukushima*, S. 152; Breus, Gespräch mit dem Autor, 2015.

23 Erinnerungen Grischenkos, in Djatlow, *Chernobyl: How It Was*, S. 187.

24 Djatlow, *Chernobyl: How It Was*, S. 25–26.

25 Steinberg, Gespräche mit dem Autor, 2015 und 2017; Read, *Ablaze*, S. 47; Erinnerungen Grischenkos in Djatlow, *Chernobyl: How It Was*, S. 187.

26 Anatoli Djatlow, persönlicher Brief (unveröffentlicht) an Toptunows Eltern, Wera and Feodor, vom 1. Juni 1989, aus dem persönlichen Archiv Wera Toptunowas; Sergei Jankowski (Ermittler für die Staatsanwaltschaft der Region Kiew) Prosecutor's Office) Gespräch mit dem Autor, Kiew, 7. Februar 2016; Read, *Ablaze*, S. 47. Djatlow beschreibt, welcher Strahlendosis er während seiner Zeit auf der Werft ausgesetzt war, ohne dies direkt mit dem Unfall in Zusammenhang zu setzen, in einem Gespräch mit A. Budnitski und W. Smaga, »The Reactor's Explosion Was Inevitable« [Реактор должен был взорваться], *Komsomolskoje Snamja*, 20. April 1991, nachzulesen in Djatlow, *How It Was*, S. 168.

27 Beschreibung in Read, *Ablaze*, S. 47; W. W. Erinnerungen Lomakins, Teil VI in Appendix 8 zu Djatlow, *Chernobyl: How It Was*, S. 188; Koptschinski und Steinberg, *Chernobyl*, S. 151. Georgi Reichtman, ehemaliger Offizier auf einem U-Boot und im Zuge einer politischen Säuberung unehrenhaft aus der sowjetischen Marine entlassen, bezeichnete Djatlow als fairen Menschen, der maßgeblich dafür gesorgt hatte, dass Reichtman, dem niemand Arbeit geben wollte, einen Posten im KKW Tschernobyl erhielt (Reichtman, Gespräch mit dem Autor, September 2015).

28 Steinberg, Gespräch mit dem Autor, 2015.

29 Nikolai Steinberg erinnert sich, dass Djatlow »zuweilen flapsig bemerkte, der RBMK sei ihm ein Rätsel. Wir, die Jungen, fanden das seltsam. Wir dachten, dass Djatlow einer war, der alles wusste.« Koptschinski und Steinberg, *Chernobyl*, S. 151; Steinberg, Gespräch mit dem Autor, 2017.

30 Das Akronym SIUR steht für *starshiy inzhener upravleniya reaktorom*. Besuch des Autors in der Kontrollwarte Zwei des KKW Tschernobyl, und Gespräch mit Alexander Sewastianow, 10. Februar 2016; Stoljartschuk, Gespräch mit dem Autor, 2016.

31 Besuch des Autors in der Kontrollwarte Zwei des KKW Tschernobyl, und Gespräch mit Alexander Sewastianow, Februar 2016; Stoljartschuk, Gespräch mit dem Autor, 2016.

32 Gluchov, Gespräch mit dem Autor, 2015.

33 Akimows Geburtsdatum ist der 6. Mai 1953, vgl. dazu »Liste derer, die bei dem Unfall in Tschernobyl zu Tode kamen« [Список погибших при аварии на ЧернобыльскоиАЭС], nicht datiert, Elektronisches Archiv Tschernobyl, verfügbar auf http://pripyat-city.ru/documents/21-spiski-pogibshix-pri-avarii.html.

34 Read, *Ablaze*, S. 38–39.

35 Steinberg, Gespräch mit dem Autor, 2015. Als er die hypothetische Wahrscheinlichkeit eines schweren Unfalls in Tschernobyl errechnen sollte, gab Akimow sie als eins zu zehn Millionen im Jahr an (Read, *Ablaze*, 43).

36 Vgl. dazu die Aussagen Juri Tregubs, der an diesem Tag die Aufsicht über die zweite Schicht in Block Vier hatte, in Schtscherbak, *Chernobyl*, S. 39; Grigori Medwedew, *Truth About Chernobyl*, S. 72.

37 Diese Erklärung gab Fomin vor Gericht ab, vgl. Karpan, *Chernobyl to Fukushima*, S. 146.

38 Stoljartschuk, Gespräch mit dem Autor, 2016; Tregub, Aussage vor Gericht, in Karpan, *Chernobyl to Fukushima*, S. 180–81.

39 IAEO, Expertengruppe Sicherheit INSAG-7, S. 4–5.

40 Sich, »Chornobyl Accident Revisited«, S. 211; Alexander Sich, Telefongespräch mit dem Autor, Dezember 2016. Der nachfolgende Unfallbericht durch eine Gruppe sowjetischer Fachkräfte gibt ebenfalls Toptunow die Schuld am Leistungsabfall: INSAG-7, »Anhang I: Report of a commission to the USSR State Committee for the Supervision of Safety in Industry and Nuclear Power«, 1991, S. 63. Die Verfasser des INSAG-7-Berichts erwähnen allerdings auch, dass Djatlow selbst den Unfall auf einen Ausrüstungsfehler zurückfürte (IAEO, INSAG-7, S. 11).

41 IAEO, Expertengruppe INSAG-7, S. 73; Zeugenaussage Tregub, vgl. Schtscherbak, *Chernobyl*, S. 40.

42 Tregub, Aussage vor Gericht, vgl. Karpan, *Chernobyl to Fukushima*, S. 181.

43 Zweimal bereits hatten Operatoren versucht, die Leistung der Reaktoren

des KKW Tschernobyl zu steigern, ohne die Entgiftung abzuwarten. Als Sicherheitsinspektoren in Moskau davon erfuhren, riefen sie umgehend bei Brjuchanow an, er möge dafür sorgen, dass das aufhöre. Juri Lauschkin, Aussage vor Gericht, vgl. Karpan, *Chernobyl to Fukushima*, 175.

44 In seinem Memoir schreibt Djatlow, er habe, bevor Toptunow auf Globale Automatik umgeschaltet habe, die Kontrollwarte verlassen, um »Bereiche mit erhöhtem Strahlungsrisiko zu erkunden«, von denen er glaubte, sie seien durch die Senkung der Reaktorleistung sicherer geworden. Er sei nicht vor 00:35 Uhr in die Kontrollwarte zurückgekehrt (*Chernobyl: How It Was*, S. 30).

45 Auch Tregub bezeugt Djatlows Anwesenheit in der Kontrollwarte zu diesem Zeitpunkt (Aussage vor Gericht, vgl. Karpan, *Chernobyl to Fukushima*, S. 180–81). Ebenso Metlenko (ebd., 179), der behauptet, Djatlow habe sich gegen 00:28 Uhr »stirnrunzelnd« vom Schaltpunkt entfernt.

46 Grigori Medwedew, *Verbrannte Seelen*, S. 68. Medwedew schreibt, dass Toptunow knappe 24 Stunden später im Prypjater Krankenhaus erzählt habe, was ihm in diesem Moment durch den Kopf gegangen sei. Dieser Einblick wird weiter ausgeführt in Schtscherbaks Gesprächen mit Igor Kasatschkow und Arkadi Uskow, vgl. *Chernobyl*, S. 366–69 und 370–74.

47 Metlenko, Zeugenaussage in Karpan, *Chernobyl to Fukushima*, S. 179.

48 Tregubs Schilderung vgl. Schtscherbak, *Chernobyl*, S. 41. Die verstrichene Zeit findet sich bei Sich, »Chornobyl Accident Revisited«, S. 212.

49 IAEA, INSAG-7, S. 71.

50 ebd.

51 Stoljartschuk, Gespräch mit dem Autor, 2016.

52 Sich, »Chornobyl Accident Revisited«, S. 212–14.

53 IAEO, INSAG-7, S. 8.

54 Rasim Dawletbajew (stellvertretender Leiter der Turbinenabteilung), Aussage vor Gericht, vgl. Karpan, *Chernobyl to Fukushima*, S. 188; Djatlow, *Chernobyl: How It Was*, S. 31.

55 Grigori Medwedew, *Verbrannte Seelen*, S. 85–86.

56 Dawletbajew, Aussage vor Gericht, vgl. Karpan, *Chernobyl to Fukushima*, S. 188.

57 Stoljartschuk, Gespräch mit dem Autor, 2016. Laut Fomins Aussage vor Gericht (vgl. Karpan, *Chernobyl to Fukushima*, S. 142) wurde der Versuch von den Elektrikern initiiert.

58 Metlenko sagt vor Gericht aus, dass der Versuch 1984 mit Turbinengenera-

tor 5 durchgeführt worden sei, der sich im dritten Reaktorblock befand: Karpan, *Chernobyl to Fukushima*, S. 178.

59 Fomin, Aussage vor Gericht, in Karpan, *Chernobyl to Fukushima*, S. 142–44; IAEO, INSAG-7, S. 51–52; Oberstes Gericht der UdSSR, Gerichtsurteil gegen Brjuchanow, Djatlow und Fomin, 29. Juli 1987, nachzulesen in Karpan, *Chernobyl to Fukushima*, S. 198.

60 Fomin, Aussage vor Gericht, nachzulesen in Karpan, *Chernobyl to Fukushima*, S. 145.

61 Tregubs Schilderung der Ereignisse in Schtscherbak, *Chernobyl*, S. 41.

62 Raumbeschreibung des Autors nach einem Besuch im HUP-Raum in Block Drei des KKW Tschernobyl am 10. Februar 2016.

63 Zahl II-6, IAEO, INSAG-7, S. 119.

64 Djatlow, *Chernobyl: How It Was*, S. 40.

65 IAEO, INSAG-7, S. 8.

66 Die IAEO-Expertengruppe stellt in INSAG-7 (S. 66) fest, dass vom Beginn des Tests bis zum Drücken des AZ-5-Knopfes weder die Reaktorleistung noch die anderen Parameter (Druck und Wasserstand in den Dampfabscheidern, Durchsatz von Kühl- und Speisewasser etc.) eine Intervention durch das Bedienpersonal oder die sicherheitstechnischen Einrichtungen benötigten.

67 Zeugenaussagen von Juri Tregub und Grigori Lysjuk (Schichtleiter der Elektrowerkstatt), nachzulesen in Karpan, *Chernobyl to Fukushima*, S. 182 und 184; Djatlow, *Chernobyl: How It Was*, S. 40. Während Lysjuk behauptet, dass der Leistungsanstieg von Toptunow gemeldet worden sei, *bevor* der AZ-5-Knopf gedrückt wurde, gab Djatlow an, es sei danach passiert, was auch mit den Computerdaten übereinstimmt, die nach dem Unfall ausgewertet wurden.

68 Beschreibung des AZ-5-Knopfes durch Nikolai Steinberg in einem Gespräch mit dem Autor, 2017.

69 Tregub, Aussage vor Gericht, nachzulesen in Karpan, *Chernobyl to Fukushima*, S. 182.

70 IAEO, INSAG-7, S. 66.

71 ebd., 119.

72 Djatlow, *Chernobyl: How It Was*, S. 48; IAEO, INSAG-7, S. 4 (Abschnitt 2.2).

73 IAEO, INSAG-7, S. 67; Sich, »Chornobyl Accident Revisited«, S. 220.

74 IAEO, INSAG-7, S. 55.

75 Besuch des Autors in der Kontrollwarte Zwei und Gespräch mit Alexander Sewastianow, 10. Februar 2016.

76 Djatlow, *Chernobyl: How It Was*, S. 41.
77 Tregubs Schilderung der Ereignisse in Schtscherbak, *Chernobyl*, S. 41–42.
78 Sich, »Chornobyl Accident Revisited«, 231 m; IAEO, INSAG-7, S. 67.
79 IAEO, INSAG-7, S. 67–68.
80 Djatlow, *Chernobyl: How It Was*, S. 31.
81 Sich, »Chornobyl Accident Revisited«, S. 219 und 230nl; Grigori Medwedew, *Verbrannte Seelen*, S. 87.
82 IAEO, INSAG-7, S. 55.
83 Tregubs Schilderung der Ereignisse in Schtscherbak, *Chernobyl*, 42.
84 Stoljartschuk, Gespräch mit dem Autor, 2015.
85 Sich, »Chornobyl Accident Revisited«, S. 221–22.
86 Karpan, *Chernobyl to Fukushima*, S. 63.
87 Grigori Medwedew, *Verbrannte Seelen*, S. 85.
88 Djatlow, *Chernobyl: How It Was*, S. 57.
89 Diese Hypothese wird im sowjetischen Wien-Bericht bestätigt (Staatskomitee der UdSSR für die Nutzung der Atomenergie, »The Accident at the Chernobyl Nuclear Power Plant and Its Consequences«), S. 21; und Sich, »Chornobyl Accident Revisited«, S. 223. Eine andere Erklärung sowie Überlegungen zum Ort der zweiten Explosion sind nachzulesen in Karpan, *Chernobyl to Fukushima*, S. 62–63.
90 Schätzungen bezüglich der Wucht der Explosion, die den Reaktor zerstört hat, variieren sehr stark. K. P. Tschetscherow spricht von etwa 24 Tonnen TNT in »Evolving accounts of the causes and processes of the accident at Block 4.« Waleri Legassow geht sogar nur von drei oder vier Tonnen TNT aus (Legassows Tonbandaufzeichnungen, Teil 1, S. 12). Karpan (*Chernobyl to Fukushima*, S. 62) spricht von 30 Tonnen und beruft sich dabei auf die »Expertenmeinungen« staatlicher Ermittler, die ihn am 16. Mai 1986 erreicht hätten. Der KGB-Bericht vom 15. Mai 1986 präzisierte schließlich, es seien »nicht weniger als 50 oder 60 Tonnen« gewesen (Daniljuk, Hg., *Z arkhiviv*, Dokument Nr. 34: »Bericht der Operativgruppe KGBM der UkrSSR und des KGB der UdSSR in der Stadt Tschernobyl an das KGB der UdSSR, was die Strahlenbelastung und den Fortschritt bei der Untersuchung des Unfalls im KKW Tschernobyl anbelangt«)
91 Obwohl dies nach wie vor umstritten ist, steht 1989 in einem Bericht des Staatskomitees der UdSSR für die sichere Ausführung der Arbeiten in der Kernkraftindustrie, dass der Schutzschild hoch genug geschleudert worden sei, um umzuschlagen: A. Jadrihinsky, »Störfall in Block Vier des KKW

Tschernobyl und Nuklearsicherheit von RBMK-Reaktoren«, Inspektorat Gosatomenergonadsor im KKW Kursk, 1989, S. 10–11. Vgl. auch US Nuclear Regulatory Commission in »Report on the Accident (NUREG-1250)«, S. 2–16 und S. 5–6. Weitere Einzelheiten bezüglich des Schadens, den die erste Explosion angerichtet hat, sind nachzulesen in Sich, »Chornobyl Accident Revisited«, S. 84–85.

92 Sich, »Chornobyl Accident Revisited«, S. 84. Nach dem Unfall, am 21. Mai, beschrieb Juri Israel, der Vorsitzende des Staatskomitees für Hydrometeorologie und Umweltkontrolle (Goskomgidromet) in einem streng geheimen Bericht an Nikolai Ryschkow, den Vorsitzenden des Ministerrats der UdSSR, den adioaktiven Fallout: »Beurteilung der radioaktiven Situation und der radioaktiven Verschmutzung nach dem Unfall im KKW Tschernobyl«, 21. Mai 1986, Microfilm, Hoover Institution, *Russian State Archive of Contemporary History (RGANI)*, Opis 51, Reel 11006, File 23.

93 Sich, »Chornobyl Accident Revisited«, S. 405.

94 Alexander Juwtschenko, Gespräch mit dem Autor, 2006.

95 Juri Kornejew (Turbineningenieur, fünfte Schicht, Block Vier des KKW Tschernobyl), Gespräch mit dem Autor, Kiew, September 2015.

96 Vgl. Karpan, *Chernobyl to Fukushima*, S. 21.

97 Djatlow, *Chernobyl: How It Was*, S. 49.

98 Stoljartschuk, Gespräche mit dem Autor, 2015 and 2016.

99 Karpan, *Chernobyl to Fukushima*, S. 11–12.

Kapitel 6
Samstag, 26. April, 1:28 Uhr, Paramilitärische Feuerwache Nummer Zwei

1 Augenzeugenbericht in Karpan, *Chernobyl to Fukushima*, S. 12.

2 Anatoli Sacharow, Gespräch mit dem Autor, Kiew, Februar 2016.

3 ebd. Sie erreichten den Einsatzort um 1.30 Uhr am Morgen, vgl. Einsatzverzeichnis der Feuerwehrzentrale Kiew, Archiv des Tschernobyl-Museums.

4 Alexander Petrowski, Gespräch mit dem Autor, Bohdany, Ukraine, November 2006. Was Einsatzzeiten und Ausrüstung angeht, vgl. Einsatzverzeichnis der Feuerwehrzentrale Kiew, Archiv des Tschernobyl-Museums.

5 Die Feuerwehr von Prypjat wurde um 1:29 Uhr gerufen. (Einsatzverzeichnis der Feuerwehrzentrale Kiew). Vgl. auch Leonid Teljatnikows Schilderung in

Schtscherbak, »Report on First Anniversary of Chernobyl«, übers. in JPRS, Teil 1, S. 18.

6 Prawik bestätigte den Einsatz der Alarmstufe 3 telefonisch um 1:40 Uhr, vgl. Einsatzverzeichnis der Feuerwehrzentrale Kiew, Tschernobyl-Museum. Weitere Details in W. Rubtsow und J. Nasarow, »Men of the Assault Echelon«, *Poscharnoje delo*, Nr. 6 (Juni 1986), übers. in JPRS, *Chernobyl Nuclear Accident Documents*, S. 24–25.

7 Sacharow, Gespräch mit dem Autor, 2016; Petrowski, Gespräch mit dem Autor, 2016.

8 Stoljartschuk, Gespräche mit dem Autor, 2015 und 2016.

9 Diese Beschreibung basiert auf einem Besuch des Autors im Leitstand des Zweiten Reaktorblocks im KKW Tschernobyl am 10. Februar 2016 und auf Djatlows Zeugenaussage vor Gericht, nachzulesen in Karpan, *Chernobyl to Fukushima*, S. 157.

10 Djatlow, *Chernobyl: How It Was*, S. 49; Anatoli Djatlow im Gespräch mit Michael Dobbs, »Chernobyl's ›Shameless Lies‹«, *Washington Post*, 27. April 1992.

11 Read, *Ablaze*, S. 68; Djatlow, *Chernobyl: How It Was*, S. 49. In seiner Erinnerung bestreitet Djatlow, den Befehl gegeben zu haben, dem Reaktor Wasser zuzuführen, und besteht darauf, dass Chefingenieur Fomin ihn erteilt habe. Er selbst sei zu diesem Zeitpunkt nicht mehr im Leitstand gewesen. Djatlow, *Chernobyl: How It Was*, S. 53.

12 Juwtschenko, Gespräch mit dem Autor, 2006.

13 Alexander Juwtschenko, Aussage in *Zero Hour: Disaster at Chernobyl*, Regie Renny Bartlett, Discovery, 2004. Die Beschreibung des zweiten Operators, Alexander Nowik, stammt von Alexander Juwtschenko, im Gespräch mit Michael Bond, »Cheating Chernobyl«, *New Scientist*, 21. August 2004.

14 Alexander Juwtschenko, Gespräch mit dem Autor, 2006; Juwtschenko, Gespräch mit Bond, *New Scientist*, 2004. Nach www.moonpage.com herrschte zum Zeitpunkt der Explosion Vollmond. Tregubs Erinnerung an die Ereignisfolge, wie sie in einem Interview mit Juri Schtscherbak wiedergegeben wird, unterscheidet sich von der Juwtschenkos. (Schtscherbak, *Chernobyl*, S. 42–43).

15 Alexander Juwtschenko, Gespräch mit dem Autor, 2006. Obwohl Juwtschenko später der Überzeugung sein würde, dass das ätherische Schimmern, das er gesehen hatte, von Tscherenkows Licht herrührte, ist dieses Phänomenon nur in Medien mit einem hohen Brechungsindex sichtbar, wie zum

Beispiel Wasser. Dass es in der Luft, über dem Reaktor 4, zu beobachten war, ist sehr unwahrscheinlich (Alexander Sich, Gespräch mit dem Autor, 2018).

16 Sacharow, Gespräch mit dem Autor, 2016.

17 Dies bezeugen Kornejew, Schawrey (nachzulesen in Kiseljow, »Inside the Beast«, S. 43 and S. 47) und Rasim Dawletbajew (vgl. Koptschinski und Steinberg, *Chernobyl*, S. 20).

18 Schawreys Schilderung ist nachzulesen in Kiseljow, »Inside the Beast«, S. 47; Einsatzverzeichnis der Feuerwehrzentrale Kiew, Tschernobyl-Museum.

19 Einsatzverzeichnis der Feuerwehrzentrale Kiew, Tschernobyl-Museum.

20 »Befehl Nr. 113: Die Maßnahmen zum Notfalleinsatz im KKW Tschernobyl«, unterzeichnet von Major General W. M. Korneytschuk, 26. April 1986, »Operativgruppe des Innenministeriums der Oblast Kiew erstellte Akte zu Spezialmaßnahmen in der Zone Prypjat«, 26. April bis 6. Mai 1986, 6. Archiv des Tschernobyl-Museums.

21 Piotr Chmel, Gespräch mit dem Autor, Kiew, 2016.

22 Wiktor und Walentina Brjuchanow, Gespräch mit dem Autor, 2015.

23 Wiktor und Walentina Brjuchanow, Gespräch mit dem Autor, 2015.

24 Besuch des Autors im Bunker, Februar 2016.

25 Die Einzelheiten zu Brjuchanows Bewegungen entstammen einer Mitschrift von Brjuchanows Aussagen vor Gericht am 8. Juli 1987, die Nikolai Karpan stenographisch erstellt und in *Chernobyl to Fukushima* (S. 126–34) veröffentlicht hat. Der Chef des werksinternen Zivilschutzes, Serafim Worobjew, sagt aus, dass Brjuchanow ihn instruiert habe, persönlich für die Öffnung des Bunkers zu sorgen (Schtscherbak, *Chernobyl*, S. 396). Brjuchanows Anweisung, die Belegschaft von einem Allgemeinen Strahlenunfall in Kenntnis zu setzen, wird von der Disponentin L. Popowa bestätigt, vgl. Jewgeni Ignatenko, Hg., *Chernobyl: Events and Lessons* (Moskau: Politizdat, 1989), S. 95. Als sie versuchte, das automatisierte Telefonwarnsystem zu aktivieren, entdeckte Popowa, dass der Kassettenrecorder kaputt war, also erledigte sie einen Anruf nach dem anderen selbst.

26 Brjuchanows Aussage vor Gericht, vgl. Karpan, *Chernobyl to Fukushima*, S. 128–29. Der Vorsitzende des Exekutivkomitees der Stadt Kiew – das sowjetische Pendant zum Bürgermeister – war Wladimir Woloschko. Major W. A. Bogdan, offiziell der Sicherheitschef des Kraftwerks, wird am 4. Mai als Mitarbeiter des KGB identifiziert: Daniljuk, Hg., *Z arkhiviv*, Dokument Nr. 26: »Bericht der 6. Abteilung des KGB der UkrSSR an das KGB der UdSSR bezüglich der Radioactive Situation and Progress in Investigating

the Accident at the Chernobyl' NPS. (Bericht des ukrainischen KGB, Abteilung 6, an das KGB der UdSSR zur Strahlungssituation und zum Fortschritt bei den Ermittlungen zum Unfallhergang in Tschernobyl)«, NPS.

27 Paraschyn, Zeugenaussage in Schtscherbak, *Chernobyl*, S. 76.

28 Die Liste der Telefonate findet sich in Brjuchanows Aussage vor Gericht, nachzulesen in Karpan, *Chernobyl to Fukushima*, S. 129.

29 Brjuchanows Aussage vor Gericht, nachzulesen in Karpan, *Chernobyl to Fukushima*, S. 129; Paraschyn, Zeugenaussage in Schtscherbak, *Chernobyl*, S. 76.

30 Paraschyn, Zeugenaussage in Schtscherbak, *Chernobyl*, S. 76.

31 Alexander Juwtschenko, Gespräch mit dem Autor, 2006; Juwtschenko im Gespräch mit Bond, *New Scientist*, 2004; Vivienne Parry, »How I Survived Chernobyl«, *Guardian*, 24. August 2004.

32 Karpan, *Chernobyl to Fukushima*, S. 18.

33 ebd., S. 18 und S. 20–22; Rasim Dawletbajew, »The Last Shift«, in Semenow, Hg., *Tschernobyl: Zehn Jahre danach*, S. 371–77.

34 Karpan, *Chernobyl to Fukushima*, S. 25.

35 Dawletbajew, »The Last Shift«, S. 377–78.

36 Augenzeugenbericht in Kiseljow, »Inside the Beast«, S. 44; Kornejew, Gespräch mit dem Autor, Kiew 2015. Weitere Details zu Baranows Handlungen sind nachzulesen in »Materials: Liquidation Heroes« (Heldenhafte Liquidatoren), Webseite des KKW Tschernobyl, http://chnpp.gov.ua/ru/component/content/article?id=82.

37 Karpan, *Chernobyl to Fukushima*, S. 19; Nikolai Gorbatschenko (diensthabender Strahlentechniker in der Strahlenschutzwarte des KKW Tschernobyl), vgl. Grigori Medwedew, *Verbrannte Seelen*, S. 113.

38 Grigori Medwedew, *Verbrannte Seelen*, S. 114.

39 Gorbatschenko, Augenzeugenbericht in Kiseljow, »Inside the Beast«, S. 45.

40 Sacharow, Gespräch mit dem Autor, 2015; Petrowski, Gespräch mit dem Autor, 2016.

41 Teljatnikows Schilderung ist nachzulesen in David Grogan, »An Eyewitness to Disaster, Soviet Fireman Leonid Telyatnikov Recounts the Horror of Chernobyl«, *People*, 5. Oktober 1987; »Firefight at Chernobyl«, Transkript von Teljatnikows Auftritt bei der Vierten Großen Feuerwehrausstellung in Baltimore, MD, am 17. September 1987, online unter Fire Files Digital Library, https://fire.omeka.net/items/show/625.

42 Eine detaillierte Beschreibung der brennenden Örtlichkeiten findet sich bei Karpan, *Chernobyl to Fukushima*, S. 12–15.

43 Beschreibung der Brände in Teljatnikow, »Firefight at Chernobyl«; und in Felicity Barringer, »One Year After Chernobyl, a Tense Tale of Survival«, *New York Times*, 6. April 1987.

44 Teljatnikow in Barringer, »One Year After Chernobyl.«

45 Karpan, *Chernobyl to Fukushima*, S. 13.

46 Piotr Chmel, Gespräch mit dem Autor, 2015.

47 Sacharow, Gespräch mit dem Autor, 2016.

48 ebd. Prawik meldete an die Zentrale, man habe um 3.00 Uhr Schläuche auf die Dächer des dritten Blocks geschleppt, um dort Schaum auszubringen, vgl. hierzu Hinweis im Einsatzverzeichnis der Feuerwehrzentrale Kiew.

49 ebd.

50 Petrowski, Gespräch mit dem Autor, 2016; Rogoschkin erinnert sich in seiner Zeugenaussage vor Gericht an ein Gespräch mit Teljatnikow, nachzulesen in Karpan, *Chernobyl to Fukushima*, S. 170.

51 Karpan, *Chernobyl to Fukushima*, S. 13. Nach Aussage der US National Institutes of Health, der Nationalen Gesundheitsinstitute, können Uranbrände nicht wirksam mit Wasser bekämpft werden, es sei denn, das brennende Material ist in Flüssigkeit getaucht. Doch auch dann wird das Feuer nicht sofort gelöscht, weil das heiße Uran Wasser in H2 und O2 aufspalten wird, was dem Feuer Brennstoff und Sauerstoff zuführt. Ist genügend Wasser vorhanden, reicht es als Kühlmittel, um das Feuer irgendwann zu löschen, aber ein erheblicher Wasseranteil kann dabei verkochen: (»Uranium, Radioactive: Fire Fighting«, NIH, US National Library of Medicine, webWISER online directory).

52 Petrowski, Gespräch mit dem Autor, 2016.

53 Schätzungen darüber, was unter einer tödlichen Strahlendosis zu verstehen ist, stützen sich auf eine »mittlere letale Dosis« oder LD 50, die – sofern sie auf den gesamten Körper einwirkt und unbehandelt bleibt – 50 Prozent der Verstrahlten tötet. Basierend auf Daten, die nach den Bombenangriffen auf Hiroshima und Nagasaki gesammelt wurden, bewegen sich diese Schätzungen zwischen 3,5 und 4,0 Gy – beziehungsweise zwischen 350 und 400 rem. Doch die Erfahrungen mit den Opfern von Tschernobyl führten zu einer Korrektur dieser Schätzungen nach oben: Mit ärztlicher Behandlung, so die Annahme, könnten gesunde Männer Ganzkörperdosen von mindestens 5,0 Gy oder 500 rem überleben. Igor A. Gusew, Angelina K. Guskowa, and Fred A. Mettler Jr., Hgg. *Medical Management of Radiation Accidents*, 2nd ed. (Boca Raton, FL: CRC Press, 2001), S. 54–55.

54 Strahlungspegel auf den Dächern werden beschrieben von: Starodumow, Kommentar in *Chernobyl 1986.04.26 P.S.* (Kiew: Telecon, 2016); B.Y. Oskolkow, »Treatment of Radioactive Waste in the Initial Period of Liquidating the Consequences of the Chernobyl NPP Accident. Overview and Analysis« (Umgang mit radioaktivem Müll zu Beginn der Aufräumarbeiten nach dem Supergau in Tschernobyl), Chornobyl Center for Nuclear Safety, Januar 2014, S. 36.

55 Petrowski, Gespräch mit dem Autor, Dezember 2016.

56 Leonid Schawrey, Augenzeugenbericht in Kiseljow, »Inside the Beast«, S. 47.

57 Wladimir Prischepa, Erinnerungen nachzulesen in Karpan, *Chernobyl to Fukushima*, S. 15–16.

58 Leonid Schawrey würde sich später erinnern, dass Teljatnikow nach Wodka roch und ziemlich angetrunken wirkte, wogegen Petrowski dies bestritt. Er bestand darauf, dass Teljatnikow überhaupt nur selten Alkohol trank: »Vielleicht ein Gläschen daheim – aber bei der Arbeit? Nie.« (Petrowski, Gespräch mit dem Autor, 2016).

59 Piotr Chmel, Gespräche mit dem Autor, 2006 und 2016.

60 Paraschyn, Schilderung der Ereignisse in Schtscherbak, *Chernobyl*, S. 76; Brjuchanows Aussage vor Gericht ist nachzulesen in Karpan, *Chernobyl to Fukushima*, S. 140.

61 Serafim Worobjew, Schilderung der Ereignisse in Schtscherbak, *Chernobyl*, S. 397; Grigori Medwedew, *Verbrannte Seelen*, 172–74.

62 Walentin Belokon, Notarzt, erinnert sich, wie er kurz nach 2:00 Uhr früh Menschen aus Block Drei kommen und auf das Verwaltungsgebäude zugehen sah. Vgl. Belokons Schilderung in Schtscherbak, »Report on First Anniversary of Chernobyl«, (Bericht zum ersten Jahrestag des Unfalls in Tschernobyl) übers. JPRS, Teil 1, S. 26–27.

63 Einsatzverzeichnis der Feuerwehrzentrale Kiew, Tschernobyl-Museum.

64 Worobjews Bericht vgl. Schtscherbak, *Chernobyl*, S. 397.

65 ebd., S. 398.

66 ebd.; Grigori Medwedew, »Chernobyl Notebook«, *Novy Mir*, no. 6 (Juni 1989), trans. JPRS Economic Affairs, 23. Oktober 1989, S. 35.

67 Read, *Ablaze*, S. 68–69; Grigori Medwedew, *Verbrannte Seelen*, S. 95.

68 Djatlow, *Chernobyl: How It Was*, S. 50.

69 ebd., 53–54; Arkadi Uskow, Bericht in Schtscherbak, *Chernobyl*, S. 71–72.

70 Bagdasorow (Schichtleiter Block Drei, KKW Tschernobyl), seine Schilderung der Ereignisse in Koptschinski und Steinberg, *Chernobyl*, S. 17; Djatlow, *Hoo It Was*, S. 17.

71 Wiktor und Walentina Brukhanov, Gespräch mit dem Autor, 2016; Paraschyns Erinnerungen in Schtscherbak, *Chernobyl*, S. 76.

72 Der Schichtleiter war Juri Bagdasarow. Er setzte sich über die Anweisung von Chefingenieur Boris Rogoschkin hinweg, den Reaktor am Laufen zu halten. Vgl. dazu Bagdasarows Erinnerungen in Koptschinski and Steinberg (*Chernobyl*, S. 17) und das Betriebsprotokoll von Block Drei in Djatlow, *Chernobyl: How It Was*, S. 56–57.

73 Uskows Schilderung der Ereignisse in Schtscherbak, *Chernobyl*, S. 71–72.

74 Wiktor Smagin (Schichtleiter der »Zweiten Schicht«, ab 8:00 Uhr, nach Akimows Schicht), Erinnerungen in Wladimir M. Tschernousenko, *Chernobyl: Insight from the Inside* (New York: Springer, 1991), S. 62.

75 Arkadi Uskows Darstellung der Szene, Sammlung des Tschernobyl-Museums, Kiew.

76 Karpan, *Chernobyl to Fukushima*, S. 19.

77 Uskow, Erinnerungen in Koptschinski und Steinberg, *Chernobyl*, S. 19.

78 Uskow, Schilderung der Ereignisse Schtscherbak, *Chernobyl*, S. 71–72.

79 Stoljartschuk, Gespräch mit dem Autor, Kiew, Dezember 2016; Djatlow, *Chernobyl: How It Was*, S. 76; IAEO, Expertengruppe Sicherheit INSAG-7, S. 45.

80 Schores Medwedew, *Legacy of Chernobyl*, S. 42.

81 Stoljartschuk, Gespräch mit dem Autor, 2016.

Kapitel 7
Samstag, 1:30 Uhr, Kiew

1 Witali Skljarow, Gespräch mit dem Autor, Kiew, Februar 2016; Besuch des Autors in Koncha-Zaspa, 6. Februar 2016; Witali Skljarow, *Chernobyl Was … To-morrow* (Montreal: Presses d'Amérique, 1993), S. 21–24.

2 Skljarow, *Chernobyl Was … Tomorrow*, S. 8 und S. 27; Witali Skljarow, *Sublimation of Time* (Kiew: Kvic, 2015), S. 62–83.

3 In der Öffentlichkeit hielt sich Skljarow natürlich an die offizielle Linie. Vgl. Kapitel 4.

4 Skljarow, Gespräch mit dem Autor, 2016; Skljarow, *Chernobyl Was … Tomorrow*, S. 27–28; Skljarow, *Sublimation of Time*, S. 496–500.

5 Skljarow, Gespräch mit dem Autor, 2016.

6 Skljarow, Gespräch mit dem Autor, 2016; Witali Tscherkassow, »Zum 15. Jah-

restag der Katastrophe: Tschernobyls Wunden«, *Prawda*, 25. April 2011, www.pravda.ru/politics/25-04-2001/817996-0.

7 »Sonderbericht«, handschriftliches Dokument, unterzeichnet von Generalmajor W. M. Korneytschuk, 26. April 1986, vgl. Akte zu Speziellen Maßnahmen in der Zone Prypjat, geführt von der *militsia* vor Ort (Parteikomitee der Region Kiew, Abteilung Innere Angelegenheiten), Archiv des Tschernobyl-Museums, Dokument 1 in Akte 1, Inv. 1416.

8 Boris Pruschinski, »This Can't Be – But It Happened (The First Days After the Catastrophe)«, in A. N. Semenow, Hg., *Tschernobyl: Zehn Jahre danach. Zwangsläufigkeit oder Unfall?* (Moskau: Energoatomizdat, 1995), S. 308–9. OPAS ist das russische Akronym für *gruppa okazaniya pomoschi atomnym stantsiyam pri avariyakh*, »Gruppe, die bei Unfällen in Kernkraftwerken Hilfe leistet.«

9 Read, *Ablaze*, S. 94; Sergei Achromejew und Georgi Kornijenko, *Through the Eyes of a Marshal and a Diplomat: A Critical Look at USSR Foreign Policy Before and After 1985* (Aus Sicht eines Marschalls und eines Diplomaten: Ein kritischer Blick auf die Außenpolitik der UdSSR vor und nach 1985) Moskau: Mezhdunarodnye otnosheniya, 1992), S. 98–99.

10 Read, *Ablaze*, S. 93.

11 B. Iwanow, »Tschernobyl. Teil 1: Der Unfall«, *Voennye Znaniya* 40, Nr. 1 (1988), 32; Edward Geist, »Political Fallout: The Failure of Emergency Management at Chernobyl«, *Slavic Review* 74, Nr. 1 (Frühjahr 2015): S. 117.

12 Leonid Drach, Gespräch mit dem Autor, Moskau, April 2017.

13 Koptschinskis Berufsbezeichnungen in Tschernobyl: Stellvertretender Chefingenieur im Bereich Wissenschaft (1976–1977) und Stellvertretender Chefingenieur im Betrieb (1977–1979).

14 Koptschinski, Gespräch mit dem Autor, 2016.

15 Koptschinski und Steinberg, *Chernobyl*, S. 8–9.

16 Grigori Medwedew, *Verbrannte Seelen*, 129. In *The Legacy of Chernobyl* (Vermächtnis von Tschernobyl) spekuliert Schores Medwedew darüber, dass Brjuchanow die Anweisung hatte, im Falle eines größeren Industrieunfalls zuallererst die Parteiführer zu informieren (*The Legacy of Chernobyl*, S. 47). Piers Paul Read geht in *Ablaze*, S. 77, näher darauf ein.

17 Skljarow, *Chernobyl Was ... Tomorrow*, S. 32; Grigori Medwedew, *Verbrannte Seelen*, 126.

18 Der stellvertretende Energieminister war Gennadi Schascharin.

19 Nikolai Ryschkow, Interview-Transkript, 2RR Archivakte Nr. 3/7/7, S. 16.

20 Koptschinski und Steinberg, *Chernobyl*, S. 8–9; Koptschinski, Gespräch mit dem Autor, 2016. Koptschinski glaubt, der diensthabende KGB-Disponent in der Telefonzentrale des KKW Tschernobyl habe die Telefonverbindung absichtlich gekappt, als Teil der Bemühung, die Einzelheiten der Katastrophe geheim zu halten.

21 Skljarow, *Chernobyl Was … Tomorrow*, S. 32.

22 Skljarow, Gespräch mit dem Autor, 2016; Skljarow, *Sublimation of Time*, S. 105.

23 Serhiy Paraschyn, Gespräch mit dem Autor w, Kiew, November 2016. Die Szene im Bunker wird von Paraschyn auch in Schtscherbak, *Chernobyl*, beschrieben, S. 75–78.

24 Nikolai Karpan, »Die ersten Tage nach der Katastrophe von Tschernobyl. Persönliche Erfahrungen«, www.rri.kyoto-u.ac.jp/NSRG/en/Karpan2008English.pdf, S. 8–9; Karpan, *Von Tschernobyl nach Fukushima*, S. 29–30.

25 Alexander Logatschew, Gespräch mit Taras Schumeyko, Kiew, Juni 2017; und Alexander Logatschew, *Die Wahrheit*. Paraschyn zufolge (in Schtscherbak, *Chernobyl*, S. 76) kam Malomusch am 26. April zwischen sieben und neun Uhr früh zum Kraftwerk.

26 Das Treffen wird von Serafim Worobjew beschrieben, Chef des werkseigenen Zivilschutzes, vgl. Schtscherbak, *Chernobyl*, S. 400.

27 ebd.

28 Paraschyn in Schtscherbak, *Chernobyl*, S. 76–77; Karpan, *Chernobyl to Fukushima*, S. 26.

29 »Über den Unfall am W. I. Lenin-Kernkraftwerk in Tschernobyl«, unterzeichnet von Wiktor Brjuchanow, 26. April, 1986, geheim, im Archiv des Tschernobyl-Museums. Brjuchanow würde später sagen, er habe gewusst, dass die Strahlungspegel rings um das Kraftwerk mindestens 200 Röntgen pro Stunde betrugen, das Schriftstück aber trotzdem unterzeichnet, weil er es »nicht genau gelesen« habe (Brjuchanow, Aussage vor Gericht, vgl. Karpan, *Chernobyl to Fukushima*, S. 133).

30 Nikolai Gorbatschenko und Wiktor Smagin, Augenzeugenberichte in Grigori Medwedew, *Truth About Chernobyl*, 98–99 and 170; Djatlow, *Chernobyl: How It Was*, S. 51–52.

31 Pruschinski, »This Can't Be – But It Happened«, S. 311–12. Das Flugzeug startet zwischen halb neun und neun Uhr morgens, vgl. G. Schascharin, »The Chernobyl Tragedy« in Semenow, Hg., *Tschernobyl: Zehn Jahre danach*, S. 80.

32 Ryschkow, Interviewtranskript, 2RR, S. 17–18. Read zufolge – *Ablaze*, S. 95 –

brach Mayorez' Team um zehn Uhr auf. Den Text des Erlasses zur Bildung der Kommission erhielt der Autor von Leonid Drach.

33 Drach, Gespräch mit dem Autor, 2017.

34 W. Andrijanow und W. Tschirskow, *Boris Scherbina* (Moskau: Molodaya Gvardiya, 2009), S. 287.

35 Margarita Legassowa, *Akademiemitglied Waleri Alexejewitsch Legassow* (Moskau: Spektr, 2014), 111 – 13; Waleri Legassow, »Über den Unfall im Atomkraftwerk Tschernobyl«, Transkript von fünf Tonbandkassetten, diktiert von Legassow zu Beginn des Jahres 1988 (im Folgenden *Legassow-Tonbandkassetten*), http://lib.web-malina.com/getbook.php?bid=2755, Kassette Eins, 1 – 2.

36 Leonid Bolschow, Gespräch mit dem Autor, Moskau, April 2017.

37 Inga Legassow, Gespräch mit dem Autor, Moskau, April 2017.

38 Bolschow, Gespräch mit dem Autor, 2017; Jewgeni Welichow, *Strawberries from Chernobyl: My Seventy-Five Years in the Heart of a Turbulent Russia*, übers. Andrei Chakhovskoi (CreateSpace Independent Publishing Platform, 2012), S. 5 – 12.

39 Frank von Hippel und Rob Goldston, Gespräch mit dem Autor, Princeton, NJ, March 2018; Frank von Hippel, »Gorbachev's Unofficial Arms-Control Advisers«, *Physics Today* 66, Nr. 9 (September 2013), S. 41 – 47.

40 Legassowa, Gespräch mit dem Autor, 2017.

41 Margarita Legassowa, *Academician Valery A. Legasov*, S. 113.

42 Read, *Ablaze*, S. 96 – 97, S. 197; vgl. auch Schtscherbak, *Chernobyl*, S. 414.

43 Grigori Medwedew, *Verbrannte Seelen*, S. 142; Schascharin, »Chernobyl Tragedy«, S. 80; Drach, Gespräch mit dem Autor, 2017; Anschelika Barabanowa, Gespräch mit dem Autor, Moskau, Oktober 2016.

44 Pruschinski, »This Can't Be – But It Hap-pened«, S. 312 – 13.

45 Wladimir Marin, der innerhalb des Zentralkomitees in Moskau die Abteilung Kernenergie zu beaufsichtigen hatte und am frühen Abend des 26. April in Prypjat eintraf, schreibt zum Beispiel, dass Brjuchanow am Samstagnachmittag um fünf Uhr berichtet habe, der Reaktor sei unter Kontrolle und werde gekühlt (W. W. Marin, »On the Activities of the Task Force of the Politburo of the CPSU Central Committee at the Chernobyl NPP«, in Semenow, Hg., *Tschernobyl: Zehn Jahre danach*, S. 267 – 68).

46 Dmitri Wolkogonow und Harold Shukman, *Autopsy for an Empire: The Seven Leaders Who Built the Soviet Regime* (New York: Free Press, 1999), S. 477.

47 »Urgent Report, Accident at Chernobyl Atomic Power Station«, 26. April 1986, History and Public Policy Program Digital Archive, Volkogonov Col-

lection, Manuscript Division, Library of Congress. Von Gary Goldberg übersetzt für NPIHP, http://digitalarchive.wilsoncenter.org/document/115341.

48 Unter den Beteiligten waren auch Alexander Meschkow (stellvertretender Minister von Sredmasch) und Wiktor Sidorenko (stellvertretender Vorsitzender von Gosatomenergonadzor, der Atomaufsichtsbehörde des Sredmasch) (Schascharin, »Chernobyl Tragedy«, S. 80–81; Skljarow, *Chernobyl Was … Tomorrow*, 33.

49 Grigori Medwedew, *Truth about Chernobyl*, S. 154; Skljarow, Gespräch mit dem Autor, 2016.

50 Skljarow, *Chernobyl Was … Tomorrow*, S. 37–39; Schascharin, »Chernobyl Tragedy«, S. 80–81; Colonel General B. Ivanov, »Chernobyl. Part 2: Bitter Truth Is Better«, *Voennye Znaniya* 40, no. 2 (1988): 22.

51 Diese Messungen waren von der fortgesetzten Geheimhaltung rings um das Kraftwerk erschwert worden. Als Zivilschutz-Leutnant Logatchew mit der Aufgabe betraut worden war, wies er darauf hin, dass Block 4 auf dem Plan, den er erhalten hatte, nicht eingezeichnet war. Da nahm Malomusch selbst einen Stift zur Hand und kritzelte eine ungefähre Silhouette des Reaktors auf den leeren Fleck in der Mitte (Alexander Logatschew, Gespräch mit dem Autor, 2016). Logatschews Dosimetrie-Karte des KKW Tschernobyl vom 26. April 1986 befindet sich im Archiv des Tschernobyl-Museums.

52 Pruschinsky, »This Can't Be – But It Happened«, S. 315.

53 Gennadi Berdow, stellvertretender Innenminister der Ukraine, vgl. Wosnjak and Troitsky, *Chernobyl: It Was Like This*, S. 199.

54 Karpan, *Chernobyl to Fukushima*, S. 28.

55 Die Höchstgeschwindigkeit und das Gewicht des Fahrzeugs werden in Logatschew, *Die Wahrheit* angegeben.

56 Logatschew, Gespräche mit dem Autor und mit Taras Schumeyko, 2016; Logatschew, *Die Wahrheit*; Logatschev, Dosimetrie-Karte des Kernkraftwerks Tschernobyl, Tschernobyl-Museum.

57 Alexander Ljaschko, *The Weight of Memory: On the Rungs of Power*, Bd. 2 einer Trilogie (Kiew: Delowaja Ukraina, 2001), S. 351.

58 Legassow-Tonbandaufzeichnungen, Kassette eins, 5.

59 Besuch des Autors in Pripyat, 25. April 2016.

60 Drach, Gespräch mit dem Autor, 2017; Skljarow, *Chernobyl. Was … Tomorrow*, S. 40

61 Drach, Gespräch mit dem Autor, 2017; Skljarow, Gespräch mit dem Autor, 2016; Schtscherbina wurde am 5. Oktober 1919 geboren, vgl. W. Andrijanow,

und W. Tschirskow, *Boris Scherbina* S. 387. Diese Beschreibung findet sich auch in Koptschinski and Steinberg, *Chernobyl*, S. 53.

62 Drach, Gespräch mit dem Autor, 2017.

63 Skljarow, *Chernobyl Was … Tomorrow*, S. 40; Skljarow, Gespräch mit dem Autor, 2016.

64 Pruschinski, »This Can't Be – But It Happened«, S. 317. Trotz dieses Hin und Her, und vieler widersprüchlicher Aussagen von anderen, vermerkt Pruschinski, dass das Evakuierungsthema in der nachfolgenden Sitzung »ohne Verzögerung« gelöst wurde.

65 Beschreibung der Anwesenden und der angespannten Atmosphäre: Wasili Kisima, Gespräch mit dem Autor, Kiew, Februar 2016. Beschreibung der rauchgeschwängerten Luft im Raum: Alexander Logatschew, Gespräch mit Taras Schumeyko, Kiew, Juni 2017. Legassow zufolge kam er gegen acht Uhr abends an, und Pruschinski schreibt, dass das erste Treffen zwei Stunden später begonnen habe (Pruschinski, »This Can't Be – But It Happened«, S. 317).

66 Legassows Tonbandaufzeichnungen, Kassette eins, 5.

67 ebd., Kassette eins, 4.

68 ebd., 5.

69 Schascharin, »Chernobyl Tragedy«, S. 85–86; Karpan, *Chernobyl to Fukushima*, S. 78.

70 Skljarow, Gespräch mit dem Autor, 2017; Skljarow, *Chernobyl Was … Tomorrow*, S. 41–42.

71 Read, *Ablaze*, S. 105–6.

72 Kizima, Gespräch mit dem Autor, 2016.

73 Logatschew, Gespräch mit Taras Schumeyko, 2017.

74 Drach, Gespräch mit dem Autor, 2017. Diese Darstellung der Situation wird bestätigt von Legassow and General Berdow: Wosnjak und Troitsky, *Chernobyl: It Was Like This*, S. 218.

75 Das Dokument wird zitiert in Wosnjak und Troitsky, *Chernobyl: It Was Like This*, S. 219.

76 Geist, »Political Fallout«, S. 115–16.

77 Kaum ein Jahr zuvor hatte ein Radiosender in Kiew bei einer Trainingsübung versehentlich die Nachricht gesendet, dass der Staudamm des Wasserkraftwerks gebrochen sei, und die Einwohner der Stadt aufgefordert, ihre Habe zusammenzupacken, ihre Wohnungen zu verlassen und Anhöhen aufzusuchen. Die Meldung traf auf Untätigkeit und Gleichgültigkeit. Das Misstrauen der Kiewer Bürger gegen offizielle Quellen war so groß, dass über achthundert

Personen, statt vor der vermeintlichen Katastrophe zu fliehen, beim Radiosender angerufen hatten, um nachzufragen, ob die Meldung der Wahrheit entspreche. Nigel Raab, *All Shook Up: The Shifting Soviet Response to Catastrophes, 1917–1991* (Quebec: McGill-Queen's University Press, 2017), S. 143–44.

78 Esaulow erinnert sich daran, irgendwann am frühen Morgen die Anweisung des KGB, die Telefonleitungen zu kappen, von seinem Boss gehört zu haben, dem Vorsitzenden von Pripyats *ispolkom*, Wladimir Woloschko, (Esaulow, *City That Doesn't Exist*, S. 16–17).

79 Read, *Ablaze*, S. 101–2; Achromejew und Kornijenko, *Through the Eyes of a Marshal and a Diplomat*, S. 100.

80 Schores Medwedew, *Legacy of Chernobyl*, S. 141.

81 Iwanow, »Chernobyl. Part 3: Evacuation«, *Voennye Znaniya* 40, Nr. 3 (1988): S. 38.

82 Karpan, »First Days of the Chernobyl Accident«, 2008.

83 Koptschinski und Steinberg, *Chernobyl*, S. 65; Armen Abagyan (Vorsitzender von VNIIAES), Schilderung der Ereignisse in Wosnjak und Troitsky, *Chernobyl: It Was Like This*, S. 213.

84 Skljarow, Gespräch mit dem Autor, 2016; Skljarow, *Sublimation of Time*, S. 105–6. Im Gespräch mit dem Autor erinnerte sich Skljarow, dass Schtscherbina den Ausdruck *skandal na ves' mir* benutzte, wörtlich zu übersetzen mit »Skandal vor der ganzen Welt«, doch das russische *skandal* bedeutet sowohl »Demütigung« als auch »Schlamassel«. In *Sublimation of Time*, erklärt Skljarow, dass er im Manuskript seiner Erinnerung *Tomorrow … Was Chernobyl* aus dem Jahr 1991 zunächst eine Schilderung dieser Episode mit eingeschlossen hätte, sie aber auf Wunsch von Wladimir Iwaschko wieder herausgenommen habe, der mittlerweile Schtscherbitzkis Nachfolge als Chef der Kommunistischen Partei der Ukraine angetreten hatte.

Kapitel 8
Samstag, 6:15 Uhr, Prypjat

1 Alexander Esaulow, Gespräch mit dem Autor, Irpin, Juli 2015; Schtscherbak, »Report on First Anniversary of Chernobyl Accident«, übers. JPRS, Teil 1, S. 30. (Bericht zum Ersten Jahrestag der Katastrophe von Tschernobyl)

2 Esaulow, *The City That Doesn't Exist*, S. 11–12.

3 ebd., S. 16.

4 Insgesamt waren vier Rettungswagen im Einsatz, so Witali Leonenko, Leiter der Klinik Nr. 126 (Gespräch mit dem Autor, Wepryk, Ukraine, Dezember 2016). Arkadi Uskow erinnert sich (vgl. Schtscherbak, *Chernobyl*, S. 69), auf dem Weg zum Kraftwerk um halb fünf Uhr früh zwei Rettungswagen mit Blaulicht passiert zu haben, und Piers Paul Read schreibt, dass die Fahrzeuge gegen fünf am Morgen bereits »einen Shuttle-Service« eingerichtet hätten (*Ablaze*, 85).

5 Esaulow, Gespräch mit dem Autor, 2015; Esaulow, *City That Doesn't Exist*, S. 16.

6 Andrei Gluchow, Gespräch mit dem Autor, Slawutytsch, Ukraine, 2015.

7 Gluchow, Gespräch mit dem Autor, 2015; Besuch des Autors in Toptunows Wohnung in Pripyat, 25. April 2016.

8 Leonenko, Gespräch mit dem Autor, 2016; Besuch des Autors im Krankenhaus Nr. 126, 27. April 2016.

9 ebd.; laut Aussage von Angelina Guskowa berichtete ihr das Krankenhauspersonal zunächst, dass die Verletzungen auf einen chemischen Brand zurückzuführen seien (Angelina Guskowa, im Gespräch mit Wladimir Gubarew, »On the Edge of the Atomic Sword«, *Nauka i zhizn*, Nr. 4 (2007): www.nkj.ru/archive/articles/9759).

10 Tatjana Martschulaite (Assistenzärztin im Krankenhaus Nr. 126), ihre Schilderung der Ereignisse in Wosnjak und Troitsky, *Chernobyl: It Was Like This*, S. 202–5.

11 Read, *Ablaze*, S. 85–86.

12 Ähnliches weiß Alexander Juwtschenko zu berichten, vgl. Vivienne Parry, »How I Survived Chernobyl«, *Guardian*, 24. August 2004, https://www.theguardian.com/world/2004/aug/24/russia.health.

13 Read, *Ablaze*, S. 85.

14 Martschulaite, Aussage in Wosnjak und Troitsky, *Chernobyl: It Was Like This*, S. 205. Schaschenoks Todeszeitpunkt wird von Nikolai Gorbatschenko angegeben (Strahlungsmessungen im KKW Tschernobyl), vgl. Kiseljow, »Inside the Beast«, S. 46.

15 Natalia Juwtschenko, Gespräch mit dem Autor, 2015; Read, *Ablaze*, S. 85 and S. 91.

16 Maria Protzenko, Gespräch mit dem Autor, Kiew, September 2015.

17 Anatoli Swetetzki, verantwortlich für die Sicherheitstechnik der Reaktor- und Turbinenabteilungen in Block drei und vier, Kernkraftwerk Tschernobyl, im Gespräch mit Taras Schumeyko, Kiew, 28. Mai 2017.

18 Was die Rolle der proletarischen Ästhetik bei sowjetischen Stromgewinnungsanlagen anbelangt, vgl. Josephson, *Red Atom*, S. 96–97.

19 Sich, »The Chornobyl Accident Revisited«, S. 204; Igor Krutschik, »The Mother of Atomgrad«, *Tischden*, 5. September 2008, http://tyzhden.ua/Publication/3758.

20 Vgl. Gespräch mit Wasili Gorochow (Tschernobyl, stellvertretender Direktor für Dekontamination von Juli 1986 bis Mai 1987), zum Beweis, dass auch Liquidatoren an *shitiki* glaubten: Alexander Boljasni, »The First ›Orderly‹ of the First Zone«, *Westnik* 320, Nr. 9 (April 2003): www.vestnik.com/issues/2003/0430/koi/bolyasny.htm.

21 Protzenko, Gespräch mit dem Autor, 2015.

22 »Hintergrundinformation über die Stadt Prypjat«, 26. April 1986, Pripyat *militsia*, Akte zu Sondermaßnahmen in der Zone um Prypjat, 14, Archiv des Chernobyl-Museums.

23 Beschreibung der Stadtratssitzung am Samstagmorgen: Protzenko and Esaulow, Gespräche mit dem Autor, 2015.

24 Das Spiel, Teil des Halbfinales der Fußball-Regionalliga Kiew, wurde später abgesagt (»Fußball Prypjat: Die Geschichte des Fußballclubs ›*Budivel'nyk*‹«, *Sports.ru* blog, https://www.sports.ru/tribuna/blogs/golden_ball/605515.html., April 27, 2014.

25 Paraschyns Schilderung, nachzulesen in Schtscherbak, *Chernobyl*, S. 76; Schores Medwedew, *Legacy of Chernobyl*, S. 37.

26 Protzenko, Gespräch mit dem Autor, 2015.

27 Schtscherbak, »Report on First Anniversary of Chernobyl Accident«, übers. JPRS, Teil 1, S. 48.

28 ebd., S. 37.

29 Protzenko, Gespräch mit dem Autor, 2015.

30 Die Ankunftszeit der Soldaten nennt Wladimir Malejew in *Chernobyl. Days and Years: The Chronicle of the Chernobyl Campaign* Moskau: Kuna, 2010), S. 21. Zusätzliche Details: Oberst Grebeniuk (Kommandant des 427. mechanisierten Regiments), Gespräche mit dem Autor und mit Taras Schumeyko, Kiew, Juli 2016. Da an Oberleutnant Alexander Logatschews Wagen auf der Fahrt von Kiew die Bremsen versagt hatten, führte ein anderes Fahrzeug die Kolonne an; in dem Versuch, seine Kameraden einzuholen, fuhr Logatschew stattdessen direkt zum Kraftwerk. (Logatschew, Gespräch mit dem Autor, Kiew, 2017.)

31 Kotkin, *Armageddon Averted*, S. 42.

32 Protzenko, Gespräch mit dem Autor, 2015.
33 Sergej Drozdow, »Aerial Battle over Chernobyl«, *Aviatsiya i vremya* 2 (2011), www.xliby.ru/transport_i_aviacija/aviacija_i_vremja_2011_02/p6.php.
34 Sergei Wolodin, Gespräch mit dem Autor, Kiew, Juli 2015.
35 Oberst Lubomir Mimka, Gespräch mit dem Autor, Kiew, Februar 2016.
36 Sergej Wolodin, unveröffentlichtes Memoir, nicht datiert.
37 Wolodin, Gespräche mit dem Autor, 2006 und 2015.
38 ebd.; Wolodin, unveröffentlichtes Memoir.
39 Kowtutzki, Gespräch mit dem Autor, 2016.
40 Protzenko, Gespräch mit dem Autor, 2016.
41 Grigori Medwedew, *Truth About Chernobyl*, S. 88–89 und S. 149–51.
42 ebd., S. 150.
43 Der Ingenieur war Georgi Reichtman (Gespräch mit dem Autor, September 2015), der zu seiner Frau sagte, sie solle für die Familie die Winterkleidung einpacken. Da es später Frühling war, dachte sie, er rede Unsinn, und wollte nicht auf ihn hören.
44 Dieser Ingenieur war Nikolai Karpan: *Chernobyl to Fukushima*, S. 32–33.
45 Weniamin Prianitschnikow, Gespräch mit dem Autor, Kiew, Februar 2006.
46 Eine interne Aktennotiz des Ukrainischen Innenministeriums gibt an, dass am Samstagmorgen um neun 600 *Milizionäre* und 250 autorisierte »Zivilpersonen« von ihren lokalen und regionalen Stützpunkten in die Gegend von Prypjat beordert wurden (»Hintergrundinformationen über die Stadt Prypjat«, 26. April 1986, Akte zu den Sondermaßnahmen in der Zone Prypjat, 14, Archiv des Tschernobyl-Museums).
47 Prianitschnikow, Gespräch mit dem Autor, 2006.
48 Wolodin, Gespräch mit dem Autor, 2006. Der Zeitpunkt des ersten Hubschrauberflugs zur Strahlungsmessung am 26. April findet sich im Bericht von Generalmajor M. Mascharowski »Operation of Helicopters During the Chernobyl Accident«, in Current Aeromedical Issues in Rotary Wing Operations, Aufsätze, eingereicht zu dem RTO Human Factors and Medicine Panel (HFM) Symposium, San Diego, 19.–21. Oktober 1998, RTO/NATO, S. 7–2.
49 ebd.; Wolodin, unveröffentlichte Erinnerung.
50 Natalia Juwtschenko, Gespräch mit dem Autor, 2015.
51 Read, *Ablaze*, S. 87–88.
52 Natalia Juwtschenko, Gespräch mit dem Autor, 2015.
53 Wosnjak und Troitsky, *Chernobyl: It Was Like This*, S. 207.

54 Esaulow, *City That Doesn't Exist*, S. 23–24.

55 Leonenko, Gespräch mit dem Autor, 2016.

56 Esaulow, *City That Doesn't Exist*, S. 25.

57 Protzenko, Gespräch mit dem Autor, 2016; David Remnick, »Echo in the Dark«, *New Yorker*, 22. September 2008.

58 Protzenko, Gespräch mit dem Autor, 2016; Kowtutzki, Gespräch mit dem Autor, 2016.

59 Gespräche des Autors mit: Natalia Juwtschenko, 2015; Natalia Chodemtschuk, 2017; Alexander Sirota, 2017.

60 Korol, Gespräch mit dem Autor, 2015.

61 Esaulow zufolge war es 10 Uhr abends, als der Konvoi losfuhr (*City That Doesn't Exist*, S. 27). Dies bestätigt auch der Busfahrer Waleri Slutzki im Gespräch mit dem Autor, Prypjat im Februar 2006.

62 Esaulow würde sich später erinnern, dass bei dieser ersten Fahrt nicht allzu viele Patienten befördert wurden – vierundzwanzig Personen, die aufrecht sitzen konnten (zwei weitere, die das nicht konnten, fuhren im Rettungswagen) –, er aber trotzdem, für alle Fälle, einen zusätzlichen Ikarus angefordert habe, aus Angst, einer könnte unterwegs den Geist aufgeben (Esaulow, *City That Doesn't Exist*, S. 26–27; Schtscherbak, »Report on First Anniversary of Chernobyl Accident« (Bericht zum Ersten Jahrestag der Katastrophe von Tschernobyl), übers. durch JPRS, Teil 1, S. 31.

63 Leonenko, Gespräch mit dem Autor, 2016.

64 Korol, Gespräch mit dem Autor, 2015.

65 Schtscherbak, *Chernobyl*, S. 51.

66 Wiktor und Walentina Brjuchanow, Gespräch mit dem Autor, 2015.

67 Prianitschnikow, Gespräch mit dem Autor, 2006.

68 Esaulow schreibt, der Konvoi sei um 3.30 Uhr am Flughafen Boryspil eingetroffen (*City That Doesn't Exist*, S. 28–29).

69 Handschriftlicher Einsatzbericht vom 26.–27. April, Akte zu Sondermaßnahmen in der Zone Prypjat, Abteilung Innere Angelegenheiten des Parteikomitees der Region Kiew, Archiv des Tschernobyl-Museums, 13.

Kapitel 9
Sonntag, 27. April, Prypjat

1 Nikolai Antoschkin, Gespräch mit dem Autor, Moskau, Oktober 2015.

2 Der Experte war Oberst Anatoli Kuschnin. Seine Schilderung der Ereignisse ist nachzulesen in Kiseljow, »Inside the Beast«, S. 50. Weitere Details: Lubomir Mimka, Gespräch mit dem Autor, Kiew, Februar 2016.

3 Er meldete sich erst bei Iwanow, dem Chef des Zivilschutzes, und beim Kommandanten der Chemischen Truppen, Wladimir Pikalow, der schließlich Samstagnacht um halb zwölf eintraf: vgl. Wosnjak und Troitsky, *Chernobyl: It Was Like This*, S. 214.

4 Antoschkin, Gespräch mit dem Autor, 2015.

5 ebd.; Mimka, Gespräch mit dem Autor, 2016; Oberst Boris Nesterow, Gespräch mit dem Autor, Dnipro, Ukraine, Dezember 2016; Major A. Schilin, »No such thing as someone else's grief«, *Aviatsiya i Kosmonavtika*, Nr. 8 (August 1986): S. 10.

6 Pruschinski, »This Can't Be – But It Happened«, S. 318.

7 Legassow, »My duty is to tell about this«, in Mould, *Chernobyl Record*, S. 292.

8 Legassows Kassetten, Kassette eins, 8.

9 Legassow, »My duty is to tell about this«, in Mould, *Chernobyl Record*, S. 292; Legassows Tonbandaufzeichnungen, Kassette Eins, 8. Was Legassows Analyse für das Politbüro angeht, vgl. W. Malejew, *Chernobyl: Days and Years: The Chronicle of the Chernobyl Campaign* (Moskau: Kuna, 2010): »Protokoll Nr. 3 der Sitzung des Politbüros des Zentralkomitees der KPdSU«, S. 249–52.

10 Legassows Schätzung, was das Gesamtgewicht des Graphits in Block Vier anbelangte, sowohl vor als auch nach der Explosion, war signifikant höher als die der meisten. Doch selbst die niedrigeren Schätzungen, wie viel Graphit nach dem Unfall noch im Kern verblieben war – zum Beispiel die 1500 Tonnen aus dem KGB-Vermerk vom 11. Mai 1986 – reichten für etwa zwei Monate kontinuierlichen Brennens. Vgl. dazu den KGB-Vermerk in Daniljuk, Hg., »Chernobyl Tragedy«, *Zarkhiviv*, Dokument Nr. 31: *Sonderbericht des Vorsitzenden der KGB-Operativgruppe der UkrSSR in der Stadt Tschernobyl an den Vorsitzenden des KGB der UkrSSR*.

11 W. Barjachtar, W. Pojarkow, W. Choloscha, und N. Steinberg, »The Accident: Chronology, Causes and Releases«, in G. J. Vargo, Hg., *The Chornobyl Accident: A Comprehensive Risk Assessment* (Columbus, OH: Battelle Press, 2000), S. 13.

12 Legassows Tonbandaufzeichnungen, Kassette Eins, S. 8; Grigori Medwedew, *The Truth about Chernobyl*, S. 176; Zhores Medvedev, *The Legacy of Chernobyl*, S. 43.

13 Barjachtar et al, »The Accident: Chronology, Causes and Releases«, S. 13.

14 Jewgeni Ignatenko, Hg., *Chernobyl: Events and Lessons* (Moskau: Politizdat, 1989), S. 128.

15 Legassows Tonbandaufzeichnungen, Kassette Eins, 9; Grigori Medwedew, *Truth About Chernobyl*, 176.

16 Armen Abagjan, vgl. Wosnjak and Troitsky, *Chernobyl: It Was Like This*, 220.

17 Wladimir Dolgich, Interviewtranskript, Juni 1990, 2RR Archiv Akte. 1/3/5, S. 4. Die Tatsache, dass Schtscherbina um 2:30 Uhr noch keinen Entschluss gefasst hatte, wird von einem leitenden Beamten im Kiewer Transportwesen bestätigt, der mit der Buskolonne nach Prypjat gekommen war und sich im Weißen Haus bei Schtscherbina meldete. Der Vorsitzende fragte ihn: »Und wer hat Sie geschickt?« (W. M. Rewa, erster Vizepräsident des Staatlichen Automobiltransportunternehmens der Ukraine, Aussage vor der 46. Tagung der Werchowna Rada am 11. Dezember 1991, Transkript online unter http://rada.gov.ua/meeting/stenogr/show/4642.html.)

18 Drach, Gespräch mit dem Autor, 2017; Nesterow, Gespräch mit dem Autor, 2016.

19 Iwanows Tagebucheintrag, vgl. »Chernobyl, Teil 3: Evakuierung«, *Voennye Znaniya* 40, Nr. 3 (1988): S. 38.

20 ebd.; Leonenko, Gespräch mit dem Autor, 2016. Leonid Drach (Gespräch mit dem Autor, 2017) dagegen erinnert sich, dass am Sonntagmorgen zwischen 1:00 Uhr und 2:00 Uhr Pikalow zu denen gehörte, die zu Schtscherbina sagten, er habe keine andere Wahl als die Stadt evakuieren zu lassen.

21 Den handschriftlichen Notizen im Protokoll zufolge, das im Hauptquartier der Pripyater *militsia* aufbewahrt wurde, berichtete G. I. Rewenko, der Erste Sekretär des Parteikomitees Kiew, dass »die Entscheidung über die Evakuierung nach 9:00 Uhr fallen wird.« Der KGB bestätigte das Vorhaben um 7:45 Uhr. Prypjat *militsia*, Akte zu den Spezialmaßnahmen in der Zone Prypjat (Tschernobyl-Museum), 12–13.

22 Die genaue Uhrzeit für den Flug wird von Antoschkin, *Regarding Chernobyl* (unveröffentliches Memoir) als 8:12 Uhr angegeben.

23 Nesterow, Gespräch mit dem Autor, 2016; Schilin, »No such thing as someone else's grief«, S. 10.

24 Legassows Tonbandaufzeichnungen, Kassette eins, 6; Mould, *Chernobyl Record*, S. 291; Margarita Legassowa, *Academician Valery A. Legasov*, S. 119.

25 Legassow in Mould, *Chernobyl Record*, S. 290.

26 Wladimir Pikalow, »Interview mit dem Befehlshaber der Chemischen Truppen«, A. Gorochow, *Prawda* (25. Dezember 1986), übersetzt in JPRS, *Chernobyl Nuclear Accident Documents*, S. 92; Iwanow, »Tschernobyl, Teil 3: Evakuierung«, S. 38.

27 Der Zeitpunkt der Radiomeldung wird von Wosnjak und Troitsky in *Chernobyl: It Was Like This*, S. 223 als 13:10 Uhr angegeben. Anderen Zeugen zufolge kam die Ankündigung zu Mittag oder kurz davor: Drach, Gespräch mit dem Autor, 2017.

28 Der Originaltext der Ankündigung findet sich bei Andrei Sidortschik, »Deadly Experiment. Chronology of the Chernobyl NPP Catastrophe«, *Argumenty i fakty*, 26. April 2016, www.aif.ru/society/history/smertelnyy_eksperiment_hronologiya_katastrofy_na_chernobylskoy_aes. Die Aufnahme ist online verfügbar unter: www.youtube.com/watch?v=1l3g3m8Vrgs.

29 Leonid Drach (Gespräch mit dem Autor, 2017), sagte, er habe zusammen mit Nikolai Nikolajew, dem stellvertretenden Vorsitzenden des ukrainischen Ministerrats den Text für die Ankündigung aufgesetzt. Skljarow erinnert sich, ebenfalls daran beteiligt gewesen zu sein, zusammen mit Iwan Pljuschtsch, dem stellvertretenden Vorsitzenden des *ispolkom* der Region Kiew (Skljarow, Gespräch mit dem Autor, 2016).

30 Esaulow, *City That Doesn't Exist*, S. 45. Witali Skljarow erklärte, dass die Formulierung der Proklamation nicht nur Panik vermeiden, sondern die Menschen auch davon abhalten sollte, die verfügbaren Transportmittel mit allzu schweren Koffern und persönlichen Gegenständen anzufüllen. Skljarow, Gespräch mit dem Autor, Kiew, Februar 2016.

31 Ljubow Kowalewskaja, zitiert in Schtscherbak, »Bericht zum Ersten Jahrestags von Tschernobyl«, übers. JPRS, Teil 1, S. 41.

32 Als Lehrerin verdiente Natalia 120 Rubel im Monat.

33 Natalia Juwtschenko, Gespräch mit dem Autor, 2015.

34 Protzenko, Gespräch mit dem Autor, 2016.

35 Die Zahl ist dem handschriftlichen Protokoll der Notfallmaßnahmen entnommen, das der Generalmajor der Miliz vor Ort führte. Später heißt es darin, es seien 47000 Menschen evakuiert worden. Bis zu 1800 Kraftwerksmitarbeiter und 2500 Bauarbeiter seien in der Stadt geblieben. Außerdem blieben 600 bis 700 Mitarbeiter des Innenministeriums und Angehörige der

Streitkräfte in Prypjat zurück, dazu Verwaltungsbeamte und Angehörige des Zivilschutzes (Prypjat *militsia*, Akte zu den Spezialmaßnahmen in der Zone Prypjat, 27. April 1986, 29). Ein großer Anteil der Bevölkerung hatte die Stadt jedoch schon vor Beginn der Evakuierung auf anderem Wege verlassen. Die Schätzungen, wie viele das waren, variieren beträchtlich (ausführliche Anmerkung dazu folgt weiter unten).

36 Protzenko, Gespräche mit dem Autor, 2015 und 2016; Innenministerium der Ukraine, Bericht Nr. 287c/Gd, 27. April 1986 (vertraulich, unterzeichnet von Innenminister Iwan Gladusch), archive of the Chernobyl Museum.

37 Bericht des Ministeriums für Transport der Ukrainischen Sozialistischen Sowjetrepublik an das Zentralkomitee der Kommunistischen Partei«, 27. April 1986 (Nr. 382c, vertraulich, unterzeichnet von Minister Wolkow), Archiv des Tschernobyl-Museums.

38 *Militsia* Prypjat, File on Special Measures in der Zone Prypjat, 10–13.

39 Schtscherbak, »Bericht zum Ersten Jahrestag von Tschernobyl«, übers. JPRS, Teil 1, S. 42–43.

40 Natalia Chodemtschuk, Gespräch mit dem Autor, Kiew, 2017.

41 Anelia Perkowskaja (Sekretärin des Komsomol im *gorkom* Prypjat), ihre Schilderung in Schtscherbak, »Bericht zum Ersten Jahrestag von Tschernobyl«, übers. JPRS, Teil 1, S. 40 und 43.

42 Boris Nesterow, *Heaven and Earth: Memories and Reflections of a Military Pilot* (Kherson, 2016), S. 240.

43 Antoschkin würde später darauf bestehen, dass die »Bombardierung« des Reaktors verboten war, solange die Evakuierung im Gange war (Gespräch mit dem Autor, 2017), doch möglicherweise handelt es sich hierbei um Wunschdenken im Rückblick, denn die Behauptung wird von anderen Schilderungen widerlegt. Boris Nesterow zum Beispiel, der diese ersten Flüge unternahm, sagte, er habe gegen 15:00 Uhr damit begonnen, Material in den Reaktor zu werfen, und vom Cockpit aus gesehen, wie unter ihm die Evakuierung vonstatten ging (Gespräch mit dem Autor, 2016).

44 A. A. Djatschenko, Hg., *Chernobyl. Duty and Courage*, Bd. 1 (Moskau: Voenizdat, 2001), S. 233.

45 Legassows Tonbandaufzeichnungen, Kassette Eins, 10; Schascharin, »The Chernobyl Tragedy«, S. 91.

46 Skljarow, *Chernobyl Was … Tomorrow*, S. 61 und 69.

47 Schascharin, seine Schilderung der Ereignisse in Grigori Medwedew, *Truth About Chernobyl*, 192; Protzenko, Gespräch mit dem Autor, 2015; Mimka, Ge-

sprach mit dem Autor, 2016; Antoschkin, Gespräch mit dem Autor, 2017. In diesem Gespräch bestritt Antoschkin Schascharins Behauptung, der General habe noch immer seinen Straßenanzug getragen, während er Säcke mit Sand befüllte.

48 Djatschenko, Hg., *Chernobyl. Duty and Courage*, S. 234.

49 Mimka, Gespräch mit dem Autor, 2016; Logatschew, Gespräch mit dem Autor, 2017.

50 Gennadi Schascharin und Anatoli Zagats (Chefingenieur bei Yuzhatomenergomontazh), Zeugenaussagen in Grigori Medwedews *Truth About Chernobyl*, S. 192–93.

51 Skljarow, *Chernobyl Was … Tomorrow*, S. 52.

52 Schascharins Schilderung, nachzulesen bei Grigori Medwedew, *Verbrannte Seelen*, S. 193; Mimka, Gespräch mit dem Autor, 2016; Nesterow, Gespräch mit dem Autor, 2016.

53 Bericht des Transportministeriums der Ukrainischen Sozialistischen Sowjetrepublik an das Zentralkomitee der Kommunistischen Partei der Ukraine am 27. April 1986 (Nr. 382c), Archiv des Tschernobyl-Museums; Protzenko, Gespräch mit dem Autor, 2016; Natalia Juwtschenko, Gespräch mit dem Autor, 2016.

54 Das Transportministerium nennt dem Zentralkomitee als Abfahrtszeit 13:30 Uhr, Archiv des Tschernobyl-Museums; im handschriftlichen Einsatzprotokoll der Miliz von Prypjat dagegen steht 14:00 Uhr (Spezialmaßnahmen in der Zone Prypjat, Tschernobyl-Museum, S. 29–30). Ein Beamter des Kiewer Transportwesens, der die Aufsicht hatte über die Busse, gibt ebenfalls 14:00 Uhr an. (Rewa, Aussage vor der Werchowna Rada, 11. Dezember 1991).

55 Protzenko, Gespräch mit dem Autor, 2015.

56 Iwanow, »Chernobyl. Teil 3: Evakuierung«, S. 38; Wosnjak and Troitsky, *Chernobyl: It Was Like This*, S. 223.

57 Nesterow, Gespräch mit dem Autor, 2016; Nesterow, *Heaven and Earth*, S. 236–43.

58 Protzenko, Gespräch mit dem Autor, 2015. Viele Einwohner hatten die Stadt auf eigene Faust verlassen, die einen, bevor sie von dem Unfall erfahren hatten, die anderen danach. Der örtliche Zweig des Ukrainischen Innenministeriums schätzte ihre Anzahl auf 8800 Personen: »Lagebericht, 20:00 Uhr, 28. April 1986«, Miliz Prypjat, Protokoll zu den Sondermaßnahmen in der Zone Prypjat, Tschernobyl-Museum, S. 30. Andere Quellen sprechen eher von bis zu 20 000 Personen: Baranowska, Hg., *Chernobyl Tragedy*, Doku-

ment Nr. 59: »Aktennotiz der Bildungsabteilung des Zentralkomitees der Kommunistischen Partei der Ukraine zu den unmittelbaren Maßnahmen im Zusammenhang mit dem Unfall im KKW Tschernobyl«, 29. April 1986. In dieser Aktennotiz wird behauptet, dass nur 27500 Menschen in Bussen und anderen eigens zur Verfügung gestellten Transportmitteln evakuiert worden seien.

59 Natalia Juwtschenko, Gespräch mit dem Autor, 2015.

60 Logatschew, Gespräch mit dem Autor, 2017.

61 Gluchow, Gespräch mit dem Autor, 2015.

62 Wiktor und Walentina Brjuchanow, Gespräch mit dem Autor, 2016.

63 Natalia Juwtschenko, Gespräch mit dem Autor, 2015.

64 Protzenko, Gespräch mit dem Autor, 2015.

Kapitel 10
Die Wolke

1 Weltgesundheitsorganisation (WHO), »Chernobyl Reactor Accident: Report of a Consultation«, Regionalbüro für Europa, Bericht Nr. ICP/CEH 129, 6. Mai 1986 (vorläufig), S. 4.

2 Helen ApSimon und Julian Wilson, »Tracking the Cloud from Chernobyl«, *New Scientist*, Nr. 1517 (17. Juli 1986): S. 42–43; Zhores Medwedjew, *Legacy of Chernobyl*, S. 89–90.

3 ebd., S. 45; ebd., S. 195.

4 Zu diesem Zeitpunkt war die Wolke, die durch die Explosion freigesetzt worden war, bereits nach Polen und Finnland gelangt: Zhores Medwedjew, *Legacy of Chernobyl*, S. 195.

5 WHO, »Chernobyl Reactor Accident: Report of a Consultation«, S. 4.

6 Zhores Medwedjew, *Legacy of Chernobyl*, S. 196–97.

7 ApSimon und Wilson, »Tracking the Cloud«, S. 42 und 44; Zhores Medwedjew, *Legacy of Chernobyl*, S. 197.

8 Cliff Robinson, Telefongespräch mit dem Autor, März 2016.

9 Dieses Lager war 1988 fertiggestellt. Vgl. »This is where Sweden keeps its radioactive operational waste« (Hier lagert Schweden seinen radioaktiven Müll), Swedish Nuclear Fuel and Waste Management Company (SKB, privater Betreiber von Endlagern für Atommüll), November 2016, www.skb.com/our-operations/sfr.

10 Erik K. Stern, *Crisis Decision making: A Cognitive Institutional Approach* (Stockholm: Swedish National Defence College, 2003), S. 130.

11 Stern, *Crisis Decision making*, S. 131–32; Nigel Hawkes et al., *The Worst Accident in the World: Chernobyl, the End of the Nuclear Dream* (London: William Heinemann and Pan Books, 1988), S. 116.

12 Robinson, Gespräch mit dem Autor, 2016.

13 Stern, *Crisis Decision making*, S. 134–36.

14 *Heydar Alijew*: Heydar Alijew, Interviewtranskript, 2RR Archivdatei Nr. 3/1/6, S. 14–15.

15 Alijew war von 1967 bis 1969 Chef des KGB in Aserbaidschan: »Heydar Alijew, Präsident der Republik Aserbaidschan«, Gespräch mit Michail Gusman, Nachrichtenagentur TASS, 26. September 2011, http://tass.ru/arhiv/554855.

16 Angus Roxburgh, *The Second Russian Revolution: The Struggle for Power in the Kremlin* (New York: Pharos Books, 1992), S. 41–42.

17 Alijew, Interviewtranskript, 2RR, 14–15.

18 Liste der Teilnehmer: Sitzungsprotokoll Politbüro (28. April 1986), nachzulesen in Malejew, *Chernobyl. Days and Years*, S. 241. Gorbatschows Büro: Alijew, Interviewtranskript, 2RR, S. 14–15.

19 Waleri Boldin, *Ten Years That Shook the World: The Gorbachev Era as Witnessed by His Chief of Staff* (New York: Basic Books, 1994), S. 162–63.

20 Alexander Jakowlew, Interviewtranskript, 2RR Archivdatei Nr. 3/10/7, 5.

21 Dolgich, Interviewtranskript, 2RR Archivdatei Nr. 1/3/5, 4.

22 Aufnahme vom 28. April 1986, Sitzungsprotokoll Politbüro, vgl. Rudolf G. Pichoja, *Soviet Union: The History of Power 1945–1991* (Nowosibirsk: Sibirsky Khronograf, 2000), S. 429–30.

23 Jakowlew, Interviewtranskript, 2RR, 5. Einige Parteiobere hatten sogar Mühe, die Bedeutung der wenigen harten Fakten zu erfassen, die sie erhielten. In einer Kopie eines der ersten KGB-Berichte zum Unfall, der am 28. April dem Ukrainischen Zentralkomitee in Kiew vorgelegt wurde, unterstrich jemand die gemessenen Strahlungswerte und kritzelte an den Rand: »Was hat das zu bedeuten?« Vgl. die zweite Seite des Dokuments mit dem Titel »On the Explosion at the NPP« (Über die Explosion am KKW), 28. April 1986, Archivmaterial des Staatssicherheitsdienstes der Ukraine, f. 16, op. 11-A, www.archives.gov.ua/Sections/Chornobyl_30/GDA_SBU/index.php?2.

24 Kotkin, *Armageddon Averted*, S. 67.

25 Sitzungsprotokoll Politbüro (28. April 1986), in Pichoja, *Soviet Union*, S. 431.

26 Engagierte Befürworter von Reformen waren damals im Politbüro eine aus

vier Personen bestehende Minderheit: Jelzin, Jakowlew, Schewardnadse, und Gorbatschow selbst. Ligatschow war ein Hardliner und Ryschkow ein gemäßigter Konservativer. Remnick, *Lenin's Tomb*, S. 48.

27 Dem Arbeitsprotokoll nach soll Ligatschow (der laut Aussage anderer gegen die Weitergabe von Informationen war) gesagt haben, »The people have been accommodated well. We should make a statement about the incident without delay.«(Die Menschen sind gut untergebracht. Wir sollten unverzüglich eine Erklärung zu dem Zwischenfall abgeben.) Sitzungsprotokoll Politbüro (28. April 1986), in Pichoja, *Soviet Union*, S. 431.

28 Jonathan Harris, »Ligachev, Egor Kuzmich«, in Joseph Wieczynski, Hg., *The Gorbachev Encyclopedia* (Salt Lake City: Schlacks, 1993), S. 246.

29 Heydar Alijew, Zeugenaussage im Dokumentarfilm *The Second Russian Revolution* (1991), »Episode Two: The Battle for Glasnost«, online unter www.youtube.com/watch?v=5PafRkPMFWI; Alijew, Interviewtranskripte, 2RR, Archivdatei Nr. 3/1/6 and 1/4/2.

30 Jakowlew, Interviewtranskript, 2RR, 6.

31 Sitzungsprotokoll Politbüro (28. April 1986), in Pichoja, *Soviet Union*, S. 431.

32 Alijew, Interviewtranskript 1/4/2, 2RR, 9. Leonid Dobrochotow, Sprecher des Zentralkomitees, sagt bei einem Interview in der zweiten Folge von *The Second Russian Revolution*: »The instructions were traditional – that is to say, we had to play down the catastrophe, to prevent panic among the people, and to fight against what was then called bourgeois falsification, bourgeois propaganda, and inventions.« (Die Instruktionen waren traditionell – das heißt, wir mussten die Katastrophe herunterspielen, um in der Bevölkerung keine Panik zu schüren, und um gegen die bourgeoise Verfälschung zu kämpfen, wie es damals hieß, gegen die bourgoise Propaganda und ihre Erfindungen.)

33 Stern, *Crisis Decision making*, S. 136.

34 Skljarow, *Chernobyl Was ... Tomorrow*, S. 70.

35 Stern, *Crisis Decision making*, S. 137–38.

36 Hawkes et al., *Worst Accident in the World*, S. 117.

37 Der Text der Verlautbarung entstammt der offiziellen Zusammenfassung des Politbüro-Sitzungsprotokolls vom 28. April, verfügbar in RGANI, Opis 53, Reel 11007, Datei 1: »Excerpts from the protocol of meeting no. 8 of the CPSU Politburo« (Auszüge aus dem Protokoll von Sitzung Nr. 8 des Politbüros der KPdSU). Den genauen Sendezeitpunkt gibt Alexander Amerisow an: »A chronology of Soviet media coverage«, *Bulletin of the Atomic Scientists* 42 Nr. 7 (August/September 1986): S. 38. Die Reaktion westlicher Medien auf die

Verlautbarung findet sich in William J. Eaton, »Soviets Report Nuclear Accident: Radiation Cloud Sweeps Northern Europe; Termed Not Threatening«, *Los Angeles Times*, 29. April 1986; und bei Serge Schmemann, »Soviet Announces Nuclear Accident at Electric Plant«, *New York Times*, 29. April 1986.

38 Wremja: BBC Summary of World Broadcasts, »Accident at Chernobyl Nuclear Power Station«, SU/8246/I, 30. April 1986 (Mittwoch). Das Video zum Wremja-Nachrichtensegment ist verfügbar unter: »The announcement of the *Vremya* program about Chernobyl of 04. 28. 1986«, veröffentlicht im April 2011 und aufgerufen im Mai 2018: www.youtube.com/watch?v=VG6eIuAfLoM.

39 Marples, *Chernobyl and Nuclear Power in the USSR*, S. 3.

40 W. I. Worotnikow, *So war das damals … Aus dem Tagebuch eines Mitglieds im Politbüro des Zentralkomitees der KPdSU* (Moskau: Soyuz Veteranov Knigoizdaniya SI-MAR, 1995), S. 96–97.

41 Politbüro-Sitzungsprotokoll (29. April 1986), Russisches Regierungsarchiv, Fond 3, Opis 120, Dokument 65, nachzulesen in Malejew, *Chernobyl. Days and Years*, S. 245. Eine andere Version der Ereignisse präsentiert Pichoja, dessen Zusammenfassung der Sitzungsprotokolle vermuten lässt, dass Dolgich von Missständen im Kraftwerk sprach: Pichoja, *Soviet Union*, S. 432.

42 Politbüro-Sitzungsprotokoll (29. April 1986), in Malejew, *Chernobyl. Days and Years*, S. 246. Worotnikow behauptet, dass das beängstigende Ausmaß der Katastrophe erst bei dieser zweiten Sitzung klar geworden sei (*So war das damals*, S. 96–97).

43 Politbüro-Sitzungsprotokoll (29. April 1986), wiedergegeben in Malejew, *Chernobyl. Days and Years*, S. 247 und S. 249.

44 »Resolution of the CPSU Central Committee: On Additional Measures Related to the Liquidation of the Accident at the Chernobyl Nuclear Power Plant (Beschluss des Zentralkomitees der KPdSU: Zusätzliche Maßnahmen zur Beseitigung des Unfalls im KKW Tschernobyl)«, streng geheim, 29. April 1986, in RGANI, Opis 53, Reel 11007, File 2.

45 Politbüro-Sitzungsprotokoll (29. April 1986), in Malejew, *Chernobyl. Days and Years*, S. 248.

46 Amerisow, »A Chronology of Soviet Media Coverage«, S. 38; Marples, *Chernobyl and Nuclear Power in the USSR*, S. 4; Mickiewicz, *Split Signals*, S. 61–62.

47 Nicholas Daniloff, *Of Spies and Spokesmen: My Life as a Cold War Correspondent* (Columbia: University of Missouri Press, 2008), S. 343. In ihrem Buch über die Geschichte der Presseagentur UPI äußerten Gregory Gordon und Ronald Cohen den Verdacht, Whittington sei einem gezielten Versuch des

KGB zum Opfer gefallen, westliche Reporter zu diskreditieren. Gregory Gordon und Ronald E. Cohen, *Down to the Wire: UPI's Fight for Survival* (New York: McGraw-Hill, 1990), S. 340–41.

48 Luther Whittington, »›2000 Die‹ in Nukemare; Soviets Appeal for Help as N-plant Burns out of Control«, *New York Post*, 29. April 1986; »2000 Dead in Atom Horror: Reports in Russia Danger Zone Tell of Hospitals Packed with Radiation Accident Victims«, *Daily Mail*, 29. April 1986.

49 Hawkes et al., *Worst Accident in the World*, S. 126.

50 »Estimate of Fatalities at Chernobyl Reactor Accident«, Telegramm von Morton I. Abramovitz an George Shultz, geheim, 2. Mai 1986, CREST record CIA-RDP88G01117R000401020003-1, freigegeben am 29. Dezember 2011.

51 ApSimon und Wilson, »Tracking the Cloud from Chernobyl«, S. 44.

52 William J. Eaton und Willion Tuohy, »Soviets Seek Advice on A-Plant Fire ›Disaster‹: Bonn, Stockholm Help Sought, but Moscow Says Only 2 Died«, *Los Angeles Times*, 30. April 1986; Karen DeYoung, »Stockholm, Bonn Ask for Details of Chernobyl Mishap: Soviets Seek West's Help to Cope With Nuclear Disaster«, *Washington Post*, 30. April 1986; Stern, *Crisis Decisionmaking*, S. 230.

53 Stern, *Crisis Decision nmaking*, S. 147; DeYoung, »Stockholm, Bonn Ask for Details.«

54 Murray Campbell, »Soviet A-leak ›world's worst‹: 10000 lung cancer deaths, harm to food cycle feared«, *Globe and Mail*, 30. April 1986.

55 Hawkes et al., *Worst Accident in the World*, S. 127.

56 Marples, *Chernobyl and Nuclear Power in the USSR*, S. 6–7.

57 W. Tschebrikow, »Über die Reaktion ausländischer Diplomaten und Korrespondenten auf die Meldung von einem Unfall im KKW Tschernobyl«, KGB-Kurzmitteilung an das Zentralkomitee der KPdSU, 30. April 1986, in RGANI, Opis 53, Reel 11007, File 3.

58 Daniloff, *Of Spies and Spokesmen*, S. 344; Daniloff, Gespräch mit dem Autor, 2017.

59 Guy Hawtin, »Report: 15000 Buried in Nuke Disposal Site«, *New York Post*, 2. Mai 1986.

60 Antoschkin, *Regarding Chernobyl*, S. 2.

61 Antoschkin, Gespräch mit dem Autor, 2017. In seinen unveröffentlichten Aufzeichnungen *Regarding Chernobyl* erinnert sich Antoschkin an etwas andere Zahlen: fünfundfünfzig Tonnen Sand und zehn Tonnen Bor. Piers Paul Read erzählt, dass Schtscherbina vor den Generälen der chemischen Truppen

Iwanow and Pikalow zunächst behauptet habe, Antoschkin wäre schlicht inkompetent (Read, *Ablaze*, S. 123–24).

62 Nesterow, *Heaven and Earth*, S. 245. Eine Beschreibung der Mi-26 findet sich in »Russia's airborne ›cow‹«, BBC News Online, 20. August 2002.

63 Nesterow, *Heaven and Earth*, S. 247.

64 Antoschkin, Gespräch mit dem Autor, 2015, und S. 11–13 in seinem unveröffentlichten Memoir *The Role of Aviation in Localizing the Consequences of the Catastrophe at Chernobyl.* (Die Rolle der Luftfahrt bei der Lokalisierung der Folgen der Katastrophe in Tschernobyl)

65 Dolgich, Aussage vor dem Politbüro am 29. April 1986; Sitzungsprotokoll ist nachzulesen in Malejew, *Chernobyl. Days and Years*, S. 245. Siehe auch S. 258 zu Legassows Aussage vor dem Politbüro am 5. Mai 1986.

66 Schascharin, »The Chernobyl Tragedy«, S. 96.

67 Die Bereiche rings um das Kraftwerk würden bald als drei konzentrische Kreise klassifiziert werden: Der Durchmesser des innersten betrug 1,5 Kilometer: Mary Mycio, *Wormwood Forest: A Natural History of Chernobyl* (Washington, DC: Joseph Henry Press, 2005), S. 23. Der Begriff *osobaya zona* findet sich zum Beispiel in einer Akzennotiz des KGB vom Dezember 1986, obwohl er dort eine größere Fläche bezeichnet, etwa neun Kilometer im Durchmesser: Daniljuk, Hg., »Chernobyl Tragedy«, *Z arkhiviv*, Dokument Nr. 73: »Sonderbericht des KGB der UkSSR an die 6. Abteilung des KGB der UdSSR bezüglich der Strahlungssituation und des Fortschrittes bei den Aufräumarbeiten nach dem Unfall im KKW Tschernobyl«, 31. Dezember 1986.

68 Baranowska, Hg., *The Chernobyl Tragedy*, Dokument Nr. 60: »Protokoll der ersten Sitzung der Politbüro-Operativgruppe bezüglich der Beseitigung der Folgen des Unfalls im KKW Tschernobyl«, 29. April 1986, S. 80–81.

69 Legassows Tonbandaufzeichnungen, Kassette Eins, 14; Nikolai Ryschkow, *Ten Years of Great Shocks* (Moskau: Kniga-Prosveshchenie-Miloserdie, 1995), S. 167.

70 Ljaschko, *Weight of Memory*, S. 362.

71 Antoschkin, *Regarding Chernobyl*, S. 3.

72 Baranowska, Hg., *The Chernobyl Tragedy*, Dokument Nr. 59: »Aktennotiz der Abteilung Wissenschaft und Erziehung des Zentralkomitees der Kommunistischen Partei der Ukraine zu Sofortmaßnahmen im Zusammenhang mit dem Unfall am KKW Tschernobyl«, 29. April 1986.

73 Iwanow, »Chernobyl, Teil 3: Evakuierung«, S. 39. Die Zahl 10 000 is specified by Lyashko, *Weight of Memory*, 355.

74 Mimka, Gespräch mit dem Autor, 2016; Antoschkin, Gespräch mit dem Autor, 2017; Nikolai Antoschkin, »Helicopters over Chernobyl«, Interview durch Sergei Lelekow, *Nezavisimaya Gazeta*, 28. April 2006, http://nvo.ng.ru/history/2006-04-28/1_chernobil.html.

75 Antoschkin, Gespräch mit dem Autor, 2017.

76 Nikolai Antoschkin, handschriftlicher Zeugenbericht, Archiv des Tschernobyl-Museums.

77 Zhores Medwedjew, *Legacy of Chernobyl*, S. 158–59.

78 J. Israel, Hg., *Chernobyl: Radioactive Contamination of the Environment* (Leningrad: Gidrometeoizdat, 1990), S. 56. Die gemessene Hintergrundstrahlung in der UdSSR lag normalerweise zwischen 4 und 20 Mikroröntgen pro Stunde. *Radiation Safety Norms-76*, Moskau: Atomizdat, 1978, vgl. »For Reference« [Справочно], nicht datiert, Archiv des Tschernobyl-Museums. In seinen Notizen behauptet der für den Bezirk Kiew zuständige Strahlungsaufklärungsoffizier Alexander Logatschew, die normale Hintergrundstrahlung in der Ukraine liege bei 11 Mikroröntgen pro Stunde (Logatschew, *Die Wahrheit*).

79 Alla Yaroshinskaya, *Chernobyl: Crime Without Punishment*, S. 73–75.

80 Iurii Schtscherbaks Schilderung der Ereignisse finden sich in Zhores Medwedjew, *Legacy of Chernobyl*, S. 160; Schtscherbak, Interviewtranskript (12. Juni 1990), 2RR Archivdatei Nr. 3/8/5, 2.

81 Sgurski hatte zuvor die Firma S. P. Korolew geleitet (später umbenannt in »Meridian«), die spezialisierte Elektrogeräte herstellte, darunter auch Strahlungsmessgeräte. Siehe dazu »Über 60 Jahre im Markt der Messgerätehersteller«, Meridian, http://www.merydian.kiev.ua/.

82 Alexander Kitral: »Gorbatschow zu Schtscherbitzki: ›Wenn Sie die Parade absagen, lasse ich Sie verrotten!‹ «, *Komsomolskaja Prawda w Ukraine*, 26. April 2011, https://kp.ua/life/277409-horbachev-scherbytskomu-ne-provedesh-parad-shnoui.

83 Ljaschko bestätigt, dass Schtscherbitski zu spät kam und sich eine Zeitlang »halblaut« mit E. W. Katschalowski unterhielt, dem Leiter der Arbeitsgruppe, die sich im Auftrag der ukrainischen Regierung mit dem Unfall im KKW Tschernobyl befasste: Ljaschko, *Weight of Memory*, S. 356. Vgl. dazu auch das Interview mit Witali Korotitsch, damals ein prominenter Zeitschriftenredakteur in Moskau, in *The Second Russian Revolution*, »Episode Two: The Battle For Glasnost« (BBC, 1991).

84 Kitral, »Gorbatschow zu Schtscherbitski«; Serhii Plokhy, *The Gates of Europe:*

A History of Ukraine (New York: Basic Books, 2015), S. 310. Schtscherbitskis Frau Rada bestätigte 2006 die Parteibuch-Geschichte in einem Interview: Rada Schtscherbitskaja, interviewt von Jelena Scheremeta, »Nach Tschernobyl sagte Gorbatschow zu Wladimir Wasilijewitsch, ›Wenn Sie die Parade nicht abhalten, dann sind Sie raus aus der Partei‹«, *Fakty i kommentarii*, 17. Februar 2006: http://fakty.ua/43896-rada-csherbickaya-quot-posle-chernobylya-gorbachev-skazal-vladimiru-vasilevichu-quot-esli-ne-provedesh-pervomajskuyu-demonstraciyu-to-mozhesh-rasprocshatsya-s-partiej-quot.

85 Kitral, »Gorbatschow zu Schtscherbitski«; Plokhy, *Gates of Europe*, S. 310 – 11. Als die Sowjetunion 1991 schließlich am Ende war, würde der Autor Iurii Schtscherbak, Mitglied des Obersten Sowjet, sagen, dass sich schon damals nicht mehr eruieren ließ, wer wirklich den Befehl gegeben hatte, die Parade abzuhalten, weil alles telefonisch besprochen wurde und von den Betroffenen keine schriftlichen Instruktionen erteilt wurden. Hinterher bestanden Schtscherbitskis Leute darauf, die Anweisung sei von Moskau gekommen; im Kreml dagegen gab man den Ukrainern die Schuld (Schtscherbak, Interviewtranskript Nr. 3/8/5, 2RR, 7). Nikolai Ryschkow zum Beispiel bestreitet die Version der Ukrainer und behauptet, es sei allein Schtscherbitzkis Entscheidung gewesen, die Parade abzuhalten. (Vgl. Ryschkow, Interview durch Interfax, 23. April 2016: www.interfax.ru/world/505124.) Ryschkow lehnte es ab, für dieses Buch interviewt zu werden.

86 Videomaterial zur Parade findet sich in *The Second Russian Revolution*, Episode 2: The Battle for Glasnost: www.youtube.com/watch?v=tyW6wbHft2M.

87 Kitral, »Gorbatschow zu Schtscherbitski.«

88 Skljarow, *Chernobyl Was … Tomorrow*, S. 146.

89 Alan Flowers, Telefongespräch mit dem Autor, Februar 2016; Justin Sparks, »Russia Diverted Chernobyl Rain, Says Scientist«, *Sunday Times*, 8. August 2004; Richard Gray, »How We Made Chernobyl Rain«, *Sunday Telegraph*, 22. April 2007. Moskau hat mehrfach bestritten, dass nach dem Unfall Wolken »geimpft« wurden, aber zwei der Piloten, die an der Operation beteiligt waren – einer von ihnen erhielt später eine Auszeichnung für seinen Einsatz –, schilderten ihre Bemühungen in dem BBC-Dokumentarfilm von 2007 *The Science of Superstorms*.

90 UPI, »Tens of Thousands in March: Nuclear Disaster Ignored at Soviet May Day Parade«, *Los Angeles Times*, 1. Mai 1986. Während der Feierlichkeiten trugen zwei Kosmonauten, die in der sowjetischen Raumstation *Mir* gerade die Erde umkreisten, eine Live-Botschaft aus dem Weltraum bei.

91 Welichow, *Strawberries from Chernobyl*, S. 245. Welichow, Interviewtranskript (12. Juni 1990), 2RR Archivdatei Nr. 1/1/14, 1.

92 »Protokoll Nr. 3 der Sitzung der Operativgruppe des Politbüros des Zentralkomitees der KPdSU anlässlich der Probleme im Zusammenhang mit den Folgen des Unfalls im KKW Tschernobyl«, 1. Mai 1986, in RGANI, Opis 51, Reel 11006, File 19.

93 ebd. Im November 1985 war Silajew zum stellvertretenden Vorsitzenden des Ministerrates der UdSSR ernannt worden, zum stellvertretenden Ministerpräsidenten und zum Vorsitzenden der Abteilung Maschinenbau.

94 Ryschkow, *Ten Years of Great Shocks*, S. 170–71.

95 Nikolai Ryschkow, interviewt von Elena Nowoselowa, »The Chronicle of Silence«, *Rossiiskaya Gazeta*, 25. April 2016, https://rg.ru/2016/04/25/tridcat-let-nazad-proizoshla-avariia-na-chernobylskoj-aes.html.

96 Ryschkow, *Ten Years of Great Shocks*, S. 170–72. Im Interview, das Nowoselowa mit ihm führte, beschreibt Ryschkow die Landkarte, die er benutzte, *Rossiiskaya Gazeta*, 2016.

97 Iwanow, »Chernobyl, Part 3: Evacuation«, S. 39.

98 Skljarow, *Chernobyl Was … Tomorrow*, S. 89.

Kapitel 11
Das Chinasyndrom

1 Mimka, Gespräch mit dem Autor, 2016; Besuch des Autors im Hotel Polesia, Prypjat, 25. April 2016.

2 Filmaufnahmen von den Hubschraubern, die diese Lasten aufnehmen und transportierten, sind bei Minute 1:06 in dem Dokumentarfilm aus dem Jahr 1987 *Chernobyl: A Warning* des russischen Staatsfernsehens zu sehen, online verfügbar unter www.youtube.com/watch?v=mwxbS_ChNNk (abgerufen im Mai 2018).

3 Antoschkin, handschriftlicher Augenzeugenbericht, Tschernobyl-Museum.

4 Mimka, Gespräch mit dem Autor, 2016.

5 A. N. Semenow, »For the 10th Anniversary of the Chernobyl Catastrophe«, in Semenow, Hg., *Tschernobyl: Zehn Jahre danach*, S. 22.

6 Alexander Borowoi (Leiter des Neutrinolabors am Kurtschatow-Institut zum Zeitpunkt des Unfalls), Bericht in Alexander Kupny, *Memories of Lives Given: Memories of Liquidators* (Charkiw: Zoloty Storynki, 2011), S. 6–7.

7 E. P. Rjasanzew, »Es war im Mai 1986«, in Wiktor A. Sidorenko, Hg., *Der Beitrag der Mitarbeiter des Kurtschatow-Instituts zur Beseitigung der Folgen des Unfalls am KKW Tschernobyl* (Moskau: Kurtschatow-Institut, 2012), S. 85.

8 W. M. Fedulenko, »Einige Dinge vergisst man nicht«, in Sidorenko, Hg., *Der Beitrag der Mitarbeiter des Kurtschatov-Instituts* ..., S. 79.

9 Rjasanzew, »Es war im Mai 1986«, S. 86.

10 Mimka, Gespräch mit dem Autor, 2016.

11 Fedulenko, »Einige Dinge vergisst man nicht«, S. 82. Read, *Ablaze*, S. 132–33.

12 Diese Angaben, die sich von denen Antoschkins unterscheiden, sind den damaligen Aufzeichnungen der Hubschraüberpiloten entnommen, die Alexander Borowoi Alexander Sich zur Verfügung stellte (»The Chornobyl Accident Revisited«, S. 241).

13 Schascharin, »Chernobyl Tragedy«, S. 107.

14 Wladimir Gudow, *Special Battalion no. 731* (Kiew: Kyivskyi Universitet Publishing Center, 2010), übers. von Tamara Abramenkowa als *731 Special Battalion: Documentary Story* (Kiew: N. Veselicka 2012). Vgl. S. 54 in der russischen Ausgabe oder S. 80 in der englischen Übersetzung.

15 Piotr Zborowski, interviewt von Sergei Babakow, »Ich bin noch immer in der Sperrzone von Tschernobyl«, *Zerkalo nedeli Ukraina*, 18. September 1998: http://gazeta.zn.ua/SOCIETY/ya_i_segodnya_tam_v_chernobylskoy_zone.html, übers. in Gudow, *731 Special Battalion*, 101. Siehe auch S. 124–25 für N. Bosy, »Open Letter of a Commander of a Radiological Protection Battalion 731 [...] to Battalion Staff.«

16 Antoschkin, handschriftlicher Augenzeugenbericht, Tschernobyl-Museum. Antoschkin behauptet darin, er habe bewusst untertrieben, damit Schtscherbina für den Folgetag nicht ein noch höheres Ziel setzen konnte. Tatsächlich fielen am 1. Mai laut Pilotenlogbuch insgesamt 1900 Tonnen, vgl. Sich in (»Chornobyl Accident Revisited«, S. 241).

17 Antoschkin, handschriftlicher Augenzeugenbericht, Tschernobyl-Museum.

18 IAEO, Expertengruppe Sicherheit INSAG, »Summary Report on the Post-Accident Review Meeting on the Chernobyl Accident«, Safety series no. 75 – INSAG-1, 1986, 35; Sich, »Chornobyl Accident Revisited«, S. 241–42, Abb. 4.1 und Abb. 4.4.

19 Legassows Bericht für das Politbüro, Sitzungsprotokoll vom 5. Mai 1986, nachzulesen in Malejew, *Chernobyl. Days and Years*, S. 258. Im Transkript ist von »20 Grad« die Rede, doch dies ist wohl eine fehlerhafte Übertragung von 2000 Grad Celsius, da Legassow hinzusetzt, dass die Temperatur seit Sams-

tag, dem 26. April, als 1100 Grad gemessen wurden, täglich um etwa 135 Grad gestiegen sei. Nach diesen Berechnungen wäre der Reaktor am Donnerstagabend, dem 4. Mai, bei etwa 1595 Grad angekommen. In *Legassows Tonbandaufzeichnungen* (Kassette Eins, 20), erwähnt er ebenfalls 2000 Grad als »annähernd die höchste Temperatur, die wir gemessen haben.« In Wirklichkeit konnten all diese Zahlen wenig mehr sein als wohlbegründete Vermutungen, da die Wissenschaftler noch keine Möglichkeit hatten, exakte Messungen innerhalb des Reaktors durchzuführen.

20 Sich, »Chornobyl Accident Revisited«, S. 241 und S. 257–58.

21 Aussage Ryschkows vor dem Politbüro am 5. Mai: Protokoll in Malejew, *Chernobyl. Days and Years*, S. 252. Sich zufolge (»Chornobyl Accident Revisited«, S. 242) ist für eine Verflüssigung eine Temperatur von 2300 bis 2900 Grad Celsius vonnöten.

22 P. A. Polad-Zade (deputy minister of water of the USSR), »Leider brauchte es eine Tragödie«, in Semenow, Hg., *Tschernobyl: Zehn Jahre danach*, S. 195.

23 Karpan, *Chernobyl to Fukushima*, S. 68; Witali Masol (Vorsitzender des Planungskomitees der Ukraine und stellvertretender Vorsitzender des Ministerrats der Ukraine zum Zeitpunkt des Unfalls), interviewt von Elena Scheremeta, »Wir bereiteten in aller Stille die Evakuierung Kiews vor«, *Fakty i kommentarii*, 26. April 2006: http://fakty.ua/45679-vitalij-masol-quot-mytihonechko-gotovilis-k-evakuacii-kieva-quot.

24 Die Entscheidung, ein Ersatzteam für die Regierungskommission in die Zone zu schicken, wurde am 1. Mai 1986 von der Operativgruppe Tschernobyl im Kreml getroffen: »Sitzungsprotokoll Nr. 3 der Operativgruppe des Politbüros« in RGANI.

25 Drach, Gespräch mit dem Autor, 2017; Koptschinski, Erinnerungen in Koptschinski und Steinberg, *Chernobyl*, S. 53.

26 Skljarow, *Chernobyl Was … Tomorrow*, S. 52; Schascharin schreibt, die Mitglieder der Regierungskommission hätten zunächst keine Dosimeter zur Verfügung gehabt. Eine nachfolgende Analyse hätte gezeigt, dass die Strahlungsexpositionsdosis zwischen 60 und 100 rem betrug (die innere Verstrahlung nicht mitgerechnet)«. (Schascharin, »Chernobyl Tragedy«, S. 99).

27 Jewgeni P. Welichow, *My Journey: I Shall Travel Back to 1935 in Felt Boots* (Moskau: AST, 2016), übers. von Andrei Chakhovskoi als *Strawberries from Chernobyl: My Seventy-Five Years in the Heart of a Turbulent Russia* (CreateSpace, 2012), S. 253. Siehe auch Abagayn, Augenzeugenbericht in Wosnjak und Troitsky, *Chernobyl: It Was Like This*, S. 216.

28 Skljarow, *Chernobyl Was ... Tomorrow*, S. 141.

29 Skljarow, *Chernobyl Was ... Tomorrow*, S. 83; Drach, Gespräch mit dem Autor, 2017.

30 Wladimir Gubarew, Augenzeugenbericht in Margarita Legassowa, *Akademiemitglied Waleri A. Legassow*, S. 343.

31 Welichow, *Strawberries from Chernobyl*, S. 245–46.

32 Read, *Ablaze*, S. 138–39.

33 Bolschow, Gespräch mit dem Autor, 2017; Wladimir Gubarew (Wissenschaftsredakteur der *Pravda*), Memorandum an das ZK der UdSSR, zusammengefasst von Nicholas Daniloff, »Chernobyl and Its Political Fallout: A Reassessment«, *Demokratizatsiya: The Journal of Post-Soviet Democratization* 12, Nr. 1 (Winter 2004): S. 123. Alexander Borowoi beschreibt Gorbatschows persönliche Feindseligkeit gegen Legassow in Alla Astachowa, Interview mit Alexander Borowoi, »Der Liquidator«, *Itogi* 828, Nr. 17 (23. April 2012), www.itogi.ru/obsh-spetzproekt/2012/17/177051.html.

34 Rafael V. Arutyunyan, »Das China-Syndrom«, *Priroda*, Nr. 11 (November 1990): S. 77–83. In seinen auf Tonbandkassetten diktierten Erinnerungen der Ereignisse erwähnt Legassow, dass Welichow den Film unlängst gesehen hatte: Legassow-Tonbandaufzeichnungen, Kassette Eins, 19.

35 Schascharin, »Chernobyl Tragedy«, S. 100; Legassows Tonbandaufzeichnungen, Kassette Eins, 20.

36 IAEO, INSAG-1, 35.

37 A. A. Borowoi and E. P. Welichow, *The Chernobyl Experience: Part 1, Work on the »Shelter« Structure* (Moskau: Kurtschatov-Institut, 2012), S. 28.

38 Schascharin, »Chernobyl Tragedy«, S. 100.

39 Arutyunyan, »China Syndrome«, S. 77–83.

40 Bolschow, Gespräch mit dem Autor, 2017.

41 Legassow, Äußerung während der Politbüro-Sitzung am 5. Mai 1986, in Malejew, *Chernobyl. Days and Years*, S. 259.

42 Welichow, *My Journey*, S. 274.

43 Welichow, *Strawberries from Chernobyl*, S. 251.

44 Welichow, Interviewtranskript, 2RR, 1; *Chernobyl: A Warning* (Sowjetischer Dokumentarfilm, 1986); Read, *Ablaze*, S. 137–38.

45 BBC Summary of World Broadcasts, »Velikhov and Silayev: ›Situation No Longer Poses Major Threat‹« (Text eines *Vesti* Video-Berichts aus Tschernobyl am 11. Mai 1986), übers. am 13. Mai 1986.

46 Der Leiter der Firma (Kievmetrostroi), die für den Bau der Kiewer Metro

verantwortlich war, kam am 3. Mai nach Prypjat, berichtete Nikolai Belous, ein leitender Sachverständiger, vg. Schtscherbak, *Chernobyl*, S. 172.

47 Ryschkow, Äußerung während der Politbüro-Sitzung am 5. Mai 1986, vgl. Malejew, *Chernobyl. Days and Years*, S. 252.

48 Mimka, Gespräch mit dem Autor, 2016. Ein Aktenvermerk des Ukrainischen KGB vom 5. Mai 1986 zeugt von Plänen, am folgenden Tag weitere tausend Tonnen Material über dem Reaktor abzuwerfen (Daniljuk, Hg., »Chernobyl Tragedy«, *Z arkhiviv*, Dokument Nr. 28: *Bericht der 6. Abteilung des KGB der UkSSR an das KGB der UdSSR zur radioaktiven Lage und zum Fortschritt bei den Untersuchungen des Unfalls im KKW Tschernobyl*).

49 Zborowski, interviewt von Babakow, *Zerkalo nedeli*, S. 1998. Zborowski erinnert sich, dass dieser Vorfall in der Nacht vom 1. auf den 2. Mai stattfand, aber Silajew wurde frühestens am Morgen des 2. Mai in Tschernobyl erwartet. (Seine Ernennung und bevorstehende Reise nach Tschernobyl kamen in der Sitzung des Politbüros vom 1. Mai zur Sprache: »Protokoll Nr. 3 der Sitzung der Operativgruppe des Politbüros«, in RGANI. Welichows Anwesenheit bei der Sitzung wurde ebenfalls vermerkt.) Vermutlich meinte Zborowski daher die Nacht vom 2. auf den 3. Mai.

50 Schascharin, »Chernobyl Tragedy«, S. 100; Sich, »Chornobyl Accident Revisited«, S. 254 und S. 257. Fotos der Becken: vgl. Borowoi und Welichow, *The Chernobyl Experience: Part 1*, S. 123 und S. 142.

51 Karpan, *Chernobyl to Fukushima*, S. 68–69; Alexey Ananenko, ein leitender Ingenieur in der Reaktorwerkstatt von Block zwei, erinnert sich: *Soyuz Chernobyl*, nicht datiert (vor September 2013), www.souzchernobyl.org/?id=2440.

52 Zborowski, interviewt von Babakow, *Zerkalo nedeli*, 1998.

53 Zborowskis Schilderung der Ereignisse findet sich in Gudow, *731 Special Battalion*, S. 112. Karpan erklärt, die betreffende Stelle habe sich im Treppengang 05/1 der Abteilung für zusätzliche Gerätschaften unter Block drei befunden (*Chernobyl to Fukushima*, S. 69).

54 Bolschow, Gespräch mit dem Autor, 2017.

55 Borowoi und Welichow, *Chernobyl Experience Part One*, S. 29–30.

56 Arutyunyan, »China Syndrome«, S. 78–81.

57 Bolschow, Gespräch mit dem Autor, 2017.

58 Zborowskis Schilderung: vgl. Gudov, *731 Special Battalion*, S. 103–9.

59 Prianitschnikow, Gespräch mit dem Autor, 2006.

60 Legassows Aussage beim Politbüro-Treffen vom 5. Mai 1986, vg. Malejew, *Chernobyl. Days and Years*, S. 258.

Kapitel 12
Die Schlacht von Tschernobyl

1 Das Weiße Haus, »Presidential Movements« und »The Daily Diary of President Ronald Reagan«, April und Mai 1986, Ronald Reagan Presidential Library and Museum, online unter www.reaganlibrary.gov/sites/default/files/digitallibrary/dailydiary/1986-05.pdf; Paul Lewis, »Seven Nations Seeking Stable Currency«, *New York Times*, 6. Mai 1986.

2 Ronald Reagan, Tagebucheintrag, Mittwoch, 30. April 30 1986, in Douglas Brinkley, Hg., *Reagan Diaries*, Bd. 2: *November 1985–January 1989* (New York: Harper Collins, 2009), S. 408. George P. Shultz, *Turmoil and Triumph: My Years as Secretary of State* (New York: Charles Scribner's Sons, 1993), S. 714.

3 Laurin Dodd (Experte für RBMK-Reaktoren in der Abteilung Nuclear Systems and Concepts der Forschungseinrichtung Pacific Northwest National Laboratory, März 1986 bis Mai 1994), Telefongespräch mit dem Autor, Mai 2018.

4 Stephen Engelberg, »2D Soviet Reactor Worries U. S. Aides«, *New York Times*, 5. Mai 1986.

5 Dodd, Gespräch mit dem Autor, 2018.

6 Eduard Schewardnadzse, »Aktennotiz, Zentralkomitee KPdSU, Nr. 623/GS«, geheim, 3. Mai 1986, in RGANI, opis 53, reel 11007, file 3.

7 Ronald Reagan, »Radio Address to the Nation on the President's Trip to Indonesia and Japan« 4. Mai 1986, *The American Presidency Project* (Zusammenarbeit von Gerhard Peters und John T. Woolley), www.presidency.ucsb.edu/ws/?pid=37208.

8 P. Klages, »Atom Rain over U. S., »*Telegraph*, 6. Mai 1986; D. Moore, »UN Nuclear Experts Go to USSR«, *Telegraph*, 6. Mai 1986.

9 Moore, »UN Nuclear Experts Go to USSR.«

10 »Protokollentwurf, Sitzung des Politbüros des Zentralkomitees der KPdSU am 5. Mai 1986«, (Archivsammlung der Russischen Regierung 3, opis 120, Dokument 65, 1–18), nachzulesen in Malejew, *Chernobyl. Days and Years*, S. 249–64.

11 Politbüro-Sitzungsprotokoll (5. Mai 1986), nachzulesen in Malejew, *Chernobyl. Days and Years*, S. 253.

12 ebd., S. 252.

13 Masol, »We were quietly preparing to evacuate Kiev«; Vitali Masol, Gespräch mit dem Autor, Kiew, Juni 2017.

14 »Politbüro-Sitzungsprotokoll (5. Mai 1986), nachzulesen in Malejew, *Chernobyl. Days and Years*, S. 249–64.

15 Zborowskis Schilderung der Ereignisse in Gudow, *731 Special Battalion*, S. 108.

16 Wladimir Trinos, im Interview mit Irina Rybinskaja, »Feuerwehrmann Wladimir Trinos, einer der ersten, die nach der Explosion zum KKW Tschernobyl kamen: ›Weil sie mit den Handschuhen nicht zurechtkamen, arbeiteten die Männer mit bloßen Händen und krochen auf allen Vieren durch das radioaktive Wasser‹«, *Fakty i kommentarii*, 26. April 2001: http://fakty.ua/95948-pozharnyj-vladimir-trinos-odnim-iz-pervyh-popavshij-na-chaes-posle-vzryva-quot-v-rukavicah-bylo-neudobno-poetomu-rebyata-rabotali-golymi-rukami-polzaya-na-kolenyah-po-radioaktivnoj-vode-quot. Verwaiste Feuerwehrautos werden auch von Nikolai Steinberg erwähnt in seinen Erinnerungen an den 7. Mai: Koptschinski und Steinberg, *Chernobyl*, S. 56.

17 Read, *Ablaze*, S. 135.

18 Zborowskis Schilderung der Eriegnisse in Gudow, *731 Special Battalion*, S. 111.

19 Koptschinski und Steinberg, *Chernobyl*, S. 57–59.

20 Gluchow, Gespräch mit dem Autor, 2015.

21 Fotos von diesem Lager sind zu finden unter https://www.facebook.com/pg/skazochny/photos/?tab=album&album_id=1631999203712325 and http://chornobyl.in.ua/chernobyl-pamiatnik.html.

22 Koptschinski und Steinberg, *Chernobyl*, S. 55–56.

23 W. Kiselew, stellvertretender Chefingenieur der Abteilung Sonderprojekte am Ministerium für Transportwesen (Abteilung 157 und verantwortlich für den Bau der Moskauer Metro), seine Schilderung der Ereignisse sind nachzulesen in A. Djatschenko, Hg., *Chernobyl: Duty and Courage*, Bd. 1, S. 38–40; Belous' Schilderung, vgl. Schtscherbak, *Chernobyl*, S. 172.

24 Steinberg, Gespräch mit dem Autor, 2015; Koptschinski und Steinberg, *Chernobyl*, S. 67.

25 Read, *Ablaze*, S. 139–40; Steinberg, Gespräch mit dem Autor, 2015; Koptschinski und Steinberg, *Chernobyl*, S. 67.

26 Mimka, Gespräch mit dem Autor, 2016.

27 Read, *Ablaze*, S. 140.

28 Zborowskis Schilderung der Ereignisse in Gudow, *731 Special Battalion*, S. 107–9.

29 Karpan, *Chernobyl to Fukushima*, S. 69.

30 Trinos, interviewt von Rybinskaja, *Faktyikommentarii*, 2001.

31 Zborowskis Schilderung in Gudow, *731 Special Battalion*, S. 109–10.

32 Read, *Ablaze*, S. 136.

33 Trinos, interviewt von Rybinskaja, *Fakty i kommentarii*, 2001; Zborowski, interviewt von Babakow, *Zerkalo nedeli*, 1998.

34 Trinos, interviewt von Rybinskaja, *Fakty i kommentarii*, 2001; Read, *Ablaze*, S. 136–37.

35 Trinos, interview by Rybinskaya, *Fakty i kommentarii*, 2001.

36 Read, *Ablaze*, S. 136.

37 Trinos, interviewt von Rybinskaja, *Fakty i kommentarii*, 2001.

38 Zborowski, interviewt von Babakow, *Zerkalonedeli*, 1998.

39 Juri Schtscherbak, Gespräch mit dem Autor, Kiew, Februar 2016. Die Nachricht verbreitete sich mündlich, weil viele der 47 000 ehemaligen Einwohner Prypjats über die gesamte Ukraine verstreut wurden und Gerüchte das Informationsvakuum füllten, das der Staat geschaffen hatte. Koptschinski und Steinberg, *Chernobyl*, S. 39–40.

40 Die Siebte Verwaltung des Innenministeriums (MWD) der Ukrainischen Sozialistischen Sowjetrepublik, *Bewertung der öffentlichen Meinung zum Unfall am KKW Tschernobyl*, als geheim eingestuft, gerichtet an den Innenminister der Ukraine I. Gladusch, 30. April 1986, Archiv des Tschernobyl-Museums.

41 Zhores Medwedjew, *The Legacy of Chernobyl*, 161.

42 Abteilung Wissenschaft des Zentralkomitees der Kommunistischen Partei der Ukraine, »Zu einigen dringenden Maßnahmen, die Kiews Bevölkerung vor gesundheitlichen Schäden durch den Unfall am KKW Tschernobyl bewahren sollen«, 4. Mai 1986, Archiv des Tschernobyl-Museums.

43 Stepan Mucha, Äußerung während der Politbüro-Sitzung, siehe Baranowska, Hg., *The Chernobyl Tragedy*, Dokument Nr. 73: »Transkript des Sitzungsprotokolls der Politbüro-Operativgruppe der Kommunistischen Partei der Ukraine«, 3. Mai 1986.

44 Als diese Nachricht das Politbüro erreichte, überlegten Gorbatschow und Ligatschew, ob sie Schtscherbitzki von seinem Posten an der Spitze der Republik entfernen sollten. Koptschinski und Steinberg, *Chernobyl*, S. 45–46.

45 Schtscherbak, Interviewtranskript, 2RR, S. 4; Schtscherbak, Gespräch mit dem Autor, 2016.

46 Schtscherbak, Gespräch mit dem Autor, 2016; Schtscherbak, *Chernobyl*, S. 157–59; Boris Katschura (Mitglied des Ukrainischen Politbüros, 1980–90), Interviewtranskription durch Tatjana Saenko am 19. Juli 1996, *The Collapse of*

the Soviet Union: The Oral History of Independent Ukraine, 1988–1991, http://oralhistory.org.ua/interview-ua/360.

47 Read, *Ablaze*, S. 185–86; Gary Lee, »More Evacuated in USSR: Indications Seen of Fuel Melting Through Chernobyl Reactor Four«, *Washington Post*, 9. Mai 1986.

48 Read, *Ablaze*, S. 185–86.

49 Zhores Medwedjew schreibt, dass die Straßenreinigungsmaßnahmen in Kiew nicht vor dem 6. oder 7. Mai angefangen hätten (*Legacy of Chernobyl*, S. 161). Orangefarbene Lastwagen werden auch von Serge Schmemann erwähnt, »The Talk of Kiev«, *New York Times*, 31. Mai 1986.

50 Interview mit dem Stellvertretenden Gesundheitsminister der Ukrainischen Sozialistischen Sowjetrepublik, A. M. Kasianenko, *Pravda Ukrainy*, 11. Mai 1986, nachzulesen in Marples, *Chernobyl and Nuclear Power in the USSR*, S. 149.

51 Schtscherbak, *Chernobyl*, S. 152; Grigori Medwedew, »Chernobyl Notebook«, übers. JPRS, S. 61.

52 Juri Kozyrew, Gespräch mit dem Autor, Kiew, 2017.

53 Plochy, *Chernobyl*, S. 212.

54 Felicity Barringer, »On Moscow Trains, Children of Kiev«, *New York Times*, 9. Mai 1986.

55 Ljaschko, *Weight of Memory*, S. 372–73.

56 Welichow, *My Journey*, S. 277–78.

57 Trinos, interviewt von Rybinskaja, *Fakty ikommentarii*, 2001.

58 Schascharin, »Chernobyl Tragedy«, S. 102; Ananenkos Erinnerungen, siehe *Soyuz Chernobyl*.

59 Schascharin, »The Chernobyl Tragedy«, S. 102.

60 Ananenkos Erinnerungen, siehe *Soyuz Chernobyl*.

61 ebd.

62 Zborowskis Schilderung der Ereignisse in Gudow, *731 Special Battalion*, S. 113–14.

63 Koptschinski und Steinberg, *Chernobyl*, S. 68.

64 E. Ignatenko, *Two Years of Liquidating the Consequences of the Chernobyl Disaster* (Moskau, Energoatomizdat, 1997), S. 62, nachzulesen in Karpan, *Chernobyl to Fukushima*, S. 72.

65 Belous' Bericht in Schtscherbak, *Chernobyl*, S. 175–76.

66 Bolschow, Gespräch mit dem Autor, 2017; »Protokoll Nr. 8 der Sitzung der Politbüro-Operativgruppe zu Problemen im Zusammenhang mit den Folgen

des Atomunfalls im KKW Tschernobyl«, 7. Mai 1986, in RGANI, opis 51, Band 11006, file 20.

67 William J. Eaton, »Soviets Tunneling Beneath Reactor; Official Hints at Meltdown into Earth; Number of Evacuees Reaches 84000«, *Los Angeles Times*, 9. Mai 1986.

68 Arutyunyan, »The China Syndrome«, S. 79; Bolschow, Gespräch mit dem Autor, 2017.

69 Bolschow, Gespräch mit dem Autor, 2017; Arutyunyan, »China Syndrome«, S. 81.

70 Bolschow, Gespräch mit dem Autor, 2017.

71 Welichow, *My Journey*, S. 278–79.

72 Fernsehbilder von ihrer Landung finden sich in *Two Colors of Time*, Teil 1, mk. 3.55, https://www.youtube.com/watch?v=ax54gzlzDpg.

73 Welichow, *Strawberries from Chernobyl*, S. 251.

74 Internationale Atomenergie-Organisation, INSAG-1; Borowoi und Welichow, *The Chernobyl Experience: Part 1*, 3.

75 »Protokoll Nr. 9 der Sitzung der Operativgruppe des Politbüros zu Problemen im Zusammenhang mit den Folgen des Atomunfalls im KKW Tschernobyl«, 8. Mai 1986, RGANI, opis 51, Spule 11006, Akte 21. Ein Bericht des KGB vom 11. Mai 1986 führt das Sinken der Temperatur auf die Einspeisung von gasförmigem Stickstoff am 7. und 8. Mai zurück, doch diese Schlussfolgerung ist bestenfalls fragwürdig. Daniljuk, Hg., »Chernobyl Tragedy«, *Z arkhiviv*, Dokument Nr. 31: »Sonderbericht des Leiters der KGB-Arbeitsgruppe der Ukr SSR in der Stadt Tschernobyl an den Vorsitzenden des KGB der UkrSSR.«

76 Welichow, *My Journey*, S. 279.

77 BBC Summary of World Broadcasts, »IAEA Delegation Gives Press Conference in Moscow« (der Bericht wurde von der TASS in englischer Sprache veröffentlicht und am 9. Mai 1986 vom Sender Moscow World Service gesendet), übersetzt am 12. Mai 1986.

78 BBC Summary of World Broadcasts, »Velikhov and Silayev: ›Situation No Longer Poses Major Threat‹ «, 11. Mai 1986; und Serge Schmemann, »Kremlin Asserts ›Danger Is Over‹ «, *New York Times*, 12. Mai 1986. Videomaterial aus diesem Bericht ist in dem sowjetischen Dokumentarfilm aus dem Jahr 1987 *Chernobyl: A Warning* enthalten, bei Minute 35:30.

79 Bolschow, Gespräch mit dem Autor, 2017.

80 Koslowa, *The Battle with Uncertainty*, S. 77. 216 *»Build it«:* Bolschow, Gespräch mit dem Autor, 2017.

Kapitel 13
Im Krankenhaus Nummer Sechs

1 Esaulow, *The City That Doesn't Exist*, S. 39–41; Swetlana Kiritschenko, Gespräch mit dem Autor, Kiew, April 2016.

2 Baranowska, Hg., *The Chernobyl Tragedy*, Dokument Nr. 58: »Lagebericht des Innenministeriums der UkrSSR an das Zentralkomitee der Kommunistischen Partei der Ukraine über die Evakuierung der Katastrophenzone«, 28. April 1986. Nicht datierte handschriftliche Liste auf S. 28 der Akte Sondermaßnahmen der *militsia* von Prypjat (Archiv des Tschernobyl-Museums).

3 Esaulow, *City That Doesn't Exist*, S. 40.

4 Wiktor und Walentina Brjuchanow, Gespräch mit dem Autor, 2015; Andrey V. Illesh, *Chernobyl: A Russian Journalist's Eyewitness Account* (New York: Richardson & Steirman, 1987), S. 62–63.

5 Wiktor und Walentina Brjuchanow, Gespräch mit dem Autor, 2015.

6 Natalia Juwtschenko, Gespräche mit dem Autor, 2015 und 2016.

7 Nikolai Steinberg schreibt, am 30. April hätten er und die übrigen Führungskräfte im Kernkraftwerk Balakowo nur gewusst, dass es in Tschernobyl zu irgendeinem Störfall gekommen war. Um dessen Schwere einzuschätzen, hätten sie an den Sandalen einer Frau, die in Prypjat gewesen war und die Stadt am Abend des 26. April wieder verlassen hatte, ohne zu erfahren, was genau passiert war, dosimetrische Messungen durchgeführt. Koptschinski und Steinberg, *Chernobyl*, S. 10–12.

8 Beschreibung des Gebäudes und seiner Umgebung in Gale und Hauser, *Final Warning*, S. 51; Besuch des Autors am Institut für Biophysik, Moskau, 15. Oktober 2016.

9 Anschelika Barabanowa (Expertin für Strahlungsverbrennungen im Krankenhaus Nummer sechs), Gespräche mit dem Autor, Moskau, Oktober 2016; Angelina Guskowa und Igor Gusew, »Medical Aspects of the Accident at Chernobyl«, in Igor A. Gusew, Angelina K. Guskowa, und Fred A. Mettler, Hgg., *Medical Management of Radiation Accidents* (New York: CRC Press, 2001), 199, table 12.1.

10 Smagin, siehe Tschernousenko, *Insight from the Inside*, 66–67. Smagin verließ Kiew am Sonntagmittag auf einem Sonderflug nach Moskau und erzählt, der Flieger sei eine Stunde lang um den Flughafen gekurvt, bevor sie aus der Maschine steigen durften.

11 Barabanowa, Gespräch mit dem Autor, 2016.

12 Barabanowa, Gespräch mit dem Autor, 2016; H. Jack Geiger, MD, »The Accident at Chernobyl and the Medical Response«, *Journal of the American Medical Association (JAMA)* 256, Nr. 5 (1. August 1986): S. 610.

13 Barabanowa, Gespräch mit dem Autor, 2016; Alexander Borowoi, Gespräch mit dem Autor, Oktober 2016.

14 Angelina Guskowa, *TheCountry's Nuclear Industry Through the Eyes of a Doctor* (Moskau: Real Time, 2004), 141–42. In anderen Quellen unterscheidet sich die Anzahl der Opfer aus Tschernobyl, die im Krankenhaus Nummer Sechs behandelt wurden. Alexander Baranow, Robert Peter Gale, Angelina Guskowa et al. sprechen beispielsweise von 202 Opfern, vgl. »Bone Marrow Transplantation After the Chernobyl Nuclear Accident«, *New England Journal of Medicine* 321, Nr. 4 (27. Juli 1989), S. 207. Dr. Anschelika Barabanowa (Gespräch mit dem Autor, 2016) gibt an, es seien etwas über 200 Patienten gewesen.

15 Barabanowa, Gespräch mit dem Autor, 2016.

16 L. A. Ilyin and A. W. Barabanowa, »Obituary: Angelina Konstantinowa Guskowa«, *Journal of Radiological Protection* 35 (2015): S. 733.

17 Guskowas jüngere Schwester versichert, die Briefe seien niemals abgeschickt worden: Guskowa, Interview durch Gubarew, *Nauka i zhizn*, 2007.

18 Wladislaw Larin, *»Mayak« Kombinat: A Problem for the Ages*, 2. Aufl. (Moskau: Ecopresscenter, 2001), S. 199–200; Brown, *Plutopia*, S. 172.

19 Brown, *Plutopia*, S. 173–75.

20 Geburtsdatum (29. März 1924): »Angelina Konstantinowna Guskowa: Biography«, Rosatom; Guskowa, interviewt von Gubarew, *Nauka i zhizn*, 2007.

21 Dies galt zum Beispiel für die Überlebenden des Störfalls auf dem Atom-U-Boot K-19 im Jahr 1961. Sechs der am schlimmsten betroffenen Patienten wurden nach Aussage von Barabanowa ins Krankenhaus Nummer Sechs gebracht. Anschließend sollten sie ihre Ärzte belügen, was die Ursachen ihrer Beschwerden anbelangte. Matt Bivens, »Horror of Soviet Nuclear Sub's '61 Tragedy Told«, *Los Angeles Times*, 3. Januar 1994; Barabanowa, Gespräch mit dem Autor, 2016.

22 Guskowa, *The Country's Nuclear Industry Through the Eyes of a Doctor*, S. 141.

23 A. K. Guskowa und G. D. Baysogolow *Radiation Sickness in Man* (Moskau: Meditsina, 1971); Ilyin und Barabanowa, »Obituary: Angelina K. Guskova«, S. 733.

24 Ilyin und Barabanowa, »Obituary: Angelina K. Guskowa.«

25 Mould, *Chernobyl Record*, S. 92.

26 Natalia Juwtschenko, Gespräch mit dem Autor, 2015.
27 Robert Gale, Telefongespräch mit dem Autor, Juni 2016; Richard Champlin, Telefongespräch mit dem Autor, September 2016.
28 Barabanowa, Gespräch mit dem Autor, 2016.
29 Gunnar Bergdahl, *The Voice of Ludmilla*, übers. Alexander Keiller (Goteborg: Goteborg Film Festival, 2002), S. 43–45.
30 Barabanowa, Gespräch mit dem Autor, 2016; Alexander Nazarkowski, Gespräch mit dem Autor, Kiew, Februar 2006; Uskows Schilderung, vgl. Schtscherbak, *Chernobyl*, S. 129–30.
31 Read, *Ablaze*, S. 144. Zu den Hautverletzungen vgl. Fred A. Mettler, Jr., »Assessment and Management of Local Radiation Injury«, in Fred A. Mettler Jr., Charles A. Kelsey, Robert C. Ricks, Hgg., *Medical Management of Radiation Accidents*, 1st ed. (Boca Raton, FL: CRC Press, 1990), S. 127–49.
32 Barabanowa, Gespräch mit dem Autor, 2016.
33 Uskows Schilderung nachzulesen in Schtscherbak, *Chernobyl*, S. 130.
34 Natalia Juwtschenko, Gespräch mit dem Autor, 2015.
35 Barabanowa, Gespräch mit dem Autor, 2016.
36 Dr. Richard Champlin, »With the Chernobyl Victims: An American Doctor's Inside Report From Moscow's Hospital No. 6«, *Los Angeles Times*, 6. Juli 1986.
37 Leonid Chamjanows Schilderung der Ereignisse in Koptschinski und Steinberg, *Chernobyl*, S. 80–81.
38 Barabanowa, Gespräch mit dem Autor, 2016.
39 Champlin, »With the Chernobyl Victims.«
40 Natalia Juwtschenko, Gespräch mit dem Autor, 2016.
41 Piotr Chmel, Gespräch mit dem Autor, 2015. Obwohl sowjetische Mediziner, darunter Dr. Guskowa selbst, immer wieder öffentlich in aller Deutlichkeit das Gegenteil behaupteten, hielt sich in der UdSSR noch Jahre nach der Katastrophe hartnäckig das Gerücht, Alkohol könnte den Körper von radioaktiven Giften reinigen. Unter Laborbedingungen scheint Äthanol auf Zellebene tatsächlich eine leicht radioprotektive Wirkung zu besitzen, obwohl ein Mensch wohl kaum genügend Alkohol zu sich nehmen könnte, um damit gegen eine tödliche Strahlendosis anzukämpfen. Eine Studie zeigt immerhin, dass Mücken, indem sie Bier trinken, vor Strahlenschäden geschützt sind: S. D. Rodriguez, R. K. Brar, L. L. Drake et al. »The effect of the radioprotective agents ethanol, trimethylglycine, and beer on survival of X-ray-sterilized male *Aedes aegypti*«, *Parasites & Vectors* 6, Nr. 1 (Juli 2013): S. 211, doi:10.1186/1756-3305-6-211).

42 Bergdahl, *The Voice of Ludmilla*, S. 46.
43 Der Brief wird zitiert aus Voznyak und Troitsky, *Chernobyl*, S. 196.
44 Telegramm von Leonid Toptunow an Wera Toptunowa, 29. April 1986, Archiv des Tschernobyl-Museums.
45 Das Ankunftsdatum wird im Brief von Toptunows Eltern Wera und Fjodor als der 30. April angegeben, vgl. dazu Schtscherbak, *Chernobyl*, S. 362.
46 Wera Toptunowa, Gespräch mit dem Autor, 2015.
47 Vgl. dazu Gale und Hauser, *Final Warning*, S. 33–36; Robert Gale, »Witness to Disaster: An American Doctor at Chernobyl«, *Life*, August 1986; Gale, Telefongespräch mit dem Autor, 2016; Sabine Jacobs (Assistentin von Robert Gale), Gespräch mit dem Autor, Los Angeles, September 2016.
48 Gale und Hauser, *Final Warning*, S. 36–37.
49 Hammer würde seine erste Reise nach Moskau als Teil einer freiwilligen humanitären Mission hinstellen, die den Zweck hatte, an Typhus erkrankten sowjetischen Kindern das Leben zu retten; in Wahrheit war er in die UdSSR gereist, nachdem sein Vater aufgrund einer illegalen Abtreibung inhaftiert worden war, bei der auch die Mutter des Kindes gestorben war – in Wirklichkeit hatte Armand selbst, der sich nie als Arzt qualifizieren würde, die Operation durchgeführt. In der UdSSR wurde Hammer von der kommunistischen Regierung als Eigentümer einer nutzlosen Asbestmine und einer Bleistiftfabrik gehandelt, eine Tarnung, durch die die Tscheka – der Vorläufer des KGB – ein Spionagenetzwerk in den USA finanzieren konnte. Die Einzelheiten zu Hammers Doppelleben, die erst nach seinem Tod im Jahr 1990 und nach dem Zerfall der Sowjetunion ans Licht kommen sollten, werden beschrieben in Edward Jay Epstein, *Dossier: The Secret History of Armand Hammer* (New York: Random House, 1996).
50 Gale und Hauser, *Final Warning*, S. 38.
51 »Top U. S. Doc Races Death«, *New York Post*, 2. Mai 1986.
52 Natalia Juwtschenko, Gespräch mit dem Autor, 2016.
53 Read, *Ablaze*, S. 156.
54 Wera Toptunowa, Gespräch mit dem Autor, 2015.
55 Bergdahl, *Voice of Ludmilla*, S. 48–50.
56 Gale und Hauser, *Final Warning*, S. 57.
57 Vgl. hierzu Gale und Hauser, *Final Warning*, S. 34 und S. 56; und Champlin, »With the Chernobyl Victims.«
58 Bergdahl, *Voice of Ludmilla*, S. 48–49.
59 Den Erinnerungen Barabanowas nach erhielt Toptunow am zweiten und

am siebten Tag nach dem Unfall Knochenmark transplantiert (27. April und 2. Mai), Akimow am vierten Tag nach dem Unfall (29. April).

60 Gale und Hauser, *Final Warning*, S. 54–55.

61 Champlin, »With the Chernobyl Victims«; Barabanowa, Gespräch mit dem Autor, 2016.

62 Champlin, »With the Chernobyl Victims.«

63 Guskowa und Gusew, »Medical Aspects of the Accident at Chernobyl«, S. 200; Barabanowa, Gespräch mit dem Autor, 2016.

64 Barabanowa erinnerte sich, dass Verbrennungen durch Betastrahler sich ab dem sechsten oder siebten Tag zeigten: Gespräch mit dem Autor, 2016.

65 Read, *Ablaze*, S. 145.

66 Elwira Sitnikowas Eindrücke sind nachzulesen in Schtscherbak, *Chernobyl*, S. 281.

67 Gale und Hauser, *Final Warning*, S. 47–50 und S. 161; Barabanowa, Gespräch mit dem Autor, 2016; Read, *Ablaze*, S. 143–44.

68 Read, *Ablaze*, S. 152.

69 Gale schreibt in *Final Warning*, die sterile Abteilung habe sich auf der fünften Etage befunden, aber in nachfolgenden Berichten stimmen mehrere Zeugen darin überein – einschließlich Arkady Uskow und Ludmilla Ignatenko –, dass sie auf der achten Etage war.

70 Herbert L. Abrams, »How Radiation Victims Suffer«, *Bulletin of Atomic Scientists* 42, Nr. 7 (1986): S. 16; Barabanowa, Gespräch mit dem Autor, 2016.

71 Gale und Hauser, *Final Warning*, S. 52–53; Barabanowa, Gespräch mit dem Autor, 2016.

72 Am 2. Mai war eine Einheit Soldaten mit ABC-Schutzanzügen und spezieller Ausrüstung im Krankenhaus Nummer sechs eingetroffen und hatten draußen auf dem Rasen Zelte aufgestellt. Bergdahl, *Voice of Ludmilla*, S. 51; und Juri Grigoriew, interviewt von Alina Kharaz, »It was like being at the front«, *Vzgliad*, 26. April 2010, www.vz.ru/society/2010/4/26/396742.html.

73 Sitnikowa, Aussage nachzulesen in Schtscherbak, *Chernobyl*, S. 281.

74 In seinem Krankenhaustagebuch vermerkte Arkady Uskow in seiner zweiten Behandlungswoche, er müsse »an die 30 Tabletten am Tag« einnehmen. Uskow, nachzulesen in Schtscherbak, *Chernobyl*, S. 131.

75 Bergdahl, *Voice of Ludmilla*, S. 49–53.

76 Mould, *Chernobyl Record*, S. 81–82; Gale und Hauser, *Final Warning*, S. 62–63.

77 Barabanowa, Gespräch mit dem Autor, 2016.

78 Read, *Ablaze*, S. 152–53; Gale und Hauser, *Final Warning*, S. 79; Adriana

Petryna, *Life Exposed: Biological Citizens after Chernobyl* (Princeton, NJ: Princeton University Press, 2013), S. 45; Champlin, »With the Chernobyl Victims.«

79 Geiger, »The Accident at Chernobyl and the Medical Response«, S. 610.

80 Barabanowa, Gespräch mit dem Autor, 2016.

81 Read, *Ablaze*, S. 157.

82 Davletbajew, »The Final Shift«, S. 382.

83 Read, *Ablaze*, S. 156.

84 Sergei Jankowski, Gespräch mit dem Autor, Kiew, 7. Februar 2016; Barabanowa, Gespräch mit dem Autor, 2016.

85 Davletbajew, »The Last Shift«, S. 382.

86 Uskow, Tagebucheintrag, nachzulesen in Schtscherbak, *Chernobyl*, S. 131.

87 Bergdahl, *Voice of Ludmilla*, S. 52.

88 Chmel, Gespräch mit dem Autor, 2016.

89 Die Todesdaten sind im elektronischen Archiv von Tschernobyl und Prypjat gelistet: »Liste der Todesopfer des Unfalls im Kernkraftwerk Tschernobyl«.

90 Sacharow, interviewt von Taras Schumeyko, 2006.

91 Luba Akimow, ihre Schilderung ist nachzulesen in Grigori Medwedew, *Truth About Chernobyl*, S. 253–54.

92 vgl. Uskows Schilderung der Ereignisse in Schtscherbak, *Chernobyl*, S. 131–34.

93 Parry, »How I Survived Chernobyl.«

94 ebd.; Natalia Juwtschenko, Gespräch mit dem Autor, 2015; und Barabanowa, Gespräch mit dem Autor, 2016. Obwohl Natalia Juwtschenko sich in diesem Punkt sehr sicher ist, behauptet Barabanowa, die Ärztin ihres Mannes, sie habe die Notwendigkeit einer Amputation nie in Erwägung gezogen.

95 Bergdahl, *Voice of Ludmilla*, S. 56–58.

96 Barabanova, Gespräch mit dem Autor, 2016; Wera Toptunowa, Gespräch mit dem Autor, 2015; Toptunows Krankenakte, aus Barabanowas Privatarchiv.

97 Uskow, Tagebucheintrag, nachzulesen in Schtscherbak, *Chernobyl*, S. 131–33.

98 Natalia Juwtschenko, Gespräch mit dem Autor, 2016; Alexander Juwtschenko, interviewt von Bond, *New Scientist*, 2004.

99 ebd., S. 133.

Kapitel 14
Die Liquidatoren

1 Marples, *Chernobyl and Nuclear Power in the USSR*, S. 32. Der gesamte Text der Ansprache findet sich in »M. S. Gorbatschows Rede im sowjetischen Fernsehen (Tschernobyl)«, 14. Mai 1986, Gorbatschow-Stiftung, www.gorby.ru/userfiles/file/chernobyl_pril_6.pdf.

2 Don Kirk, »Gorbachev Tries Public Approach«, *USA Today*, 15. Mai 1986.

3 Celestine Bohlen, »Gorbachev Says 9 Died from Nuclear Accident; Extends Soviet Test Ban«, *Washington Post*, 15. Mai 1986.

4 BBC Summary of World Broadcasts, »Television Address by Gorbachev«, Text der Sendung, sowjetisches Fernsehen 1700 GMT, 14. Mai 1986, übers. am 16. Mai 1986.

5 Malejew, *Chernobyl: Days and Years*, S. 51.

6 Michail Rewtschuks Erinnerungen in Gudow, *731 Special Battalion*, S. 92; Marples, *Social Impact*, S. 184; Daniljuk, Hg., »Chernobyl Tragedy«, *Z arkhiviv*, Dokument Nr. 51: »Bericht der Operativgruppe des KGBM der UkrSSR an das KGB der UdSSR zur Strahlungssituation und zum Fortschritt der Aufräumarbeiten nach dem Unfall im KKW Tschernobyl«, 4. Juli 1986.

7 Malejew, *Chernobyl: Days and Years*, S. 54.

8 Koslowa, *The Battle with Uncertainty*, S. 67 und S. 378; W. Lukjanenko and S. Rjabow, »USSR Cities Rush to Send Critical Cargo«, *Prawda Ukrainy*, 17. Mai 1986, übers. in JPRS, *Chernobyl Nuclear Accident Documents.*

9 Andrey Illesh, »Survivors Write about Night of April 26 (Überlebende schreiben über die Nacht des 26. April)«, *Iswestia*, 19. Mai 1986; und W. Gubarew und M. Odinets, »Communists in the Front Ranks: The Chernobyl AES – Days of Heroism (Kommunisten an vorderster Front: Das AKW Tschernobyl – Tage des Heldenmuts)«, *Prawda*, 16. Mai 1986, beide Artikel übers. in JPRS, *Chernobyl Nuclear Accident Documents.*

10 Eduard Pershin, »They Were the First to Enter the Fire«, *Literaturna Ukraina*, May 22, 1986, übers. in JPRS, *Chernobyl Nuclear Accident Documents.*

11 W. Prokoptschuk, »We Report the Details: Above and Around No. 4«, *Trud*, 22. Mai 1986, übers. in JPRS, *Chernobyl Nuclear Accident Documents.*

12 Laut einer Aktennotiz des KGB, die tags darauf abgeheftet worden war, wurde bereits am 3. Mai darüber diskutiert, wie die Strahlung abgeschirmt und die Zone dekontaminiert werden konnte. Daniljuk, Hg., »Chernobyl Tragedy«, *Z arkhiviv*, Dokument Nr. 26: »Bericht der Operativgruppe des KGB der Ukr-

SSR und des KGB der UdSSR zur Strahlungssituation und zum Fortschritt der Aufräumarbeiten nach dem Unfall im KKW Tschernobyl«, 4. Mai 1986.

13 Die Positionen Pikalows und die des Gesundheitsministeriums werden dargelegt in Djatschenko, Hg., *Chernobyl: Duty and Courage*, Bd. 1, S. 89–91. Malejew, *Chernobyl: Days and Years*, S. 61, datiert diese Verfügung auf den 24. Mai. Koptschinski und Steinberg erwähnen, dass der 25-rem-Grenzwert dem Befehl Nr. 254 des Energieministeriums geschuldet war, datiert vom 12. Mai 1986 (*Chernobyl*, S. 59).

14 Nikolai Istomin, Leiter der betrieblichen Arbeits- und Gesundheitsschutzabteilung in Tschernobyl: seine Eindrücke vgl. in Koptschinski und Steinberg, *Chernobyl*, S. 83–85. Siehe auch Jewgeni Akimow und seine Eindrücke in Tschernousenko, *Chernobyl: Insight from the Inside*, S. 120–21.

15 M. A. Klotschkow, seine Eindrücke in Djatschenko, Hg., *Chernobyl: Duty and Courage*, Bd. 1, 70.

16 Koptschinski und Steinberg, *Chernobyl*, S. 88; Waleri Koldin, Gespräch mit dem Autor, Moskau, April 2017; Kiselews Eindrücke, nachzulesen in Djatschenko, Hg., *Chernobyl: Duty and Courage*, Bd. 1, S. 39.

17 Klotschkow, seine Schilderung der Ereignisse in Djatschenko, Hg., *Chernobyl: Duty and Courage*, Bd. 1, S. 71.

18 ebd., S. 70–71. Von einem Generalleutnant und einem sowjetischen Minister zu den Gründen für dieses Versagen befragt, blaffte der für die Aktion verantwortliche Offizier zurück: »Warum? Warum? Ich weiß es nicht! Sehen Sie doch selbst nach!« Da war die technische Neugier der Bosse augenblicklich verflogen.

19 Zhores Medwedjew, *Legacy of Chernobyl*, S. 101.

20 »Sitzung der Operativgruppe des Politbüros, Protokoll Nr. 8«, 7. Mai 1986, in RGANI. Betondecke: Daniljuk, Hg., »Chernobyl Tragedy«, *Z arkhiviv*, Dokument Nr. 33: »Bericht der sechsten Verwaltung des KGB der UkrSSR bezüglich der Strahlungssituation und des Fortschritts bei den Ermittlungen zu den Unfallursachen«, 13. Mai 1986. Vgl. auch Dokument Nr. 31, das die Bereitschaft enthält, am 11. Mai zu beginnen: »Sonderbericht des Leiters der Operativgruppe des UkrSSR-KGB in Tschernobyl an den Vorsitzenden des UkrSSR-KGB«, 11. Mai 1986.

21 Koptschinski und Steinberg, *Chernobyl*, S. 93.

22 Gudow, *731 Special Battalion*, S. 126, Koptschinski und Steinberg, *Chernobyl*, S. 93.

23 Rewtschuks Eindrücke nachzulesen in Gudow, *731 Special Battalion*, S. 92–93.

24 Kiselews Augenzeugenbericht in Djatschenko, Hg., *Chernobyl: Duty and Courage*, Bd. 1, S. 40; Juri Koljada, Augenzeugenbericht in Schtscherbak, *Chernobyl*, S. 199.

25 Petryna, *Life Exposed*, xix.

26 Prianitschnikow, Gespräch mit dem Autor, 2006.

27 Daniljuk, Hg., »Chernobyl Tragedy«, *Zarkhiviv*, Dokument Nr. 34: »Bericht der Operativgruppe des KGB der UkrSSR und des KGB der UdSSR an das KGB der UdSSR im Hinblick auf die Strahlungssituation in der Stadt Tschernobyl und den Fortschritt bei den Ermittlungen zu den Unfallursachen«, 15. Mai 1986.

28 Wladimir Demtschenkos Eindrücke: vgl. Gudow, *731 Special Battalion*, S. 90.

29 Darunter waren 234 Grubenarbeiter aus der Donbasser Region in der Ukraine und 154 aus dem Moskauer Kohlebecken: Borowoi und Welichow, *Chernobyl Experience: Part 1*, S. 32.

30 Die Grubenarbeiter hatten die Anweisung, am 16. Mai mit den Tunnelarbeiten zu beginnen und bis zum 22. Juni alles abgeschlossen zu haben. Am 2. Juli sollte das Kühlungssystem fertig sein. Dmitrijews Schilderung: vgl. Kozlowa, *Die Schlacht gegen die Ungewissheit*, S. 64–66.

31 Reichtman, Gespräch mit dem Autor, 2015.

32 Juri Tamoykins Schilderung: vgl. Kozlowa, *Die Schlacht gegen die Ungewissheit*, S. 71.

33 ebd., S. 68–72.

34 Dmitrijew (66) und Tamoykin (72–73), vgl. dazu Kozlowa, *Die Schlacht gegen die Ungewissheit*, S. 66.

35 Tamoykins Schilderung: vgl. Kozlowa, *Die Schlacht gegen die Ungewissheit*, S. 72.

36 Prianitschnikow, Gespräch mit dem Autor, 2006; Kozlowa, *Die Schlacht gegen die Ungewissheit*, S. 75–77.

37 Steinberg, Erinnerungen in Koptschinski und Steinberg, *Chernobyl*, S. 101. Zu Warennikows Biographie, vgl. »Gen. Valentin Varennikov Dies at 85; Director of the Soviet War in Afghanistan«, Associated Press, 6. Mai 2009.

38 Djatschenko, Hg., *Chernobyl, Duty and Courage*, Bd. 1, S. 43. Bauarbeiter von Minenergo (600 wurden eingezogen): »Sitzung der Operativgruppe des Politbüros, Protokoll Nr. 8«, 7. Mai 1986, in RGANI.

39 Wladimir Malejew, Gespräch mit dem Autor, Moskau, April 2017. Zu Alkohol- und Drogenkonsum in der Sowjetarmee, vg. Murray Feshbach und

Alfred Friendly, Jr., *Ecocide in the USSR: Health and Nature under Siege* (New York: Basic Books, 1992), S. 165–66.

40 Relevante Stellen der Verfügung (Nr. 634–188) sind nachzulesen in Wladimir Malejew, »Chernobyl: The Symbol of Courage«, *Krasnaya Zvezda*, 25. April 2017, archive.redstar.ru/index.php/2011-07-25-15-55-35/item/33010-chernobyl-simvol-muzhestva.

41 Oberst Waleri Koldin, Gespräch mit dem Autor, Moskau, April 2017.

42 Daniljuk, Hg., »Chernobyl Tragedy, »*Zarkhiviv*, Dokument Nr. 51: »Bericht der KGBM-Operativgruppe der UkrSSR und des KGB der UdSSR«, 4. Juli 1986.

43 W. Filatow, »Chernobyl AES – Test of Courage«, *Krasnaja swesda*, 24. Mai 1986, übers. in JPRS, *Chernobyl Nuclear Accident Documents.*

44 Juri Kozyrew (leitender Physiker am Ukrainischen Physik-Institut), Gespräch mit dem Autor, Kiew, April 2016.

45 Bei einem Interview, das er nach seiner Freilassung aus dem Gefängnis gab, zeigte beispielsweise der ehemalige stellvertretende Chefingenieur Djatlow diese Angewohnheit. Siehe dazu Michael Dobbs, »Chernobyl's ›Shameless Lies‹«, *Washington Post*, April 27, 1992.

46 Kozyrew, Gespräch mit dem Autor, 2016.

47 Klotschkow, Augenzeugenbericht in Djatschenko, Hg., *Chernobyl: Duty and Courage*, Bd. 1, S. 73.

48 Zhores Medwedjew, *Legacy of Chernobyl*, S. 77–78.

49 Internationale Atomenergie-Organisation, »Cleanup of Large Areas Contaminated as a Result of a Nuclear Accident«, IAEA Technical Reports Series No. 330 (IAEO, Wien, 1989), Anhang A: The Cleanup After the Accident at the Chernobyl Power Plant, S. 104–8.

50 Legassow, »My duty is to tell about this«, in Mould, *Chernobyl Record*, 294n9.

51 IAEO, »Cleanup of Large Areas«, S. 109.

52 Kate Brown, *Plutopia*, S. 234.

53 Internationale Atomenergie-Organisation, INSAG-1, S. 40.

54 Read, *Ablaze*, S. 102 und S. 130 f. Während der Politbüro-Sitzung am 5. Mai (Protokoll nachzulesen in Malejew, *Chernobyl. Days and Years*, S. 255), beschrieb auch Ryschkow einen längeren Zeitraum für die Aufräumarbeiten als Pikalow, obwohl Ryschkow in seinem Bericht ein bis zwei Jahre dafür veranschlagt. »Dies ist inakzeptabel«, schloss Ryschkow.

55 »Sitzung der Operativgruppe des Politbüros des Zentralkomitees der KPdSU anlässlich der Probleme im Zusammenhang mit den Folgen des Unfalls im

KKW Tschernobyl, Protokoll Nr. 10«, 10. Mai 1986, in RGANI, opis 51, Spule 11006, Akte 22.

56 Igor Beljajew, Gespräch mit dem Autor, Moskau, April 2017.

57 Gorbatschow an das Politbüro, 15. Mai 1986, nachzulesen in Wolkogonow und Shukman, *Autopsy for an Empire*, S. 480.

58 Belyaew, Gespräch mit dem Autor, April 2017; I. Belyaew, *Chernobyl: Death Watch*, 2nd ed. (IPK Pareto-Print, 2009), S. 7. Slawski kam am 21. Mai, einen Tag nach der Gründung der Bauaufsichtsbehörde Nr. 605 (Kozlowa, *Die Schlacht gegen die Ungewissheit*, S. 217).

59 Belyaew, Gespräch mit dem Autor, 2017.

60 ebd.; Read, *Ablaze*, S. 208; BBC Summary of World Broadcasts, »Other Reports; Work at Reactor and in Chernobyl: Interviews with Silayev and Ministers«, ausgewählte Sendungen des sowjetischen Rundfunks und Fernsehens am 18. und 19. Mai 1986, übers. am 20. Mai 1986.

61 Am 8. Mai räumte die Zeitung *Iswestija* ein, dass es auch jenseits der Zone zu einer leichten Kontamination des Bodens gekommen sei, betonte jedoch, dass dies für die Bevölkerung keinerlei Gesundheitsrisiko darstelle: Zhores Medwedjew, *Legacy of Chernobyl*, S. 158.

62 »Sitzung der Operativgruppe des Politbüros, Protokoll Nr. 10«, 10. Mai 1986, in RGANI.

63 Nikolai Tarakanow, Gespräch mit dem Autor, Moskau, Oktober 2016; Tarakanow, *The Bitter Truth of Chernobyl* (Moskau: Zentrum zur Unterstützung der Tschernobyl-Invaliden, 2011), S. 5–6.

64 »Resolution einer Sondersitzung des Exekutivkomitees des Volksdeputiertenkongresses der Region Kiew«, 12. Mai 1986, Archiv des Tschernobyl-Museums.

65 Ljaschko, *Weight of Memory*, S. 372.

66 Read, *Ablaze*, S. 187–88; Ljaschko, *Weight of Memory*, S. 373–75.

67 A. Y. Romanenko, »Ukrainian Minister of Health: School Year to End by 15th May« (Gesundheitsminister der Ukraine: Das Schuljahr endet am 15. Mai), Transkript des Fernsehauftritts am 8. Mai 1986, übersetzt durch BBC Summary of World Broadcasts am 12. Mai 1986; Read, *Ablaze*, S. 189.

68 Ljaschko, *Weight of Memory*, S. 376–78; Alexander Sirota, Gespräch mit dem Autor, Iwankow, 2017.

69 W. Schtscherbitzki, »Informationen zu den aktuellen Arbeiten im Zusammenhang mit dem Unfall im KKW Tschernobyl«, Bericht Nr. I/50 an das Zentralkomitee der KPdSU, 22. Mai 1986, Archiv des Tschernobyl-Museums.

70 Oleg Schepin (stellvertretender Gesundheitsminister der UdSSR), »Telegramm aus Moskau«, 21. Mai 1986, Archiv des Tschernobyl-Museums; Petryna, *Life Exposed*, S. 43 und 226n18).

71 Baranowska, Hg., *Chernobyl Tragedy*, Dokument Nr. 91: »Materialien des Agrarindustriellen Komitees der Ukrainischen Sozialistischen Sowjetrepublik zum Zustand der Industrie nach dem Unfall im KKW Tschernobyl«, 6. Mai 1986; und Dokument Nr. 135: »Vorschlag des Innenministeriums der Ukrainischen Sozialistischen Sowjetrepublik zur Organisation von Jagdtrupps, die die 30-Kilometer-Zone von toten und streunenden Tieren befreien«, 23. Mai 1986.

72 IAEO, »Environmental Consequences of the Chernobyl Accident and Their Remediation: Twenty Years of Experience«, Bericht der Arbeitsgruppe Tschernobyl-Forum »Umwelt« Nr. STI/PUB/1239, April 2006, S. 75.

73 Djatschenko, Hg., *Chernobyl: Duty and Courage*, Bd. 1, S. 78.

74 Zhores Medwedjew zitiert Leonid Iljin – damals Vizepräsident der sowjetischen Akademie der Medizinischen Wissenschaften –, der sagte, die sowjetische Reaktionsstrategie gehe von einer einmaligen Freisetzung von Radionukliden in die Atmosphäre aus: *Legacy of Chernobyl*, S. 76 und 326n6. Siehe auch Anatoli Djatschenko, »Die Beauftragung von Sicherheitsagenturen bei der Beseitigung der Folgen der Reaktorkatastrophe von Tschernobyl«, *Voyennaya mysl*, Nr. 4 (2003): S. 77–79.

75 Natalia Manzurova und Cathy Sullivan, *Hard Duty: A Woman's Experience at Chernobyl* (Tesuque, NM: Natalia Manzurova und Cathy Sullivan, 2006), S. 19.

76 IAEO, »Cleanup of Large Areas«, S. 116.

77 Wolfgang Spyra und Michael Katzsch, Hgg., *Environmental Security and Public Safety: Problems and Needs in Conversion Policy and Research after 15 Years of Conversion in Central and Eastern Europe*, NATO Security through Science Series (New York: Springer, 2007): 181.

78 IAEO, »Cleanup of Large Areas«, 124.

79 Klotschkow, Augenzeugenbericht in Djatschenko, Hg., *Chernobyl: Duty and Courage*, Bd. 1, S. 74.

80 Irina Simanowskaja, Augenzeugenbericht in Kupny, *Memories of Lives Given*, S. 39.

81 Elena Koslowa, Gespräch mit dem Autor, Moskau, April 2017.

82 Polad-Zade, »Too Bad It Took a Tragedy«, S. 198–99; L. I. Malyschew and M. N. Rosin (beide führende Wassertechniker am Energieministerium zur

Zeit des Unglücks), »In the Fight for Clean Water«, in Semenow, Hg., *Tschernobyl: Zehn Jahre danach*, S. 238.

83 IAEA, »Present and Future Environmental Impact of the Cher-nobyl Accident«, Bericht Nr. IAEA-TECDOC-1240, August 2001, S. 65.

84 Nikolai Steinberg schreibt, die Bäume hätten bereits am 7. Mai eine ungewöhnliche Färbung angenommen, seien aber noch nicht rot gewesen: Koptschinski und Steinberg, *Chernobyl*, S. 56.

85 Djatschenko, Hg., *Chernobyl: Duty and Courage*, Bd. 1, S. 79.

86 Zhores Medwedjew, *The Legacy of Chernobyl*, S. 90–91; Manzurowa und Sullivan, *Hard Duty*, S. 31.

87 IAEA, »Cleanup of Large Areas«, S. 114.

88 Das Gesamtvolumen der im Zuge der Dekontamination abgetragenen Erde betrug etwa 500 000 Kubikmeter. Vgl. dazu Zhores Medwedjew, *Legacy of Chernobyl*, S. 102.

89 Bis zum Ende des Jahres 1986 würden mehr als 70 000 Männer und 111 Militäreinheiten in der Zone Dienst getan haben. Vgl. dazu Boris Schtscherbinas Aktennotiz an das Zentralkomitee vom 15. Oktober 1987: »Aktennotiz, KPdSU ZK, Nr. Shch-2882 s«, Geheimsache, in RGANI, opis 53, Spule 11007, Akte 74.

90 Siehe *Chernobyl: Chronicle of Difficult Weeks*, aufgenommen vom ersten Filmteam, dem Zugang zur Zone gewährt worden war: Der Dokumentarfilm zeigt Aufnahmen vom Kraftwerk und seiner Umgebung während dieser Zeit.

91 Esaulow, *City That Doesn't Exist*, S. 53–55.

92 Baranowska, Hg., *Chernobyl Tragedy*, Dokument Nr. 177: »Bericht des Innenministeriums der Ukraine zur Erhaltung der öffentlichen Ordnung innerhalb der 30-Kilometer-Zone und in Siedlungen, in denen die evakuierte Bevölkerung untergebracht ist«, 7. Juni 1986.

93 Esaulow, *City That Doesn't Exist*, S. 51.

94 Protzenko, Gespräch mit dem Autor, 2016.

95 »Die Errichtung eines Schutzzauns in der Zone um das KKW Tschernobyl während der Anstrengungen, die Folgen des Unfalls von 1986 zu beseitigen«, Interregionale nicht-staatliche Bewegung der Kernkraft- und Industrieveteranen, Soyuz Chernobyl, 6. Mai 2013, www.veteranrosatom.ru/articles/articles_173.html.

96 »Jewgeni Trofimowitsch Mischin«, Interregionale nicht-staatliche Bewegung der Kernkraft- und Industrieveteranen, nicht datiert, www.veteranrosatom.ru/heroes/heroes_86.html.

97 Dmitri Bisin, Augenzeugenbericht, nachzulesen in Koslowa, *Battle with Uncertainty*, S. 202.
98 Malejew, *Chernobyl. Days and Years*, S. 68–69.
99 Esaulow, *City That Doesn't Exist*, S. 53–54.
100 Die Dekontaminationsbemühungen in Prypjat wurden bis zum 2. Oktober 1986 beibehalten. Belyaew, *Chernobyl: Death Watch*, S. 158.
101 Kozyrew, Gespräch mit dem Autor, 2016.
102 Protzenko, Gespräch mit dem Autor, 2015.

Kapitel 15
Die Ermittlungen

1 Sergei Jankowski, Gespräche mit dem Autor, Kiew, Februar 2016 und Mai 2017.
2 Zur Verbrechensstatistik in den späten Jahren der Sowjetunion, vgl. Wieczynski, Hg., *Gorbachev Encyclopedia*, S. 90–92.
3 ebd.
4 Jankowski, Gespräch mit dem Autor, 2017. Der stellvertretende Generalstaatsanwalt war Oleg Soroka, und der Leiter der Zweiten Abteilung war Nikolai Woskowzew.
5 Karpan, *Chernobyl to Fukushima*, S. 113; Koptschinski und Steinberg, *Chernobyl*, S. 47.
6 Die Wissenschaftler waren Alexander Kalugin und Konstantin Fedulenko. Siehe Read, *Ablaze*, S. 123; Fedulenko, »Some Things Have Not Been Forgotten«, S. 74–75.
7 Read, *Ablaze*, S. 126.
8 Walentin Schiltsow (Laborleitung VMI-IAES, das sowjetische Atomforschungsinstitut), Zeugenbericht nachzulesen in Schtscherbak, *Chernobyl*, S. 182–83 und S. 186.
9 Steinberg, recollections in Koptschinski und Steinberg, *Chernobyl*, S. 56–57; Wiktor und Walentina Brjuchanow, Gespräch mit dem Autor, 2015; Steinberg, Gespräch mit dem Autor, 2017; Read, *Ablaze*, S. 201.
10 Jankowski, Gespräch mit dem Autor, 2017.
11 Grigori Medwedew, *Truth About Chernobyl*, 225–26, und »Chernobyl Notebook« [Чернобыльская тетрадь], *Nowy Mir*, Nr. 6 (Juni 1989), online verfügbar unter http://lib.ru/MEMUARY/CHERNOBYL/medvedev.txt. (Dt. Text *Verbrannte Seelen*.)

12 Read, *Ablaze*, S. 201.

13 »A Top Soviet Aide Details Situation at Stricken Plant«, Associated Press, 3. Mai 1986. In einem Interview 1990 für die britische Doku-Serie *The Second Russian Revolution*, behauptete Wladimir Dolgich, der Sekretär des Zentralkomitees, der die Energie-Industrie zu beaufsichtigen hatte, dass Jelzin diese Pressekonferenz auf eigene Faust angeordnet habe. Dolgich, Interviewtranskript, 2RR, 5.

14 Andranik Petrosjanz, »›Highly Improbable Factors‹ Caused Chemical Explosion«, *Los Angeles Times*, 9. Mai 1986.

15 Read, *Ablaze*, S. 198.

16 Margarita Legassowa, »Defenceless Victor: From the Recollections of Academician V. Legasov's Widow (Wehrloser Sieger: Aus den Erinnerungen der Witwe von Akademiemitglied W. Legassow)«, *Trud*, Juni 1996, übers. in Mould, *Chernobyl Record*, S. 304–5; Margarita Legassowa, *Academician Valery A. Legasov*, S. 381.

17 Inga Legassow, Gespräch mit dem Autor, 2017.

18 Das Dokument war auch bekannt als »Untersuchungsakte zu den Ursachen des Unfalls in Block 4 des KKW Tschernobyl«, Karpan, *Chernobyl to Fukushima*, S. 113 und S. 146–47.

19 Koptschinski und Steinberg, *Chernobyl*, S. 48.

20 Karpan, *Chernobyl to Fukushima*, S. 113–15; Schascharin, »Chernobyl Tragedy«, S. 105; Gennadi Schascharin, »Brief an Gorbatschow (Entwurf)«, Mai 1986, online verfügbar auf http://accidont.ru/letter.html und übersetzt in Karpan, *Chernobyl to Fukushima*, S. 214–17.

21 Schascharin, »Brief an Gorbatschow«, in Karpan, *Chernobyl to Fukushima*, S. 215–16.

22 Der neue Direktor war Erik Pozdischew. Wiktor Brjuchanow, interviewt von Sergei Babakow, *Zerkalo nedeli*, 1999. Nach Aussage von Steinberg traf Pozdischew am 27. Mai 1986 in Tschernobyl ein. (Erinnerungen in Koptschinski und Steinberg, *Chernobyl*, S. 61). Vgl dazu auch Read, *Ablaze*, S. 202.

23 Der neue Chefingenieur war Nikolai Steinberg. Steinberg, Gespräch mit dem Autor, 2017; Wiktor und Walentina Brjuchanow, Gespräch mit dem Autor, 2016.

24 Jankowski, Gespräche mit dem Autor, 2016 und 2017. Die beiden anderen Kernkraftwerke in der Ukraine, in Rowno und in Chmelnyzkyj, hatten WWER-Reaktoren.

25 Read, *Ablaze*, S. 201. (Read gibt als Datum den 2. Juni an, doch das stimmt nicht: das Politbüro-Treffen fand am 3. Juli statt.)

26 Wiktor Brjuchanow, interviewt von Maria Vasyl. *Faktyi kommentarii*, 2000.

27 Michael Dobbs, *Down with Big Brother: The Fall of the Soviet Empire* (New York: Vintage Books, 1998), S. 163.

28 Politbüro, Sitzungsprotokoll (streng geheim, Einzelexemplar), 3. Juli 1986, nachzulesen in Jaroschinskaja, *Chernobyl: Crime Without Punishment*, S. 272–73. In seiner aufgezeichneten Zusammenfassung des Treffens bestätigt Worotnikow Schtscherbinas Schilderung der Unzulänglichkeiten des RBMK und betrachtet es wie dieser als ein Versäumnis der Konstrukteure, die Fehler nicht erkannt und beseitigt zu haben: Worotnikow, *So war das damals*, S. 104.

29 Dobbs, *Down with Big Brother*, S. 163–64. Siehe dazu auch das Sitzungsprotokoll aus dem Archiv der Gorbatschow-Stiftung, in Michail S. Gorbatschow, *Collected Works* (Moskau: Ves Mir, 2008), Bd. 4, S. 276–77.

30 Read, *Ablaze*, S. 202; Jaroschinskaja, *Chernobyl: Crime Without Punishment*, S. 274.

31 Politbüro, Sitzungsprotokoll, 3. Juli 1986, nachzulesen in Anatoly Tschernjajew, A. Weber, und Wadim Medwedew, Hgg., *In the Politburo of the Central Committee of the Communist Party of the Soviet Union … From the notes of Anatoly Chernyaev, Vadim Medvedev, Georgi Shakhnazarov (1985–1991)*, 2. Aufl. (Moskau: Alpina Business Books, 2008), S. 57–62. Siehe dazu auch »Die Sitzung des Politbüros des Zentralkomitees der KPdSU am 3. Juli 1986: Über Tschernobyl«, Gorbatschow-Stiftung, http://www.gorby.ru/userfiles/file/chernobyl_pril_5.pdf.

32 Worotnikow, *So war das damals*, S. 104; »Über Tschernobyl«, Auszug aus dem Protoll der Politbüro-Sitzung vom 3. Juli 1986, vgl. dazu die Sammlung von Politbüro-Sitzungsprotokollen, veröffentlicht von der Gorbatschow-Stiftung, www.gorby.ru/userfiles/protokoly_politbyuro.pdf.

33 Tscernjajew, Weber, und Medvedev, Hgg., *In the Politburo*, S. 58. Vgl auch »Über Tschernobyl«, Gorbatschow-Stiftung.

34 Jaroschinskaja, *Chernobyl: Crime Without Punishment*, S. 279.

35 Dobbs, *Down with Big Brother*, S. 164–65; Tschernjajew, Weber, und Medvedev, Hgg., *In the Politburo*, S. 59–60.

36 »Resolution des Zentralkomitees der KPdSU: Zu den Untersuchungsergebnissen bezüglich der Fehler, die die Nuklearkatastrophe von Tschernobyl verursacht haben, bezüglich der Maßnahmen, wie mit den Folgen zu verfahren ist, und bezüglich der Sicherheit der Kernkraftindustrie«, streng geheim, 7. Juli 1986, in RGANI, opis 53, Spule 11007, file 12. Das Dokument wurde am

14. Juli 1986 einstimmig durch das Politbüro ratifiziert, wie ein unterzeichnetes Formular bestätigt.

37 Gorbatschow, *Collected Works*, Bd. 4, S. 279.

38 »Informationskatalog im Zusammenhang mit dem Unfall im Block 4 des KKW Tschernobyl, unterliegt der Geheimhaltung«, 8. Juli 1986, Archiv des Staatssicherheitsdienstes der Ukraine fond 11, Akte 992, online verfügbar im elektronischen Archiv der Ukrainischen Befreiungsbewegung: http://avr.org.ua/index.php/viewDoc/24475.

39 Read, *Ablaze*, S. 202; Brjuchanow, interviewt von Sergei Babakow, *Zerkalo nedeli*, 1999.

40 Associated Press, »Text of the Politburo Statement About Chernobyl«, *New York Times*, 21. Juli 1986; Lawrence Martin, »Negligence Cited in Chernobyl Report«, *Globe and Mail* (Canada), 21. Juli 1986.

41 Wiktor und Walentina Brjuchanow, Gespräch mit dem Autor, 2015.

42 »Punishment for Chernobyl Officials«, *Radynska Ukraina*, 27. Juli 1986, übers. in BBC Summary of World Broadcasts, 2. August 1986.

43 Lyaschko, *Weight of Memory*, S. 369.

44 Brjuchanow, interviewt von Sergei Babakow, *Zerkalo nedeli*, 1999; Wiktor und Walentina Brjuchanow, Gespräch mit dem Autor, 2015.

45 Walter C. Patterson, »Chernobyl – The Official Story«, *Bulletin of the Atomic Scientists* 42, Nr. 9 (November 1986): S. 34–36. Archivmaterial zu Legassows IAEO-Rede findet sich im Dokumentarfilm *The Mystery of Academician Legasov's Death* (Das Rätsel um den Tod von Akedemiemitglied Legassow), unter der Regie von Julija Schamal und Sergei Marmeladow (Moskau: Afis-TV for Channel Rossiya, 2004).

46 Read, *Ablaze*, S. 196.

47 Alexander Kalugin, Interview in *The Mystery of Academician Legasov's Death*. Kalugin gibt eine ähnliche Zusammenfassung dieser Notiz in seinem Artikel von 1990 mit dem Titel »Der Unfall aus heutiger Sicht«, *Priroda*, online verfügbar unter https://scepsis.net/library/id_698.html.

48 Read, *Ablaze*, S. 196–97.

49 Steinbergs Schilderung in Koptschinski und Steinberg, *Chernobyl*, S. 148–49; *The Mystery of Academician Legasov's Death*. Was Legassows besondere Ausdrucksweise anbelangt – besonders seine Verwendung des Wortes »Schattenseiten« statt »Fehler« – siehe Walt Patterson, »Futures: Why a kind of hush fell over the Chernobyl conference / Western atomic agencies' attitude to the Soviet nuclear accident«, *The Guardian*, 4. Oktober 1986.

50 »Soviets: Half of Chernobyl-Type Reactors Shut«, *Chicago Tribune*, 26. August 1986. Vierzehn RBMK-Reaktoren blieben damals in Betrieb, vgl. dazu Dodd, *Industrial Decision-Making*, Anhang D.

51 Patterson, »Chernobyl – The Official Story«, S. 36. Alexander Borowoi, Gespräch mit dem Autor, Moskau, Oktober 2015. Interview mit Alexander Borowoi, »Der Liquidator.«

52 Richard Wilson, Gespräch mit dem Autor, Cambridge, MA, August 2016; Alexander Schljachter und Richard Wilson, »Chernobyl: The Inevitable Results of Secrecy«, *Public Understanding of Science* 1, Nr. 3 (Juli 1992): S. 255; Zhores Medwedjew, *Legacy of Chernobyl*, S. 99.

53 erinnert von Andrei Sacharow, vgl. Schljachter und Wilson, »Chernobyl: The Inevitable Results of Secrecy«, S. 254.

Kapitel 16
Der Sarkophag

1 Tarakanow, Gespräch mit dem Autor, 2016; Nikolai Tarakanow, *The Bitter Truth of Chernobyl* (Moskau: Zentrum zur Unterstützung der Tschernobyl-Invaliden, 2011). Reportagefilmmaterial findet sich in »Tschernobyl. Säubern der Dächer. Soldaten (Reservisten)«, ein Ausschnitt aus der Dokumentarserie *Tschernobyl 1986. 04. 26 P. S. [Чернобыль. 1986. 04. 26 P. S.]*, erzählt von Waleri Starodumow (Kiew: Telecon, 2016), online unter www.youtube.com/watch?v=ti-WdTF2Q. Siehe auch *Tschernobyl 3828 [Чернобыль 3828]*, unter der Regie von Sergei Zabolotny (Kiew: Telecon, 2011).

2 Tarakanow, *Bitter Truth of Chernobyl*, S. 142.

3 Tarakanow, Gespräch mit dem Autor, 2016. Strahlenbelastung: Starodumow, Kommentar in *Tschernobyl 3828*. Starodumow arbeitete zum Zeitpunkt des Einsatzes als Strahlungsaufklärer.

4 Juri Samoilenko, interviewt von Igor Osiptschuk: »Als klar wurde, dass Tausende Männer die KKW-Dächer von Hand von radioaktivem Schutt würden säubern müssen, schickte die Regierungskommission Soldaten in die Zone«, *Fakty i Kommentarii*, 25. April 2003, http://fakty.ua/75759-kogda-stalo-yasno-chto-ochicshat-kryshi-chaes-ot-radioaktivnyh-zavalov-pridetsya-vruchnuyu-silami-tysyach-chelovek-pravitelstvennaya-komissiya-poslala-tuda-soldat.

5 Lew Botscharow (Chefingenieur, US-605 Brigade drei), Gespräch mit dem

Autor, Moskau, April 2017; W. Kurnosow et al., Bericht Nr. IAEA-CN-48/253: »Experience of Entombing the Damaged Fourth Power Unit of the Chernobyl Nuclear Power Plant«, in IAEO, *Nuclear Power Performance and Safety*, IAEO-Konferenz in Wien (28. September bis 2. Oktober 1987), Bd. 5, 1988, S. 170. Es gibt auch andere Angaben darüber, wie viele Konstruktionsvorschläge es in die engere Wahl schafften. Y. Jurtschenko spricht von achtundzwanzig Entwürfen (Koslowa, *Battle with Uncertainty*, S. 205). Nikolai Steinberg spricht von über hundert (Gespräch mit dem Autor, 2006).

6 Koptschinski und Steinberg, *Chernobyl*, S. 128; Kozlova, *Battle with Uncertainty*, S. 209.

7 Koslowa, *Battle with Uncertainty*, S. 209; Steinberg, Gespräch mit dem Autor, 2006.

8 Koptschinski und Steinberg, *Chernobyl*, S. 128.

9 Entwürfe im Archiv von Lew Botscharow (Gespräch mit dem Autor, 2017).

10 Belyaev, Gespräch mit dem Autor, 2017.

11 Koslowa, *Battle with Uncertainty*, S. 206–7.

12 Baranovska, Hg., *The Chernobyl Tragedy*, Dokument Nr. 172: »Beschluss des Zentralkomitees der KPdSU und des Ministerrates der UdSSR über Maßnahmen zur Sicherung von Objekten des KKW Tschernobyl, die im Zusammenhang stehen mit dem Unfall im vierten Reaktorblock, und über Maßnahmen, die verhindern sollen, dass aus dem Kraftwerksgelände Wasser abfließt.« 5. Juni 1986.

13 Wiktor Schejanow (Chefingenieur, US-605 Team eins), sein Bericht nachzulesen in Koslowa, *Battle with Uncertainty*, S. 217.

14 General Y. Sawinow, Zeugenbericht in I. A. Beljajew, *Sredmash Brand Concrete*, (Moskau: Izdat, 1996), S. 39.

15 Sawinow erklärt, die Reservisten seien zwischen fünfundvierzig und fünfzig Jahre alt gewesen. In seinen Augen waren sie Amateursoldaten, die ihre Aufgaben in derselben improvisierten Weise angingen wie die Partisanen des Zweiten Weltkriegs. Belyaev, *Sredmash Brand Concrete*, S. 39.

16 Schejanows Schilderung findet sich in Kozlova, *Battle with Uncertainty*, S. 218.

17 Botscharow, Gespräch mit dem Autor, 2017; Belyaev, Gespräch mit dem Autor, 2017.

18 Koslowa, *Battle with Uncertainty*, S. 260.

19 ebd., S. 220 und S. 229; Belyaev, Gespräch mit dem Autor, 2017.

20 Koslowa, *Battle with Uncertainty*, S. 226.

21 Lew Botscharows Schilderung findet sich in Kozlova, *Battle with Uncertainty*, S. 290. Bauleiter Walentin Moschnow erinnert sich, dass das tägliche Betonvolumen bis zu 5600 Kubikmeter erreichte (ebd., S. 261).

22 Botscharow und Nikifor Straschewski (leitender Ingenieur), ihre Schilderungen der Ereignisse finden sich in Kozlova, *Battle with Uncertainty*, S. 290 und S. 326.

23 L. Krivosheins Schilderung findet sich in Kozlova, *Battle with Uncertainty*, S. 96; Tarakanow, *Bitter Truth*, S. 142.

24 Koslowa, *Battle with Uncertainty*, S. 243.

25 Jurtschenkos Bericht in Koslowa, *Battle with Uncertainty*, S. 245 und S. 252.

26 A. V. Schewtschenko (leitender Bauingenieur, US-605 Team zwei), sein Bericht findet sich in Koslowa, *Battle with Uncertainty*, S. 251.

27 Borowoi, Gespräch mit dem Autor, 2015; Alexander Borowoi, *My Chernobyl*, S. 54.

28 Semenow, »Zum 10. Jahrestag der Katastrophe im KKW Tschernobyl«, S. 41.

29 K. P. Tschetscherow, »The Unpeaceful Atom of Chernobyl«, Nr. 6–7 (2006–2007), online unter http://vivovoco.astronet.ru/VV/PAPERS/MEN/CHERNOBYL.HTM. Zur Lage dieses Raumes vgl. 3D-Diagramme in Sich, »Chornobyl Accident Revisited«, S. 288 und S. 296–98.

30 Borowoi, Gespräch mit dem Autor, 2015; Borowoi, *My Chernobyl*, S. 39–40.

31 In einem Fernsehinterview aus Tschernobyl am 1. Juni sagte Wladimir Woronin, stellvertretender Vorsitzender des Ministerrates und dritter Chef der Regierungskommission, er sei »zuversichtlich«, dass die Reaktorblöcke Eins und Zwei schon im Winter wieder in Betrieb genommen werden könnten, »gemäß dem vorgesehenen Zeitplan der Regierung.« BBC Summary of World Broadcasts, »1st June TV Report of Work at AES: Statement by Voronin«, Zusammenfassung von Fernsehsendungen am 1. Juni 1986 (übers. am 3. Juni 1986).

32 Koptschinski und Steinberg, *Chernobyl*, S. 98 und 108–12. Die Plastikplanen bedecken bis heute die Böden und Treppenhäuser des Kraftwerks.

33 ebd., S. 102–7.

34 Tarakanow, Gespräch mit dem Autor, 2016.

35 Elena Koslowa, Gespräch mit dem Autor, Moskau, April 2017; Kozlova, *Battle with Uncertainty*, S. 190–92.

36 Weitere Einzelheiten dazu in Y. Jurtschenko, Bericht Nr. IAEA-CN-48/256: »Assessment of the Effectiveness of Mechanical Decontamination Technologies and Technical Devices Used at the Damaged Unit of the Chernobyl

Nuclear Power Plant«, in IAEO, *Nuclear Power Performance and Safety*, 1988, S. 164–65.

37 Tarakanow, Gespräch mit dem Autor, 2016; Erinnerungen Nikolai Tarakanows (*Bitter Truth of Chernobyl*, S. 144–45), übers. in Chernousenko, *Insight from the Inside*, S. 151. Beschreibung von Samoilenkos Äußerem damals ist dem Reportagefilm *Chernobyl 3828* entnommen.

38 Die skizzierte Karte beschreibt Tarakanow in *Bitter Truth of Chernobyl*, S. 141; vgl. hierzu auch Karpan, *Chernobyl to Fukushima*, S. 14.

39 Tarakanow, Gespräch mit dem Autor, 2016; Tarakanow, *Bitter Truth of Chernobyl*, S. 151.

40 Tarakanow, *Bitter Truth of Chernobyl*, S. 170.

41 Alexander Fedotow (ehemaliger Liquidator), interviewt in *The Battle of Chernobyl*, Regie: Thomas Johnson (Frankreich: Play Film, 2006). Die meisten der Männer waren Reservisten, sogenannte Partisanen, doch die Plattformen des Abluftkamins wurden von Kadetten aus der Feuerwehrschule in Charkow gesäubert, die sich freiwillig für die Aufgabe gemeldet hatten, junge Männer, die kaum dem Teenageralter entwachsen waren. Diese Kadetten erwiesen sich als besonders engagiert, einige blieben sogar länger als erlaubt auf dem Dach, um zusätzliche Arbeit zu leisten.

42 Tarakanow, Interview in *The Battle of Chernobyl.*

43 Igor Kostin und Alexander Fedotow, Interviews in *The Battle of Chernobyl.* Kostins Biographie und seine Fotos auf dem Dach des KKW finden sich in Igor Kostin, *Chernobyl: Confessions of a Reporter* (New York: Umbrage Editions, 2006), S. 76–81 und S. 225–37.

44 Tarakanow, Gespräch mit dem Autor, 2016; »Mitgliederliste von Armeeeinheiten und Unterabteilungen des sowjetischen Verteidigungsministeriums, die an der Operation vom 19. September bis zum 1. Oktober 1986 beteiligt waren und deren Ziel es war, Nuklearbrennstoff, hoch verstrahlten Graphit und andere Ergebnisse der Explosion im KKW Tschernobyl von den Dächern des dritten Reaktorblocks, der Maschinenhalle und von den Plattformen des Abluftkamins zu räumen«, Privatarchiv von Nikolai Tarakanow.

45 Starodumows Schilderung in *Chernobyl 3828*; Tarakanow, Gespräch mit dem Autor, 2016.

46 Koptschinski und Steinberg, *Chernobyl*, S. 115.

47 Vgl. Reportagefilmmaterial in *Chernobyl 3828*, erzählt von Starodumow, einem der Aufklärer, die die Fahne an das Geländer gesteckt hatten. Kostins Foto findet sich in seinem Buch *Chernobyl: Confessions of a Reporter*, S. 95.

48 Tarakanow, Gespräch mit dem Autor, 2016.

49 Ein Bild des Artikels mit der Überschrift »Die Zähmung des Reaktors«, findet sich in Koslowa, *Battle with Uncertainty*, S. 284.

50 Botscharow, Gespräch mit dem Autor, 2017; Josephson, *Red Atom*, S. 69; IAEA, *Nuclear Applications for Steam and Hot Water Supply*, Bericht Nr. TECDOC-615, Juli 1991, S. 73; Stefan Guth, »Picturing Atomic-Powered Communism«, Vortrag auf der internationalen Konferenz »Picturing Power. Photography in Socialist Societies«, Universität Bremen, 9. – 12. Dezember 2015.

51 Eine KGB-Aktennotiz vom 5. Oktober wies darauf hin, dass für den Sarkophag die ursprünglich von Sredmasch gesetzte Frist nicht eingehalten werden konnte, die Bedachung aber voraussichtlich am 11. Oktober beginnen könne. Block zwei werde voraussichtlich am 20. Oktober ans Netz gehen (Daniljuk, Hg., »Chernobyl Tragedy«, *Z arkhiviv*, Dokument Nr. 65, *Bericht der Operativgruppe des sowjetischen KGB und des ukrainischen KGB an das sowjetische KGB bezüglich der Strahlungssituation und des Fortschritts der Aufräumarbeiten nach dem Unfall am KKW Tschernobyl*, 5. Oktober 1986).

52 Koslowa, *Battle with Uncertainty*, S. 324.

53 ebd., S. 358 – 59; Belyaev, *Chernobyl: Death Watch*, S. 145.

54 Botscharow, Gespräch mit dem Autor, 2017; Koslowa, *Battle with Uncertainty*, S. 270.

55 Die Techniker des NIKIMT stellten mehrere Versionen der Tiefseetauchkapsel her, jede etwas unterschiedlich. Bilder davon sowie eine Beschreibung finden sich in Alexander Chodejews Schilderung der Ereignisse in Koslowa, *Battle with Uncertainty*, S. 161 – 62. Auch Pawel Safronow beschreibt die Kapsel, ebd., S. 380.

56 Botscharow, Gespräch mit dem Autor, 2017.

57 Botscharows Schilderung in Koslowa, *Battle with Uncertainty*, S. 382.

58 Koldin, Gespräch mit dem Autor, 2017.

59 Raab, *All Shook Up*, S. 172 – 73.

60 Marples, *The Social Impact of the Chernobyl Disaster*, S. 191.

61 James M. Markham, »Estonians Resist Chernobyl Duty, Paper Says«, *New York Times*, 27. August 1986.

62 Logatschew, interviewt von Taras Shumeyko, 2017.

63 Die Löhne, die in der Zone gezahlt wurden, seien um ein Vielfaches höher gewesen als normal, sagt Maria Protzenko (Gespräch mit dem Autor, 2016). Ende Mai bewilligte das Politbüro zusätzlich einmalige Sonderzahlungen für

all jene, die sich als Liquidatoren besonders hervorgetan hatten. Vgl. dazu Baranowska, Hg., *The Chernobyl Tragedy*, Dokument Nr. 154: »Beschluss des Zentralkomitees der KPdSU und des Ministerrates der UdSSR: ›Zu den Dekontaminationsarbeiten in den Regionen der Ukrainischen und der Weißrussischen Sozialistischen Sowjetrepublik, die durch den Unfall im KKW Tschernobyl von radioaktiver Verschmutzung betroffen sind‹ «, 29. Mai 1986.

64 Wladimir Usatenko, Gespräch mit dem Autor, Kiew, Dezember 2016.

65 Für seine Leistung erhielt Usatenko das Fünffache seines üblichen Verdienstes als Elektroingenieur, und zusätzlich 100 Rubel Bonus als Unteroffizier, insgesamt also 1400 Rubel.

66 Botscharow, Gespräch mit dem Autor, 2017; Botscharows Erfahrungsbericht findet sich in Koslowa, *Battle with Uncertainty*, S. 361–78; Beljajew, *Chernobyl: Death Watch*, S. 144–45.

67 Beljajew, *Chernobyl: Death Watch*, S. 146 und S. 149.

68 Borowoi, Gespräch mit dem Autor, 2015; Astachowa, »Der Liquidator«.

69 Koslowa, *Battle with Uncertainty*, S. 515.

70 Beljajew, *Chernobyl: Death Watch*, S. 165. Diese Zahlen, häufig zitiert in sowjetischen Berichten, halten einer näheren Überprüfung nicht stand. In seiner Dissertation zeigt Alexander Sich, dass es eine geometrische Unmöglichkeit ist, soviel Beton in einem Gebäude von der Größe des Sarkophags unterzubringen (Sich, »Chornobyl Accident Revisited«, 26n12).

71 Koslowa, *Battle with Uncertainty*, S. 518.

72 Beljajew, *Chernobyl: Death Watch*, S. 162.

73 Beljajew, Gespräch mit dem Autor, 2017.

74 Botscharow, Gespräch mit dem Autor, 2017.

Kapitel 17
Die verbotene Zone

1 Gary Lee, »Chernobyl's Victims Lie Under Stark Marble, Far From Ukraine«, *Washington Post*, 2. Juli 1986; Carol J. Williams, »Chernobyl Victims Buried at Memorial Site«, Associated Press, 24. Juni 1986; Thom Shanker, »2 Graves Lift Chernobyl Toll to 30«, *Chicago Tribune*, 3. August 1986. Beschreibung der Friedhofsanlage: Grigori Medwedew, *Truth About Chernobyl*, 262. (In der deutschen Ausgabe, *Verbrannte Seelen*, S. 282)

2 »›Kein signifikantes Ansteigen der Krebsfälle durch den Unfall zu erwar-

ten‹ «, Auszüge aus Interview-Gesprächen mit Guskowa und L. A. Ilyin (Vizepräsident der Sowjetischen Akademie der Medizinwissenschaften und Direktor des Instituts für Biophysik des sowjetischen Gesundheitsministeriums), erschienen in *Iswestija* am 19. September 1987, übersetzt durch BBC Summary of World Broadcasts am 27. September 1986; Reuters, »Chernobyl Costs Reach $3.9 Billion«, *Globe and Mail* (Canada), 20. September 1986.

3 Schtscherbak, *Chernobyl*, S. 340.

4 Internationale Atomenergie-Organisation, INSAG-1, S. 64. Einer der Todesfälle, der einer Frau, wurde auf eine Hirnblutung zurückgeführt, die ebenfalls eine Folge der Strahlenkrankkeit zu sein scheint: Igor A. Gusew, Angelina K. Guskowa, und Fred A. Mettler Jr., Hgg., *Medical Management of Radiation Accidents*, 2nd ed. (Boca Raton, FL: CRC Press, 2001), S. 201.

5 Internationale Atomenergie-Organisation, INSAG-1, S. 64–65; Zhores Medvedev, *Legacy of Chernobyl*, S. 140.

6 Djatlow, *Chernobyl: How It Was*, S. 54 und S. 109.

7 Felicity Barringer, »One Year After Chernobyl, a Tense Tale of Survival«, *New York Times*, 6. April 1987.

8 Barabanowa, Gespräch mit dem Autor, 2016. Siehe auch Dawletbajew, »Last Shift«, S. 373.

9 Natalia Juwtschenko, Gespräch mit dem Autor, 2016. Trotz ihrer knallharten Einstellung ihren Mitarbeitern gegenüber kümmerte sich Angelina Guskowa offensichtlich sehr warmherzig um ihre Lieblingspatienten. Natalia zufolge kam die führende Strahlungsexpertin zu Juwtschenko ans Bett, hatte Kosenamen für ihn und beruhigte ihn wie eine fürsorgliche Großmutter. »Saschenka!«, sagte sie. »Alles wird wieder gut! Warum machst du dir Sorgen?«

10 ebd.

11 Esaulow, *City That Doesn't Exist*, S. 50.

12 ebd., S. 69.

13 ebd., S. 14 und S. 55; Natalia Juwtschenko, Gespräch mit dem Autor, 2016.

14 Esaulow, *City That Doesn't Exist*, S. 55–56.

15 Tagebucheintrag eines Kerntechnikstudenten, dessen Aufgabe es war, ehemalige Bewohner in ihre Wohnungen zu begleiten, veröffentlicht in *Komsomolskaja prawda* im Oktober 1986 und nachzulesen in David R. Marples, *The Social Impact of the Chernobyl Disaster* (New York: St. Martin's Press, 1988), 173.

16 Natalia Juwtschenko, Gespräch mit dem Autor, 2016.

17 Waleri Slutsky, Gespräch mit dem Autor, Prypjat, 2006.

18 Wiktor und Walentina Brjuchanow, Gespräch mit dem Autor, 2016. Swetlana Samodelowa in »Die persönliche Katastrophe von Tschernobyls Direktor«, *Moskovsky komsomolets*, 22. April 2011, www.mk.ru/politics/russia/2011/04/21/583211-lichnaya-katastrofa-direktora-chernobyilya.html.

19 Esaulow, *City That Doesn't Exist*, S. 56.

20 Tagebucheinträge von Studenten des MEPhI an den Dosimetriestationen, *Komsomolskaja prawda*, Oktober 1986, nachzulesen in Marples, *Social Impact of the Chernobyl Disaster*, S. 172–77.

21 Esaulow, *City That Doesn't Exist*, S. 56.

22 ebd., S. 67–68.

23 BBC Summary of World Broadcasts, »›Highlights‹ of Rock Concert for Chernobyl Victims Shown on TV«, Zusammenfassung des sowjetischen Fernsehprogramms am 11. Juli 1986 (übers. am 15. Juli).

24 BBC Summary of World Broadcasts, »Contributions to Chernobyl aid fund«, Zusammenfassung von TASS-Nachrichten am 11. August 1986 (übers. am 15. August 1986).

25 Baranowska, Hg., *The Chernobyl Tragedy*, Dokument Nr. 173: »Resolution des Zentralkomitees der KPdSU und des Ministerrates der UdSSR: ›Zur Bereitstellung von Wohnungen und sozialen Annehmlichkeiten für die evakuierte Bevölkerung aus der Tschernobyl-Sperrzone‹«, 5. Juni 1986.

26 »New Homes for Evacuees: AES Workers' Township«, *Prawda*, 23. Juli 1986, übersetzt durch BBC Summary of World Broadcasts am 28. Juli 1986.

27 Marples, *Social Impact of the Chernobyl Disaster*, S. 197.

28 ebd., S. 198.

29 Ljaschko, *Weight of Memory*, S. 370.

30 ebd., S. 371–72; Walentin Kupny, Gespräch mit dem Autor, Slawutytsch, Ukraine, Februar 2016; Natalia Chodemtschuk, Gespräch mit dem Autor, Kiew, Mai 2017.

31 Esaulow, *City That Doesn't Exist*, S. 58–59.

32 Natalia Chodemtschuk, Gespräch mit dem Autor, 2017.

33 Samodelowa, »Die persönliche Katastrophe von Tschernobyls Direktor.«

34 G. K. Zlobin und W. J. Pintschuk, Hgg., *Tschernobyl: Bauprogramm nach dem Unfall*, Staatliche Universität für Bauwesen und Architektur (Kiew: Fedorow, 1998), S. 311.

35 E. N. Pozdischew, interviewt von Korrespondenten der *Prawda*, »Chernobyl AES: Chronicle of Events – In Test Mode«, *Prawda*, 10. Oktober 1986, übers.

in »Aftermath of Chernobyl Nuclear Power Plant Accident – Part II«, Foreign Broadcast Information Service, USSR Report: Political and Sociological Affairs, 22. Januar 1987.

36 Koptschinski und Steinberg, *Chernobyl*, S. 125; Danilyuk, Hg., »Chernobyl Tragedy«, *Z arkhiviv*, Dokument Nr. 73: »Sonderbericht des KGB der UkrSSR an die 6. Abteilung des KGB der UdSSR bezüglich der Strahlungssituation und des Fortschrittes bei den Aufräumarbeiten nach dem Unfall im KKW Tschernobyl«, 31. Dezember 1986.

37 Koptschinski und Steinberg, *Chernobyl*, S. 117.

38 O. Ignatjew und M. Odinets, »House Warming at Zelenyy Mys«, *Prawda*, 20. Oktober 1986, übers. in »Aftermath of Chernobyl – Part II«, Foreign Broadcast Information Service; Marples, *Social Impact of the Chernobyl Disaster*, S. 225–26.

39 BBC Summary of World Broadcasts, »Gromyko's Presentation of Awards to ›Heroes‹ of Chernobyl«, Zusammenfassung der TASS-Nachrichten vom 14. Januar 1987 (übers. am 16. Januar 1987).

40 Grigori Medwedew, *Verbrannte Seelen*, S. 284.

41 Natalia Juwtschenko, Gespräch mit dem Autor, 2015.

42 Jankowski, Gespräch mit dem Autor, 2017. Diese Mitteilung erreichte die Familien am 28. November 1986, vgl. dazu Samodelowa in »Die private Katastrophe von Tschernobyls Direktor.«

43 Wiktor und Walentina Brjuchanow, Gespräch mit dem Autor, 2016.

44 Brjuchanow, interviewt von Maria Vasyl, *Fakty i kommentarii*, 2000.

45 Wiktor und Walentina Brjuchanow, Gespräch mit dem Autor, 2015.

46 Brjuchanow, interviewt von Maria Vasyl, *Fakty i kommentarii*, 2000.

47 Juri Sorokin (Wiktor Brjuchanows Anwalt vor Gericht), Gespräch mit dem Autor, Moskau, Oktober 2016.

48 Jankowski, Gespräch mit dem Autor, 2017.

49 Dieser Experte war Wladimir Wolkow (siehe Kapitel 4), der diesmal einen Protestbrief an Gorbatschow persönlich schrieb.

50 Sorokin, Gespräch mit dem Autor, 2016. Der Ermittler Jankowski erinnert sich an 57 Bände mit Beweismaterial, darunter auch KGB-Mitschnitte von Telefongesprächen und Daten aus dem Kraftwerk. (Jankowski, Gespräch mit dem Autor, 2017).

51 Der sechste Angeklagte, Juri Lauschkin, Inspektor der Staatlichen Atomenergieaufsichtsbehörde (Gosatomenergonadzor), mit Sitz im Kraftwerk, war der einzige, der nicht aufgrund eines Verstoßes gegen Artikel 220 verurteilt

wurde, der sich auf »explosionsgefährdete Einrichtungen« bezog. Ihm wurde fahrlässiges Verhalten zur Last gelegt, ein Verstoß gegen Artikel 167. Schmid, *Producing Power*, S. 4–5 und S. 206n29 und 206n30; sowie A. Rekunkow, Generalstaatsanwalt der UdSSR, »Über den Abschluss der strafrechtlichen Ermittlungen im Zusammenhang mit dem Unfall im KKW Tschernobyl«, Aktennotiz an das Zentralkomittee der KPdSU, in RGANI, opis 53, Spule 11007, Akte 56.

52 Karpan, *Chernobyl to Fukushima*, S. 125; Schmid, *Producing Power*, S. 4. Die juristische Kategorie »explosionsgefährdete Einrichtung« war normalerweise Fabriken und Hallen vorbehalten, die große Mengen an heißem Öl, Düngemittel, Säuren und anderen Chemikalien lagerten. Siehe dazu A. G. Smirnow und L. B. Godgelf, *The classification of explosive areas in national and international standards and regulations* (Moskau: Tiazhpromelectroproyekt, 1992), online at http://aquagroup.ru/normdocs/1232.

53 Voznyak und Troitsky, *Chernobyl*, 249; Karpan, *Chernobyl to Fukushima*, S. 126.

54 A. Smagins Erfahrungsbericht in Grigori Medwedew, *Verbrannte Seelen*, 276–77.

55 Voznyak und Troitsky, *Chernobyl*, S. 246. Details zum Datum des ursprünglichen Prozessbeginns finden sich in der Aktennotiz an das Zentralkomitee der KPdSU vom 27. Februar 1987: »Zum Gerichtsverfahren im Zusammenhang mit dem Unfall im KKW Tschernobyl«, February 27, 1987, RGANI, opis 53, Spule 11007, Akte 58. Aus einer Folgenotiz zwei Monate später wird deutlich, dass ein weiterer Grund für die Verschiebung des Verfahrens war, dass man dessen Überschneidung mit dem ersten Jahrestag der Katastrophe zu vermeiden suchte: »Zum Gerichtsverfahren im Zusammenhang mit dem Unfall im KKW Tschernobyl«, 10. April 1987, Aktennotiz an das Zentralkomitee der KPdSU, RGANI, opis 4, Spule 1989, Akte 22.

56 Protzenko, Gespräch mit dem Autor, 2015.

57 Protzenko, Gespräch mit dem Autor, 2016. Zur präzisen Formulierung der Standarddiagnose, siehe Chernousenko, *Insight from the Inside*, S. 163.

58 L. Kaybysheva, »News panorama« from Chernobyl, *Iswestija*, 13. März 1987, übers. durch BBC Summary of World Broadcasts am 26. März 1987; Alexander Sich, »Truth Was an Early Casualty«, *Bulletin of Atomic Scientists* 52, no. 3 (1996): S. 41.

59 Felicity Barringer, »A Reporter's Notebook: A Haunted Chernobyl«, *New York Times*, 24. Juni 1987.

60 Im Laufe des Jahres 1987 waren annähernd 120 000 Angehörige des Militärs in der Sperrzone als Liquidatoren tätig. Yuriy Skaletsky und Oleg Naswit (Nationaler Sicherheits- und Verteidigungsrat der Ukraine), »Military liquidators in liquidation of the consequences of Chornobyl NPP accident: myths and realities«, in T. Imanaka, Hg., *Multiside Approach to the Realities of the Chernobyl NPP Accident* (Kyoto University, 2008), S. 92.

61 Daniljuk, Hg., »Chernobyl Tragedy«, *Z ar-khiviv*, Dokument Nr. 82: »Sonderbericht des UkrSSR KGBM zu Kiew und der Region Kiew an die 6. Abteilung des UkrSSR KGB bezüglich der Strahlensituation und des Fortschritts bei der Beseitigung der Folgen des Unfalls am KKW Tschernobyl«, 19. Mai 1987.

62 W. Gubarew und M. Odinets, »Chernobyl: Two years on, the echo of the ›zone‹ (Tschernobyl: Zwei Jahre danach, das Echo in der ›Zone‹)«, und kommentiert von W. A. Masol (Vorsitzender des Ministerrates der Ukraine) in *Prawda*, 24. April 1988, übers. durch BBC Summary of World Broadcasts am 29. April 1988.

63 Iwan Gladusch (ukrainischer Innenminister zum Zeitpunkt des Unfalls), interviewt von Dmitry Kijanski, »Möge unser Museum das einzige und das letzte seiner Art sein«, *Zerkalo nedeli Ukraina*, 28. April 2000, https://zn.ua/society/pust_nash_muzey_budet_edinstvennym_i_poslednim.html.

64 Alexander Logatschew, interviewt von Taras Schumeyko, 2017.

65 Esaulow, *City That Doesn't Exist*, S. 65; Maria Protzenko, Gespräch mit dem Autor, 2016.

66 L. Krawtschenko: Die Liste der vorgeschlagenen Presse-, Film- und Rundfunkbeiträge findet sich in »Plan wesentlicher Propagandamaßnahmen, um den ersten Jahrestag der Nuklearkatastrophe in Tschernobyl zu begehen, genehmigt vom Zentralkomitee«, 10. April 1987, in RGANI, opis 53, reel 11007, file 27.

67 »Anhang 7: Medical-Biological Problems«, in »USSR State Committee Report on Chernobyl«, Wien, August 1986.

68 David R. Marples, »Phobia or not, people are ill at Chernobyl«, *Globe and Mail* (Canada), 15. September 1987; Felicity Barringer, »Fear of Chernobyl Radiation Lingers for the People of Kiev«, *New York Times*, 23. Mai 1988.

69 Stuart Diamond, »Chernobyl's Toll in Future at Issue«, *New York Times*, 29. August 1986.

70 Waleri Slutsky, Gespräch mit dem Autor, 2006; Felicity Barringer, »Pripyat Journal: Crows and Sensors Watch Over Dead City«, *New York Times*, 22. Juni

1987; Sue Fox, »Young Guardian: Memories of Chernobyl – Some of the things Dr. Robert Gale remembers from the aftermath of the world's worst nuclear disaster«, *The Guardian*, 18. Mai 1988; Celestine Bohlen, »Chernobyl's Slow Recovery; Plant Open, but Pripyat Still a Ghost Town«, *Washington Post*, 21. Juni 1987; Thom Shanker, »As Reactors Hum, ›Life Goes On‹ at Mammoth Tomb«, *Chicago Tribune*, 15. Juni 1987.

71 Victor Haynes und Marco Bojcun, *The Chernobyl Disaster* (London: Hogarth, 1988), S. 98. Wann dieser Tag kommen würde, wollte niemand mehr sagen. »Ich bin kein Hellseher«, sagte ein Sprecher von ›Kombinat‹. »Vielleicht in zehn oder fünfzehn Jahren.«

Kapitel 18
Der Prozess

1 Voznyak und Troitsky, *Chernobyl*, S. 244–50.

2 Martin Walker, »Three Go on Trial After World's Worst Atomic Disaster«, *Guardian*, 7. Juli 1987, zitiert in Schmid, *Producing Power*, S. 205, Fn. 13.

3 Voznyak und Troitsky, *Chernobyl*, S. 253.

4 Fotos vom Gerichtsverfahren finden sich in »Tschernobyl-Prozess« [Черно быльскии суд], elektronisches Archiv Tschernobyl und Prypjat, 18. Dezember 2010, http://pripyat-city.ru/main/36-chernobylskiy-sud.html.

5 Voznyak und Troitsky, *Chernobyl*, S. 254–55.

6 Brjuchanows Aussage vor Gericht, vgl. Karpan, *Chernobyl to Fukushima*, S. 130–33.

7 ebd., S. 137.

8 ebd., S. 173.

9 Voznyak und Troitsky, *Chernobyl*, S. 252.

10 Vgl. Videomaterial zum Gerichtsverfahren auf »The Chernobyl Trial«, online verfugbar auf www.youtube.com/watch?v=BrH2lmP5Wao

11 Voznyak und Troitsky, *Chernobyl*, S. 259; Karpan, *Chernobyl to Fukushima*, S. 144.

12 Fomins Aussage vor Gericht, siehe Karpan, *Chernobyl to Fukushima*, S. 151.

13 Fomins Aussage vor Gericht, siehe ebd., S. 143.

14 Voznyak und Troitsky, *Chernobyl*, S. 252; Karpan, *Chernobyl to Fukushima*, S. 162.

15 Voznyak und Troitsky, *Chernobyl*, S. 259.

16 Djatlows Aussage vor Gericht, siehe Karpan, *Chernobyl to Fukushima*, S. 155 und S. 164. Er würde später zugeben, den Auszubildenden die Weisung gegeben zu haben, vgl. sein Memoir *How It Was*, S. 49.

17 Read, *Ablaze*, S. 231.

18 Voznyak und Troitsky, *Chernobyl*, S. 270.

19 Karpan, *Chernobyl to Fukushima*, S. 205–6; Voznyak und Troitsky, *Chernobyl*, S. 261.

20 Read, *Ablaze*, S. 231–32.

21 Read, *Ablaze*, S. 231; Voznyak und Troitsky, *Chernobyl*, S. 262–63.

22 ebd.

23 Sorokin, Gespräch mit dem Autor, 2016.

24 Voznyak und Troitsky, *Chernobyl*, S. 264–68.

25 William J. Eaton, »Candor Stressed in Stage Account; Soviet Drama Spotlights Chernobyl Incompetence«, *Los Angeles Times*, 17. September 1986; Martin Walker, »Moscow Play Pans Nuclear Farce: Piece on Chernobyl Accident to Tour Soviet Cities«, *Guardian*, 18. September 1986.

26 Thom Shanker, »Life Resumes at Chernobyl as Trials Begin«, *Chicago Tribune*, 16. Juni 1987.

27 Read, *Ablaze*, S. 233.

28 Voznyak und Troitsky, *Chernobyl*, S. 271.

29 Wiktor und Walentina Brjuchanow, Gespräch mit dem Autor, 2016; Samodelowa, »Die persönliche Katastrophe von Tschernobyls Direktor.«

30 Wiktor und Walentina Brjuchanow, Gespräch mit dem Autor, 2015; Voznyak und Troitsky, *Chernobyl*, S. 271. »*Stolypin*-Wagen« war die geläufige Bezeichnung für die Viehwaggons, in denen Strafgefangene transportiert wurden. Die Gefangenen erhielten Salzheringe, die den Hunger unterdrücken sollten.

31 Samodelowa, »Die persönliche Katastrophe von Tschernobyls Direktor«; Wiktor Brjuchanow im Interview, »The Incomprehensible Atom«, *Profil*, 24. April 2006, www.profile.ru/obshchestvo/item/50192-items_18814; Wiktor und Walentina Brjuchanow, Gespräch mit dem Autor, 2016.

32 Marples, *Social Impact of the Chernobyl Disaster*, S. 226–27 und S. 235; Baranowska, Hg., *Chernobyl Tragedy*, Dokument Nr. 372: »Mitteilung des Zentralkomitees der KP der Ukraine an das Zentralkomitee der KPdSU zum Stand der Bauarbeiten der Stadt Slawutytsch«, 5. August 1987; und Dokument Nr. 373: »Der Brief W. Schtscherbitzkis an den Ministerrat der UdSSR aufgrund von Bauverzögerungen in der Stadt Slawutytsch«, 21. September 1987. Die Stadt würde ihre ersten fünfhundert Bewohner im April 1988 begrüßen

(Reuters, »New Town Opens to Workers from Chernobyl Power Plant«, *New York Times*, 19. April 1988).

33 Baranowska, Hg., *Chernobyl Tragedy*, Dokument Nr. 374: »Bericht der wissenschaftlichen Kommission aus Ministerien und Behörden der UdSSR über die Strahlenbelastung in der Stadt Slawutytsch«, 21. September 1987.

34 BBC Summary of World Broadcasts, »Chernobyl Nuclear Station Third Set Restart«, Zusammenfassung des sowjetischen Fernsehprogramms am 4. Dezember 1987 (übers. am 11. Dezember 1987).

35 Koptschinski und Steinberg, *Chernobyl*, S. 119–20. Noch 1990 lagen Brennstoff-Pellets auf dem Dach von Block drei verstreut (Karpan, *Chernobyl to Fukushima*, S. 13). Versuche im Herbst 1987, das Problem zu beheben, werden beschrieben in Borowoi und Welichow, *The Chernobyl Experience, Part 1*, S. 114–16.

36 Schmidt, *Producing Power*, S. 153 und 271n86.

37 ebd., S. 152. In einem Interview am Ende des Jahres mit einer westdeutschen Umweltzeitschrift sagte Legassow, dass die Sicherheitsmodifizierungen pro Reaktorblock umgerechnet zwischen drei und fünf Millionen Dollar kosten würden. BBC Summary of World Broadcasts, »Better safeguards for nuclear stations«, Deutsche Presse-Agentur, 22. November 1987 (übers. am 4. Dezember 1987).

38 In dem Bericht war zu lesen, dass es seit der Katastrophe in Tschernobyl zu 320 Störfällen in sowjetischen Kernkraftwerken gekommen war, von denen 160 zur Notabschaltung des Reaktors führten: Aktennotiz an das Zentralkomitee der KPdSU von I. Jastrebow (Leiter der Abteilung Schwerindustrie und Energietechnik) und O. Beljakow (Leiter der Abteilung Rüstungsindustrie), »Über die Maßnahmen des Ministeriums für Atomenergie und des Ministeriums für Mittleren Maschinenbau zur Gewährleistung der Betriebssicherheit von Kernkraftwerken durch die Umsetzung der Resolution des Zentralkomitees der KPdSU vom 14. Juli 1986«, 29. Mai 1987, in RGANI, opis 53, Spule 11007, Akte 61.

39 Daniljuk, Hg., *Z arkhiviv*, Dokument Nr. 82: »Sonderbericht des KGBM der UkrSSR«, 19. Mai 1987.

40 Legassows Artikel für die *Prawda* im Juni 1986, nachzulesen in Mould, *Chernobyl Record*, S. 299n12.

41 Legassows Tonbandaufzeichnungen, Kassette drei, 11–14.

42 Margarita Legassowa, »Defenceless Victor (Wehrloser Sieger)«, in Mould, *Chernobyl Record*, S. 304.

43 Read, *Ablaze*, S. 254.

44 Wladimir S. Gubarew, »On the Death of V. Legasov«, Auszüge aus *The Agony of Sredmash* (Moskau: Adademkniga, 2006), nachzulesen in Margarita Legassowa, *Academician Valery A. Legasov*, S. 343.

45 ebd., S. 340.

46 Read, *Ablaze*, S. 256.

47 Legassowa, »Defenceless Victor«, in Mould, *Chernobyl Record*, S. 305.

48 Margarita Legassowa, *Academician Valery A. Legasov*, S. 382; Read, *Ablaze*, S. 257.

49 Read, *Ablaze*, S. 257–58; Gubarew, »On the Death of V. Legasov«, S. 346.

50 Schtscherbak, »Report on First Anniversary of Chernobyl (Bericht zum Ersten Jahrestag von Tschernobyl)«, übers. JPRS, Teil 2, S. 20–21.

51 Read, *Ablaze*, S. 259–60.

52 Inga Legassow, Gespräch mit dem Autor, 2017.

53 ebd.; der Zeitpunkt, zu dem Legassow tot aufgefunden wurde, ist dem Buch *The Mystery of Academician Legasov's Death* entnommen.

54 Borowoi, Gespräch mit dem Autor, 2015.

55 vgl. Read, *Ablaze*, S. 261.

56 J. I. Tschasow, Gesundheitsminister der UdSSR, »Eröffnungsrede«, vgl. Protokoll der Veranstaltung, veröffentlicht von der IAEO: »Medical Aspects of the Chernobyl Accident: Proceedings of An All-Union Conference Organized by the USSR Ministry of Health and the All-Union Scientific Centre of Radiation Medicine, USSR Academy of Medical Sciences, and Held in Kiev, 11.–13. May 1988 (Medizinische Aspekte der Katastrophe von Tschernobyl: Protokoll über eine allunionistische Konferenz, die vom sowjetischen Gesundheitsministerium, dem Wissenschaftlichen Zentrum für Strahlenmedizin und der sowjetischen Akademie für Medizinwissenschaften organisiert wurde und vom 11.–13. Mai 1988 in Kiew stattfand)«, Bericht Nr. IAEA-TECDOC-516, 1989, 9–10. Die Anzahl der Erwachsenen und Kinder, die in den betroffenen Gebieten leben, ist nachzulesen in: G. M. Awetisow et al., »Protective Measures to Reduce Population Exposure Doses and Effectiveness of These Measures«, S. 151.

57 Felicity Barringer, »Fear of Chernobyl Radiation Lingers for the People of Kiev«, *New York Times*, 23. Mai 1988.

58 Koptschinski und Steinberg, *Chernobyl*, S. 41.

59 Leonid Ilyn, zitiert aus Barringer, »Fear of Chernobyl Radiation Lingers for the People of Kiev.«

60 Taubman, *Gorbachev*, S. 235–43.

61 Kotkin, *Armageddon Averted*, S. 68.

62 »Es ist meine Pflicht, darüber zu sprechen«: Aus den Aufzeichnungen des Akademiemitglieds W. Legassow«, *Prawda*, 20. Mai 1988, übers. in Mould, *Chernobyl Record*, S. 300.

63 Die Atomanlage in Minsk wurde eilig in ein erdgasbetriebenes Kraftwerk umgebaut. Das andere Bauprojekt, in der Nähe von Krasnodar, wurde aufgegeben. Quentin Peel, »Work Abandoned on Soviet Reactor«, *Financial Post* (Toronto, Kanada), 9. September 1988; Sich, »Chornobyl Accident Revisited«, S. 165.

64 Grigori Medwedew, Interviewtranskript, Juni 1990, 2RR. Die ganze Geschichte erschien im Juni 1989. Im März erschienen bereits Auszüge daraus in der Zeitschrift *Kommunist*.

65 Sacharows Brief (vom November 1988) ist der Aktennotiz des Zentralkomitees mit dem Titel »Zum Brief des Akademiemitglieds A. D. Sacharow«, beigelegt, unterzeichnet vom Chef der ideologischen Abteilung des Komitees am 23. Januar 1989, in RGANI, opis 53, Spule 11007, Akte 81.

66 Grigori Medvedev, »Chernobyl Notebook«, übers. JPRS,1.

67 Vgl dazu Zhores Medvedev, *Legacy of Chernobyl*, S. 86–88: Das Buch enthält Landkarten vom März 1989, auf denen die unterschiedlichen Kontaminationsgrade verzeichnet sind.

68 Charles Mitchell, »New Chernobyl Contamination Charges«, UPI, 2. Februar 1989.

69 Francis X. Clines, »Soviet Villages Voice Fears on Chernobyl«, *New York Times*, 31. Juli 1989.

70 Gerald Nadler, »Gorbachev Visits Chernobyl«, UPI, 24. Februar 1989; Bill Keller, »Gorbachev, at Chernobyl, Urges Environment Plan«, *New York Times*, 24. Februar 1989.

71 »Ukrainian Ecological Association ›Green World‹: About UEA«, www.zelenysvit.org.ua/?page=about.

72 John F. Burns, »A Rude Dose of Reality for Gorbachev«, *New York Times*, 21. Februar 1989.

73 Nadler, »Gorbachev Visits Chernobyl«; Remnick, *Lenin's Tomb*, S. 245; Zhores Medvedev, *Legacy of Chernobyl*, S. 87.

74 BBC Summary of World Broadcasts, »›Sanctuary‹ Designated Around Chernobyl Plant and Animal Mutations Appearing (Mutationen bei Pflanzen und Tieren der Schutzzone)«, Zusammenfassung der TASS-Meldungen vom

19. Mai 1989 (in engl. Sprache) und vom 31. Juli 1989 (in russischer Sprache), übers. am 26. August 1989.

75 David Remnick, »Chernobyl's Coffin Bonus«, *Washington Post*, 24. November 1989; Josephson, *Red Atom*, S. 165–66. Der Politbüro-Bericht zitierte eine Auseinandersetzung in der Stadt Jaroslawl, deren Fleischverarbeitungsfabrik offensichtlich mit kontaminiertem Fleisch beliefert worden war. Funktionäre vor Ort behaupteten steif und fest, sie hätten mit der Erlaubnis des sowjetischen Hygienedienstes gehandelt, obwohl sie zuvor bestritten hatten, dass Fleisch aus Tschernobyl angeliefert worden sei. »Zum Rundfunkbericht aus der Stadt Jaroslawl«: Aktennotiz des Leiters der landwirtschaftlichen Abteilung des Zentralkomitees der KPdSU, 29. Dezember 1989, in RGANI, opis 53, Spule 11007, Akte 87.

76 BBC Summary of World Broadcasts, »›Sanctuary‹ Designated Around Chernobyl Plant (Mutationen bei Pflanzen und Tieren in der ›Schutzzone‹)« und »An international research centre is to be set up at the Chernobyl AES (Internationales Forschungszentrum im KKW Tschernobyl geplant)«, Zusammenfassung einer TASS-Nachricht vom 15. September 1989 (übers. am 16. September 1989).

77 W. Choloscha und W. Pojarkow, »Economy: Chernobyl Accident Losses«, in Vargo, Hg., *Chornobyl Accident*, S. 215.

78 Choloscha und Pojarkow schätzen, dass diese 128 Milliarden Dollar die Summe aller direkten und indirekten Kosten waren, die zwischen 1986 und 1997 allein von der Ukraine gestemmt werden mussten; die Ukraine hatte den Großteil der fortlaufenden Ausgaben in der postsowjetischen Zeit zu tragen. Der offizielle Bericht des sowjetischen Finanzministeriums von 1990 bezifferte die direkten Kosten in Verbindung mit dem Unfall auf 12,6 Milliarden Dollar für die UdSSR als Ganzes; der Anteil der Ukraine betrug etwa 30 Prozent (Choloscha und Pojarkow, »Economy: Chernobyl Accident Losses«, S. 220). Der sowjetische Verteidigungshaushalt wurde 1989 von Gorbatschow offengelegt; dabei wurde die niedrigere offizielle Summe von etwa 32 Milliarden Dollar auf 128 Milliarden jährlich nach oben korrigiert (»Soviet Military Budget: $128 Billion Bombshell«, *New York Times*, 31. Mai 1989).

79 Bill Keller, »Public Mistrust Curbs Soviet Nuclear Efforts«, *New York Times*, 13. Oktober 1988.

80 Berichte durch AFP (1. Oktober 1989) und *Sowetskaja Kultura* (6. Oktober 1989), zusammengefasst in BBC Summary of World Broadcasts, »The Cher-

nobyl Situation: Other reports, Nuclear Power and Test Sites«, 30. Oktober 1989.

81 Ben A. Franklin, »Report Calls Mistrust a Threat to Atom Power«, *New York Times*, 8. März 1987.

82 Serge Schmemann, »Chernobyl and the Europeans: Radiation and Doubts Linger«, *New York Times*, 12. Juni 1988.

83 Dodd, *Industrial Decision Making and High-Risk Technology*, S. 129–30.

84 W. Kuchar', W. Pojarkow, und W. Kholoscha, »Radioactive Waste: Storage and Disposal Sites«, in Vargo, Hg., *Chornobyl Accident*, S. 85.

85 Juri Risovanny, interviewt von David R. Maples, »Revelations of a Chernobyl Insider«, *Bulletin of the Atomic Scientists* 46, no. 10 (1990): S. 18; Antoschkin, *The Role of Aviation*, 1.

86 Burton Bennett, Michael Repacholi, und Zhanat Carr, Hgg., »Health Effects of the Chernobyl Accident and Special Care Programmes«, Bericht des Tschernobyl-Forums »Health«, Weltgesundheitsorganisation WHO, 2006, 2.

87 Chernousenko, *Chernobyl: Insight from the Inside*, S. 160.

88 ebd., S. 163. Aufgrund einer Instruktion des sowjetischen Verteidigungsministeriums an alle Rekrutierungsbüros innerhalb der UdSSR, war es Militärärzten untersagt, auf ärztlichen Attesten für Liquidatoren deren Arbeit in Tschernobyl zu erwähnen. Strahlungsdosen unterhalb des Niveaus, ab dem eine Strahlenkrankheit zu befürchten war, sollten ebenfalls unerwähnt bleiben (»Explanation by the Central Military Medical Commission of the USSR Ministry of Defense«, Nr. 205 [8. Juli 1987], nachzulesen in Jaroschinskaja, *Chernobyl: Crime Without Punishment*, S. 47).

89 Wolodin, Gespräch mit dem Autor, 2006.

90 Gusew, Guskowa, und Mettler, Hgg., *Medical Management of Radiation Accidents*, S. 204–5t12.4.

91 »Late Chernobyl Fireman's Blood Tests to be Disclosed«, *Japan Times*, 19. April 2006. Anna Korolewska, Gespräch mit dem Autor, 2015.

92 Guskowa, *The Country's Nuclear Industry Through the Eyes of a Doctor*, S. 156; Barabanowa, Gespräch mit dem Autor, 2016.

93 Prianitschnikow, Gespräch mit dem Autor, 2006.

94 Antoschkin, Interview in *Battle of Chernobyl*, 2006.

95 Alexander Juwtschenko, Gespräch mit dem Autor, 2006; Natalia Juwtschenko, Gespräch mit dem Autor, 2015.

96 ebd.; Natalia Juwtschenko, Gespräch mit dem Autor, 2016.

Kapitel 19
Der Elefantenfuß

1 Besuch des Autors in Prypjat, Montag, 25. April 2016; Mycio, *Wormwood Forest*, S. 5.

2 Mycio, *Wormwood Forest*, S. 5–6 und S. 239.

3 Besuch des Autors, 10 Februar 2016.

4 Der Handabdruck auf der Bronze ist ein Abguss der Hand von Chodemtschuks Witwe Natalia (Natalia Chodemtschuk, Gespräch mit dem Autor, 2017).

5 Borowoi, »My Chernobyl«, S. 45–48.

6 Borowoi, Gespräch mit dem Autor, 2015.

7 ebd.; Borowoi, »My Chernobyl«, S. 86–87.

8 Borowoi, »My Chernobyl«, S. 90–92.

9 Sich, »Chornobyl Accident Revisited«, S. 241.

10 Borowoi und Welichow, *Chernobyl Experience: Part 1*, S. 118–19.

11 Borowoi, Gespräch mit dem Autor, 2015; Sich, »Chornobyl Accident Revisited«, 326n.

12 Borowoi, »My Chernobyl«, S. 52 und S. 99–100.

13 Borowoi und Welichow, *Chernobyl Experience: Part1*, S. 66–71.

14 Borowoi, »My Chernobyl«, S. 104–9; Borowoi, Gespräch mit dem Autor, 2015. Vgl dazu auch den Reportagefilm *Inside Chernobyl's Sarcophagus*, unter der Regie von Edward Briffa, United Kingdom: BBC Horizon, 1991 (wieder ausgestrahlt im Jahr 1996).

15 Nur 0,01 Gewichtsprozent des Bleis, das von den Hubschraubern abgeworfen worden war, wurde im Corium gefunden (Sich, »Chornobyl Accident Revisited«, S. 331).

16 Spartak T. Belyayev, Alexandr A. Borovoy, and I. P. Bouzouloukov, »Technical Management on the Chernobyl Site: Status and Future of the ›Sarcophagus‹«, in European Nuclear Society (ENS), *Nuclear Accidents and the Future of Energy: Lessons Learned from Chernobyl*, Protokoll der Internationalen ENS-Konferenz in Paris, Frankreich, vom 15.–17. April 1991, 27, nachzulesen in Sich, »Chornobyl Accident Revisited«, 248n34.

17 Tschetscherow, »Unpeaceful Atom of Chernobyl.«

18 Sich, »Chornobyl Accident Revisited«, S. 331.

19 Dieser Frage wird im Detail nachgegangen in ebd., S. 243–50.

20 Borowoi und Welichow, *Chernobyl Experience: Part 1*, S. 118; Borowoi, Gespräch mit dem Autor, 015; Sich, »Chornobyl Accident Revisited«, S. 332.

21 Alexander Sich schätzt, dass 71 Prozent der 190,3 Tonnen Uranbrennstoff aus dem Reaktorschacht nach unten strömten (»Chornobyl Accident Revisited«, S. 288). Das Gewicht des unteren biologischen Schildes wird auf den Seiten 195 und 409 erwähnt.

22 ebd., 293n; Borowoi und Welichow, *Chernobyl Experience, Part 1*, S. 30–31.

23 Sich legt eine Karte von den vier Fließwegen bei: »Chornobyl Accident Revisited«, 322.

24 Borowoi, Gespräch mit dem Autor, 2015; Sich, »Chornobyl Accident Revisited«, S. 322.

25 Sich, »Chornobyl Accident Revisited«, S. 308.

26 Ebd., S. 323. Anderswo blieb das harte Corium, so Sich, dank der Nachzerfallswärme noch 1991 heiß, fünf Jahre nach der Katastrophe. Siehe auch S. 245, wo ein schematischer Querschnitt des havarierten Reaktorblocks abgebildet ist.

27 Ergebnisse der Expertengruppe: S. T. Belyaev, A. A. Borowoi, W. G. Wolkow et al., »Technical Validation of the Nuclear Safety of the Shelter«, Bericht über die wissenschaftliche Forschungstätigkeit der Komplexen Expedition von 1990, nachzulesen in Borowoi und Welichow, *Chernobyl Experience: Part 1*, S. 147–48. Das Überwachungssystem (genannt »Zielgerade«): ebd., S. 148–49.

28 Borowoi, Gespräch mit dem Autor, 2015.

29 vgl. Reportagefilm *Inside Chernobyl's Sarcophagus*, 1991; Borowoi, »My Chernobyl«, S. 110.

30 Borowoi, »My Chernobyl«, S. 30 und 34.

31 Borowoi und Welichow, *Chernobyl Experience: Part 1*, S. 119, 134, und 141.

32 Borowoi, Gespräch mit dem Autor, 2015; Sich, Gespräch mit dem Autor, 2018; Valery Soyfer, »Chernobylite: Technogenic Mineral«, *Khimiya i zhizn*, November 1990, übers. in JPRS-Bericht JPRS-UCH-91-004: »Science and Technology: USSR Chemistry«, 27. März 1991.

33 Borowoi, »My Chernobyl«, S. 37.

34 »Informationen zum Gerichtsverfahren gegen W. P. Brjuchanow«, privates Archiv von Juri Sorokin.

35 Wiktor und Walentina Brjuchanow, Gespräch mit dem Autor, 2016.

36 S. B. Romazin (Präsident des Kollegiums für Strafrecht des Obersten Gerichts der UdSSR), Brief Nr. 02DC-36-87, adressiert an J. G. Sorokin, 26. Dezember 1991, Privatarchiv von Juri Sorokin.

37 Wiktor und Walentina Brjuchanow, Gespräch mit dem Autor, 2016. In einem Zeitungsbericht von 2011 ist zu lesen, dass Brjuchanow nach seiner Freilas-

sung wieder in Tschernobyl Arbeit fand, als Leiter der technischen Abteilung, und von der Belegschaft herzlich begrüßt wurde (Samodelowa, »Die private Katastrophe von Tschernobyls Direktor«). Seine Frau Walentina jedoch erzählte in einem Gespräch mit dem Autor, ihr Mann habe nach der Haft zunächst in Kiew in der Verwaltung gearbeitet, als Assistent eines ehemaligen Arbeitskollegen.

38 Wiktor und Walentina Brjuchanow, Gespräch mit dem Autor, 2016; Witali Skljarow, Gespräch mit dem Autor, 2016; Wiktor Brjuchanow Brukhanov, interviewt von Babakow, *Zerkalo nedeli*, 1999.

39 Read, *Ablaze*, S. 336.

40 Samodelowa, »Die private Katastrophe von Tschernobyls Direktor.«

41 Read, *Ablaze*, S. 336. Zum Datum von Fomins Freilassung (26. September 1988): »Informationen zum Gerichtsverfahren gegen W. P. Brjuchanow«, Privatarchiv von Juri Sorokin.

42 Anatoli Djatlow, »Why INSAG Has Still Got It Wrong«, *Nuclear Engineering International* 40, Nr. 494 (September 1995): S. 17; Anatoli Djatlow, Brief an Leonid Toptunows Eltern Wera und Fjodor, 1. Juni 1989, Privatarchiv von Wera Toptunowa.

43 Datum von Djatlows Freilassung (1. Oktober 1990): »Informationen zum Gerichtsverfahren gegen W. P. Brjuchanow«, Privatarchiv von Juri Sorokin.

44 Steinbergs Erinnerungen, vgl. Koptschinski und Steinberg, *Chernobyl*, S. 149–51.

45 Armen Abagyan, interviewt von *Asahi Shimbun*, am 17. Juli und am 31. August 1990, nachzulesen in Koptschinski und Steinberg, *Chernobyl*, S. 151.

46 Koptschinski und Steinberg, *Chernobyl*, S. 152; Read, *Ablaze*, S. 324.

47 Steinberg, nachzulesen in Read, *Ablaze*, S. 324.

48 ebd.

49 ebd., S. 324–25.

50 Read, *Ablaze*, S. 325.

51 Koptschinski und Steinberg, *Chernobyl*, S. 152.

52 Internationale Atomenergie-Organisation, INSAG-7, S. 16.

53 ebd., S. 22.

54 Alexander Sich, Gespräch mit dem Autor, Steubenville, OH, April 2018.

55 »Kurze Biographie von A. S. Djatlow«, Vorwort zu Djatlow, *How It Was*, S. 3.

56 Karpan, *Chernobyl to Fukushima*, S. 24–25; Verfügung des Präsidenten der Ukraine Nr. 1156/2008 auf der offiziellen Webseite des Präsidenten der Ukraine: https://www.president.gov.ua/documents/11562008-8322.

Kapitel 20
Ein Grab für Waleri Chodemtschuk

1 Natalia Juwtschenko, Gespräche mit dem Autor, 2015 und 2016.

2 Besuch des Autors im Roten Wald, 5. Februar 2011.

3 Mycio, *Wormwood Forest*, S. 68–69; Sergiy Paskewitsch und Denis Wischnewski, *Chernobyl: Real World* (Moskau: Eksmo, 2011). Vgl. auch Michail D. Bondarkov et al., »Environmental Radiation Monitoring in the Chernobyl Exclusion Zone – History and Results 25 Years After«, *Health Physics* 101, Nr. 4 (Oktober 2011): S. 442–85.

4 Liam O'Brien, »After 26 Years, Farms Emerge from the Cloud of Chernobyl«, *Independent*, 1. Juni 2012.

5 »Wild Boars Roam Czech Forests – and Some of Them Are Radioactive«, Reuters, 22. Februar 2017.

6 Sergei Gaschak, Biologe und stellvertretender Leiter des Internationalen Radioökologischen Forschungslabors Tschernobyl, Gespräch mit dem Autor, Sperrzone Tschernobyl, Februar 2011.

7 Adam Higginbotham, »Is Chernobyl a Wild Kingdom or a Radioactive Den of Decay?«, *Wired*, April 2011; Gaschak, Gespräch mit dem Autor, 2011.

8 Vgl. beispielsweise Mycio, *Wormwood Forest*, S. 99–116; *Radioaktive Wölfe*, Dokumentarfilm, Regie Klaus Feichtenberger (PBS: ORF/epo-film, 2011).

9 Die anhaltenden Auseinandersetzungen auf diesem Forschungsgebiet wurden angesprochen von Mary Mycio in »Do Animals in Chernobyl's Fallout Zone Glow?«, *Slate*, 21. Januar 2013.

10 Dmitry Grodzinsky, Leiter des Fachbereichs Biophysik und Radiobiologie am Institut für Zellbiologie und Gentechnik der Akademie der Wissenschaften der Ukraine, Gespräch mit dem Autor, Kiew, Februar 2011. Stephanie Pappas, »How Plants Survived Chernobyl«, *Science*, 15. Mai 2009.

11 WHO/IAEA/UNDP, »Chernobyl: The True Scale of the Accident«, gemeinsame Presseerklärung, 5. September 2005, nachzulesen in Petryna, *Life Exposed*, xx.

12 Jorgensen, *Strange Glow*, S. 226–30.

13 Grodzinsky, Gespräch mit dem Autor, 2011. See also, Anders Pape Møller und Timothy Alexander Mousseau, »Biological Consequences of Chernobyl: 20 Years On«, *Trends in Ecology & Evolution* 21, Nr. 4 (April 2006): S. 200–207.

14 Moller, Gespräch mit dem Autor, 2011. 2017 hatten Wissenschaftler in Zusammenarbeit mit dem US National Cancer Institute eine Genomstudie be-

gonnen, um die Langzeitwirkung von Strahlung auf eine kleine Auswahl von Personen zu untersuchen, die von dem Unfall betroffen waren. Dr. Kiyohiko Mabuchi, Leiter der Forschungsgruppe Tschernobyl des National Cancer Institute, Gespräch mit dem Autor, September 2018.

15 Andrew Osborn, »Chernobyl: The Toxic Tourist Attraction«, *Telegraph*, 6. März 2011.

16 Diese sogenannten »Hausbesetzer« waren schon bald nach den ersten Zwangsumsiedlungen aus der 30-Kilometer-Zone in die Wälder rings um das Kraftwerk zurückgekehrt. Dabei nutzten sie dieselben Pfade, auf denen man während des Großen Vaterländischen Krieges den Nazis entgangen war. 1988 berichtete das Innenministerium (MVD), dass 980 Menschen bereits wieder in ihre Häuser zurückgekehrt waren; 113 waren einem Bericht des MWD zufolge gar nicht erst weggegangen: vgl. Anton Borodawka, *Faces of Chernobyl*, 2013, S. 19. Borodawka schreibt den Begriff »Ureinwohner des Nuklearreservats« der bekannten ukrainischen Dichterin Lina Kostenko zu. (*Faces of Chernobyl*, S. 12.)

17 Der Vertrag galt dem Kernkraftwerk Vogtle in Georgia. Terry Macalister, »Westinghouse Wins First US Nuclear Deal in 30 Years«, *Guardian*, 9. April 2008.

18 Die neuen Reaktoren waren die Blöcke Drei und Vier, mit denen die ukrainische Regierung das Kernkraftwerk Chmelnizki zu erweitern gedachte. »Construction cost of blocks 3 and 4 of Khmelnitsky NPP will be about $4.2 billion«, Interfax, 3. März 2011.

19 Liste der Kernkraftwerke: US Nuclear Regulatory Commission, »Operating Nuclear Power Reactors (by Location or Name)«, auf den neuesten Stand gebracht am 4. April 2018, www.nrc.gov/info-finder/reactors.

20 »Nuclear Power in France«, World Nuclear Association, aktualisiert im Juni 2018, www.world-nuclear.org/information-library/country–profiles/countries-a-f/france.aspx; »Nuclear Power in China«, World Nuclear Association, aktualisiert im Mai 2018, www.world-nuclear.org/information-library/country-profiles/countries-a-f/china-nuclear-power.aspx.

21 Diese Prognosen fallen je nach zugrundeliegendem Modell unterschiedlich aus. Eine jüngere Schätzung legt nahe, dass sich der Strombedarf bis 2060 verdoppeln wird. »World Energy Scenarios 2016: Executive Summary«, World Energy Council, https://www.worldenergy.org/wp-content/uploads/2016/10/World-Energy-Scenarios-2016_Executive-Summary-1.pdf.

22 Vereinigte Staaten: »The Toll from Coal: An Updated Assessment of Death

and Disease from America's Dirtiest Energy Source«, Clean Air Task Force, September 2010, S. 4.

23 Barry W. Brooketal, »Why Nuclear Energy Is Sustainable and Has to Be Part of the Energy Mix«, *Sustainable Materials and Technologies*, Bände 1–2 (Dezember 2014): S. 8–16.

24 »Mortality Rate World-wide in 2018, by Energy Source (in Deaths Per Terawatt Hours)«, Statista.com, www.statista.com/statistics/494425/death-rate-worldwide-by-energy-source; Phil McKenna, »Fossil Fuels Are Far Deadlier Than Nuclear Power«, *New Scientist*, 23. März 2011.

25 Diese These wird ausführlich behandelt in Gwyneth Cravens, *Power to Save the World: The Truth About Nuclear Energy* (New York: Vintage Books, 2008); und im Dokumentarfilm *Pandora's Promise*, Regie Robert Stone (Impact Partners, 2013).

26 Robert Hargraves und Ralph Moir, »Liquid Fuel Nuclear Reactors«, *Physics and Society* (ein Newsletter der American Physical Society), Januar 2011.

27 Gates war einer der Geldgeber des Unternehmens TerraPower und unterstützte die Forschung an einem »Laufwellenreaktor« der vierten Generation. Siehe dazu Richard Martin, »China Details Next-Gen Nuclear Reactor Program«, *MIT Technology Review*, 16. Oktober 2015; Richard Martin, »China Could Have a Meltdown-Proof Nuclear Reactor Next Year«, *MIT Technology Review*, 11. Februar 2016.

28 Stephen Chen, »Chinese Scientists Urged to Develop New Thorium Nuclear Reactors by 2024«, *South China Morning Post*, 18. März 2014.

29 WHO/IAEA/UNDP, »Chernobyl: The True Scale of the Accident.« http://www.who.int/mediacentre/news/releases/2005/pr38/en/.

30 WHO, »Health Effects of the Chernobyl Accident: An Overview«, April 2006, www.who.int/ionizing_radiation/chernobyl/backgrounder/en; Elisabeth Cardis et al., »Estimates of the Cancer Burden in Europe from Radioactive Fallout from the Chernobyl Accident«, *International Journal of Cancer* 119, Nr. 6 (2006): S. 1224–35.

31 WHO/IAEA/UNDP, »Chernobyl: The True Scale of the Accident«, nachzulesen in Petryna, *Life Exposed*, xv.

32 »1986–2016: Chernobyl at 30 – An Update«, WHO Pressemitteilung, 25. April 2016.

33 Adriana Petryna, »Nuclear Payouts: Knowledge and Compensation in the Chernobyl Aftermath«, *Anthropology Now*, 19. November 2009.

34 Petryna, *Life Exposed*, xix–xx.

35 Protsenko, Gespräch mit dem Autor, 2015.

36 ebd., 2016.

37 Wiktor und Walentina Brjuchanow, Gespräch mit dem Autor, 2015.

38 ebd., Wiktor und Walentina Brjuchanow, Gespräch mit dem Autor, 2016.

39 Teilnahme des Autors an einer Gedenkfeier anlässlich des 30. Jahrestags der Katastrophe von Tschernobyl, Kernkraftwerk Tschernobyl, 26. April 2016.

40 Das Gedicht »Satan schläft am Prypjat« stammt von Lina Kostenko.

41 Petro Poroschenko, »The President's address at the ceremony marking the 30th anniversary of the Chernobyl catastrophe«, Rede des Präsidenten anlässlich des 30. Jahrestags der Katastrophe; die Veranstaltung findet am 26. April 2016 auf der Baustelle für das New Safe Confinement statt; Ansprache online verfügbar auf der Webseite des Präsidenten der Ukraine: www.president.gov.ua/news/vistup-prezidenta-pid-chas-zahodiv-u-zvyazku-z-30-mi-rokovin-37042.

42 Nicolas Caille (Projektleiter des Konsortiums Novarka), Rede bei der Einweihungsfeier für das New Safe Confinement, der neuen Schutzhülle für den Sarkophag am AKW Tschernobyl, 29. November 2016; »Unique Engineering Feat Concluded as Chernobyl Arch Has Reached Resting Place«, EBRD Pressemitteilung, 29. November 2016; Laurin Dodd, Telefongespräch mit dem Autor, Mai 2018.

43 Poroschenko, »The President's address marking the 30th anniversary of the Chernobyl catastrophe.«

44 Teilnahme des Autors an der Einweihungsfeier des New Safe Confinement, AKW Tschernobyl, 29. November 2016.

45 Botscharow, Gespräch mit dem Autor, 2017; Beljajew, Gespräch mit dem Autor, 2017.

46 Hans Blix, Rede anlässlich der Einweihungsfeier für das New Safe Confinement, AKW Tschernobyl, 29. November, 2016.

47 Laurin Dodd, Gespräch mit dem Autor, Mai 2018; Artur Kornejew, vgl. Henry Fountain, »Chernobyl: Capping a Catastrophe«, *New York Times*, April 27, 2014.

Epilog

1 »Former Academy President Aleksandrov on Chernobyl, Sakharov«, *Ogonek* Nr. 35, August 1990, S. 6-10, übers. durch JPRS.

2 Gespräch mit dem Autor; »Nikolai Timofejewitsch Antoschkin«, *Geroi Strany*, www.warheroes.ru/hero/hero.asp?Hero_id=1011.

3 Alla Astachowa, Interview mit Alexander Borowoi, »Der Liquidator«, *Itogi* 828, Nr. 17, 23. April 2012, www.itogi.ru/obsh-spetz_proekt/2012/17/177051.html.

4 Taubman, Gorbatschow, S. 650-663; Michail Gorbatschow, »Turning Point at Chernobyl«, *Project Syndicate*, 14. April 2006.

5 Guskowa, *The Country's Nuclear Industry Through the Eyes of a Doctor*, S. 156.

6 US-Bundesfinanzministerium, »Treasury Sanctions Russian Officials, Members Of The Russian Leadership's Inner Circle, And An Entity For Involvement In The Situation In Ukraine«, 20. März 2014.

7 Andrijanow und Tschirskow. *Boris Scherbina*, S. 386–388; Drach, Gespräch mit dem Autor.

8 Rada Schtscherbitzkaja, Interview mit Scheremeta, »Nach Tschernobyl sagte Gorbatschow zu Wladimir Wassiljewitsch«, 2006; Baranowka, Hg., *The Chernobyl Tragedy*, Dokument Nr. 482: »Beschluss zur Einstellung des am 11. Februar 1992 eingeleiteten Verfahrens bezüglich des Verhaltens von Funktionären und staatlichen und öffentlichen Institutionen nach dem Unfall im KKW Tschernobyl«, 24. April 1993.

9 Witali Skljarow, interviewt von Natalia Jatsenko, »Vitali Skljarow, Energieberater des ukrainischen Ministerratsvorsitzenden: ›Was in unserem Energiesektor passiert, schnürt uns selbst die Luft ab.‹«, *Zerkalo nedeli Ukraina*, 7. Oktober 1994, https://zn.ua/ECONOMICS/sovetnik_premier-ministra_ukrainy_po_voprosam_energetiki_vitaliy_sklyarov_samoudushenie_-_vot_chto_p.html.

10 Jekaterina Saschnewa, »Der lebende Held einer toten Stadt«, *Kultura*, 2. Februar 2016, http://portal-kultura.ru/articles/history/129184-zhivoy-geroy-mertvogo-gorodasazh; Tamara Stadnychenko-Cornelison, »Military engineer denounces handling of Chernobyl Accident«, *The Ukrainian Weekly*, 26. April 1992.

11 Vladimir Usatenko, Interview mit Oleksandr Hrebet, »Ein Tschernobyl-Liquidator spricht über die gefährlichste Atommülldeponie in der Ukraine«, *Zerkalo nedeli*, 14. Dezember 2016, https://dt.ua/UKRAINE/likvidator-

avariyi-na-chaes-rozpoviv-pro-naynebezpechnishomu-shovische-yadernih-vidhodiv-v-ukrayini-227461_.html.

12 Gespräch mit dem Autor, Kiew, 2017.

13 Zborowski, Interview mit Babakow, in Gudow, *Special Battalion no. 731*, S. 36, S. 78; John Daniszewski, »Reluctant Ukraine to Shut Last Reactor at Chernobyl«, *Los Angeles Times*, 14. Dezember 2000.

Bibliographie

Archivsammlungen und Archivmaterial

The American Presidency Project, veranstaltet von der Universität Kalifornien, Santa Barbara. Online unter: https://www.presidency.ucsb.edu/.

Archiv des Staatssicherheitsdienstes der Ukraine. Staatssicherheitsdienst Ukraine, Hauptsitz. Kiew, Ukraine.

Barabanowa, Dr. Angelika. Privatarchiv.

BBC Monitoring Service, Summary of World Broadcasts, tägliche Meldungen über die Sowjetunion und über Osteuropa.

»Tschernobyl, Prypjat: Ein wenig von allem«, elektronisches Archiv Tschernobyl und Prypjat, verwaltet von Alexander Kamajew. Online unter: http://pripyat-city.ru.

»Die Tragödie von Tschernobyl: Das Verbrechen der Sowjetregierung«. Elektronisches Archiv der Ukrainischen Befreiungsbewegung: Gemeinschaftsprojekt des Ukrainischen Forschungszentrums zur Befreiungsbewegung, der Nationalen Iwan-Franko-Universität Lwiw und des Nationalen Museums der Opfer von Besatzungsregimen. Online unter: http://avr.org.ua/index.php/ROZDILY_RES?idUpCat=867.

CIA Records Search Tool (CREST), Central Intelligence Agency. Online unter: www.cia.gov/library/readingroom/collection/crest-25-year-program-archive.

Gorbatschow-Stiftung, elektronisches Archiv: »Virtuelles Museum M.S. Gorbatschow. Leben und Reformen«. Online unter: www.gorby.ru/en/archival/archive_library.

Joint Publication Research Service (JPRS), *Chernobyl Nuclear Accident Documents*, Beobachtung ausländischer Medien durch den National Technical Information Service, einer Agentur innerhalb des US-Handelsministeriums (Berichte der CIA, des Department of Defense, des Department of Energy, des Kongresses, des Bundesrechnungshofes und der Presseüberwachung im Ausland), veröffentlicht im März 2011.

Legassow, Waleri. »Über den Unfall im AKW Tschernobyl« alias »Legassow-Kassetten.« Transkript von fünf Tonbandkassetten, diktiert von W. A. Legassow. Online unter: http://lib.web-malina.com/getbook.php?bid=2755.

Ronald Reagan Presidential Library und zugehöriges Museum, elektronisches Archiv: »Daily Diary« (www.reaganlibrary.gov/digital-library/daily-diary) und »Public Papers of the President« (www.reaganlibrary.gov/sspeeches).

Russisches Staatsarchiv für zeitgenössische Geschichte (RGANI). Hoover Institution. Mikrofilm, Fond 89: Communist Party of the Soviet Union on Trial, 1919–1992. Kopien in der Lamont Library: Archive of Contemporary History. Harvard University, Cambridge, MA.

The Second Russian Revolution (2RR) Collection. Material im Zusammenhang mit der Doku-Serie *The Second Russian Revolution* (Tonbandkassetten und Interviewtranskripte). Referenz-Nr. GB 97 2RR. LSE Library Archive, London.

Sorokin, Juri. Privatarchiv. Staatsfilmarchiv der Ukraine, Kiew, Ukraine.

Tarakanow, General Nikolai. Privatarchiv.

Toptunowa, Wera. Privatarchiv.

Nationales Tschernobyl-Museum Ukraine. Archivierte Dokumente und Materialien. Kiew, Ukraine.

Webseite der Rosatom-Veteranen. www.veteranrosatom.ru.

Wilson Center Digital Archive. Online unter: http://digitalarchive.wilsoncenter.org.

Gespräche mit dem Autor

Berufsbezeichnungen zum Zeitpunkt des Unfalls, sofern nicht anders angegeben.

Antoschkin, Nikolai. Generalmajor, Stabschef der 17. Luftlandearmee der sowjetischen Flugabwehr, Wehrbereich Kiew. Moskau. 21. und 23. Oktober 2015; 13. Oktober 2016.

Barabanowa, Anschelika. Expertin für Strahlenschäden im Krankenhaus Nummer Sechs), klinische Abteilung im Krankenhaus Nummer Sechs. Moskau, 14. Oktober 2016.

Beljajew, Igor. Vorsitzender des Hauptdirektorats des Ministeriums für Mittleren Maschinenbau der UdSSR; stellvertretender Vorsitzender von Sredmasch US-605, Juni bis November 1986. Moskau, 17. April 2017.

Botscharow, Lew. Stellvertretender Chefingenieur des Hauptdirektorats für Planung und Durchführung von Großbauprojekten am Ministerium für Mittleren Maschinenbau. Chefingenieur von Schicht Drei, Sredmasch US-605, September–Dezember 1986. Moskau, 14. April 2017.

Bolschow, Leonid. Physiker am Kurtschatow-Institut für Atomenergie in der Niederlassung Troizk; Direktor des Instituts für Nuklearsicherheit der Russischen Akademie der Wissenschaften, 1988. Moskau, 15. April 2017.

Borowoi, Alexander. Leiter der Neutrino-Physik-Forschungsgruppe am Kurtschatow-Institut für Atomenergie; Leiter der Komplexen Expedition Tschernobyl, 1988–2003. Moskau, 15. Oktober 2015.

Breus, Alexey. Leitender Reaktorkontrollingenieur, Zweite Schicht, Block Vier des Atomkraftwerks Tschernobyl. Kiew, 11. Juli 2015.

Brjuchanow, Wiktor (Direktor des Kernkraftwerks Tschernobyl), und Walentina Brjuchanow (Wärmebehandlungstechnikerin am KKW Tschernobyl). Kiew, 6. September 2015 und 14. Februar 2016.

Champlin, Richard. Chefarzt für Knochenmarkstransplantationen am UCLA Medical Center. Telefongespräch am 21. September 2016.

Chmel, Piotr. Oberleutnant, Paramilitärische Feuerwehr Nummer Zwei. Kiew, 16. Februar 2006 und 14. Juli 2015.

Chodemtschuk, Natalia. Ingenieurin in Prypjats Pumpwerk Nummer Zwei und Ehefrau von Waleri Chodemtschuk. Kiew, 28. Mai 2017.

Daniloff, Nicholas. Chef der Moskauer Redaktion von *U.S. News & World Report*. Telefongespräch, 26. September 2017.

Dodd, Laurin. Experte für RBMK-Reaktoren im Nuclear Systems and Concepts Department, Battelle, Pacific Northwest National Laboratory, Richland, WA, von März 1986 bis Mai 1994; Geschäftsführer, Shelter Implementation Plan Project Management Unit, AKW Tschernobyl, April 2006 – März 2014. Telefongespräch am 4. Mai 2018.

Drach, Leonid. Leiter des Atomenergiesektors im Ministerrat der UdSSR; Mitglied der ersten Regierungskommission, die nach den Ursachen der Katastrophe von Tschernobyl forschte. Moskau, 19. April 2017.

Esaulow, Alexander. Stellvertretender Vorsitzender des Exekutivkomitees *(Ispolkom)* von Prypjat. Irpin, Ukraine, Juli 2015.

Flowers, Alan. Kernphysiker und Dozent am Kingston Polytechnic in London; Experte für Strahlenschutz an der Kingston University; ausgezeichnet mit einem Ehrendoktor in Radioökologie durch das Internationale Staatliche Ökologische Sacharow-Institut, Minsk. Telefongespräch, 25. Februar 2016.

Gale, Robert. Professor für Medizin am UCLA Medical Center; Vorsitzender des Scientific Advisory Committee of the International Bone Marrow Transplant Registry. 22. Juni 2016 (Telefon) und 11. August 2016 (Big Sky, MT).

Gaschak, Sergei. 2018 Stellvertretender wissenschaftlicher Direktor des Chornobyl International Radioecology Laboratory. Sperrzone Tschernobyl, 7. Februar 2011.

Gluchow, Andrei. Leitender Reaktorkontrollingenieur, Block Eins, AKW Tschernobyl, April 1981 bis August 1984; Leiter der Operativen Gruppe, Abteilung atomare Sicherheit, Kernkraftwerk Tschernobyl, 1984 - 1986. Slawutytsch, Ukraine, 12. Juli 2015; Kernkraftwerk Tschernobyl, Ukraine, 11. Februar 2016; Telefon, 3. Juli 2018.

Goldston, Robert. Leiter des Physikforschungsteams, Testreaktor Tokamak, Plasmaphysiklabor Princeton. Princeton, NJ, 15. Februar 2018.

Grebeniuk, Wladimir. Oberst; Kommandant des in Kiew stationierten 427. mechanisierten Rotbanner-Regiments des Zivilschutzes. Kiew, 9. Februar 2015.

Grodzinsky, Dmitri. Leiter des Fachbereichs Biophysik und Radiobiologie am Institut für Zellbiologie und Gentechnik der Nationalen Akademie der Wissenschaften der Ukraine. Kiew, 8. Februar 2011 und 13. Juli 2015.

Gubarew, Wladimir. Wissenschaftsredakteur, *Prawda*. Moskau, 23. Oktober 2015.

Ignatenko, Sergei. Direktor der Stromversorgung für das rechte Ufer des Dnepr der Region Kiew, Ukrainisches Ministerium für Energie und Elektrifizierung. Kiew, 22. April 2016.

Jacob, Sabine. 2016 war sie Assistentin von Dr. Robert Gale. Los Angeles, 23. September 2016.

Jorgensen, Timothy. 2018 Associate Professor der Georgetown University, Fachbereich Strahlungsmedizin. Telefongespräch, 19. Juni 2016.

Kiritschenko, Swetlana. Chefökonomin in Prypjats *Ispolkom*. Kiew, 23. April 2016.

Kisima, Wassili. Bauleiter, Kernkraftwerk Tschernobyl. Kiew, 7. Februar 2016.

Klotschko, Wiktor. Oberst; KGB-Chef von Prypjat. (Interviewt von Taras Schumeyko), Kiew, 7. September 2015.

Koldin, Waleri. Oberst; stellvertretender Leiter der Abteilung Baupioniere, Dritte Schicht, Sredmasch US-605 (Oktober - Dezember 1986). Moskau, 18. April 2017.

Koliadin, Anatoli. Elektriker in der Werkstatt für Thermographie und Messtechnik, Block Vier, Kernkraftwerk Tschernobyl; Redakteur der *Chernobyl Post*, 2003–2017 Kiew. 10. Juli 2015.

Koptschinski, Georgi. Leitender Berater zum Thema Kernkraft, Zentralkomitee der KPdSU, Moskau. Kiew, 28. November 2016.

Kornejew, Juri. Turbinenoperator, Fünfte Schicht, Block Vier, Kernkraftwerk Tschernobyl. Kiew, 8. September 2015.

Korol, Alexander. Angehender Reaktorkontrollingenieur, Block Vier, Kernkraftwerk Tschernobyl. Kiew, 9. September 2015 (Gespräch mit dem Autor) und 17. April 2018 (interviewt von Taras Shumeyko).

Korolewska, Anna. 2018 stellvertretende wissenschaftliche Leiterin des Tschernobyl-Museums. Kiew, 10. Juli 2015; 8. Februar 2016.

Kowtuzki, Wiktor. Chefbuchhalter in der Bauabteilung des Kernkraftwerks Tschernobyl. Kiew, 23. April 2016.

Koslowa, Elena. Technikerin im Bereich Materialforschung, NIKIMT. Moskau, 17. April 2017.

Kozyrew, Juri. Leitender Wissenschaftler im Fachbereich Gaselektronik am Physikinstitut in Kiew. Kiew, 21. April 2017.

Kryat, Anatoli. Leiter des Labors für Kernphysik in der Abteilung für Atomsicherheit, Kernkraftwerk Tschernobyl. Kiew, 15. Februar 2016.

Kupny, Walentin. Direktor des Kernkraftwerks Saporischschja; Hüter des Sarkophags des KKW Tschernobyl, 1995–2002. Slawutytsch, Ukraine, 12. Februar 2016.

Legassow, Inga. Tochter von Akademiemitglied Waleri Legassow. Moskau, 18. April 2017.

Leonenko, Witali. Direktor des medizinischen Versorgungszentrums Nummer 126, Prypjat. Wepryk, Ukraine, 3. Dezember 2016.

Lisowenko, Wassili; Major, Kommandant der Dritten Division der Sechsten Abteilung des ukrainischen KGB. Wyschenski, Ukraine, 10. September 2015.

Logatschew, Alexander. Oberleutnant der Aufklärungsdivision Strahlenschutz des in Kiew stationierten 427. mechanisierten Rotbanner-Regiments des Zivilschutzes. Kiew, 1. Juni 2017 (Gespräch mit dem Autor) und 3. Juni 2017 (interviewt von Taras Schumeyko).

Mabuchi, Dr. Kiyohiko. Leiter der Tschernobyl-Forschung und leitender Wissenschaftler am National Cancer Institute, Fachbereich Epidemiologie und Genetik. Telefongespräch, 13. September 2018.

Malejew, Wladimir. 1987 Oberstleutnant und Kommandant des 14. Aufklärungsregiment Strahlenschutz der Chemischen Truppen. Moskau, 16. April 2017.

Massol, Witalij. Leiter des ukrainischen Staatskomitees für materiell-technische Versorgung (GOSSNAB); Ministerpräsident der Ukraine, 1994–1995. Kiew, 1. Juni 2017.

McNeil, Oscar. Geschäftsführender Direktor des Shelter Implementation Plan für Tschernobyl, 2015 bis zur Gegenwart, Telefongespräch, 11. Juni 2018.

Mimka, Lubomir. Oberst; stellvertretender Stabschef der 17. Luftlandearmee der sowjetischen Streitkräfte, Wehrbereich Kiew. Kiew, 13. Februar 2016.

Moller, Anders. Forschungsleiter; 2018 Forschungslabor für Ökologie, Systematik und Evolution der Universität Paris-Süd. Paris, Frankreich, 26. Januar 2011.

Mousseau, Timothy. 2018 Professor für Biologie, University of South Carolina, Columbia. Columbia, SC, Januar 2011.

Nasarkowski, Alexander. Leitender Elektromechaniker, verantwortlich für Qualitätskontrolle Gebäude und Technik, Kernkraftwerk Tschernobyl. Kiew, 16. Februar 2006.

Nesterow, Boris. Oberst; stellvertretender Kommandant der Luftstreitkräfte des Wehrbereichs Kiew. Dnipro, Ukraine, 2. Dezember 2016.

Nosko, Waleri. Major, Dritte Division der Sechsten Abteilung des Ukrainischen KGB. Ukraine, 9. September 2015.

Paraschyn, Sergej. Kommunistischer Parteisekretär, Kernkraftwerk Tschernobyl; Direktor des Kernkraftwerks Tschernobyl, 1994–1998. Kiew, 30. November 2016.

Petrowski, Alexander. Sergeant, Dritte Wache, Paramilitärische Feuerbrigade Nummer Zwei. Bohdany, Ukraine, 30. November 2016.

Prianitschnikow, Weniamin. Leiter der technischen Schulungsprogramme, Kernkraftwerk Tschernobyl. Kiew, 13. Februar 2006.

Protzenko, Maria. Chefarchitektin der Stadt Prypjat. Kiew, 5. September 2015; 24. April 2016; und 28. Mai 2017.

Reichtman, Georgi. Stellvertretender Schichtleiter, Block Eins, Kernkraftwerk Tschernobyl. Kiew, 9. September 2015.

Robinson, Cliff. Techniker im radiochemischen Labor des Kernkraftwerks Forsmark, Schweden. Telefongespräch, 2. März 2016.

Sewastianow, Alexander. 2016 Schichtingenieur im Hauptgebäude, Kernkraftwerk Tschernobyl, Tschernobyl, 10. Februar 2016.

Schtscherbak, Juri. Autor; Forschungsprofessor an der epidemiologischen Abteilung des Ukrainischen Gesundheitsministeriums, Kiew; ab Mai 1986 Sonderkorrespondent für die Wochenzeitung *Literaturnaja Gaseta*, Moskau; Gründungsmitglied der Grünenpartei; von 1989–1991 Delegierter im Obersten Sowjet der UdSSR. Kiew, 9. Februar 2016.

Schyrokow, Sergei. Chef der Atomenergieabteilung des Ministeriums für Energie und Elektrifizierung, Ukrainische Sozialistische Sowjetrepublik. Kiew, 1. Dezember 2016.

Sich, Alexander. Doktorand im Fachbereich Kerntechnik am MIT und Mitglied der Komplexen Expedition Tschernobyl im Auftrag des Kurtschatow-Instituts und der Nationalen Akademie der Wissenschaften der Ukraine, November 1990 bis April 1992. Telefongespräch, 21. Dezember 2016, und Steubenville, Ohio, 20.-21. April 2018.

Sirota, Alexander. Schüler an der Schule Nummer Eins, Prypjat. Iwankow, Ukraine, 4. Juni 2017.

Skljarow, Witali. Minister für Energie und Elektrifizierung, Ukrainische Sozialistische Sowjetrepublik. Kiew, 6. Februar 2016, und 30. Mai 2017.

Sluzki, Waleri. Busfahrer in der Stadt Prypjat. Prypjat, Ukraine, 17. Februar 2006.

Sorokin, Juri. Rechtsanwalt von Wiktor Brjuchanow. Moskau, 13. Oktober 2016.

Steinberg, Nikolai. Ingenieur im Kernkraftwerk Tschernobyl von 1971 bis 1983, als leitender Turbineningenieur, Block Drei und Vier. Im April 1986 stellvertretender Chefingenieur im Kernkraftwerk Balakowo. Kiew, 14. Februar 2006; 4. September 2015 und 28. Mai 2017.

Stoljartschuk, Boris. Leitender Steuerungstechniker (SUIB), Fünfte Schicht, Block Vier, Kernkraftwerk Tschernobyl. Kiew, 14. Juli 2015 und 5. Dezember 2016.

Swetezki, Anatoli. Leiter der technischen Sicherheit, Reaktor- und Turbinenabteilung der Energieblöcke Drei und Vier im Kernkraftwerk Tschernobyl. (interviewt von Taras Schumeyko.), Kiew, 28. Mai 2017.

Tarakanow, Nikolai. Generalmajor; stellvertretender Stabschef des Zivilschutzes der UdSSR. Moskau, 22. Oktober 2015.

Toptunowa, Wera. Mutter von Leonid Toptunow. Kiew, 7. September und 10. September 2015.

Usatenko, Wladimir. Leitender Elektroingenieur des Dnepr Wissenschaftsinstituts, Charkow; eingezogen im Oktober 1986 und als Feldwebel der Logistiktruppe 73 413 innerhalb der Sperrzone von Tschernobyl stationiert. Kiew, 1. Dezember 2016.

Wolodin, Sergej. Hauptmann; Hubschrauberpilot des 225. Luftwaffengeschwaders, Wehrbereich Kiew. Kiew, 15. Februar 2006, und 12. Juli 2015.

Von Hippel, Frank. Vorsitzender der Federation of American Scientists, 1983-1991. Princeton, NJ, 15. Februar 2018.

Wilson, Richard. Mallinckrodt Professor für Physik an der Harvard University; Leiter der Forschungsgruppe zu schweren Reaktorunfällen in der American Physical Society. Cambridge, MA, 11. August 2016.

Jankowski, Sergei. Chefermittler der Staatsanwaltschaft der Region Kiew. Kiew, 7. Februar 2016, und 31. Mai 2017.

Young, Martin. 2018 Direktor ›Policy and Risk‹, World Energy Council. Telefongespräch am 3. August 2018.

Juwtschenko, Alexander. Leitender Maschinenbauingenieur, Fünfte Schicht, Block Vier, Kernkraftwerk Tschernobyl. Moskau, 12. Februar 2006.

Juwtschenko, Natalia. Lehrerin in Prypjats Schule Nummer Vier; Ehefrau von Alexander Juwtschenko. Moskau, 22. Oktober 2015, und 11. Oktober 2016.

Sacharow, Anatoli. Fahrer, Dritte Wache, Paramilitärische Feuerwehr Nr. 2. Kiew, 15. Februar 2006 und 8. Februar 2016.

Bücher und Memoiren

Achromejew, Sergei, und Georgi Kornijenko. *Through the Eyes of a Marshal and a Diplomat: A Critical Look at USSR Foreign Policy Before and After 1985.* Moscow: Mezhdunarodnye otnosheniya, 1992.

Alexievich, Svetlana. *Voices From Chernobyl.* Übers. von Keith Gessen. London: Dalkey Archive Press, 2005.

Albats, Jewgenia. *The State Within a State: The KGB and Its Hold on Russia – Past, Present, and Future.* Übers. von Catherine A. Fitzpatrick. New York: Farrar, Straus and Giroux, 1994.

Andrijanow, W., und W. Tschirskow. *Boris Scherbina.* Moskau: Molodaya Gvardiya, 2009.

Antoschkin, Nikolai. *Bezüglich Tschernobyl [По Чернобылю].* Unveröffentlichte Erinnerung.

–. *The Role of Aviation in Localizing the Consequences of the Catastrophe at Chernobyl. (Die Rolle der Fliegerei bei der Lokalisierung der Auswirkungen der Katastrophe von Tschernobyl)* Unveröffentlichte Erinnerung.

Arnold, Lorna. *Windscale, 1957: Anatomy of a Nuclear Accident.* New York: St. Martin's Press, 1992.

Baranowska, N., Hg. *The Chernobyl Tragedy: Documents and Materials.* Kiew: Naukova Dumka, 1996.

Beljajew, Igor. *Tschernobyl: Totenwache.* 2. Aufl. IPK Paeto-Print, 2009.

Beljajew, Igor A. *Sredmash Brand Concrete.* Moskau: Izdat, 1996, http://elib.biblioatom.ru/text/belyaev_beton-marki-sredmash_1996.

Bergdahl, Gunnar. *The Voice of Ludmilla.* Übers. von Alexander Keiller. Goteborg: Goteborg Film Festival, 2002.

Boldin, Valery. *Ten Years That Shook the World: The Gorbachev Era as Witnessed by His Chief of Staff.* New York: Basic Books, 1994.

Borodawka, Anton. *Gesichter von Tschernobyl: Sperrzone.* Kiew: Statsky Sovetnik, 2013.

Borowoi, A. A., und E. P. Welichow, *Die Tschernobyl-Erfahrung: Teil 1 (Arbeit an der »Schutzhülle«).* Moskau: Kurtschatow-Institut, 2012, www.nrcki.ru/files/pdf/1464174600.pdf.

Brown, Kate. *Plutopia: Nuclear Families, Atomic Cities, and the Great Soviet and American Plutonium Disasters.* Oxford: Oxford University Press, 2015.

Chernousenko, Vladimir M. *Chernobyl: Insight from the Inside.* New York: Springer, 1991.

Cooke, Stephanie. *In Mortal Hands: A Cautionary History of the Nuclear Age.* New York: Bloomsbury, 2010. Dt.: *Atom: Die Geschichte des nuklearen Irrtums.* Kiepenheuer & Witsch 2010.

Cravens, Gwyneth. *Power to Save the World: The Truth about Nuclear Energy.* New York: Vintage Books, 2008.

Crawley, Gerard M., Hg. *Energy from the Nucleus: The Science and Engineering of Fission and Fusion.* New Jersey: World Scientific Publishing, 2017.

Daniloff, Nicholas. *Of Spies and Spokesmen: My Life as a Cold War Correspondent.* Columbia: University of Missouri Press, 2008.

Daniljuk, Juri, Hg. »Die Tragödie von Tschernobyl in Dokumenten und Materialien«. Sonderausgabe, *Z arkhiviv VUChK – GPU – NKVD – KGB* 1, Nr. 16, 2001.

Denisewitsch, K. B., et al. *Book 4: The Development of Atomic Power and Unified Electricity Systems.* Kiew: Energetika, 2011, http://energetika.in.ua/ru/books/book-4/section-2/section-3.

Dobbs, Michael. *Down with Big Brother: The Fall of the Soviet Empire.* New York: Vintage Books, 1998.

Dodd, Charles K. *Industrial Decision-Making and High-Risk Technology: Siting Nuclear Power Facilities in the USSR.* Lanham, MD: Rowman & Littlefield, 1994.

Donets, Natalia, et al. *25 Years of the National Olympic and Sports Committee of the Republic of Moldova* [25de ani ai Comitetului Național Olimpic și Sportiv din Republica Moldova]. Chisinau: Elan Poligraph, 2016.

Djatschenko, A. A., Hg. *Chernobyl: Duty and Courage,* Bd. 1 und 2. Moskau: Voenizdat, 2001.

Djatlow, Anatoli. *Chernobyl: How It Was.* Moskau: Nauchtekhlitizdat, 2003. Online unter http://pripyat-city.ru/books/25-chernobyl-kak-yeto-bylo.html.

Epstein, Edward Jay. *Dossier: The Secret History of Armand Hammer* (New York: Random House, 1996).

Esaulow, Alexander. *The City That Doesn't Exist.* Vinnytsia: Teza, 2013.

Fischer, David. *History of the Atomic Energy Agency: The First Forty Years* (Wien: IAEO, 1997).

Gale, Robert Peter, und Thomas Hauser. *Final Warning: The Legacy of Chernobyl.* New York: Warner Books, 1989.

Gale, Robert Peter, und Eric Lax. *Radiation: What It Is, What You Need to Know.* New York: Vintage Books, 2013.

Gorbachev, Mikhail S. *Gesammelte Werke.* Moskau: Ves Mir, 2008.

Gubarev, Vladimir. *Sarcophagus: A Tragedy.* New York: Vintage Books, 1987.

Gudov, Vladimir. *Special Battalion no. 731.* Kiew: Kyivskyi Universitet Publishing Center, 2010. Übers. von Tamara Abramenkova als *731 Special Battalion: Documentary Story* (Kiew: N. Veselicka, 2012).

Gusew, Igor A., Angelina K. Guskowa, und Fred A. Mettler Jr., Hgg. *Medical Management of Radiation Accidents.* 2. Aufl. Boca Raton, FL: CRC Press, 2001.

Guskowa, A. K., und G. D. Baysogolow. *Strahlenkrankheit bei Männern.* Moskau: Meditsina, 1971.

Guskowa, Angelina. *Die Atomindustrie des Landes aus der Sicht einer Ärztin.* Moskau: Real Time, 2004. Online unter http://elib.biblioatom.ru/text/guskova_atomnaya-otrasl-glazami-vracha_2004.

Ham, Paul. *Hiroshima Nagasaki: The Real Story of the Atomic Bombings and their Aftermath.* New York: Thomas Dunne Books/St. Martin's Press, 2014.

Hansen, Chuck. *U. S. Nuclear Weapons: The Secret History.* Arlington, TX: Aerofax, 1988.

Hawkes, Nigel, et al. *The Worst Accident in the World: Chernobyl, the End of the Nuclear Dream.* London: William Heinemann and Pan Books, 1988.

Haynes, Viktor, und Marco Bojcun. *The Chernobyl Disaster.* London: Hogarth Press, 1988.

Holloway, David. *Stalin and the Bomb: The Soviet Union and Atomic Energy, 1939–1956.* New Haven: Yale University Press, 1994.

Howes, Ruth H., und Caroline L. Herzenberg. *Their Day in the Sun: Women of the Manhattan Project* (Philadelphia: Temple University Press, 1999).

Ignatenko, Jewgenij, Hg. *Chernobyl: Events and Lessons.* Moskau: Politizdat, 1989.

Illesh, Andrey V. *Chernobyl: A Russian Journalist's Eyewitness Account.* New York: Richardson & Steirman, 1987.

Israel, J., Hg. *Tschernobyl: Radioaktive Kontamination der Umwelt.* Leningrad: Gidrometeoizdat, 1990.

Jorgensen, Timothy J. *Strange Glow: The Story of Radiation.* Princeton, NJ: Princeton University Press, 2017.

Josephson, Paul R. *Red Atom: Russia's Nuclear Power Program from Stalin to Today.* Pittsburgh, PA: University of Pittsburgh Press, 2005.

–. »Rockets, Reactors and Soviet Culture.« In Loren Graham, Hg. *Science and the Soviet Social Order.* Cambridge, MA: Harvard University Press, 1990.

Jelinskaja, T.N., Hg. *Tschernobyl: Arbeit und Heldentum. Gewidmet den Tschernobyl-Liquidatoren aus Krasnojarsk.* Krasnojarsk: Polykor, 2011, www.krskstate.ru/dat/bin/atlas_let_attach/1008_book_1_131.pdf.

Jewsiukow, Juri. *Prypjat.* Kyiv: Mystetstvo, 1986.

Jaroschinskaja, Alla A. *Tschernobyl: Die Große Lüge.* Moskau: Wremja, 2011. Übers. von Sergei Roy als *Chernobyl: Crime Without Punishment.* Hrsg. von Rosalie Bertell und Lynn Howard Ehrle. New Brunswick: Transaction Publishers, 2011).

Karpan, Nikolai. »First days of the Chernobyl accident. Private experience.« 2008. Von der Webseite des Kyoto University Research Reactor Institute, unter www.rri.kyoto-u.ac.jp/NSRG/en/Karpan2008English.pdf.

–. *From Chernobyl to Fukushima.* Kiew: S. Podgornow, 2011. Translated by Andrey Arkhipets. (Kiew: S. Podgornow, 2012).

–. *Tschernobyl: Rache des Friedlichen Atoms.* Kiew: CHP Country Life, 2005.

Koptschinski, Georgi, und Nikolai Steinberg. *Tschernobyl: Wie es dazu kam. Eine Warnung.* Moskau: Litterra, 2011.

Kostin, Igor. *Chernobyl: Confessions of a Reporter.* New York: Umbrage Editions, 2006.

Kotkin, Stephen. *Armageddon Averted: The Soviet Collapse, 1970–2000.* 2nd ed. New York: Oxford University Press, 2008.

Koslowa, Elena. *Der Kampf gegen die Ungewissheit.* Moskau: Izdat, 2011. Online unter http://elib.biblioatom.ru/text/kozlova_shvatka-s-neizvestnostyu_2011.

Kruglov, A.K. *The History of the Soviet Atomic Industry.* New York: Taylor & Francis, 2002.

Kupny, Alexander. *Memories of Lives Given: Memories of Liquidators.* Charkiw: Zoloty Storynki, 2011.

Larin, Wladislaw. *»Mayak« Combinat: A Problem for the Ages,* 2. Aufl. (Moskau: Ecopresscenter, 2001.

Legassowa, Margarita. *Akademiemitglied Waleri Alexejewitsch Legassow.* Moskau: Spektr, 2014.

–. »Defenceless Victor: From the Recollections of Academician V. Legasov's Widow«, *Trud,* Juni 1996, übers. in Mould, *Chernobyl Record.*

Lewin, Moshe. *The Soviet Century.* Nachdruck. Hrsg. v. Gregory Elliott. New York: Verso, 2016.

Ligachev, Yegor. *Inside Gorbachev's Kremlin: The Memoirs of Yegor Ligachev.* Übers.

von Catherine A. Fitzpatrick, Michele A. Berdy, und Dobrochna Dyrcz-Freeman. Vorwort von Stephen F. Cohen. New York: Pantheon, 1993.

Ljaschko, Alexander. *The Weight of Memory: On the Rungs of Power.* Bd. 2 einer Trilogie. Kiew: Delovaya Ukraina, 2001.

Logatschew, Alexander. *The Truth* (Die Wahrheit). Erinnerung.

Lyerly, Ray L., und Walter Mitchell III. *Nuclear Power Plants.* Serie »Understanding the Atom«. Überarbeitete Aufl. Washington, DC: Atomic Energy Commission, 1973.

Mahaffey, James. *Atomic Accidents: A History of Nuclear Meltdowns and Disasters: From the Ozark Mountains to Fukushima.* New York: Pegasus Books, 2014.

–. *Atomic Awakening: A New Look at the History and Future of Nuclear Power.* New York: Pegasus, 2009.

Malejew, Wladimir. *Chernobyl. Days and Years: The Chronicle of the Chernobyl Campaign.* Moskau: Kuna, 2010.

Manzurova, Natalia, and Cathy Sullivan. *Hard Duty: A Woman's Experience at Chernobyl.* Tesuque, NM: Natalia Manzurova und Cathy Sullivan, 2006.

Marples, David R. *Chernobyl and Nuclear Power in the USSR.* New York: St. Martin's Press, 1986.

–. *The Social Impact of the Chernobyl Disaster.* New York: St. Martin's Press, 1988.

Medvedev, Grigori. *Chernobyl Chronicle.* Moskau: Sovermennik, 1989. Übersetzt von Evelyn Rossiter als *The Truth About Chernobyl* (New York: Basic Books, 1991). Deutsche Ausgabe: Medwedew, Grigori. *Verbrannte Seelen. Die Katastrophe von Tschernobyl.* München 1991. Übersetzung: Ralf Bendzko.

Medvedev, Roy A., und Zhores A. Medvedev. *The Unknown Stalin.* Übers. von Ellen Dahrendorf. New York: I. B. Tauris, 2003.

Medvedev, Zhores A. *The Legacy of Chernobyl.* New York: Norton, 1990. Dt.: Medwedew, Schores. A. *Das Vermächtnis von Tschernobyl.* Daedalus 1991.

Mettler, Fred A., Jr., Charles A. Kelsey, und Robert C. Ricks, Hgg. *Medical Management of Radiation Accidents.* 1. Aufl., Boca Raton, FL: CRC Press, 1990.

Mickiewicz, Ellen Propper. *Split Signals: Television and Politics in the Soviet Union.* New York: Oxford University Press, 1990.

Mould, Richard F. *Chernobyl Record: The Definitive History of the Chernobyl Catastrophe.* Boca Raton, FL: CRC Press, 2000.

Mycio, Mary. *Wormwood Forest: A Natural History of Chernobyl.* Washington, DC: Joseph Henry Press, 2005.

Nesterov, Boris. *Heaven and Earth: Memories and Reflections of a Military Pilot.* Kherson, 2016.

Nove, Alec. *The Soviet Economy: An Introduction.* 2. überarb. Aufl. New York: Praeger, 1969.

Paskewitsch, Sergeij und Denis Wischnewski. *Chernobyl: Real World.* Moskau: Eksmo, 2011.

Petryna, Adriana. *Life Exposed: Biological Citizens after Chernobyl.* Princeton, NJ: Princeton University Press, 2013.

Pichoja, R. G. *Soviet Union: The History of Power. 1945–1991.* Nowosibirsk: Sibirski Chronograf, 2000.

Pichoja, R. G., und A. K. Sokolow. *The History of Modern Russia: Late 1970 s to 1991.* Moskau: Fond Pervogo Prezidenta Rossii B. N. Yeltsina, 2008.

Plokhy, Serhii. *Chernobyl: The History of a Nuclear Catastrophe.* New York: Basic Books, 2018.

–. *The Gates of Europe: A History of Ukraine.* New York: Basic Books, 2015.

Popow, Fedor. *Arzamas-16: Seven Years with Andrei Saharov.* Moskau: Institut, 1998.

Raab, Nigel. *All Shook Up: The Shifting Soviet Response to Catastrophes, 1917–1991.* Quebec: McGill-Queen's University Press, 2017.

Read, Piers Paul. *Ablaze: The Story of the Heroes and Victims of Chernobyl.* New York: Random House, 1993.

Remnick, David. *Lenin's Tomb: The Last Days of the Soviet Empire.* New York: Vintage Books, 1994.

Roth-Ey, Kristin. *Moscow Prime Time: How the Soviet Union Built the Media Empire That Lost the Cultural Cold War.* Ithaca: Cornell University Press, 2014.

Roxburgh, Angus. *Moscow Calling: Memoirs of a Foreign Correspondent.* Berlin: Birlinn, 2017.

–. *The Second Russian Revolution: The Struggle for Power in the Kremlin.* New York: Pharos Books, 1992.

Russisches Ministerium für Notfallsituationen. »Die Folgen der menschengemachten Strahlenbelastung und die Herausforderung, die betroffenen Landstriche im Ural wieder nutzbar zu machen«. Moskau, 2002, http://chernobyl-mchs.ru/upload/program_rus/program_rus_1993-2010/Posledstviy_Ural.pdf.

Ryschkow, Nikolai. *Ten Years of Great Shocks.* Moskau: Kniga-Prosweschtschenie-Miloserdie, 1995.

Schmid, Sonja D. *Producing Power: The Pre-Chernobyl History of the Soviet Nuclear Industry.* Cambridge, MA: MIT Press, 2015.

Sebag Montefiore, Simon. *Stalin: The Court of the Red Tsar.* New York: Knopf, 2004. Dt.: *Am Hof des roten Zaren.* Fischer Taschenbuch Verlag 2005.

Semenow, A. N., Hg. *Tschernobyl: Zehn Jahre danach: Zwangsläufigkeit oder Unfall?*. Moskau: Energoatomizdat, 1995.

Service, Robert. *A History of Modern Russia: From Tsarism to the Twenty-First Century*. Cambridge: Harvard University Press, 2010.

Schtscherbak, Juri. *Tschernobyl. [Чернобыль]*. Moskau: Sovietsky Pisatel, 1991.

Schtscherbak, Juri. *Chernobyl: A Documentary Story.* Übers. von Ian Press. Vorwort von David R. Marples. London: Macmillan, 1989.

Shlapentokh, Vladimir. *A Normal Totalitarian Society: How the Soviet Union Functioned and How It Collapsed.* Armonk, NY: M. E. Sharpe, 2001.

Shultz, George P. *Turmoil and Triumph: My Years as Secretary of State.* New York: Charles Scribner's Sons, 1993.

Sich, Alexander. »The Chornobyl Accident Revisited: Source Term Analysis and Reconstruction of Events During the Active Phase.« Dissertation, Massachusetts Institute of Technology, 1994.

Sidorenko, W. A., Hg. *Die Geschichte der Atomkraft in der Sowjetunion und in Russland.* Moskau: Kurtschatow-Institut/Izdat, 2001, http://elib.biblioatom.ru/text/istoriya-atomnoy-energetiki_v1_2001.

Sidorenko, Wiktor A., Hg. *Der Beitrag der Mitarbeiter des Kurtschatow-Instituts zur Beseitigung der Folgen des Unfalls am KKW Tschernobyl.* Moskau: Kurtschatow-Institut, 2012, www.nrcki.ru/files/pdf/1464174688.pdf.

Skljarow, W. F. *Sublimierung von Zeit. [Сублимация времени]*. Kiew: Kvic, 2015.

Skljarow, Witali F. *Tomorrow Was Chernobyl: A Documentary Account.* Kiew: Osvita, 1991. Dt.: *Tschernobyl – Alptraum und Wirklichkeit.* Nonntal, 1991.

Smirnow, A. G., und L. B. Godgelf. *The classification of explosive areas in national and international standards and regulations.* Moskau: Tiazhprom-electroproyekt, 1992, online unter http://aquagroup.ru/normdocs/1232.

Smirnow, Y. N., Hg. *Igor Wassiljewitsch Kurtschatow in Erinnerungen und Dokumenten.* 2. Aufl. Moskau: Kurtschatow-Institut/Izdat, 2004, http://elib.biblioatom.ru/text/kurchatov-v-vospom_inaniyah-i-dokumentah_2004.

Stern, Eric K. *Crisis Decisionmaking: A Cognitive Institutional Approach.* Stockholm: Swedish National Defence College, 2003.

Tarakanow, Nikolai. *Die bittere Wahrheit über Tschernobyl.* Moskau: Zentrum zur Unterstützung der Tschernobyl-Invaliden, 2011.

Taubman, William. *Gorbachev: His Life and Times.* Simon & Schuster, 2017. Dt.: Der Mann und seine Zeit. C. H. Beck, 2018.

Tschernjajew, Anatoli, A. Weber, und Wadim Medwedew, Hgg. *Im Politbüro des Zentralkomitees der KPdSU … Aus den Aufzeichnungen von Anatoli Tschernja-*

jew, Wadim Medwedew, Georgi Schachnasarow (1985–1991)]. 2. Aufl. Moskau: Alpina Business Books, 2008.

Tschernjajew, Anatoli S. *My Six Years With Gorbachev.* University Park, PA: Pennsylvania State University Press, 2000.

Vargo, G. J., Hg. *The Chornobyl Accident: A Comprehensive Risk Assessment.* Hrsg. von George J. Vargo. Columbus, OH: Battelle Press, 2000.

Volkogonov, Dmitri, und Harold Shukman. *Autopsy for an Empire: The Seven Leaders Who Built the Soviet Regime.* New York: Free Press, 1999. Dt.: Dimitri Wolkogonow, *Die Sieben Führer. Aufstieg und Untergang des Sowjetreichs.* Societäts-Verlag 2001.

Welichow, Jewgenij P. *Meine Reise: Ich kehre in Filzstiefeln ins Jahr 1935 zurück.* E-Book. Moskau: AST, 2016. Übers. von Andrei Chakhovskoi mit dem Titel *Strawberries from Chernobyl: My Seventy-Five Years in the Heart of a Turbulent Russia* (CreateSpace Independent Publishing Platform, 2012).

Worotnikow, W. I. *So war das damals … Aus dem Tagebuch eines Mitglieds im Politbüro des Zentralkomitees der KPdSU.* Moskau: Soyuz Veteranov Knigoizdaniya SI–MAR, 1995.

Wosnjak, Wasili, und Stanislaw Troitsky. *Tschernobyl: Wie es war – Innenansichten.* Moskau: Libris, 1993.

Weeks, Theodore R. *Across the Revolutionary Divide: Russia and the USSR, 1861–1945.* Chisester: Wiley-Blackwell, 2010.

Wieczynski, Joseph, Hg. *The Gorbachev Encyclopedia.* Salt Lake City, UT: Schlacks, 1993.

–. *Chernobyl: The Forbidden Truth.* Übers. von Michèle Kahn und Julia Sallabank. Vorwort von David R. Marples. Lincoln: University of Nebraska Press, 1995.

Zemtsov, Ilya. *Lexicon of Soviet Political Terms.* Hrsg. von Gay M. Hammerman. Fairfax, VA: Hero Books, 1985.

Zickel, Raymond E., Hg. *Soviet Union: A Country Study.* 2. Aufl. Washington, DC: US Government Printing Office, 1991.

Zlobin, G. K., und W. Y. Pintschuk, Hgg. *Tschernobyl: Bauprogramm nach dem Unfall,* Staatliche Universität für Bauwesen und Architektur, Kiew: Fedorov, 1998.

Artikel und Berichte

Abakumow, Witali. »Analyse der Ursachen und Umstände des Störfalls von 1975 in Block Eins des KKW Leningrad (Perspektive eines Physikingenieurs, Beteiligten und Augenzeugen der Ereignisse)«. 10. April 2013, http://accidont.ru/Accid75.html.

Abrams, Herbert L. »How Radiation Victims Suffer.« *Bulletin of Atomic Scientists* 42, Nr. 7 (1986). (August/September 1966): S. 13–17.

Amerisov, Alexander. »A chronology of Soviet media coverage.« *Bulletin of the Atomic Scientists* 42, Nr. 7 (August/September 1986): S. ä38–39.

Ananenko, Alexei. »Erinnerungen eines leitenden Maschineningenieurs der 2. Reaktorwerkstatt«. Interview. Soyuz Chernobyl. 4. April 2013, www.souzchernobyl.org/?id=2440.

»Angelina Konstantinowna Guskowa: Biographie«, Rosatom, www.biblioatom.ru/founders/guskova_angelina_konstantinovna.

ApSimon, Helen, und Julian Wilson. »Tracking the Cloud from Chernobyl.« *New Scientist*, Nr. 1517 (17. Juli 1986): S. 42–45.

Arutunyan, Rafael V. »Das Chinasyndrom«. *Priroda* Nr. 11 (November 1990): S. 77–83.

Associated Press. »Text of the Politburo Statement About Chernobyl.« *New York Times*, 21. Juli 1986.

Associated Press. »A Top Soviet Aide Details Situation at Stricken Plant.« Associated Press, 3. Mai 1986.

Astachowa, Alla. Alla Astachowa interviewt Alexander Borowoi. »Der Liquidator«, *Itogi* 828, Nr. 17 (23. April 2012), www.itogi.ru/obsh-spetzproekt/2012/17/177051.html.

Babakow, Sergei. Interview mit Piotr Sborowski. »Ich bin immer noch im Sperrgebiet von Tschernobyl«. *Zerkalo nedeli Ukraina*, 18. September 1998, http://gazeta.zn.ua/SOCIETY/ya_i_segodnya_tam_v_chernobylskoy_zone.html. Übersetzt als »… I am still there, in nowadays Chernobyl zone«, in Gudow, *731 Special Battalion: Documentary Story* (Kiew: N. Veselicka, 2012).

Babakow, Sergei. Interview mit Wiktor Brjuchanow. »Ich akzeptiere die Vorwürfe gegen mich nicht …« *Zerkalo nedeli*, 27. August 1999, https://zn.ua/society/c_predyavlennymi_mne_obvineniyami_ne_soglasen.html.

Baranow, Alexandr, Robert Peter Gale, Angelina Guskova et al. »Bone Marrow Transplantation after the Chernobyl Nuclear Accident.« *New England Journal of Medicine* 321, Nr. 4.

Barré, Bertrand. »Fundamentals of Nuclear Fission.« In Gerard M. Crawley, Hg., *Energy from the Nucleus: The Science and Engineering of Fission and Fusion* (New Jersey: World Scientific Publishing, 2016).

Barringer, Felicity. »Fear of Chernobyl Radiation Lingers for the People of Kiev.« *New York Times*, 23. Mai 1988.

–. »On Moscow Trains, Children of Kiev.« *New York Times*, 9. Mai 1986.

–. »One Year After Chernobyl, a Tense Tale of Survival.« *New York Times*, 6. April 1987.

–. »Pripyat Journal: Crows and Sensors Watch Over Dead City.« *New York Times*, 22. Juni 1987.

Batorschin, G. Sch., und J. G. Mokrow. »Experience in Eliminating the Consequences of the 1957 Accident at the Mayak Production Association.« Internationales Expertentreffen zum Thema Stilllegung und Rückbau nach einem atomaren Störfall, IAEO, Wien, Österreich, 18. Januar bis 1. Februar 2013: www-pub.iaea.org/iaeameetings/IEM4/Session2/Mokrov.pdf.

Baumann, Paul. »NL Man Was First Victim of Atomic Experiments.« *The Day*, Tuesday, 6. August 1985.

Bennett, Burton, Michael Repacholi, und Zhanat Carr, Hgg. »Health Effects of the Chernobyl Accident and Special Care Programmes.« Bericht der Expertengruppe des UN-Tschernobyl-Forums Gesundheit, Weltgesundheitsorganisation, 2006.

Bivens, Matt. »Horror of Soviet Nuclear Sub's '61 Tragedy Told.« *Los Angeles Times*, 3. Januar 1994.

Bohlen, Celestine. »Chernobyl's Slow Recovery; Plant Open, but Pripyat Still a Ghost Town.« *Washington Post*, 21. Juni 1987.

–. »Gorbachev Says 9 Died From Nuclear Accident; Extends Soviet Test Ban.« *Washington Post*, 15. Mai 1986.

Boljasni, Alexander. »The First ›Orderly‹ of the First Zone«. *Vestnik* 320 Nr. 9 (April 2003), www.vestnik.com/issues/2003/0430/koi/bolyasny.htm.

Bond, Michael. Interview mit Alexander Juwtschenko. »Cheating Chernobyl«. *New Scientist*, 21. August 2004.

Bondarkov, Mikhail D., et al. »Environmental Radiation Monitoring in the Chernobyl Exclusion Zone – History and Results 25 Years After.« *Health Physics* 101, Nr. 4 (Oktober 2011).

Borowoi, A. A. »Mein Tschernobyl« [Мои Чернобыль]. *Nowy Mir*, Nr. 3, (1996).

Brook, Barry W., et al. »Why Nuclear Energy Is Sustainable and Has to Be Part of the Energy Mix.« *Sustainable Materials and Technologies* 1–2 (December 2014), 8–16.

Brjuchanow, Wiktor. Interview. »Das unbegreifliche Atom«. *Profil*, 24. April 2006, www.profile.ru/obshchestvo/item/50192-items_18814.

Bukharin, Oleg A. »The Cold War Atomic Intelligence Game, 1945–70.« *Studies in Intelligence* 48, Nr. 2.

Burns, John F. »A Rude Dose of Reality for Gorbachev.« *New York Times*, 21. Februar 1989.

Buschmelew, W. Y. »Anlässlich des 115. Geburtstags von Efim Pawlowitsch Slawski«, überregionale nicht-staatliche Bewegung der Atomkraftveteranen, 26. Oktober 2013, www.veteranrosatom.ru/articles/articles_276.html.

Caille, Nicols. Rede anlässlich der Einweihungszeremonie für das New Safe Confinement, Kernkraftwerk Tschernobyl, 29. November 2016; »Unique engineering feat concluded as Chernobyl arch has reached resting place«, EBRD Pressemitteilung, 29. November 2016.

Campbell, Murray. »Soviet A-Leak ›World's Worst‹: 10000 Lung Cancer Deaths, Harm to Food Cycle Feared.« *Globe and Mail*, 30. April 1986.

Cardis, Elisabeth, et al. »Estimates of the Cancer Burden in Europe from Radioactive Fallout from the Chernobyl Accident.« *International Journal of Cancer* 119, Nr. 6 (2006): S. 1224–35.

Champlin, Dr. Richard. »With the Chernobyl Victims: An American Doctor's Inside Report from Moscow's Hospital No. 6.« *Los Angeles Times*, 6. Juli 1986.

Clean Air Task Force. United States: »The Toll from Coal: An Updated Assessment of Death and Disease from America's Dirtiest Energy Source.« Clean Air Task Force, September 2010.

Clines, Francis X. »Soviet Villages Voice Fears on Chernobyl.« *New York Times*, 31. Juli 1989.

Daily Mail. »›2 000 Dead‹ in Atom Horror: Reports in Russia Danger Zone Tell of Hospitals Packed with Radiation Accident Victims.« *Daily Mail*, 29. April 1986.

Daniloff, Nicholas. »Chernobyl and Its Political Fallout: A Reassessment.« *Demokratizatsiya: The Journal of Post-Soviet Democratization* 12, Nr. 1 (Winder 2004): S. 117–32.

Daniszewski, John. »Reluctant Ukraine to Shut Last Reactor at Chernobyl«, *Los Angeles Times*, 14. Dezember 2000.

Dawletbajew, Razim. »Die letzte Schicht«. In Semenow, Hg., *Tschernobyl: Zehn Jahre danach*, S. 366–83.

DeYoung, Karen. »Stockholm, Bonn Ask for Details of Chernobyl Mishap: Soviets Seek West's Help to Cope With Nuclear Disaster.« *Washington Post*, 30. April 1986.

Diamond, Stuart. »Chernobyl's Toll in Future at Issue.« *New York Times*, August 29, 1986.

Dobbs, Michael. »Chernobyl's ›Shameless Lies.‹« *Washington Post*, 27. April 1992.

Drozdow, Sergei. »Luftschlacht über Tschernobyl«. *Aviatsiya i vremya* 2 (2011), online unter www.xliby.ru/transport_i_aviacija/aviacija_i_vremja_2011_02/p6.php.

Djatschenko, Anatoly. »Die Beauftragung von Sicherheitsagenturen bei der Beseitigung der Folgen der Reaktorkatastrophe von Tschernobyl«, *Military Thought*, Nr. 4 (2003): S. 77–80.

Djatlow, Anatoli S. »Why INSAG has still got it wrong.« *Nuclear Engineering International* 40, Nr. 494 (September 1995): S. 219–23.

Eaton, William J. »Candor Stressed in Stage Account; Soviet Drama Spotlights Chernobyl Incompetence.« *Los Angeles Times*, 17. September 1986.

–. »Soviets Report Nuclear Accident: Radiation Cloud Sweeps Northern Europe; Termed Not Threatening.« *Los Angeles Times*, 29. April 1986.

–. »Soviets Tunneling Beneath Reactor; Official Hints at Meltdown into Earth; Number of Evacuees Reaches 84000.« *Los Angeles Times*, 9. Mai 1986.

Eaton, William J., und William Tuohy. »Soviets Seek Advice on A-Plant Fire ›Disaster‹: Bonn, Stockholm Help Sought, but Moscow Says Only 2 Died.« *Los Angeles Times*, 30. April 1986.

Engelberg, Stephen. »2D Soviet Reactor Worries U.S. Aides.« *New York Times*, 5. Mai 1986.

Fedulenko, Walentin. »Some Things Have Not Been Forgotten.« In Sidorenko, Hg., *Der Beitrag der Mitarbeiter des Kurtschatow-Instituts zur Beseitigung der Folgen des Unfalls am KKW Tschernobyl.*

–. »Perspectives on the Accident: Memoirs of a Participant and Expert Opinion. Part 3«. Chernobyl.by, 19. September 2008, www.chernobyl.by/accident/28-versii-avarii-memuary-uchastnika-i-mnenie.html.

Fountain, Henry. »Chernobyl: Capping a Catastrophe«, *New York Times*, 27. April 2014.

Fox, Sue. »Young Guardian: Memories of Chernobyl – Some of the Things Dr. Robert Gale Remembers from the Aftermath of the World's Worst Nuclear Disaster.« *Guardian*, 18. Mai 1988.

Franklin, Ben A. »Report Calls Mistrust a Threat to Atom Power.« *New York Times*, 8. März 1987.

Geiger, H. Jack, »The Accident at Chernobyl and the Medical Response.« *Journal of the American Medical Association (JAMA)* 256, Nr. 5 (1. August 1986).

Geist, Edward. »Political Fallout: The Failure of Emergency Management at Chernobyl.« *Slavic Review* 74, Nr. 1 (Frühjahr 2015): S. 104–26.

Ger, E. »Reactors Were Evolving Faster Than the Culture of Safety« (Die Entwicklung von Reaktoren war schneller als die der Sicherheitskultur). Interview mit Wiktor Sidorenko. *Rosatom's Living History*, 2015, http://memory.biblioatom.ru/persona/sidorenko__v_a/sidorenko__v_a.

Gorbatschow, Michail. »Turning Point at Chernobyl.« *Project Syndicate*, 14. April 2006.

Gray, Richard. »How We Made Chernobyl Rain.« *Sunday Telegraph*, 22. April 2007.

Grogan, David. »An Eyewitness to Disaster, Soviet Fireman Leonid Telyatnikov Recounts the Horror of Chernobyl.« *People*, 5. Oktober 1987.

Gubarew, Wladimir. Gespräch mit Angelina Guskowa. »On the Edge of the Atomic Sword«. *Nauka i zhizn*, Nr. 4 (2007), www.nkj.ru/archive/articles/9759/.

–. »On the Death of W. Legassow«, Auszüge aus *The Agony of Sredmash* (Moskau: Adademkniga, 2006), nachzulesen in Margarita Legassowa, *Academician Valery A. Legasov.*

Guskowa, Angelina, und Igor Gusew. »Medical Aspects of the Accident at Chernobyl.« In Igor A. Gusew, Angelina K. Guskowa, und Fred A. Mettler, Hgg., *Medical Management of Radiation Accidents* (New York: CRC Press, 2001): S. 195–210.

Gusman, Michail. »Geidar Alijew, Präsident der Republik Aserbaidschan«. TASS, 26. September 2011, http://tass.ru/arhiv/554855.

Guth, Stefan. »Picturing Atomic-Powered Communism.« Vortrag anlässlich der internationalen Konferenz »Picturing Power: Photography in Socialist Societies«, Universität Bremen, 9.-12. Dezember 2015.

Harding, Graham. »Sovetskoe Shampanskoye – Stalin's ›Plebeian Luxury‹«, *Wine As Was*, 26. August 2014.

Hargraves, Robert, und Ralph Moir. »Liquid Fuel Nuclear Reactors.« *Physics and Society* (Newsletter der American Physical Society), Januar 2011.

Harrison, John, et al. »The Polonium-210 poisoning of Mr Alexander Litvinenko.« *Journal of Radiological Protection* 31, no. 1 (28. Februar 2017).

Hawtin, Guy. »Report: 15000 Buried in Nuke Disposal Site.« *New York Post*, 2. Mai 1986.

Higginbotham, Adam. »Chernobyl 20 Years On.« *Guardian*, 25. März 2006.

–. »Is Chernobyl a Wild Kingdom or a Radioactive Den of Decay?« *Wired*, April 2011.

Hrebet, Oleksandr. Im Gespräch mit Wladimir Usatenko, »Ein Tschernobyl-Liquidator spricht über die gefährlichste Atommülldeponie in der Ukraine«, *Zerkalo nedeli*, 14. Dezember 2016, https://dt.ua/UKRAINE/likvidator-avariyi-na-chaes-rozpoviv-pro-naynebezpechnishomu-shovische-yadernih-vidhodiv-v-ukrayini-227461_.html.

Ilyin, L. A., und A. W. Barabanowa. »Obituary: Angelina K. Guskova.« *Journal of Radiological Protection* 35 (2015): S. 733–34.

Interfax. »Construction Cost of Blocks 3 and 4 of Khmelnitsky NPP Will Be About $4.2 Billion«. Interfax, 3. März 2011.

Internationale Atomenergie-Organisation. »Cleanup of Large Areas Contaminated as a Result of a Nuclear Accident.« IAEA Technical Reports Series No. 330. IAEO, Wien, 1998.

–. »Environmental Consequences of the Chernobyl Accident and Their Remediation: Twenty Years of Experience.« Report of the Chernobyl Forum Expert Group »Environment« Nr. STI/PUB/1239, April 2006.

–. »Medical Aspects of the Chernobyl Accident: Proceedings of An All-Union Conference Organized by the USSR Ministry of Health and the All-Union Scientific Centre of Radiation Medicine, USSR Academy of Medical Sciences, and held in Kiev, 11–13. May 1988«, Bericht Nr. IAEA-TECDOC-516, 1989.

–. »Nuclear Applications for Steam and Hot Water Supply«, report no. TECDOC-615, Juli 1991.

–. »Present and Future Environmental Impact of the Chernobyl Accident«, Bericht Nr. IAEA–TECDOC-1240, August 2001.

International Nuclear Safety Advisory Group. »The Chernobyl Accident: Updating of INSAG–1.« Safety series no. 75 – INSAG-7. Wien: International Atomic Energy Agency, 1992.

–. »Summary Report of the Post-accident Review Meeting on the Chernobyl Accident.« Safety Series Nr. 75–INSAG–1. Wien, Österreich, 1986.

»Iwan Stepanowitschh Silajew«, Biographie auf der Webseite der Republik Tschuwaschien, http://gov.cap.ru/SiteMap.aspx?gov_id=15&id=36079, aufgerufen am 12. November 2017.

Iwanow, Boris. »Tschernobyl.« *Voennye znaniya* 40, Nrn. 1–4 (Januar – April 1988).

Japan Times. »Late Chernobyl fireman's blood tests to be disclosed.« *Japan Times*, 19. April 2006.

Jacquot, Jeremy. »Numbers: Nuclear Weapons, From Making a Bomb to Making a Stockpile to Making Peace«, *Discover*, 23. Oktober 2010.

Keller, Bill. »Gorbachev, at Chernobyl, Urges Environment Plan.« *New York Times*, 24. Februar 1989.

–. »Public Mistrust Curbs Soviet Nuclear Efforts.« *New York Times*, 13. Oktober 1988.

Kharaz, Alina. »Als wäre man an der Front«, Gespräch mit Juri Grigoriew, *Vzgliad*, 26. April 2010.

Kholosha, V., und V. Poyarkov. »Economy: Chernobyl Accident Losses.« In Vargo, Hg., *The Chornobyl Accident.*

Kirk, Don. »Gorbachev Tries Public Approach.« *USA Today*, 15. Mai 1986.

Kiselyov, Sergei. »Inside the Beast.« Übers. von Viktoria Tripolskaya-Mitlyng. *Bulletin of the Atomic Scientists* 52, Nr. 3 (Mai – Juni 1996): S. 43–51.

Kitral, Alexander. »Gorbatschow zu Schtscherbitzki: ›Wenn Sie die Parade absagen, lasse ich Sie verrotten!‹«. *Komsomolskaya Pravda v Ukraine*, 26. April 2011, https://kp.ua/life/277409-horbachev-scherbytskomu-ne-provedesh-paradshnoui.

Kijanski, Dmitry. »Möge unser Museum das einzige und das letzte seiner Art sein«, Gespräch mit Iwan Gladusch (ukrainischer Innenminister zum Zeitpunkt des Unfalls), *Zerkalo nedeli Ukraina*, 28. April 2000, https://zn.ua/society/pust_nash_muzey_budet_edinstvennym_i_poslednim.html

Klages, P. »Atom Rain over U. S.« *Telegraph*, 6. Mai 1986.

Kowalewska, Ljubow. »Keine Privatangelegenheit« [Не приватна справа]. *Literaturna Ukraina*, 27. März 1986, www.myslenedrevo.com.ua/uk/Sci/HistSources/Chornobyl/Prolog/NePryvatnaSprava.html.

Krutschik, Igor. »Mutter der Atomstadt«. *Tizhden*, 5. September 2008, http://tyzhden.ua/Publication/3758.

Kukhar', V., V. Poyarkov, und V. Kholosha. »Radioactive Waste: Storage and Disposal Sites.« In Vargo, ed., *The Chornobyl Accident.*

Kurnosov, V., et al. Bericht Nr. IAEA-CN-48/253: »Experience of Entombing the Damaged Fourth Power Unit of the Chernobyl Nuclear Power Plant«, in IAEA, *Nuclear Power Performance and Safety*, Berichte der IAEO-Konferenz in Wien (28. September bis 2. Oktober 1987), Bd. 5, 1988.

Kuzina, Swetlana. »Kurtschatow wollte wissen, woraus Sterne bestehen – und schuf Bomben«. *Komsomolskaja Prawda*, 10. Januar 2013, www.kp.ru/daily/26012.4/2936276.

Lee, Gary. »Chernobyl's Victims Lie Under Stark Marble, Far From Ukraine.« *Washington Post*, 2. Juli 1986.

–. »More Evacuated in USSR: Indications Seen of Fuel Melting Through Chernobyl Reactor Four.« *Washington Post*, 9. Mai 1986.

Legassow, Waleri. »My Duty Is to Tell about This.« nachzulesen in Mould (Hg.) *Chernobyl Record*, 2000: 287–306.

Legassow, Waleri; Sidorenko, W. A.; Babajew, M. S.; und Kuzmin, I. I. »Sicherheitsprobleme in Kernkraftanlagen«. *Priroda* Nr. 6 (1980).

Macalister, Terry. »Westinghouse wins first US nuclear deal in 30 years.« *The Guardian*, April 9, 2008.

Malejew, Wladimir. »Tschernobyl: Das Symbol für Mut«. *Krasnaja Swesda*, 25. April 2017, archive.redstar.ru/index.php/2011-07-25-15-55-35/item/33010-chernobyl-simvol-muzhestva.

Malyschew, L. I., und M. N. Rozin. »Im Kampf um sauberes Wasser« [В борьбе за чистую воду]. In Semenow, Hg., *Tschernobyl: Zehn Jahre danach*, S. 231–44.

Marin, W. W. »On the Activities of the Task Force of the Politburo of the CPSU Central Committee at the Chernobyl NPP«. In Semenow, Hg., *Tschernobyl: Zehn Jahre danach.*

Markham, James M. »Estonians Resist Chernobyl Duty, Paper Says«. *New York Times*, 27. August 1986.

Marples, David R. »Phobia or not, people are ill at Chernobyl.« *The Globe and Mail* (Kanada), 15. September 1987.

–. »Revelations of a Chernobyl Insider.« *Bulletin of the Atomic Scientists* 46, Nr. 10, (Dezember) 1990.

Martin, Lawrence. »Negligence cited in Chernobyl report.« *The Globe and Mail* (Kanada), 21. Juli 1986.

Martin, Richard. »China Could Have a Meltdown-Proof Nuclear Reactor Next Year.« *MIT Technology Review*, 11. Februar 2016.

–. »China Details Next-Gen Nuclear Reactor Program.« *MIT Technology Review*, 16. Oktober 2015.

Mascharowski, Maj. Gen. M. »Operation of Helicopters During the Chernobyl Accident.« In *Current Aeromedical Issues in Rotary Wing Operations: Papers Presented at the RTO Human Factors and Medicine Panel (HFM).* Symposium in San Diego, Kalifornien, 19. – 21. Oktober 1998, RTO/NATO, 1999.

McKenna, Phil. »Fossil Fuels Are Far Deadlier Than Nuclear Power.« *New Scientist*, 23. März 2011.

Medwedew, Grigori. »Chernobyl Notebook«. *Nowy Mir*, Nr. 6 (Juni 1989). Übersetzt durch JPRS Economic Affairs (Bericht Nr. JPRS-UEA-89-034, 23. Oktober 1989).

Mervine, Evelyn. »Nature's Nuclear Reactors: The 2-Billion-Year-Old Natural Fission Reactors in Gabon, Western Africa.« *Scientific American* blog, 13. Juli 2011.

Mettler, Fred A., Jr., und Charles A. Kelsey. »Fundamentals of Radiation Accidents.« In Gusev, Guskova, and Mettler, Hgg., *Medical Management of Radiation Accidents*, 2001.

Ministerium für Energie und Elektrifizierung der UdSSR. »AKW Tschernobyl: Gesamtkonzept der Niederlassung«. Moskau, Gidroproekt, 1971.

Mitchell, Charles. »New Chernobyl Contamination Charges.« UPI, 2. Februar 1989.

Moore, D. »U.N. Nuclear Experts to Go to USSR.« *London Daily Telegraph*, 5. Mai 1986.

Morelle, Rebecca. »Windscale Fallout Underestimated.« 6. Oktober 2007, BBC News.

Mycio, Mary. »Do Animals in Chernobyl's Fallout Zone Glow?« *Slate*, 21. Januar 2013.

Nadler, Gerald. »Gorbachev Visits Chernobyl.« UPI, 24. Februar 1989.

National Nuclear Laboratory. »Nuclear Development in the United Kingdom«, World Nuclear Association, Oktober 2016; und »Boiling Water Reactor Technology: International Status and UK Experience«, Positionspapier, National Nuclear Laboratory, 2013.

National Research Council. *Health Risks from Exposure to Low Levels of Ionizing Radiation: BEIR VII Phase 2* (Washington, DC: The National Academies Press, 2006),

New York Times. »Atomic Bomb Worker Died ›From Burns.‹« *New York Times*, September 21, 1945.

New York Times. »Soviet Military Budget: $128 Billion Bombshell«, *New York Times*, 31. Mai 1989.

Nikolajewitsch, Oleg. Im Gespräch mit Wiktor Brjuchanow. »Stories about Tashkent Natives: True and Sometimes Unknown. Part 1«. *Letters about Tashkent*, 29. April 2016, http://mytashkent.uz/2016/04/29/istorii-o-tashkenttsah-pravdivye-i-ne-vsem-izvestnye-chast-1.

Nowoselowa, Elena. Im Gespräch mit Nikolai Ryschkow. »Die Chronik des Schweigens«. *Rossijskaja Gaseta*, 25. April 2016, https://rg.ru/2016/04/25/tridcat-let-nazad-proizoshla-avariia-na-chernobylskoj-aes.html.

O'Brien, Liam. »After 26 years, farms emerge from the cloud of Chernobyl.« *The Independent*, 1. Juni 2012.

Osiptschuk, Igor. »Das legendäre Akademiemitglied Aleksandrow kämpfte in seiner Jugend auf der Seite der Weißen Armee«, 4. Februar 2014, *Fakty i kommentarii*, http://fakty.ua/176084-legendarnyj-prezident-sovetskoj-akademii-nauk-v-yunosti-byl-belogvardejcem

–. »Als klar wurde, dass Tausende Menschen gebraucht wurden, um den radioaktiven Schutt von den Dächern des AKW zu holen, schickte die Regierungskommission Soldaten dorthin«, Gespräch mit Juri Samoilenko, *Fakty i Kommentarii*, April 25, 2003, http://fakty.ua/75759-kogda-stalo-yasno-chto-ochicshat-kryshi-chaes-ot-radioaktivnyh-zavalov-pridetsya-vruchnuyu-silami-tysyach-chelovek-pravitelstvennaya-komissiya-poslala-tuda-soldat.

Oskolkow, B. J. »Umgang mit dem radioaktiven Müll zu Beginn der Aufräumarbeiten nach dem GAU. Überblick und Analyse«. Tschernobyl-Zentrum für nukleare Sicherheit, Januar 2014.

Pappas, Stephanie. »How Plants Survived Chernobyl.« *Science*, 15. Mai 2009.

Parry, Vivienne. »How I Survived Chernobyl.« *Guardian*, 24. August 2004.

Patterson, Walt. »Futures: Why a Kind of Hush Fell Over the Chernobyl Conference / Western Atomic Agencies' Attitude to the Soviet Nuclear Accident«, *Guardian*, 4. Oktober 1986.

Peel, Quentin. »Work abandoned on Soviet reactor.« *Financial Post*, 9. September 1988 (Toronto, Kanada).

Petrosyants, Andranik. »›Highly Improbable Factors‹ Caused Chemical Explosion.« *Los Angeles Times*, 9. Mai 1986.

Petryna, Adriana. »Nuclear Payouts: Knowledge and Compensation in the Chernobyl Aftermath.« *Anthropology Now*, 19. November 2009.

Petty, Dwayne Keith. »Inside Dawson Forest: A History of the Georgia Nuclear Aircraft Laboratory.« *Pickens County Progress*, 2. Januar 2007, online unter http://archive.li/GMnGk.

Polad-Zade, P. A. »Too Bad It Took a Tragedy«. In Semenow, Hg., *Tschernobyl: Zehn Jahre danach*, S. 195–200.

Poroschenko, Petro. »Die Ansprache des Präsidenten zum Gedenken an den 30. Jahrestag der Katastrophe von Tschernobyl«, Rede auf der Baustelle des New Safe Confinement, 26. April 2016, online unter: www.president.gov.ua/news/vistup-prezidenta-pid-chas-zahodiv-u-zvyazku-z-30-mi-rokovin-37042.

Potter, William C. »Soviet Decision-making for Chernobyl: An Analysis of System Performance and Policy Change.« Bericht an den National Council for Soviet and East European Research, März 1990.

Pruschinski, B. J. »Das kann nicht sein – Und doch ist es passiert«. In Semenow, Hg., *Tschernobyl: Zehn Jahre danach*, S. 308–24.

Remnick, David. »Chernobyl's Coffin Bonus.« *Washington Post*, 24. November 1989.

–. »Echo in the Dark.« *New Yorker*, September 22, 2008.

Reuters. »Chernobyl Costs Reach $3.9 Billion.« *The Globe and Mail* (Kanada), 20. September 1986.

–. »New Town Opens to Workers from Chernobyl Power Plant.« *New York Times*, 19. April 1988.

–. »Wild Boars Roam Czech Forests – and Some of Them Are Radioactive.« Reuters, 22. Februar 2017.

Rewa, W. M. Zeugenaussage in der 46. Sitzung der Werchowna Rada, 11. Dezember 1991. Kiew, Ukraine. Transkript online unter http://rada.gov.ua/meeting/stenogr/show/4642.html.

Rogovin, Mitchell, und George T. Frampton Jr. (NRC Special Inquiry Group). *Three Mile Island: A Report to the Commissioners and to the Public*. Washington, DC: Government Printing Office, 1980.

Rybinskaja, Irina. Gespräch mit Wladimir Trinos. »Feuerwehrmann Wladimir Trinos, einer der ersten, die nach der Explosion am Kraftwerk Tschernobyl eintrafen: ›Die Handschuhe waren hinderlich, und so arbeiteten die Männer mit bloßen Händen, krochen auf allen Vieren durch radioaktives Wasser …‹«. *Fakty i kommentarii*, 26. April 2001, http://fakty.ua/95948-pozharnyj-vladimir-trinos-odnim-iz-pervyh-popavshij-na-chaes-posle-vzryva-quot-v-rukavicah-bylo-neudobno-poetomu-rebyata-rabotali-golymi-rukami-polzaya-na-kolenyah-po-radioaktivnoj-vode-quot.

Rylskii, Maksim. Gespräch mit Witali Skljarow. »The Nuclear Power Industry in the Ukraine.« *Soviet Life* 353, Nr. 2.

Samarin, Anton. Gespräch mit Wiktor Brjuchanow. »Chernobyl hasn't taught anyone anything (Niemand hat aus Tschernobyl auch nur das Geringste gelernt)«. *Odnako*, 26. April 2010, www.odnako.org/magazine/material/chernobil-nikogo-i-nichemu-ne-nauchil-1/.

Samodelova, Svetlana. »Das private Unglück des Kraftwerksdirektors von Tschernobyl«. *Moskowski Komsomolez*, 22. April 2011, www.mk.ru/politics/russia/2011/04/21/583211-lichnaya-katastrofa-direktora-chernobyilya.html.

Saschnewa, Jekaterina. »Der lebende Held einer toten Stadt«, *Kultura*, 2. Februar 2016, http://portal-kultura.ru/articles/history/129184-zhivoy-geroy-mertvogo-gorodasazh.

Schmemann, Serge. »Chernobyl and the Europeans: Radiation and Doubts Linger.« *New York Times*, 12. Juni 1988.

–. »Kremlin Asserts ›Danger Is Over.‹« *New York Times*, 12. Mai 1986.

–. »Soviet Announces Nuclear Accident at Electric Plant.« *New York Times*, 29. April 1986.

–. »The Talk of Kiev.« *New York Times*, 31. Mai 1986.

Semenow, A. N. »For the 10th Anniversary of the Chernobyl Catastrophe.« In Semenow, Hg., *Tschernobyl: Zehn Jahre danach*, S. 7–74.

Shanker, Thom. »As Reactors Hum, ›Life Goes On‹ at Mammoth Tomb.« *Chicago Tribune*, 15. Juni 1987.

–. »Life Resumes at Chernobyl as Trials Begin.« *Chicago Tribune*, 16. Juni 1987.

–. »2 Graves Lift Chernobyl Toll to 30.« *Chicago Tribune*, 3. August 1986.

Schascharin, G. »Die Tragödie von Tschernobyl«. *Nowy Mir* 797, Nr. 9 (1991): S. 164–79. Mit demselben Titel neu aufgelegt in Semenow, Hg., *Tschernobyl: Zehn Jahre danach*, S. 75–132.

Schtscherbak, Jurij. »Chernobyl: A Documentary Tale«. *Yunost*, Nrn. 6–7 (1987). Übersetzt durch JPRS Soviet Union Political Affairs as »Fictionalized Report on First Anniversary of Chernobyl Accident« (Bericht Nr. JPRS-UPA-87-029, 15. September 1987).

Scheremeta, Jelena. Gespräch mit Rada Schtscherbitskaja. »Nach Tschernobyl sagte Gorbatschow zu Wladimir Wasiljewitsch: ›Wenn Sie die Parade nicht abhalten, dann sind Sie raus aus der Partei.‹ *Fakty i kommentarii*, 17. Februar 2006, http://fakty.ua/43896-rada-csherbickaya-quot-posle-chernobylya-gorbachev-skazal-vladimiru-vasilevichu-quot-esli-ne-provedesh-pervomajskuyu-demonstraciyu-to-mozhesh-rasprocshatsya-s-partiej-quot.

–. Gespräch mit Witali Masol. »Witali Masol: ›Wir bereiteten in aller Stille die Evakuierung Kiews vor‹«. *Fakty i kommentarii*, 26. April 2006, http://fakty.ua/45679-vitalij-masol-quot-my-tihonechko-gotovilis-k-evakuacii-kieva-quot.

Schunewitsch, Wladimir. Gespräch mit Wiktor Brjuchanow. »Ehemaliger Direktor des Kernkraftwerks Tschernobyl Wiktor Brjuchanow: ›Als ich nachts an Block Vier vorbeifuhr, sah ich, dass das Gebäude über dem Reaktor verschwunden war!‹« *Fakty i kommentarii*, 28. April 2006, http://fakty.ua/45760-byvshij-direktor-chernobylskoj-atomnoj-elektrostancii-viktor-bryuhanov-quot-nochyu-proezzhaya-mimo-chetvertogo-bloka-uvidel-chto-verhnego-stroeniya-nad-reaktorom-netu-quot.

–. »Ehemaliger Kraftwerksdirektor Brjuchanow: ›Meiner Mutter brach es das Herz, als sie erfahren musste, dass ich aus der Partei geflogen war …‹« *Fakty i kommentarii*, 1. Dezember 2010, http://fakty.ua/123508-byvshij-direktor-chaes-viktor-bryuhanov-kogda-v-1986-godu-posle-vzryva-reaktora-moya-mama-uznala-chto-menya-isklyuchili-iz-partii-u-nee-razorvalos-serdce.

Sich, Alexander. »Truth Was an Early Casualty.« *Bulletin of Atomic Scientists* 52, Nr. 3 (Mai – Juni 1996).

Sidortschik, Andrei. »Tödliches Experiment. Chronologie der Katastrophe im KKW Tschernobyl«. *Argumenty i fakty*, 26. April 2016, www.aif.ru/society/history/smertelnyy_eksperiment_hronologiya_katastrofy_na_chernobylskoy_aes.

Skaletsky, Jurij, und Oleg Naswit (Nationaler Sicherheits- und Verteidigungsrat der Ukraine). »Military liquidators in liquidation of the consequences of Chornobyl NPP accident: myths and realities.« In T. Imanaka, Hg., *Multi-side Approach to the Realities of the Chernobyl NPP Accident* (Jap.: Kyoto University, 2008).

»Slawski Efim Pawlowitsch«. Familiengeschichte, www.famhist.ru/famhist/ap/001ef29d.htm.

Sowjetische Botschaft in Washington, D.C., »Nuclear Power Development and Management«, Themenschwerpunkt in *Soviet Life* 353, Nr. 2 (Februar 1986).

Sparks, Justin. »Russia Diverted Chernobyl Rain, Says Scientist.« *Sunday Times*, 8. August 2004.

Sports.ru. »Fußball in Prypjat: Die Geschichte des Fußballclubs der ›*Budivel'nyk*‹«. Sports.ru, 27. April 2014, www.sports.ru/tribuna/blogs/golden_ball/605515.html.

Stadnychenko-Cornelison, Tamara. »Military engineer denounces handling of Chernobyl Accident«, *The Ukrainian Weekly*, 26. April 1992.

Stastita. »Mortality Rate Worldwide in 2018, by Energy Source (in Deaths Per Terawatt Hours).« Statista.com, www.statista.com/statistics/494425/death-rate-worldwide-by-energy-source.

Stein, George. »Chernobyl's Flaws Exposed in March by Ukraine Paper.« *Los Angeles Times*, 2. Mai 1986.

Strasser, Emily. »The Weight of a Butterfly«, Webseite des *Bulletin of the Atomic Scientists*, 25. Februar 2015, https://thebulletin.org/2015/02/the-weight-of-a-butterfly/.

Telyatnikov, Leonid. »Firefight at Chernobyl.« Transkript der Rede auf der Vierten Großen Amerikanischen Feuerwehrmesse, Baltimore, MD, 17. September 1987, online unter Fire Files Digital Library, https://fire.omeka.net/items/show/625.

Tolstikow, W. S., und W. N. Kusnezow. »Der kerntechnische Unfall 1957 im Süd-Ural: Wahrheit und Spekulation«. *Wremja* 32, Nr. 8 (August 2017): 13.

Tschetscherow, Konstantin P. »Evolving accounts of the causes and processes behind the Block 4 accident at the Chernobyl NPP on 26 April 1986«. In *Problems of Chornobyl*, Issue 5: Materials of International Scientific and Practical Conference »Shelter-98«, 1999: 176–78, www.iaea.org/inis/collection/NCLCollectionStore/_Public/32/020/32020472.pdf.

–. »On the physical nature of the explosion on ChNPP energy block no. 4.«. *Energia* Nr. 6, 2002: http://portalus.ru/modules/ecology/rus_readme.php?subaction=showfull&id=1096468666

–. »The Unpeaceful Atom of Chernobyl«. *Chelovek* 2006, Nr. 6. Online unter http://vivovoco.astronet.ru/VV/PAPERS/MEN/CHERNOBYL.HTM.

Tscherkasow, Witali. »Zum 15. Jahrestag der Atomkatastrophe: Tschernobyls Wunden«. *Prawda*, 25. April 2011, www.pravda.ru/politics/25-04-2001/817996-0.

United Press International. »Tens of Thousands in March: Nuclear Disaster Ignored at Soviet May Day Parade.« *Los Angeles Times*, 1. Mai 1986.

US Department of the Treasury (Finanzministerium der Vereinigten Staaten), »Treasury Sanctions Russian Officials, Members Of The Russian Leadership's Inner Circle, And An Entity For Involvement In The Situation In Ukraine«, 20. März 2014, https://www.treasury.gov/press-center/press-releases/Pages/jl23331.aspx.

US Nuclear Regulatory Commission (Behörde, die unter anderem für die Sicherheit kerntechnischer Anlagen zuständig ist). »Operating Nuclear Power Reactors (by Location or Name).« Aktualisiert am 4. April 2018, www.nrc.gov/infofinder/reactors.

–. »Report on the Accident at the Chernobyl Nuclear Power Station (NUREG–1250)«, US Department of Energy (Energieministerium der Vereinigten Staaten), Januar 1987.

Staatskomitee der UdSSR für die Nutzung der Atomenergie. »The Accident at the Chernobyl Nuclear Power Plant and Its Consequences« [auch bekannt als »Vienna report«]. Informationen für die IAEO-Expertenkonferenz in Wien vom 25. – 29. August 1986, Teile I und II (August 1986).

Wasyl, Maria. Gespräch mit Wiktor Brjuchanow. »Ehemaliger Kraftwerksdirektor Brjuchanow: ›Hätten sie legale Gründe gefunden, mich erschießen zu lassen, dann hätten sie das getan.‹« *Fakty i kommentarii*, 18. Oktober 2000, http://fakty.ua/104690-byvshij-direktor-chaes-viktor-bryuhanov-quot-esli-by-nashli-dlya-menya-rasstrelnuyu-statyu-to-dumayu rasstrelyaliby-quot.

Webseite des Kernkraftwerks Tschernobyl. »Materials: Liquidation Heroes«. Webseite KKW Tschernobyl, http://chnpp.gov.ua/ru/component/content/article?id=82.

Weklitschewa, R. »Ein sowjetisches Leben: Der Test«. *Wperiod* (offizielle Zeitung des Kommunistischen Parteikomitees von Obninsk), 17. Juni 1986.

Woloschko, Wladimir. »Die Stadt, die mit sechzehn Jahren starb«. http://pripyat.com/people-and-fates/gorod-pogibshii-v-16-let.html.

Von Hippel, Frank N., und Matthew Bunn. »Saga of the Siberian Plutonium-Production Reactors.« Federation of American Scientists Public Interest Report, 53 (November / December 2000), https://fas.org/faspir/v53n6.htm.

Worobejew, A. »Fünf Jahre nach der Katastrophe von Tschernobyl«. *Nowy Mir* 797, Nr. 9 (1991): S. 179–83.

Walker, Martin. »Moscow Play Pans Nuclear Farce: Piece on Chernobyl Accident to Tour Soviet Cities.« *Guardian*, 18. September 1986.

Weber, E. T., et al. »Chernobyl Lessons Learned: Review of N Reactor.« Bericht WHC-SP-0257, vorbereitet für US Department of Energy Assistant Secretary for Defense Programs. Oktober 1987.

Wellock, Thomas. »›Too Cheap to Meter‹: A History of the Phrase.« *United States Nuclear Regulatory Commission* (blog), 3. Juni 2016.

Whittington, Luther. »›2000 Die‹ in Nukemare; Soviets Appeal for Help as N-plant Burns out of Control.« *New York Post*, 29. April 1986.

Williams, Carol J. Associated Press. »Chernobyl Victims Buried at Memorial Site.« 24. Juni 1986.

World Energy Council. World Energy Scenarios 2016, Kurzfassung. World Energy Council report, https://www.worldenergy.org/wp-content/uploads/2016/10/World-Energy-Scenarios-2016_Executive-Summary-1.pdf.

World Health Organization (WHO), Regional Office For Europe. »Chernobyl Reactor Accident: Report of a Consultation«, Bericht Nr. ICP/CEH 129, 6. Mai 1986 (vorläufig).

WHO/IAEA/UNDP. »Chernobyl: The true scale of the accident«, gemeinsame Presseerklärung, 5. September 2005.

WHO. »Health Effects of the Chernobyl Accident: An Overview.« April 2006, www.who.int/ionizing_radiation/chernobyl/backgrounder/en/.WHO. »1986–2016: Chernobyl at 30–An update«, WHO Presseerklärung, 25. April 2016.

World Nuclear Association. »Nuclear Power in France«, World Nuclear Association, aktualisiert im Juni 2018, www.world-nuclear.org/information-library/country-profiles/countries-a-f/france.aspx. »Nuclear Power in China«, World Nuclear Association, aktualisiert im Mai 2018, www.world-nuclear.org/information-library/country-profiles/countries-a-f/china-nuclear-power.aspx.

Jadrihinsky, A. A. »Zum Atomunfall in Block Vier des Atomkraftwerks Tschernobyl und zur Sicherheit von Reaktoren des Typs RBMK«. Aufsichtsbehörde Gosatomenergonadzor im Kernkraftwerks Kursk, 1989.

Jatsenko, Natalia. Gespräch mit Witali Skljarow. »Witali Skljarow, Energieberater des Ukrainischen Premierministers: ›Was in unserem Energiesektor geschieht, grenzt an Selbstmord.‹«, *Zerkalo nedeli Ukraina*, 7. Oktober 1994, https://zn.

ua/ECONOMICS/sovetnik_premier-ministra_ukrainy_po_voprosam_ener getiki_vitaliy_sklyarov_samoudushenie_-_vot_chto_p.html.

Jurtschenko, J. Bericht Nr. IAEA-CN-48/256: *Assessment of the Effectiveness of Mechanical Decontamination Technologies and Technical Devices Used at the Damaged Unit of the Chernobyl Nuclear Power Plant*, in IAEA, *Nuclear Power Performance and Safety*, 1988.

Schilin, A. »No such thing as someone else's grief« [Чужого горя не бывает]. *Aviatsiya i Kosmonavtika* Nr. 8 (August 1986).

Film und Fernsehen

The Atom Joins The Grid. Dokumentarfilm. London: British Pathé, Oktober 1956.

The Battle of Chernobyl. Dokumentarfilm. Regie: Thomas Johnson. Frankreich: Play Film, 2006.

Die Glocken von Tschernobyl (Zehn Jahre später). Dokumentarserie. Regie: Kurt Langbein et al. NTU/BTRC/TVP/RTL/Tele Images/Strix TV/TV Asahi, 1996.

Tschernobyl 26. 4. 1986. Post Scriptum. Dokumentarserie erzählt von Waleri Starodumow. Kiew: Telecon, 2016.

Chernobyl 3828. Dokumentarfilm. Erzählt von Waleri Starodumow. Regie: Sergei Zabolotny. Kiew: Telecon, 2011.

Chernobyl: A Warning. Dokumentarfilm. Erzählt von Lew Nikolajew. Regie: Wladimir Osminin. Moskau: Kanal eins, 1987.

Chernobyl: Chronicle of Difficult Weeks. Dokumentarfilm. Regie: Wladimir Schewtschenko. Kiew: Ukrainian News and Documentary Studio, 1986.

Chernobyl: Two Colors of Time. Dokumentarfilm in drei Teilen. Regie: I. Kobrin. Kiew: Ukrtelefim, 1989.

The Construction of the Chernobyl Nuclear Power Plant. Dokumentarfilm. Kiew: Ukrainian Studio of Documentary Chronicle Films, 1974. Staatsfilmarchiv der Ukraine.

Inside Chernobyl's Sarcophagus. Dokumentarfilm. Regie: Edward Briffa, United Kingdom: BBC Horizon, 1991 (neu ausgestrahlt 1996).

Pandora's Promise. Dokumentarfilm. Regie: Robert Stone (Impact Partners, 2013).

Radioaktive Wölfe. Dokumentarfilm. Regie: Klaus Feichtenberger (Epo-Film, ORF/ Universum und Thirteen in Zusammenarbeit mit BBC, NDR, und WNET New York Public Media, 2011).

The Science of Superstorms. Dokumentarserie. Produzent: Michael Mosley. London: BBC, 2007.

The Second Russian Revolution. Dokumentarserie. Produzentin: Norma Percy, Regie: Mark Anderson. London: BBC, 1991.

The Mystery of Academician Legasov's Death. Dokumentarfilm. Regie: Julija Schamal und Sergei Marmeladow. Moskau: Afis-TV für Channel Rossiya, 2004.

Windscale 1957: Britain's Biggest Nuclear Disaster. Dokumentarfilm. Regie: Sarah Aspinall. BBC, 2007.

Zero Hour: Disaster at Chernobyl. Dokumentation mit Spielszenen. Regie: Renny Bartlett. Discovery, 2004.

Personen- und Ortsregister

John Dickie
Die Freimaurer –
Der mächtigste Geheimbund der Welt

Mozart, Goethe und Churchill gehörten dazu. Genauso wie Louis Armstrong und vielleicht auch Brad Pitt. Sie alle eint der wohl mächtigste und mysteriöseste Geheimbund der Welt: die Freimaurerloge.
Ihre Symbole sind eingegangen in die westliche Ikonographie der Macht. Aber wie weit reicht ihre Macht wirklich? Dickie entlarvt Mythen und zeigt doch: Seit ihrer Gründung haben die Freimaurer die Geschicke des Westens mitgelenkt. Er deckt das fundamentale Paradox auf, wie ausgerechnet ein geheimer Männerbund entscheidend zur Verbreitung von Werten wie Freiheit, Gleichheit, Brüderlichkeit, Toleranz und Humanität beigetragen hat.

Aus dem Englischen von
Irmengard Gabler
560 Seiten, Klappenbroschur

Neil Price

Die wahre Geschichte der Wikinger

»Das beste historische Buch des Jahres« *The Times*

Waren die Wikinger wirklich die brandschatzenden Seefahrer und gewaltsamen Eroberer aus den Legenden? Der weltweit renommierte Experte Neil Price schreibt gegen die gängigen Vorurteile an und macht sich auf die Suche nach den echten Menschen hinter dem Mythos. Basierend auf neuesten archäologischen Funden, zahllosen Textquellen und nicht zuletzt der nordischen Mythologie selbst zeigt er uns die Wikinger erstmals so, wie sie selbst sich sahen. Wie übten sie ihre Religion aus, wie gestalteten sie Politik? Welche Rolle hatte die Frau, und wie zentral war Gewalt? Dies ist die definitive Geschichte der Wikinger und ihrer Zeit, opulent ausgestattet und prächtig bebildert.

Aus dem Englischen von
Ursula Blank-Sangmeister
unter Mitarbeit von Janet Schüffel
768 Seiten, Klappenbroschur
978-3-596 29769-6

Weitere Informationen finden Sie auf
www.fischerverlage.de

Klaus Brinkbäumer

Der amerikanische Albtraum

Faschismus made in USA

Die schonungslose Analyse der politischen Situation in den USA

Der amerikanische Traum ist zum Albtraum verkommen: Demokratische Regeln und Normen werden ausgesetzt oder abgeschafft. In der Regierung sitzen Faschisten, die Opfermythen und Überlegenheitsphantasien verbreiten, Universitäten und Medien angreifen. Der langjährige USA-Korrespondent Klaus Brinkbäumer ist durch das Land gereist, hat mit MAGA-Leuten, Journalistinnen und Wissenschaftlern gesprochen und muss feststellen: Düsterer sah es nie aus.

352 Seiten, gebunden

978-3-10-397733-2

Weitere Informationen finden Sie auf

www.fischerverlage.de

Hein de Haas

Migration

22 populäre Mythen und was wirklich hinter ihnen steckt

»Argumente, die sowohl der Panikmache, als auch naivem Optimismus Fakten entgegenstellen. Unbedingt lesenswert.« *ARD (ttt – Titel, Thesen, Temperamente)*

Auf Basis unzähliger Daten erklärt Hein de Haas, wie Migration wirklich funktioniert. Ausgehend von jahrzehntelanger Forschung räumt er auf mit 22 gängigen Mythen und befähigt uns, fundierte und differenzierte Debatten zu führen – jenseits von politischen oder ideologischen Interessen.

»Sein aufrüttelndes, aber auch beruhigendes Buch ist eine gute Basis für diejenigen, die eine solche Debatte faktenbasiert führen wollen.« Jan Bielicki, *Süddeutsche Zeitung*

Aus dem Englischen
von Jürgen Neubauer
512 Seiten, broschiert
978-3-596-71225-0

Weitere Informationen finden Sie auf
www.fischerverlage.de